国家社科基金重大委托项目
中国社会科学院创新工程学术出版资助项目

中国民族地区经济社会调查报告

总顾问 陈奎元
总主编 王伟光

2015年调查问卷分析

本卷主编 王延中 丁 赛

中国社会科学出版社

图书在版编目(CIP)数据

中国民族地区经济社会调查报告·2015年调查问卷分析/王延中，丁赛主编.
—北京：中国社会科学出版社，2019.10
ISBN 978-7-5203-2680-3

Ⅰ.①中… Ⅱ.①王…②丁… Ⅲ.①民族地区经济—经济发展—调查报告—中国②民族地区—社会发展—调查报告—中国 Ⅳ.①F127.8

中国版本图书馆CIP数据核字(2018)第132128号

出 版 人 赵剑英
责任编辑 宫京蕾
特约编辑 李晓丽
责任校对 杨 林
责任印制 李寡寡

出 版 中国社会科学出版社
社 址 北京鼓楼西大街甲158号
邮 编 100720
网 址 http://www.csspw.cn
发 行 部 010-84083685
门 市 部 010-84029450
经 销 新华书店及其他书店

印刷装订 北京君升印刷有限公司
版 次 2019年10月第1版
印 次 2019年10月第1次印刷

开 本 710×1000 1/16
印 张 34.5
插 页 2
字 数 562千字
定 价 138.00元

《21世纪初中国少数民族地区经济社会发展综合调查》

项目委员会

顾问委员会

总 顾 问 陈奎元

学术指导委员会

主　　任 王伟光

委　　员（按姓氏笔画为序）

丹珠昂奔　李　扬　李培林　李　捷　陈改户　武　寅
郝时远　赵胜轩　高　翔　黄浩涛　斯　塔

专家委员会

首席专家 王延中

委　　员（按姓氏笔画为序）

丁　宏　丁　赛　丁卫东　马　援　王　平　王　锋
王希恩　开　哇　扎　洛　车明怀　方　勇　方素梅
尹虎彬　石玉钢　田卫疆　龙远蔚　包智明　卢献匾
吐尔干·皮达　朱　伦　色　音　刘　泓　刘正寅
刘世哲　江　荻　赤列多吉　李云兵　李红杰　李克强
吴　军　吴大华　何星亮　张若璞　张昌东　张继焦
陈建樾　青　觉　郑　堆　赵立雄　赵明鸣　赵宗福
赵剑英　段小燕　姜培茂　聂鸿音　晋保平　特古斯
俸代瑜　徐　平　徐畅江　高建龙　黄　行　曹宏举
曾少聪　管彦波　毅　松

项目工作组

组　　长 扎　洛　孙　懿

成　　员（按姓氏笔画为序）

丁　赛　孔　敬　刘　真　刘文远　李凤荣　李益志
宋　军　陈　杰　周学文　程阿美　管彦波

《中国民族地区经济社会调查报告》
编辑委员会

总　序

实践的观点是马克思主义哲学最基本的观点，实事求是是马克思主义活的灵魂。坚持一切从实际出发、理论联系实际、实事求是的思想路线，是中国共产党把马克思主义基本原理与中国实际相结合，领导中国人民进行社会主义革命和社会主义建设不断取得胜利的基本经验。改革开放以来，在实事求是、与时俱进思想路线指导下，中国特色社会主义伟大事业取得了举世瞩目的伟大成就，中国道路、中国经验在世界上赢得了广泛赞誉。丰富多彩的成功实践推进了中国化马克思主义的理论创新，也为哲学社会科学各学科的繁荣发展提供了坚实沃土。时代呼唤理论创新，实践需要哲学社会科学为中国特色社会主义理论体系的创新发展做出更大的贡献。在中国这样一个统一的多民族的社会主义国家，中国特色的民族理论、民族政策、民族工作，构成了中国特色社会主义的重要组成部分。经济快速发展和社会剧烈转型，民族地区全面建成小康社会，进而实现中华民族的伟大复兴，迫切需要中国特色民族理论和民族工作的创新，而扎扎实实地开展调查研究则是推进民族研究事业适应时代要求、实现理论创新、服务发展需要的基本途径。

早在20世纪50年代，应民族地区的民主改革和民族识别之需，我国进行了全国规模的少数民族社会历史与语言调查，今称“民族大调查”。这次大调查收集获取了大量有关民族地区社会历史的丰富资料，形成300多个调查报告。在那次调查的基础上，整理出版了400余种6000多万字的民族社会历史建设的巨大系统工程——《民族问题五种丛书》，为党和政府制定民族政策和民族工作方针，在民族地区开展民主改革和推动少数民族经济社会的全面发展提供了重要的依据，也为新中国民族研究事业的发展奠定了坚实的基础。

半个多世纪过去了，如今我国边疆民族地区发生了巨大而深刻的变化，各民族逐渐摆脱了贫困落后的生产生活状态，正在向文明富裕的现代化社会迈进。但同时我们也要看到，由于历史和现实的原因，各民族之间以及不同民族地区之间经济社会的发展依然存在较大的差距，民族地区经济发展不平衡问题以及各种社会问题、民族问题、宗教问题、生态问题，日益成为推动民族地区经济社会发展必须着力解决的紧迫问题。深入民族地区开展长期、广泛而深入的调查研究，全面了解各民族地区经济社会发展面临的新情况、新问题，科学把握各民族地区经济社会发展趋势，是时代赋予民族学工作者的使命。

半个多世纪以来，中国社会科学院民族学与人类学研究所一直把调查研究作为立所之本。1956年成立的少数民族语言研究所和1958年成立的民族研究所（1962年两所合并），从某种意义上讲，就是第一次民族大调查催生的结果。作为我国多学科、综合性、国家级的民族问题专业研究机构，民族所非常重视田野调查，几代学人已在中国各民族地区近1000个地点进行过田野调研。20世纪90年代，民族所进行了第二次民族地区典型调查，积数年之功完成了20余部调研专著。进入新的历史时期，为了更好地贯彻党中央对我院“三个定位”的要求，进一步明确今后一个时期的发展目标和主攻方向，民族所集思广益，经过反复酝酿、周密论证，组织实施了“21世纪初中国少数民族地区经济社会发展综合调查”。这是我国民族学研究事业发展的迫切需要，也是做好新时期民族工作的前提和基础。

在充分利用自20世纪50年代以来开展的少数民族社会历史与语言调查相关研究成果的基础上，本次民族大调查将选择60—70个民族区域自治地方（包括城市、县/旗或民族乡）作为调查点，围绕民族地区政治、经济、社会、文化、生态五大文明建设而展开，计划用4—5年的时间，形成60—70个田野调查报告，出版50部左右的田野民族志专著。民族调查是一种专业性、学科性的调查，但在学科分化与整合均非常明显的当代学术背景下，要通过调查研究获得开拓性的成果，除了运用民族学、人类学的田野调查方法外，还需结合社会学问卷调查方式和国情调研、社会调查方式，把静态与动态、微观与宏观、定量分析与定性分析、典型与一般有机结合起来，突出调查研究的时代性、民族性和区域性。这是新时期开展民族大调查的新要求。

立足当代、立足中国的“民族国情”，妥善处理民族问题，促进各民族平等团结，促进各民族地区繁荣发展，是中国特色社会主义的重要任务。“21 世纪初中国少数民族地区经济社会发展综合调查”作为国家社科基金特别委托项目和中国社会科学院创新工程重大项目，希望立足改革开放以来少数民族地区的发展变化，围绕少数民族地区经济社会发展，有针对性地开展如下调查研究：①民族地区经济发展现状与存在的问题调查研究；②民族地区社会转型、进步与发展调查研究；③西部大开发战略与民族问题调查研究；④坚持和完善民族区域自治制度调查研究；⑤民族地区宗教问题调查研究；⑥民族地区教育与科技调查研究；⑦少数民族传统文化与现代化调查研究。

调查研究是加强学科建设、队伍建设和切实发挥智库作用的重要保障。基础研究与应用对策研究是现代社会科学不可分割的有机统一的整体。通过全面、深入、系统的调查研究，我们冀望努力达成以下几个目标。一是全面考察中国特色民族理论、民族政策的探索和实践过程，凝练和总结中国解决民族地区发展问题、确立和谐民族关系、促进各民族共同繁荣发展的经验，把握民族工作的一般规律，为未来的民族工作提供坚实的理论支撑，为丰富和发展中国特色社会主义理论体系做出贡献。二是全面展示改革开放特别是进入 21 世纪以来民族地区经济社会发展的辉煌成就，展示以“平等、团结、互助、和谐”为核心内容的新型民族关系在当代的发展状况，反映各族人民社会生活的深刻变化，增强各民族的自豪感、自信心，建设中华民族共同体，增强中华民族凝聚力。三是深入调查探寻边疆民族地区经济社会发展中存在的问题，准确把握未来发展面临的困难与挑战，为党和国家全面了解各民族发展现状、把握发展趋势、制定未来发展规划提供可靠依据。四是通过深入民族地区进行扎实、系统的调研，收集丰富翔实的第一手资料，构筑我国民族地区社会发展的基础信息平台，夯实民族研究的基础，训练培养一支新时期民族问题研究骨干队伍，为民族学研究和民族地区未来发展奠定坚实的人才基础。

我们深信，参与调查研究的每一位专家和项目组成员，秉承民族学、人类学界前辈学人脚踏实地、不怕吃苦、勤于田野、精于思考的学风，真正深入民族地区、深入田野，广泛汇集干部群众的意见，倾听干部群众的呼声，运用多种方式方法取得丰富的数据资料，通过科学严谨的数据分析和系统深入的理论研究，一定会取得丰硕的成果。这不仅会成为 21 世纪我国民族学与人类学学科建设的一个重要里程碑，也一定会为党和政府提供重要决策参考，为促进我国民族理论和民族工作的新发展，为在民族地区全面建成小康社会，为实现中华民族的伟大复兴做出应有的贡献。

王伟光

目　录

第一章

2015 年问卷调查总报告

21 世纪初以来，我国民族地区的经济、政治、文化、社会、生态五大文明建设持续推进。近年来，在“五位一体”全面布局和“四个全面”战略布局的指导下，民族地区和少数民族的经济社会发展水平不断提高，生活水平持续改善，产业结构也进一步优化，资源开发与环境保护的冲突也逐步消减。与此同时，现代化和全球化对民族地区和少数民族的影响越来越大；民族地区发展环境发生了重大变化，少数民族的发展能力也面临新的提升空间，需要提升的发展能力也愈发多样化、全面化。民族地区和少数民族参与现代化和全球化的程度不断加深，分享改革开放红利与成果的份额不断增多；但是，文化传承、生态保护、脱贫攻坚面临的挑战也越来越大。例如，人口流动性明显增强，传统聚居格局发生改变，各民族不同年龄层和拥有不同社会身份的成员间的资源占有、利益分配、发展能力等的差距较为明显，价值观念也日趋多元化。这些变化对我国民族工作的开展和民族政策的实施提出了日益多样化的挑战，成为我国民族工作治理能力和治理体系现代化最大的时代背景。社会各界也已经对新形势下的民族工作和民族政策完善给予了越来越多的关注与讨论。因此，对 21 世纪初少数民族地区经济社会发展状况进行描述，了解民族地区和少数民族近些年来经历的变迁，有助于我国民族工作治理能力和效果的提升，也有助于民族政策以及扶持民族地区发展的公共政策的效果更加精准。

一　问卷数据基本情况介绍

2015 年“大调查”问卷在内蒙古、海南、四川、云南、西藏、宁夏、新疆 7 省区的 12 个县市区组织进行，共计收回 4732 份有效问卷，其中东乌珠穆沁旗 378 份（占总数的 8%）、阿拉善左旗 447 份（9.4%）、乌拉盖管理区54份（1.1%）、五指山市398份（8.4%）、甘洛县503份（10.6%）、澜沧拉祜族自治县449份（9.5%）、贡山独龙族怒族自治县421份（8.9%）、香格里拉市417份（8.8%）、昌都市412份（8.7%）、西吉县450份（9.5%）、裕民县420份（8.9%）、阿拉尔市383份（8.1%）。在受访者中，男性占58.2%（详见表1-1）。60岁及以上的老年人占比11.1%，受访地区总体上表现出轻度老龄化的特点；29岁及以下的青年人受访者占22%。从户籍来看，农业户籍受访者占59.1%，非农户籍受访者占31.4%；还有9.5%的受访者属于居民户籍。受访者的健康状况总体上较好，70.6%的人表示身体健康，仅有8%的人认为自己健康状况不好。在受教育程度方面，21%的受访者接受了大学及以上的教育。其中，10.1%的受访者的学历为大学本科及以上。在政治面貌方面，中共党员受访者占比为21.1%，民主党派受访者仅占0.3%。在宗教信仰方面，61.9%的人没有宗教信仰；信仰佛教的受访者占17.1%，信仰伊斯兰教的人占13.1%，而信仰道教、基督教、天主教、民间宗教的人数比例均很低。在家庭结构方面，3人之家和4人之家的核心家庭累计占比达50.7%，意味着当前民族地区仍以核心家庭结构为主。在职业分布方面，农林牧渔水利生产人员占比最高，接近三分之一（32%）；国家机关党群组织、事业单位人员占16%；商业、服务业人员占比也相对较高，为12.4%；而专业技术人员，各类企业办事人员，生产、运输设备操作人员及有关人员等占比偏低。受访者分布于37个民族，其中，汉族受访者占34.2%，藏族受访者占14.9%，蒙古族、回族、彝族的受访者占比超过5%。维吾尔族、苗族、白族、哈尼族、哈萨克族、黎族、傈僳族、拉祜族、纳西族、怒族、独龙族等受访者的占比则均低于5%。

表1-1　2015年“大调查”受访者基本情况描述表　单位：次、%

	频次	百分比		频次	百分比		频次	百分比		频次	百分比
省份			健康状况			民间信仰	76	1.6	生产、运输设备操作人员及有关人员	72	1.6
内蒙古	879	18.6	健康	3311	70.6	其他	37	0.8	军人	26	0.6
海南	398	8.4	一般	1006	21.4	没有宗教信仰	2880	61.9	不便分类的其他从业人员	1370	30.3
四川	503	10.6	不健康	375	8.0	不知道或不想说	95	2.2	民族		
云南	1287	27.2	受教育程度			家庭常住人口			汉族	1617	34.2

续表

	频次	百分比		频次	百分比		频次	百分比		频次	百分比
西藏	412	8.7	未上学	742	15.7	1	140	3.0	蒙古族	280	5.9
宁夏	450	9.5	小学	1031	21.9	2	507	10.8	回族	413	8.7
新疆	803	17.0	初中	1216	25.8	3	1187	25.4	藏族	703	14.9
性别			高中	737	15.6	4	1181	25.3	维吾尔族	40	0.8
男	2744	58.2	大学专科	510	10.8	5	827	17.7	苗族	56	1.2
女	1971	41.8	大学本科及以上	477	10.2	6	457	9.8	彝族	413	8.7
年龄			政治面貌			7	207	4.4	白族	55	1.2
29 岁及以下	1037	22.0	中共党员	992	21.1	8	105	2.2	哈尼族	86	1.8
30—39 岁	1086	23.0	团员	433	9.2	9	31	0.7	哈萨克族	153	3.2
40—49 岁	1303	27.7	民主党派	12	0.3	10 人及以上	32	0.7	黎族	207	4.4
50—59 岁	764	16.2	群众	3265	69.4	当前职业			傈僳族	155	3.3
60 岁及以上	522	11.1	宗教信仰			国家机关党群组织、事业单位负责人	142	3.1	拉祜族	166	3.5
户籍			伊斯兰教	609	13.1	国家机关党群组织、事业单位工作人员	585	12.9	纳西族	36	0.8
农业	2784	59.1	佛教	795	17.1	专业技术人员	174	3.8	怒族	94	2.0
非农业	1481	31.4	道教	16	0.3	各类企业办事人员	148	3.3	独龙族	82	1.7
居民户 1	235	5.0	天主教	66	1.4	商业、服务业人员	561	12.4	其他民族	176	3.7
居民户 2	212	4.5	基督教	75	1.6	农林牧渔水利生产人员	1448	32.0			

说明：（1）居民户 1 是指之前是农业户口，现为居民户口；居民户 2 是指之前是非农业户口，现为居民户口；（2）其他民族是指由样本量低于 30 个的民族共同构成，这一分类方式仅出于统计意义上的考虑。

二　就业与生活

（一）外出就业

1. 连续外出就业状况

在之前有过外出就业经历的受访者中，2015 年继续外出就业的受访者仅占 23%，77%的受访者并未继续外出就业。具体来看，少数民族受访者2015年继续外出的人数比例要低于汉族，分别为20%和32%。男性受访者持续外出工作的人数比例则高出女性9个百分点。年龄越大的受访者，2015年继续外出就业的人数比例越低。农村居民受访者连续外出工作的人数比例比城镇居民更高，分别为26%和13%。

2. 未持续外出就业的原因

找不到工作（或担心找不到工作）是导致受访者未持续外出就业的最主要原因，其次分别是家中农业缺乏劳动力、不适应外地生活环境。相比男性而言，女性受访者因回家结婚、生育而中断外出就业的人数占比更高。

少数民族受访者2015年未持续外出工作的三大原因是：找不到工作（或担心找不到工作）、不适应外地生活环境、家中农业缺乏劳动力。汉族受访者未持续外出的主要原因则是认为外出工作的收入稳定性不及本地。这在一定程度上表明，不同民族在参与劳动力市场的心态、能力方面存在差异。

城乡居民受访者未持续外出工作的主要原因也存在差异。农村居民受访者三大主要原因是：外出找不到工作、家中农业缺乏劳动力、不适应外地生活环境。而在城镇居民受访者看来，除了担心找不到工作外，还担心外出工作收入没有在家稳定，并且表示在当地能找到满意工作的人数占比较高。受城乡产业结构不同和劳动技能差异的影响，某一区域内的劳动力市场对城乡劳动力的吸纳程度存在明显差异。这种差异导致了民族地区城乡受访者在选择外出就业方面需要采取不同的动机和策略。

表1-2　　受访者2015年未能外出就业的最主要原因　　单位：%、次

	找不到工作（或担心找不到工作）	家中农业缺乏劳动力	不适应外地生活环境	收入没有在家稳定	当地能找到满意的工作	疾病或伤残	回家结婚、生育	语言能力不强	受歧视	缺乏同乡或熟人带领	不适应工作纪律、管理约束等	其他	总体	频次
总体	31	15	12	9	6	5	4	3	1	0	0	14	100	1269
男	33	16	13	8	7	5	1	3	1	0	0	13	100	758
女	28	13	12	10	5	6	7	4	1	0	1	13	100	515
少数民族	33	15	11	7	5	5	4	4	1	0	0	15	100	990
汉族	23	12	16	14	10	6	3	1	0	1	1	13	100	286

续表

	找不到工作（或担心找不到工作）	家中农业缺乏劳动力	不适应外地生活环境	收入没有在家稳定	当地能找到满意的工作	疾病或伤残	回家结婚、生育	语言能力不强	受歧视	缺乏同乡或熟人带领	不适应工作纪律、管理约束等	其他	总体	频次
29 岁及以下	26	12	13	7	10	1	8	2	1	0	1	19	100	289
30—39 岁	28	17	12	12	7	4	4	2	1	0	0	13	100	284
40—49 岁	36	16	11	9	4	7	3	4	1	0	0	9	100	334
50—59 岁	35	20	12	7	3	8	0	4	1	0	0	10	100	221
60 岁及以上	29	6	15	8	3	8	0	6	0	1	0	24	100	143
农业户籍	33	17	12	8	4	5	3	3	1	0	0	14	100	989
非农户籍	22	8	16	11	11	6	5	4	1	0	1	15	100	280

3. 外出找工作面临的障碍

总体而言，民族地区受访者外出找工作面临的三大阻碍依次是：得不到相关就业信息（27%）、工作辛苦收入低（26%）、家里需要照顾必须返乡（9%）。男性和女性受访者面临的障碍没有明显差异。相比城镇居民而言，农村居民受访者获取就业信息困难的人数比例更高，同时担心被人看不起、生活习俗不能适应的人数比例也更高。与农村居民不同的是，城镇居民受访者认为工作辛苦收入低的人数比例更高。汉族和少数民族在外出找工作面临的障碍方面没有明显差异。

年轻受访者认为就业信息难以获得、想留在就业地但生活成本太高是主要的障碍。值得注意的是，29 岁及以下受访者将工作辛苦收入低视为障碍的人数比例最低。未上学和大专及以上的受访者面临的障碍与其他学历受访者存在显著差异。无法获取相关就业信息是未上学受访者面临的最大障碍。同时，学历越低的受访者认为会被看不起的人数比例越高。这意味着，学历依然是影响民族地区劳动力外出务工自信心和积极融入社会的重要因素。

汉族、蒙古族、彝族受访者认为最主要的障碍是外出工作辛苦且收入低；而回族、藏族、维吾尔族、苗族、黎族、傈僳族、怒族、独龙族等受访者认为最主要的障碍是难以获取相关就业信息，其中独龙族受访者持该观点的人占 72%。[①] 白族、拉祜族、怒族也均有约四分之一的受访者认为家里需要照顾必须返乡是最主要的障碍。与维吾尔族和回族相比，藏族受访者将会被看不起和生活习俗不能适应视为就业障碍的人数比例更高。彝族[②]受访者中，有 19%的人（为各受访民族中最高）认为在外出找工作中面临的障碍是被当地人看不起。从新闻报道来看，彝族在外出就业应聘、租住房屋和宾馆时面临一些歧视的现象也偶有发生。

表 1-3　　受访者外出务工面临的主要障碍　　单位:%、次

	得不到相关就业信息	工作辛苦收入低	家里需要照顾必须返乡	想留在就业地但生活成本太高	被当地人看不起	生活习俗不能适应	孩子就学困难	气候自然环境不能适应	语言障碍	当地政府的政策限制	社保缴费高关系难转移	其他	总体	频次
汉族	26	31	8	10	5	4	5	2	1	3	1	5	100	799
蒙古族	18	29	12	12	3	5	0	1	2	1	0	18	100	107
回族	40	18	8	7	6	8	8	1	0	0	0	2	100	309
藏族	27	20	6	6	10	15	4	4	1	2	0	4	100	273
维吾尔族	44	42	0	3	3	8	0	0	0	0	0	0	100	36
苗族	48	18	8	0	15	3	0	3	0	0	0	8	100	40
彝族	14	42	6	4	19	2	2	0	5	1	0	4	100	223
白族	20	11	23	11	0	6	11	6	3	3	0	6	100	35
哈尼族	18	15	6	12	15	12	0	3	15	0	3	3	100	34
哈萨克族	15	20	9	28	2	11	2	7	4	0	0	2	100	46
黎族	27	26	11	7	6	5	2	4	1	3	1	6	100	174
傈僳族	26	17	15	9	2	2	12	2	3	2	0	12	100	66
拉祜族	20	20	22	8	10	6	2	4	8	0	0	0	100	50
纳西族	7	14	14	7	0	14	14	0	0	7	0	21	100	14
怒族	24	14	24	3	8	5	11	5	0	0	0	5	100	37
独龙族	72	4	12	4	0	0	4	0	0	0	0	4	100	25
其他民族	32	29	3	9	10	6	2	4	0	2	1	2	100	102
总体	27	26	9	8	7	6	4	2	2	2	0	5	100	2370

① 作为云南世居少数民族之一，独龙族主要分布在怒江上游，受地理位置的影响，独龙族的劳动力在获取外出务工消息方面确实存在更大难度。

② 此处受访的彝族以甘洛县的彝族为主。

（二）就业地域选择意向

本县依然是民族地区受访者就业地域的最主要选择。69%的受访者选择了县城之内，15%的人选择了邻近县市，5%的人选择了县外省内（无所谓远近），还有4%的人则选择了东部一线大城市；选择本省区相邻的外省区和本省区外非相邻省区的受访者均占1%。

男性受访者外出就业地域范围在空间距离上要比女性更远，汉族受访者相比少数民族而言，愿意去更远地区就业的人数比例更高；少数民族受访者选择县内和邻县就业的比例达到85%。年龄越小的受访者会更倾向于选择到外地就业。

汉族男性和少数民族男性、汉族女性和少数民族女性，在就业地域选择上没有明显差异。但是，年轻汉族受访者和少数民族受访者的选择则存在显著差异。29岁及以下的汉族受访者选择县城之内就业的人数比例显著低于29岁及以下的少数民族受访者，分别为52%和63%；而29岁及以下的汉族受访者选择县外省内（无所谓远近）和东部一线大城市的人数占比则均要远高于同年龄段的少数民族受访者。

（三）城镇居民就业状况

总体而言，城镇居民受访者属于正规就业的比例更高。身份为固定职工的受访者占37%，属于长期合同工的占18%，短期或临时合同工则为15%。此外，从事私营或个体经营人员的占14%，无劳动合同的受访者占8%。女性受访者属于固定职工的比例要低于男性，分别为33%和40%。少数民族受访者和汉族受访者属于固定职工身份的比例差异很小；而在合同制用工中，汉族受访者属于长期合同工的比例则比少数民族受访者略高，分别为20%和16%。汉族受访者属于短期或临时合同工、没有合同工的比例则要略低于少数民族受访者。此外，汉族受访者从事私营或个体经营的比例也要略高于少数民族受访者，分别为18%和11%。

城镇居民受访者得到第一份城镇工作的主要渠道是直接申请（含考试）、政府或社区安排介绍、朋友或熟人介绍，这三项占比依次为27%、23%和13%；通过招聘广告获得工作的受访者占11%。依靠家人或亲戚介绍、本乡人介绍、本民族介绍的方式获取城镇工作的比例很低，占比分别仅为8%、2%和1%。民族地区城镇就业信息获取更加多元，通过统一考试和公平竞争的方式获得工作已成为主要方式。在获得城镇工作的渠道方面，男女受访者差异较小。少数民族受访者通过直接申请（含考试）的人数比例则要高于汉族受访者，分别为31%和22%。年龄越小的受访者，通过商业职介、招聘广告、直接申请等渠道的比例则越高。年轻人搜寻工作的方式日趋市场化和现代化。

（四）失业/待业状况

受访者在没有工作期间，重新搜索工作的渠道主要以委托亲友找工作、参加用人单位招聘（招考）两种方式为主，分别占33%和15%，也有38%的受访者在无工作期间什么都不做。城乡受访者在无工作期间搜寻工作的途径上存在差异。农村居民受访者委托亲友找工作的比例要高于城镇居民受访者，分别为36%和27%。而城镇居民受访者在失业/待业时通过参加用人单位招聘的比例则要高出农村居民受访者10个百分点，分别为21%和11%。29岁及以下的失业/待业青年搜寻工作的积极性更强，方式也更多样，他们在失业/待业时选择参加用人单位的招聘、委托亲友找工作、利用网络及其他媒体求职、在职业介绍机构求职等方面均要高于其他年龄段的受访者。

（五）家庭生活状态

家用汽车、空调、电脑依次是城乡受访家庭目前最想购买的三种消费品。与5年前相比，受访家庭表示生活水平上升很多的占35%，略有上升的占50%，仅有5%的受访家庭表示有下降。而在对未来5年生活水平的预期方面，认为会上升的占88%（其中上升很多占37%、略有上升占51%）。总体而言，受访家庭对未来5年生活水平继续提升充满信心。相比5年前，少数民族受访家庭认为现在的生活水平有提升的比例要高于汉族受访家庭，同时对未来5年家庭生活水平会继续提升的比例也高于汉族受访家庭，少数民族受访家庭对未来美好生活的信心度相对更高。年龄越小的受访家庭认为未来5年的生活水平会持续改善的人数占比也越高。

总体而言，民族地区受访者社会生活压力较小，平均得分为1.69分，介于“压力很小”和“没有这方面压力之间”。[①] 但从具体的领域来看，受访者普遍表示经济压力相对较大，平均得分为2.24分。少数民族受访者表示孩子教育有压力的人数占比则要高于汉族受访者。农村居民受访者在经济、个人发展等多个方面的压力感要强于城镇居民受访者。29岁及

① 生活压力感评价的赋分办法如下：评价为“压力很大”得4分，“有压力”得3分，“压力很小”得2分，“没有这方面压力”得1分。

以下年轻受访者认为在个人发展、人情往来、赡养父母、住房和婚姻生活方面的压力较大，压力感评价得分要明显高于其他年龄段受访者。

（六）全面建成小康社会信心度

大多数受访者对当地 2020 年全面建成小康社会充满信心，表示很有信心的占 33%，有信心的占 49%。也有 10%的人没什么信心，2%的人认为不可能。还有 6%的受访者表示没有听说过当地要在 2020 年全面建成小康社会。少数民族和汉族、城乡居民受访者的信心度差异不大。但是不同年龄层受访者的信心度存在一定差异，年龄越大的受访者对当地 2020 年全面建成小康社会的信心度越强。

从各民族的评价来看，哈尼族、怒族、回族、白族、藏族、独龙族受访者有 90%左右的人有信心，汉族、拉祜族、苗族受访者表示有信心的人数占比则介于 75%—80%。信心度最低的是彝族，彝族受访者有 6%的人表示不可能，15%的人表示没有听说过。2015 年度调查的彝族主要分布于大凉山，大凉山是当前精准扶贫难度最大的深度贫困地区之一，地区经济社会发展水平受到多方面因素的限制。这些现实因素的存在，一定程度上导致彝族受访者对当地 2020 年全面建成小康社会信心不足。

表 1-4　受访者对当地 2020 年全面建成小康社会的信心度　单位:%、次

	很有信心	有信心	没什么信心	不可能	没有听说过	频次	总体
汉族	29	50	14	2	5	100	1582
蒙古族	42	38	11	2	7	100	271
回族	42	49	5	0	4	100	406
藏族	48	40	5	4	3	100	700
维吾尔族	33	50	5	5	7	100	40
苗族	24	51	7	0	18	100	55
彝族	27	39	13	6	15	100	408
白族	33	56	11	0	0	100	55
哈尼族	15	79	5	0	1	100	86
哈萨克族	18	64	5	0	13	100	152
黎族	29	53	10	0	8	100	204
傈僳族	31	51	13	1	4	100	149

续表

	很有信心	有信心	没什么信心	不可能	没有听说过	频次	总体
拉祜族	11	66	14	0	9	100	166
纳西族	39	44	11	3	3	100	36
怒族	37	55	4	0	4	100	92
独龙族	33	56	6	3	2	100	79
其他民族	28	49	14	2	7	100	169
总体	33	49	10	2	6	100	4650

在对全面建成小康社会缺乏信心的受访者看来，最主要的四项理由依次是经济收入提高慢、居住条件差、文化和教育跟不上、社会保障不完善。为了加快本地全面建成小康社会，受访者也提出了建议，认为应当首先采取的三大措施依次是加快发展当地经济、加快当地的基础设施建设、提高就业工资。维吾尔族、苗族、哈萨克族受访者认为第二大措施应该是扩大当地就业。回族受访者认为第三大措施应当是中央政策落实到位，彝族受访者将政府应当更加廉洁排在了第三位，地处云南西部边境地区的傈僳族、怒族、独龙族受访者都将提高医疗水平排在了第三位。加强边境地区医疗资源的有效供给是民族地区全面建成小康社会的重要努力方向。

三　精准扶贫与公共服务

（一）驻村工作开展情况

总体而言，58%的受访者表示所在社区或村庄有驻村工作组和干部的帮扶，西藏、新疆、云南受访者的比例相对较高，分别为95%、72%和65%。内蒙古、宁夏、海南、四川也均有30%以上的受访者表示所在地区有驻村工作组和干部。

但是驻村工作组和干部的工作效果并没有获得受访者的高度评价，仅有48%的人对上级派遣驻村（社区）的工作组和干部工作效果表示满意，认为效果一般的占21%，明确表示不满意的占4%，还有27%的受访者对工作效果并不清楚。在各省区中，仅有西藏受访者对驻村工作组和干部的工作效果满意度最高，表示满意的人占85%。其他诸如内蒙古、海南、四川的受访者表示满意的人分别仅占20%、19%和16%，同时也均有超过50%以上的人并不清楚驻村工作的情况。这在一定程度上说明，在精准扶贫第三方评估中如何准确地评价驻村工作难度较大。由于群众对驻村工作效果的知悉度低，既可能导致第三方评估无法全面准确了解驻村工作成绩，也有可能掩盖掉了群众对驻村工作效果的真实意见与评价。

（二）精准扶贫满意度

问卷数据分析表明，受访者参与道路修建与扩宽、“两免一补”、退耕（牧）还林（草）、电力基础设施及电力扶贫项目、“村村通”工程、安全饮水工程的比例较高，人数占比均在55%以上。相比汉族受访者而言，少数民族受访者参与退耕（牧）还林（草）、道路修建与扩宽、电力基础设施及电力扶贫项目、安全饮水等扶贫项目的比例更高。

从精准扶贫项目的实施效果来看，受访者对参与过的项目总体上满意度评价较高。对交通基建等13个具体扶贫项目的实施情况满意度评价得分大多都在2.5分以上。其中，受访者对交通基建、电力扶贫、“村村通”工程、“两免一补”、安全饮水、教育扶贫等项目的效果满意度评价得分要高于其他项目。相比汉族受访者而言，少数民族受访者对13个具体扶贫项目的满意度评价得分均要高于汉族受访者。这也在一定程度上表明，扶贫政策的实施较好地惠及了少数民族贫困家庭。

表1-5　受访者对扶贫项目表示满意的比例及满意度评价得分　单位：%、分

		交通基建	基本农田建设	电力扶贫	安全饮水工程	“村村通”工程	产业扶贫	小额贷款	技能培训	牧区扶贫工程	退耕还林还草	移民搬迁	“两免一补”	教育扶贫
表示满意的比例	汉族	81.8	76.0	83.1	77.6	86.9	70.6	67.4	68.5	63.1	70.3	71.5	92.6	80.6
	少数民族	81.5	80.9	78.5	70.1	87.0	77.1	74.0	72.6	75.9	63.5	71.8	91.4	86.4
	总体	81.6	78.8	80.2	73.0	87.0	74.8	71.2	71.1	72.0	66.6	71.7	91.8	84.5
满意度评价得分	汉族	2.7	2.5	2.6	2.5	2.7	2.4	2.4	2.4	2.2	2.5	2.3	2.7	2.4
	少数民族	2.9	2.7	2.9	2.8	3.0	2.6	2.6	2.6	2.4	2.7	2.6	2.9	2.8
	总体	2.8	2.6	2.8	2.7	2.9	2.6	2.5	2.5	2.3	2.6	2.5	2.8	2.7

说明：扶贫项目满意度评价的赋分办法如下：评价为“非常满意”得4分，“满意”得3分，“不满意”得2分，“很不满意”得1分，“不确定”得0分。

（三）社会保障

当前我国已经建立了完整的社会保障体系，城乡居民社会养老保险、城乡居民社会医疗保险、大病保险、城乡最低生活保障、医疗救助、教育救助、住房救助、临时救助以及高龄津贴、妇女儿童福利等项目实现了对城乡居民生命周期的全覆盖。

表1-6　农村居民受访者对社会保障制度表示满意的人数占比及满意度评价得分　单位：%、分

	新型农村合作医疗	城乡居民社会养老保险	农村五保	农村低保	高龄津贴
总体	81.6	76.7	43.7	58.3	56.4
汉族	75.5	69.6	31.7	47.6	40.6
少数民族	85.3	81.5	53.7	65.7	67.2
满意度评价得分	1.8	1.7	1.3	1.6	1.4

说明：农村社会保障项目满意度评价赋分办法为："满意"得3分，"一般"得2分，"不满意"得1分。

调查表明，农村受访者对新农合（多数地区已经合并为城乡居民社会医疗保险）、城乡居民社会养老保险、农村低保、农村五保和高龄津贴的满意度评价普遍较高，上述五项社会保障项目满意度平均得分分别为1.8分、1.7分、1.6分、1.3分和1.4分；少数民族农村受访者对农村社会保障项目的满意度评价均要高于汉族农村受访者。从城镇受访者的评价来看，总体而言，城镇受访者对城乡居民社会养老保险、城乡居民医疗保险和城镇低保的满意度评价得分要低于农村受访者对农村社会保障项目的评价。此外，少数民族城镇受访者的评价也相对高于汉族受访者，但差距不大。

（四）公共服务获取情况

在问及"在本县和本乡镇内常用的出行方式及交通工具"时，受访者选择步行的占35%，选择摩托车和公交车的占38%和31%，选择小轿车的占24%。总体而言，摩托车和公交车仍然是民族地区城乡居民在县域内流动的交通工具。但就地区而言，四川和西藏的受访者选择步行的比例达到了60%和43%，为各地区中最高。新疆和内蒙古的受访者中，仍有较高比例选择小轿车进行县域内流动。

在离公共基础设施的距离方面，少数民族家庭相对要比汉族家庭承担

更高的交通成本才能到达相应的公共基础设施并获取服务。从居住地到幼儿园需要跑 3 公里以上的汉族受访家庭占 20%，而少数民族受访家庭则占 37%；其中需要跑 10 公里以上路程的少数民族家庭占比是汉族的 3 倍（18%与 6%）。从居住地到中学需要跑 3 公里以上的少数民族受访家庭占 51%，而汉族受访家庭则为 33%；其中少数民族受访家庭需要跑 10 公里以上的比例为 20%，而汉族受访家庭仅为 7%。在医院、派出所、活动中心、运动场所、农贸市场等基础设施的距离方面，少数民族受访家庭也要比汉族受访家庭跑更远的路才能获取相应的服务。另外，在离邮局和信用社的距离方面，少数民族受访家庭则明显要比汉族受访家庭跑更远的路。尤其是在距离为 10 公里以上的占比中，少数民族受访家庭占比是汉族受访家庭的 3 倍左右。

受访者对上述公共基础设施的使用效果满意度评价比较一般，受访者对所列的 11 项公共基础设施使用效果表示满意的比例基本在 50%左右。少数民族受访者对教育设施、卫生机构的使用效果表示满意的人数比例相对要高于汉族受访者，农村受访者的满意度评价则要显著低于城镇居民受访者。

四　社会生活与城镇化

（一）日常休闲娱乐方式

总体而言，民族地区受访者的休闲活动类型较为单一，仍以看电视、朋友聚会等传统方式为主。问卷分析表明，2015 年民族地区受访者休闲时经常参与的活动中，前两项依次是看电视（电影）、朋友聚会，占比分别为 77%和 53%。选择文体活动和上网的受访者也均超过五分之一，分别为 26%和 22%。选择在休闲之余参与宗教活动或者读书学习的比例则分别仅为 12%和 11%。男性受访者与女性受访者在休闲活动方式上差别不大。与汉族受访者相比，少数民族受访者休闲时间参与宗教活动的人数比例更高，而选择上网的人数比例则较低。得益于基本公共服务资源较多和经济生活条件较好，城镇居民受访者的休闲生活明显要好于农村居民受访者。城镇居民受访者在朋友聚会、文体活动、上网、读书学习方面的人数比例均更高。相比而言，农村居民受访者休闲时间参与宗教活动的人数比例则相对更高。

表 1-7　2015 年受访者休闲时间经常参与的活动　单位：%

	看电视（电影）	朋友聚会	文体活动	上网	宗教活动	读书学习
总体	77	53	26	22	12	11
男性	76	53	26	21	12	12
女性	79	53	28	24	11	9
少数民族	78	53	26	21	13	11
汉族	74	53	26	36	2	15
农业户籍	78	51	24	16	13	8
非农户籍	75	59	32	36	8	18
29 岁及以下	71	63	29	43	13	19
30—39 岁	78	52	26	24	10	11
40—49 岁	78	51	26	15	9	7
50—59 岁	84	49	25	11	13	10
60 岁及以上	78	46	25	7	18	7

说明：由于问卷题目设置的是多项选择题，为方便比较，此处以一张表格进行展示，因此不再单独每个题目列出频次与总体值。

再从年龄层来看，年龄越小的受访者休闲之余选择朋友聚会、上网的比例越高；29 岁及以下受访者这两项的人数比例高达 63%和 43%。同时，年轻受访者休闲时选择读书学习的比例总体上也更高，参加宗教活动的人数比例则更低。值得注意的是，相比读书学习而言，50 岁以上的受访者选择参加宗教活动的人数比例更高。

（二）城镇化意愿

在问及是否愿意在城镇或城市居住时，农村居民受访者并没有表现出比城镇居民受访者更强的愿望。总体而言，城镇居民受访者和农村居民受访者表示愿意生活在城镇或城市的人数比例分别为 74%和 47%。各年龄段城镇居民受访者愿意生活在城镇的人数比例均在 70%左右，差异不大。29 岁及以下的农村居民受访者希望生活在城镇或城市生活的人占 56%，比 60 岁及以上农村居民受访者高出 16 个百分点。

生活便利、收入高于农村、医疗卫生条件好是受访者愿意在城镇生活最主要的三大理由，占比依次为 57%、19%和 13%。相比而言，城镇居民受访者更看重城镇的生活便利（城乡居民受访者选择该项的占比分别为 61%和 54%），而农村居民受访者则更加看重挣钱机会多（农村和城镇居民受访者选择该项的占比分别为 23%和 13%）。农村 29 岁及以下和 60 岁

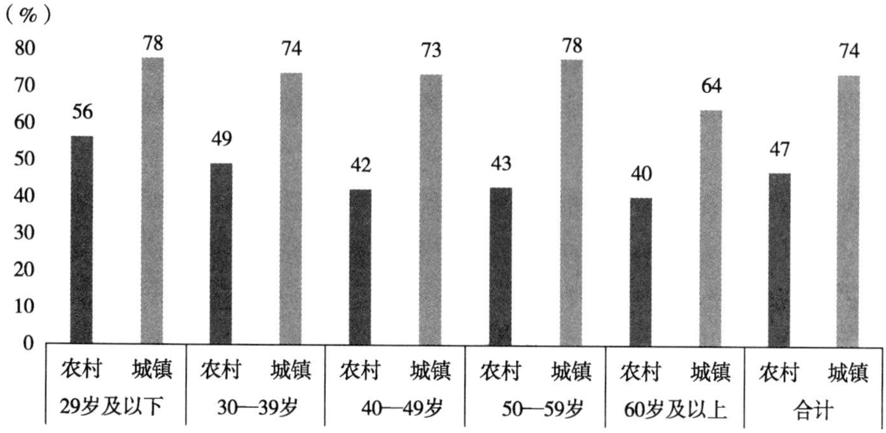

图 1-1　受访者生活在城镇或城市的意愿

及以上两个年龄层的受访者都更加看重城镇的生活便利优势，表达了对基本公共服务更强的需求。由此看出，在新型城镇化进程中，增强城乡基本公共服务的均衡供给应摆在首要位置。

少数民族城乡居民受访者愿意居住在城镇的人数比例均低于汉族受访者。但是，少数民族年轻受访者希望生活在城镇的人数占比要高于汉族年轻受访者。汉族和少数民族不同年龄层的受访者愿意生活在城镇的原因存在结构性差异。这种差异表现为：第一，越年轻的少数民族受访者越看重城镇生活便利度，而汉族受访者在年龄结构上并不存在这一明显趋势。第二，相比少数民族受访者而言，年轻的汉族受访者更看重城镇生活能够让孩子接受更好的教育。相反，中年（30—49 岁）少数民族受访者要比中年汉族受访者更加看重城镇的教育资源优势。第三，29 岁及以下的少数民族受访者也更加重视城镇生活能够带来丰富的文化生活、社会地位的提高、个人能力提升途径更多等方面的优势。第四，60 岁及以上的少数民族受访者则比汉族受访者表达出了获取医疗卫生资源的更强愿望。

总体而言，民族地区的城乡居民对新型城镇化能够带来生活条件、发展环境、社会地位、人力资本积累等方面的好处充满期待。

（三）城市生活的融入性

有进城工作或生活经历的受访者对城市不习惯的地方排在前三位的依次是：各类开销多经济压力大、人际关系冷漠、老人养老和孩子教育问题难解决。男女受访者对城市生活不习惯的内容的排序无明显差异。但是汉族受访者和少数民族受访者的评价存在一定差异，50%的汉族受访者认为在城市生活经济压力大（少数民族受访者持此观点的比例为39%）；4%的少数民族受访者认为在城市中由于自身文化水平和技能低，难以找到满意的工作，而汉族受访者持此观点的仅占1%。

总体而言，民族地区汉族受访者不习惯的内容比较集中，分别为经济压力大，城市太大、生活不方便。而维吾尔族、纳西族和白族则分别有29%、21%和13%的受访者认为在城市生活会面临人际关系淡漠的问题，明显高于其他民族。独龙族、藏族、哈尼族、怒族等西南地区的少数民族受访者和回族受访者均有30%以上的人认为最不习惯城市的地方是“城市太大，生活不方便”。

表1-8　有进城工作或生活经历的受访者对城市不习惯的地方（排在第一位的原因）

单位：%、次

	城市太大，生活不方便	经济压力大	人际关系淡漠	住房拥挤	收入和社会地位低	工作中的规矩、管制多	文化水平和技能低，难以找到满意的工作	养老、教育问题难解决	其他	总体	频次
总体	30	40	6	6	5	1	4	2	6	100	2139
汉族	27	50	5	6	4	1	1	2	4	100	202
蒙古族	28	31	2	5	3	1	4	1	25	100	157
回族	34	33	5	2	5	0	10	3	8	100	246
藏族	37	35	7	11	4	1	2	2	1	100	498
维吾尔族	14	46	29	9	0	0	0	2	0	100	35
苗族	24	43	5	11	3	3	5	0	6	100	37
彝族	25	44	4	3	8	0	6	4	6	100	262
白族	20	48	13	2	0	2	4	11	0	100	46
哈尼族	33	44	0	8	6	4	0	5	0	100	48
哈萨克族	20	38	7	10	13	1	6	3	2	100	88
黎族	25	53	2	4	4	1	4	2	5	100	166
傈僳族	24	46	8	4	2	1	6	0	9	100	85
拉祜族	28	43	6	1	9	3	6	4	0	100	80
纳西族	17	48	21	3	7	3	0	0	1	100	29
怒族	32	45	4	9	2	2	2	2	2	100	47
独龙族	44	24	6	0	0	0	3	0	23	100	34
其他民族	38	39	4	6	6	3	4	0	0	100	79

五　资源环境与生态保护

（一）退耕还林

受访家庭在2015年实施过退耕（牧）还林（草）的比例是43%，其中宁夏（72%）、四川（63%）、云南（46%）的受访家庭中所在地区实施了退耕（牧）还林（草）的比例相对较高。从实施程度来看，受访地区退耕（牧）还林（草）的推广面积基本趋于稳定，大幅度增加面积的情况相对较少。34%的受访者表示从起始年份至今，家庭累计实施面积相比其他农户而言在减少；32%的受访家庭的累计实施面积则与其他农户基本持平。

在问及退耕（牧）还林（草）对环境保护的作用时，宁夏、内蒙古、四川分别有63%、56%、51%的人认为退耕（牧）还林（草）已经遏制了土地或草场退化；而西藏、新疆、云南、海南的受访者则有占多数的人认为时间太短没有对当地环境产生明显改观，但时间长了肯定会有好的效果。从各个地区受访者的评价来看，退耕（牧）还林（草）的环保作用还需要从长期进行评估；但对西北的草原、戈壁地貌，以及南方坡度很大的地貌的植被改善作用比较明显；尤其是在防风固沙、保持植被等方面的环保效果最为直接。

除了产生直接的环保效果之外，退耕（牧）还林（草）补贴作为一项政府转移支付也对参与该政策的家庭的收入产生了一定的积极作用。32%的人表示实施退耕（牧）还林（草）后，家庭收入有所提高；认为退耕（牧）还林（草）导致家庭收入下降的人占19%，认为对家庭经济收入没有啥影响的占30%。少数民族受访者认为该政策使家庭收入增加的人数占比要略高于汉族，分别为33%和27%。

由于退耕（牧）还林（草）的补贴资金无法100%替代农户放弃原有农业生产的损失，因此会给农户造成阶段性的家庭收入下降的情况。这则需要在退耕（牧）还林（草）过程中加强技能培训和产业转型，增加农户新的增收渠道。但是，退耕（牧）还林（草）户的职业培训状况并不乐观。问卷分析表明，仅有34%的家庭接受过职业培训。其中，22%的人接受了种植业技能培训，16%的人接受了造林种草培训，19%的人接受了畜牧业、养殖业培训，6%的人接受了外出务工技能培训。

对于退耕（牧）还林（草）政策的调整走向，57%的受访者认为应该扩大面积并提高补贴标准，24%的人建议保持现状，仅有4%的人建议停止执行该项政策，15%的人则表示不清楚。总体而言，大多数受访者希望退耕（牧）还林（草）政策能够继续实施并产生更加积极的增收效应。

（二）生态环境保护观念

绝大多数受访者都认同应该加强生态环境保护。97%以上的人均同意“大自然很容易被破坏，需要人类开发使用中加强保护”“万物与人类一样都有生命”“为了子孙后代的生存和发展必须大力保护环境”“为了继承先人和本民族传统，必须平衡好开发利用与保护资源环境的关系”的理念。而反对“为了加快致富发展，人类没必要考虑环境约束问题”“为了当地经济发展和解决就业，需要大规模开发自然资源”的受访者也达到了73%和64%。年轻受访者支持加大资源开发力度的比例相对较高。

在对生态环境的评价中，深处四川大凉山的甘洛县受访者有14%的人表示所处地区的生态环境不好，对生产生活造成了重大影响。而其他地区受访者对当地生态环境的评价也相对不高。西藏、新疆受访者中有50%左右的人认为当地生态环境一般。内蒙古、海南、云南、宁夏也均有超过三分之一的受访者表示当地生态环境一般。不过，各地区的受访者普遍认为20年后当地的生态环境状况会有改善。在内蒙古等7个省区中，受访者对20年后当地生态环境会变好的人数比例均要高于认为20年前当地生态环境状况为好的人数比例。

表1-9　受访者对20年前后生态环境状况的评价　单位:%、次

	20年前当地的生态环境状况					20年后当地的生态环境状况				
	好	一般	不好	总体	频次	好	一般	不好	总体	频次
总体	52	28	20	100	4621	60	31	9	100	4621
内蒙古	43	32	25	100	872	69	23	8	100	872
海南	70	22	8	100	394	47	36	17	100	394
四川	38	26	36	100	491	65	25	10	100	491
云南	65	25	10	100	1223	53	36	11	100	1223
西藏	65	28	7	100	412	67	32	1	100	412
宁夏	38	33	29	100	435	71	23	6	100	435
新疆	43	33	24	100	794	55	34	11	100	794

受访者对地方政府的生态环境保护工作总体评价不高，工作效果评价

得分均在2分（不好）左右。在所列的五项工作效果维度中，地方政府在生态保护措施和法规方面获得的评价得分为各项中最高；而受访者对政府处罚违法违规环境事件的工作效果评价总体不高。少数民族受访者对地方政府生态环境保护的工作效果评价总体上要好于汉族受访者。农村受访者的评价则要好于城镇受访者。从地区比较来看，西藏受访者对五项工作效果评价得分均在2.5分左右。随着环保部向我国重要流域沿线省份、矿产资源开发程度深的省份陆续派出巡视组开展环保督查工作，民族地区各级政府在环境治理方面的力度将持续增强，生态环境保护工作效果也将越发明显。

表1-10　受访者对地方政府生态环境保护工作效果的评价　单位：分

	生态保护措施和法规	环境保护投入力度	违法违规环境事件的处罚	公众参与环境保护的宣传动员	对公众自发制止影响环境的资源开发的态度
总体	2.23	2.15	2.02	2.08	1.98
少数民族	2.30	2.22	2.09	2.14	2.04
汉族	2.08	2.00	1.87	1.97	1.87
农村	2.25	2.19	2.07	2.09	2.01
城镇	2.19	2.07	1.92	2.06	1.93
内蒙古	2.04	1.98	1.95	1.98	1.90
海南	2.16	2.03	1.75	1.84	1.74
四川	2.09	2.06	1.97	1.96	1.97
云南	2.37	2.23	2.07	2.17	1.97
西藏	2.55	2.60	2.56	2.52	2.45
宁夏	2.44	2.25	2.11	2.15	2.15
新疆	2.04	2.01	1.84	1.98	1.87

说明：生态环境保护工作效果评价得分赋值办法如下："好"得4分，"一般"得3分，"不好"得2分，"不清楚"得1分。

六　民族政策

问卷调查问及了受访者对计划生育政策、高考加分政策、双语教育政策效果的评价。

（一）对民族特殊优惠政策满意度总体评价

总体而言，73%的受访者对当前国家实施的民族特殊优惠政策表示满意，表示不满意的受访者仅占 8%。农村居民受访者对民族特殊优惠政策的满意度评价要略高于城镇居民受访者。少数民族受访者的评价则要显著好于汉族受访者，表示满意的受访者比例分别为 80%和 60%。29 岁及以下受访者表示满意的人数比例在各年龄段中为最低（69%），表示不满意的人数比例则在各年龄段中最高（10%）。汉族受访者对当前我国实施的民族特殊优惠政策满意度最低（60%），而维吾尔族（66%）、彝族（68%）、白族（65%）受访者的满意度评价也要显著低于其他的民族受访者。

（二）对计划生育政策效果评价

长期以来，我国针对少数民族和民族地区实行了部分内容差别化的计划生育政策，民族地区的少数民族和汉族家庭的子女生育自主意愿得到充分保障，促进了各民族人口数量的较快增长和人口素质的快速提升。总体而言，62%的受访者认为针对少数民族和民族地区的计划生育政策效果很好。但差别化的政策内容也引起了不同区域、不同群体对政策的争议。城镇居民受访者认为政策效果好的人数比例要比农村居民受访者低 9 个百分点。汉族受访者认为政策效果好的人数比例也要显著低于少数民族受访者，人数比例分别为 52%和 67%。值得注意的是，29 岁及以下受访者对计划生育政策效果评价为各年龄段中最低。从各民族受访者的评价来看，白族、纳西族、汉族、维吾尔族受访者对计划生育政策效果的评价最低，表示效果好的人数比例依次为 33%、44%、52%和 55%。各民族受访者对计划生育政策的评价并没有表现出明显的趋势性特点。

表 1-11　　受访者对目前针对少数民族地区及少数民族实行计划生育政策效果评价

单位:%、次

	好	一般	不好	不清楚	总体	频次
总体	62	18	7	13	100	4666
农业户籍	65	16	5	14	100	2975
非农户籍	56	21	9	14	100	1673
少数民族	67	18	6	9	100	3063
汉族	52	18	9	21	100	1603
29 岁及以下	54	23	7	16	100	1030
30—39 岁	62	19	7	12	100	1068
40—49 岁	63	17	8	12	100	1282

续表

	好	一般	不好	不清楚	总体	频次
50—59 岁	65	17	5	13	100	753
60 岁及以上	73	10	5	12	100	516
汉族	52	18	9	21	100	1603
蒙古族	67	11	8	14	100	278
回族	71	19	5	5	100	412
藏族	59	22	6	13	100	696
维吾尔族	55	8	10	27	100	40
苗族	71	20	0	9	100	56
彝族	68	13	9	10	100	394
白族	33	44	7	16	100	55
哈尼族	70	24	2	4	100	84
哈萨克族	82	15	0	3	100	151
黎族	69	18	4	9	100	207
傈僳族	73	14	3	10	100	149
拉祜族	70	18	6	6	100	164
纳西族	44	36	11	9	100	36
怒族	79	16	2	3	100	94
独龙族	90	8	2	0	100	80
其他民族	64	19	10	7	100	167

受访者也对计划生育政策的调整给出了建议。总体而言，53%的人建议全国各地区各民族实行内容及标准相同的生育政策，不再区分民族和地区因素。16%的人则建议当前应该将全国城市地区的生育政策内容实行统一。21%的人建议废除现行计划生育政策中有关限定生育子女数量的内容，完全改由家庭自主决定。

具体而言，城镇居民受访者更希望从地区公平的角度将城市地区各民族适用的生育政策进行统一，而农村居民受访者希望进一步取消计划生育政策的人数比例要高于城镇居民受访者。结合汉族和少数民族受访者的比较发现，农村地区的少数民族受访者对取消计划生育政策的呼声相对最为强烈。年轻受访者则更多的是从地区公平的角度来思考计划生育政策的调整。受访者所属的年龄层越低，支持将全国城市地区的生育政策内容实行统一的人数比例则越高。尽管各民族受访者给出的调整建议差异较大，但总体而言，各民族受访者的主流建议仍然是“全国各地区各民族一样”。

（三）民族地区和少数民族高考加分政策

少数民族和民族地区的高考加分政策近几年越来越受到社会关注，关注的核心焦点是加分标准的公平性。随着一些民族地区的城镇化水平不断提高，教育资源的投入不断增加，在这些民族地区的少数民族和汉族都拥有相同的教育环境，接受教育的“起点”和“过程”基本一致，因此在这些地区生活的少数民族家庭子女参加学历考试时享受加分优惠备受争议。

总体来看，受访者对针对民族地区和少数民族的高考加分政策表示满意的人数占比均为70%，明确表示不满意的受访者仅占9%。具体而言，农村居民受访者对高考加分政策的评价更高，比城镇居民受访者高出4个百分点。少数民族受访者的评价则要远远高出汉族受访者24个百分点；汉族对针对民族地区和少数民族的高考加分政策不满意的人数占比均高达17%。

问卷同时问及了受访者“如果是少数民族且长期在城市居住，其子女高考是否应该加分”的问题。总体上仍有59%的受访者认为应该继续享受加分政策，认为不应该的受访者占18%。相对而言，城镇居民受访者认为不应该继续加分的人数占比更高（24%），比农村居民受访者高出9个百分点。这与当前民族地区城乡教育资源分布差距大有关。农村地区学生教育资源获取能力较弱，父母从增强人力资本积累和打破贫困代际循环的角度，依然希望子女在学历教育方面获得扶持。对于这种态度应该辩证对待，一方面要理解农村父母希望通过教育改善生活状况的迫切愿望；另一方面也要积极宣传和引导群众增强城市地区教育资源公平享受的理念。

相对而言，汉族有30%的人主张不应该继续对长期居住在城市的少数民族家庭子女给予高考加分，而少数民族受访者认为不应该的人仅占11%。少数民族受访者希望持续享受高考加分政策的愿望更迫切。但一个积极现象是，年轻受访者认为不应该继续加分的人数占比要高于年长受访者。作为高考经历者，年轻受访者对于教育公平的理解更加客观、理性。

（四）双语教育政策效果评价

我国民族区域自治法规定，少数民族有使用本民族语言文字的权利。

同时为促进各民族交流和公共服务事业的开展，国家在全国推行普通话，并在民族地区实施双语教育政策，以提升少数民族掌握普通话和书写汉字的能力。问卷分析表明，大部分（74%）受访者愿意将子女送到双语学校学习。蒙古族、回族、藏族、维吾尔族、彝族、哈尼族、哈萨克族、傈僳族、拉祜族、纳西族、怒族和独龙族的受访者均有70%的人表示愿意送子女到双语学校学习接受双语教育。

对于会说普通话好处的理解，48%的受访者认为会说普通话对工作生活各方面都有好处，44%的人则认为方便与其他民族交往，也有4%的人认为会说普通话方便做买卖。总体而言，民族地区受访者普遍认同普通话在生活工作中的综合作用。

受访者对所在地区双语教育实施效果评价普遍较高。68%的受访者认为双语教育效果很好，25%的受访者则认为效果一般，只有7%的受访者认为效果不好。但值得注意的是，29岁及以下受访者认为双语教育效果好的人占比为各年龄段中最低（60%）。在各民族受访者评价中，维吾尔族、彝族受访者认为双语教育效果很好的比例为各民族中相对较低。

语言作为交流交往交融的基础工具，绝大多数受访者都认识到了掌握普通话的重要性。并且随着我国基本公共服务均等化和各项公共政策、社会政策的深入推进，民族地区的干部、公共部门工作人员、公共服务提供者与少数民族家庭和个人的联系越发密切。因此，民族地区受访者普遍认为在少数民族地区工作的干部很有必要学习和掌握当地的民族语言。只有这样，干部才能在推进依法治国、处理利益纠纷、递送社会服务的过程中真正实现精准治理、精准调解、精准服务。

七 民族关系与民族认同

（一）民族关系评价

1. 民族关系状况评价

总体而言，受访者对本地三个时期的民族关系状况评价均要好于对全国范围三个时期的民族关系评价。而且从民族关系评价的得分情况来看，受访者对全国范围和本地三个时期的民族关系评价依次升高。就全国范围来看，受访者认为三个时期全国范围的民族关系好的比例依次为56.1%、60.9%和69.5%。受访者认为本地民族关系为好的人数比例依次为62.4%、68.7%和76.5%。

表 1-12 受访者对全国和本地不同时期民族关系评价为好的人数占比 单位：%

		全国范围			本地（本县、市）		
		改革开放前	改革开放以来至2000年	2001年以来	改革开放前	改革开放以来至2000年	2001年以来
总体		56.1	60.9	69.5	62.4	68.7	76.5
少数民族	29岁及以下	59.9	60.5	63.9	68.1	70.7	73.4
	30—39岁	55.4	59.6	69.7	61.9	66.9	75.8
	40—49岁	53.8	60.0	69.8	60.9	68.9	75.5
	50—59岁	53.5	59.8	67.5	58.2	65.2	71.9
	60岁及以上	62.7	67.4	73.8	70.1	73.9	77.6
汉族	29岁及以下	47.9	57.5	73.3	51.9	62.2	81.1
	30—39岁	59.0	68.3	74.1	62.9	72.6	80.2
	40—49岁	56.1	59.8	68.9	61.7	68.3	78.0
	50—59岁	56.9	59.2	72.1	60.7	64.9	79.5
	60岁及以上	54.8	54.5	64.2	60.7	71.8	79.1
农村		56.4	61.7	69.6	62.5	69.8	76.0
城镇		55.6	59.5	69.3	62.0	66.6	77.5
未上学		55.9	64.3	74.1	63.2	70.5	79.8
小学		55.8	59.0	66.1	63.1	69.6	74.3
初中		57.3	62.6	70.4	63.3	68.5	76.2
高中		54.7	59.2	71.3	58.6	68.4	76.1
本科及以上		56.1	59.1	67.0	62.3	66.6	77.4
汉族		55.2	60.4	70.8	59.8	67.9	79.4
蒙古族		56.7	54.7	67.7	53.8	61.1	71.4
回族		59.0	69.9	82.8	63.2	73.3	84.5
藏族		58.8	60.1	68.8	65.7	68.7	73.9
维吾尔族		40.9	59.1	67.7	50.0	63.0	85.7
苗族		67.9	59.1	76.5	67.6	77.1	80.8
彝族		49.2	59.3	76.0	56.7	65.5	76.2
白族		54.3	56.4	42.9	75.5	76.9	70.6
哈尼族		59.7	57.7	41.4	70.9	70.7	55.6
哈萨克族		49.2	68.1	71.8	56.3	77.2	83.8
黎族		58.0	60.2	83.4	48.9	58.9	81.4

续表

	全国范围			本地（本县、市）		
	改革开放前	改革开放以来至2000 年	2001 年以来	改革开放前	改革开放以来至2000 年	2001 年以来
傈僳族	61.2	60.5	49.2	70.7	67.6	69.4
拉祜族	59.8	56.3	50.0	69.7	73.1	67.5
纳西族	64.0	68.0	41.7	73.5	81.8	60.6
怒族	61.9	59.7	47.0	73.6	69.2	57.3
独龙族	58.5	51.4	48.5	71.4	69.1	61.8
其他民族	57.1	43.8	50.0	53.8	60.0	75.0

从年龄来看，29 岁及以下的少数民族受访者对全国和本地民族关系的评价要好于同年龄段的汉族受访者。从城乡来看，农村居民受访者的评价总体上要略好于城镇居民受访者。一方面，农村各民族历来形成的乡村社会关系较为稳定，内部的交流交往交融程度更深；另一方面，农村地区外来人口相对较少，当地各民族与外来人口及其他民族社会成员的利益冲突较少发生，民族关系相对更为融洽。

从具体民族受访者评价来看，改革开放以来，各族人民对全国和当地民族关系的评价有显著提升，各民族受访者对改革开放以来至 2000 年的民族关系评价显著好于对改革开放前民族关系的评价。21 世纪以来，民族地区的民族关系总体上继续趋好，各民族受访者认为 2001 年以来当地民族关系为好的人数比例大多在 70%以上。其中，维吾尔族、哈萨克族、回族等受访者均有超过 80%的人认为当地民族关系为好。

2. 对外来人员的欢迎度

总体而言，受访者对离本地距离越近的外来人口的欢迎度越高。了解程度与熟悉程度是影响民族地区受访者对外来流入人员欢迎度的重要因素。受访者对“县外省内的外来流入人员”“省外国内的外来流入人员”“外国人”明确表示欢迎的比例依次为 84%、82%、78%。从各地区受访者评价来看，98%的西藏本地户籍受访者对三类外来流入人员的欢迎度明显要高于其他地区。新疆、云南、宁夏等地受访者对外来人口的欢迎度也普遍较高。而内蒙古的受访者中有 20%左右的人表示对于上述三类外来流入人员的欢迎度要视情况而定，明确表示欢迎的受访者仅占 60%左右。

农村居民受访者对外来流入人员的欢迎度略高于城镇居民受访者，城镇居民受访者认为要视情况而定的人数比例则要远高于农村居民受访者。少数民族受访者对外来流入人员的欢迎度显著高于汉族受访者，对上述三类人员明确表示欢迎的人数比例均比汉族受访者高出10个百分点。各年龄段受访者对外来流入人员的欢迎度差异不大，但年轻受访者中对外来流入人员表示要视情况而定的比例较高。

在表示不欢迎的受访者看来，最主要的理由是担心外来流入人员会导致本地人就业机会减少。排在第二位的理由是外来人员赚走了本地人的钱但对当地没有贡献，第三大理由则是外来流入人员破坏了当地的资源等自然环境。由此看出，对资源的排他性占用与不公正分配是民族地区群众不欢迎外来流入人员的主要原因。如何在国家资源开发中实现利益共享和生态保护，是消除民族地区部分群众存在上述担忧的着力点。在表示欢迎的受访者中，则有超过80%的人认为外来流入人员增加了当地的投资、开阔了当地人的眼界、增强了民族间的交往、弘扬了本地的民族文化、扩大了当地的就业机会。

3. 朋友中其他民族朋友的数量

总体而言，受访者亲密往来的朋友中，来自其他民族的朋友数量平均为5.1个；而最好的3个朋友中就有1个是来自其他民族。父亲及其兄弟姐妹的配偶中，来自其他民族的数量比例平均为6.4%。由此表明，受访者与其他民族通婚程度要弱于与其他民族交友的程度。男性受访者比女性受访者平均多1个其他民族的朋友。少数民族受访者亲密往来的其他民族朋友数的平均值也要比汉族受访者高。城乡居民受访者在朋友中其他民族朋友数量方面没有显著差异。随着受教育水平的增加，以及跨区域求学、就业的流动频次增加，年轻受访者与其他民族群众结成亲密朋友的概率较高。29岁及以下受访者亲密往来的其他民族朋友数平均达到6个。

表1-13　朋友中其他民族朋友的数量　单位：个

	亲密来往的其他民族朋友数	最好的3个朋友中有几个是其他民族	父亲和他的兄弟姐妹及其配偶的总数多少人	其中有几人是非本民族
总体	5.1	1.1	8.1	0.5
男性	5.6	1.2	8.3	0.5
女性	4.4	1.0	7.8	0.5

续表

	亲密来往的其他民族朋友数	最好的 3 个朋友中有几个是其他民族	父亲和他的兄弟姐妹及其配偶的总数多少人	其中有几人是非本民族
少数民族	5.5	1.2	8.3	0.6
汉族	4.3	0.9	7.7	0.4
农业	5.1	1.0	8.2	0.5
非农	5.0	1.3	7.9	0.6
29 岁及以下	6.0	1.4	8.3	0.7
30—39 岁	4.7	1.0	8.4	0.5
40—49 岁	5.3	1.0	7.8	0.4
50—59 岁	4.3	1.0	8.2	0.6
60 岁及以上	5.0	0.9	7.4	0.4
未上学	3.5	0.6	7.5	0.3
小学	4.9	0.9	7.8	0.5
初中	5.9	1.1	8.1	0.5
高中	6.1	1.3	8.4	0.6
大专	4.5	1.3	8.6	0.6
本科及以上	5.0	1.6	8.4	0.9

4. 与其他民族交往的意愿

问卷从聊天、成为邻居、一起工作、成为亲密朋友、结为亲家五个维度测量了受访者主动与其他民族进行社会交往的意愿程度。总体而言，无论是汉族还是少数民族，主动与其他民族聊天、成为邻居、一起工作、成为亲密朋友、结为亲家的意愿呈逐渐降低趋势。其中，汉族受访者表示愿意和少数民族结为亲家的人数占比为 40.5%；而少数民族愿意和汉族及其他少数民族结为亲家的人数占比则更低，分别为 30.7% 和 31.9%。但相比汉族受访者而言，少数民族受访者主动与其他民族进行除结为亲家之外的社会交往的意愿更强。男性和女性在与其他民族交往意愿上没有显著差异。城镇汉族受访者愿意主动与少数民族进行五项社会交往的意愿均强于农村汉族受访者。各年龄段受访者的评价表明，29 岁及以下汉族受访者愿意和少数民族结为亲家的人占 44.6%，显著高于同年龄段的少数民族受访者。汉族年轻人主动跨族通婚的积极性相对更大。

表 1-14　受访者表示愿意主动与其他民族进行交往的人数占比

单位：%

	汉族主动和少数民族有以下交往的意愿程度					少数民族主动和汉族有以下交往的意愿程度					少数民族主动和少数民族有以下交往的意愿程度				
	聊天	成为邻居	一起工作	成为亲密朋友	结为亲家	聊天	成为邻居	一起工作	成为亲密朋友	结为亲家	聊天	成为邻居	一起工作	成为亲密朋友	结为亲家
总体	85.4	80.8	83.3	76.0	40.5	89.2	85.6	87.5	79.4	30.7	86.3	84.7	85.1	78.9	31.9
男	84.0	78.5	80.7	75.6	33.1	89.2	85.9	88.0	79.7	30.7	86.8	84.7	85.7	79.1	32.5
女	87.2	83.6	86.4	76.4	49.6	89.1	85.2	86.8	79.0	30.6	85.6	84.6	84.2	78.6	31.2
农业	82.9	78.7	80.9	72.4	34.9	89.0	85.7	87.8	79.2	30.9	85.7	84.1	84.5	77.5	30.8
非农	88.5	83.1	86.0	80.1	48.2	90.0	85.5	87.2	80.6	30.5	88.4	86.7	87.0	83.0	35.5
29岁及以下	89.1	81.3	85.9	71.9	44.6	89.5	86.5	88.7	82.6	28.1	87.1	86.0	86.7	81.5	28.7
30—39岁	88.7	77.4	83.0	81.1	31.4	89.3	85.4	87.2	78.9	30.0	88.0	84.1	85.6	78.9	32.0
40—49岁	88.5	84.7	88.2	77.6	42.4	89.6	86.3	87.9	80.1	32.3	85.7	85.3	85.1	79.0	32.9
50—59岁	77.9	77.6	80.0	76.3	40.8	89.0	83.9	86.0	74.7	29.0	83.7	82.5	82.5	74.0	31.3
60岁及以上	82.9	82.4	73.5	70.6	41.2	87.7	84.6	87.0	78.9	37.1	85.5	84.4	83.9	80.1	38.7

（二）民族认同

1. 民族身份排序

总体而言，受访者对国家的认同相对要强于对本民族的认同。在被问及“如果外国人问您的民族身份，您的排序为”时，69%的受访者给出的排序是“中国人、本民族”，16.7%的受访者给出的排序为“中国人和本民族不分先后”，仅有 9.4%的受访者给出的排序是“本民族、中国人”。

但是少数民族和汉族各年龄层受访者的排序存在差异。少数民族 29 岁及以下受访者排序为“本民族、中国人”的比例要比同年龄段的汉族受访者高出 7.2 个百分点。汉族和少数民族 29 岁及以下受访者排序为“中国人和本民族不分先后”的比例则相差不大，分别为 22.6%和 19.2%。少数民族 30 岁及以上的受访者排序为“中国人、本民族”的比例则低于同年龄段的汉族，而排序为“中国人和本民族不分先后”的比例则要高于同年龄段的汉族。

再从各民族的评价来看，黎族、苗族、回族、白族和独龙族的受访者排序选择“中国人、本民族”的人数比例要高于汉族受访者。藏族受访者选择“中国人、本民族”排序的人数比例与汉族受访者基本相同，其余少数民族受访者选择“中国人、本民族”排序的人数比例则低于汉族受访者。哈萨克族、哈尼族、拉祜族三个民族的受访者选择“中国人和本民族不分先后”的人数比例为各民族中最高。其他各个民族受访者中也均有 10%—25%的人选择了“中国人和本民族不分先后”。

受访者普遍将中国人的身份排在本民族身份之前，对国家的认同感普遍强烈。同时，各民族受访者中也有比例不等的人表达出了国家认同和本民族认同同等重要的意见。尽管也有彝族、拉祜族、独龙族等居住在边境地区或偏远地区的少数民族受访者中有相对较高比例的人选择了“本民族、中国人”，但对于这个问题，要辩证地看待。一方面，需要看到这种本民族认同的增强并没有削弱受访者的国家认同；另一方面，国家也要进一步加强兴边富民工程工作效果，增强民族政策等的惠民效果。做好惠及偏远地区各族群众，尤其是人口较少民族群众的民族工作，提升他们在参与扶贫开发、基本公共服务均等化、社会保障中的获得感、幸福感，以此来不断增强各民族对国家和中华民族的认同。

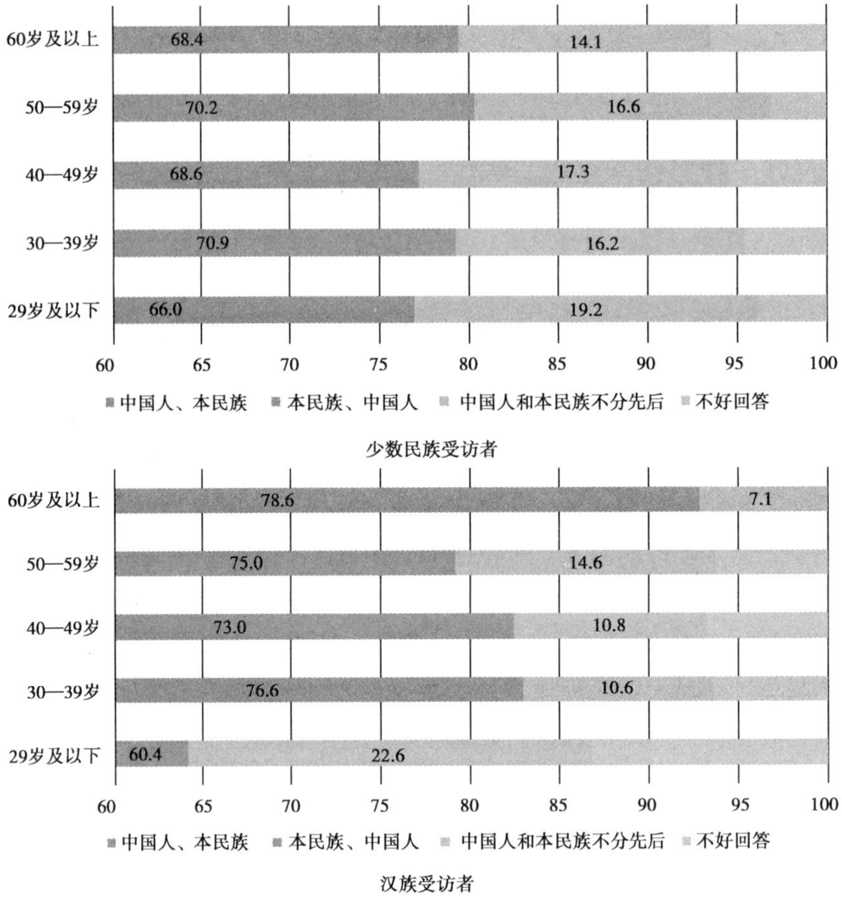

图1-2　受访者对中国人和本民族的排序情况（单位:%）

2. 公民身份、民族身份与本地人身份排序

在公民身份与民族身份的重要性比较中，总体而言，受访者看重公民身份是主流现象。认为公民身份更重要的受访者占36%，也有近一半的受访者（51%）认为公民身份与民族身份一样重要，认为民族身份更重要的仅占13%。

具体来看，男性与女性受访者在排序上不存在显著差异。但城乡居民受访者的评价则存在一定的不同。城镇居民受访者更认同公民身份的人数比例要比农村居民受访者高11.2个百分点。少数民族受访者认为民族身份比公民身份更重要的人数比例要比汉族受访者高7.5个百分点，认为民族身份和公民身份一样重要的人数比例则要比汉族受访者高8.6个百分

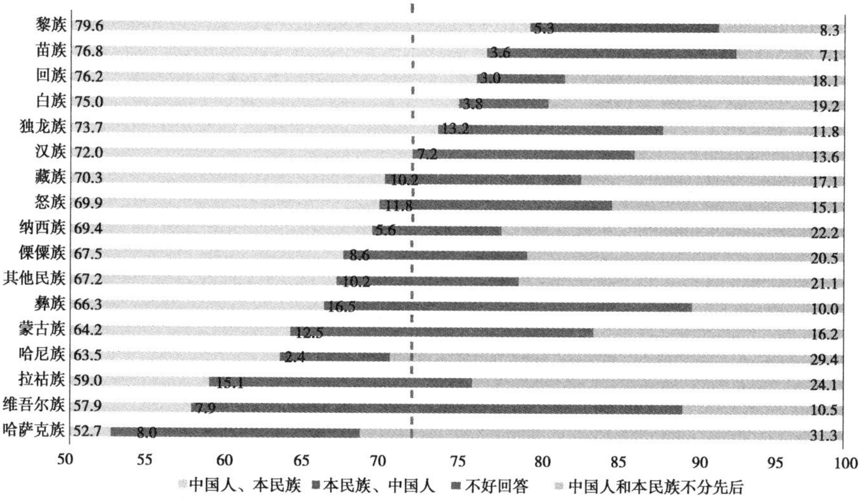

图 1-3　受访者对中国人和本民族的排序情况（分民族）（单位:%）

点。汉族受访者认为公民身份更重要的人数比例要比少数民族受访者高 16.1 个百分点。越年轻的受访者认为民族身份和公民身份一样重要的比例越高，越年长的受访者认为公民身份更重要的比例则越高。

从各民族的评价来看，各个民族大多数受访者普遍认为公民身份更为重要。藏族、回族、蒙古族、白族、哈尼族、哈萨克族、拉祜族、纳西族、怒族有 50%左右的受访者表示民族身份和公民身份一样重要。

表 1-15　受访者对公民身份、民族身份和本地人身份的排序　单位:%、次

	民族身份和公民身份一样重要	公民身份	民族身份	总体	频次		民族身份和本地人身份一样重要	民族身份	本地人身份	总体	频次
总体	51	36	13	100	3264	总体	55	25	20	100	3257
汉族	43	50	7	100	250	汉族	57	21	22	100	249
蒙古族	49	33	18	100	273	蒙古族	58	29	13	100	271
回族	58	24	18	100	408	回族	52	38	10	100	406
藏族	60	30	10	100	696	藏族	60	22	18	100	697
维吾尔族	18	79	3	100	38	维吾尔族	82	5	13	100	38
苗族	43	45	12	100	56	苗族	38	35	27	100	55
彝族	31	44	25	100	401	彝族	33	36	31	100	398

续表

	民族身份和公民身份一样重要	公民身份	民族身份	总体	频次		民族身份和本地人身份一样重要	民族身份	本地人身份	总体	频次
白族	57	39	4	100	51	白族	50	27	23	100	52
哈尼族	57	24	19	100	86	哈尼族	63	17	20	100	86
哈萨克族	62	33	5	100	149	哈萨克族	71	11	18	100	150
黎族	47	43	10	100	206	黎族	56	27	17	100	207
傈僳族	46	46	8	100	151	傈僳族	54	17	29	100	151
拉祜族	62	12	26	100	166	拉祜族	66	18	14	100	164
纳西族	50	44	6	100	36	纳西族	44	25	31	100	36
怒族	52	41	7	100	92	怒族	60	9	31	100	92
独龙族	33	58	9	100	78	独龙族	47	13	40	100	78
其他民族	57	30	13	100	127	其他民族	54	24	22	100	127

在民族身份与本地人身份的排序中，55%的受访者认为二者同等重要，认为民族身份比本地人身份更重要的占25%，认为本地人身份更重要的占20%。性别、城乡和各年龄段的受访者在民族身份和本地人身份排序中并没有显著差异。而少数民族受访者总体上要比汉族受访者更看重民族身份，认为民族身份比本地人身份更重要的人数比例高出汉族受访者4.6个百分点。具体到各民族而言，除彝族外，其他受访各民族的大部分人都认为民族身份和本地人身份一样重要。

由此可以发现，我国各民族认同意识的产生，是融合了国家、地区因素的有层次结构的多重认同。尽管部分民族的本民族认同和本民族意识较为强烈，但这种多重认同内在地表现出了一种趋势，即民族身份、本地人身份、国家身份“同心圆”式的多重认同重叠（不同民族三种身份认同的重叠面积或三种身份的重要性排序略有差异），三种身份的认同并不是非此即彼的关系。

3. 实际生活中的信任对象

在问及“如果您到外地生活、工作或旅游，您心目中或实际上优先交往、信任的对象是”时，受访者优先交往、信任的对象并没有明显的偏向。29%的人选择的是同乡（不管是否为本民族），28%的人选择了不存在民族、地域差别。选择优先信任本民族人（不管是否为同乡）并进行交往的受访者占 22%。受访者在实际生活中的信任对象选择倾向表明，民族因素并非社会交往和产生认同的决定性因素；地区因素、国家因素同样是促成各民族群众交往交流交融的重要因素。

但从具体比较的维度来看，不同群体在选择优先信任对象的倾向上有细微差异。例如，第一，农村居民受访者选择优先信任本民族的人的比例要高出城镇居民受访者 6 个百分点。第二，少数民族受访者选择优先信任本民族的人的比例要高出汉族受访者 11 个百分点；而汉族受访者中，选择信任同乡，以及选择“不存在民族、地域差别”的受访者占比则均要比少数民族受访者高。第三，年轻受访者选择“不存在民族、地域差别”的人数比例更高。年纪越轻的受访者越倾向于选择“不存在民族、地域差别”。第四，学历越高的受访者也越倾向于选择“不存在民族、地域差别”。第五，各民族受访者的选择均没有出现明显倾向于本民族的人（不管是否同乡）。

表 1-16　各民族受访者在外地生活、工作或旅游时优先交往、信任的对象　单位：%、次

	本民族的人（不管是否同乡）	同乡（不管是否本民族的人）	本民族的人和同乡同等交往、信任	不存在民族、地域差别	总体	频次
总体	22	29	21	28	100	3246
汉族	12	37	13	38	100	249
蒙古族	26	26	21	27	100	269
回族	32	29	22	17	100	408
藏族	30	22	30	18	100	689
维吾尔族	3	8	11	78	100	38
苗族	9	59	14	18	100	56
彝族	19	34	21	26	100	398
白族	10	31	21	38	100	52
哈尼族	16	33	30	21	100	86
哈萨克族	30	14	20	36	100	149
黎族	13	29	11	47	100	207
傈僳族	16	37	23	24	100	150
拉祜族	21	34	20	25	100	165
纳西族	8	33	19	40	100	36

续表

	本民族的人（不管是否同乡）	同乡（不管是否本民族的人）	本民族的人和同乡同等交往、信任	不存在民族、地域差别	总体	频次
怒族	12	36	14	38	100	91
独龙族	6	46	23	25	100	78
其他民族	22	20	11	47	100	125

总体而言，进一步提升民族工作治理能力与效果，增强各民族的国家认同与中华民族认同，在年轻人和高学历群体中具有了良好基础。随着受教育水平的提高，年轻人拥有较强的国家认同和中华民族认同，但本民族认同也在国家认同和中华民族认同增强的过程中有所增强。问卷数据分析表明，对国家的认同、地区的认同以及本民族的认同并不是一个此消彼长的角力过程，而是一个共存互促长期动态均衡的过程。

表 1-17　　受访者对当前我国民族意识发展趋势的判断　　单位：%、次

	国家意识增强，民族意识也随之逐步增强	民族意识增强，国家意识也随之逐步增强	国家意识增强	民族自我意识增强	不清楚	总体	频次
总体	33	21	15	13	18	100	4204
29 岁及以下	32	24	12	15	17	100	930
30—39 岁	32	22	13	15	18	100	970
40—49 岁	35	19	15	12	19	100	1166
50—59 岁	31	20	17	12	20	100	668
60 岁及以上	33	17	19	11	20	100	455
未上学	25	23	15	13	24	100	655
小学	34	19	14	13	20	100	896
初中	36	17	15	12	20	100	1081
高中	33	21	17	10	19	100	665
大专	36	23	14	15	12	100	455
本科及以上	30	26	13	20	11	100	438
汉族	32	16	20	12	20	100	1429
蒙古族	27	18	11	14	30	100	244
回族	20	26	17	28	9	100	361

续表

	国家意识增强，民族意识也随之逐步增强	民族意识增强，国家意识也随之逐步增强	国家意识增强	民族自我意识增强	不清楚	总体	频次
藏族	31	39	9	11	10	100	640
维吾尔族	28	8	21	26	17	100	39
苗族	39	7	9	17	28	100	54
彝族	24	9	13	14	40	100	329
白族	35	16	10	20	19	100	51
哈尼族	59	18	5	4	14	100	79
哈萨克族	28	31	12	15	14	100	140
黎族	39	24	12	10	15	100	204
傈僳族	55	16	13	5	11	100	143
拉祜族	48	15	11	9	17	100	152
纳西族	37	23	11	14	15	100	35
怒族	38	26	11	13	12	100	88
独龙族	60	7	21	3	9	100	73
其他民族	29	20	14	19	18	100	143

八　民族文化保护与传承

（一）最具特色的少数民族文化类型

问卷分析表明，受访者认为最具特色的少数民族文化类型中，排在前三位的依次是传统服饰、传统节日、传统文娱活动。而将人生礼仪、道德规范、人际交往习俗选为第一位的受访者人数比例分别仅占 2.2%、2.1% 和 2.6%；选择宗教活动的占 6%。

各民族的评价则表现出了显著差异。仍以排在第一位的民族文化类型为例，汉族（30%）、维吾尔族（68%）、白族（34%）受访者认为传统民居的比例最高，而蒙古族（31%）、藏族（34%）、苗族（48%）、彝族（44%）、哈尼族（37%）、黎族（43%）、傈僳族（38%）、拉祜族（47%）、怒族（37%）、独龙族（48%）受访者选择传统服饰的比例最高。回族（23%）、哈萨克族（32%）、纳西族（34%）受访者选择传统节日的人数比例最高。

（二）最需要政府保护的传统文化类型

受访者认为最具特色的民族文化也正是最需要政府保护的传统文化。最需要政府保护的前三项传统文化依次是传统服饰、传统节日和传统文娱活动。以最需要政府保护的排在第一位的传统文化为例，汉族（29%）、维吾尔族（50%）、白族（38%）、纳西族（29%）受访者选择传统民居的比例要高于其他民族。蒙古族（22%）、藏族（29%）、苗族（57%）、彝族（44%）、哈尼族（38%）、黎族（45%）、拉祜族（47%）、独龙族（30%）受访者选择传统服饰的人数比例最高。回族（24%）、哈萨克族（30%）、傈僳族（30%）受访者选择传统节日的比例最高。

总体而言，受访者对当地政府保护本地文化和少数民族文化的评价较高，74%的人表示满意，表示不满意的人占8%。

（三）子女传承本民族语言、文化的意愿

总体而言，表示子女愿意传承本民族的语言文字的受访者占88%，愿意传承本民族风俗习惯的占87%，愿意传承本民族宗教信仰的占75%，愿意传承本民族特色手工艺的占80%。受教育水平越高的受访者，认为其子女愿意传承本民族语言文字、风俗习惯、宗教信仰、特色手工艺的人数比例越低。受访者了解本民族或其他民族民俗文化主要的三个途径依次是“家庭、邻里、亲朋耳濡目染”“村庄或社区的公共文化等活动”、“广播、电视、互联网等”。其中，29岁及以下受访者排在第二位的途径是学校教育。

（四）对民族文化资源开发的态度

随着新型城镇化、扶贫开发和特色小镇、特色村寨建设的推进，民族地区普遍面临传统民族文化传承载体改变、文化保护与开发矛盾突出等问题。如何在文化保护与开发的过程中寻求文化自觉，完成传承和创新，也一直是社会公众普遍关注的问题。

问卷调查表明，在问及在本地城市建设中应该如何看待历史建筑（传统民居等）的改造拆迁时，42%的人认为应该保持原貌不动；而表示可以直接拆迁和异地重建的受访者则占7%和5%；还有30%的受访者认为可以保留外形但内部进行改造。总体而言，持禁止开发和主张开发（包括适度开发）两类观点的受访者比例基本相当。

而在问及“当开发旅游资源和保护本民族文化遗产发生冲突时，您

倾向于以下哪种态度”时，大多数受访者认为应当“保护本民族传统文化为主，不赞同过度商业化”，仅有26%的受访者认为应该“以发展经济、提高现代生活水平为主”。

九　研究结论

通过对2015年7个省区4732份问卷按专题进行描述分析和交互分析发现，民族地区经济社会发展状况总体情况良好。城乡居民和各民族居民对全面建成小康社会的信心度高，也对未来的生活水平、生态环境有着积极的心理预期。但是，受国内外经济形势的影响，2015年民族地区城乡居民持续外出就业的比例并不高，找不到工作（或担心找不到工作）是最主要的原因，少数民族群众在参与劳动力市场的心态和能力方面与汉族仍然存在差异。消除劳动力市场中的民族歧视要通过加强执法力度予以解决。

民族地区受访者社会生活压力较小，家用汽车、空调、电脑依次是城乡家庭目前最想购买的三种消费品。大多数受访者对当地2020年全面建成小康社会充满信心，缺乏信心的受访者的四大理由是经济收入提高慢、居住条件差、文化和教育跟不上、社会保障不完善，并建议要加快发展当地经济、加快当地的基础设施建设、适度提高最低工资水平。

受访者对参与过的精准扶贫项目总体上满意度较高。扶贫政策的实施较好地惠及了少数民族贫困家庭。但是驻村工作组和驻村干部的工作效果并没有获得受访者的高度评价。在公共基础设施及服务的获取方面，少数民族家庭相对要比汉族家庭付出更高的成本。

在问及是否愿意在城市居住时，农村居民受访者并没有表现出比城镇居民受访者更强的愿望。少数民族城乡居民受访者愿意居住在城镇的人数比例均低于汉族受访者。但是，少数民族年轻受访者希望生活在城镇人数占比要比汉族年轻受访者更高。总体而言，民族地区的城乡居民对新型城镇化改善生活条件、发展环境、社会地位、人力资本积累等方面的好处充满期待。

作为生态保护的重要政策之一，退耕（牧）还林（草）除了产生直接的环保效果之外，同时也对参与该政策的家庭增收产生了一定的积极作用。但退耕（牧）还林（草）户的职业培训状况并不乐观，这些家庭可持续生计的形成难度很大。总体而言，大多数受访者希望该政策能够继续实施并产生更加积极的增收效应。

民族政策的评价表明，大多数人对当前国家实施的民族特殊优惠政策表示满意。农村居民的满意度相对更高，少数民族的满意度也要显著高于汉族。62%的人认为针对少数民族和民族地区的计划生育政策效果很好，并且53%的人建议全国各地区各民族实行一样的生育政策，不再区分民族和地区因素。受访者对针对民族地区和少数民族的高考加分政策表示满意的人数占比均为70%，但农村地区学生教育资源获取能力较弱，父母从增强人力资本积累和打破贫困代际循环的角度，依然希望子女在学历教育方面获得特殊扶持。大部分受访者愿意将子女送到双语学校学习。随着我国基本公共服务均等化和各项公共政策、社会政策的深入推进，民族地区受访者普遍希望干部学习和掌握好当地的民族语言。

受访者对本地三个时期的民族关系状况评价均要好于对全国范围三个时期的民族关系评价。受访者对离本地距离越近的外来人口的欢迎度越高。对资源的排他性占用与不公正分配的担忧，是民族地区群众不欢迎外来流入人员的主要原因。随着受教育水平的提高，以及跨区域求学、就业频次增加，年轻受访者与其他民族群众成为亲密朋友的概率较高。无论是汉族还是少数民族，主动与其他民族聊天、成为邻居、一起工作、成为亲密朋友、结为亲家的意愿呈逐渐降低趋势。

在认同方面，受访者对国家的认同总体上要强于对本民族的认同。在公民身份与民族身份的重要性比较中，受访者看重公民身份是主流现象。在民族身份与本地人身份的排序中，55%的受访者认为二者同等重要。我国各民族的认同意识的产生，是融合了国家、地区因素的，形成的是一种有层次结构的多重认同。尽管部分民族的本民族认同和本民族意识较为强烈，但这种多重认同内在地表现出一种趋势，即民族身份、本地人身份、国家身份的“同心圆”式的多重认同重叠（三种身份认同的重叠面积或三种身份的重要性排序略有差异），三种身份的认同并不是非此即彼的关系。

受访者认为最具特色的少数民族文化类型是传统服饰、传统节日和传统文娱活动，并对当地政府保护本地文化和少数民族文化的评价较高。问及在本地城市建设中应该如何看待历史建筑（传统民居等）的改造拆迁时，持禁止开发和主张开发（包括适度开发）两类观点的受访者比例基本相当。而当开发旅游资源和保护本民族文化遗产发生冲突时，大多数受访者主张“保护本民族传统文化为主，不赞同过度商业化”。

第二章

内蒙古东乌珠穆沁旗经济社会发展调查报告

东乌珠穆沁旗（简称东乌旗）地处内蒙古自治区锡林郭勒盟东北部，大兴安岭西麓，东邻兴安盟、通辽市，南连锡林浩特市、西乌旗，西接阿巴嘎旗，北与蒙古国交界，国境线长达527.6公里，有国际性一类陆路口岸——珠恩嘎达布其口岸，是继满洲里、二连之后连接欧亚大陆桥的桥头堡。东乌旗先后被确定为全国兴边富民重点旗、全国省部共建社会主义新牧区试点旗。全旗现辖5个镇、4个苏木，57个牧业嘎查，1个国有林场，总土地面积4.73万平方公里，其中天然草场面积达6917万亩，可利用草场面积占天然草场总面积的95%。全旗户籍人口7.07万人，其中蒙古族人口4.56万人，占总人口的64.5%，地区生产总值2015年为108亿元，为中国西部最具投资潜力百县（旗）之一。作为“一带一路”东北走廊的重要节点，东乌珠穆沁旗经济社会的健康发展对于进一步巩固民族团结、社会稳定、边疆安宁的政治局面，具有重要意义。在习近平总书记提出的“守望相助、团结奋斗”的大背景下，该旗的中长期目标是成为全国新牧区建设示范地区、全国生态文明建设示范地区、全国绿色畜产品生产加工输出基地、内蒙古草原生态旅游胜地和“中蒙俄经济走廊”的枢纽。本报告基于东乌珠穆沁旗家庭问卷抽样调查数据，对该旗经济生活、社会事业、生态移民、民族关系、民族文化、民族政策、廉政建设、社会和谐等八方面进行定性和定量分析，以期为当地经济社会发展提供有益的政策参考依据。

一　调查对象基本情况

本调查报告的数据来源于中国社会科学院民族学与人类学研究所“21

世纪初中国少数民族地区经济社会发展综合调查”2015 年于东乌珠穆沁旗的家庭问卷抽样调查数据。该旗样本回收数为 378 份，调查对象包括该市各民族成员。问卷回收整理录入后，主要使用统计软件 STATA 进行分析。调研对象的性别组成、年龄、户籍、职业、民族以及宗教信仰等基本情况如表 2-1 所示。

表 2-1　　受访对象的人口基本特征　　单位：%

性别	男性	33.4	民族	汉族	56.5	户籍	农业	28
	女性	66.6		蒙古族	41.9		非农业	70.9
年龄	30 岁及以下	20.6		回族	1.3		居民户口（之前是农业户口）	1.1
	31—45 岁	32.3		满族	0.3		居民户口（之前是非农业户口）	0
	46—65 岁	37.2	宗教信仰	伊斯兰教	1.1	职业	国家机关事业单位负责人	1.6
	66 岁及以上	9.9		佛教	2.9		国家机关事业单位工作人员	10.6
受教育程度	未上学	3.8		道教	0.5		专业技术人员	1.6
	小学	17.3		天主教	1.6		各类企业办事人员	2.9
	初中	33.9		基督教	0.8		商业服务业人员	23.5
	高中	22.1		没有宗教信仰	91.2		农林牧渔水利生产人员	3.7
	大学专科	12.5		不知道/不清楚	0.8		生产、运输设备操作人员及有关人员	0.5
				其他	0.5		军人	0.5
	大学本科及以上	10.4		不想说	0.6		不便分类的其他从业人员	48.0

说明：本表职业类型按照人力资源和社会保障部职业能力建设司公布的国家职业分类目录编制而成，参见网站：http：//ms. nvq. net. cn/nvqdbApp/htm/fenlei/index. html，2017 年 5 月 4 日。

从东乌旗受访对象的性别组成来看，女性比例为 66.6%，接近男性比例 33.4%的两倍，可能的原因是女性居家的时间和机会多于男性，因而更容易成为受访对象。在年龄分布方面，30 岁及以下的年轻人占 20.6%，31—45 岁占 32.3%，46—65 岁占 37.2%，66 岁及以上占 9.9%，可见，受访对象主要集中在壮年。在民族成分上，该次受访对象由汉族、蒙古族、回族和满族等四个民族组成，其中汉族和蒙古族占了绝大多数，分别为 56.5%和 41.9%，回族人口比例为 1.3%，满族 0.3%。在户籍类型方面，农业户口不到非农业户口的 1/2，分别为 28%和 70.9%，农业户口转居民户口的占 1.1%。在受教育程度上，接受了本科及以上教育的占 10.4%，接受了大学专科教育的占 12.5%，接受了高中教育的占 22.1%。受教育程度在初中及以下的占 55%，其中包括 3.8%的未上学人口。受教育程度在初中及以上的接近80%，总体来看，受教育程度较好。在职业分布方面，不便分类的灵活就业人员比例最大，占48%，其次为商业服务业人员和国家机关事业单位的负责人和普通工作人员，依次为23.5%、1.6%和10.6%。在宗教信仰分布方面，绝大多数的受访者表示没有宗教信仰，占全部受访对象的91.2%，信仰佛教的占2.9%，天主教的占1.6%，伊斯兰教的占1.1%，基督教和道教各占0.8%和0.5%，其他为0.5%。另外有0.8%的受访对象不清楚自己的宗教信仰情况，还有0.6%的受访对象不愿意说。

二　经济生活状况

建设“全国生态文明建设示范地区”以及“中蒙俄经济走廊”的枢纽是东乌珠穆沁旗的中长期发展目标。作为“一带一路”东北走廊的重要节点，东乌珠穆沁旗经济社会的稳定发展对于实现小康社会，进一步巩固民族团结、社会繁荣、边疆安宁的政治局面，具有重要意义。上述目标的实现是以基本物质条件的满足和生活质量的提高为前提的。本报告从居民住房、就业以及生活质量三个方面的测评来分析东乌旗居民的经济生活情况。

（一）住房状况分析

根据马斯洛的需求层次理论，住房既是生理需求也是安全需求，是追求进一步发展的基础。尤其在我国，由于自古以来具有“安居乐业”的浓厚传统观念，住房对增强人的安全感有着特定的意义，同时也维系着家庭和社会的稳定。因而，本报告将住房作为经济生活的第一个变量，主要分析该旗居民的家庭自有住房拥有情况，以及居民对现有住房的满意度和对当地住房政策的满意度。

1. 家庭自有住房拥有状况

自有住房在报告中是指居民自己拥有产权的房屋。从家庭拥有自有住房的整体情况看，东乌旗74.5%的家庭拥有1套自有住房，9.6%的家庭拥有2套住房，2.2%的家庭拥有3套住房，拥有4、5、6套住房的均占0.3%，有12.9%的家庭没有自有住房。而从不同民族家庭拥有自有住房的情况看，差异显著：汉族和蒙古族家庭1套自有住房拥有率分别为79.3%和70.5%，无自有住房的比例分别为13.8%、25.2%，其中有极少数家庭拥有4套以上住房。而回族家庭呈现X型两极分化的倾向，无自有住房和拥有2套自有住房的家庭均占40%，而拥有1套住房的家庭仅20%（注：回族受访人数为5人）。满族受访人数为1人，拥有3套住房。从城乡角度考察，农业户口与非农业户口的家庭1套自有住房拥有率差距不大：分别为74.3%和75.6%，无自有住房的比例分别为19.0%、9.9%；2套以上自有住房拥有率非农业户口高于农业户口。居民户口家庭1套自有住房的拥有率为50%，无自有住房和2套自有住房均为25%（如表2-2所示）。

表2-2　　家庭自有住房拥有情况　　单位:%

	0套	1套	2套	3套	4套	5套	6套
汉族	13.8	79.3	4.9	0.5	0.5	0.5	0.5
蒙古族	25.2	70.5	0.5	3.8	0.0	0.0	0.0
回族	40.0	20.0	40.0	0.0	0.0	0.0	0.0
满族	0.0	0.0	0.0	100.0	0.0	0.0	0.0
农业户口	19.0	74.3	4.8	1.0	1.0	0.0	0.0
非农业户口	9.9	75.6	11.1	2.7	0.0	0.4	0.4
居民户口	25.0	50.0	25.0	0.0	0.0	0.0	0.0
合计	12.9	74.5	9.6	2.2	0.3	0.3	0.3

2. 家庭住房产权归属及住房面积状况

东乌珠穆沁旗居民居住的房屋中，81.5%为自有住房，租/住廉租房、租/住亲友住房以及租/住私人住房分别占4.6%、4.6%和9.0%。从民族角度看，与自有住房拥有情况相符，汉族、蒙古族和满族目前住房产权归属以自有住房为主，回族家庭60%有自有住房，其他40%租住私人住房。从户口上看，农业、非农业、居民户口家庭都以居住自有住房为主，分别为76.8%、83.9%和75.0%，非农业户口居住自有住房的比率最高。此外，无自有住房的农业户口家庭以租/住私人住房为主，占13.0%，租/住廉租房和亲友房分别占4.0%和5.1%；而非农业户口家庭的相关值差异不大，分别是6.7%、4.7%和4.3%。居民户口家庭自有住房和租/住私人住房分别占75%和25%（如表2-3所示）。

从当地居民目前所住房屋面积方面上看，总体平均值为96.4平方米，其中汉族、蒙古族、回族和满族家庭平均住房面积分别为98.5平方米、94.5平方米、78.0平方米和109.0平方米。农业户口家庭居住面积最大，均值为101.9平方米，其后依次为非农业户口家庭和居民家庭，平均分别为94.9平方米和57平方米。而自有住房和租/住廉租房的面积平均大于和租住私人房和亲友房的面积。

表2-3　　住房产权归属及面积情况　　单位:%、平方米

	自有住房	租/住廉租房	租/住亲友房	租/住私人房	其他	面积
汉族	79.6	5.1	5.1	8.2	2.0	98.5
蒙古族	84.6	4.0	4.0	6.7	0.7	94.5
回族	60.0	0.0	0.0	40.0	0.0	78.0
满族	100.0	0.0	0.0	0.0	0.0	109.0
农业户口	76.8	4.0	5.1	13.0	1.1	101.9
非农业户口	83.9	4.7	4.3	6.7	0.4	94.9
居民户口	75.0	0.0	0.0	25	0.0	57.0
合计	81.5	4.6	4.6	9.0	0.3	96.4

3. 居民的住房满意度及其对住房政策的了解状况

从总体上看，居民对当前住房的评价，仅62.4%持满意态度，17.7%认为一般，不满意的达17.2%，另有2.7%表示不清楚，总体满意度不高。从民族角度看，汉族、蒙古族相关值仅为60.9%和63.6%。从户口角度看，农业户口、非农业户口和居民户口三大群体对当前住房持满意态度的比例没有显著差异，尤其是农业户口与非农业户口接近，分别是62.5%和63.0%，居民户口为50%（如表2-4所示）。

表2-4　　居民对当前住房的满意情况　　单位:%

	满意	一般	不满意	不清楚
汉族	60.9	16.9	20.8	1.0
蒙古族	63.6	18.8	13.0	3.4
农业户口	62.5	19.2	17.3	3.2
非农业户口	63.0	17.0	16.6	1.7
居民户口	50.0	0.0	50	0.0
合计	62.4	17.7	17.2	2.7

整体来看，东乌珠穆沁旗绝大部分居民对住房政策不清楚。主体民族中，汉族有72.5%对商品房政策不清楚，而对政府保障性住房政策、农

村住房改造政策、城镇棚户区改造政策、小产权房政策的了解则更加不乐观，不清楚的比例均在80%以上，甚至接近90%。而主体民族中的蒙古族对农村住房改造政策、城镇棚户区改造政策、小产权房政策的了解度也是如此，但他们对商品房和政府保障房“不清楚”的比例较汉族稍低，分别为64.7%和79.2%，对这两项政策的满意度也较汉族更高。总体上看，在住房政策以及住房满意度方面，东乌珠穆沁旗在主体民族之间没有明显的差异。

表2-5　居民对目前住房政策满意度评价（商品房和政府保障性住房政策）

单位：%

	商品房政策				政府保障性住房政策			
	满意	一般	不满意	不清楚	满意	一般	不满意	不清楚
汉族	28	12	16	148	16	4	9	175
	13.7	5.9	7.8	72.5	7.8	2.0	4.4	85.8
蒙古族	29	20	4	97	17	9	5	118
	19.3	13.3	2.7	64.7	11.4	6.0	3.4	79.2
回族	0	0	0	5	0	0	0	5
	0.0	0.0	0.0	100.0	0.0	0.0	0.0	100.0
满族	0	0	0	1	0	0	0	1
	0.0	0.0	0.0	100.0	0.0	0.0	0.0	100.0
合计	57	32	20	251	33	13	14	299
	15.8	8.9	5.6	69.7	9.2	3.6	3.9	83.3

表2-6　居民对目前住房政策满意度评价（城镇小产权房和城镇棚户区改造政策）

单位：%

	城镇小产权房政策				城镇棚户区改造政策			
	满意	一般	不满意	不清楚	满意	一般	不满意	不清楚
汉族	17	5	10	172	12	4	7	181
	8.3	2.5	4.9	84.3	5.9	2.0	3.4	88.7
蒙古族	13	8	1	127	10	7	2	130
	8.7	5.4	0.7	85.2	6.7	4.7	1.3	87.2
回族	0	0	0	5	0	0	0	5
	0.0	0.0	0.0	100.0	0.0	0.0	0.0	100.0

续表

	城镇小产权房政策				城镇棚户区改造政策			
	满意	一般	不满意	不清楚	满意	一般	不满意	不清楚
满族	0	0	0	1	0	0	0	1
	0.0	0.0	0.0	100.0	0.0	0.0	0.0	100.0
合计	30	13	11	305	22	11	9	317
	8.4	3.6	3.1	85.0	6.1	3.1	2.5	88.3

表 2-7　　居民对目前住房政策满意度评价（农村住房改造政策）　单位：%

	农村住房改造政策			
	满意	一般	不满意	不清楚
汉族	12	3	6	182
	5.9	1.5	3.0	89.7
蒙古族	12	7	2	128
	8.1	4.7	1.3	85.9
回族	0	0	0	5
	0.0	0.0	0.0	100.0
满族	0	0	0	1
	0.0	0.0	0.0	100.0
合计	24	10	8	316
	6.7	2.8	2.2	88.3

从不同户口类别上看居民对住房政策的满意度评价，可以发现，对于上述五项政策，农业户口居民与非农户口居民均不甚了解，不清楚的均占80%以上（商品房政策除外）。对于政府保障性住房、小产权房和城镇棚户区改造政策，农业户口居民和非农业户口居民满意度大致持平；而对于商品房政策，非农业户口居民比农业户口居民了解更多，满意度稍高，而不满意比例也更高，可能与商品房政策与非农业户口居民的关系更加紧密有关。对于农村住房改造政策，农业户口居民的满意度稍高，而且也较非农户口居民更加了解。与常识相悖的是，2015 年内蒙古农村普遍完成“十个全覆盖”，其中包括了政府对农业户口每家每户都有农村住房改造的补贴，也基本上每一户都是接受了补助和进行了改造，绝大部分对效果满意。可是在问卷中 84.2%的农业户口受访者选择了对该项政策“不清

楚”，“满意”的仅占8.9%，这个结果有点耐人寻味。

表2-8　　不同户口类别对住房政策的满意度评价　　单位：%

您对目前的住房政策满意吗		户口类别		
		农业	非农业	其他
商品房政策	满意	13.7	16.9	0.0
	一般	5.9	10.0	0.0
	不满意	3.9	5.8	25.0
	不清楚	76.5	67.3	75.0
政府保障房政策	满意	8.9	9.6	0.0
	一般	3.0	3.8	0.0
	不满意	3.0	4.6	0.0
	不清楚	85.1	81.9	100.0
小产权房政策	满意	9.9	7.7	0.0
	一般	3.0	3.8	0.0
	不满意	4.0	2.7	0.0
	不清楚	83.2	85.8	100.0
城镇棚户区改造政策	满意	6.9	5.8	0.0
	一般	5.0	2.3	0.0
	不满意	2.0	2.7	0.0
	不清楚	86.1	89.2	100.0
农村住房改造政策	满意	8.9	5.8	0.0
	一般	4.0	2.3	0.0
	不满意	3.0	1.9	0.0
	不清楚	84.2	90.0	100.0

（二）就业状况分析

就业关乎国泰民安，是经济社会发展的核心要素。本报告从居民职业类型、就业性质、就业途径和影响劳动力流动的因素等四方面分析东乌珠穆沁旗居民的就业状况。

1. 居民职业类型分布状况

东乌珠穆沁旗居民从事的职业主要集中在两大行业：不便分类的其他从业人员比例超过一半，占51.0%，其次是商业、服务业人员占25.6%。国家机关党群组织、事业单位工作人员占11.5%，这其中蒙古族占60%，汉族占40%。国家机关党群组织、事业单位负责人中，蒙古族干部占多数，为66.7%，汉族占33.3%。从事农林牧渔水利生产人员占4.0%，其中蒙古族占绝大多数，达78.6%；专业技术人员等其他职业比例较少。从民族角度看，汉族居民主要从事专业技术和商业、服务业以及生产、运输设备操作人员及有关人员，相关比例分别为83.3%、52.8%和50.0%。蒙古族居民主要从事农林牧渔水利生产，或为各类企业办事人员。从东乌珠穆沁旗全旗来看，商业、服务业从业人员比例偏低，仅占25.6%，专业技术人员比例更少，该旗面临产业结构的调整和相应人员的劳动技术培训。

表2-9　东乌珠穆沁旗居民职业类型分布状况　单位：%

	当前主要从事的职业								
	国家机关党群组织、事业单位负责人	国家机关党群组织、事业单位工作人员	专业技术人员	各类企业办事人员	商业、服务业人员	农林牧渔水利生产人员	生产、运输设备操作人员及有关人员	军人	不便分类的其他从业人员
汉族	33.3	40.0	83.3	36.4	52.8	14.3	50.0	50.0	65.0
蒙古族	66.7	60.0	16.7	63.6	43.8	78.6	50.0	50.0	34.5
回族	0.0	0.0	0.0	0.0	3.4	7.1	0.0	0.0	0.0
满族	0.0	0.0	0.0	0.0	0.0	0.0	0.0	0.0	0.6
全旗	1.7	11.5	1.7	3.2	25.6	4.0	0.6	0.6	51.0

2. 农村居民工作状况以及寻找非农工作的方式

东乌珠穆沁旗农业户口的汉族有43.5%只从事非农工作，并且不工作也不上学的人员占了26.1%。同时以非农工作为主，兼务农的占13%。而蒙古族专门务农的人口占21.1%，以非农工作为主，同时也务农的占10.5%，而其他不工作也不上学的人员占5.3%。

表2-10　农业户口居民工作状况　单位：%

	只是务农	以务农为主，同时也从事非农工作	以非农工作为主，同时也务农	只从事非农工作	农村非就业或城镇失业或待业人员	家务劳动者	退休人员	全日制学生	其他不工作也不上学的人员
汉族	4.3	0.0	13.0	43.5	0.0	0.0	8.7	4.3	26.1
蒙古族	21.1	7.9	10.5	36.8	5.3	5.3	2.6	5.3	5.3

续表

	只是务农	以务农为主，同时也从事非农工作	以非农工作为主，同时也务农	只从事非农工作	农村非就业或城镇失业或待业人员	家务劳动者	退休人员	全日制学生	其他不工作也不上学的人员
其他民族	0.0	0.0	0.0	100.0	0.0	0.0	0.0	0.0	0.0
合计	14.5	4.8	11.3	40.3	3.2	3.2	4.8	4.8	12.9

此外，从农业户口受访者寻找非农工作的途径上看，主要依赖于朋友或熟人介绍，比例达39.3%，其中汉族超过半数，占57.1%，蒙古族占21.4%。通过直接申请（包括考试）的占14.3%，这部分全部为蒙古族，占本民族的28.6%。其他方式占39.3%，其中汉族为35.7%，蒙古族为42.9%，但是答卷中没有按要求标注具体是什么方式。根据调研的经验，一般是自己创业，如开小吃店、理发店、小卖部、街头摆小摊及卖菜等流动摊位。稍显反常的是，第二、第三选项为零，即没有人通过职业介绍（包括人才招聘会）和招聘广告找到非农工作。一方面，这和上文东乌珠穆沁旗居民从事的职业类型分布状况反映出来的经济结构是符合的，即服务业不发达，职业中介市场还没有发挥相应的作用；同时也说明市场发育不健全，城镇市场对农村劳动力的开放程度不足，农村劳动力直接获得市场就业信息的机会小，利用市场途径实现非农就业的能力较弱，劳动力未处于完全竞争状态。另一方面，也说明居民信息渠道少，不习惯通过信息市场来寻找工作，他们更信任自己所属的社会共同体，通过传统社会关系网络来寻找工作，与外界联系。此外，通过政府或社区安排介绍的仅占3.6%，汉族为0，蒙古族为7.1%。也说明了当地政府保障农村劳动力从事非农工作能力不强，职业培训和农村劳动力安置方面是缺位的。

表 2-11　　农业户口寻找非农工作的途径　　单位:%

	如果您是本县市农业户口且在2013年从事过非农务工，请问最初找到这份工作的最主要途径					合计
	政府/社区安排介绍	直接申请（含考试）	朋友/熟人介绍	通过本乡人介绍	其他（请注明）	
汉族	0	0	8	1	5	14
	0.0	0.0	57.1	7.1	35.7	100.0

续表

	如果您是本县市农业户口且在 2013 年从事过非农务工，请问最初找到这份工作的最主要途径					合计
	政府/社区安排介绍	直接申请（含考试）	朋友/熟人介绍	通过本乡人介绍	其他（请注明）	
蒙古族	1	4	3	0	6	14
	7.1	28.6	21.4	0.0	42.9	100.0
合计	1	4	11	1	11	28
	3.6	14.3	39.3	3.6	39.3	100.0

3. 城镇居民工作状况及其寻找工作途径

从城镇劳动力就业途径来看，最主要的是两个途径：直接申请和其他（并未注明具体何种形式），各占 27.7%。其中汉族受访者选择其他的比例为 31.3%，直接申请比例为 26.3%；蒙古族受访者相应的比例为 23.4% 和 31.3%。此外按比例顺序依次是政府/社区安排、招聘广告、朋友或熟人介绍、家人或亲戚介绍、本乡人介绍，后三者总和为 16.2%，超过政府或社区安排。说明与农村居民比较，尽管城镇居民通过政府或社区寻找工作的比例有所增加，但是依然只是辅助作用，最普遍的还是直接申请和依赖传统社会关系网络。在这方面，不同民族间没有显著差异。此外，与农村居民相比较，城镇居民通过商业职业介绍或招聘广告形式寻找工作的比例明显上升。说明城镇相对于农村，信息渠道更为充分，职业中介的作用在城镇居民中的影响更明显。

表 2-12　　城镇户口寻找非农工作的途径　　单位：%

	政府/社区安排介绍	商业职介（人才交流会等）	招聘广告	直接申请（含考试）	家人/亲戚介绍	朋友/熟人介绍	通过本乡人介绍	其他（请注明）
汉族	10.0	0.0	16.3	26.3	3.8	10.0	2.5	31.3
蒙古族	20.3	1.6	9.4	31.3	6.3	4.7	3.1	23.4
其他民族	25	0.0	0.0	0.0	0.0	50	0.0	25
合计	14.9	0.7	12.8	27.7	4.7	8.8	2.7	27.7

4. 劳动力流动区域和限制因素

从劳动力流动区域上看，城镇劳动力的绝大部分局限在乡镇内，高达

88.4%，其中汉族更高，为92.9%，蒙古族为83.6%。乡外县内占8.4%，县外省内为2.6%，省外国内仅为0.6%。可见，东乌珠穆沁旗城镇劳动力流动范围非常小，可以推测，当地城镇居民或者比较保守，或者在当地乡镇内提供的就业空间较大。

表2-13　城镇劳动力流动区域　单位:%

	乡镇内	乡外县内	县外省内	省外国内
汉族	92.9	3.6	2.4	1.2
蒙古族	83.6	13.4	3.0	0.0
其他民族	75	25		
合计	88.4	8.4	2.6	0.6

从劳动力流动的限制因素上看，这一项缺失值多，有效问卷48个，有效比例仅为12.7%。从有效答卷上看，限制农村劳动力流动的主要原因，蒙古族与汉族有较大差异：汉族最普遍的原因为找不到工作或担心找不到工作、当地能找到满意的工作、不适应外地生活环境以及回家结婚、生育，相关比例分别为36.8%、21.1%、15.8%和15.8%；蒙古族居民最主要的原因依次为不适应外地生活环境、当地能找到满意的工作、找不到工作或担心找不到工作，相关比例分别为26.7%、20.0%、13.3%。这一调查结果与上文的“城镇劳动力流动范围非常小”的结论是基本一致的。此外，蒙古族居民还有一项原因为语言能力不强，占本民族的6.7%。

表2-14　限制农村劳动力流动的因素　单位:%

	找不到工作(或担心找不到工作)	不适应外地生活环境	收入没有在家稳定	疾病或伤残	家中农业缺乏劳动力	回家结婚、生育	当地能找到满意的工作	语言能力不强	缺乏同乡或熟人带领	不适应工作纪律、管理约束等	其他（请注明）
汉族	36.8	15.8	0.0	5.3	0.0	15.8	21.1	0.0	0.0	0.0	5.3
蒙古族	13.3	26.7	6.7	0.0	6.7	6.7	20.0	6.7	0.0	0.0	13.3
合计	8.4	5.2	1.6	2.6	6.8	3.7	11.0	11.0	0.5	1.0	48.2

说明：合计与主体民族的综合比例不符，是由于总计中计入了极少量的其他民族的样本。

从城乡居民工作流动的心理预期上看，高达78.3%的居民希望在县城之内工作，13.4%希望在县外省区内，但必须是家附近的市/县，希望到东部一线大城市工作的比例仅为0.3%。从民族维度看，汉族、蒙古族和人口比例较少的回族和满族关于外出工作区域的愿望很接近，说明东乌珠穆沁旗全体居民的乡土意识非常浓厚。

表2-15 城乡居民劳动力关于工作区域的心理预期 单位：%

	县城之内	县外省区内，但必须是家附近的市/县	县外省内无所谓远近	本省区外非相邻省区	东部一线大城市	其他（请注明地区名称）
汉族	79.5	14.5	1.0	0.5	0.0	4.5
蒙古族	75.8	12.4	4.6	2.6	0.7	3.9
其他民族	100	0.0	0.0	0.0	0.0	0.0
合计	78.3	13.4	2.5	1.4	0.3	4.2

关于城乡劳动力流动的第一大障碍，26.7%的受访者认为是“工作辛苦收入低”，蒙古族与汉族大致相当，分别为28.9%和25%。有19.4%的居民认为是“得不到相关的就业信息”，蒙古族和汉族的比例分别为18.4%和20.5%。此外，10.5%的受访居民是由于家庭因素，即家里需要照顾必须返乡。认为“想留在就业地但生活成本太高”的占8.9%，其中蒙古族比汉族稍高，分别为11.8%和7.1%。此外其他民族（主要是回族）有66.6%选择了“生活习俗不能适应”。出乎意料的是，仅有1%的受访居民认为“孩子就学困难”是第一大障碍，这与笔者平时的了解颇有差距。

表2-16 城乡受访居民关于阻碍劳动力流动的第一大障碍的看法 单位：%

	得不到相关就业信息	被当地人看不起	工作辛苦收入低	想留在就业地但生活成本太高	生活习俗不能适应	气候自然环境不能适应	孩子就学困难	家里需要照顾必须返乡	当地政府的政策限制	社保缴费高关系难转移	语言障碍	其他（请注明）
汉族	20.5	5.4	25.0	7.1	7.1	1.8	1.8	12.5	0.0	0.9	0.9	17.0
蒙古族	18.4	2.6	28.9	11.8	2.6	1.3	0.0	7.9	1.3	0.0	1.3	23.7
其他民族	0.0	0.0	33.3	0.0	66.6	0.0	0.0	0.0	0.0	0.0	0.0	0.0
合计	19.4	4.2	26.7	8.9	6.3	1.6	1.0	10.5	0.5	0.5	1.0	19.4

（三）生活质量测评

关于对生活质量的看法，东乌珠穆沁旗的不同民族受访居民非常接近，因而在此主要从户籍上进行比较。整体看，东乌珠穆沁旗居民对过去5年生活水平变化大都持肯定态度，76.2%的居民认为过去5年生活水平上升很多或略有上升，但上升很多的仅为36.0%，认为略有上升的占40.2%。有16.1%的居民认为没有变化，还有5.3%的人甚至认为略有下降。从不同户籍的角度看，农业户口受访居民总体上满意度不如非农户口高，认为上升很多或略有上升的共66%，而非农户口受访居民80.3%。居民户口（之前是农业户口）认为上升很多的比例最高，为50%。

此外，从对未来的预期看，大部分人对前景还是乐观的，认为未来5年，生活水平将会上升很多或将略有上升的共计72.8%，与对过去5年的评价相当。其中，仍然是非农业户口受访居民较农业户口受访居民更为乐观，分别为75%和68.8%。非农户口受访居民和农业户口受访居民均有少数认为会略有下降，农业户口有2.8%的居民认为会下降很多。另外，对未来的走向，农业户口、非农户口和居民户口（之前是农业户口）受访居民均有一部分显得很茫然，他们选择了“不好说”选项。

根据问卷推测，总体上，非农户口、居民户口（之前是农业户口）受访居民的生活质量要普遍高于农业户口受访居民，而他们所掌握的关乎自身发展的资源更优于农业户口受访居民，因而对于过去5年的评价和对未来趋势的预期都相对更高。

表2-17　受访居民对过去5年生活水平变化的评价　单位：%

对过去5年评价	上升很多	略有上升	没有变化	略有下降	下降很多	不好说
农业户口	26.4	39.6	24.5	2.8	1.9	4.8
非农户口	39.6	40.7	12.7	6.3	0.7	0.0
居民户口（之前是农业户口）	50.0	25.0	25.0	0.0	0.0	0.0
合计	36.0	40.2	16.1	5.3	1.1	1.3
对未来5年展望	上升很多	略有上升	没有变化	略有下降	下降很多	不好说
农业户口	24.5	44.3	10.4	2.8	2.8	15.2
非农户口	35.4	39.6	7.5	3.4	0.0	14.1
居民户口（之前是农业户口）	25.0	0.0	25.0	0.0	0.0	50.0
合计	32.3	40.5	8.5	3.2	0.8	14.7

三　移民与生态环境保护

东乌珠穆沁旗地处内蒙古自治区锡林郭勒盟东北部，大兴安岭西麓，该旗的中长期目标是建成全国新牧区建设示范地区、全国生态文明建设示范地区、全国绿色畜产品生产加工输出基地、内蒙古草原生态旅游胜地和“中蒙俄经济走廊”的枢纽。其地理位置和发展地位都决定了生态环境保护在该旗具有突出的意义。本报告从生态环境保护和移民情况两个方面分析东乌珠穆沁旗的生态环境现状。

（一）生态环境保护

对 20 年前当地生态环境的评价，东乌珠穆沁旗两大主体民族存在较大差异：汉族受访居民中认为好的占 48.3%，而蒙古族占 60.9%；认为一般的汉族居民有 39.2%，蒙古族有 29.5%；认为不好的，汉族有 12.5%，蒙古族仅 9.6%。说明蒙古族居民对 20 年前的环境评价更高。从对当前自己所处地区生态环境的评价看，汉族和蒙古族差异较小：认为好的比例分别是 55.5%和 50%；认为一般的相应比例分别为 36.8%和 39.1%；而认为不好的都较少，汉族为 7.7%，蒙古族为 10.9%，说明蒙古族受访居民对环境的要求和环境退化的敏感度要稍高于汉族居民。从对未来 20 年后当地生态环境的评价上看，两大民族业存在较明显的差异：汉族中认为好的占该民族居民的 68.8%，蒙古族占 58.7%；认为一般的相应比例分别为 21.2% 和 23.9%，差异不明显；认为不好的，汉族占 10.0%，蒙古族占 17.4%，蒙古族明显高于汉族，说明蒙古族居民对未来环境改善的预期不如汉族居民乐观。从历时维度看，居民总体对地区生态环境的评价趋势呈 U 形，其中汉族居民呈平稳上升趋势，从过去 20 年到当前再到未来 20 年，认为是向好的方向发展；但是蒙古族居民的看法是典型的 U 字形结构，相应地，他们认为过去好，当前为低谷，未来 20 年将有所改观。

表 2-18　居民对地区生态环境的评价　单位：%

	好	一般	不好
	对于当地环境及变化的看法是——您认为 20 年前当地的生态环境状况		
汉族	48.3	39.2	12.5
蒙古族	60.9	29.5	9.6
合计	53.4	35.0	11.6

续表

	好	一般	不好
	对于当地环境及变化的看法是——您对目前自己所处地区的生态环境评价		
汉族	55.5	36.8	7.7
蒙古族	50.0	39.1	10.9
合计	53.1	38	8.9
	对于当地环境及变化的看法是——您认为20年后当地的生态环境状况		
汉族	68.8	21.2	10.0
蒙古族	58.7	23.9	17.4
合计	64.5	22.5	13.0

说明：合计与主体民族的综合比例不符，是由于总计中计入了极少量的其他民族的样本。

从对生态环境和资源保护的问卷结果上看，东乌珠穆沁旗居民的环保意识比较强。两大主体民族的居民100%认为“大自然很容易被破坏，需要人类在开发使用中加强保护”；97%的居民认为“为了继承先人和本民族传统，必须平衡好开发利用与保护资源环境的关系”；98.1%的居民认为“为了子孙后代的生存和发展必须大力保护环境”，其中汉族有99%，蒙古族为97.4%；并且98.4%的居民认为“万物与人类一样都有生命”。但是依然有13.6%的居民认为“为了当地经济发展和解决就业，需要大规模开发自然资源”，其中汉族居民中有15%，蒙古族居民比例稍低，占11.7%。有8.2%的居民认为“为了加快致富发展，人类没必要考虑环境约束问题”，其中汉族居民中有7.7%，蒙古族居民中有9.1%。与平时在类似地区的田野结果出入较大的是，仅有68.7%的居民认为“国家和发达地区需要加强生态补偿机制建设”，其中汉族有66%，蒙古族有71.6%。从民族维度看，当地两大主体民族居民的综合环保意识大体相当，都比较强，在物质生活改善的条件下，关注人类生存发展与生态环境保护之间的协调。

表2-19　　居民关于生态环境和资源保护方面的看法　　单位：%

	大自然很容易被破坏，需要人类在开发使用中加强保护	为了当地经济发展和解决就业，需要大规模开发自然资源	国家和发达地区需要加强生态补偿机制建设	为了加快致富发展，人类没必要考虑环境约束问题	为了继承先人和本民族传统，必须平衡好开发利用与保护资源环境的关系	为了子孙后代的生存和发展必须大力保护环境	万物与人类一样都有生命
汉族	100.0	15	66	7.7	97.0	99.0	99.0

续表

	大自然很容易被破坏，需要人类在开发使用中加强保护	为了当地经济发展和解决就业，需要大规模开发自然资源	国家和发达地区需要加强生态补偿机制建设	为了加快致富发展，人类没必要考虑环境约束问题	为了继承先人和本民族传统，必须平衡好开发利用与保护资源环境的关系	为了子孙后代的生存和发展必须大力保护环境	万物与人类一样都有生命
蒙古族	100.0	11.7	71.6	9.1	97.4	97.4	98.1
合计	99.7	13.6	68.7	8.2	97.0	98.1	98.4

说明：合计与主体民族的综合比例不符，是由于总计中计入了极少量的其他民族的样本。

东乌珠穆沁旗居民对地方政府保护生态环境效果的整体评价一般。具体来看，居民对生态保护措施和法规的评价相对其他几项稍高，认为好的占全体居民的 51.8%，其中汉族居民占该民族的 49.5%，蒙古族为 53.5%，不同民族间差异不明显。对于其他四项的效果，居民的好评率均低于 50%。如对政府环境保护投入的力度评价，总体好评率为 46.6%，汉族与蒙古族居民给出的好评率占各自民族的比例分别为 44.7% 和 48.4%。对违法违规环境事件的处罚、对公众参与环保的宣传动员，以及对于公众自发制止影响环境的资源开发等工作效果，居民给出的好评率普遍较低，分别为 47.4%、48.6%和 45.7%。两大主体民族居民对地方政府保护环境的各项工作效果评价非常接近，蒙古族居民给出的好评率稍高于汉族居民。

表 2-20　　居民对地方政府生态环境保护工作效果的评价　　单位:%

评价级别	好	一般	不好	不清楚
生态保护措施和法规				
汉族	49.5	18.8	12.0	19.7
蒙古族	53.5	22.6	15.5	8.4
合计	51.8	20.3	13.3	14.6
环境保护投入力度				
汉族	44.7	19.7	16.3	19.3
蒙古族	48.4	21.9	20.6	9.1
合计	46.6	20.9	17.9	14.6
违法违规环境事件的处罚				
汉族	46.2	16.8	16.3	20.7

续表

评价级别	好	一般	不好	不清楚
蒙古族	47.7	21.9	20.6	9.8
合计	47.4	19.0	17.9	15.7
公众参与环境保护的宣传动员				
汉族	47.1	20.2	14.4	18.3
蒙古族	49.4	23.7	18.6	8.3
合计	48.6	21.6	15.9	13.9
对公众自发制止影响环境的资源开发				
汉族	43.8	18.8	12.0	25.4
蒙古族	46.8	20.1	18.8	14.3
合计	45.7	19.3	14.7	20.3

说明：合计与主体民族的综合比例不符，是由于总计中计入了极少量的其他民族的样本。

（二）生态移民

样本中涉及生态移民的仅42个，汉族32个，蒙古族9个，回族1个。鉴于回族样本量少，只进行汉族和蒙古族这两大主体民族间的比较，但在全体居民评价中则纳入回族居民样本。从问卷的总体上看，广大居民不管是对上级政府的移民搬迁政策及实际效果，还是对当地和接收地政府的移民搬迁政策及实际效果，都是知之甚少。总体上看，居民对当地县/市政府的移民搬迁政策实际效果认为不清楚的占73.8%，其他各项政策及其效果认为不清楚的均占71.4%。其中汉族居民对各项政策及其效果不清楚的为68.7%，蒙古族为88.9%。

表2-21 居民对地方政府的移民搬迁政策及其效果的评价 单位：%

评价级别	满意	一般	不满意	不清楚
对上级政府的移民搬迁政策				
汉族	12.5	3.1	15.6	68.8
蒙古族	11.1	0.0	0.0	88.9
合计	11.9	4.8	11.9	71.4
对上级政府的移民搬迁政策实际效果				
汉族	9.4	6.3	15.6	68.7
蒙古族	11.1	0.0	0.0	88.9
合计	9.5	4.8	14.3	71.4

续表

评价级别	满意	一般	不满意	不清楚
对当地县/市政府的移民搬迁政策措施				
汉族	9.4	6.3	15.6	68.7
蒙古族	11.1	0.0	0.0	88.9
合计	9.5	4.8	14.3	71.4
对当地县/市政府的移民搬迁政策实际效果				
汉族	9.4	6.3	12.5	71.8
蒙古族	11.1	0.0	0.0	88.9
合计	9.5	4.8	11.9	73.8
对接受移民搬迁的地方县/市政府的相关政策措施				
汉族	12.5	3.1	15.6	68.8
蒙古族	11.1	0.0	0.0	88.9
合计	11.9	2.4	14.3	71.4
对接受移民搬迁的地方县/市政府相关政策实际效果				
汉族	12.5	3.1	15.6	68.8
蒙古族	11.1	0.0	0.0	88.9
合计	11.9	2.4	14.3	71.4

说明：合计与主体民族的综合比例不符，是由于总计中计入了极少量的其他民族的样本。

从评价结果的一般和不满意率上看，蒙古族居民中的比例为0，而汉族居民中，对当地县/市政府的移民搬迁政策实际效果的不满意率为12.5%，其他几项为15.6%。总体来说，问卷的结果比较耐人寻味，答卷涉及的居民都是搬迁的生态移民，但是在这部分居民中，汉族受访居民有2/3以上、蒙古族有接近90%对与自身利益高度相关的移民搬迁政策不清楚。

四　社会事业发展

2014年年初，内蒙古自治区党委政府作出了“3年时间，600亿元”，在全自治区农村牧区实施“十个全覆盖”工程的重大决策，此为自治区成立以来，第一次全面系统大规模投资农村牧区基本公共服务设施的综合性民生工程，旨在促进城乡公共服务均等化，加快城乡统筹和社会事业发展。从笔者2015年和2016年在内蒙古自治区的田野调查来看，实际上，3年的任务，2016年年底基本上提前完成。

由于东乌珠穆沁旗主要是蒙古族和汉族，其他民族人数比例非常低，从前文三部分问题的分析上看，蒙古族和汉族居民不存在很大的差异，因此，为了集中描述东乌珠穆沁旗的社会事业发展状况，兼评价“十个全覆盖”政策的阶段效果，反映农村及牧区的变化，本报告更多地从城乡维度讨论东乌珠穆沁旗社会事业的发展，主要从公共基础设施、社会保障、扶贫项目和居民安全感等四个方面进行分析。

（一）公共基础设施

问卷结果显示，城乡公共基础设施建设尽管仍存在差距（城镇优于农村），但已显示出等值化趋势。总体来看，除运动健身设施和卫生院外，城乡居民对其他各项公共基础设施持满意态度的比例均超过50%，其中，居民对银行（信用社）持满意态度的比例最高，达72.9%，城乡分别为69.8%和74.1%。除农贸市场外，城镇居民对其他各项公共基础设施的满意率均高于农村，差距在0.9—13.1个百分点。

具体来看，东乌珠穆沁旗城乡小学、初中、高中学校均有设置，数据显示，居民对三个不同阶段教育基础设施的满意率和不满意率差异不明显，说明当地中小学教育基础设施基本均衡。但是，对于三个不同的教育阶段，农村居民对教育设施持满意态度的比例均明显低于城镇，相应地，持不满意态度的比例则明显高于城镇居民，差距在9.8—13.1个百分点，说明农村的基础教育设施与城镇比较，存在较大的差距。

此外，农村居民对治安设施、活动中心、运动场所及器材、车站（码头）、邮政局和银行等公共基础设施的满意度均低于城镇居民，说明农村公共基础设施建设仍然落后于城镇。农村居民对上述公共基础设施持“不好说”态度的比例均显著高于城镇居民（治安设施除外，农村略微低于城镇），说明农村居民对公共基础设施的熟悉程度和使用率也不及城镇居民。差距最小的是治安设施、活动中心、运动设施和邮政局，城乡居民持满意态度的比例分别为51.4%和53.3%、50.0%和51.1%、46.7%和48.3%，以及67.6%和68.5%，说明在农村摆设类的硬件设施的完备性要好于管理类的软件设施。这与在内蒙古自治区的调研结果一致，“十个全覆盖”对于“看得见”的设施设置相对较好，比如活动中心的建筑，包括室内的硬件，如桌椅、书刊，墙上的宣传栏等，但是利用率极低（调研过程中没有发现有村民）。也说明农村居民还不太习惯或者没有精力来利用这些公共设施。

从社区或乡卫生院或最近的医院的情况看，城乡居民的满意率最低，仅为42.2%，其中城乡分别为36.8%和44.3%，而不满意的比例达到

23.9%，一方面说明卫生医疗系统的严重不足，另一方面也说明城乡居民对卫生健康等问题的关注度在提高。

尽管问卷是2015年，“十个全覆盖”尚未完成，但是从治安设施、活动中心、运动设施和邮政局的居民满意率上看，“十个全覆盖”的内容基本已经竣工，因而尽管工程在问卷期间还没有满3年，但是问卷结果依然能够反映，该大型民生工程在一定程度上没有脱离“面子工程”的嫌疑。

表2-22　城乡居民对公共基础设施的评价　单位：%

		满意	一般	不满意	不好说	没有该设施
教育设施（幼儿园）	农村	58.5	15.1	6.6	19.8	0.0
	城镇	68.3	12.9	4.1	14.0	0.7
	合计	65.5	13.5	4.8	15.7	0.5
教育设施（小学）	农村	57.1	16.2	5.7	21.0	0.0
	城镇	66.4	15.1	3.0	14.8	0.7
	合计	63.8	15.4	3.7	16.6	0.5
教育设施（中学）	农村	50.0	15.1	7.5	27.4	0.0
	城镇	63.1	15.5	4.8	15.9	0.7
	合计	59.4	15.4	5.6	19.1	0.5
社区或乡卫生院或最近的医院	农村	36.8	26.4	29.2	7.6	0.0
	城镇	44.3	28.4	21.8	5.1	0.4
	合计	42.2	27.9	23.9	5.7	0.3
治安设施（派出所、警卫室等）	农村	51.4	23.8	7.6	16.2	1.0
	城镇	53.3	23.3	4.1	17.1	2.2
	合计	52.8	23.5	5.1	16.7	1.9
活动中心（老年）	农村	50.0	18.9	15.1	15.1	0.9
	城镇	51.1	20.7	11.9	14.8	1.5
	合计	50.8	20.2	12.8	14.9	1.3
运动场所及器材	农村	46.7	19.0	16.2	13.3	4.8
	城镇	48.3	20.7	13.7	11.4	5.9
	合计	47.9	20.2	14.4	11.9	5.6
农贸市场	农村	55.2	17.1	9.5	14.4	3.8
	城镇	52.4	22.7	12.6	7.8	4.5
	合计	53.2	21.1	11.8	9.6	4.3

续表

		满意	一般	不满意	不好说	没有该设施
车站（码头）	农村	64.4	19.2	3.8	12.5	0.1
	城镇	66.3	23.3	3.3	7.0	0.1
	合计	65.8	22.2	3.5	8.5	0.0
邮政局	农村	67.6	13.3	1.9	16.2	1.0
	城镇	68.5	17.4	2.2	11.5	0.4
	合计	68.3	16.3	2.1	12.8	0.5
银行（信用社）	农村	69.8	15.1	5.7	9.4	0.0
	城镇	74.1	17.0	3.3	5.2	0.4
	合计	72.9	16.5	4.0	6.3	0.3

说明：城镇居民已合并了非农和之前是农业户口和之前是非农户口的居民。

（二）社会保障

1. 城乡社会保险参保情况

参与农村社会保险问卷的农村居民共201人，其中参加新农合的为103人，包括汉族60人，蒙古族43人；参加新农保问卷的共98人，汉族57人，蒙古族41人。问卷结果显示，东乌珠穆沁旗农村居民参加新农合的比例为65%，参加新农保的比例更低，仅为22.4%。从民族维度看，汉族居民参与新农合和新农保的比例较蒙古族居民低，汉族居民相应比例分别为61.7%和17.5%，蒙古族居民分别为69.8%和29.3%。总体上看，农村居民参与社会保障比例很低。

表2-23　　农村居民参与社会保险情况　　单位:%

	新农合	新农保
汉族	61.7	17.5
蒙古族	69.8	29.3
合计	65.0	22.4

在城镇社会保险参与率方面，城镇居民参加城镇职工基本医疗保险、城镇居民医疗保险，以及城镇居民养老保险的比例分别为35.8%、42%和47.2%。从民族维度看，城镇职工基本医疗保险参与情况中，蒙古族居民参与率最高，为41.8%，其次是汉族为31.8%，然后是回族为20%，满族参与率为0。在城镇居民基本医疗保险参与方面，汉族居民参与率最

高，之后依次为回族、蒙古族、满族，参与率分别为46.5%、40.0%、36.7%和0。在城镇居民养老保险方面，则是回族居民参与率最高，之后依次为汉族、蒙古族和满族，参与率分别为60.0%、48.4%、45.5%和0。满族在这三项社会保险中的参与率都为0。

表 2-24　城镇居民参加社会保险的情况　单位：%

	城镇职工基本医疗保险	城镇居民基本医疗保险	城镇居民养老保险
汉族	31.8	46.5	48.4
蒙古族	41.8	36.7	45.5
回族	20.0	40.0	60.0
满族	0.0	0.0	0.0
合计	35.8	42.0	47.2

2. 居民对社会保障的评价

本报告主要从东乌珠穆沁旗居民对他们参与的社会保障项目的满意率上评价社会保障政策。从问卷结果上看，东乌珠穆沁旗居民对参与的不同社会保障项目的评价差异较大。具体来看，居民对城镇职工基本医疗保险、城镇居民医疗保险，以及城镇居民养老保险的评价比较乐观，持满意态度的均在50%以上，分别为65.8%、61.9%和59.4%。从民族维度上看，回族居民对三项持满意态度的比例均为100%，汉族相应的满意率分别为66.1%、62.7%和56.8%，蒙古族为65.1%、60%和61.5%，蒙古族和汉族居民的评价差异不大。对于城镇低保制度，居民评价不甚乐观，持满意态度的居民仅占48.6%，其中汉族为47.2%，蒙古族为50%。而从农村社会保障的居民评价上看，民族间存在显著差异，汉族居民的评价显著低于蒙古族居民：汉族居民对新农合、新农保和农村低保制度持满意态度的比例分别为65.1%、33.3%和23.5%；而蒙古族分别为80.6%、68.8%以及55.6%，差异显著。

表 2-25　居民对社会保障的评价　单位：%

	城镇职工基本医疗保险	城镇居民基本医疗保险	城镇居民养老保险	城镇低保	新型农村合作医疗	新型农村养老保险	农村低保
汉族	66.1	62.7	56.8	47.2	65.1	33.3	23.5

续表

	城镇职工基本医疗保险	城镇居民基本医疗保险	城镇居民养老保险	城镇低保	新型农村合作医疗	新型农村养老保险	农村低保
蒙古族	65.1	60.0	61.5	50.0	80.6	68.8	55.6
回族	100.0	100.0	100.0	—	—	—	—
合计	65.8	61.9	59.4	48.6	71.6	48.6	34.6

（三）扶贫项目

本报告主要从下述16项扶贫政策上考察东乌珠穆沁旗居民对该政策的评价，为了方便比较不同民族对各项政策的满意率，报告将“非常满意”和“满意”合并为一个选项“满意”。从总体上看，居民对不同政策的评价具有较大的差异，并且不同民族对同一项政策的评价也具有较大的差异。

其中人畜饮水工程、资助儿童入学和扫盲教育项目、“村村通”工程、电力设施建设工程、退耕还林还草补助工程等的满意率最高，依次分别为85.2%、85.0%、83.9%、78.9%和72.7%。而种植业/林业/养殖业扶贫资金、技术推广及培训工程、“教育扶贫”工程、扶贫培训工程，以及扶贫工程生产项目满意率最低，依次为22.2%、33.3%、37.3%、41.7%和46.7%。

从民族维度上看，汉族对资助儿童入学和扫盲教育项目、人畜饮水工程、“村村通”工程、电力设施建设工程、退耕还林还草补助工程等的满意率较高，而对于技术推广及培训工程、种植业/林业/养殖业扶贫资金、牧区扶贫工程、扶贫培训工程、卫生设施建设项目等满意率非常低；蒙古族居民对于人畜饮水工程、“村村通”工程、卫生设施建设项目满意率较高，而对于扶贫工程生产项目、基本农田建设工程、“教育扶贫”工程以及种植业/林业/养殖业扶贫资金的满意率较低。

从不同民族居民对各项工程的满意率差距上看，汉族居民对移民搬迁工程、扶贫工程生产项目、退耕还林还草补助工程、基本农田建设工程、电力设施建设工程和资助儿童入学和扫盲教育项目方面的评价要高于蒙古族居民，其中对于基本农田建设工程的满意率是蒙古族的200%；而对于技术推广及培训工程、卫生设施建设项目、种植业/林业/养殖业扶贫资金、牧区扶贫工程、扶贫培训工程、教育扶贫工程等方面的满意率，要远低于蒙古族居民，其中对于技术推广及培训工程的满意率仅相当于蒙古族居民的1/3，对于卫生设施建设项目、种植业/林业/养殖业扶贫资金、牧区扶贫工程、扶贫培训工程等的满意率不到或仅仅接近于蒙古族居民的1/2。

表 2-26 居民对扶贫项目的评价 单位:%

	移民搬迁工程	"两免一补"政策	扶贫工程生产项目	退耕还林还草补助工程	道路修建和改扩工程	基本农田建设工程	电力设施建设工程	人畜饮水工程
汉族	62.5	67.3	50.0	72.7	53.8	66.7	81.8	85.7
蒙古族	50.0	67.5	42.9	60.0	64.3	33.3	75.0	84.6
回族	—	50.0	—	66.7	—	—	—	—
满族	—	—	—	—	—	—	—	—
合计	56.3	67.2	46.7	72.7	59.3	55.6	78.9	85.2
	技术推广及培训工程	资助儿童入学和扫盲教育项目	卫生设施建设项目	种植业/林业/养殖业扶贫资金	"村村通"工程	"教育扶贫"工程	牧区扶贫工程	扶贫培训工程
汉族	20.0	90.9	41.7	16.7	81.3	32.5	37.5	28.6
蒙古族	60.0	77.8	84.6	33.3	86.7	44.4	78.6	60.0
回族	—	—	—	—	—	—	—	—
满族	—	—	—	—	—	—	—	—
合计	33.3	85.0	64.0	22.2	83.9	37.3	63.6	41.7

（四）居民安全感

安全感是人类生存和发展的基本条件之一。本报告从城乡、民族两个不同维度，通过分析居民的社会生活压力、社会安全状况以及社会公平状况等三个方面来讨论居民的社会安全感。为方便进行城乡之间和不同民族之间的比较，报告在社会生活压力的选项中，将"压力很大"和"有压力"合并为"有压力"；将总体上的社会安全状况选项中的"比较安全"和"很安全"合并为"安全"；将总体上的社会公平状况选项中的"比较公平"和"很公平"合并为"公平"。

从总体上看，东乌珠穆沁旗居民的社会生活压力不大，社会公平状况良好，社会安全。有39.3%的居民认为社会生活有压力，以及92.3%的居民认为社会总体来说是安全的，有92.3%的居民认为社会是公平的。

从民族维度看，汉族认为有社会生活压力的比例稍低于蒙古族，两者分别为39.1%和40.5%；汉族居民认为社会总体较安全的比例稍高于蒙古族，两者分别为93.5%和90.2%；而对于社会公平状况，汉族和蒙古族居民的态度差异较大，汉族中74.4%的居民认为总体社会是公平的，比例显著低于蒙古族居民的84.4%。

从城乡维度看，农村居民的压力稍大于城镇居民，其中农村有40.8%的居民认为有社会生活压力，而城镇居民的相应比例为38.3%；对于总体上的社会安全状况的评价，农村也稍低于城镇，认为“安全”的比例两者分别为90.4%和93.1%；而对于社会公平的总体状况评价，农村显著低于城镇，认为“公平”的比例分别为72.5%和82.2%。

可见，总体社会生活压力方面，城乡之间、不同民族之间没有明显差异；但是在总体社会安全感和总体社会公平状况方面，城乡之间、民族之间存在显著的差异，农村居民的评价显著较城镇不乐观。

表2-27 居民的社会安全感 单位：%

	总体上的社会生活压力	总体上的社会安全状况	总体上的社会公平状况
	有压力	安全	公平
汉族	39.1	93.5	74.4
蒙古族	40.5	90.2	84.4
农村	40.8	90.4	72.5
城镇	38.3	93.1	82.2
合计	39.3	92.3	92.3

说明：城镇居民已合并了非农和之前是农业户口和之前是非农户口的居民。

五 民族关系

东乌珠穆沁旗历来是多民族聚居，其中蒙古族与汉族是人口最多的两个民族，蒙古族占64.5%，其次是汉族，回族和满族人数较少。本报告从语言使用、宗教差异、族际交往、族际通婚和民族冲突状况等五个方面，对该旗的民族关系现状加以论述。

（一）语言状况

国家通用语言文字普通话在东乌珠穆沁旗居民中的普及率高达98.1%。日常生活交谈中，蒙古族居民使用普通话的频率甚至还稍高于汉族居民，分别为98.7%和97.6%。汉族居民中较少使用汉语方言，仅占6.7%，另外，蒙古族中也有少部分能够使用汉语方言，占1.9%。蒙古族居民中有81.9%在与人交谈中也使用本民族语言（蒙古语），回族居民中有20%使用蒙古民族语言，满族居民没有人使用本民族语言。此外，2.9%的汉族居民和1.3%的蒙古族居民还能使用其他少数民族语言。汉族居民中有6.7%的比例使用汉语方言，但是2.4%使用本民族语言。

从城乡维度看，城镇居民使用普通话的频率和农村居民仅有细微差异，分别为97.8%和98.1%。使用汉语方言的城镇居民比例高于农村居民，分别为5.1%和4.7%。农村居民较城镇居民使用本民族语言更频繁，分别为39.6%和34.3%。从掌握其他少数民族语言的情况看，城镇居民明显比农村居民更高，分别为2.6%和0.9%。可能是由于城镇居民相对于农村居民，社会交往范围更广。

表2-28　居民与人交谈时语言使用情况　单位：%

	普通话	汉语方言	本民族语言	其他少数民族语言
汉族	97.6	6.7	2.4	2.9
蒙古族	98.7	1.9	81.9	1.3
回族	100	0.0	20	0.0
满族	100	0.0	0.0	0.0
城镇	97.8	5.1	34.3	2.6
农村	98.1	4.7	39.6	0.9
合计	98.1	4.6	35.8	2.2

说明：城镇居民已包括非农和之前是农业户口的非农户口。

（二）宗教信仰

从问卷结果上看，东乌珠穆沁旗居民宗教信仰比例非常小，没有宗教信仰的比例高达91.1%，另外有0.9%表示不知道或不清楚，0.5%不想说。在各种宗教中，佛教、天主教和伊斯兰教以及基督教的比例相对较高，分别为3.0%、1.6%、1.1%和0.8%。其中信教的汉族居民主要信仰天主教和基督教，分别占其人口的2.9%和1.4%，佛教占0.5%。信仰宗教的蒙古族居民主要以佛教为主，占6.5%，道教为0.6%。回族居民有80%信仰伊斯兰教，另外20%表示没有宗教信仰。参与问卷的满族居民100%表示没有宗教信仰。

从城乡维度看，农村居民中没有宗教信仰的占92.5%，城镇居民占91.7%。比例最高的是佛教，其次是天主教，其中农村居民信仰佛教的比例稍高于城镇，分别为3.8%和2.6%；农村居民信仰天主教的比例也稍高于城镇，分别为2.8%和1.1%。信仰伊斯兰教的城镇居民比例为1.5%，而农村为0，说明信仰伊斯兰教的回族居民都居住在城市。

表2-29　　居民宗教信仰情况　　单位：%

	伊斯兰教	佛教	道教	天主教	基督教	其他	没有宗教信仰	不知道（不清楚）	不想说
汉族	0.0	0.5	0.5	2.9	1.4	1.0	93.3	0.0	0.4
蒙古族	0.0	6.5	0.6	0.0	0.0	0.0	90.3	1.9	0.7
回族	80.0	0.0	0.0	0.0	0.0	0.0	20.0	0.0	0.0
满族	0.0	0.0	0.0	0.0	0.0	0.0	100.0	0.0	0.0
农村	0.0	3.8	0.0	2.8	0.0	0.9	92.5	0.0	0.0
城镇	1.5	2.6	0.7	1.1	1.1	0.4	91.7	0.1	0.8
合计	1.1	3.0	0.5	1.6	0.8	0.5	91.1	0.9	0.5

说明：城镇居民已包括非农和之前是农业户口的非农户口。

（三）族际交往

问卷将族际交往分为汉族对少数民族、少数民族对汉族、少数民族对少数民族三大类，每一类下又分为聊天、成为邻居、一起工作等三项子变量。所设的答案为很愿意、比较愿意、不太愿意、不愿意、不好说五个选项。在具体分析的时候，本报告将第一选项和第二选项合并为“愿意”。

汉族对少数民族的交往愿望中，表示愿意聊天、成为邻居以及一起工作的三项交往形式均在93%以上；蒙古族表示愿意和汉族聊天、成为邻居、一起工作的也均在96%以上。少数民族与汉族交往的意愿中，蒙古族居民表示愿意聊天的比率为96.6%，愿意成为邻居或一起工作的均为96%；而回族和满族居民中表示愿意和汉族居民聊天、成为邻居、一起工作数的比例均为100%，比蒙古族稍微强烈。与之类似，少数民族对少数民族的交往中，蒙古族有92%以上的居民表示愿意与其他少数民族聊天、成为邻居、一起工作，而回族和满族相关的比例都为100%。从民族维度看，回族、满族的居民与本民族外居民交往的意愿最强，都是100%，蒙古族、汉族稍逊。因而从问卷上看，东乌珠穆沁旗总体上各族居民的族际交往意愿相对较强。

表 2-30　　民族交往情况（是否愿意：非常愿意+比较愿意）　　单位:%

	汉族对少数民族			少数民族对汉族			少数民族对少数民族		
	聊天	成为邻居	一起工作	聊天	成为邻居	一起工作	聊天	成为邻居	一起工作
汉族	93.7	93.2	93.2	—	—	—			
蒙古族	—	—	—	96.6	96	96	92	92.1	92.1
回族	—	—	—	100	100	100	100	100	100
满族	93.7	93.2	93.2	100	100	100	100	100	100

说明：表中百分比为非常愿意加上比较愿意的人数占本民族人数的比例。

（四）族际交友与族际通婚

从问卷上看，在成为亲密朋友、通婚成为亲家方面，回族的族际交往意愿高于其他各民族，每项表示愿意的比例均为 100%。从成为亲密朋友的意愿来看，无论是汉族对少数民族、少数民族对汉族，还是少数民族对少数民族，表示愿意的比率都在 90%以上，分别为 91.7%、95.4%和 92.1%，少数民族与汉族成为亲密朋友的意愿最高，其中回族与满族是 100%。从通婚成为亲家的意愿上看，汉族与少数民族结亲的意愿不高，为 86.3%；少数民族与汉族通婚的意愿中，回族是 100%，蒙古族为 86.4%，满族 100%表示不愿意；少数民族与少数民族的通婚意愿中，回族和满族都为 100%，蒙古族为 81.2%。可见，比起成为好朋友，各民族居民与其他民族通婚的意愿相对较低，回族例外。

满族与其他少数民族通婚的意愿是 100%（选项为比较愿意），而与汉族通婚则 100% 选择了不太愿意。

表 2-31　　族际交友与通婚　　单位:%

	汉族与少数民族		少数民族与汉族		少数民族与少数民族	
	成为亲密朋友	通婚	成为亲密朋友	通婚	成为亲密朋友	通婚
汉族	91.7	86.3	—	—	—	—
蒙古族			95.4	86.4	92.1	81.2
回族			100	100	100	100
满族			100	0.0	100	100

说明：表中百分比为非常愿意加上比较愿意的人数占本民族人数的比例。

（五）民族冲突与宗教信仰冲突

东乌珠穆沁旗民族冲突很不明显。36.7%的居民认为当前民族冲突不算严重，41.4%的居民认为完全不严重，认为有点严重和非常严重的仅分别占5.8%和0.8%，另外有15.3%对此不清楚。从民族维度看，回族和满族认为民族冲突不算严重或完全不严重的比例都占50%。汉族认为不算严重和完全不严重的比例为34.0%和42.9%；蒙古族居民的相关比例分别为39.7%、39.1%。因而，总体来看，各民族主观认为民族冲突不严重，其中人口比例较少的民族观念上几乎不存在民族冲突。

从城乡维度看，城乡居民中大都认为民族冲突不严重，但两者稍有差异：农村居民认为非常严重和有点严重的分别占1.9%和7.5%，而城镇居民相应的比例较低，分别为0.4%和5.0%；相应地，城镇居民认为不算严重和完全不严重的比例之和为80%，高于农村的72.7%。此外，对该问题不清楚的城镇居民比例比农村更低，两者分别为14.7%和17.9%。总体上，城镇居民在该问题上较农村居民更为乐观。

在宗教信仰冲突的严重程度方面，东乌珠穆沁旗50.6%的居民表示对此不清楚，其中，汉族占该民族的59.9%，蒙古族占40.3%。认为不算严重或完全不严重的比例分别占27.1%和19.9%，有1.9%的居民认为有点严重，非常严重的比例仅为0.6%。可见，居民整体观念上宗教信仰冲突不严重。

从城乡维度看，农村居民和城镇居民分别有59.0%和47.1%的比例表示对宗教冲突不清楚，认为不算严重或完全不严重的分别占36.2%和51.3%。城镇居民中有1.5%认为有点严重，没有人认为非常严重，农村居民中2.9%认为有点严重，1.9%认为非常严重。因此，总体上看，城镇居民对东乌珠穆沁旗宗教冲突的看法较农村居民更为乐观。

表2-32　民族冲突与不同宗教信仰者之间的冲突　单位：%

	民族间冲突					不同宗教信仰者间冲突				
	非常严重	有点严重	不算严重	完全不严重	不清楚	非常严重	有点严重	不算严重	完全不严重	不清楚
汉族	1.0	4.9	34.0	42.9	17.2	0.5	1.5	21.8	16.3	59.9
蒙古族	0.6	7.1	39.7	39.1	13.5	0.6	1.9	33.1	24.0	40.3
其他民族	0.0	0.0	50	50	0	0.0	16.7	50	33.3	0.0
农村	1.9	7.5	30.2	42.5	17.9	1.9	2.9	22.9	13.3	59.0

续表

	民族间冲突					不同宗教信仰者间冲突				
	非常严重	有点严重	不算严重	完全不严重	不清楚	非常严重	有点严重	不算严重	完全不严重	不清楚
城镇	0.4	5.0	39.6	40.4	14.7	0.0	1.5	28.9	22.4	47.1
合计	0.8	5.8	36.7	41.4	15.3	0.6	1.9	27.1	19.9	50.6

说明：城镇居民已合并了非农和之前是农业户口和之前是非农户口的居民。

（六）民族政策

由于以往绝大多数少数民族主要分布在我国的中西部地区，经济发展基础、资源禀赋、投资环境、区位交通等方面往往处于劣势，落后于内地的发展。为了平衡少数民族地区和其他地区的经济社会发展、巩固民族团结，我国制定了民族（优惠）政策这一制度性安排，旨在促进少数民族在政治、经济、文化、宗教、教育等各领域的进步与发展。本报告仅从民族地区特殊优惠政策的全貌上分析该政策对东乌珠穆沁旗居民的影响及其评价。

从总体上看，东乌珠穆沁旗居民对民族政策的评价满意度一般，表示满意的占69.5%，不满意的为6.1%，另外24.4%表示对民族政策不清楚。从民族维度上，当地人数越少的民族对民族政策的评价满意率越高，如汉族对于该政策的满意率为66.2%，蒙古族、回族和满族的相应比例分别为73.5%、100%和100%。人口最少的两个民族回族和满族居民表示不满意的比例都为0。

从城乡维度看，农村居民对民族地区特殊优惠政策持满意态度的比例为59.4%，城镇居民为73.4%，显著高于农村居民；从不满意率上看，农村居民为6.6%，城镇居民为5.9%，城镇略低。此外，农村居民对民族政策不清楚的比例显著高于城镇居民，分别为34.0%和20.7%。

表2-33　居民对民族地区特殊优惠政策的评价　单位：%

	满意	不满意	不清楚
汉族	66.2	5.2	28.6
蒙古族	73.5	7.7	18.8
回族	100.0	0.0	0.0
满族	100.0	0.0	0.0

续表

	满意	不满意	不清楚
农村	59.4	6.6	34.0
城镇	73.4	5.9	20.7
合计	69.5	6.1	24.4

说明：城镇居民已包括非农和之前是农业户口的非农户口。

六　简要总结

近年来，东乌珠穆沁旗通过实施自治区“8337”发展战略和“农村十个全覆盖”系统工程，经济社会取得了显著的进展，居民生活质量和社会文明程度显著提高，体制机制更加完善，民族团结、社会稳定、边疆安宁的政治局面进一步巩固，这在问卷中也得以证实。与此同时，问卷数据也揭示了东乌珠穆沁旗在社会稳定、环境保护和经济发展等方面的劣势和存在的问题。由于缺少对该旗的田野调查，无法对问题的成因做透彻的分析，本报告只能通过问卷数据所反映的现象其背后的形成逻辑做一初步的推测，从而对该旗经济社会发展存在的问题展开讨论。

（一）经济社会发展取得的成绩

从总体上看，东乌珠穆沁旗在促进经济进步、开展社会事业、提高生活质量、发展民族教育、改善民族关系、增进安全感等领域取得了一定的成绩。经济生活方面，城乡居民就业状况良好；大部分人对过去 5 年生活水平的提高持肯定态度，认为未来 5 年生活水平将会上升；2014 年开始在全自治区实施的“农村十个全覆盖”显著提高了农村公共基础设施的硬件水平，社会事业均衡化程度不断提升。社会保障水平和覆盖面不断提升，居民社会预期增强。居民的综合环保意识增强，在物质生活改善的条件下，关注人类生存发展与生态环境保护之间的协调。民族关系和谐，族际交往意愿较强，民族冲突和宗教冲突不明显。民族特殊优惠政策获得少数民族居民的较高认可。社会和谐和安定程度高，居民社会压力感不大，安全感较高，社会公平感较强。

（二）存在的问题

1. 住房分布不均衡，居民满意度不高。从家庭拥有自有住房的整体情况看，东乌旗大部分家庭拥有 1 套自有住房，9.6%的家庭拥有 2 套住房，少部分人拥有4套以上的住房，然而12.5%的家庭没有自有住房；居民对当前住房评价总体满意度不高，对住房政策了解不够。

2. 就业结构不甚合理，劳动力流动不顺畅。从就业结构上看，东乌珠穆沁旗商业、服务业从业人员以及专业技术人员比例偏低。从农业户口居民寻找非农工作的途径上看，主要依赖于传统社会关系网络，职业中介市场还没有发挥相应的作用，农村劳动力利用市场信息和途径实现非农就业的能力较弱，劳动力未处于完全竞争状态。从问卷上看，当地政府在职业培训和农村劳动力安置方面是缺位的。

3. 地方政府保护生态环境的政策效果一般。东乌珠穆沁旗居民对生态保护措施和法规本身的评价稍高，但对实施效果评价欠佳，尤其对违法违规环境事件的处罚、对公众参与环保的宣传动员，居民评价较低。

4. 社会保障参与率不高，评价较低。东乌珠穆沁旗居民总体参与社会保障的比例不高。在城镇社会保险参与率方面，城镇居民参加城镇职工基本医疗保险、城镇居民医疗保险，以及城镇居民养老保险的参与率仅在40%上下，农村居民参与社会保障比例也很低，新农保的参与率仅为22.4%，并且居民对社会保障的总体评价不高。

5. 公共基础设施的硬件系统较完备，但实际运行效果欠佳。东乌珠穆沁旗的各项公共基础设施的建设已经较为完备，但是社区或乡卫生院或最近的医院等卫生医疗系统还远不能满足城乡居民的需求。多项设施存在明显的城乡差异，尤其在治安设施、活动中心、运动场所及器材、车站、码头、邮政局和银行等基础服务设施方面。此外，农村摆设类的硬件设施的完备性要好于管理类的软件设施，农村居民还不善于利用公共设施。

（三）对策和建议

为了推进东乌珠穆沁旗经济社会全面发展，针对上述问题，根据问卷提供的信息，我们提出以下建议：在住房方面，还可以进一步做好各类住房政策的咨询和宣传工作，一方面吸收居民的意见，另一方面让居民了解政策，引导居民合理地通过政策解决自己的住房问题。在就业方面，一是需要适度加大政府干预，做好职业培训，合理引导社会关系网络与市场对接，逐步提高市场中介在劳动力流动中的作用。此外，还需要调整产业结构，普及基础教育和提升人力资本协同进行，通过合理的产业结构来引导有序的就业分布，并通过教育提升人力资本，增强劳动力融入能力，实现劳动力供需对接，促进经济健康发展。在生态环境保护方面，仅有完善的政策法规和各项措施是不够的，重要的是每一项如何实施，因此需要政府在加大宣传力度的基础上，制定有效的激励和惩罚措施，联手民众和非政府组织一起推动生态环境的改善。在社会保障方面，也是需要政府部门的相关知识和法规制度的普及，鼓励城乡居民参加社会保障，提高社会安全度。在公共基础设施上，政府有必要改变评价体系，从各项公共服务设施的硬件及数量的评价基础上，纳入各项设施使用效果、居民的满意度等指标，方能更准确地判断和提高各项公共服务的有效性，从而推动地方的经济社会的可持续发展。

第三章

内蒙古阿拉善左旗经济社会发展综合调查研究报告

阿拉善左旗（简称阿左旗）位于内蒙古自治区西部、贺兰山西麓，总面积80412平方公里，辖4个街道、9个镇、6个苏木。阿左旗是全区19个少数民族边境旗之一，东与宁夏相交，西、南与甘肃毗邻，北与蒙古国接壤，国境线长188.68公里。全旗总人口14.3万人，有蒙、汉、回、满等28个民族，是一个以蒙古族为主体、汉族占多数的少数民族聚居地区。全旗地势东南高、西北低，腾格里、乌兰布和两大沙漠横贯全境。①

阿拉善左旗属温带荒漠干旱区，为典型的大陆型气候，以风沙大、干旱少雨、日照充足、蒸发强烈为主要特点。年降雨量80—220毫米，年蒸发量2900—3300毫米。日照时间3316小时，年平均气温7.2摄氏度，无霜期120—180天。②

阿拉善左旗辖4个街道、9个镇、6个苏木：巴彦浩特额鲁特街道、巴彦浩特南环路街道、巴彦浩特新华街道、巴彦浩特王府街道，温都尔勒图镇、乌斯太镇、巴润别立镇、巴彦浩特镇、嘉尔格勒赛汉镇、吉兰泰镇、宗别立镇、敖伦布拉格镇、腾格里额里斯镇，巴彦木仁苏木、乌力吉苏木、巴彦诺日公苏木、额尔克哈什哈苏木、银根苏木、超格图呼热苏木（其中：乌斯太镇由阿拉善经济开发区托管，巴彦木仁苏木由乌兰布和生态沙产业示范区托管，嘉尔嘎勒赛汉镇和腾格里额里斯镇由腾格里经济技术开发区托管）。旗政府驻巴彦浩特镇。③

为了深入了解阿拉善左旗当地的经济社会发展状况，课题组在当地进

① 阿拉善左旗政府网（http：//www.alszq.gov.cn），2016年3月17日。

② 同上。

③ 同上。

行实地调查，调查的方式主要以问卷的方式进行，共获得问卷447份，有效问卷447份，有效率为100%。

一　受访者基本情况

受访者的性别、民族、宗教、年龄、学历、户口、政治面貌、健康状况等见表3-1。性别上，男性占59.5%，女性占40.5%；民族方面，汉族占71.5%，蒙古族占23.0%，回族占4.3%。受访者中年龄最小者为15岁，年龄最大者为85岁，30岁及以下的比例是13.7%，31—45岁占38.0%，46—60岁占42.5%，61岁及以上的占5.8%；受教育水平多为初中、高中水平，所占百分比分别为37.4%、21.0%；党员在受访者中所占比重为13.6%，群众所占比重为82.6%；受访者的健康状况多为健康，其百分比为85.8%。受访者户籍分布：农业户口的比例为68.5%，非农业户口比例为17.4%，居民户口（之前农业户口）占3.8%，居民户口（之前非农业户口）比例为9.4%。

表3-1　　**受访者基本情况**　　单位：次、%

		频次	百分比			频次	百分比
民族	汉族	318	71.5	学历	未上学	31	7.0
	蒙古族	102	23		小学	83	18.7
	回族	19	4.3		初中	167	37.4
	彝族	2	0.4		高中、中专或职高	94	21
	满族	2	0.4		大学专科	34	7.6
	侗族	1	0.2		大学本科	33	7.4
	达斡尔族	1	0.2		研究生	3	0.7
宗教	伊斯兰教	26	6	户口	农业	306	68.5
	佛教	48	10.7		非农业	78	17.4
	天主教	2	0.4		居民户口（前农）	17	3.8
	基督教	1	0.2		居民户口（前非农）	42	9.4
	民族信仰	2	0.4		未作答	4	0.9
	其他	1	0.2	政治面貌	中共党员	61	13.6
	没有宗教信仰	353	79.0		团员	15	3.4
	不知道	9	2.0		民主党派	1	0.2
	不想说	1	0.2		群众	369	82.6
	未作答	4	0.9		未作答	1	0.2

续表

		频次	百分比			频次	百分比
年龄	30 岁及以下	61	13.7	健康状况	健康	383	85.8
	31—45 岁	170	38.0		一般	44	9.8
	46—60 岁	190	42.5		不健康	18	4.0
	61 岁及以上	25	5.8		未作答	2	0.4
性别	男	266	59.5				
	女	181	40.5				

表 3-2 为受访者家庭情况。从家庭常住人口来看，最少为 1 人，所占比例为 3.8%；最多为 8 人，所占比例为 0.7%；常住人口为 3 人所占的比例为 38.9%；常住人口为 4 人的比例为 23.7%；常住人口为 2 人的比例为 16.6%。居住原因方面，因户籍所在地而居住于此的占 87.5%，因务工经商而居住在此地的占 5.1%。家庭常住人口 16—60 岁家庭成员人数为 3 人的占 36.9%，2 人的占 30.2%，4 人的占 14.8%。

表 3-2　　受访者家庭情况　　单位：次、%

		频次	百分比			频次	百分比
居住原因	户籍所在地	391	87.5	家庭常住人口16—60岁家庭成员人数	0	24	5.4
	务工经商	23	5.1		1	25	5.6
	工作调动	4	0.9		2	135	30.2
	分配录用	2	0.5		3	165	36.9
	拆迁或搬家	10	2.2		4	66	14.8
	婚姻嫁娶	12	2.7		5	19	4.3
	投亲靠友	4	0.9		6	3	0.7
	未作答	1	0.2		7	1	0.2
家庭常住人口	1	17	3.8		9	1	0.2
	2	74	16.6		未作答	8	1.7
	3	174	38.9	与户主关系	户主本人	261	58.4
	4	106	23.7		配偶	127	28.4
	5	44	9.8		子女	52	11.6
	6	22	4.9		儿媳女婿	4	1
	7	4	0.9		兄弟姐妹	1	0.2
	8	3	0.7		父母或岳父母或公婆	1	0.2
	未作答	3	0.7		其他	1	0.2

二　经济生活状况

（一）房屋拥有情况

表 3-3 反映的是受访者拥有自有住房的数量情况：没有自有住房的汉族受访者比例为 57.1%，蒙古族受访者比例为 28.6%；拥有 1 套住房的汉族受访者比例为 75.8%，蒙古族受访者比例为 16.5%；拥有 2 套住房的汉族受访者占 76.9%，蒙古族受访者占 23.1%；拥有 3 套住房的汉族受访者所占比例为 66.7%，蒙古族受访者所占比例为 33.3%；拥有 4 套住房的汉族受访者占 50.0%，蒙古族受访者占 50.0%；拥有 7 套住房的受访者中只有一名蒙古族受访者。

表 3-3　　自有住房（拥有产权）数量　　单位：次、%

	0 套		1 套		2 套		3 套		4 套		7 套	
	频数	百分比	频数	百分比	频数	百分比	频数	百分比	频数	百分比	频数	百分比
汉族	4	57.1	69	75.8	10	76.9	2	66.7	1	50.0	0	0.0
蒙古族	2	28.6	15	16.5	3	23.1	1	33.3	1	50.0	1	100.0
回族	1	14.3	4	4.4	0	0.0	0	0.0	0	0.0	0	0.0
满族	0	0.0	2	2.2	0	0.0	0	0.0	0	0.0	0	0.0
侗族	0	0.0	1	1.1	0	0.0	0	0.0	0	0.0	0	0.0
合计	7	100.0	91	100.0	13	100.0	3	100.0	2	100.0	1	100.0

表 3-4 反映的是房屋面积情况：80 平方米及以下在城市居住的汉族占 67.0%，在农村居住的汉族占 42.9%，在城市居住的蒙古族占 20.0%，在农村居住的蒙古族占 42.9%。面积在 81—160 平方米的城市居民中，汉族占 75.0%，蒙古族占 17.9%，农村居民中汉族占 73.3%，蒙古族占 22.0%。面积在 161—240 平方米的城市居民中，汉族的比例为 80.0%，蒙古族的比例为 20.0%，在农村居民中汉族比例为 85.7%，蒙古族比例为 14.3%。面积在 241—320 平方米的在城市居住的汉族比例为 100.0%，蒙古族比例为 0，在农村居住的汉族比例为 66.7%，蒙古族比例为 33.3%。面积在 321 平方米及以上的，城市居民中汉族受访者的比例为 100.0%，蒙古族受访者比例为 0，在农村居民中汉族受访者比例为 75.0%，蒙古族受访者比例为 25.0%。

表 3-4　房屋或宅基地面积　单位:%

	城市			农村		
	汉族	蒙古族	其他	汉族	蒙古族	其他
80 平方米及以下	67.0	20.0	13.0	42.9	42.9	14.2
81—160 平方米	75.0	17.9	7.1	73.3	22.0	4.7
161—240 平方米	80.0	20.0	0.0	85.7	14.3	0.0
241—320 平方米	100.0	0.0	0.0	66.7	33.3	0.0
321 平方米及以上	100.0	0.0	0.0	75.0	25.0	0.0
合计	84	20	8	215	74	16

说明：其他包括回族、彝族、达斡尔族、满族、侗族。

（二）城乡受访者个人与家庭的收入和支出

表 3-5 中反映的是关于农村家庭 2013 年总收入情况，收入在 50000 元以下的汉族受访者比例为 69.2%，蒙古族受访者占 18.9%，收入在 50001—100000 元之间的汉族受访者占 71.4%，蒙古族受访者占 25.7%，收入在 100001—150000 元之间的汉族受访者比例为 75.6%，蒙古族受访者占 20.0%，收入在 150001—200000 元之间的汉族受访者比例为 76.9%，蒙古族受访者比例为 20.5%，收入在 200001—250000 元之间的汉族受访者占 76.1%，蒙古族受访者比例为 21.7%，收入在 250001—300000 元之间的汉族受访者占 75.7%，蒙古族受访者占 24.3%，收入在 300001—350000 元之间的汉族受访者比例为 57.6%，蒙古族受访者比例为 39.4%，收入在 350001 元以上的汉族受访者所占比例为 60.0%，蒙古族受访者所占比例为 40.0%。

表 3-5　农村家庭 2013 年总收入　单位:%

	汉族	蒙古族	其他
50000 元以下	69.2	18.9	12
50001—100000 元	71.4	25.7	2.9
100001—150000 元	75.6	20.0	4.4
150001—200000 元	76.9	20.5	2.6
200001—250000 元	76.1	21.7	2.2
250001—300000 元	75.7	24.3	0.0

续表

	汉族	蒙古族	其他
300001—350000元	57.6	39.4	3.0
350001元以上	60.0	40.0	0.0
合计	318	102	25

说明：其他包括回族、彝族、满族、侗族、达斡尔族。

表3-6反映的是关于农村家庭2013年总支出情况：总支出在50000元以下的汉族受访者占74.9%，蒙古族受访者占20.0%，总支出在50001—100000元之间的汉族受访者比例为47.7%，蒙古族受访者比例为45.5%，总支出在100001—150000元之间的汉族受访者占90.0%，蒙古族受访者比例为10.0%，总支出在150001—200000元之间的汉族受访者占20.0%，蒙古族受访者占80.0%，总支出在200001—250000元之间的汉族受访者比例为66.7%，蒙古族受访者比例为33.3%，总支出在250001元以上的汉族受访者占60.0%，蒙古族受访者占40.0%。

表3-6　　农村家庭2013年总支出　　单位:%

	汉族	蒙古族	其他
50000元以下	74.9	20.0	5.1
50001—100000元	47.7	45.5	6.8
100001—150000元	90.0	10.0	0.0
150001—200000元	20.0	80.0	0.0
200001—250000元	66.7	33.3	0.0
250001元以上	60.0	40.0	0.0
合计	227	79	16

说明：其他包括回族、彝族、满族、侗族、达斡尔族。

表3-7反映的是城镇家庭2013年总收入情况：总收入在30000元以下的汉族受访者占75.0%，蒙古族受访者占25.0%，总收入在30001—60000元之间的汉族受访者占75.0%，蒙古族受访者占16.7%，总收入在60001—90000元之间的汉族受访者比例为83.3%，蒙古族受访者比例为16.7%，总收入在90001—120000元的汉族受访者比例为80.0%，蒙古族受访者比例为20.0%，总收入在120001元以上的汉族受访者比例为

62.5%，蒙古族受访者比例为 37.5%。

表 3-7　城镇家庭 2013 年总收入　单位：%

	汉族	蒙古族	侗族
30000 元以下	75.0	25.0	0.0
30001—60000 元	75.0	16.7	8.3
60001—90000 元	83.3	16.7	0.0
90001—120000 元	80.0	20.0	0.0
120001 元以上	62.5	37.5	0.0
合计	31	9	1

表 3-8 反映的是城镇家庭总支出情况：总支出在 30000 元以下的占 34.8%，总支出在 30001—60000 元之间的占 41.3%，总支出在 60001—90000 元之间的比例为 13.0%，总支出在 90001 元以上的占 10.9%。

表 3-8　城镇家庭总支出　单位：%

	汉族	蒙古族	满族
30000 元以下	93.8	6.3	0.0
30001—60000 元	83.3	11.1	5.6
60001—90000 元	66.7	33.3	0.0
90001 元以上	60.0	40.0	0.0
合计	37	7	1

表 3-9 反映的是城镇个人收入情况：收入在 30000 元以下的汉族受访者占 70.6%，蒙古族受访者占 23.6%，收入在 30001—50000 元之间的汉族受访者比例为 81.0%，蒙古族受访者比例为 19.0%，收入在 50001 元以上的汉族受访者占 88.9%，蒙古族受访者占 0.0%。城镇个人总支出情况：城镇个人支出在 5000 元以下的汉族受访者占 72.4%，蒙古族受访者占 22.0%，支出在 5001—10000 元之间的汉族受访者比例为 50.0%，蒙古族受访者比例为 40.0%。支出在 10001—150000 元之间的汉族受访者所占比例为 66.7%，蒙古族受访者所占比例为 33.3%，支出在 150001 元以上的汉族受访者占 40.0%，蒙古族受访者占 60.0%。

表 3-9 **城镇个人收入与支出** 单位:%

城镇个人收入			
	汉族	蒙古族	其他
30000 元以下	70.6	23.6	5.7
30001—50000 元	81.0	19.0	0.0
50001 元以上	88.9	0.0	11.1
合计	318	102	25
城镇个人总支出			
5000 元以下	72.4	22.0	5.6
5001—10000 元	50.0	40.0	10.0
10001—15000 元	66.7	33.3	0.0
15001 元以上	40.0	60.0	0.0
合计	318	102	25

（三）城乡受访者家庭消费品

表 3-10 反映的是受访者家庭第一位想买的消费品：想买洗衣机的占 9.6%，想买电冰箱或冰柜的比例为 2.1%，想买微波炉的比例为 1.6%，想买数字电视机的比例为 6.0%，想买空调机的比例为 2.8%，想买生产性机动车的占 5.2%，想买家用汽车的比例为 39.7%，想买电脑的占 2.8%，想买摩托车的占 1.6%。

表 3-10 **第一位想买的消费品** 单位:%

	频数	百分比
洗衣机	41	9.6
电冰箱或冰柜	9	2.1
微波炉	7	1.6
数字电视机	25	6.0
空调机	12	2.8
生产性机动车	22	5.2
家用汽车	169	39.7
电脑	12	2.8
摩托车	7	1.6
其他	122	28.6
合计	426	100

（四）就业

表 3-11 反映的是受访者的职业状况，农林牧渔水利生产人员所占比例最高为 48.5%，商业、服务业人员的比例为 17.2%，国家机关党群组织、事业单位工作人员所占比例为 8.5%，国家机关党群组织、事业单位负责人所占比例为 2.0%。

表 3-11　受访者职业　单位：%

	频数	百分比
国家机关党群组织、事业单位负责人	9	2.0
国家机关党群组织、事业单位工作人员	38	8.5
专业技术人员	6	1.3
各类企业办事人员	2	0.4
商业、服务业人员	77	17.2
农林牧渔水利生产人员	217	48.5
生产、运输设备操作人员及有关人员	4	0.9
军人	1	0.2
不便分类的其他从业人员	68	15.2
未作答	25	5.8
合计	447	100

1. 城乡受访者的就业状况

（1）农业户口的受访者的就业

表 3-12 中是受访者中农业户口和居民户口的工作状况：只是务农的受访者占 46.2%；务农为主，同时也从事非农工作的受访者所占比例为 11.5%；非农工作为主，同时也务农的受访者所占比例为 6.4%；只从事非农工作的占 27.6%；农村非就业或城镇失业或待业人员所占比例为 0.8%；家务工作者占 2.3%；其他不工作也不上学人员所占比例为 3.3%。

表 3-12　农业或居民户口的工作状况　单位：%

	频数	百分比
只是务农	181	46.2
务农为主，同时也从事非农工作	45	11.5
非农工作为主，同时也务农	25	6.4

续表

	频数	百分比
只从事非农工作	108	27.6
农村非就业或城镇失业或待业人员	3	0.8
家务工作者	9	2.3
退休人员	4	1.0
全日制学生	4	1.0
其他不工作也不上学人员	13	3.3
合计	392	100.0

表3-13是农业户口的受访者找到非农工作的渠道情况：如果本县市农业户口且在2013年从事过非农务工，找到这份工作的最主要渠道：政府/社区安排介绍所占比例为5.9%，商业职介占1.0%，从招聘广告这一渠道找到工作的受访者占4.0%，直接申请（含考试）占4.0%，家人/亲戚介绍所占比例为2.0%，朋友/熟人介绍的受访者占41.6%，通过本乡人介绍的占12.9%，通过本民族介绍的受访者所占比例为5.9%。

表3-13　　农业户口的受访者找到非农工作的渠道　　单位：%

	频数	百分比
政府/社区安排介绍	6	5.9
商业职介	1	1.0
招聘广告	4	4.0
直接申请（含考试）	4	4.0
家人/亲戚介绍	2	2.0
朋友/熟人介绍	42	41.6
通过本乡人介绍	13	12.9
通过本民族介绍	6	5.9
其他	23	22.7
合计	101	100.0

（2）非农业户口的受访者的就业

表3-14是非农业户口年度从业地区分布：83.3%的非农业户口的受访者的从业地区为乡镇内，在乡外县内的占11.8%，县外省内的占

3.9%，在省外国内地区从业者占1.0%。非农业户口从业者的劳动性质方面，固定职工的比例为22.1%，长期合同工的比例为14.7%，短期或临时合同工占17.9%，没有合同的员工占9.5%，从事私营或者个体经营人员所占比例为26.3%。在获得工作渠道方面，通过政府/社区安排介绍获得工作的占9.0%，通过商业职介获得工作的占2.2%，通过招聘广告获得工作的占4.4%，直接申请（含考试）获得工作的比例为24.4%，通过家人/亲戚介绍获得工作的比例为12.2%，通过朋友/熟人介绍获得工作的比例为28.9%，通过本乡人介绍获得工作的占6.7%，而通过本民族介绍获得工作的比例为1.1%。

表3-14　非农业户口本年度的从业地区　单位：%

	频数	百分比
非农业户口本年度的从业地区		
乡镇内	85	83.3
乡外县内	12	11.8
县外省内	4	3.9
省外国内	1	1.0
样本个数	102	100.0
非农业户口从业者的劳动性质		
固定职工	21	22.1
长期合同工	14	14.7
短期或临时合同工	17	17.9
没有合同的员工	9	9.5
从事私营或个体经营人员	25	26.3
其他	9	9.5
合计	25	100.0
获得工作的渠道		
政府/社区安排介绍	8	9.0
商业职介	2	2.2
招聘广告	4	4.4
直接申请（含考试）	22	24.4
家人/亲戚介绍	11	12.2
朋友/熟人介绍	26	28.9
通过本乡人介绍	6	6.7

续表

	频数	百分比
通过本民族介绍	1	1.1
其他	10	11.1
合计	90	100.0

2. 城镇受访者的失业情况

在22位受访者没有工作的原因当中：料理家务所占比例最高，为27.3%；第二位是正在上学，所占比例为18.2%；排在第三位的是丧失劳动能力，占13.6%；已离/退休所占的比重最小，为4.5%。男性受访者与女性受访者相比，因“料理家务”原因没有工作的全部是女性，占54.5%；而因“毕业后未工作”这一原因没有工作的全部是男性，所占比例为18.2%（见表3-15）。

表3-15　　非农业户口受访者没有工作的原因　　单位：%

	男性	女性	合计
正在上学	27.3	9.1	18.2
丧失劳动能力	18.2	9.1	13.6
已离/退休	0.0	9.1	4.5
毕业后未工作	18.2	0.0	9.1
料理家务	0.0	54.5	27.3
因单位原因（如破产、改制、下岗/内退/买断工龄、辞退等）失去原工作	0.0	18.2	9.1
因本人原因（如家务、健康、辞职等）离开原工作	18.2	0.0	9.1
其他	18.2	0.0	9.1
合计	11	11	22

三　民族文化与教育

（一）民族语言和文字

1. 民族语言使用和评价

表3-16反映的是受访者小时候最先学会的语言情况：汉族受访者小时候最先学会的语言分布为：最先学会普通话的占36.3%，最先学会汉

语方言的占 63.4%。蒙古族受访者小时候最先学会普通话的比例为 24.5%，汉语方言的比例为 43.1%，本民族语言的比例为 32.4%。回族受访者最先学会的语言，普通话的比例为 22.2%，汉语方言的比例为 77.8%。

表 3-16　　**小时候最先学会的语言**　　单位：%

	汉族	蒙古族	回族	彝族	满族	侗族	达斡尔族	合计
普通话	36.3	24.5	22.2	50.0	50.0	100.0	0.0	33.2
汉语方言	63.4	43.1	77.8	0.0	50.0	0.0	100.0	59.1
本民族语言	0.3	32.4	0.0	50.0	0.0	0.0	0.0	7.7
合计	317	102	18	2	2	1	1	443

表 3-17 中反映的是掌握的语言程度情况：对于普通话的使用，能流利准确地使用的汉族受访者占 83.7%，蒙古族受访者占 71.1%，回族受访者占 93.3%。能熟练使用但音不准的汉族受访者占 9.1%，蒙古族受访者占 17.0%，回族受访者为 0。汉语方言的使用，能流利准确地使用的汉族受访者比例为 95.1%，蒙古族受访者比例为 80.0%，回族受访者比例为 100%。本民族语言的使用情况，能准确流利地使用的汉族受访者占 100%，蒙古族受访者占 68.8%，除此之外，蒙古族受访者能熟练使用但音不准的比例为 16.7%，能熟练使用但口音较重的占 4.2%，基本能交谈但不熟练的比例为 6.3%，能听懂一些但不会说的占 4.0%。

表 3-17　　**语言程度**　　单位：%

	汉族	蒙古族	回族	彝族	满族	达斡尔族	合计
普通话							
能流利准确地使用	83.7	71.1	93.3	100.0	50.0	100.0	80.9
能熟练使用但音不准	9.1	17.0	0.0	0.0	50.0	0.0	10.9
能熟练使用但口音较重	6.7	6.6	6.7	0.0	0.0	0.0	6.6
能听懂但不太熟练	0.5	5.3	0.0	0.0	0.0	0.0	1.7
合计	208	76	15	1	2	1	303
汉语方言							
能流利准确地使用	95.1	80.0	100.0	100.0	100.0	100.0	80.9
能熟练使用但音不准	3.3	18.2	0.0	0.0	0.0	0.0	10.9

续表

	汉族	蒙古族	回族	彝族	满族	达斡尔族	合计
能熟练使用但口音较重	1.1	1.8	0.0	0.0	0.0	0.0	6.6
能听懂但不太熟练	0.5	0.0	0.0	0.0	0.0	0.0	1.7
合计	184	55	14	1	1	1	256
本民族语言							
能准确流利地使用	100.0	68.8	0.0	0.0	0.0	0.0	69.4
能熟练使用但音不准	0.0	16.7	0.0	0.0	0.0	0.0	16.3
能熟练使用但口音较重	0.0	4.2	0.0	0.0	0.0	0.0	4.1
基本能交谈但不熟练	0.0	6.3	0.0	0.0	0.0	0.0	6.1
能听懂一些但不会说	0.0	4.0	0.0	0.0	0.0	0.0	4.1
合计	1	48	0	0	0	0	49
其他少数民族语言							
基本能交谈但不熟练	0.0	100.0	0.0	0.0	0.0	0.0	100.0
合计	0	1	0.0	0.0	0.0	0.0	1

2. 文字

表 3-18 中反映的是受访者的文字水平。在汉字运用水平上，能够掌握足够的文字并能流利书写的，汉族受访者占 69.3%，蒙古族受访者占 69.0%，回族受访者占 83.3%。完全不能用文字书写的，汉族受访者占 2.3%，蒙古族受访者占 5.0%。在本民族文字掌握情况上，掌握足够文字能够流利书写的，蒙古族受访者占 51.8%，完全不能用文字书写的蒙古族受访者占 12.5%。在对其他民族文字的掌握情况上，掌握足够文字能流利书写的蒙古族受访者的比例为 66.7%。

表 3-18　　文字水平如何　　单位:%

	汉族	蒙古族	回族	彝族	满族	达斡尔族	合计
汉字							
掌握足够文字能流利书写	69.3	69.0	83.3	100.0	100.0	100.0	70.2
掌握较多文字能书写书信	11.9	7.0	5.6	0.0	0.0	0.0	10.3

续表

	汉族	蒙古族	回族	彝族	满族	达斡尔族	合计
掌握文字数量不够，书写不流利	12.2	12.0	11.1	0.0	0.0	0.0	12.0
掌握文字数量太少，只能写点简单字句	4.3	7.0	0.0	0.0	0.0	0.0	4.7
完全不能用文字书写	2.3	5.0	0.0	0.0	0.0	0.0	2.8
合计	303	100	18	2	2	1	426
本民族文字							
掌握足够文字能够流利书写	40.0	51.8	50.0	0.0	0.0	0.0	50.8
掌握较多文字能书写书信	20.0	7.1	0.0	0.0	0.0	0.0	7.9
掌握文字数量不够，书写不流利	0.0	17.9	0.0	0.0	0.0	0.0	15.9
掌握文字数量太少，只能写点简单字句	0.0	10.7	0.0	0.0	0.0	0.0	9.5
完全不能用文字书写	40.0	12.5	50.0	0.0	0.0	0.0	15.9
合计	5	56	2	0	0	0	63
其他民族文字							
掌握足够文字能流利书写	0.0	66.7	0.0	0.0	0.0	0.0	50. 0
掌握文字数量太少，只能写点简单字句	0.0	33.3	0.0	0.0	0.0	0.0	25.0
完全不能用文字书写	100.0	0.0	0.0	0.0	0.0	0.0	25.0
合计	1	3	0	0	0	0	4

（二）民族关系

表3-19反映的是改革开放前，汉族受访者中认为民族间相互关系好的比例为47.8%，认为一般的比例为25.8%，认为不好的比例为7.0%，表示说不清的比例为19.4%；蒙古族受访者中认为民族间相互关系好的占38.2%，认为一般的占29.4%，认为不好的占11.8%，表示说不清的占20.6%；回族受访者中，认为民族间相互关系好的比例为27.8%，认为一般的比例为27.8%，认为不好的比例为16.7%，表示说不清的比例为27.7%。改革开放后至2000年，认为民族间相互关系好的汉族受访者比例为59.2%，蒙古族受访者比例为47.1%，回族受访者比例为33.3%；

认为民族间相互关系一般的汉族受访者比例为22.3%，蒙古族受访者比例为29.4%，回族受访者比例为38.9%；认为民族间相互关系不好的汉族受访者占1.0%，蒙古族受访者占3.9%，回族受访者占5.6%。2001年以来，认为民族间相互关系好的汉族受访者的比例为68.2%，蒙古族受访者比例为55.9%，回族受访者比例为50.0%；认为民族间相互关系一般的汉族受访者占15.3%，蒙古族受访者占21.6%，回族受访者占27.8%；认为民族间相互关系不好的汉族受访者的比例为0.3%，蒙古族受访者比例为4.9%，回族受访者比例为5.6%。

表3-19　就全国来看，您对下列时期不同民族间相互关系的评价是

单位：%

改革开放前							
	汉族	蒙古族	回族	彝族	满族	侗族	合计
好	47.8	38.2	27.8	0.0	50.0	0.0	44.4
一般	25.8	29.4	27.8	50.0	0.0	100.0	26.9
不好	7.0	11.8	16.7	0.0	0.0	0.0	8.4
说不清	19.4	20.6	27.7	50.0	50.0	0.0	20.3
合计	314	102	18	2	2	1	439
改革开放后至2000年							
好	59.2	47.1	33.3	0.0	50.0	0.0	54.9
一般	22.3	29.4	38.9	50.0	0.0	100.0	24.8
不好	1.0	3.9	5.6	0.0	0.0	0.0	1.8
说不清	17.5	19.6	22.2	50.0	50.0	0.0	18.5
合计	314	102	18	2	2	1	439
2001年以来							
好	68.2	55.9	50.0	0.0	50.0	0.0	64.0
一般	15.3	21.6	27.8	50.0	0.0	100.0	17.5
不好	0.3	4.9	5.6	0.0	0.0	0.0	1.6
说不清	16.2	17.6	16.6	50.0	50.0	0.0	16.9
合计	314	102	18	2	2	1	439

（三）民族认同

表3-20反映的是当前我国民族意识的发展趋势：汉族受访者中认为

民族自我意识增强的占 6.6%，认为国家意识增强的占 31.6%，认为民族意识增强，国家意识也随之逐步增强的占 14.0%，认为国家意识增强，民族意识也随之逐步增强的占 27.9%。蒙古族受访者中认为民族自我意识增强的比例为 14.9%，认为国家意识增强的比例为 17.2%，认为民族意识增强，国家意识也随之逐步增强的比例为 26.4%，认为国家意识增强，民族意识也随之逐步增强的比例为 23.0%。回族受访者中认为民族自我意识增强的比例为 9.1%，认为国家意识增强的比例为 9.1%，认为民族意识增强，国家意识也随之逐步增强的比例为 36.4%，认为国家意识增强，民族意识也随之逐步增强的比例为 27.3%。

表 3-20　　您认为当前我国民族意识的发展趋势如何　　单位：%

	汉族	蒙古族	回族	彝族	满族	合计
民族自我意识增强	6.6	14.9	9.1	0.0	50.0	8.8
国家意识增强	31.6	17.2	9.1	50.0	0.0	27.5
民族意识增强，国家意识也随之逐步增强	14.0	26.4	36.4	0.0	0.0	17.4
国家意识增强，民族意识也随之逐步增强	27.9	23.0	27.3	0.0	0.0	26.5
不清楚	19.9	18.5	18.1	50.0	50.0	19.8
合计	272	87	11	2	2	374

表 3-21 反映的是当外国人询问身份时，汉族受访者的回答顺序为中国人、本民族的比例为 100.0%；蒙古族受访者的回答顺序为中国人、本民族的比例为 53.1%，回答顺序为本民族、中国人的比例为 13.3%，认为中国人和本民族不分先后的比例为 18.4%，认为不好回答的占 15.2%；回族受访者中会回答中国人、本民族的比例为 61.1%，会回答本民族、中国人的比例为 11.1%，会回答中国人和本民族不分先后的比例为 27.8%。

表 3-21　　外国人询问身份时的回答顺序　　单位：%

	汉族	蒙古族	回族	彝族	满族	合计
中国人、本民族	100.0	53.1	61.1	50.0	100.0	55.0
本民族、中国人	0.0	13.3	11.1	0.0	0.0	12.5
中国人和本民族不分先后	0.0	18.4	27.8	0.0	0.0	20.0

续表

	汉族	蒙古族	回族	彝族	满族	合计
不好回答	0.0	15.2	0.0	50.0	0.0	12.5
合计	1	98	18	2	1	120

四　社会生活

（一）公共设施

表3-22反映的是从家到公共设施的距离情况：到幼儿园的距离小于1公里的受访者家庭占31.4%，距离在1—3公里的占42.0%，距离在10公里以上的占14.9%。距离小学小于1公里的比例为29.5%，距离为1—3公里的比例为43.7%，距离在10公里以上的占14.2%。从家到中学的距离，小于1公里的占25.1%，1—3公里的占44.5%，在10公里以上的占14.7%。距离社区或乡卫生院或最近的医院小于1公里的受访者家庭比例为25.3%，1—3公里的比例为47.4%，10公里以上的比例为13.8%。受访者家庭距离治安设施小于1公里的占31.8%，距离在1—3公里的占42.8%，距离10公里以上的占15.1%。受访者家庭距离活动中心小于1公里的比例为61.2%，在1—3公里的比例为13.0%，在10公里以上的比例为13.5%。受访者家庭到运动场所及器材的距离在1公里以下的占55.0%，距离在1—3公里的占19.0%，距离在10公里以上的占13.9%。从受访者家庭到农贸市场的距离小于1公里的所占比例为29.8%，在1—3公里的所占比例为20.6%，在10公里以上的所占比例为14.7%。从受访者家庭到车站（码头）的距离小于1公里的占53.5%，距离在1—3公里的占12.7%，距离在10公里以上的占14.7%。受访者家庭到邮政局的距离小于1公里的比例为25.7%，距离在1—3公里的比例为41.5%，距离在10公里以上的比例为16.9%。从受访者家庭到银行距离在小于1公里的比重为24.9%，距离在1—3公里的比重为42.6%，距离在10公里以上的比重为16.1%。

表3-22　　从家到公共设施的距离　　单位：%

	小于1公里	1—3公里	3—5公里	5—10公里	10公里以上	不知道	合计
幼儿园	31.4	42.0	5.2	6.1	14.9	0.4	443

续表

	小于1公里	1—3公里	3—5公里	5—10公里	10公里以上	不知道	合计
小学	29.5	43.7	5.9	6.3	14.2	0.5	444
中学	25.1	44.5	8.1	7.2	14.7	0.4	443
社区或乡卫生院或最近的医院	25.3	47.4	5.9	7.2	13.8	0.4	443
治安设施	31.8	42.8	3.7	6.2	15.1	0.4	437
活动中心	61.2	13.0	4.2	6.0	13.5	2.1	430
运动场所及器材	55.0	19.0	3.9	5.8	13.9	2.4	431
农贸市场	29.8	20.6	5.0	6.2	14.7	23.7	436
车站（码头）	53.5	12.7	8.2	10.2	14.7	0.7	441
邮政局	25.7	41.5	7.9	7.4	16.9	0.6	443
银行	24.9	42.6	7.9	7.9	16.1	0.6	441

表3-23反映的是对于公共设施的满意度情况：居住在城市的汉族受访者对于幼儿园的满意度为69.4%，不满意度为50.0%；居住在城市的蒙古族受访者对幼儿园的满意度为24.2%，不满意度为50.0%。居住在农村地区的汉族受访者对幼儿园的满意度为71.1%，不满意度为92.3%；居住在农村地区的蒙古族受访者对幼儿园的满意度为25.2%，不满意度为7.7%。对小学的态度，居住在城市的汉族受访者满意度为69.4%，蒙古族受访者表示满意的比例为24.2%；居住在农村地区的汉族受访者的满意度为72.3%，蒙古族受访者的满意度为24.8%。对中学表示满意的居住在城市地区的汉族受访者占70.3%，蒙古族受访者占23.4%，居住在农村地区的汉族受访者比例为71.5%，蒙古族受访者比例为24.8%；表示不满意的居住在城市地区的汉族受访者占33.3%，蒙古族受访者占66.7%，居住在农村地区的汉族受访者比例为84.6%，蒙古族受访者比例为7.7%。对社区或乡卫生院或最近的医院表示满意的，居住在城市地区的汉族受访者比例为70.2%，蒙古族受访者比例为22.8%，居住在农村地区的汉族受访者的比例为76.1%，蒙古族受访者比例为20.4%；表示不满意的居住在城市地区的汉族受访者比例为75.0%，蒙古族受访者比例为25.0%，居住在农村地区的汉族受访者比例为74.4%，蒙古族受访

者比例为23.1%。对治安设施表示满意的，居住在城市地区的汉族受访者占72.5%，蒙古族受访者占20.3%，居住在农村地区的汉族受访者比例为76.7%，蒙古族受访者比例为18.8%；表示不满意的居住在城市地区的汉族受访者占40.0%，蒙古族受访者比例为60.0%，居住在农村地区的汉族受访者比例为90.0%，蒙古族受访者比例为10.0%。对活动中心表示满意的居住在城市地区的汉族受访者占75.0%，蒙古族受访者占19.1%，居住在农村地区的汉族受访者比例为74.4%，蒙古族受访者比例为21.7%；表示不满意的居住在城市地区的汉族受访者占60.0%，蒙古族受访者比例为40.0%，居住在农村地区的汉族受访者比例为75.0%，蒙古族受访者比例为25.0%。对运动场所及器材表示满意的居住在城市地区的汉族受访者比例为73.5%，蒙古族受访者比例为20.6%，居住在农村地区的汉族受访者比例为74.0%，蒙古族受访者比例为22.0%；表示不满意的居住在城市地区的汉族受访者占33.3%，蒙古族受访者比例为66.7%，居住在农村地区的汉族受访者比例为81.8%，蒙古族受访者比例为18.2%。对农贸市场表示满意的居住在城市地区的汉族受访者占68.8%，蒙古族受访者占23.4%，居住在农村地区的汉族受访者比例为71.1%，蒙古族受访者比例为23.7%；表示不满意的居住在城市地区的汉族受访者占60.0%，蒙古族受访者比例为40.0%，居住在农村地区的汉族受访者比例为63.6%，蒙古族受访者比例为27.3%。对于车站（码头）表示满意的居住在城市地区的汉族受访者比例为70.1%，蒙古族受访者比例为22.4%，居住在农村地区的汉族受访者比例为72.5%，蒙古族受访者比例为24.6%；表示不满意的居住在城市地区的汉族受访者比例为0，蒙古族受访者比例为100.0%，居住在农村地区的汉族受访者比例为90.0%，蒙古族受访者比例为10.0%。对邮政局的满意度，表示满意的居住在城市地区的汉族受访者占71.4%，蒙古族受访者占21.4%，居住在农村地区的汉族受访者比例为72.4%，蒙古族受访者比例为24.8%；表示不满意的居住在城市地区的汉族受访者占50.0%，蒙古族受访者比例为50.0%，居住在农村地区的汉族受访者比例为81.8%，蒙古族受访者比例为9.1%。对银行满意的居住在城市地区的汉族受访者占71.4%，蒙古族受访者占21.4%，居住在农村地区的汉族受访者比例为74.5%，蒙古族受访者比例为22.3%；表示不满意的居住在城市地区的汉族受访者占50.0%，蒙古族受访者比例为50.0%，居住在农村地区的汉族受访者比例为 87.5%，蒙古族受访者比例为 12.5%。

表 3-23　对公共设施的满意度　单位：%

幼儿园						
	城市			农村		
	汉族	蒙古族	其他	汉族	蒙古族	其他
满意	69.4	24.2	6.4	71.1	25.2	3.7
一般	83.7	9.3	7.0	73.9	21.7	4.4
不满意	50.0	50.0	0.0	92.3	7.7	0.0
不好说	71.4	28.6	0.0	36.4	50.0	13.6
没有该设施	100.0	0.0	0.0	50.0	0.0	50.0
合计	117			310		
小学						
	汉族	蒙古族	其他	汉族	蒙古族	其他
满意	69.4	24.2	6.4	72.3	24.8	2.9
一般	81.8	9.1	9.1	72.7	22.3	5.0
不满意	33.3	66.7	0.0	85.7	7.1	7.2
不好说	75.0	25.0	0.0	43.5	43.5	13
没有该设施	100.0	0.0	0.0			
合计	118			313		
中学						
	汉族	蒙古族	其他	汉族	蒙古族	其他
满意	70.3	23.4	6.3	71.5	24.8	3.7
一般	81.4	9.3	9.3	73.9	21.7	4.4
不满意	33.3	66.7	0.0	84.6	7.7	7.7
不好说	71.4	28.6	0.0	44.0	44.0	12.0
没有该设施	100.0	0.0	0.0			
合计	118			313		
社区或乡卫生院或最近的医院						
	汉族	蒙古族	其他	汉族	蒙古族	其他
满意	70.2	22.8	7.0	76.1	20.4	3.5
一般	78.0	14.0	8.0	68.5	25.3	6.2
不满意	75.0	25.0	0.0	74.4	23.1	2.5
不好说	66.7	33.3	0.0	42.9	50.0	7.1

续表

合计	118			312		
治安设施						
	汉族	蒙古族	其他	汉族	蒙古族	其他
满意	72.5	20.3	7.2	76.7	18.8	4.5
一般	80.5	12.2	7.3	68.4	26.3	5.3
不满意	40.0	60.0	0.0	90.0	10.0	0.0
不好说	66.7	33.3	0.0	38.9	50.0	11.1
没有该设施				50.0	50.0	0.0
合计	118			306		
活动中心						
	汉族	蒙古族	其他	汉族	蒙古族	其他
满意	75.0	19.1	5.9	74.4	21.7	3.9
一般	72.5	17.5	10	74.5	19.0	6.5
不满意	60.0	40.0	0.0	75.0	25.0	0.0
不好说	66.7	33.3	0.0	31.3	62.5	6.2
没有该设施	100.0	0.0	0.0	50.0	50.0	0.0
合计	117			298		
运动场所及器材						
	汉族	蒙古族	其他	汉族	蒙古族	其他
满意	73.5	20.6	5.9	74.0	22.0	4.0
一般	80.5	12.2	7.3	74.6	19.0	6.4
不满意	33.3	66.7	0.0	81.8	18.2	0.0
不好说	66.7	33.3	0.0	27.8	66.7	5.5
没有该设施	50.0	50.0	0.0	80.0	20.0	0.0
合计	117			299		
农贸市场						
	汉族	蒙古族	其他	汉族	蒙古族	其他
满意	68.8	23.4	7.8	71.1	23.7	5.2
一般	82.9	9.8	7.3	67.7	26.0	6.3
不满意	60.0	40.0	0.0	63.6	27.3	9.1
不好说	66.7	33.3	0.0	37.5	56.3	6.2
没有该设施	80.0	20.0	0.0	89.3	10.7	0.0
合计	118			307		

续表

车站（码头）						
	汉族	蒙古族	其他	汉族	蒙古族	其他
满意	70.1	22.4	7.5	72.5	24.6	2.9
一般	85.1	8.5	6.4	71.5	26.3	2.2
不满意	0.0	100.0	0.0	90.0	10.0	0.0
不好说	0.0	100.0	0.0	38.9	50.0	11.1
没有该设施	0.0	100.0	0.0	50.0	50.0	0.0
合计		118			312	
邮政局						
	汉族	蒙古族	其他	汉族	蒙古族	其他
满意	71.4	21.4	7.2	72.4	24.8	2.8
一般	81.8	11.4	6.8	71.5	21.9	6.6
不满意	50.0	50.0	0.0	81.8	9.1	9.1
不好说	0.0	100.0	0.0	47.4	47.4	5.2
没有该设施	0.0	100.0	0.0			
合计		118			312	
银行						
	汉族	蒙古族	其他	汉族	蒙古族	其他
满意	71.4	21.4	7.2	74.5	22.3	3.2
一般	81.8	11.4	6.8	69.2	23.8	7.0
不满意	50.0	50.0	0.0	87.5	12.5	0.0
不好说	0.0	100.0	0.0	41.2	52.9	5.9
没有该设施	0.0	100.0	0.0			
合计		118			312	

（二）城乡受访者的社会生活

1. 个人社会生活

本次调查关注了受访者在休闲时间（工作后或晚上）经常参与的活动。通过分析发现，城乡受访者的休闲时间，看电视或电影的比例是最高的，其中农业户口受访者比例为 70.4%，非农业户口受访者比例为 74.1%。在农业户口受访者中排第二位的是朋友聚会，所占比例为 38.8%，排第三位的是文体活动占 20.4%，排第四位的是上网占 13.3%。

在非农业户口受访者中，排第二位的是上网，所占比例为48.1%，排第三位的是朋友聚会，所占比例为44.4%，占25.9%的文体活动排在第四位（见表3-24）。

表3-24　休闲时间参与的活动　单位:%

	农业户口受访者	非农业户口受访者
看电视或电影	70.4	74.1
上网	13.3	48.1
朋友聚会	38.8	44.4
文体活动	20.4	25.9
读书学习	4.1	11.1
宗教活动	8.2	14.8
合计	98	27

2. 地域间交往

表3-25反映的是欢迎本市以外人员到当地工作、生活的原因：对增加了当地的投资这个原因，表示同意的占82.9%，表示不同意的占2.3%；对扩大了当地的就业机会，持同意态度的比例为76.0%，持不同意态度的比例为8.0%；对开阔了当地人的眼界这一原因，持同意态度的占81.3%，持不同意态度的占3.1%；对提高了当地的社会服务水平这一原因，持同意态度的占80.9%，持不同意态度的占3.8%；对带来了先进技术和管理方式这一原因，持同意态度的占79.4%，持不同意态度的占3.4%；在有利于缩小区域间的差距这一项上，同意的占79.3%，不同意的占3.4%；在增强了民族间的交往上，持同意态度的比例为84.0%，持不同意态度的比例为1.5%；在增加了当地劳动力市场中的劳动力这一原因中，同意的占85.1%，不同意的占2.3%；在有利于弘扬本地的民族文化这一原因中，表示同意的占82.1%，表示不同意的占1.9%。

表3-25　欢迎本市以外人员到当地工作、生活的原因　单位:%

	同意	不同意	视情况而定	不清楚	合计
增加了当地的投资	82.9	2.3	10.6	4.2	263
扩大了当地的就业机会	76.0	8.0	10.7	5.3	262
开阔了当地人的眼界	81.3	3.1	10.7	4.9	262

续表

	同意	不同意	视情况而定	不清楚	合计
提高了当地的社会服务水平	80.9	3.8	10.3	5.0	262
带来了先进技术和管理方式	79.4	3.4	11.8	5.4	262
有利于缩小区域间的差距	79.3	3.4	10.3	7.0	261
增强了民族间的交往	84.0	1.5	8.8	5.7	262
增加了当地劳动力市场中的劳动力	85.1	2.3	8.0	4.6	262
有利于弘扬本地的民族文化	82.1	1.9	8.8	7.2	262

3. 民族间交往

表 3-26 反映的是汉族与少数民族的社会交往程度：很愿意聊天的比例为 69.1%，比较愿意聊天的比例为 17.3%，不太愿意聊天的比例为 3.4%，不愿意聊天的比例为 0.6%。很愿意成为邻居的比例为 67.7%，比较愿意成为邻居的比例为 19.1%，不太愿意成为邻居的比例为 3.4%，不愿意成为邻居的比例为 0.6%。受访者中表示很愿意一起工作的占 68.3%，比较愿意一起工作的占 18.5%，不太愿意一起工作的占 3.4%，不愿意一起工作的占 0.6%。受访者中很愿意成为亲密朋友的占 67.7%，比较愿意成为亲密朋友的占 17.8%，不太愿意成为亲密朋友的占 4.0%，不愿意成为亲密朋友的占 0.9%。受访者中很愿意结为亲家的占 58.8%，比较愿意结为亲家的占 19.4%，不太愿意结为亲家的占 6.2%，不愿意结为亲家的占 1.8%。

表 3-26　汉族与少数民族的社会交往程度　单位:%

	聊天	成为邻居	一起工作	成为亲密朋友	结为亲家
很愿意	69.1	67.7	68.3	67.7	58.8
比较愿意	17.3	19.1	18.5	17.8	19.4
不太愿意	3.4	3.4	3.4	4.0	6.2
不愿意	0.6	0.6	0.6	0.9	1.8
不好说	9.6	9.2	9.2	9.6	13.8
合计	324	325	325	325	325

表3-27反映的是少数民族与汉族的社会交往程度情况：很愿意与汉族聊天的占56.7%，比较愿意与汉族聊天的占21.7%，不太愿意与汉族聊天的占0.8%，不愿意与汉族聊天的占2.5%。很愿意与汉族成为邻居的受访者比例为55.8%，比较愿意成为邻居的比例为20.8%，不太愿意成为邻居的占2.5%，不愿意成为邻居的占2.5%。受访者中很愿意与汉族一起工作的占55.8%，比较愿意一起工作的占21.7%，不太愿意一起工作的占1.7%，不愿意一起工作的占2.5%。受访者中很愿意成为亲密朋友的比例为55.0%，比较愿意成为亲密朋友的比例为21.7%，不太愿意成为亲密朋友的比例为2.5%，不愿意成为亲密朋友的比例为2.5%。受访者中很愿意与汉族结为亲家的占50.0%，比较愿意结为亲家的占19.2%，不太愿意结为亲家的占2.5%，不愿意结为亲家的占6.7%。

表3-27　　少数民族与汉族社会交往程度　　单位：%

	聊天	成为邻居	一起工作	成为亲密朋友	结为亲家
很愿意	56.7	55.8	55.8	55.0	50.0
比较愿意	21.7	20.8	21.7	21.7	19.2
不太愿意	0.8	2.5	1.7	2.5	2.5
不愿意	2.5	2.5	2.5	2.5	6.7
不好说	18.3	18.4	18.3	18.3	21.6
合计	120	120	120	120	120

（三）社会发展

表3-28反映的是生活水平方面：与前5年比，城市汉族受访者认为上升很多的占48.3%，认为没有变化的占10.2%，认为下降很多的占1.1%，城市蒙古族受访者认为上升很多的占61.0%，认为没有变化的占13.0%，认为略有下降的占13.0%；农村汉族受访者认为上升很多的占51.1%，认为没有变化的占13.7%，认为下降很多的占1.8%，农村蒙古族受访者认为上升很多的占46.8%，认为没有变化的占15.6%，认为略有下降的占5.2%。与未来5年比，城市汉族受访者认为上升很多的所占比例为42.7%，认为略有上升的所占比例为27.0%，认为没有变化的所占比例为14.6%，认为略有下降的所占比例为2.2%，城市蒙古族受访者认为上升很多的所占比例为43.5%，认为略有上升的所占比例为34.8%，认为略有下降的所占比例为4.3%；农村汉族认为上升很多的所占比例为

40.5%，认为略有上升的所占比例为28.2%，认为没有变化的所占比例为9.7%，认为略有下降的所占比例为4.4%，农村蒙古族受访者认为上升很多的所占比例为35.1%，认为略有上升的所占比例为35.1%，认为略有下降的所占比例为3.9%。

表3-28 **生活水平变化** 单位:%

	与前5年比				与未来5年比			
	城市		农村		城市		农村	
	汉族	蒙古族	汉族	蒙古族	汉族	蒙古族	汉族	蒙古族
上升很多	48.3	61.0	51.1	46.8	42.7	43.5	40.5	35.1
略有上升	38.2	13.0	28.6	31.2	27.0	34.8	28.2	35.1
没有变化	10.2	13.0	13.7	15.6	14.6	4.3	9.7	6.5
略有下降	2.2	13.0	1.8	5.2	2.2	4.3	4.4	3.9
下降很多	1.1	0.0	1.8	1.2	1.1	0.0	2.2	3.9
不好说			3.0	0.0	12.4	13.0	15.0	15.6
合计	112		304		112		304	

（四）城乡受访者的社会保障

表3-29反映的是受访者参与社会保障的情况：参加城镇职工基本医疗保险的占69.1%，未参加城镇职工基本医疗保险的占30.9%。参加城镇居民基本医疗保险的比例为65.2%，未参加城镇居民基本医疗保险的比例为34.8%。参加城镇居民养老保险的受访者所占比例为73.5%，未参加城镇居民养老保险的比例为26.5%。享受城镇低保的比例为6.7%，未享受城镇低保的比例为93.3%。享受失业保险的受访者比例为20.4%，未享受失业保险的受访者比例为79.6%。享受工伤保险的占20.4%，未享受工伤保险的占79.6%。享受生育保险的占20.8%，未享受生育保险的占79.2%。

表3-29 **社会保障情况** 单位:%

	是	否	合计
城镇职工基本医疗保险	69.1	30.9	9
城镇居民基本医疗保险	65.2	34.8	66
城镇居民养老保险	73.5	26.5	102

续表

	是	否	合计
城镇低保	6.7	93.3	45
失业保险	20.4	79.6	49
工伤保险	20.4	79.6	49
生育保险	20.8	79.2	48

表3-30反映的是受访者对社会保障制度的满意度情况：对城镇职工基本医疗保险表示满意的占87.0%，对城镇居民基本医疗保险表示满意的占77.8%，对城镇居民养老保险表示满意的比例为88.0%，对城镇低保表示满意的比例为40.0%，对失业保险表示满意的占66.7%，对工伤保险表示满意的比例为72.7%，对生育保险表示满意的比例为72.7%。

表3-30　对社会保障制度的满意度　单位：%

	满意	一般	不满意	合计
城镇职工基本医疗保险	87.0	11.6	1.4	69
城镇居民基本医疗保险	77.8	22.2	0.0	45
城镇居民养老保险	88.0	12.0	0.0	75
城镇低保	40.0	40.0	20.0	5
失业保险	66.7	25.0	8.3	12
工伤保险	72.7	27.3	0.0	11
生育保险	72.7	27.3	0.0	11

表3-31反映的是农村保障制度的情况：享有新型农村合作医疗的占96.7%，享有新型农村养老保险的占88.8%，享有农村五保的比例为3.2%，未享有农村五保的比例为96.8%。享有农村低保的比例为2.7%，未享有农村低保的占97.3%。

表3-31　农村保障制度　单位：%

	是	否	合计
新型农村合作医疗	96.7	3.3	331
新型农村养老保险	88.8	11.2	320

续表

	是	否	合计
农村五保	3.2	96.8	219
农村低保	2.7	97.3	219

表3-32反映的是对实施的农村保障制度的满意度情况：对新型农村合作医疗制度表示满意的占84.7%，表示不满意的占1.3%。对新型农村养老保险制度表示满意的受访者比例为84.2%，表示不满意的比例为1.4%。对农村五保制度满意的受访者占80.0%，表示一般的受访者占20.0%。对农村低保制度表示满意的受访者的比例为88.9%，表示一般的受访者比例为11.1%。对高龄津贴制度表示满意的比例为71.4%，表示一般的占28.6%。

表3-32　对农村保障制度的满意度　单位：次、%

	频数	百分比
新型农村合作医疗制度		
满意	271	84.7
一般	45	14.0
不满意	4	1.3
合计	320	100
新型农村养老保险制度		
满意	239	84.2
一般	41	14.4
不满意	4	1.4
合计	284	100
农村五保制度		
满意	8	80.0
一般	2	20.0
合计	10	100
农村低保制度		
满意	8	88.9
一般	1	11.1
合计	9	100

续表

	频数	百分比
高龄津贴制度		
满意	5	71.4
一般	2	28.6
合计	7	100

（五）社会生活感受

表3-33反映的是最近一段时间生活中面临的各种压力程度。经济压力上，汉族受访者中认为压力很大的占42.9%，认为压力很小的占19.0%，没有这方面压力的占8.6%，蒙古族受访者中认为压力很大的占47.1%，认为有压力的占34.0%，没有这方面压力的占4.9%。在个人发展压力上，汉族受访者认为压力很大的比例为15.9%，认为有压力的比例为29.8%，认为没有这方面压力的比例为27.0%；蒙古族受访者认为压力很大的比例为24.5%，认为有压力的比例为27.5%，认为没有这方面压力的比例为29.4%。人情往来压力上，汉族受访者认为压力很大的占13.3%，认为压力很小的占28.5%，认为没有这方面压力的占32.6%；蒙古族受访者认为压力很大的占18.6%，认为压力很小的占27.5%，认为没有这方面压力的占30.4%。孩子教育压力上，汉族受访者认为压力很大的占18.8%，认为有压力的占25.5%，认为没有这方面压力的占32.5%；蒙古族受访者认为压力很大的占25.0%，认为有压力的占24.0%，认为没有这方面压力的占34.0%。在医疗/健康压力方面，汉族受访者认为压力很大的占17.8%，认为有压力的占27.3%，认为没有这方面压力的占23.8%；蒙古族受访者认为压力很大的占30.4%，认为有压力的占25.5%，认为没有这方面压力的占23.5%。在赡养父母压力上，汉族受访者认为压力很大的占9.9%，认为压力很小的占23.5%，认为没有这方面压力的占42.4%；蒙古族受访者认为压力很大的占12.9%，认为压力很小的占20.8%，认为没有这方面压力的占45.5%。在住房压力方面，汉族受访者认为压力很大的比例为13.0%，认为有压力的比例为28.9%，认为没有这方面压力的比例为35.2%；蒙古族受访者认为压力很大的比例为23.8%，认为有压力的比例为27.7%，认为没有这方面压力的比例为27.7%。在婚姻生活压力方面，汉族受访者认为压力很大的所

占比例为 5.7%，认为没有这方面压力的占 61.9%；蒙古族受访者认为压力很大的所占比例为 10.0%，认为没有这方面压力的占 55.4%。总体的社会生活压力方面，汉族受访者认为压力很大的占 8.8%，认为有压力的占 42.3%，认为没有这方面压力的占 15.7%；蒙古族受访者认为压力很大的占 20.8%，认为有压力的占 40.6%，认为没有这方面压力的占 11.9%。

表 3-33　请描述最近一段时间您生活中面临的各种压力程度　单位:%

	压力很大		有压力		压力很小		没有这方面压力	
	汉族	蒙古族	汉族	蒙古族	汉族	蒙古族	汉族	蒙古族
经济压力	42.9	47.1	29.5	30.4	19.0	17.6	8.6	4.9
个人发展压力	15.9	24.5	29.8	27.5	27.3	18.6	27.0	29.4
人情往来压力	13.3	18.6	25.6	23.5	28.5	27.5	32.6	30.4
孩子教育压力	18.8	25.0	25.5	24.0	23.2	17.0	32.5	34.0
医疗/健康压力	17.8	30.4	27.3	25.5	31.1	20.6	23.8	23.5
赡养父母压力	9.9	12.9	24.2	20.8	23.5	20.8	42.4	45.5
住房压力	13.0	23.8	28.9	27.7	22.9	20.8	35.2	27.7
婚姻生活压力	5.7	10.0	14.3	15.8	18.1	18.8	61.9	55.4
总体的社会生活压力	8.8	20.8	42.3	40.6	33.2	26.7	15.7	11.9

表 3-34 反映的是在各项安全感方面的情况。在个人和家庭财产安全方面，认为很不安全的城市受访者的比例为 2.5%，农村受访者比例为 1.3%，认为很安全的城市受访者比例为 17.6%，农村受访者比例为 28.8%。在人身安全方面，认为很不安全的城市受访者比例为 2.5%，农村受访者比例为 1.3%，认为很安全的城市受访者比例为 17.6%，农村受访者比例为 30.9%。在交通安全方面，认为很不安全的城市受访者占 3.4%，农村受访者占 1.9%，认为很安全的城市受访者占 11.8%，农村受访者占 23.8%。在医疗安全方面，认为很不安全的城市受访者比例为 4.2%，农村受访者比例为 2.5%，认为很安全的城市受访者比例为 10.9%，农村受访者比例为 20.7%。在食品安全方面，认为很不安全的城市受访者占 5.9%，农村受访者占 5.6%，认为很安全的城市受访者占 7.6%，农村受访者占 19.7%。在劳动安全方面，认为很不安全的城市受访者比例为 4.2%，农村受访者比例为 0.9%，认为很安全的城市受访者比例为 14.3%，农村受访者比例为 25.6%。在个人信息、隐私安全方面，认为很不安全的城市受访者占 4.2%，农村受

访者占1.9%，认为很安全的城市受访者占13.5%，农村受访者比例为27.5%。在生态环境安全方面，认为很不安全的城市受访者比例为3.4%，农村受访者比例为2.2%，认为很安全的城市受访者比例为14.3%，农村受访者比例为24.4%。在人身自由方面，认为很不安全的城市受访者占2.5%，农村受访者占1.6%，认为很安全的城市受访者占19.3%，农村受访者占30.9%。在总体上的社会安全状况方面，认为很不安全的城市受访者比例为2.5%，农村受访者比例为1.6%，认为很安全的城市受访者比例为12.6%，农村受访者比例为27.0%。

表3-34　您对下列各方面的安全感的体会如何　单位：%

	很不安全		不太安全		比较安全		很安全		不确定	
	城市	农村	城市	农村	城市	农村	城市	农村	城市	农村
个人和家庭财产安全	2.5	1.3	1.7	4.4	77.3	65.0	17.6	28.8	0.9	0.5
人身安全	2.5	1.3	3.4	4.7	75.6	62.2	17.6	30.9	0.9	0.9
交通安全	3.4	1.9	17.6	11.6	66.4	61.3	11.8	23.8	0.8	1.4
医疗安全	4.2	2.5	19.3	17.6	63.9	57.1	10.9	20.7	1.7	2.1
食品安全	5.9	5.6	34.5	20.3	50.4	51.9	7.6	19.7	1.6	2.5
劳动安全	4.2	0.9	8.4	9.7	71.4	60.6	14.3	25.6	1.7	3.2
个人信息、隐私安全	4.2	1.9	17.6	7.8	64.7	60.0	13.5	27.5		2.8
生态环境安全	3.4	2.2	15.1	10.3	67.2	61.6	14.3	24.4		1.5
人身自由	2.5	1.6	4.2	4.4	74.0	61.3	19.3	30.9		1.8
总体上的社会安全状况	2.5	1.6	8.4	6.6	76.5	63.8	12.6	27.0		1.0

表3-35反映的是各领域的公平感方面，在教育方面，认为很不公平的城市受访者占3.4%，农村受访者占1.6%，认为很公平的城市受访者占15.3%，农村受访者占20.3%。在语言文字方面，城市受访者认为很不公平的占2.5%，认为很公平的占18.6%，农村受访者认为很不公平的比例为0.9%，认为很公平的比例为23.5%。在医疗卫生方面，城市受访者认为很不公平的比例为0.8%，认为很公平的比例为16.1%，农村受访者认为很不公平的占2.5%，认为很公平的比例为18.4%。在住房方面，城市受访者认为很不公平的占0.8%，认为很公平的占18.6%，农村受访者认为很不公平的占1.3%，认为很公平的比例为19.7%。在社会保障方

面，城市受访者认为很不公平的比例为1.7%，认为很公平的比例为17.8%，农村受访者认为很不公平的比例为3.1%，认为很公平的比例为20.0%。在司法方面，城市受访者认为很不公平的占1.7%，认为很公平的占13.6%，农村受访者中认为很不公平的占3.8%，认为很公平的比例为18.1%。在干部选拔任用方面，认为很不公平的城市受访者比例为1.7%，农村受访者比例为3.4%，认为很公平的城市受访者比例为14.4%，农村受访者比例为17.6%。在就业方面，城市受访者中认为很不公平的占0.8%，认为很公平的占16.9%，农村受访者中认为很不公平的占2.2%，认为很公平的占17.5%。在信息方面，城市受访者认为很不公平的比例为0.8%，认为很公平的比例为17.8%，农村受访者认为很不公平的比例为1.6%，认为很公平的比例为21.3%。在政府办事方面，城市受访者认为很不公平的占2.6%，认为很公平的占13.7%，农村受访者认为很不公平的占6.9%，认为很公平的占12.8%。在投资经营方面，认为很不公平的城市受访者比例为0.8%，认为很公平的受访者比例为16.9%。在总体上的社会公平状况上，城市受访者认为很不公平的比例是0.9%，农村受访者认为很不公平的比例是1.9%，认为比较公平的城市受访者占63.8%，农村受访者比例为65.6%。

表3-35　各领域的公平感　单位：%

	很不公平		不太公平		比较公平		很公平		不确定	
	城市	农村	城市	农村	城市	农村	城市	农村	城市	农村
教育	3.4	1.6	10.2	6.8	66.9	65.0	15.3	20.3	4.2	6.3
语言文字	2.5	0.9	3.4	2.8	72.9	66.8	18.6	23.5	2.6	6.0
医疗卫生	0.8	2.5	11.9	8.4	66.9	64.1	16.1	18.4	4.3	6.6
住房	0.8	1.3	11.0	7.5	65.3	64.7	18.6	19.7	4.3	6.8
社会保障	1.7	3.1	18.6	9.1	57.6	59.4	17.8	20.0	4.3	8.4
司法	1.7	3.8	20.3	9.4	52.5	53.4	13.6	18.1	11.9	15.3
干部选拔任用	1.7	3.4	25.4	10.0	47.5	51.1	14.4	17.6	11.0	17.9
就业	0.8	2.2	12.7	6.6	56.8	58.4	16.9	17.5	12.8	15.3
信息	0.8	1.6	11.0	3.8	59.3	59.7	17.8	21.3	11.1	13.6
政府办事	2.6	6.9	19.7	11.9	52.1	52.5	13.7	12.8	11.9	15.9
投资经营	0.8	1.3	5.9	4.1	61.9	61.1	16.9	18.8	14.5	14.7
总体上的社会公平状况	0.9	1.9	14.7	5.1	63.8	65.6	16.4	17.4	4.2	10.0

五 政策评价

（一）扶贫政策

表3-36反映的是对扶贫政策的满意程度情况：对移民搬迁工程，城市受访者中表示满意的比例为89.8%，表示不满意的比例为3.4%，农村受访者中表示满意的比例为88.4%，表示不满意的比例为3.5%。对“两免一补”政策，居住在城市地区的受访者表示非常满意的占9.3%，表示满意的占84.0%，表示不满意的占2.7%，居住在农村地区的受访者表示非常满意的占6.7%，表示满意的占87.0%，表示不满意的占1.3%。对扶贫工程生产项目，城市地区受访者表示满意的占86.4%，表示不满意的占4.5%，居住在农村地区的受访者表示满意的比例为82.7%，表示不满意的占3.1%。对退耕还林还草补助工程表示满意的城市受访者占81.1%，表示不满意的占9.4%，农村受访者表示满意的占73.9%，表示不满意的占10.8%。对道路修建和改扩工程，表示满意的城市受访者比例为83.0%，表示不满意的受访者比例为1.9%，居住在农村的受访者表示满意的比例为87.2%，表示不满意的比例为1.2%。对基本农田建设工程，81.1%的城市受访者表示满意，2.7%的城市受访者表示不满意，居住在农村地区的88.7%的受访者表示满意，0.6%的受访者表示不满意。对电力设施建设工程，表示满意的城市受访者占74.1%，表示不满意的占3.7%，农村受访者表示满意的比例为83.8%，表示不满意的占3.2%。对人畜饮水工程，表示满意的城市受访者比例为61.9%，表示很不满意的受访者比例为4.8%，农村受访者表示满意的比例为80.7%，表示很不满意的比例为2.1%。对技术推广及培训工程，76.2%的城市受访者表示满意，4.8%的城市受访者表示很不满意，81.4%的农村受访者表示满意，1.8%的农村受访者表示不满意。对资助儿童入学和扫盲教育项目，表示满意的城市受访者占75.0%，表示很不满意的城市受访者占12.5%，表示满意的农村受访者比例为62.5%，表示不满意的农村受访者比例为6.3%。对卫生设施建设项目，66.7%的城市受访者表示满意，6.7%的受访者表示不满意，83.6%的农村受访者表示满意，0.9%的农村受访者表示不满意。对种植业/林业/养殖业扶贫资金，表示满意的城市受访者比例为71.4%，表示很不满意的城市受访者比例为7.1%，表示满意的农村受访者比例为82.5%，表示不满意的农村受访者比例为1.0%。对“村村

通”工程（广播电视\道路\通信网络），表示满意的城市受访者占68.2%，表示不满意的占9.1%，表示满意的农村受访者占83.8%，表示不满意的农村受访者比例为1.4%。对“教育扶贫”工程，城市受访者中50.0%的表示满意，16.7%的表示很不满意，农村受访者中50.0%的表示满意，16.7%的表示不好说。对牧区扶贫工程，表示满意的城市受访者占66.7%，表示很不满意的城市受访者占16.6%，表示满意的农村受访者占53.3%，表示不好说的受访者占26.7%。对扶贫培训工程，75.0%的城市受访者表示满意，8.3%的城市受访者表示很不满意，81.5%的农村受访者表示满意，1.1%的农村受访者表示不满意。

表3-36　对扶贫政策的满意程度　单位:%

	城市	农村
移民搬迁工程		
非常满意	5.1	3.5
满意	89.8	88.4
不满意	3.4	3.5
很不满意		1.2
不好说	1.7	3.4
合计	59	86
“两免一补”政策		
非常满意	9.3	6.7
满意	84.0	87.0
不满意	2.7	1.3
不好说	4.0	5.0
合计	75	238
扶贫工程生产项目		
非常满意	4.5	7.9
满意	86.4	82.7
不满意	4.5	3.1
很不满意		0.8
不好说	4.6	5.5
合计	22	127

续表

	城市	农村
退耕还林还草补助工程		
非常满意	3.8	5.4
满意	81.1	73.9
不满意	9.4	10.8
很不满意		0.9
不好说	5.7	9.0
合计	53	222
道路修建和改扩工程		
非常满意	9.4	4.9
满意	83.0	87.2
不满意	1.9	1.2
很不满意		0.6
不好说	5.7	6.1
合计	53	164
基本农田建设工程		
非常满意	8.1	5.0
满意	81.1	88.7
不满意	2.7	0.6
不好说	8.1	5.7
合计	37	159
电力设施建设工程		
非常满意	11.1	5.2
满意	74.1	83.8
不满意	3.7	3.2
很不满意	3.7	0.6
不好说	7.4	7.2
合计	27	154
人畜饮水工程		
非常满意	23.8	5.7
满意	61.9	80.7
不满意		2.1
很不满意	4.8	2.1
不好说	9.5	9.4
合计	21	140

续表

	城市	农村
技术推广及培训工程		
非常满意	9.5	6.2
满意	76.2	81.4
不满意		1.8
很不满意	4.8	
不好说	9.5	10.6
合计	21	113
资助儿童入学和扫盲教育项目		
非常满意	12.5	6.2
满意	75.0	62.5
不满意		6.3
很不满意	12.5	
不好说		25.0
合计	8	16
卫生设施建设项目		
非常满意	20.0	6.4
满意	66.7	83.6
不满意	6.7	0.9
很不满意	6.6	
不好说		9.1
合计	15	110
种植业/林业/养殖业扶贫资金		
非常满意	14.3	8.7
满意	71.4	82.5
不满意		1.0
很不满意	7.1	0
不好说	7.2	7.8
合计	14	103
“村村通”工程（广播电视\道路\通信网络）		
非常满意	13.6	10.8
满意	68.2	83.8
不满意	9.1	1.4
很不满意	4.5	
不好说	4.6	4.0
合计	22	148

续表

	城市	农村
“教育扶贫”工程		
非常满意	33.3	33.3
满意	50.0	50.0
很不满意	16.7	
不好说		16.7
合计	6	12
牧区扶贫工程		
非常满意	16.7	20.0
满意	66.7	53.3
很不满意	16.6	
不好说		26.7
合计	6	15
扶贫培训工程		
非常满意	8.3	6.5
满意	75.0	81.5
不满意		1.1
很不满意	8.3	
不好说	8.4	10.9
合计	12	92

（二）退耕还林（退牧还草）

表3-37反映的是受访者关于退耕还林情况：53.3%的受访者承认实施过退耕还林或退牧还草，46.7%的受访者承认未实施过退耕还林或退牧还草。认为与其他退耕/牧户相比，自家退耕/牧的土地面积较多的占12.6%，自家退耕/牧面积中等的占33.0%，认为自家退耕/牧面积较少的占31.6%，没比过不清楚的占22.8%。对于退耕还林（或退牧还草）对环境保护的作用，持已经遏制了土地或草场退化的观点的占60.3%，认为时间太短没有明显改观，但时间长了肯定有好处的占20.5%，认为无论时间长短，都不会有改变的占19.2%。在退耕还林（或退牧还草）的经济效果方面：认为退耕（牧）后自家收入没变化的比例为28.3%，认为退耕（牧）后自家收入下降的占25.6%，认为退耕（牧）后自家收入

提高的比例为36.3%。如果实施过对退耕（退牧）户的职业培训，最主要的培训项目是：种植业占4.6%，造林种草占2.8%，畜牧业、养殖业的比例为17.9%，劳务（外出务工）培训所占比例为1.4%。对于退耕还林（退牧还草）政策在未来应该进行方面，59.8%的受访者认为应当扩大面积和提高补充标准，29.4%的受访者认为应当保持现状，2.8%的人认为应当停止执行。

表3-37　　　　退耕还林情况　　　　单位：次、%

	频数	百分比
是否实施过退耕还林（或退牧还草）		
是	225	53.3
否	197	46.7
合计	422	100
与其他退耕/牧户相比，自家退耕/牧的土地面积		
退耕/牧面积较多的	27	12.6
退耕/牧面积中等	71	33.0
退耕/牧面积较少的	68	31.6
没比过不清楚	49	22.8
合计	215	100
退耕还林（或退牧还草）对环境保护的作用		
已经遏制了土地或草场退化	132	60.3
时间太短没有明显改观，但时间长了肯定有好处	45	20.5
无论时间长短，都不会有改变	42	19.2
合计	219	100
退耕还林（或退牧还草）的经济效果		
退耕（牧）后自家收入没变化	63	28.3
退耕（牧）后自家收入下降	57	25.6
退耕（牧）后自家收入提高	81	36.3
不清楚	22	9.8
合计	223	100

续表

	频数	百分比
如果实施过对退耕（退牧）户的职业培训，最主要的培训项目是		
种植业	10	4.6
造林种草	6	2.8
畜牧业、养殖业	39	17.9
劳务（外出务工）培训	3	1.4
其他	160	73.3
合计	218	100
退耕还林（退牧还草）政策在未来应该		
扩大面积和提高补充标准	128	59.8
保持现状	63	29.4
停止执行	6	2.8
不清楚	17	8.0
合计	214	100

（三）移民搬迁

表3-38反映的是在因生态问题而搬离户籍所在地，对政府搬迁政策的态度：对上级政府的移民搬迁政策持满意态度的占8.0%，持一般态度的占40.0%，持不满意态度的占16.0%，持不清楚态度的占36.0%。对上级政府的移民搬迁政策的实际效果，持满意态度的占16.0%，持一般态度的占28.0%，持不满意态度的占16.0%，持不清楚态度的占40.0%。对当地县/市政府的移民搬迁政策措施，表示满意的占16.0%，表示一般的占28.0%，表示不满意的占12.0%，表示不清楚的占44.0%。对当地县/市政府的移民搬迁政策措施实际效果，表示满意的占12.0%，表示一般的占32.0%，表示不满意的占12.0%，表示不清楚的占44.0%。对接受移民搬迁的地方县/市政府的相关政策措施，表示满意的占12.0%，表示一般的占32.0%，表示不满意的占12.0%，表示不清楚的占44.0%。对接受移民搬迁的地方县/市政府的相关政策措施实际效果，受访者认为满意的比例为12.0%，受访者认为一般的比例为32.0%，受访者认为不满意的比例为12.0%，受访者表示不清楚的占44.0%。

表 3-38　因生态问题而搬离户籍所在地，对政府搬迁政策的态度　单位:%

	满意	一般	不满意	不清楚	合计
对上级政府的移民搬迁政策	8.0	40.0	16.0	36.0	25
对上级政府的移民搬迁政策的实际效果	16.0	28.0	16.0	40.0	25
对当地县/市政府的移民搬迁政策措施	16.0	28.0	12.0	44.0	25
对当地县/市政府的移民搬迁政策措施实际效果	12.0	32.0	12.0	44.0	25
对接受移民搬迁的地方县/市政府的相关政策措施	12.0	32.0	12.0	44.0	25
对接受移民搬迁的地方县/市政府的相关政策措施实际效果	12.0	32.0	12.0	44.0	25

表 3-39 反映的是对当地生态环境的评价：对当前所处地区生态环境评价，居住在城市地区的受访者认为好的占 50.5%，认为不好的占 5.0%，居住在农村地区的受访者认为好的占 52.8%，认为不好的占 5.6%。对 20 年前当地的生态状况，认为 20 年前当地的生态状况好的居住在城市地区的受访者比例为 51.7%，认为不好的占 27.5%，居住在农村地区的受访者认为好的比例为 30.4%，认为不好的占 41.6%。对 20 年后当地的生态状况评价，认为 20 年后当地的生态状况会好的居住在城市地区的受访者占 69.2%，认为不好的占 3.3%，居住在农村地区的受访者认为好的占 74.8%，认为不好的占 2.5%。对居住的周边环境状况的评价，认为周边环境好的居住在城市地区的受访者占 52.9%，认为不好的占 1.7%，居住在农村地区的受访者认为好的占 57.6%，认为不好的占 2.2%。

表 3-39　对当地生态环境的评价　单位:%

	城市			农村		
	好	一般	不好	好	一般	不好
对当前所处地区生态环境评价	50.5	44.5	5.0	52.8	41.6	5.6
20 年前当地的生态状况	51.7	20.8	27.5	30.4	28.0	41.6
20 年后当地的生态状况	69.2	27.5	3.3	74.8	22.7	2.5
对居住的周边环境状况的评价	52.9	45.4	1.7	57.6	40.2	2.2

六　简要结论

综上所述，在问卷调查的基础上，对内蒙古阿拉善左旗的经济社会发展状况进行简要的描述和分析。本报告主要包括调查与样本概况、经济生活、人口流动与就业、语言文化与教育、社会生活与社会保障、民族关系与民族认同、相关政策及其评价等七个方面的内容。通过调查与分析，我们对阿拉善左旗的社会经济方面，得出了以下的一些初步结论。

受访者个人及家庭的基本情况如下：受访者的教育水平偏低，多集中于小学、初中的水平，未接受教育的现象也存在，接受高学历教育的比例有待提高。受访者的健康状况多为健康。家庭常住人口多为3人，年龄在16—60岁的家庭常住人口也多为2—3人，说明劳动力流失状况并不严重。

在家庭经济中，农业户口受访者家庭总收入均值为77645.16元；非农业户口受访者家庭总收入均值为186271.19元。在家庭总支出上，农业户口受访者家庭均值为44309.85元；非农业户口受访者家庭均值为146467.24元。无论是农业户口还是非农业户口，家庭总支出均低于家庭总收入。但是城乡有别，非农业户口的家庭总收入和总支出均高于农业户口家庭。

在就业方面，农业户口受访者中只从事务农的比例为46.2%，而非农业户口的就业地区多集中于乡镇内，就业面比较狭窄。在获取就业信息的途径上，农业户口受访者和非农业户口受访者中依靠朋友获得就业信息的比例要高于依靠亲戚和同乡。直接申请（含考试）也逐渐得到重视和接受。在对待外来人员流入的态度多为欢迎，认为给当地经济社会发展注入了新的活力。

在语言文化与教育方面，受访者对汉语和蒙古语的掌握程度比较高，少数民族语言文字及其他民族文化的保护和传承工作有待加强。对于双语教育的态度大部分是支持的态度，但对于双语教育的内容和方式仍需进一步改进。农业户口家庭的教育支出高于非农业户口家庭的教育支出，教育资源分布不均，城乡差距大。

在社会生活和社会保障方面，对于公共设施的分布仍有很大的改进空间，以便于当地居民更好地生活。农村与城镇受访者普遍参加社会保障，农村受访者的参与度高于城镇受访者，对社会保障的评价普遍都很高。受访者普遍认为与前几年比生活水平有了很大的提升，并且对未来生活水平的提升有很大的信心。总体上，受访者对于社会生活压力、社会安全感和社会公平感比较高。

在民族关系与民族认同方面，总体上的各民族之间关系的发展趋势是好的，相互交往趋势增强，在聊天、成为邻居、一起工作乃至结为亲家等方面的交往意愿都非常强烈。民族身份在日常生活中有一定的影响，但是并不严重。在民族身份与公民身份的认同中，受访者绝大多数都认为两者同样重要。相对而言，蒙古族与回族的民族认同感稍强。

政府的相关政策及评价方面，在扶贫、退耕还林（退牧还草）、移民搬迁、社会保障、民族优惠政策上，满意度较高。对现住地地方政府（本县、县级市政府）应对突发事件的能力满意度也比较高。大多数受访者认为政府的反腐败工作效果比较明显，政府工作人员的许多问题和现象也得到了改善，仍有很大的提升空间。

综上所述，阿拉善左旗的各方面发展趋势良好，但在许多地方仍需进一步完善，以便于进一步发展当地的经济社会文化，促进当地各方面的和谐发展。应当进一步完善公共基础设施的建设，逐步缩小农村与城镇之间的地区差别，特别是教育资源的地区差距，需要更多的关注；对以少数民族的语言和文化为代表的传统民族文化，应当加强保护，尤其是在双语教育上，要更加注意内容与形式的创新，并与实际的应用情况相结合；在社会保障的问题上仍需加强，特别是农村养老问题，结合家庭养老、社会救助制度以及社会团体帮助进一步完善；对于当地的就业问题，仍需扩大就业渠道，特别是政府应当鼓励经济发展，引导当地劳动力就业，也应吸引外地资金、技术和人员的进入，以增强市场活力；在政府自身建设上，应继续加强廉政建设，加强与群众之间的联系，进一步推动政府办公透明化，推动各项政策的落实和改善，提高政府威信。

第四章

湖北长阳县经济社会发展综合调查研究报告

长阳土家族自治县（以下简称长阳县）位于湖北省西南部，地处云贵高原东延尾部，属我国地势第二阶梯东部边缘向江汉平原过渡地带，东临宜都，南交五峰，北接秭归和宜昌城区，西毗恩施自治州巴东县，行政隶属湖北省宜昌市。地跨东经110°20′—111°21′，北纬30°12′—30°46′。县域总面积3430平方公里，辖龙舟坪、高家堰、磨市3个乡和大堰、都镇湾、鸭子口、资丘、火烧坪、渔峡口、榔坪、贺家坪8个镇，154个行政村，2013年全县常住人口41万人。长阳县是一个土家族自治县，土家族占总人口的比例约为51%。① 同时也是国家扶贫开发重点县，是一个集老、少、山、穷、库于一体的县份。长阳县地处清江中下游，特定的地理环境和地形地貌，塑造了长阳县全境优美秀丽而奇异多姿的山川风景，也影响着长阳县社会经济发展的进程和道路。自2003年后，长阳县确立了“新型工业强县、特色农业大县、生态文化旅游名县”三大产业均衡发展的战略，全县21世纪在经济、文化、社会民生、环境等方面得到了发展，对贫困地区、山区和少数民族地区的发展具有很高的借鉴价值，对长阳今后的发展具有很强的指导意义。

本报告的分析数据来源于中国社会科学院民族学与人类学研究所于2014年开展实施的中国社会科学院创新工程重大专项“21世纪初中国少数民族地区经济社会发展综合调查”在长阳县的家庭问卷抽样调查数据。长阳县的调查样本回收数为427份，调查对象包括长阳县各民族成员。问卷回收整理录入后，使用社会统计软件SPSS加以统计分析。数据结果仅

---

① 参见《长阳统计年鉴》，2013年。

代表调查地区和该地区受访者情况，根据数据结论可以推论到更大区域或人群。

本报告基于长阳县居民的主观反映，针对调查对象基本情况、长阳县经济生活、移民与生态保护等三个方面进行定量分析，为评估长阳县经济社会发展程度提供必要参考依据，希望以此对促进、维护长阳县经济社会全面协调发展和保持社会的安定团结有所贡献。

一　调查对象基本情况

长阳县的样本回收数为427份，其中系统缺失1份，实际有效抽样问卷为426份。调研对象的基本情况见表4-1。

表4-1　　　　**人口基本情况**　　　　单位：%

性别	男性	48.8	民族	土家族	65.5	户籍	农业	52.1
	女性	51.2		汉族	33.3		非农业	45.5
							居民户口（之前是农业户口）	0.7
年龄	30岁及以下	14.6					居民户口（之前是非农业户口）	1.6
	31—45岁	37.1		其他	1.2	职业	国家机关党群组织、事业单位负责人	3.1
	46—60岁	35.2	宗教信仰	没有宗教信仰	95.1		国家机关党群组织、事业单位工作人员	22.1
	61岁及以上	13.1		不知道	1.9		专业技术人员	5.4
受教育程度	未上学	1.4		不想说	0.9		各类企业办事人员	4.5
	小学	11.7		民间信仰	0.9		商业、服务业人员	22.8
	初中	29.1		佛教	0.5		农林牧渔水利生产人员	15.3
	高中	30.8		道教	0.5		生产、运输设备操作人员及有关人员	1.9
	大学及以上	27		伊斯兰教	0.2		不便分类的其他从业人员	25.1

说明：（1）民族维度中“其他民族”由样本量低于30的民族共同构成，长阳的抽样数据中“其他民族”包含回族、藏族、维吾尔族、侗族、土族，各1人。

（2）职业类型是按照人力资源和社会保障部职业能力建设司公布的国家职业分类目录编制而成，详情可参见网站：http：//ms. nvq. net. cn/nvqdbApp/htm/fenlei/index. html。

（3）教育程度中，高中包括高中、中专或职高技校；大专及以上包括大学专科、本科、研究生。

（4）在宗教信仰部分，抽样数据中没有信仰基督教的人。

（5）在基本情况表中，将户籍分为农业、非农业、居民户口（之前是农业户口）、居民户口（之前是非农业户口）四类，在以下的报告中，将户籍简化为农村（包括农业和之前是农业户口的居民户口）、城镇（包括非农业和之前是非农业户口）两类。

表4-1从七个方面展示了长阳县被访群体的基本特征。在性别方面，男性比例为48.8%，女性比例为51.2%，女性受访者高于男性。在民族成分上，土家族最多，占65.5%，汉族次之，占33.3%，回族、藏族、维吾尔族、侗族、土族5个民族人口比例很小，占1.2%，从一个侧面反映了长阳县是以土家族为主体的土家族民族自治县。在户籍类型方面，农业人口占52.1%，非农业人口占45.5%，之前是农业户口的居民户口占0.7%，之前是非农业户口的居民户口占1.6%，从总体而言，如果将户籍简化为农村（包括农业和之前是农业户口的居民户口）和城镇（包括非农业和之前是非农业户口）两类，则农业户口总计为52.8%，城镇户口总计为47.1%，长阳县的农业户口明显高于城镇户口。从年龄而言，在受访者中，31—45岁的受访者达到37.1%，46—60岁的占35.2%，两个年龄段的受访者数量相当，而30岁及以下的受访者占14.6%，61岁及以上的受访者占13.1%，明显低于前两个年龄段。从受教育程度方面来看，高中毕业的受访者占30.8%，初中毕业的占29.1%，大学及以上学历的占27%，小学毕业的占11.7%，未上学的占1.4%。结合年龄和学历两个方面来看，长阳县的文盲率很长时间以来都很低。在宗教信仰方面，没有宗教信仰的受访者占绝大多数，达到95.1%，不清楚自己的宗教信仰情况的占1.9%，不想说的和信仰民间宗教的各占0.9%，信仰佛教的占0.5%，信仰道教的占0.5%，信仰伊斯兰教的占0.2%。从受访者的职业类型分布来看，不便分类的灵活就业人员占25.1%，比例最高，其次是商业、服务业人员占22.8%，国家机关党群组织、事业单位工作人员占22.1%，农林牧渔水利生产人员达15.3%，居第四位。

二 经济生活

本节根据问卷的调研分析，从居民就业、劳动力结构、居民住房情况和居民生活质量四个方面分析长阳县居民经济生活情况。

（一）就业情况

本报告从居民职业类型、劳动力结构、就业途径和影响劳动力流动的因素四个方面分析长阳县居民的就业状况。

1. 居民职业类型分布相对集中

长阳县居民的就业类型集中在四个主要方面，国家机关党群组织、事业单位工作，商业、服务业以及灵活就业人员比例相当，其中灵活就业人员比例稍高出前二者 2—3 个百分点，其次是农林牧渔水利生产人员，其他几种职业从业人员较少。从民族成分而言，这种职业类型分布带有普遍性。具体而言，各民族之间在具体职业类型分布上稍有差异，但总体而言几乎没有差异。汉族居民中，灵活就业人员和商业服务业人员所占比例最高，二者相加接近 57%，其次是农林牧渔水利生产人员和国家机关党群组织、事业单位工作人员；土家族居民中，国家机关党群组织、事业单位工作人员和不便分类的灵活就业人员所占比例最高，其次是商业、服务业人员和农林牧渔水利生产人员；在其他几个民族中，职业类型主要包括三类，商业、服务业人员和灵活就业人员各占 40%，从事生产、运输设备操作人员及有关人员占 20%。从城乡维度看，农村居民职业类型集中在三类，商业、服务业，农林牧渔水利生产和灵活就业；非农居民职业类型也集中在三类，国家机关党群组织、事业单位工作人员占到了接近半数，分别是 43. 3%和 42. 9%，其他两类是商业、服务业和灵活就业人员，比例分别是 17%和 28. 6%，以及 18. 6%和 28. 6%；农转居民的就业类型呈现了不同于前两类居民的显著差异，集中在两种职业类型，其中灵活就业人员达到了 66. 7%，企业办事人员达到了 33. 3%。从职业类型分布而言，城镇、农村在某些职业类型上差异明显，第三产业发展活跃，灵活就业人员比例较高，职业结构体系面临构建和调整的挑战。

表 4-2　　城乡居民职业类型分布　　单位:%、次

	国家机关党群组织、事业单位负责人	国家机关党群组织、事业单位工作人员	专业技术人员	各类企业办事人员	商业、服务业人员	农林牧渔水利生产人员	生产、运输设备操作人员及有关人员	不便分类的其他从业人员	合计	频次
长阳县	3. 10	22. 10	5. 40	4. 50	22. 80	15. 30	1. 90	25. 10	100. 00	426
汉族	2. 10	14. 80	4. 20	5. 60	27. 50	16. 20	0. 70	28. 90	100. 00	142
土家族	3. 60	26. 20	6. 10	3. 90	20. 10	15. 10	2. 20	22. 90	100. 00	279
农业	2. 30	3. 20	5. 00	0. 90	27. 90	27. 00	3. 60	30. 20	100. 00	222
非农业	4. 10	43. 30	6. 20	8. 20	17. 00	2. 60	0. 00	18. 60	100. 00	194

2. 农村劳动力结构

2013 年，长阳县农村劳动力中 29. 8%的人仅从事务农工作，非农务工的比例为 34. 6%，以务农为主兼及非农务工的比例为 10. 1%，以非农务工为主兼及务农的比例为25.5%。在务农劳动力中，全年务农的比例高达76.4%，在非农务工的劳动力中，整年从事非农务工的比例高达95.4%。长阳县的农村人口中从事非农务工的比例远高于全职从事务农的人口。在县市外务农的情况极少，时间也很短，所有的个案都不超过一个月。

表4-3　农业户口劳动力工作性质　单位:%、次

	仅务农	以务农为主	以非农务工为主	非农务工	频次
长阳县	29.80	10.10	25.50	34.60	188
汉族	24.60	10.10	31.90	33.30	69
土家族	33.60	10.30	20.70	35.30	116

表4-3中，长阳县2013年农村劳动力中务农的比例仅为29.8%；全年从事非农务工的比例超过了务农比例，达到了34.6%；兼业的比例为35.6%。长阳县虽然是土家族自治县，但位于人口流出大省湖北，因此，当地农村居民外出打工的比例较高。

分民族看，汉族全职务农的比例明显低于土家族，全部从事非农务工的比例也低于土家族；显然汉族从事兼业的比例高于土家族受访者。

从城镇劳动力合同性质方面看，长阳县城镇劳动力合同以包括国家干部和公务员的固定职工为主，比例为40.1%，长期合同工比例为24.9%，从事私营或个体经营人员为16.4%，短期或临时合同工比例为10.2%，没有合同的员工和包括退休人员、派遣工、实习等人员的其他比例分别为4%和4.5%。从民族维度看，汉族和土家族均以固定职工为主，土家族高达40.5%，汉族为39.1%。汉族没有合同的占4.3%，土家族为3.8%。固定人员和长期合同工比例很高，表明工作稳定是长阳县劳动力就业的导向，劳动力市场化程度不高。短期临时合同工和没有合同员工还有一定比例，劳动力市场和劳动者合法权益保障工作都需进一步完善和规范。

表4-4　非农业户口劳动力合同性质　单位:%、次

	固定职工（包括国家干部、公务员）	长期合同工	短期或临时合同工	没有合同的员工	从事私营或个体经营人员	其他（请注明）	合计	频次
汉族	39.10	28.30	6.50	4.30	19.60	2.20	100.00	46
土家族	40.50	23.70	11.50	3.80	15.30	5.30	100.00	131

续表

	固定职工（包括国家干部、公务员）	长期合同工	短期或临时合同工	没有合同的员工	从事私营或个体经营人员	其他（请注明）	合计	频次
合计	40.10	24.90	10.20	4.00	16.40	4.50	100.00	177

3. 农村和城镇劳动力就业渠道：传统社会关系网络/熟人社会模式为主和政府政策引导的方式为主

农村劳动力从事非农工作的渠道主要是以个体自营为主的其他渠道，比例为32%，通过朋友熟人介绍的比例也很高，达到25%，其次为通过家人亲戚介绍和政府社区安排介绍，比例分别为11.7%和10.2%，商业职介、招聘、申请考试等比例偏低。从民族维度看，汉族主要通过个体自营和朋友熟人、家人亲戚介绍实现非农就业。土家族主要通过个体自营、社会传统网络和政府社区安排等途径实现非农就业。其他人口较少民族的途径则是社会网络和个体自营。总体而言，农村劳动力直接获得市场就业信息的机会很少，利用市场途径实现非农就业的能力弱，间接表明劳动力就业市场发育不健全，市场竞争机制发育不足，市场开放程度有待加强。

表4-5　　农村户口劳动力寻找非农工作的途径　　单位：%、次

	政府/社区安排介绍	商业职介（包括人才交流会）	招聘广告	直接申请（含考试）	家人/亲戚介绍	朋友/熟人介绍	通过本乡人介绍	其他（请注明）	合计	频次
汉族	4.10	0.00	8.20	8.20	12.20	22.40	2.00	42.90	100.00	49
土家族	14.50	2.60	9.20	5.30	10.50	26.30	6.60	25.00	100.00	76
合计	10.20	1.60	8.60	6.30	11.70	25.00	4.70	32.00	100.00	128

城镇就业渠道中的两大主要途径是政府社区安排和直接申请考试，均为31.30%。其中除了个体自营外，还包括相当部分的占地招工、军转等属于政府社区安排范畴的就业渠道。招聘广告和传统社会网络也占有一些比例，通过商业职介渠道就业的很少。就民族而言，汉族和土家族城镇劳动力就业的渠道基本一致，以政府社区安排和考试录用为主要途径。政府在保障城镇劳动力就业方面的主导作用非常明显。

表4-6　城镇劳动力就业渠道　单位:%、次

	政府/社区安排介绍	商业职介（包括人才交流会）	招聘广告	直接申请（含考试）	家人/亲戚介绍	朋友/熟人介绍	其他（请注明）	合计	频次
汉族	32.60	6.50	8.70	32.60	4.30	4.30	10.90	100.00	46
土家族	30.80	2.30	7.70	30.80	6.90	7.70	13.80	100.00	130
合计	31.30	3.40	8.00	31.30	6.30	6.80	13.10	100.00	176

4. 劳动力流动区域和限制因素

限制农村劳动力非农就业的原因统计结果见表4-7。其中汉族农村受访者不外出从事非农劳动的主要原因是外出收入没有在家稳定(22.6%)；当地能找到满意的工作的比例为16.10%；外出找不到工作（或担心找不到工作）的比例占9.7%；三者之和为48.4%。这也说明汉族农村受访者不外出的主要原因来自与工作和收入直接相关的因素。

土家族农村受访者选择不适应外地生活环境的比例远高出汉族农村受访者，达到了19.4%，是其他原因之外选择比例最高的，同时还有家中农业缺乏劳动力的比例也达到了19.4%，这与之前土家族仅从事农业生产的比例高于汉族是一致的。

表4-7　农村劳动力不从事非农就业的原因　单位:%、次

	找不到工作（或担心找不到工作）	不适应外地生活环境	收入没有在家稳定	疾病或伤残	家中农业缺乏劳动力	回家结婚、生育	当地能找到满意的工作	其他（请注明）	合计	频次
汉族	9.70	3.20	22.60	12.90	6.50	6.50	16.10	22.60	100.00	31
土家族	8.30	19.40	11.10	5.60	19.40	5.60	8.30	22.20	100.00	36
合计	9.00	11.90	16.40	9.00	13.40	6.00	11.90	22.40	100.00	67

表4-8中给出了城镇受访劳动力的就业区域。无论汉族还是土家族城镇受访者，在县外工作的比例都很低，汉族城镇受访者该比例是6.4%，土家族城镇受访者仅为3%。这固然表明了城镇受访者固守家园的倾向很明显，但受访者都是在家附近工作的可能性更大，外出者可能没机会调查到。

表 4-8　城镇劳动力就业区域　单位：%、次

	乡镇内	乡外县内	县外省内	省外国内	合计	频次
汉族	46.80	46.80	4.30	2.10	100.00	47
土家族	52.30	44.70	3.00	0.00	100.00	132
合计	50.80	45.30	3.40	0.60	100.00	179

表 4-9 是城乡受访居民在主观愿望上的工作地点选择，从结果可以看出，大部分城乡受访者选择在县城之内工作；如果再加上选择县外但离家近的比例，两者之和达到了 80%以上。说明长阳县汉族和土家族城乡受访者都希望在家附近就业。选择东部一线大城市的汉族城乡受访者略高于土家族，但也只有 7.9%。

表 4-9　城乡受访居民劳动关于工作区域的主观愿望　单位：%、次

	县城之内	县外省区内，但必须是家附近的市/县	县外省内无所谓远近	本省区相邻的外省区	本省区外非相邻省区	东部一线大城市	其他（请注明地区名称）	合计	频次
汉族	57.90	22.40	6.60	1.30	1.30	7.90	2.60	100.00	76
土家族	62.40	23.90	6.00	0.00	1.70	4.30	1.70	100.00	117
合计	61.00	23.10	6.20	0.50	1.50	5.60	2.10	100.00	195

当问及阻碍劳动力流动的原因时，汉族和土家族农村受访者的差异不很明显。首先，外出工作辛苦收入低是汉族和土家族农村受访者选择最多的；其次是家里需要照顾必须返乡；得不到相关就业信息位居第三位。其他的原因选择比例都低于 6%，相对较低。

表 4-10　农村受访居民关于阻碍劳动力流动的主观看法　单位：%、次

	得不到相关就业信息	被当地人看不起	工作辛苦收入低	想留在就业地但生活成本太高	生活习俗不能适应	孩子就学困难	家里需要照顾必须返乡	其他（请注明）	合计	频次
汉族	19.60	5.90	25.50	9.80	0.00	5.90	27.50	5.90	100.00	51
土家族	19.50	0.00	31.70	14.60	4.90	4.90	22.00	2.40	100.00	82
合计	20.00	2.20	29.60	12.60	3.00	5.20	23.70	3.70	100.00	135

表4-11是城镇受访者对外出障碍的选择结果，和农村受访者相同的是，汉族城镇受访者选择工作辛苦收入低的比例依然位居第一，占25.6%，第二是想留在就业地但生活成本太高，占23.1%；第三是孩子就学困难，占15.4%。土家族城镇受访者选择想留在就业地但生活成本太高的比例最高，达到了24.7%；其次是孩子就学困难，占15.1%；选择生活习俗不能适应的比例高出汉族城镇受访者，达到了13.7%；选择工作辛苦收入低的比例为11%。

由此可看出，城镇土家族受访者和汉族受访者认为外出就业障碍的因素有所差异。

表4-11　　城镇居民关于阻碍劳动力流动的主观看法　　单位:%、次

	得不到相关就业信息	被当地人看不起	工作辛苦收入低	想留在就业地但生活成本太高	生活习俗不能适应	气候自然环境不能适应	孩子就学困难	家里需要照顾必须返乡	当地政府的政策限制	社保缴费高关系难转移	语言障碍	其他（请注明）	合计	频次
汉族	5.10	2.60	25.60	23.10	7.70	0.00	15.40	10.30	5.10	5.10	0.00	0.00	100.00	39
土家族	8.20	1.40	11.00	24.70	13.70	8.20	15.10	8.20	4.10	0.00	1.40	4.10	100.00	72
合计	7.00	1.80	15.80	23.70	11.40	5.30	15.80	9.60	4.40	1.80	0.90	2.60	100.00	114

（二）住房情况

1. 家庭住房

表4-12　　家庭自有住房拥有情况　　单位:%、次

	0套	1套	2套	3套	4套	合计	频次
汉族	10.60	80.10	8.50	0.70	0.00	100.00	141
土家族	9.70	80.90	8.30	0.70	0.40	100.00	278
农村	4.50	86.00	9.00	0.50		100.00	221
城镇	15.80	74.90	7.90	1.00	0.50	100.00	203
合计	9.90	80.70	8.50	0.70	0.20	100.00	424

从家庭自有住房拥有情况看，长阳县家庭抽样数据显示，长阳县80.7%的家庭拥有1套自有住房，没有自有住房的占9.9%，拥有2套自有住房的占8.5%，拥有2套以上住房的比例非常小。从民族维度看，拥有1套自有住房的占80%以上，民族间自有住房拥有情况几无差别。汉族和土家族中没有自有住房的在10%左右，拥有2套及2套以上自有住房的

家庭比例低于10%，两个民族差别不大。人口比例较少民族之间的相关比例分别为0和20%。这说明长阳县受访家庭自有住房拥有率较高，普遍实现了居者有其房。

表4-13　受访居民对当前住房的满意程度　单位：%、次

	满意	一般	不满意	不清楚	合计	频次
汉族	52.10	27.50	19.70	0.70	100.00	142
土家族	55.60	27.60	16.50	0.40	100.00	279
农村	58.10	23.90	16.70	1.40	100.00	222
城镇	49.50	32.40	18.10		100.00	204
合计	54.00	27.90	17.40	0.70	100.00	426

表4-13中是城乡和不同民族受访者对当前住房的满意程度。结果表明，农村受访者住房满意度高于城镇受访者，土家族受访者的住房满意度高于汉族受访者。

表4-14-1　受访居民对当前住房政策的满意度（1）　单位：%、次

	商品房政策				政府保障性住房政策				小产权房政策				合计	频次
	满意	一般	不满意	不清楚	满意	一般	不满意	不清楚	满意	一般	不满意	不清楚		
汉族	13.50	26.20	19.10	41.10	18.30	23.20	15.50	43.00	10.60	23.90	9.20	56.30	100.00	142
土家族	16.10	23.70	26.50	33.70	22.20	21.10	15.10	41.60	15.40	21.10	9.00	54.50	100.00	279
合计	15.10	24.20	24.00	36.70	20.70	21.60	15.50	42.30	13.60	22.30	8.90	55.20	100.00	426

表4-14-2　受访居民对当前住房政策的满意度（2）　单位：%、次

	城镇棚户区改造政策				合计	频次	农村住房改造政策				合计	频次
	满意	一般	不满意	不清楚			满意	一般	不满意	不清楚		
汉族	7.10	28.60	8.90	55.40	100.00	56	32.60	15.10	8.10	44.20	100.00	86
土家族	17.10	19.20	7.50	56.20	100.00	146	37.90	22.70	12.10	27.30	100.00	132
其他	0.00	0.00	50.00	50.00	100.00	2	33.30	33.30	0.00	33.30	100.00	3
合计	14.20	21.60	8.30	55.90	100.00	204	35.70	19.90	10.40	33.90	100.00	221

城乡受访者中对商品房政策、政府保障性住房政策、小产权房政策、城镇棚户区改造政策、农村住房改造政策表示不清楚的比例接近或超过半

数。这既与长阳县城乡受访家庭自有住房率高有直接关系，也是因为相关宣传不是很普遍。

表 4-15　　受访居民对过去 5 年生活水平的评价　　单位：%、次

	上升很多	略有上升	没有变化	略有下降	下降很多	不好说	合计	频次
汉族	34.50	46.50	7.70	7.70	1.40	2.10	100.00	142
土家族	33.70	47.70	10.00	2.90	3.60	2.20	100.00	279
合计	33.80	47.40	9.20	4.70	2.80	2.10	100.00	426
农村	40.10	45.50	6.80	4.10	2.30	1.40	100.00	222
城镇	27.00	49.50	11.80	5.40	3.40	2.90	100.00	204
合计	33.80	47.40	9.20	4.70	2.80	2.10	100.00	426

表 4-15 显示，无论城乡还是汉族、土家族受访者，在过去 5 年生活水平上升的选择比例都超过了 77%。

三　生态环境和移民

随着经济发展和人民生活水平的提高，人们对周围的生态环境越来越重视。生态环境状况的变化也是本次调查的重点之一。长阳县是旅游地，生态环境保护得到了政府和民众的普遍关注。

（一）环境状况评价

表 4-16　　受访居民对当地生态环境及变化的评价（1）　　单位：%、次

		对目前自己所处地区的生态环境评价					对居住地周边环境状况的评价				
		好	一般	不好	合计	频次	好	一般	不好	合计	频次
总计		34.7	53.1	12.2	100	426	34.8	53.4	11.8	100	425
民族	汉族	39.4	46.5	14.1	100	142	36.2	51.8	12.1	100	141
	土家族	32.6	55.9	11.5	100	279	34.4	54.1	11.5	100	279
户口	农村	37.4	49.5	13.1	100	222	38.0	49.8	12.2	100	221
	城镇	31.9	56.9	11.3	100	204	31.4	57.4	11.3	100	204
教育	小学及以下	56.0	38.0	6.0	100	50	56.0	30.0	14.0	100	50
	初中	32.3	53.2	14.5	100	124	35.0	53.7	11.4	100	123
	高中等	31.3	55.0	13.7	100	131	32.1	55.0	13.0	100	131
	大专及以上	30.4	59.1	10.4	100	115	27.0	63.5	9.6	100	115

续表

		对目前自己所处地区的生态环境评价					对居住地周边环境状况的评价				
		好	一般	不好	合计	频次	好	一般	不好	合计	频次
年龄	30岁及以下	38.7	51.6	9.7	100	62	37.1	53.2	9.7	100	62
	31—45岁	25.3	60.1	14.6	100	158	29.3	59.9	10.8	100	157
	46—60岁	35.3	52.7	12.0	100	150	30.0	54.7	15.3	100	150
	61岁及以上	55.4	35.7	8.9	100	56	60.7	32.1	7.1	100	56
性别	男性	34.1	54.3	11.5	100	208	37.0	51.0	12.0	100	208
	女性	35.3	51.8	12.8	100	218	32.7	55.8	11.5	100	217

表4-16显示了受访居民对自己所处地区和周边地区生态环境状况的评价。总体上，对周边地区的评价方面与受访居民自己所处地区的评价基本一致。对于目前自己所处地区生态环境状态和周边地区生态环境状况，总体而言，34.7%的受访居民认为好，53.1%的受访居民评价一般，而12.2%的受访居民认为不好。汉族受访者对自己所处生态环境状态的好评比例略高于土家族；农村受访者对生态环境的好评比例高于城镇受访者；对自己所处地区生态环境的好评比例上，几乎没有性别差异；但男性对周边地区生态环境状况的好评比例略高于女性。

不同受教育程度的受访者对生态环境的评价有所不同。小学及以下的受访居民对目前自己所处地区以及周边地区生态环境状况的评价较高，有56%的人认为生态环境状况好，认为自己所处地区生态环境状况一般和不好的比例分别是38%和6%，认为周边环境一般和不好的为30%和14%。不同年龄对生态环境的评价也不尽相同。61岁及以上年龄的受访居民中，对自己所处地区生态环境状况评价为好的占55.4%，一般和不好的分别为35.7%和8.9%；而认为周边地区的生态环境好的为60.7%，认为一般和不好的分别为32.1%和7.1%。此外，在年龄层面，31—45岁年龄段的受访居民中，对自身所处地区以及周边地区生态环境状况的评价为好的比例稍低，分别为25.3%和29.3%，而评价为一般的比例较高，分别为60.1%和59.9%。

表 4-17　　受访居民对当地生态环境及变化的评价（2）　　单位:%、次

		您所了解的20年前当地的生态环境状况					您认为20年后当地的生态环境状况				
		好	一般	不好	合计	频次	好	一般	不好	合计	频次
总计		58.4	23.2	18.4	100	425	50.7	28.2	21.1	100	422
民族	汉族	56	24.1	19.9	100	141	54.9	26.8	18.3	100	142
	土家族	59.1	22.9	17.9	100	279	49.1	28.4	22.5	100	275
户口	农村	48.4	26.7	24.9	100	221	58.9	24.2	16.9	100	219
	城镇	69.1	19.6	11.3	100	204	41.9	32.5	25.6	100	203
教育	未上学	33.3	66.7	0	100	6	33.3	66.7	0	100	6
	小学	46	24	30	100	50	70.8	18.8	10.4	100	48
	初中	48	28.5	23.6	100	123	58.5	27.6	13.8	100	123
	高中等	62.6	20.6	16.8	100	131	48.9	23.7	27.5	100	131
	大专及以上	71.3	18.3	10.4	100	115	36.8	36	27.2	100	114
年龄	30岁及以下	79	12.9	8.1	100	62	25.8	40.3	33.9	100	62
	31—45岁	62.4	19.1	18.5	100	157	49.4	25.3	25.3	100	158
	46—60岁	52	30.7	17.3	100	150	55.7	28.9	15.4	100	149
	61岁及以上	41.1	26.8	32.1	100	56	69.8	20.8	9.4	100	53
性别	男性	58.5	24.2	17.4	100	207	52.9	26.7	20.4	100	206
	女性	58.3	22.5	19.3	100	218	48.6	29.6	21.8	100	216

表4-17呈现了受访居民对当地环境在时间上的纵向比较。总体而言，受访居民对20年前生态环境状况的评价略优于对20年后的评价，但在民族、户口、受教育程度、年龄、性别等维度上都呈现出了一些差异。在民族维度上，汉族受访居民中，对20年前生态环境评价为好的略高于20年后，分别为56%和54.9%，基本持平，而认为一般的比例则略有变化，从24.1%上升到26.8%，认为不好的也稍有下降，从19.9%下降到18.3%。就土家族受访居民而言，他们对20年后的生态评价不太乐观，评价为好的从59.1%下降到了49.1%，评价不好的则从17.9%上升到了22.5%，评价一般的从22.9%上升到了28.4%。从户口维度上，农村居民对20年后的环境状态态度比较乐观，评价为好的比例从48.4%上升到了58.9%，认为一般和不好的比例分别从26.7%和24.9%下降到了24.2%和16.9%。而城镇居民则相反，他们认为20年后当地的生态环境状况很不容乐观，评价为好的比例从69.1%下降为41.9%，而评价为一般和不好

的比例则分别从 19.6%和 11.3%上升到了 32.5%和 25.6%。这或许从一个侧面反映出目前当地城镇化进程中，城镇的生态环境保护方面在一定程度上存在问题。在教育维度上，未上学的居民对认为 20 年后当地的生态环境状况同 20 年前没有变化。而小学和初中文化程度的居民则和高中及以上受教育程度的受访居民在态度上迥异，小学和初中文化程度的受访居民对 20 年后当地的生态状况比较乐观，认为好的比例分别从 46%和 48%上升到了 70.8%和 58.5%，而一般和不好的比例则分别从 24%和 28.5%下降到 18.8%和 27.6%；在高中以及大专及以上受教育程度的受访居民中，认为好的比例分别从 62.6%和 71.3%下降到了 48.9%和 36.8%，认为一般和不好的比例都有不同程度的上升。在年龄维度上，45 岁及以下受访居民的态度则和 46 岁及以上受访居民的态度形成了反差。30 岁及以下和 31—45 岁年龄段受访居民评价为好的比例分别从 79%和 62.4%下降到 25.8%和 49.4%，认为一般和不好的比例也有大幅上升；而 46—60 岁以及 61 岁及以上年龄段的受访居民中，认为好的比例分别从 52%和 41.1%上升到 55.7%和 69.8%，认为一般和不好的则有所下降，如 61 岁及以上年龄段的受访居民中，认为 20 年前当地生态环境不好的比例为 32.1%，认为 20 年后不好的比例则只有 9.4%。受教育程度和年龄之间存在一定的隐性相关关系，一般而言 45 岁及以下受访人群在受教育程度上略高于 46 岁及以上的受访人群，排除老年人比较包容、年轻人比较尖锐的因素外，也从一个侧面佐证了抽样的结果相对可靠。就性别维度而言，男性和女性对 20 年前当地生态环境的评价略优于对 20 年后当地生态环境的评价，认为 20 年前当地生态环境好的为 58.5%和 58.3%，而对 20 年后的评价则分别为 52.9%和 48.6%，认为不好的比例也分别从 17.4%和 19.3%上升到 20.4%和 21.8%。

表 4-18　　受访居民关于生态环境和资源保护方面的看法　单位:%、次

	同意	反对	不清楚	合计	频次
大自然很容易被破坏，需要人类开发使用中加强保护	99.30	0.70	0.00	100.00	426
万物与人类一样都有生命	99.10	0.70	0.20	100.00	426
为了子孙后代的生存和发展必须大力保护环境	99.80	0.00	0.20	100.00	426
为了继承先人和本民族传统，必须平衡好开发利用与保护资源环境的关系	99.30	0.20	0.50	100.00	424

续表

	同意	反对	不清楚	合计	频次
国家和发达地区需要加强生态补偿机制建设	91.80	2.60	5.60	100.00	426
不能为了加快致富发展而不考虑环境约束问题	81.70	15.50	2.80	100.00	426
不能为了当地经济发展和解决就业而大规模开发自然资源	73.00	20.20	6.80	100.00	426

从表4-18问卷分析显示，抽样调查的长阳县居民具有较强的生态环境和资源保护意识。有两点值得注意的地方：（1）对于“国家和发达地区需要加强生态补偿机制建设”方面，尚有5.6%的居民对此表示不太清楚。（2）一般而论，99.3%的居民认为“必须平衡好开发利用与保护资源环境的关系”，但具体到“不能为了加快致富发展而不考虑环境约束问题”以及“不能为了当地经济发展和解决就业而大规模开发自然资源”，表示赞同的居民所占的比例则分别下降到81.7%和73%，这也表明虽然有较强的意识，但涉及当地利益时，生态环境和资源保护的任务依然不容忽视，甚至可能会比较艰巨。土家族在后两条意识稍强于汉族；而对于国家和发达地区的生态补偿机制建设方面，土家族和其他民族的愿望要高于汉族。

表4-19　　受访居民对地方政府保护生态环境效果的评价　　单位:%、次

	好	一般	不好	说不清	合计	频次
生态保护措施和法规	33.10	45.10	12.20	9.60	100.00	426
环境保护投入力度	23.70	49.10	20.40	6.80	100.00	426
违法违规环境事件的处罚	17.80	40.60	25.80	15.70	100.00	426
公众参与环境保护的宣传动员	20.40	47.90	21.40	10.30	100.00	426
对公众自发制止影响环境的资源开发项目的态度	23.70	40.80	19.70	15.70	100.00	426

从表4-19抽样数据看出，受访者对于当地政府保护生态环境效果的评价不是特别高，评价为一般占到了受访者总体的40%—50%。总之，当地政府在生态环境保护各项措施上的实施效果还有待加强。

（二）生态移民

长阳县在库区改造时也有过相当规模的生态移民，但近期没有大规模

的生态移民。

表 4-20　**移民结构**　单位：%、次

		是否离开户籍所在区县搬迁到本县市		合计	频次
		是	否		
总计		4.00	96.00	100.00	374
民族	汉族	4.80	95.20	100.00	125
	土家族	3.30	96.70	100.00	244
户口	农村	2.00	98.00	100.00	198
	城镇	6.30	93.80	100.00	176
性别	男性	2.10	97.90	100.00	188
	女性	5.90	94.10	100.00	186
教育	小学	9.30	90.70	100.00	43
	初中	3.50	96.50	100.00	113
	高中等	2.50	97.50	100.00	120
	大专及以上	4.30	95.70	100.00	94
年龄	30岁及以下	5.80	94.20	100.00	52
	31—45岁	3.70	96.30	100.00	136
	46—60岁	1.50	98.50	100.00	134
	61岁及以上	9.60	90.40	100.00	52
收入	1万元以下	0.00	100.00	100.00	13
	1万—5万元	1.80	98.20	100.00	112
	5万元以上	3.90	96.10	100.00	76
	合计	2.50	97.50	100.00	201

总体而言，表4-20数据显示在受访居民中，移民所占比重很小，仅占样本量的4%，受访居民基本来源于本乡本土。在民族维度上，汉族和土家族差别不大。在户口维度上，城镇移民的比例为6.3%，远高于农村移民的2%。在性别维度上，女性移民的比例为5.9%，高于男性移民的2.1%。在教育维度上，小学文化程度的移民比例最高，占到抽样人数的9.3%，大专及以上移民的比例次之，为4.3%。从年龄维度上，61岁及以上人口在抽样样本中所占比例最高，为9.6%，其次为30岁及以下的人口，比例为5.8%。在收入维度上，5万元以上收入人群在抽样样本中所

占比例略高于1万—5万元收入群体，为3.9%，1万元以下收入的在抽样样本中为0。

表4-21　受访居民所在地区退耕还林还草工程项目情况　单位:%、次

		所在地区是否实施过退耕还林（或退牧还草）		合计	频次
		是	否		
总计		28.90	71.10	100.00	381
民族	汉族	20.50	79.50	100.00	127
	土家族	32.90	67.10	100.00	249
户口	农村	41.70	58.30	100.00	206
	城镇	13.70	86.30	100.00	175

在受访居民中，28.9%的受访居民实施过退耕还林工程项目。汉族受访居民中实施过退耕还林工程项目的比例为20.5%，土家族受访者为32.9%。在农村受访居民中，41.7%的受访者实施过退耕还林工程项目，城镇受访者中实施过退耕还林工程项目的为13.7%。

表4-21调查问卷数据显示，湖北长阳的退耕还林还草工程项目最早于1990年开始实施，在2000—2004年实施力度较大。有些受访居民认为最早于2000年有些地方已经终止了这项工程，预计到2016年会有更多居民会终止实施此项目。

四　简要结论

本章以2014年“大调查”课题中湖北长阳土家族自治县的调查数据为基础，着重从受访者个人和其所在家庭的经济生活，以及生态环境和移民进行了描述和阐释。因长阳县土家族自治县内土家族和汉族交友、通婚的比例很高，民族关系融洽，因此本章没有就民族关系和民族政策进行分析。简要结论如下：

首先，在经济生活中，本章从居民就业、居民收入水平和结构、居民住房情况和居民生活质量四个方面展开描述。长阳县城镇受访居民的就业类型集中在三类：国家机关党群组织事业单位、商业服务业、灵活就业。其中灵活就业人员比例稍高出前二者2—3个百分点。农村受访者主要是农林牧渔水利生产人员，其他几种职业从业人员较少。从民族成分而言，

这种职业类型分布带有普遍性。

从事非农就业的农村受访者占 70.2%，只从事农业劳动的比例为 29.8%。在非农务工的劳动力中，整年从事非农务工的比例高达 95.4%。从城镇劳动力合同性质方面看，长阳县城镇劳动力合同以包括国家干部和公务员的固定职工为主，比例为 40.1%，长期合同工比例为 24.9%，从事私营或个体经营人员为 16.4%，短期或临时合同工比例为 10.2%，没有合同的员工和包括退休人员、派遣工、实习等人员的其他比例分别为 4%和 4.5%。从民族维度看，土家族和汉族几乎没有差异。固定人员和长期合同工比例很高，表明工作稳定是长阳县劳动力就业的导向，劳动力市场化程度不高。

在非农就业渠道上，从民族维度看，汉族主要通过个体自营和朋友熟人、家人亲戚介绍实现非农就业。土家族主要通过个体自营、社会传统网络和政府社区安排等途径实现非农就业。总体而言，农村劳动力直接获得市场就业信息的机会很少，利用市场途径实现非农就业的能力弱，间接表明劳动力就业市场发育不健全，市场竞争机制发育不足，市场开放程度有待加强。

受访家庭自有住房拥有率较高，普遍实现了居者有其房。

在生态环境和移民方面，有 1/3 城乡受访居民认为目前长阳县生态环境好，认为不好的比例仅为 12%。大部分城乡受访者都选择了一般的评价。超过一半的城乡受访者认为 20 年前的生态环境好，认为未来 20 年生态环境会变好的比例也达到了半数。

城乡受访居民全部对生态保护持积极态度，但在加快发展和自然资源开发的矛盾上，有 28%的受访者不同意不能为了当地经济发展和解决就业大规模开发自然资源。对政府生态环境保护措施和法规的制定满意度高于环境保护投入力度，且两者的满意度也都高于政府对违法违规环境事件的处罚。

第五章

海南五指山市经济社会发展综合调查研究报告

五指山市位于海南岛中南部腹地，是海南岛中部地区的中心城市和交通枢纽，也是海南省中部少数民族的聚居地。五指山市下辖冲山镇、南圣镇、毛阳镇、番阳镇、水满乡、畅好乡和毛道乡 7 个乡镇，全市 2015 年末常住人口 10.56 万人，其中，城镇常住人口 5.81 万人，农村常住人口 4.75 万人①。《五指山市城市总体规划》明确把生态旅游作为五指山经济发展的主导产业，带动第一、二、三产业发展，以观光引导、度假为主，开拓市场，打出生态品牌。本报告基于五指山市居民的问卷调查数据，针对五指山市经济生活、社会保障和公共服务、民族关系和政策、民族文化、社会安全与和谐五个方面进行定量分析，为评估五指山市经济社会发展程度提供必要参考依据。

一 调查对象基本情况

国家社科基金特别委托项目暨中国社会科学院创新工程重大专项“21 世纪初中国少数民族地区经济社会发展综合调查”于 2015 年在海南省五指山市进行了城乡问卷调查（以下简称民族地区“大调查”）。本次调查由中国社会科学院民族学与人类学研究所主持，开展城乡居民入户调查，调查对象采用分层随机抽样方法产生。在 18 个调查市县内，参照城乡不同经济发展状况（高、中、低）和民族人口分布状况，分别选取调查的城镇社区和乡村社区，根据当地的城镇化率确定被调查住户的城乡划分，在确定的社区或行政村层面对住户进行随机等距抽样选定具体样本，

① 参见《2015 年五指山市国民经济和社会发展统计公报》。

总计开展400—500份的入户问卷调查。调查问卷内容包括经济发展、社会事业、民族文化、民族政策、民族关系、社会安全与社会和谐等方面，共获得398户城乡居民家庭的受访信息。

调查对象的基本情况见表5-1和表5-2。本次调查对象集中为中青年，60岁及以下调查对象占到93.7%，男性调查对象明显多于女性调查对象，占到总体的68.3%。

调查对象的学历总体上处于中间水平（见表5-2），拥有初中和高中（中专或职高技校）学历的调查对象较多，分别占总体的33.0%和31.5%。调查对象中，黎族的人数最多，达52.1%，其次是汉族人数，占比为33.2%。农业户口调查对象远多于非农业户口调查对象，占到62%，同时超过四成的调查对象从事农业。

表5-1　调查对象基本信息　单位：次、%

		频次	比例
年龄	30岁及以下	116	29.2
	31—45岁	144	36.3
	46—60岁	112	28.2
	61岁及以上	25	6.3
性别	男性	271	68.3
	女性	126	31.7

表5-2　调查对象基本情况　单位：次、%

		频次	比例
学历	未上学	21	5.3
	小学	47	11.8
	初中	131	33.0
	高中、中专或职高技校	125	31.5
	大学专科	73	18.4
民族	汉族	132	33.2
	苗族	53	13.4
	黎族	207	52.1
	其他民族	5	1.3
户口	农业户口	246	62.0
	非农户口	151	38.0

续表

		频次	比例
职业	负责人/事业单位工作人员/专业技术人员	76	19.2
	办事人员/商业服务业人员/操作人员	59	14.9
	农业人员	183	46.2
	其他	78	19.7

二　经济生活

（一）就业

就业是国家宏观调控目标之一，是地区经济内生增长的核心动力，也是最大的民生。就业关系到地区经济社会全局，也直接影响居民的生活质量。本报告从就业状态、工作稳定性、就业渠道和就业影响因素四个方面分析五指山市居民的就业情况。

1. 就业状态与职业分布

五指山市农业户口受访居民的就业以务农为主，具有农业户口的调查对象以务农为主，只是务农的调查对象占44.7%，以务农为主，同时也从事非农工作的调查对象占22.5%（具体见表5-3）。从民族维度来看，不同民族的居民就业状况差距较大，少数民族以务农为主，汉族以非农工作为主。其中，黎族和苗族调查对象中只是务农的人数都是最多的，分别占到50.6%和51.9%，黎族和苗族以务农为主，同时也从事非农工作的调查对象分别占26.9%和25%；汉族只从事非农工作的调查对象有50%（具体情况见表5-3）。

表5-3　　农业户口受访居民的就业状况　　单位：次、%

		只是务农	以务农为主，同时也从事非农工作	以非农工作为主，同时也务农	只从事非农工作	农村非就业或城镇失业或待业人员	家务劳动者	退休人员	全日制学生	其他不工作也不上学的人员	合计	频次
总体		44.7	22.5	7.1	18.2	2.4	1.2	1.6	1.6	0.8	100	239
民族	汉族	16.7	6.7	10.0	50.0	6.7	6.7	0.0	3.3	0.0	100	30
	苗族	51.9	25.0	7.7	9.6	3.8	0.0	0.0	1.9	0.0	100	52
	黎族	50.6	26.9	6.4	10.9	0.6	0.6	1.3	1.3	1.3	100	156
	其他民族	100.0	0.0	0.0	0.0	0.0	0.0	0.0	0.0	0.0	100	1

五指山市受访居民的职业类型主要为农林牧渔水利生产人员，占到46.2%，其次是其他从业人员和国家机关党群组织、事业单位工作人员，分别占19.4%和10.1%。从民族维度来看，苗族和黎族受访居民从事农林牧渔水利生产的比例分别为83.0%和60.2%，远远高于汉族受访居民10.6%的比例。同时，汉族受访居民在其他各类职业中的从业人员比例均高于苗族和黎族受访居民。从城乡维度看，农村受访居民主要从事农林牧渔水利生产行业，比例高达71.8%；城镇受访居民的职业类型较为多样，其中其他从业人员和国家机关党群组织、事业单位工作人员的比例较高，分别为29.8%和22.5%。(具体见表5-4)

表5-4　受访居民的职业分布　单位:%、次

		国家机关党群组织、事业单位负责人	国家机关党群组织、事业单位工作人员	专业技术人员	各类企业办事人员	商业、服务业人员	农林牧渔水利生产人员	生产、运输设备操作人员及有关人员	军人	不便分类的其他从业人员	合计	频次
总体		3.3	10.1	5.8	4.5	8.3	46.2	2.0	0.3	19.4	100	396
民族	汉族	8.3	12.9	7.6	10.6	16.7	10.6	3.8	0.0	29.5	100	132
	苗族	0.0	1.9	1.9	0.0	0.0	83.0	1.9	0.0	11.3	100	53
	黎族	1.0	9.7	5.3	1.5	5.3	60.2	1.0	0.5	15.5	100	206
	其他民族	0.0	40.0	20.0	20.0	0.0	20.0	0.0	0.0	0.0	100	5
户籍	农业户口	0.4	2.4	3.7	0.8	7.3	71.8	0.4	0.0	13.1	100	245
	非农户口	7.9	22.5	9.3	10.6	9.9	4.6	4.6	0.7	29.8	100	151

2. 工作稳定性

通过调查可以发现，农业户口居民2014年从事非农工作的时长普遍较短，71.5%的农业户口居民2014年从事非农工作的时长仅为0—3月。同时不同民族的农业户口居民2014年从事非农工作时长存在差异，苗族和黎族农业户口居民2014年从事非农工作时长在0—3月的比例较大，分别是80.0%和72.0%，仅有8.0%和15.3%的调查对象从事非农工作时长在10—12月；相比之下，汉族农业户口居民从事非农工作的时间更长，从事非农工作时长为10—12月的比例占37.0%（具体见表5-5）。

表 5-5　　不同民族农业户口居民 2014 年从事非农工作时长　　单位：%、次

		0—3 月	4—6 月	7—9 月	10—12 月	合计	频次
总体		71.5	8.3	3.9	16.2	100	228
民族	汉族	51.9	11.1	0.0	37.0	100	27
	苗族	80.0	6.0	6.0	8.0	100	50
	黎族	72.0	8.7	4.0	15.3	100	150
	其他民族	100.0	0.0	0.0	0.0	100	1

调查对象在从事农业生产的时间上更具持久性，半数以上的调查对象2014年从事农业生产的时长在10—12月。不同民族在从事农业生产的时长上差距较大，少数民族从事农业生产的时长更长。具体来看，苗族和黎族调查对象2014年从事农业生产的时长在10—12月的比例分别为65.4%和57.2%，汉族调查对象2014年从事农业生产的时长在10—12月的比例仅为26.9%。（具体见表5-6）

表 5-6　　不同民族农业户口受访居民 2014 年从事农业工作时长　　单位：%、次

		0—3 月	4—6 月	7—9 月	10—12 月	合计	频次
总体		23.7	12.1	8.9	55.4	100	224
民族	汉族	57.7	3.8	11.5	26.9	100	26
	苗族	19.2	11.5	3.8	65.4	100	52
	黎族	19.3	13.8	9.7	57.2	100	145
	其他民族	0.0	0.0	100.0	0.0	100	1

从外出从业来看，少数民族没有外出从业经历的比例明显高于汉族。在有外出从业经历的调查对象中，苗族和黎族调查对象最近一份工作干了5年以上的比例较低，分别仅为2.6%和7.4%，而四成的汉族调查对象最近一份工作干了5年以上（具体见表5-7）。总体而言，汉族受访居民的工作比苗族和黎族更具稳定性。

表 5-7　　不同民族农业户口居民外出从业最近一份工作的时长　　单位：%、次

	1 年以内	1—3 年	4—5 年	5 年以上	没有外出从业经历	合计	频次
总体	13.1	13.6	2.4	11.2	59.7	100	206

续表

	1年以内	1—3年	4—5年	5年以上	没有外出从业经历	合计	频次
汉族	13.3	6.7	3.3	40.0	36.7	100	30
苗族	7.7	10.3	0.0	2.6	79.5	100	39
黎族	14.7	16.2	2.9	7.4	58.8	100	136
其他民族	0.0	0.0	0.0	0.0	100.0	100	1

从调查中可以发现，非农业户口受访居民的工作保障性较高，其工作劳动合同性质是固定职工的比例最高，为38.3%，没有合同的员工仅占12.1%。不同民族的非农业户口调查对象工作合同性质差异不大，汉族和黎族受访居民中固定职工的比例都是最大的，但其短期（临时）合同工以及没有合同员工的比例之和都在30%以上（具体见表5-8）。由此可见，劳动力市场并不完善，劳动者的合法权益保障工作需要进一步提升。

表5-8　不同民族非农业户口受访居民工作劳动合同性质　单位：%、次

		固定职工（包括国家干部、公务员）	长期合同工	短期或临时合同工	没有合同的员工	从事私营或个体经营人员	其他（请注明）	合计	频次
总体		38.3	15.6	19.9	12.1	7.1	0	100	141
民族	汉族	37.0	16.3	18.5	13.0	10.9	0	100	92
	苗族	0.0	0.0	0.0	50.0	0.0	100	100	2
	黎族	44.2	14.0	20.9	9.3	0.0	0	100	43
	其他民族	25.0	25.0	50.0	0.0	0.0	0	100	4

3. 就业渠道与流动区域

根据农村劳动力寻找非农工作的途径来看，次级社会资本在农村劳动力寻找非农工作时发挥着巨大作用，通过朋友、熟人介绍获得工作的比例最高，为43.3%。汉族和苗族、黎族通过政府/社区以及商业职介寻找非农工作的比例都较低，在5%以下，农村劳动力直接获得市场就业信息的机会小，利用市场途径实现非农就业的能力较弱，私人关系是其寻找非农

工作的主要依靠（具体见表5-9）。

表5-9　不同民族农村劳动力寻找非农工作的途径　单位：%、次

		政府/社区安排介绍	商业职介（包括人才交流会）	招聘广告	直接申请（含考试）	家人/亲戚介绍	朋友/熟人介绍	通过本乡人介绍	其他（请注明）	合计	频次
总体		2.4	2.4	13.4	3.1	3.9	43.3	8.7	22.8	100	127
民族	汉族	4.2	4.2	12.5	0.0	12.5	33.3	12.5	20.8	100	24
	苗族	0.0	4.3	4.3	4.3	4.3	60.9	4.3	17.4	100	23
	黎族	2.5	1.2	16.2	3.8	1.2	41.2	8.8	25.0	100	80

从城镇劳动力获得非农工作的途径来看，其寻找非农工作的途径呈现出多样化和均衡化的特征。汉族非农业户口受访居民获得非农工作的途径主要为政府/社区安排介绍、朋友/熟人介绍以及直接申请，占比分别为24.4%、24.4%和17.8%。黎族非农业户口调查对象获得非农工作的途径主要为政府/社区安排介绍、直接申请以及其他途径，占比分别为33.3%、25.6%和17.9%（具体见表5-10）。

表5-10　不同民族城镇劳动力获得非农工作的途径　单位：%、次

		政府/社区安排介绍	商业职介（包括人才交流会）	招聘广告	直接申请（含考试）	家人/亲戚介绍	朋友/熟人介绍	其他（请注明）	合计	频次
总体		27.4	3.7	8.9	20.0	8.9	17.8	13.3	100	135
民族	汉族	24.4	4.4	7.8	17.8	10.0	24.4	11.1	100	90
	苗族	50.0	0.0	0.0	0.0	0.0	50.0	0.0	100	2
	黎族	33.3	0.0	12.8	25.6	7.7	2.6	17.9	100	39
	其他民族	25.0	25.0	0.0	25.0	0.0	0.0	25.0	100	4

根据数据分析可以发现，城镇受访居民的工作流动距离较短，近九成城镇劳动力的主要从业地区为乡镇内和乡外县内。不管是汉族还是少数民族城镇劳动力，县域内的就业都是他们的首要选择（具体见表5-11）。

表 5-11　城镇劳动力的主要从业地区　单位:%、次

		乡镇内	乡外县内	县外省内	省外国内	合计	频次
总体		54.3	34.8	10.1	0.7	100	138
民族	汉族	61.1	26.7	11.1	1.1	100	90
	苗族	0.0	100.0	0.0	0.0	100	2
	黎族	45.2	45.2	9.5	0.0	100	42
	其他民族	25.0	75.0	0.0	0.0	100	4

4. 就业的影响因素

在从未外出从业过的农业户口受访居民中，33.3%的受访居民未外出从业的主要原因是找不到工作，因为家中农业缺乏劳动力而未外出从业的受访居民占到26.4%。从民族维度来看，汉族受访居民未外出从业原因排在前三位的是找不到工作、不适应外地生活环境以及收入没有在家稳定，比例分别是41.7%、25.0%和25.0%。苗族受访居民未外出从业首要原因是找不到工作，占47.8%，黎族受访居民未外出从业的最主要原因是家中农业缺乏劳动力，比例为37.3%，找不到工作占25.5%（具体见表5-12）。

表 5-12　农业户口受访居民未外出从业的原因　单位:%、次

		找不到工作（或担心找不到工作）	不适应外地生活环境	收入没有在家稳定	疾病或伤残	家中农业缺乏劳动力	回家结婚、生育	当地能找到满意的工作	其他（请注明）	合计	频次
总体		33.3	10.3	10.3	3.4	26.4	4.6	2.3	9.2	100.0	87
民族	汉族	41.7	25.0	25.0	0.0	0.0	0.0	0.0	8.3	100.0	12
	苗族	47.8	4.3	4.3	4.3	17.4	4.3	4.3	13.0	100.0	23
	黎族	25.5	9.8	9.8	3.9	37.3	3.9	2.0	7.8	100.0	51
	其他民族	0.0	0.0	0.0	0.0	0.0	100.0	0.0	0.0	100.0	1

在有外出就业经历的受访居民中，29.9%受访居民认为外出找工作的障碍是得不到相关就业信息，24.6%的受访居民认为外出找工作的障碍是工作辛苦收入低。从民族维度来看，苗族认为外出工作的阻碍是得不到相关就业信息的比例最高，为50.0%，黎族认为外出工作的阻碍是工作辛

苦收入低的比例较高，为26.4%。从城乡维度来看，农村受访居民外出工作时得不到相关就业信息的比例为33.2%，高于城镇受访居民24.8%的比例（具体见表5-13）。

表5-13　　受访居民外出工作的障碍　　单位：%、次

		得不到相关就业信息	被当地人看不起	工作辛苦收入低	想留在就业地但生活成本太高	生活习俗不能适应	气候自然环境不能适应	孩子就学困难
总体		29.9	6.2	24.6	6.9	4.4	3.1	3.7
民族	汉族	27.4	2.8	25.5	7.5	3.8	2.8	7.5
	苗族	50.0	15.8	15.8	0.0	2.6	0.0	0.0
	黎族	27.0	6.3	26.4	7.5	5.2	4.0	2.3
	其他民族	33.3	0.0	0.0	33.3	0.0	0.0	0.0
户籍	农业户口	33.2	9.2	24.5	5.1	4.6	2.6	2.0
	非农业户口	24.8	1.6	24.8	9.6	4.0	4.0	6.4
		家里需要照顾必须返乡	当地政府的政策限制	社保缴费高关系难转移	语言障碍	其他	合计	频次
总体		9.7	2.8	0.3	0.9	7.5	100	321
民族	汉族	7.5	3.8	0.0	1.9	9.4	100	106
	苗族	7.9	0.0	0.0	0.0	7.9	100	38
	黎族	10.9	2.9	0.6	0.6	6.3	100	174
	其他民族	33.3	0.0	0.0	0.0	0.0	100	3
户籍	农业户口	11.2	1.0	0.0	0.0	6.6	100	196
	非农业户口	7.2	5.6	0.8	2.4	8.8	100	125

（二）收入与消费

1. 居民个人收支情况

根据受访居民的人均年收入来看，其总体收入水平处于中等偏下位置，人均年收入5000元以下的比例达39.7%。从民族维度来看，苗族和黎族受访居民的人均年收入明显低于汉族受访居民，人均年收入在5000元以下的比例分别为56.5%和53.3%（具体见表5-14）。从城乡维度来看，农业户口和非农业户口受访居民的人均年收入差距较大，农业户口和非农业户口受访居民人均年收入5000元以下的比例分别为57.1%和10.7%，其人均年收

入在 30000 元以上的比例分别为 2.7%和 19.8%（具体见表 5-15）。

表 5-14　　不同民族受访居民人均年收入　　单位:%、次

		0—5000 元	5001—10000 元	10001—20000 元	20001—30000 元	30000 元以上	合计	频次
总体		39.7	23.7	17.7	9.7	9.1	100	350
民族	汉族	11.8	25.2	28.6	16.0	18.5	100	119
	苗族	56.5	17.4	17.4	6.5	2.2	100	46
	黎族	53.3	24.4	11.1	6.7	4.4	100	180
	其他民族	60.0	20.0	0.0	0.0	20.0	100	5

表 5-15　　不同户籍受访居民人均年收入　　单位:%、次

		0—5000 元	5001—10000 元	10001—20000 元	20001—30000 元	30000 元以上	合计	频次
总体		39.7	23.7	17.7	9.7	9.1	100	350
户籍	农业户口	57.1	25.6	11.4	3.2	2.7	100	219
	非农业户口	10.7	20.6	28.2	20.6	19.8	100	131

从城镇受访居民的消费情况来看，汉族和黎族城镇受访居民个人总支出在 5000 元以下的比例分别为 18.8%和 23.5%，总支出在 30000 元以上的比例分别为 20.8%和 27.5%，黎族城镇受访居民的个人总支出呈现两个极端分布较多的现象（具体见表 5-16）。

表 5-16　　城镇受访居民的个人总支出　　单位:%、次

		0—5000 元	5001—10000 元	10001—20000 元	20001—30000 元	30000 元以上	合计	频次
总体		19.9	16.0	25.6	15.4	23.1	100	156
民族	汉族	18.8	16.8	27.7	15.8	20.8	100	101
	黎族	23.5	13.7	23.5	11.8	27.5	100	51

2. 家庭收支情况

根据受访居民的家庭年收入来看，汉族受访居民的家庭年收入远远高于苗族和黎族受访居民。家庭年收入 10000 元以下的汉族、苗族和黎族受访居民比例分别为 4.2%、23.9%和 28.3%，家庭年收入 50000 元以上的汉族、苗族和黎族受访居民比例分别为 48.7%、23.9%和 18.3%（具体见表5-17）。农业户口受访居民和非农业户口受访居民家庭年收入差距较大，非农业户口受访居民家庭年收入10000元以下的比例仅为2.3%，50000元以上的比例达54.2%；农业户口受访居民家庭年收入10000元以下的比例达29.7%，50000元以上的比例仅为14.6%（具体见表5-18）。

表5-17　　不同民族受访居民家庭年收入　　单位:%、次

		0—10000元	10001—20000元	20001—30000元	30001—40000元	40001—50000元	50000元以上	合计	频次
总体		19.4	19.7	13.7	9.1	8.6	29.4	100	350
民族	汉族	4.2	9.2	16.0	7.6	14.3	48.7	100	119
	苗族	23.9	30.4	10.9	4.3	6.5	23.9	100	46
	黎族	28.3	23.9	12.8	11.1	5.6	18.3	100	180
	其他民族	20.0	20.0	20.0	20.0	0.0	20.0	100	5

表5-18　　不同户籍受访居民家庭年收入　　单位:%、次

		0—10000元	10001—20000元	20001—30000元	30001—40000元	40001—50000元	50000元以上	合计	频次
总体		19.4	19.7	13.7	9.1	8.6	29.4	100	350
户籍	农业户口	29.7	25.6	14.2	10.0	5.9	14.6	100	219
	非农业户口	2.3	9.9	13.0	7.6	13.0	54.2	100	131

从受访居民家庭的总支出来看，汉族城镇受访居民家庭总支出略高于黎族城镇受访居民，汉族和黎族城镇受访居民家庭总支出在15000元以下的比例分别为23.3%和18.0%，家庭总支出在60000元以上的比例分别为20.4%和18.0%（具体见表5-19）。在农村受访居民中，汉族较黎族、苗族家庭总支出略高，汉族、黎族和苗族家庭总支出在15000元以下的比例分别为53.3%、66.0%和69.1%，家庭总支出在45001—60000元的比例分别为6.7%、2.1%和2.2%（具体见表5-20）。

表5-19　　不同民族城镇受访居民家庭总支出　　单位:%、次

		0—15000元	15001—30000元	30001—45000元	45001—60000元	60000元以上	合计	频次
总体		21.5	32.9	12.7	13.3	19.6	100	158

续表

		0—15000元	15001—30000元	30001—45000元	45001—60000元	60000元以上	合计	频次
民族	汉族	23.3	31.1	14.6	10.7	20.4	100	103
	苗族	0.0	0.0	0.0	0.0	100.0	100	1
	黎族	18.0	34.0	10.0	20.0	18.0	100	50
	其他民族	25.0	75.0	0.0	0.0	0.0	100	4

表 5-20　　不同民族农村受访居民家庭总支出　　单位:%、次

		0—15000元	15001—30000元	30001—45000元	45001—60000元	合计	频次
总体		67.3	24.8	5.4	2.5	100	202
民族	汉族	53.3	33.3	6.7	6.7	100	15
	苗族	69.1	23.0	5.8	2.2	100	47
	黎族	66.0	27.7	4.3	2.1	100	139
	其他民族	100.0	0.0	0.0	0.0	100	1

（三）住房与家庭生活状况

1. 住房情况

从家庭自有住房拥有情况看，75.8%的调查对象有1套自有住房。从民族维度来看，苗族和黎族调查对象没有自有住房的比例仅为1.9%和8.7%，汉族调查对象没有自有住房的比例达到20.5%（具体见表5-21）。从城乡维度来看，非农业户口调查对象没有自有住房的比例远远高于农业户口调查对象，达到21.2%（具体见表5-22）。

表 5-21　　不同民族受访居民家庭自有住房情况　　单位:%、次

		0套	1套	2套	3套	5套	合计	频次
总体		11.8	75.8	5.8	1.3	0.3	100	397
民族	汉族	20.5	65.2	6.1	1.5	0.8	100	132
	苗族	1.9	92.5	5.7	0.0	0.0	100	53
	黎族	8.7	78.7	5.8	1.4	0.0	100	207
	其他民族	20.0	60.0	0.0	0.0	0.0	100	5

表 5-22　　不同户籍受访居民家庭自有住房情况　　单位：%、次

		0套	1套	2套	3套	5套	合计	频次
总体		11.8	75.8	5.8	1.3	0.3	100	397
户籍	农业户口	6.1	85.0	3.7	1.2	0.4	100	246
	非农业户口	21.2	60.9	9.3	1.3	0.0	100	151

根据数据分析，可以看出受访居民对于当前住房的满意度普遍较高，表示对当前住房满意的占54.3%，仅16.3%的受访者不满意当前住房。从不同民族来看，黎族和苗族对住房的满意度高于汉族，表示满意的占比分别为54.0%和69.8%（具体见表5-23）。从城乡维度来看，农业户口调查对象对当前住房的满意度为58.3%，高于非农业户口调查对象（具体见表5-24）。

表 5-23　　不同民族受访居民对当前住房的满意度　　单位：%、次

		满意	一般	不满意	不清楚	合计	频次
总体		54.3	28.4	16.3	1.0	100	387
民族	汉族	49.6	37.2	12.4	0.8	100	129
	苗族	69.8	18.9	11.3	0.0	100	53
	黎族	54.0	24.5	20.5	1.0	100	200
	其他民族	20.0	60.0	0.0	20.0	100	5

表 5-24　　不同户籍受访居民对当前住房的满意度　　单位：%、次

		满意	一般	不满意	不清楚	合计	频次
总体		54.3	28.4	16.3	1.0	100	387
户籍	农业户口	58.3	22.5	18.3	0.8	100	240
	非农业户口	47.6	38.1	12.9	1.4	100	147

2. 家庭生活状况评价

在对过去5年的回顾中，受访居民认为生活水平上升（包括上升很多和略有上升，以下统称上升）的比例达到73.6%。从民族维度来看，汉族、苗族、黎族认为过去5年生活水平上升比例分别为71.2%、65.4%和77.2%（具体见表5-25）。从城乡维度来看，73.3%的农业户口调查对象认为过去5年生活水平上升，74.2%的非农业户口调查对象认为过去5

年生活水平上升，城乡居民对过去5年生活水平变化的评价较高且差异不大（具体见表5-26）。

表5-25　不同民族受访居民对过去5年生活水平变化的评价　单位：%、次

		上升很多	略有上升	没有变化	略有下降	下降很多	不好说	合计	频次
总体		15.9	57.7	17.7	4.6	1.5	0	100	395
民族	汉族	17.4	53.8	24.2	3.0	1.5	0	100	132
	苗族	19.2	46.2	21.2	5.8	1.9	0	100	52
	黎族	13.6	63.6	13.1	4.9	1.5	0	100	206
	其他民族	40.0	40.0	0.0	20.0	0.0	0	100	5

表5-26　不同户籍受访居民对过去5年生活水平变化的评价　单位：%、次

		上升很多	略有上升	没有变化	略有下降	下降很多	不好说	合计	频次
总体		15.9	57.7	17.7	4.6	1.5	0	100	395
户籍	农业户口	13.9	59.4	16.0	5.3	1.6	0	100	244
	非农业户口	19.2	55.0	20.5	3.3	1.3	0	100	151

三　社会保障、扶贫与政府公共服务

（一）社会保障与扶贫

1. 社会保障

在城镇社会保险方面，黎族城镇居民在城镇职工基本医疗保险、城镇居民基本医疗保险、城镇居民养老保险、城镇低保、失业保险、工伤保险和生育保险上的参保比例都高于汉族城镇居民，比例分别为65.4%、81.1%、73.1%、28.6%、56.9%、47.1%和39.2%（具体见表5-27）。

表5-27　不同民族城镇居民参加社会保险的情况　单位：%、次

		城镇职工基本医疗保险	城镇居民基本医疗保险	城镇居民养老保险	城镇低保	失业保险	工伤保险	生育保险
总体		59.3	74.5	68.3	26.4	40.1	40.2	32.5
频次		162	165	164	159	162	164	163

续表

		城镇职工基本医疗保险	城镇居民基本医疗保险	城镇居民养老保险	城镇低保	失业保险	工伤保险	生育保险
民族	汉族	54.4	72.4	64.8	25.2	30.8	34.9	27.6
	黎族	65.4	81.1	73.1	28.6	56.9	47.1	39.2

在对城镇社会保险的满意度上，黎族城镇居民除了对工伤保险外，对其他城镇职工基本医疗保险、城镇居民基本医疗保险、城镇居民养老保险、城镇低保、失业保险和生育保险表示满意的比例都低于汉族，分别为62.9%、53.5%、57.9%、33.3%、48.4%和52.5%（具体见表5-28）。

表5-28　　不同民族城镇居民对社会保险满意的比例　　单位:%、次

		城镇职工基本医疗保险	城镇居民基本医疗保险	城镇居民养老保险	城镇低保	失业保险	工伤保险	生育保险
总体		70.4	57.6	63.7	44.6	51.4	54.9	54.8
频次		98	125	113	56	72	71	62
民族	汉族	73.7	60.3	65.2	51.4	51.4	48.8	54.3
	黎族	62.9	53.5	57.9	33.3	48.4	60.0	52.5

在农村社会保险方面，黎族农村居民享有新型农村合作医疗和新型农村养老保险的比例高于汉族农村居民，分别为94.1%和69.9%。汉族农村居民享有五保、低保和高龄津贴的比例高于黎族农村居民，比例分别达36.0%、32.0%和44.0%（具体见表5-29）。

表5-29　　农村居民享有社会保险的情况　　单位:%、次

		新型农村合作医疗	新型农村养老保险	五保	低保	高龄津贴
总体		93.0	70.7	18.8	14.4	20.0
频次		230	225	208	208	210
民族	汉族	80.8	65.4	36.0	32.0	44.0
	黎族	94.1	69.9	19.0	11.3	19.5

在对社会保险进行评价时，汉族农村居民对于新型农村合作医疗、新

型农村养老保险、五保、低保和高龄津贴表示满意的比例均高于黎族农村居民，比例分别为73.9%、78.9%、81.8%、66.7%和76.9%（具体见表5-30）。

表5-30　农村居民对社会保险满意的比例　单位：%、次

		新型农村合作医疗	新型农村养老保险	五保	低保	高龄津贴
总体		68.1	71.6	80.0	59.2	76.0
频次		216	162	45	49	50
民族	汉族	73.9	78.9	81.8	66.7	76.9
	黎族	67.8	70.2	80.0	50.0	75.8

2. 扶贫工作

根据调查数据，可以看到五指山市居民对退耕还林还草、道路修建和改扩、电力设施建设和“村村通”扶贫工程的了解度较高，表示了解的比例都在50%以上。其中，汉族居民对“两免一补”、扶贫工程生产项目、卫生设施建设、“教育扶贫”工程、牧区扶贫和扶贫培训的了解比例高于苗族和黎族居民，分别为50.4%、47.0%、51.3%、46.2%、30.8%和34.2%（具体见表5-31）。

表5-31　不同民族居民对扶贫项目的了解情况　单位：%、次

		“两免一补”	扶贫工程生产项目	退耕还林还草补助工程	道路修建和改扩工程	基本农田建设	电力设施建设	人畜饮水	技术推广及培训
总体		45.3	38.1	60.1	71.0	44.5	57.4	45.3	34.3
民族	汉族	50.4	47.0	35.9	67.5	29.9	57.3	40.2	29.1
	苗族	42.3	28.8	67.3	75.0	55.8	57.7	40.4	30.8
	黎族	43.2	34.2	72.4	71.9	49.2	57.3	49.2	38.2

		资助儿童入学和扫盲教育	卫生设施建设	种植业/林业/养殖业扶贫资金	“村村通”工程	“教育扶贫”工程	牧区扶贫	扶贫培训	其他	频次
总体		24.1	48.5	38.6	51.5	40.5	23.3	28.4	4.8	373
民族	汉族	25.6	51.3	28.2	33.3	46.2	30.8	34.2	6.0	117
	苗族	11.5	44.2	30.8	40.4	34.6	23.1	26.9	1.9	52
	黎族	26.1	48.2	46.7	64.8	37.7	18.6	24.6	5.0	199

（二）农村公共基础设施建设

根据调查数据可以看出，除了活动中心以外，五指山市公共基础设施建设情况良好。从城乡维度来看，除了农贸市场和银行外，农村未建立各种基础设施的比例均高于城镇。农村受访居民对活动中心、邮政局、车站和银行表示满意的比例均低于城镇受访居民，分别为34.2%、49.2%、46.5%和55.6%，对幼儿园表示满意的比例与城镇居民持平，为44.4%，对其他公共基础设施表示满意的比例均高于城镇受访居民（具体见表5-32）。

表5-32　不同户籍受访居民对公共基础设施的评价　单位:%、次

		满意	一般	不满意	不好说	没有该设施	合计	频次
幼儿园	总体	44.4	28.4	7.9	18.3	1.0	100	394
	农业户口	44.4	26.3	7.0	20.6	1.6	100	243
	非农业户口	44.4	31.8	9.3	14.6	0.0	100	151
小学	总体	49.1	31.1	6.8	12.4	0.5	100	395
	农业户口	50.8	27.9	7.4	13.1	0.8	100	244
	非农业户口	46.4	36.4	6.0	11.3	0.0	100	151
中学	总体	44.4	28.2	7.9	16.0	3.6	100	394
	农业户口	45.7	24.3	8.2	16.0	5.8	100	243
	非农业户口	42.4	34.4	7.3	15.9	0.0	100	151
社区或乡卫生院或最近医院	总体	42.4	40.4	12.1	4.8	0.3	100	396
	农业户口	46.5	36.7	10.2	6.1	0.4	100	245
	非农业户口	35.8	46.4	15.2	2.6	0.0	100	151
治安设施	总体	42.3	38.0	11.1	7.6	1.0	100	395
	农业户口	44.9	35.5	10.2	8.2	1.2	100	245
	非农业户口	38.0	42.0	12.7	6.7	0.7	100	150
活动中心	总体	35.1	30.3	9.0	10.5	15.1	100	390
	农业户口	34.2	26.2	7.1	12.1	20.4	100	240
	非农业户口	36.7	36.7	12.0	8.0	6.7	100	150
运动场所及器材	总体	31.4	27.8	12.1	11.6	17.2	100	389
	农业户口	32.5	24.2	12.1	13.3	17.9	100	240
	非农业户口	29.5	33.6	12.1	8.7	16.1	100	149

续表

		满意	一般	不满意	不好说	没有该设施	合计	频次
农贸市场	总体	44.9	40.8	10.5	3.1	0.8	100	390
	农业户口	45.2	41.5	8.3	3.7	1.2	100	241
	非农业户口	44.3	39.6	14.1	2.0	0.0	100	149
车站	总体	47.7	39.4	5.8	5.6	1.5	100	396
	农业户口	46.5	39.6	5.3	6.1	2.4	100	245
	非农业户口	49.7	39.1	6.6	4.6	0.0	100	151
邮政局	总体	53.1	34.6	4.9	6.9	0.5	100	390
	农业户口	49.2	36.5	5.7	7.8	0.8	100	244
	非农业户口	59.6	31.5	3.4	5.5	0.0	100	146
银行	总体	58.4	30.0	7.2	2.7	1.9	100	377
	农业户口	55.6	31.0	7.8	3.4	2.2	100	232
	非农业户口	62.8	28.3	6.2	1.4	1.4	100	145

（三）民族地区政府工作评价

1. 政府解决突发事件的能力

从数据分析中可以发现，受访居民对地方政府处理自然灾害、生产安全、传染病及公共卫生、一般社会治安的满意度较高，表示满意的比例分别为69.7%、57.5%、51.9%、53.7%，对政府应对群体突发事件和暴力恐怖事件的满意度稍低，为36.8%和31.9%。从民族维度来看，黎族受访居民对政府解决各类型突发事件能力的评价均高于汉族受访居民，其对政府处理自然灾害、生产安全、传染病及公共卫生、一般社会治安、群体性突发事件和暴力恐怖事件表示满意的比例分别为68.0%、63.4%、53.7%、56.1%、41.2%和35.5%（具体见表5-33）。

表5-33　不同民族受访居民对地方政府应对突发事件的满意情况　单位:%、次

		满意	不满意	不清楚	合计	频次
自然灾害	总体	69.7	14.4	15.9	100	396
	汉族	66.7	13.6	19.7	100	132
	苗族	84.9	1.9	13.2	100	53
	黎族	68.0	18.4	13.6	100	206

续表

		满意	不满意	不清楚	合计	频次
生产安全	总体	57.5	15.7	26.8	100	395
	汉族	47.0	19.7	33.3	100	132
	苗族	60.4	9.4	30.2	100	53
	黎族	63.4	15.1	21.5	100	205
传染病及公共卫生	总体	51.9	16.5	31.6	100	395
	汉族	50.8	21.2	28.0	100	132
	苗族	47.2	11.3	41.5	100	53
	黎族	53.7	15.1	31.2	100	205
一般社会治安	总体	53.7	21.8	24.6	100	395
	汉族	51.5	28.0	20.5	100	132
	苗族	52.8	13.2	34.0	100	53
	黎族	56.1	20.0	23.9	100	205
群体性突发事件	总体	36.8	18.5	44.7	100	394
	汉族	36.4	22.7	40.9	100	132
	苗族	22.6	9.4	67.9	100	53
	黎族	41.2	18.1	40.7	100	204
暴力恐怖事件	总体	31.9	14.0	54.1	100	392
	汉族	29.0	18.3	52.7	100	131
	苗族	22.6	3.8	73.6	100	53
	黎族	35.5	14.3	50.2	100	203

从城乡维度来看，农村受访居民对地方政府应对传染病及公共卫生、群体突发事件和暴力恐怖事件的满意度低于城镇受访居民，表示满意的比例分别是48.8%、35.2%和28.4%，农村受访居民对地方政府应对其他类型突发事件的满意度均略高于城镇受访居民（具体见表5-34）。

表5-34　不同户籍受访居民对地方政府应对突发事件的满意情况　单位：%、次

		满意	不满意	不清楚	合计	频次
自然灾害	总体	69.7	14.4	15.9	100	396
	农业户口	69.8	15.1	15.1	100	245
	非农业户口	69.5	13.2	17.2	100	151

续表

		满意	不满意	不清楚	合计	频次
安全生产	总体	57.5	15.7	26.8	100	395
	农业户口	60.7	14.3	25.0	100	244
	非农业户口	52.3	17.9	29.8	100	151
传染病及公共卫生	总体	51.9	16.5	31.6	100	395
	农业户口	48.8	16.8	34.4	100	244
	非农业户口	57.0	15.9	27.2	100	151
一般社会治安	总体	53.7	21.8	24.6	100	395
	农业户口	53.7	17.6	28.7	100	244
	非农业户口	53.6	28.5	17.9	100	151
群体突发事件	总体	36.8	18.5	44.7	100	394
	农业户口	35.2	15.6	49.2	100	244
	非农业户口	39.3	23.3	37.3	100	150
暴力恐怖事件	总体	31.9	14.0	54.1	100	392
	农业户口	28.4	13.2	58.4	100	243
	非农业户口	37.6	15.4	47.0	100	149

2. 对全面建成小康社会的期望

75.8%的受访居民对2020年所在县市全面建成小康社会具有信心（包括很有信心和有信心，以下统称具有信心）。从民族维度来看，苗族和黎族对2020年所在县市全面建成小康社会具有信心的比例明显高于汉族65.9%的比例，其比例分别为73.1%和82.8%（具体见表5-35）。

表5-35　不同民族受访居民对2020年所在县市全面建成小康社会的信心

单位:%、次

		很有信心	有信心	没什么信心	不可能	没听说过	合计	频次
总体		24.9	50.9	13.5	2.3	8.4	100	393
民族	汉族	18.2	47.7	20.5	6.1	7.6	100	132
	苗族	25.0	48.1	7.7	0.0	19.2	100	52
	黎族	29.4	53.4	10.3	0.5	6.4	100	204

从城乡维度来看，农村受访居民对2020年所在县市全面建成小康社会建设具有信心的比例为77.3%，高于城镇受访居民73.5%的比例（具体见表5-36）。

表5-36　不同户籍受访居民对2020年所在县市全面建成小康社会的信心

单位：%、次

		很有信心	有信心	没什么信心	不可能	没听说过	合计	频次
总体		24.9	50.9	13.5	2.3	8.4	100	393
户籍	农业户口	27.7	49.6	9.5	1.7	11.6	100	242
	非农业户口	20.5	53.0	19.9	3.3	3.3	100	151

四　民族关系与民族政策

（一）民族政策

1. 生育政策

根据数据分析，可以看到受访居民对少数民族地区及少数民族实现计划生育的认可度较高，认为少数民族地区及少数民族实行计划生育政策好的比例为57.4%。从民族维度来看，苗族和黎族受访居民认为少数民族地区及少数民族实行计划生育政策好的比例远远高于汉族受访居民，比例分别为73.6%和68.6%（具体见表5-37）。从城乡维度来看，农村受访居民认为少数民族地区及少数民族实行计划生育政策好的比例明显高于城镇受访居民，比例为66.7%（具体见表5-38）。

表5-37　不同民族受访居民对少数民族地区及少数民族实行计划生育政策的态度

单位：%、次

		好	一般	不好	不清楚	合计	频次
总体		57.4	22.2	6.3	14.1	100	397
民族	汉族	32.6	29.5	12.1	25.8	100	132
	苗族	73.6	18.9	0.0	7.5	100	53
	黎族	68.6	18.4	4.3	8.7	100	207

表 5-38　城乡受访居民对少数民族地区及少数民族实行计划生育政策的态度

单位:%、次

		好	一般	不好	不清楚	合计	频次
总体		57.4	22.2	6.3	14.1	100	397
户籍	农业户口	66.7	18.3	3.7	11.4	100	246
	非农业户口	42.4	28.5	10.6	18.5	100	151

2. 高考加分政策

总体来看，大多数受访居民对民族地区高考加分政策持支持态度，67.8%的受访居民对民族地区高考加分政策表示满意。从民族维度来看，苗族和黎族受访居民对民族地区高考加分政策的满意度远远高于汉族受访居民，比例分别为77.4%和78.5%（具体见表5-39）。从城乡维度来看，71.3%的农村受访居民对民族地区高考加分政策表示满意，62.3%的城镇受访居民对民族地区高考加分政策表示满意（具体见表5-40）。

表 5-39　不同民族受访居民对民族地区高考加分政策的态度　单位:%、次

		满意	不满意	不清楚	合计	频次
总体		67.8	10.1	22.0	100	395
民族	汉族	47.0	25.0	28.0	100	132
	苗族	77.4	0.0	22.6	100	53
	黎族	78.5	3.4	18.0	100	205

表 5-40　城乡受访居民对民族地区高考加分政策的态度　单位:%、次

		满意	不满意	不清楚	合计	频次
总体		67.8	10.1	22.0	100	395
户籍	农业户口	71.3	5.7	23.0	100	244
	非农业户口	62.3	17.2	20.5	100	151

3. 对民族特殊优惠政策和民族地区扶贫政策的看法

根据数据分析可以发现，超过七成的受访居民对民族特殊优惠政策表示满意。其中，苗族和黎族受访居民对民族特殊优惠政策表示满意的比例分别为88.7%和78.6%，远远高于汉族受访居民53.0%的比例（具体见表5-41）。农村受访居民对民族特殊优惠政策表示满意的比例为75.9%，

明显高于城镇受访居民，仅17.1%的农村受访居民对民族特殊优惠政策不清楚，少于城镇受访居民不清楚民族特殊优惠政策的比例（具体见表5-42）。

表5-41　不同民族受访居民对民族特殊优惠政策的满意情况　单位:%、次

		满意	不满意	不清楚	合计	频次
总体		71.2	7.8	21.0	100	396
民族	汉族	53.0	12.9	34.1	100	132
	苗族	88.7	1.9	9.4	100	53
	黎族	78.6	5.8	15.5	100	206

表5-42　城乡受访居民对民族特殊优惠政策的满意情况　单位:%、次

		满意	不满意	不清楚	合计	频次
总体		71.2	7.8	21.0	100	396
户籍	农业户口	75.9	6.9	17.1	100	245
	非农业户口	63.6	9.3	27.2	100	151

从数据分析中可以发现，总体上居民对于扶贫工作的满意度偏低，对扶贫工作表示满意的仅占34.9%。从民族维度来看，苗族和黎族受访居民对于扶贫工作的满意度明显高汉族受访居民，表示满意的比例分别为41.2%和40.2%（具体见表5-43）。从城乡维度来看，农村受访居民对于扶贫项目表示满意的比例为41.0%，远远高于城镇受访居民25.2%的比例（具体见表5-44）。

表5-43　不同民族受访居民对扶贫工作满意情况　单位:%、次

		满意	不满意	不清楚	合计	频次
总体		34.9	17.8	47.2	100	381
民族	汉族	23.0	19.8	57.1	100	126
	苗族	41.2	15.7	43.1	100	51
	黎族	40.2	17.6	42.2	100	199
	其他民族	60.0	0.0	40.0	100	5

表 5-44　不同户籍受访居民对扶贫工作满意情况　单位:%、次

		满意	不满意	不清楚	合计	频次
总体		34.9	17.8	47.2	100	381
户籍	农业户口	41.0	16.2	42.7	100	234
	非农业户口	25.2	20.4	54.4	100	147

(二) 民族认同与国家认同

1. 民族认同

根据数据分析，可以发现苗族和黎族受访居民认为民族身份更重要的比例高于汉族受访居民，13.2%的苗族和10.2%的黎族受访居民认为民族身份更重要（具体见表5-45）。从城乡维度来看，11.1%的农村受访居民认为民族身份更重要，仅7.3%的城镇受访居民认为民族身份更重要（具体见表5-46）。

表 5-45　不同民族受访居民对民族身份重要性的看法　单位:%、次

		民族身份	公民身份	民族身份和公民身份一样重要	合计	频次
总体		9.6	46.7	43.7	100	394
民族	汉族	6.9	55.4	37.7	100	130
	苗族	13.2	41.5	45.3	100	53
	黎族	10.2	43.2	46.6	100	206

表 5-46　城乡受访居民对民族身份重要性的看法　单位:%、次

		民族身份	公民身份	民族身份和公民身份一样重要	合计	频次
总体		9.6	46.7	43.7	100	394
户籍	农业户口	11.1	41.0	48.0	100	244
	非农业户口	7.3	56.0	36.7	100	150

40.6%的受访居民到外地时优先信任的对象不存在民族、地域差别，苗族受访居民到外地时优先信任的对象不存在民族、地域差别的比例最低，仅为17.0%；黎族受访居民到外地时优先信任的对象不存

在民族、地域差别的比例最高，为46.4%；汉族受访居民到外地时优先信任的对象不存在民族、地域差别的比例为41.1%（具体见表5-47）。从城乡维度来看，城镇受访居民到外地时优先信任的对象不存在民族、地域差别的比例为48.3%，高于农村受访居民35.9%的比例（具体见表5-48）。

表5-47　　不同民族受访居民到外地时优先信任的对象　　单位：%、次

		本民族的人	同乡	本民族的人和同乡同等交往、信任	不存在民族、地域差别	合计	频次
总体		11.9	36.0	11.4	40.6	100	394
民族	汉族	10.9	38.0	10.1	41.1	100	129
	苗族	7.5	60.4	15.1	17.0	100	53
	黎族	13.0	29.5	11.1	46.4	100	207

表5-48　　城乡受访居民到外地时优先信任的对象　　单位：%、次

		本民族的人	同乡	本民族的人和同乡同等交往、信任	不存在民族、地域差别	合计	频次
总体		11.9	36.0	11.4	40.6	100	394
户籍	农业户口	12.7	38.8	12.7	35.9	100	245
	非农业户口	10.7	31.5	9.4	48.3	100	149

2. 国家认同

绝大多数受访居民的国家认同强烈，当回答身份时，78.4%的受访居民选择“中国人、本民族”的顺序。不同民族受访居民选择“中国人、本民族”的比例差异较小，77.7%的汉族受访居民、77.4%的苗族受访居民和79.6%的黎族受访居民选择“中国人、本民族”的顺序（具体见表5-49）。从城乡维度来看，城镇受访居民选择“中国人、本民族”的比例为80.7%，略高于农村受访居民77.0%的比例（具体见表5-50）。

表 5-49　不同民族受访居民回答身份时的排序　单位:%、次

		中国人、本民族	本民族、中国人	中国人和本民族不分先后	不好回答	合计	频次
总体		78.4	5.1	7.9	8.6	100	394
民族	汉族	77.7	5.4	6.9	10.0	100	130
	苗族	77.4	3.8	5.7	13.2	100	53
	黎族	79.6	5.3	8.3	6.8	100	206

表 5-50　城乡受访居民回答身份时的排序　单位:%、次

		中国人、本民族	本民族、中国人	中国人和本民族不分先后	不好回答	合计	频次
总体		78.4	5.1	7.9	8.6	100	394
户籍	农业户口	77.0	4.9	7.4	10.7	100	244
	非农业户口	80.7	5.3	8.7	5.3	100	150

（三）族际交往

1. 互动式的社会交往

对于民族地区各民族居民相互之间的交往意愿，本次调查的数据发现，无论是汉族居民与其他少数民族的交往意愿，还是少数民族与其他少数民族的交往意愿，各民族的交往意愿呈现相似的模式：更愿意和其他民族居民聊天、成为邻居、一起工作和成为亲密朋友（愿意比例均超过90%），但在涉及结为亲家时，愿意比例都大幅度下降（愿意比例在70%左右）。

根据数据分析可以看出，城镇汉族受访居民愿意和其他民族聊天、成为邻居、一起工作、成为亲密朋友的比例均高于农村汉族受访居民，分别为94.7%、92.6%、95.7%和93.6%，农村汉族受访居民愿意和其他民族结为亲家的比例为74.2%，高于城镇汉族受访居民（具体见表5-51）。

表 5-51　城乡汉族受访居民与其他民族交往的意愿　单位:%、次

		聊天	成为邻居	一起工作	成为亲密朋友	结为亲家	频次
总体		93.6	92.0	93.6	92.0	72.0	125

续表

		聊天	成为邻居	一起工作	成为亲密朋友	结为亲家	频次
户籍	农业户口	90.30	90.30	87.10	87.10	74.20	31
	非农业户口	94.70	92.60	95.70	93.60	71.30	94

城镇少数民族受访居民愿意和其他民族聊天、成为邻居、一起工作、成为亲密朋友和结为亲家的比例均高于农村少数民族受访居民，分别为98.0%、98.0%、98.0%、98.0%和87.8%（具体见表5-52）。苗族和黎族受访居民在愿意与其他民族聊天、成为邻居、一起工作、成为亲密朋友的比例差距较小，黎族受访居民愿意与其他民族结为亲家的比例明显高于苗族受访居民，为86.1%（具体见表5-53）。

表5-52　　城乡少数民族受访居民与其他民族交往的意愿　　单位：%、次

		聊天	成为邻居	一起工作	成为亲密朋友	结为亲家	频次
总体		97.90	97.90	97.90	94.10	81.60	263
户籍	农业户口	97.90	97.90	97.90	93.20	80.00	210
	非农业户口	98.00	98.00	98.00	98.00	87.80	53

表5-53　　不同民族受访居民与其他民族交往的意愿　　单位：%、次

		聊天	成为邻居	一起工作	成为亲密朋友	结为亲家	频次
总体		97.90	97.90	97.90	94.10	81.60	239
民族	苗族	100.00	95.70	97.80	87.00	63.00	190
	黎族	97.30	98.40	97.90	95.70	86.10	49

2. 民族身份的平等性

总体来看，超过七成的受访居民表示民族身份并没有在社会交往、工作就业、日常生活中产生不便。农村受访居民表示民族身份并没有在社会交往、工作就业、日常生活中产生不便的比例高于城镇受访居民，为74.3%（具体见表5-54）。

表 5-54　民族身份在社会交往、工作就业、日常生活中的便利性

单位:%、次

		经常有	偶尔有	很少	没有	不清楚	合计	频次
总体		2.50	8.40	6.10	72.10	10.90	100	394
户籍	农业户口	2.40	8.60	4.90	74.30	9.80	100	245
	非农业户口	2.70	8.10	8.10	68.50	12.80	100	149

61.6%的受访居民表示民族身份并没有在外出旅行、出国时带来不便，城镇受访居民表示民族身份并没有在外出旅行、出国时带来不便的比例高于农村受访居民，为67.8%（具体见表5-55）。

表 5-55　民族身份在外出旅行、出国时的便利性　单位:%、次

		经常有	偶尔有	很少	没有	不清楚	合计	频次
总体		1.30	3.10	4.10	61.60	30.00	100	393
户籍	农业户口	1.20	2.50	3.70	57.80	34.80	100	244
	非农业户口	1.30	4.00	4.70	67.80	22.10	100	149

3. 当地民族与外来人员的关系

总体来看，五指山地区受访居民对县外省内、省外国内和国外的外来流入人员欢迎比例依次递减，分别为84.9%、82.7%和76.5%。黎族和苗族受访居民对于县外省内、省外国内和国外外来流入人员表示欢迎的比例均高于汉族受访居民的欢迎比例，农村受访居民相较城镇受访居民更欢迎县外省内、省外国内和国外外来流入人员。

根据数据分析可以看到，84.9%的五指山市受访居民对县外省内的外来流入人员持欢迎态度，其中苗族和黎族受访居民对县外省内的外来流入人员持欢迎态度的比例分别为92.5%和87.7%，明显高于汉族受访居民76.1%的欢迎比例，农村受访居民比城镇受访居民更欢迎县外省内的外来流入人员（具体见表5-56）。

表 5-56　受访居民对县外省内外来流入人员的态度　单位:%、次

		欢迎	不欢迎	视情况而定	不清楚	合计	频次
总体		84.9	2.4	10.8	1.9	100	371

续表

		欢迎	不欢迎	视情况而定	不清楚	合计	频次
民族	汉族	76.1	1.8	19.3	2.8	100	109
	苗族	92.5	1.9	5.7	0.0	100	53
	黎族	87.7	2.9	7.4	2.0	100	204
	其他民族	80.0	0.0	20.0	0.0	100	5
户籍	农业户口	87.1	2.6	8.2	2.2	100	232
	非农业户口	81.3	2.2	15.1	1.4	100	139

72.5%的汉族受访居民对省外国内外来流入人员表示欢迎，苗族和黎族受访居民表示欢迎的比例分别为90.6%和85.8%。84.9%的农村受访居民和79.1%的城镇受访居民对省外国内外来流入人员持欢迎态度（具体见表5-57）。

表5-57　　受访居民对省外国内外来流入人员的态度　　单位：%、次

		欢迎	不欢迎	视情况而定	不清楚	合计	频次
总体		82.7	3.0	12.4	1.9	100	371
民族	汉族	72.5	2.8	22.0	2.8	100	109
	苗族	90.6	3.8	5.7	0.0	100	53
	黎族	85.8	2.9	9.3	2.0	100	204
	其他民族	100.0	0.0	0.0	0.0	100	5
户籍	农业户口	84.9	3.0	10.3	1.7	100	232
	非农业户口	79.1	2.9	15.8	2.2	100	139

汉族受访居民欢迎国外外来流入人员的比例为65.1%，84.9%的苗族和80.4%的黎族受访居民对国外外来流入人员表示欢迎。78.4%的农村和73.4%的城镇受访居民对国外外来流入人员持欢迎态度（具体见表5-58）。

表5-58　　受访居民对国外外来流入人员的态度　　单位：%、次

		欢迎	不欢迎	视情况而定	不清楚	合计	频次
总体		76.5	5.4	13.2	4.9	100	371

续表

		欢迎	不欢迎	视情况而定	不清楚	合计	频次
民族	汉族	65.1	7.3	21.1	6.4	100	109
	苗族	84.9	7.5	7.5	0.0	100	53
	黎族	80.4	3.4	10.8	5.4	100	204
	其他民族	80.0	20.0	0.0	0.0	100	5
户籍	农业户口	78.4	5.2	11.6	4.7	100	232
	非农业户口	73.4	5.8	15.8	5.0	100	139

4. 族际通婚

从受访者父亲和他的兄弟姐妹及其配偶为非本民族的比例来看，可以发现受访者亲戚中非本民族的比例在10%以内的占到83.4%，族际通婚在五指山地区并不盛行。其中苗族受访居民亲戚中非本民族比例在10%以上的占比最高，为28.8%（具体见表5-59）。从城乡维度来看，农村受访居民族际通婚的比例要高于城镇受访居民，19.6%的农村受访居民亲戚中非本民族比例在10%以上，11.9%的城镇受访居民亲戚中非本民族比例在10%以上（具体见表5-60）。

表5-59　不同民族受访居民亲戚中非本民族的比例　单位：%、次

		0—10	11—30	31—50	51—70	71—90	91以上	合计	频次
总体		83.4	11.0	2.8	1.0	1.0	0.8	100	391
民族	汉族	85.5	10.7	2.3	0.0	0.8	0.8	100	131
	苗族	71.2	17.3	7.7	0.0	3.8	0.0	100	52
	黎族	85.7	8.9	2.0	2.0	0.5	1.0	100	203

表5-60　城乡受访居民亲戚中非本民族的比例　单位：%、次

		0—10	11—30	31—50	51—70	71—90	91以上	合计	频次
总体		83.4	11.0	2.8	1.0	1.0	0.8	100	391
户籍	农业户口	80.4	12.9	3.8	1.2	1.7	0.0	100	240
	非农业户口	88.1	7.9	1.3	0.7	0.0	2.0	100	151

（四）对民族关系的判断

总体而言，无论是对全国民族关系的判断还是本地民族关系的判断，受访居民对民族关系的好评率均随时间推移而增加；对不同时期的民族关系判断，受访居民均认为本地民族关系好于全国范围内的民族关系。

1. 对国家民族关系历史与现状的看法

具体来看，苗族和黎族受访居民对各时期国家民族关系的好评率都高于汉族受访居民（具体见表5-61）。同时，农村受访居民对各时期国家民族关系的好评率均高于城镇受访居民，农村受访居民对改革开放前、改革开放至2000年、2001年以来的国家民族关系好评率分别为53.6%、71.3%和90.6%（具体见表5-62）。

表5-61　　不同民族受访居民对国家民族关系历史与现状的看法

单位：%、次

		改革开放前	频次	改革开放至2000年	频次	2001年以来	频次
总体		52.0	153	69.0	203	90.1	265
民族	汉族	46.70	42	65.60	59	87.80	79
	苗族	51.10	24	76.60	36	93.60	44
	黎族	55.30	84	69.10	105	90.80	138

表5-62　　城乡受访居民对国家民族关系历史与现状的看法　单位：%、次

		改革开放前	频次	改革开放至2000年	频次	2001年以来	频次
总体		52.0	153	69.0	203	90.1	265
户籍	农业户口	53.60	97	71.30	129	90.60	164
	非农业户口	49.60	56	65.50	74	89.40	101

2. 对本地民族关系历史与现状的看法

在评价本地民族关系时，苗族和黎族受访居民对各时期本地民族关系的好评率均高于汉族受访居民，黎族受访居民对改革开放前、改革开放至2000年、2001年以来本地民族关系的好评率最高，分别为65.5%、79.8%和94.6%（具体见表5-63）。农村受访居民对各时期本地民族关系的好评率均高于城镇受访居民，农村受访居民对改革开放前、改革开放至2000年、2001年以来的本地民族关系好评率分别为60%、76.5%和

93.5%（具体见表5-64）。

表5-63　不同民族受访居民对本地民族关系历史与现状的看法

单位：%、次

		改革开放前	频次	改革开放至2000年	频次	2001年以来	频次
总体		57.9	176	75.0	228	93.4	284
民族	汉族	47.70	41	68.60	59	90.70	78
	苗族	48.90	23	70.20	33	93.60	44
	黎族	65.50	110	79.80	134	94.60	159

表5-64　城乡受访居民对本地民族关系历史与现状的看法　单位：%、次

		改革开放前	频次	改革开放至2000年	频次	2001年以来	频次
总体		57.9	176	75.0	228	93.4	284
户籍	农业户口	60.00	120	76.50	153	93.50	187
	非农业户口	53.80	56	72.10	75	93.30	97

五　民族文化

（一）民族语言与文字使用

1. 民族语言使用状况

在第一语言习得上，49.9%的受访居民首先习得本民族语言，最先习得汉语方言和普通话的比例分别为29.6%和20.5%。从民族维度来看，苗族和黎族首先习得本民族语言的比例较高，分别为88.7%和69.6%（具体见表5-65）。从城乡维度来看，农村受访居民最先习得本民族语言的比例远远高于城镇居民，达71.0%（具体见表5-66）。

表5-65　不同民族受访居民最先习得语言情况　单位：%、次

		普通话	汉语方言	本民族语言	合计	频次
总体		20.5	29.6	49.9	100	395
民族	汉族	37.7	60.0	2.3	100	130
	苗族	1.9	9.4	88.7	100	53
	黎族	14.5	15.9	69.6	100	207

表5-66　　**城乡受访居民最先习得语言情况**　　单位:%、次

		普通话	汉语方言	本民族语言	合计	频次
总体		20.5	29.6	49.9	100	395
户籍	农业户口	13.1	15.9	71.0	100	245
	非农业户口	32.7	52.0	15.3	100	150

根据数据分析可以看到，五指山地区受访居民普通话普及程度较高，能用普通话进行交流的比例达到99.0%。苗族和黎族在掌握普通话的同时，也对各自民族语言保存良好，苗族和黎族能用本民族语言进行交流的比例分别为91.1%和84.2%（具体见表5-67）。在城乡方面，98.7%的农村受访居民能用普通话进行交流，比例低于城镇受访居民。农村受访居民能用本民族语言进行交流的比例远远高出城镇受访居民，比例达到76.1%（具体见表5-68）。

表5-67　　**不同民族受访居民语言使用情况**　　单位:%、次

		普通话	汉语方言	本民族语言	其他少数民族语言	其他	频次
总体		99.00	70.00	57.70	2.60	1.00	383
民族	汉族	98.50	72.50	4.60	1.50	0.80	131
	苗族	95.60	60.00	91.10	8.90	0.00	45
	黎族	100.00	70.80	84.20	2.00	1.50	202

表5-68　　**城乡受访居民语言使用情况**　　单位:%、次

		普通话	汉语方言	本民族语言	其他少数民族语言	其他	频次
总体		99.00	70.00	57.70	2.60	1.00	383
户籍	农业户口	98.70	67.10	76.10	3.00	0.90	234
	非农业户口	99.30	74.50	28.90	2.00	1.30	149

2. 汉文字和民族文字的学习态度和使用情况

总体而言，82.2%的受访居民能够流畅使用（包括掌握足够文字，能流利书写以及掌握较多文字，能书写书信，以下统称流畅使用）汉字。汉族受访居民流畅使用汉字的比例明显高于苗族和黎族受访居民，92.9%的汉族能流畅使用汉字，苗族和黎族能流畅使用汉字的比例分别为

71.8%和77.8%。城镇受访居民比农村受访居民更能流畅使用汉字，93.8%的城镇受访居民能流畅使用汉字，74.6%的农村受访居民能流畅使用汉字（具体见表5-69）。

表5-69　受访居民汉字的使用情况　单位：%、次

		掌握足够文字，能流利书写	掌握较多文字，能书写书信	掌握文字数量不够，书写不流利	掌握文字数量太少，只能写点简单字句	完全不能用文字书写	合计	频次
总体		58.5	23.7	10.8	4.0	3.0	100	371
民族	汉族	74.8	18.1	3.1	3.1	0.8	100	127
	苗族	60.9	10.9	10.9	6.5	10.9	100	46
	黎族	47.2	30.6	15.5	4.1	2.6	100	193
	其他民族	60.0	20.0	20.0	0.0	0.0	100	5
户籍	农业户口	46.2	28.4	15.1	5.8	4.4	100	225
	非农业户口	77.4	16.4	4.1	1.4	0.7	100	146

3. 双语教育的受众度及其效果

总体而言，五指山市受访居民接受双语教育的意愿较强，64.1%的受访少数民族居民愿意接受双语教育，苗族和黎族受访居民愿意接受双语教育的比例分别为55.8%和66.3%（具体见表5-70）。

表5-70　受访少数民族居民接受双语教育的情况　单位：%、次

		愿意	不愿意	无所谓	合计	频次
总体		64.1	8.2	27.8	100	245
民族	苗族	55.8	7.7	36.5	100	52
	黎族	66.3	8.3	25.4	100	193

同时可以发现，受访居民对双语教育效果并不了解，64.2%的受访居民表示不清楚双语教育的效果，仅有19.1%的受访居民表示双语教育效果好。相较之下，黎族受访居民对双语教育效果了解要多于汉族和苗族受访居民，58.7%的黎族受访居民不清楚双语教育的效果，低于汉族和苗族受访居民不清楚的比例，25.7%的黎族受访居民认为双语教育效果好，高于汉族和苗族受访居民认为效果好的比例。城镇受访居民不清楚双语教育

效果的比例为56.9%，低于农村受访居民，但是农村受访居民认为双语教育效果好的比例高于城镇受访居民（具体见表5-71）。

表5-71　　受访居民对双语教育的效果评价　　单位：%、次

		好	一般	不好	不清楚	合计	频次
总体		19.1	11.2	5.5	64.2	100	330
民族	汉族	13.0	14.8	8.3	63.9	100	108
	苗族	11.8	5.9	0.0	82.4	100	51
	黎族	25.7	10.2	5.4	58.7	100	167
	其他民族	0.0	25.0	0.0	75.0	100	4
户籍	农业户口	20.0	8.0	3.0	69.0	100	200
	非农业户口	17.7	16.2	9.2	56.9	100	130

（二）民族文化

1. 居民对于民族文化的认知

总体来看，五指山市受访居民认为本民族最具特色的文化类型是传统服饰，为41.3%，其次认为是传统节日的为28.9%。从民族维度来看，汉族受访居民认为本民族最具特色的文化类型是传统节日，为36.7%；苗族和黎族认为本民族最具特色的文化类型是传统服饰，分别为49.1%和43.1%。从城乡维度来看，44.2%的农村受访者认为本民族最具特色的文化类型是传统服饰，城镇受访者认为本民族最具特色的文化类型是传统服饰和传统节日，均为34.4%（具体见表5-72）。

表5-72　　本民族最具特色的文化类型　　单位：%、次

		传统民居	传统服饰	传统节日	人生礼仪	传统文娱活动	传统饮食
总体		18.9	41.3	28.9	1.2	5.0	0.6
民族	汉族	25.0	30.0	36.7	1.7	0.0	0.0
	苗族	20.8	49.1	20.8	1.9	5.7	0.0
	黎族	17.2	43.1	27.9	1.0	6.4	1.0
	其他民族	0.0	20.0	60.0	0.0	0.0	0.0
户籍	农业户口	18.6	44.2	26.5	1.3	6.2	0.4
	非农业户口	19.8	34.4	34.4	1.0	2.1	1.0

续表

		道德规范	人际交往习俗	传统生产方式	宗教活动习俗	其他	合计	频次
总体		1.6	1.2	0.3	0.6	0.3	100	322
民族	汉族	5.0	1.7	0.0	0.0	0.0	100	60
	苗族	0.0	1.9	0.0	0.0	0.0	100	53
	黎族	1.0	1.0	0.5	0.5	0.5	100	204
	其他民族	0.0	0.0	0.0	20.0	0.0	100	5
户籍	农业户口	0.9	1.3	0.0	0.0	0.4	100	226
	非农业户口	3.1	1.0	1.0	2.1	0.0	100	96

关于最需要保护的民族文化类型，40.0%的受访居民认为是传统服饰。不同民族所认为的最需要保护的文化类型有所差别，汉族受访居民认为传统民居和传统节日是最需要保护的文化类型，均为29.2%；苗族和黎族受访居民认为传统服饰是本民族最需要保护的文化类型，分别为58.7%和45.1%。从城乡维度来看，农村受访居民认为传统服饰是最需要保护的民族文化类型，达47.2%，而34.0%的城镇受访居民认为传统节日是最需要保护的民族文化类型（具体见表5-73）。

表5-73　　本民族最需要保护的文化类型　　单位：%、次

		传统民居	传统服饰	传统节日	人生礼仪	传统文娱活动	传统饮食
总体		18.2	40.0	27.8	1.8	5.7	0.8
民族	汉族	29.2	26.2	29.2	2.3	4.6	0.8
	苗族	8.7	58.7	19.6	2.2	4.3	2.2
	黎族	13.7	45.1	28.4	1.5	6.9	0.5
	其他民族	0.0	20.0	40.0	0.0	0.0	0.0
户籍	农业户口	16.2	47.2	23.8	2.1	6.8	0.4
	非农业户口	21.3	28.7	34.0	1.3	4.0	1.3

续表

		道德规范	人际交往习俗	传统生产方式	宗教活动习俗	合计	频次
总体		2.6	0.8	0.5	1.8	100	385
民族	汉族	6.2	0.0	0.0	1.5	100	130
	苗族	0.0	2.2	0.0	2.2	100	46
	黎族	1.0	1.0	1.0	1.0	100	204
	其他民族	0.0	0.0	0.0	40.0	100	5
户籍	农业户口	1.3	0.9	0.4	0.9	100	235
	非农业户口	4.7	0.7	0.7	3.3	100	150

2. 民族文化发展现状

根据调查可以发现，仅有5.1%的受访居民知道本地有发展特色或精神特色的口号，47.6%的受访居民表示没有该类口号，47.3%的受访居民表示不知道是否有这类口号。其中，汉族受访居民知道本地有发展特色或精神特色的口号的比例为6.2%，高于苗族和黎族受访居民。同时，7.3%的城镇受访居民知道本地有发展特色或精神特色的口号，仅3.7%的农村受访居民知道有该类口号（具体见表5-74）。

表5-74　受访居民对体现本地发展特色或精神特色口号的了解情况

单位：%、次

		有	没有	不知道	合计	频次
总体		5.1	47.6	47.3	100	395
民族	汉族	6.2	40.0	53.8	100	130
	苗族	0.0	41.5	58.5	100	53
	黎族	5.8	54.6	39.6	100	207
	其他民族	0.0	20.0	80.0	100	5
户籍	农业户口	3.7	54.3	42.0	100	245
	非农业户口	7.3	36.7	56.0	100	150

3. 民族文化的传承

五指山市受访居民中，71.6%认为本民族文化传承的主要途径是家庭、邻里和亲朋的耳濡目染，11.6%认为本民族文化传承的主要途径是学校教育。苗族和黎族受访居民认为家庭、邻里和亲朋的耳濡目染是本民族文化传承主要途径的比例分别为83.0%和75.4%，均高于汉族受访居民。从城乡维度来看，78.0%的农村受访居民和61.3%的城镇受访居民认为本民族文化传承的主要途径是家庭、邻里和亲朋的耳濡目染（具体见表5-75）。

表5-75　　民族文化传承途径　　单位：%、次

		家庭、邻里、亲朋耳濡目染	学校教育	村庄或社区的公共文化等活动	旅游展示	广播、电视、互联网等	其他	合计	频次
总体		71.6	11.6	4.3	0.8	11.4	0.3	100	395
民族	汉族	60.8	13.8	6.9	1.5	16.9	0.0	100	130
	苗族	83.0	1.9	1.9	0.0	13.2	0.0	100	53
	黎族	75.4	13.0	2.9	0.5	7.7	0.5	100	207
	其他民族	80.0	0.0	20.0	0.0	0.0	0.0	100	5
户籍	农业户口	78.0	8.6	4.9	0.0	8.6	0.0	100	245
	非农业户口	61.3	16.7	3.3	2.0	16.0	0.7	100	150

受访者的子女对于语言文字和风俗习惯的接受意愿均在90%以上，分别为92.3%和92.9%，85.1%的受访者子女愿意接受特色手工艺，愿意接受宗教信仰的比例较低，为65.2%。苗族受访者子女愿意接受语言文字、风俗习惯、宗教信仰和特色手工艺的比例均为最高，黎族和汉族受访者子女对语言文字、风俗习惯、宗教信仰和特色手工艺的接受意愿相差不大。从城乡维度来看，农村受访者子女愿意接受风俗习惯和宗教信仰的比例较高，分别为94.4%和65.6%；城镇受访者子女愿意接受语言文字和特色手工艺的比例较高，分别为92.6%和86.8%（具体见表5-76）。

表 5-76　　受访者子女接受本民族语言、文化和风俗习惯的意愿

单位:%、次

		语言文字	风俗习惯	宗教信仰	特色手工艺	频次
总体		92.3	92.9	65.2	85.1	336
民族	汉族	91.1	92.1	62.4	86.1	101
	苗族	97.9	100.0	85.4	89.6	48
	黎族	91.3	91.8	60.9	83.2	184
	其他民族	100.0	66.7	100.0	100.0	3
户籍	农业户口	92.1	94.4	65.6	84.2	215
	非农业户口	92.6	90.1	64.5	86.8	121

4. 民族文化保护

总体来看，五指山市居民保护历史建筑的意识相对较强，54.3%的受访居民主张对历史建筑保持原貌不动，18.5%的受访居民主张保留外形但内部可改造。从民族维度来看，苗族受访居民主张保持历史建筑原貌的比例最高，为64.2%，黎族受访居民主张保持历史建筑原貌的比例较低，为49.3%。同时可以看到，城镇受访居民保护历史建筑的意识明显高于农村受访居民，主张保持原貌不动和保留外形但内部可改造的比例分别为59.7%和21.5%，均高于农村受访居民（具体见表5-77）。

表 5-77　　受访居民对历史建筑改造拆迁的看法　　单位:%、次

		保持原貌不动	保留外形但内部可改造	直接拆迁	异地重建	不清楚	合计	频次
总体		54.3	18.5	7.4	4.6	15.2	100	394
民族	汉族	58.1	16.3	6.2	3.9	15.5	100	129
	苗族	64.2	11.3	5.7	1.9	17.0	100	53
	黎族	49.3	21.3	8.7	5.8	15.0	100	207
	其他民族	60.0	40.0	0.0	0.0	0.0	100	5
户籍	农业户口	51.0	16.7	9.4	6.9	15.9	100	245
	非农业户口	59.7	21.5	4.0	0.7	14.1	100	149

当开发旅游资源和保护本民族文化遗产发生冲突时，55.7%的受访居民主张以保护本民族传统文化为主，不赞同过度商业化，主张以发展经

济、提高现代生活水平为主的居民占 26.2%。从民族维度来看，汉族受访居民主张以保护本民族传统文化为主，不赞同过度商业化为 62.3%，高于苗族和黎族受访居民。从城乡维度来看，61.3%的城镇受访居民和 52.3%的农村受访居民主张以保护本民族传统文化为主，不赞同过度商业化（具体见表 5-78）。

表 5-78　当开发旅游资源和保护本民族文化遗产发生冲突时的态度

单位:%、次

		以发展经济、提高现代生活水平为主	保护本民族传统文化为主，不赞同过度商业化	不好说	合计	频次
总体		26.2	55.7	18.1	100	393
民族	汉族	20.0	62.3	17.7	100	130
	苗族	34.0	41.5	24.5	100	53
	黎族	27.8	55.6	16.6	100	205
	其他民族	40.0	40.0	20.0	100	5
户籍	农业户口	30.9	52.3	16.9	100	243
	非农业户口	18.7	61.3	20.0	100	150

五指山市受访居民对政府保护民族文化工作的评价较高，69.7%的受访居民对政府的民族文化保护工作持满意态度。其中苗族和黎族受访居民对政府民族文化保护工作满意的比例分别为 71.7%和 76.8%，都高于汉族受访居民。从城乡维度来看，农村受访居民对政府的民族文化保护工作持满意态度的比例为 72.5%，而 65.3%的城镇受访居民满意政府的民族文化保护工作（具体见表 5-79）。

表 5-79　受访居民对政府保护民族文化工作的评价　单位:%、次

		满意	不满意	不好说	合计	频次
总体		69.7	8.2	22.1	100	390
民族	汉族	58.1	9.3	32.6	100	129
	苗族	71.7	7.5	20.8	100	53
	黎族	76.8	7.9	15.3	100	203
	其他民族	60.0	0.0	40.0	100	5

续表

		满意	不满意	不好说	合计	频次
户籍	农业户口	72.5	7.9	19.6	100	240
	非农业户口	65.3	8.7	26.0	100	150

六 社会安全与社会和谐

(一) 个人压力与对未来信心

总体而言，受访居民认为经济压力较大（压力很大和有压力，以下统称压力较大）的比例在各类压力中最高，占到90.3%，婚姻生活压力较大的比例最低，为27.9%，总体社会生活压力较大的比例为59.5%。从民族维度来看，黎族受访居民认为个人发展、人情往来和婚姻生活压力较大的比例均低于汉族受访居民，分别为70.4%、40.3%和25.3%，认为其他方面压力较大的比例都高于汉族受访居民。从城乡维度来看，农村受访居民认为经济压力、孩子教育压力、赡养父母压力、住房压力和总体社会生活压力较大的比例高于城镇受访居民，分别为90.9%、52.7%、48.6%、51.8%、60.0%（具体见表5-80）。

表5-80 受访居民压力情况 单位:%、次

		经济压力	个人发展	人情往来压力	孩子教育压力	医疗/健康压力	赡养父母压力	住房压力	婚姻生活压力	总体社会生活压力	频次
总体		90.3	72.9	43.9	51.3	52.1	43.6	51.3	27.9	59.5	351
民族	汉族	87.2	76.1	47.7	45.0	50.5	33.9	50.5	29.4	58.7	109
	苗族	96.1	76.5	47.1	66.7	60.8	62.7	47.1	35.3	64.7	51
	黎族	90.3	70.4	40.3	51.6	51.6	44.6	53.2	25.3	59.1	186
	其他民族	100.0	60.0	60.0	20.0	20.0	20.0	40.0	20.0	40.0	5
户籍	农业户口	90.9	71.8	41.8	52.7	51.8	48.6	51.8	27.3	60.0	220
	非农户口	89.3	74.8	47.3	48.9	52.7	35.1	50.4	29.0	58.8	131

在对未来5年的展望中，73.8%的受访居民认为生活水平会上升（包括上升很多和略有上升，以下统称上升）。从民族维度来看，汉族、苗族、黎族受访居民认为未来5年生活水平会上升的比例分别为75.0%、

69.3%和73.6%（具体见表5-81）。城乡维度来看，非农业户口受访居民认为未来5年生活水平会上升的比例高于农业户口受访居民，为77.5%（具体见表5-82）。总体来看，五指山市受访居民对未来5年的生活充满期望。

表5-81　不同民族受访居民对未来5年生活水平的评价　单位:%、次

		上升很多	略有上升	没有变化	略有下降	下降很多	不好说	合计	频次
总体		14.8	59.0	8.9	2.5	0.5	0	100	393
民族	汉族	15.9	59.1	9.8	2.3	0.8	0	100	132
	苗族	5.8	63.5	9.6	3.8	0.0	0	100	52
	黎族	16.2	57.4	8.3	2.5	0.5	0	100	204
	其他民族	20.0	80.0	0.0	0.0	0.0	0	100	5

表5-82　不同户籍受访居民对未来5年生活水平的评价　单位:%、次

		上升很多	略有上升	没有变化	略有下降	下降很多	不好说	合计	频次
总体		14.8	59.0	8.9	2.5	0.5	0	100	393
户籍	农业户口	11.2	60.3	8.3	2.9	0.8	0	100	242
	非农业户口	20.5	57.0	9.9	2.0	0.0	0	100	151

（二）社会安全感

在社会安全感方面，受访居民在个人和家庭财产及人身方面感到安全（比较安全和很安全，以下统称安全）的比例均在90%以上，在医疗、劳动、生态环境、人身自由和总体社会方面感到安全的比例都在80%以上，在交通和个人信息（隐私）上感到安全的比例都在70%以上，对食品感到安全的比例仅为60.5%。从民族维度来看，苗族和黎族受访居民对总体社会感到安全的比例分别为88.7%和85.8%，均高于汉族受访居民。从城乡维度来看，农村受访居民除了对个人和家庭财产外，对其他方面的安全感都高于城镇受访居民（具体见表5-83）。

表 5-83　受访居民社会安全感状况　单位:%、次

		个人和家庭财产	人身	交通	医疗	食品	劳动	个人信息、隐私	生态环境	人身自由	总体社会安全	频次
总体		91.5	94.6	76.4	81.5	60.5	81.8	76.2	85.6	88.7	82.8	390
民族	汉族	90.6	93.0	76.6	75.0	60.2	84.4	71.9	80.5	88.3	76.6	128
	苗族	88.7	96.2	84.9	86.8	67.9	81.1	84.9	84.9	90.6	88.7	53
	黎族	92.6	95.1	74.0	84.8	58.8	80.9	77.0	89.7	89.2	85.8	204
	其他民族	100.0	100.0	80.0	60.0	60.0	60.0	60.0	60.0	60.0	60.0	5
户籍	农业户口	91.3	95.5	76.0	83.9	62.8	83.5	78.5	86.8	88.8	85.5	242
	非农业户口	91.9	93.2	77.0	77.7	56.8	79.1	72.3	83.8	88.5	78.4	148

（三）社会公平感

根据调查可以看到，受访居民在语言文字方面感到公平（比较公平和很公平，以下统称公平）的比例最高为86.3%，在教育医疗卫生、信息和总体社会方面感到公平的比例均在70%以上，在住房、社会保障、司法、就业方面感到公平的比例都在60%以上，在政府办事和投资经营上感到公平的比例在50%以上，对干部选拔任用感到公平的比例最低，为48.7%。从民族维度来看，黎族受访居民在各方面感到公平的比例均高于汉族受访居民，苗族受访居民除了在社会保障和政府办事方面，对其他方面感到公平的比例都高于汉族受访居民。从城乡维度来看，农村受访居民在社会保障、司法、政府办事、投资经营方面感到公平的比例低于城镇受访居民，分别为62.8%、65.4%、52.6%和50.0%（具体见表5-84）。

表 5-84　受访居民的社会公平感状况　单位:%、次

		教育	语言文字	医疗卫生	住房	社会保障	司法
总体		78.7	86.3	78.2	66.8	64.2	66.8
民族	汉族	68.3	82.1	72.4	60.2	62.6	63.4
	苗族	90.2	92.2	86.3	72.5	60.8	68.6
	黎族	82.1	87.1	79.6	69.2	66.7	68.2
	其他民族	80.0	100.0	80.0	80.0	40.0	80.0
户籍	农业户口	85.0	86.3	82.1	70.1	62.8	65.4
	非农业户口	68.5	86.3	71.9	61.6	66.4	69.2

续表

		干部选拔任用	就业	信息	政府办事	投资经营	总体社会	频次
总体		48.7	61.8	72.4	52.6	51.8	74.5	380
民族	汉族	38.2	52.8	64.2	51.2	49.6	65.9	123
	苗族	58.8	70.6	78.4	47.1	64.7	78.4	51
	黎族	52.2	65.2	75.1	54.7	49.8	79.1	201
	其他民族	60.0	60.0	100.0	60.0	60.0	60.0	5
户籍	农业户口	52.1	63.7	73.5	52.6	50.0	76.5	234
	非农业户口	43.2	58.9	70.5	52.7	54.8	71.2	146

（四）社会冲突评价

在社会冲突方面，五指山市受访居民认为干部与群众间、医患间、不同收入水平者间冲突严重（非常严重和有点严重，以下统称严重）的比例均在40%以上，民族间和城乡居民间冲突严重的比例分别为32.9%和31.7%，不同宗教信仰者间冲突严重的比例为23.8%。从民族维度来看，黎族受访居民除了医患间和不同收入水平者间冲突外，认为其他方面冲突严重的比例均高于汉族受访居民。苗族受访居民除了干部与群众间冲突外，认为其他方面冲突严重的比例均低于汉族受访居民。从城乡维度来看，农村受访居民认为医患冲突和不同收入水平者间冲突严重的比例低于城镇受访居民，认为其他方面冲突严重的比例均高于城镇受访居民（具体见表5-85）。

表5-85　　受访居民对社会冲突评价　　单位：%、次

		干部与群众间冲突	民族间冲突	城乡居民间冲突	医患冲突	不同收入水平者间冲突	不同宗教信仰者间冲突	频次
总体		47.0	32.9	31.7	40.9	43.3	23.8	164
民族	汉族	33.3	30.6	29.2	50.0	51.4	22.2	72
	苗族	71.4	28.6	7.1	7.1	28.6	7.1	14
	黎族	55.8	36.4	39.0	39.0	37.7	28.6	77
	其他民族	0.0	0.0	0.0	0.0	100.0	0.0	1
户籍	农业户口	58.9	37.8	36.7	28.9	35.6	25.6	90
	非农业户口	32.4	27.0	25.7	55.4	52.7	21.6	74

七　简要结论

在党中央和国务院的大力支持下，在海南省各级政府和人民的共同努力下，五指山市在促进经济进步、开展社会事业、改善民族关系、发展民族教育、保护民族文化、反腐廉政建设等各领域取得了巨大的成就。具体来看，在经济生活方面，五指山市居民生活水平稳步提高，七成以上居民认为现在生活水平与5年前相比呈上升状态，并且认为未来5年生活水平将继续上升；五指山市居民收入和支出呈现良性发展趋势，七成以上居民拥有一套自有住房，超过半数居民对居住状况满意。在社会保障方面，受访居民社会保险参加率较高并且给予较好评价，社会事业均衡化程度不断提升，城乡公共基础设施正处于大力普及中，扶贫工作获得居民一致好评，居民社会预期增强。在民族关系方面，民族关系不断改善，族际交往意愿较强，民族意识和国家意识增强，当地居民对外来人口欢迎程度较高，民族身份平等状况良好，民族冲突和宗教冲突不严重；民族政策得到有效贯彻执行，其中计划生育政策、高考加分政策、民族特殊优惠政策获得居民的较高认可。在民族文化方面，民族教育工作不断完善，居民对普通话功用的认知趋于全面，双语学习意愿较高；居民传统文化保护意识突出，文化传承信心较强，政府保护民族文化工作开展顺利，取得较满意效果。在社会和谐方面，社会安定程度增强，居民个体压力相对分散，社会整体安全感和公平感较强，社会冲突明显弱化。

根据本次调查可以发现，五指山市取得了持续性、综合性、高效性发展，但同时也存在以下几点问题：

1. 就业局限且不稳定，缺乏保障，难获市场信息

五指山市居民就业的局限性表现在两个方面，一是行业，二是地域。五指山市居民以农业就业为主，其中只是务农和以务农为主的人口比例达到67.2%，就业结构单一，职业缺乏多元性和创造性。同时接近九成的五指山市居民将县域内就业作为首要选择，限制了个人的发展，也给当地的就业市场造成巨大压力。

除了行业和地域的局限性外，不稳定和缺乏保障也是五指山市居民就业的一大难题。不管是在农业工作还是在非农工作中，许多受访居民都不能长期从事某项工作，特别是苗族和黎族从事某一工作的时间更短，不稳定的工作状态限制了个人发展，也降低了生活水平。同时在就业保障上，

未签有效劳动合同，造成劳动者的合法权益并未得到有效保护。

狭窄的就业渠道是五指山居民良性就业的又一阻碍，特别是农村劳动力直接获得市场就业信息的机会小，利用市场途径实现非农就业的能力较弱，私人关系是其寻找非农工作的主要依靠。

2. 干部选拔任用公平感较低，干群冲突有待解决

干部是群众的代表，来源于群众的选举，造福于群众，干群关系应是相互依赖的关系。然而我们看到，受访居民对干部选拔和任用的公平感在众多方面中处于最低水平，同时在对社会冲突进行评价时，对干群冲突的评价是最严重的。

针对以上所述问题，提出几点建议。优化产业结构，开展居民职业培训，增强居民从业技能，实现多元化、广地域就业；加强就业监管，有效保证劳动者的合法权益；扩展市场信息传播途径，提升居民对就业信息掌握度。完善政府职能，提供全面社会保障，减少个体社会压力；开展压力疏导培训，让个体能够进行压力排解。明确干部选拔和任用制度，增强干部选拔和任用的透明性；规范干部权力，监督干部作为，促使干部为民服务。

第六章

四川茂县经济社会发展综合报告

茂县隶属于四川省阿坝藏族羌族自治州，位于四川省西北部、阿坝藏族羌族自治州东南部的青藏高原东南边缘，地跨岷江和涪江上游的高山河谷地带，东西长 116.62 公里，南北宽 93.73 公里，面积 3903.28 平方公里。茂县县城地处凤仪镇，全县辖 7 镇 14 个乡 149 个行政村 3 个社区。茂县全县总人口 11 万多人，其中羌族人口 10 万余人，占全县总人口的 92.4%，羌族人口约占全国羌族总人口的 30%，是全国最大的羌族聚居县，也是中国羌文化生态保护实验核心区，全县境内还居住着汉、藏、回等 17 个民族。茂县是四川少数民族自治地方中距省会城市最近的地方，具有相对较好的区位优势。茂县距成都 160 公里（其中高速公路约 120 公里），是阿坝州联系成都、绵阳、德阳的交通枢纽地。茂县对外交通以公路为主，国道 213 线、国道 347 线纵贯全境。东连北川、安县、绵竹，南接什邡、彭州、汶川，西毗理县、黑水，北邻松潘，是途经“九环线西线”前往世界自然遗产九寨沟、黄龙的必经之地。①

新时代我国社会主要矛盾是人民日益增长的美好生活需要和不平衡不充分的发展之间的矛盾，必须坚持以人民为中心的发展思想，不断促进人的全面发展、全体人民共同富裕。② 结构性发展和区域化发展成为社会发展中的重要环节。本报告基于茂县受访居民的主观评价，从经济生活、民族文化与民族教育、民族关系与民族政策和公共服务等几个方面的社会现状进行定量分析，为评估茂县经济社会发展程度提供必要参考依据。

---

① 茂县人民政府网，http：//www. maoxian. gov. cn/zjmx_ mx/mx_ xygk/201710/t20171017_ 1295884. html。

② 《中共十九大开幕，习近平代表十八届中央委员会作报告》，中国网，http：//www. china. com. cn/cppcc/2017-10/18/content_ 41752399. html。

一　调查对象基本情况

本报告关于“茂县经济社会发展综合调查”的分析数据来源于中国社会科学院民族学与人类学研究所主持的国家社科基金重大项目、中国社会科学院创新工程重大专项“21世纪初中国少数民族地区经济社会发展综合调查”2016年在茂县的家庭问卷抽样调查数据。茂县的有效样本回收数为400份，调查对象包括茂县城乡各民族成员。问卷回收整理录入后，主要使用社会统计软件SPSS加以统计分析。

表6-1显示，在性别方面，调查对象男性比例为55.6%，女性比例为44.4%。在年龄分布方面，31—60岁的受访者比例最高，占68.3%；30岁及以下占21.5%；61岁及以上占10.2%。在户籍类型方面，农业户口占63.0%，城镇户口占37%，农业户口明显高于城镇户口。从民族成分看，羌族人口占88.0%，其他民族人口占12.0%。在受教育程度方面，30.3%接受大学本（专）科及以上高等教育，31.3%受过中等教育，38.3%接受初等及以下教育。总体来看，受教育程度不高。在职业类型方面，国家机关工作人员及负责人占23.3%，农林牧渔水利生产人员占23.3%，商业、服务业人员占12.3%，不便分类的其他从业人员占32.2%。总体而言，受访居民职业分类较为多元。在宗教信仰方面，没有宗教信仰的人数最多，占55.0%，民间信仰的人数占32.3%，佛教和伊斯兰教信仰人数各占4.0%和1.8%。

表6-1　　调查对象基本情况　　单位:%

性别	男性	55.6	民族	羌族	88.0
	女性	44.4		其他民族	12.0
户口	农业户口	63.0	受教育程度	未上学	10.5
	城镇户口	37.0		小学	27.8
年龄	30岁及以下	21.5		初中	20.0
	31—45岁	36.3		高中、中专或职高技校	11.3
	46—60岁	32.0		大学本（专）科	30.0
	61岁及以上	10.2		研究生	0.3
宗教信仰	伊斯兰教	1.8	主要从事职业	国家机关党群组织、事业单位负责人	2.0
				国家机关党群组织、事业单位工作人员	21.3
	佛教	4.0		专业技术人员	7.8
	民间信仰	32.3		商业、服务业人员	12.3
	没有宗教信仰	55.0		生产、运输设备操作人员及有关人员	0.3
	不知道(不清楚)	4.5		农林牧渔水利生产人员	23.3
	不想说	2.4		各类企业办事人员	0.8
				不便分类的其他从业人员	32.2

二　经济生活

本部分主要从受访居民的就业、住房、生活水平等维度来描述当地居民经济生活现状和茂县经济社会发展水平。由于茂县受访居民以羌族为主，所以主要进行羌族和其他民族的比较。

（一）就业现状

总体而言，茂县受访居民的职业类型较为多元。其中从事农林牧渔水利生产行业的人员比例占23.3%，国家机关党群组织、事业单位工作人员比例为23.4%，从事商业和服务业的人员为12.3%，从事专业技术人员为7.8%，从事不便分类灵活就业人员占32.0%，其他职业分布比例较少。从民族维度分析，羌族受访居民就业不便分类情况最多，占37.5%。其次为从事农林牧渔水利生产人员，比例占36.6%。相对于其他民族而言，羌族受访居民的职业类别都比较分散。从城乡维度分析，受访居民职业都相对分散；其中，农业户口居民从事农林牧渔水利生产人员相对较多，非农业户口人员从事国家机关党群组织、事业单位工作人员较多。

表6-2　　受访居民职业分布类型　　单位：次、%

		频次	国家机关党群组织、事业单位负责人	国家机关党群组织、事业单位工作人员	专业技术人员	各类企业办事人员	商业、服务业人员	农林牧渔水利生产人员	生产、运输设备操作人员及有关人员	不便分类的其他从业人员
	总体	397	2.0	21.4	7.8	0.8	12.3	23.3	0.3	32.0
	农业	250	6.7	49.1	14.0	4.4	20.8	43.7	0.0	61.2
	非农业	147	7.2	94.1	37.7	0.8	14.1	8.8	0.8	36.6
羌族	农业	232	9.4	45.2	7.9	17.6	37.5	36.6	0.0	37.5
	非农业	118	9.6	70.8	48.0	0.0	12.3	5.1	0.7	26.1
汉族	农业	7	0.0	28.6	28.6	0.0	66.7	60.5	0.0	0.0
	非农业	16	12.5	68.8	18.8	6.3	0.0	21.1	0.0	0.0
藏族	农业	6	0.0	50.0	0.0	0.0	16.7	0.0	0.0	33.3
	非农业	6	33.3	50.0	33.3	0.0	0.0	0.0	0.0	16.7

在受访居民外出就业意愿方面，从城乡维度看，愿意留在县城之内就业的城乡差异大，农业人员为42.9%，非农业人员为79.5%；县外省区

内工作意愿的农业人口为 42.9%，非农业人口为 79.5%；愿意到东部一线大城市工作的人员仅有农业人口的 4.8%。说明茂县受访居民赴省外大城市打工意愿很低。从民族维度来看，羌族受访居民愿意留在县城之内的占 70.4%，农业户口占 50.0%，非农业户口占 80.6%。羌族愿意在县外省区内就业和县外省内无所谓远近两者之和的农业户口受访者比例为 44.4%，非农业户口受访者比例为 19.4%。说明羌族非农业户口的受访居民的流动意愿弱于农业户口的受访居民。

表 6-3　　受访居民外出就业意愿范围　　单位：次、%

		频次	县城之内	县外省区内，但必须是家附近的市/县	县外省内无所谓远近	本省区相邻的外省区	本省区外非相邻省区	东部一线大城市	其他（请注明地区名称）
	总体	60	66.7	6.7	23.3	0.0	0.0	1.7	1.7
	农业	21	42.9	14.3	33.3	0.0	0.0	4.8	4.8
	非农业	39	79.5	2.6	18.0	0.0	0.0	0.0	0.0
羌族	农业	18	50.0	11.1	33.3	0.0	0.0	0.0	0.0
	非农业	36	80.6	0.0	19.4	0.0	0.0	0.0	0.0

（二）家庭住房情况

家庭自有住房是居民经济生活的重要内容。如表 6-4 所示，茂县受访居民拥有 1 套自有产权房的比例最高，为 64.0%。拥有 2 套和 3 套自有产权房的比例分别为 4.3% 和 3.0%。目前没有自有产权房的比例为 30.3%。受访居民的自有住房平均为 1 套左右。

表 6-4　　茂县受访居民的自有住房（拥有产权）情况　　单位：次、%

	频次	0 套	1 套	2 套	3 套
总体	395	30.3	64.0	4.3	3.0

调查数据显示，茂县受访居民对住房的满意度不高。满意度最低的是城镇小产权房，满意比例为 7.3%，不满意比例为 60.0%。满意度最高的是农村住房改造政策，比例为 19.5%。另外，有 7.9%的受访者对商品房政策满意；有 14.3% 的受访者对政府保障性住房政策表示满意；有

19.0%的受访者对城镇棚户区改造政策表示满意。

表 6-5　茂县受访居民对住房的满意度统计　单位:%

	满意	一般	不满意
商品房政策满意度	7.9	36.7	55.4
政府保障性住房政策	14.3	29.3	56.4
城镇小产权房满意度	7.3	32.7	60.0
城镇棚户区改造政策	19.0	31.0	50.0
农村住房改造政策	19.5	31.3	49.2

（三）生活状态评价

茂县受访居民对过去 5 年生活水平变化大都持肯定态度。80.6%的受访居民认为过去 5 年生活水平上升很多或略有上升，其中认为上升很多的占 28.3%。从城乡维度看，受访的农业户口居民认为生活水平上升很多的和略有上升的比例为 31.8%和 54.4%，非农业户口居民的相关比例分别为 22.4%和 48.7%，说明超过八成的受访居民都认为在过去 5 年中的生活水平有所提高。从民族维度看，受访羌族居民认为上升很多和略有上升的比例占 83.3%，高于其他民族受访者的相关评价。

表 6-6　受访居民 5 年的生活水平变化　单位：次、%

	频次	上升很多	略有上升	没有变化	略有下降	下降很多	不好说
总体	400	28.3	52.3	8.0	5.0	1.4	5.0
农业	252	31.8	54.4	6.4	3.6	4.8	2.8
非农业	148	22.4	48.7	10.8	7.4	2.0	8.7
羌族	352	29.6	53.7	7.4	4.3	1.4	3.6

受访居民对自己生活水平的评价普遍不高。38.0%的受访居民评价为中，33.4%的居民评价为中下，18.7%的居民评价为下。从民族维度来看，羌族受访居民认为自己的生活水平处于中的比例占 39.8%，处于中下占 32.8%，与其他民族的评价基本一致。由此可以看出，茂县的受访居民对于自己生活水平的评价并不高。从城乡维度看，农业户口受访居民认为生活水平处于中的占 42.7%，中下的占 29.9%。非农业户口受访居民认为生活水平为中的占 30.3%，中下的占 39.3%。可以看出，城乡居民对自己的生活水平评价普遍不高。

表 6-7　　受访居民对于自己生活水平的评价　　单位：次、%

	频次	上	中上	中	中下	下	不好说
总体	326	0.3	5.5	38.0	33.4	18.7	4.1
农业	206	0.5	7.4	42.7	29.9	16.7	2.8
非农业	122	0.0	2.5	30.3	39.3	22.1	5.7
羌族	299	0.3	6.0	39.8	32.8	17.4	3.7

三　受访地区的民族文化与教育

加快民族地区发展历来是党和政府关注的重点。《国务院关于进一步繁荣发展少数民族文化事业若干意见》强调："在有利于社会发展和民族进步前提下，使各民族饮食习惯、衣着服饰、建筑风格、生产方式、技术技艺、文学艺术、宗教信仰、节日风俗等，得到切实尊重、保护和传承。"① 作为全国最大的羌族聚居县，羌族文化内容十分丰富，比如羌碉、羌红、羌笛、莎朗、释比、咂酒、口弦、凯甲舞、白石崇拜、瓦尔俄足节等。在与境内汉、藏、回等 17 个民族共同生活中，各族民族文化得以保护和传承。

（一）民族文化的现状

当地受访居民认为最具特色的少数民族文化类型主要为传统节日、传统民居、传统服饰和传统文娱活动四个方面。从民族维度来看，藏族受访居民认为传统服饰最具民族文化特色，占 41.7%。羌族受访居民认为传统服饰最具民族文化特色，占 34.4%。各族受访居民对民族特色文化很熟悉，文化认可度多元。从城乡维度看，农业户口受访居民认为传统服饰更代表少数民族特色文化，占 63.9%，非农业户口受访居民认为传统民居更代表少数民族特色文化，比例为 40.2%。

表 6-8　　受访居民认为最具特色的少数民族文化类型　　单位：次、%

			频次	百分比
藏族	第一位	传统服饰	12	41.7
	第二位	传统节日	12	33.3
	第三位	传统文娱活动	12	33.3

① 《国务院关于进一步繁荣发展少数民族文化事业若干意见》，中华人民共和国中央人民政府官网（http：//www.gov.cn），2009 年 8 月 13 日。

续表

			频次	百分比
羌族	第一位	传统服饰	323	34.4
	第二位	传统民居	352	31.3
	第三位	传统节日	272	26.5
农业	第一位	传统服饰	204	63.9
	第二位	传统民居	184	30.4
	第三位	传统节日	146	25.3
非农业	第一位	传统民居	116	40.2
	第二位	传统服饰	112	35.7
	第三位	传统节日	104	26.9

茂县受访居民了解和学习本民族文化的首要渠道是家庭、邻里、亲朋的耳濡目染；其他影响广泛的途径包括社区的文化活动以及学习教育和广播、电视、互联网等媒体。从民族维度来看，受访的各族居民关于文化传播途径的选择基本一致。把家庭、邻里、亲朋的耳濡目染作为首选渠道，藏族居民占 61.5 %，羌族居民占 60.1%。从城乡维度看，城乡居民选择也大体一致。把家庭、邻里和亲朋好友的耳濡目染作为学习本民族文化的首要渠道时，农业户口受访者占 61.2 %，非农业户口受访居民占 60.2%。总体而言，茂县受访居民了解和学习本民族文化的渠道基本来自生活的日常互动。

表 6-9　　当地居民了解和学习本民族文化的渠道　　单位：次、%

			频次	百分比
藏族	第一位	家庭、邻里、亲朋耳濡目染	13	61.5
	第二位	村庄或社区的公共文化等活动	12	25.0
	第三位	广播、电视、互联网等	9	33.3
羌族	第一位	家庭、邻里、亲朋耳濡目染	348	60.1
	第二位	村庄或社区的公共文化等活动	298	55.4
	第三位	旅游展示	227	26.9
农业	第一位	家庭、邻里、亲朋耳濡目染	201	61.2
	第二位	村庄或社区的公共文化等活动	160	63.1
	第三位	旅游展示	106	34.9

续表

			频次	百分比
非农业	第一位	家庭、邻里、亲朋耳濡目染	118	60.2
	第二位	村庄或社区的公共文化等活动	111	48.7
	第三位	广播、电视、互联网等	94	30.9

茂县受访的城乡居民都比较看重保护本民族传统文化为主，不赞同过度商业化，持此观点的农业户口受访居民占71.6%，非农业户口受访居民占66.7%。从民族维度看，羌族受访居民倾向于保护本民族传统文化为主，不赞同过度商业化，相关比例为70.8%，与其他民族的态度一致。

表6-10　受访居民对资源开发和保护文化冲突时的态度　单位：次、%

	频次	以发展经济、提高现代生活水平为主	保护本民族传统文化为主，不赞同过度商业化	不好说
总体	314	18.2	69.8	12.0
农业	197	18.3	71.6	10.1
非农业	117	18.0	66.7	15.3
羌族	291	17.2	70.8	12.0

（二）文化教育

整体而言，普通话在茂县受访居民中使用率高。在日常生活交流中，有48.8%的受访居民使用普通话，98.9%的受访居民使用汉语方言，使用本民族语言的受访居民为27.7%。从民族维度看，当地受访居民使用普通话的频率比较高，羌族、藏族相关比例分别为47.9%和53.9%。当地受访居民使用汉语方言的比例非常高，羌族和藏族的相关比例分别为99.2%和100%。羌族和藏族使用本民族语言进行日常生活交流比例分别为30.8%和23.1%。与其他民族相比较，羌族使用普通话或汉语方言的比例不高，使用本民族语言的比例更多，使用其他少数民族语言交流比例很低。从城乡维度看，受访居民日常交谈主要使用汉语方言。其中，非农业户口受访者使用普通话作为日常交谈媒介的比例高于农业户口受访者，使用汉语方言交流的比例略低于农业户口受访居民，使用本民族语言日常交流的比例也低于农业户口受访居民。

表 6-11　　受访居民与人交谈时语言使用情况　　单位：次、%

	频次	普通话	汉语方言	本民族语言	其他少数民族语言
总体	379	48.8	98.9	27.7	0.5
农业	239	43.5	99.2	36.0	0.4
非农业	140	57.9	98.6	13.6	0.7
汉族	22	68.2	100.0	100.0	0.0
藏族	13	53.9	100.0	23.1	7.7
羌族	350	47.9	99.2	30.8	0.3
合计	394	48.8	98.9	27.7	0.5

从城乡维度看，茂县非农业户口受访居民能流利准确使用普通话的比例明显高于农业户口受访居民，非农业户口受访者发音欠佳但能熟练使用普通话的比例为44.7%，农业户口受访居民的该比例为34.0%；基本能交流但不太熟练的非农业户口受访者比例为23.5%，农业户口受访者为28.6%。说明普通话在城乡两地普及度都比较高。从民族维度看，羌族受访居民普通话水平在不太熟练的基本交流以上程度的比例为73.4%，没有听不懂或者不会说的居民。由此看出，茂县羌族受访居民使用普通话交流的水平很高。

表 6-12　　受访居民普通话掌握情况　　单位：次、%

	频次	能流利准确地使用	能熟练使用但有些音不准	能熟练使用但口音较重	基本能交谈但不太熟练	能听懂但不太熟练	能听懂一些但不会说	听不懂也不会说
总体	232	9.9	16.8	21.1	26.7	6.0	16.8	2.6
农业	147	5.4	12.2	21.8	28.6	6.8	21.1	4.1
非农业	85	17.7	24.7	20.0	23.5	4.7	9.4	0.0
羌族	215	8.8	14.4	21.4	28.8	6.5	17.2	2.8

总体而言，茂县受访居民的普通话呈明显上升趋势。能对普通话熟练使用以上水平的受访居民占47.8%，听不懂不会说的比例为2.6%。61岁及以上能听懂但不会说比例的最高，60岁及以下基本能交谈，30岁及以下熟练使用及流利使用普通话的受访居民最多。

表 6-13　不同年龄段羌族受访居民普通话掌握程度　单位：次、%

		频次	能流利准确地使用	能熟练使用但有些音不准	能熟练使用但口音较重	基本能交谈但不太熟练	能听懂但不太熟练	能听懂一些但不会说	听不懂也不会说
年龄层	30 岁及以下	63	31.7	28.6	19.0	17.5	1.6	1.6	0.0
	31—45 岁	98	7.1	16.3	32.7	28.6	7.1	6.1	2.0
	46—60 岁	70	0.0	8.6	11.4	38.6	8.6	30.0	2.9
	61 岁及以上	25	0.0	8.0	12.0	24.0	4.0	44.0	8.0
	总体	256	10.5	16.4	21.5	28.1	5.9	15.2	2.3

在茂县，受访居民倾向于愿意送孩子去双语学校学习的占 72.0%。其中农业户口者愿意的占 74.5%，无所谓的占 24.5%；非农业户口者占 67.8%，无所谓的占 28.1%。从民族维度看，受访的羌族居民有 74.0%表示愿意送孩子去双语学校学习，24.3%表示无所谓。羌族居民有关双语教学的教育意愿与其他民族差别不大，这也反映出当地居民普遍对于双语教育的重视。

表 6-14　受访居民送孩子去双语学校学习的意愿　单位：次、%

	频次	愿意	不愿意	无所谓
总体	325	72.0	2.6	25.4
农业	204	74.5	1.0	24.5
非农业	121	67.8	4.1	28.1
羌族	300	74.0	1.7	24.3

在对双语教育的评价方面，城乡居民评价差别不大。茂县受访居民认为好的占 23.7%，一般的占 6.8%，不好的占 18.3%，不清楚的占 51.3%。由此看出，受访居民送孩子到双语学校的意愿虽大，但是不清楚双语教育的比例最多。从民族维度看，受访的羌族居民好评的比例为 24.3%，不好的比例为 22.6%，不清楚的比例为 45.5%. 与其他民族的教育评价差别不大。

表 6-15　　受访居民对双语教育的评价　　单位：次、%

	频次	好	一般	不好	不清楚
总体	279	23.7	6.8	18.3	51.3
农业	169	20.7	4.1	18.3	56.8
非农业	110	28.2	10.9	18.2	42.7
羌族	301	24.3	7.6	22.6	45.5

茂县受访的羌族居民普通话使用面广，认可度高。认为方便与其他民族交往、做买卖、生活各方面更便利的比例占91.2%。其中，农业户口受访者的相关比例为90.0%，非农业户口受访者比例为93.5%。城镇居民比农村居民更看重普通话促进民族交往的作用，农村居民比城镇居民更看重普通话带给工作生活的各项便利。

表 6-16　　羌族受访居民对普通话的态度　　单位：次、%

	频次	有好处，方便与其他民族交往	有好处，方便做买卖	对工作生活各方面都有好处	不好说	没太大好处
总体	296	15.9	5.4	69.9	2.0	6.8
农业	190	9.5	3.7	76.8	1.5	8.5
非农业	106	27.4	8.5	57.6	2.7	3.8

四　民族关系与民族政策

（一）民族关系

1. 族际交往

茂县受访的各族居民交往意愿很强，交往情况乐观。各族居民自愿交流非常积极，愿意一起工作的态度比较主动，受访居民比例均在90.0%以上。少数民族愿意与汉族或少数民族成为邻居的比例最高，分别为93.7%和92.2%。汉族愿意少数民族当邻居的比例为86.4%。各族交往融洽，期望成为亲密朋友的愿望也很强。其中少数民族愿意汉族成为亲密朋友的意愿最强，占92.2%。

表 6-17　　受访居民民族交往情况　　单位:%

	聊天	成为邻居	一起工作	成为亲密朋友
汉族对少数民族	90.9	86.4	90.9	86.4
少数民族对汉族	93.7	93.7	93.7	92.2
少数民族对少数民族	93.7	92.2	92.8	91.9

从整体来看，八成左右的受访居民没有与异民族通婚的亲属，可见茂县不同民族间通婚率比较低。从民族维度看，羌族受访居民拥有与其他民族通婚的亲属比例占 17.2%，高于汉族比例，低于藏族比例。从城乡维度看，受访的城乡居民拥有与其他民族通婚的亲属的比例都不高，农业户口受访居民为 11.7%，非农业户口受访居民为 23.1%。这可能与宗教信仰或生活习俗有关。

表 6-18　　受访居民家族中与其他民族通婚的人数　　单位：次、%

	频次	0 人	1 人	2 人	3 人	4 人	5 人
总体	322	84.2	6.8	3.7	1.6	1.2	1.6
农业	205	88.3	6.3	2.4	1.0	1.0	0.0
非农业	117	76.9	7.7	6.0	2.6	1.7	4.3
汉族	22	81.8	9.1	9.1	0.0	0.0	0.0
藏族	13	38.5	15.4	15.4	7.7	7.7	7.7
羌族	342	82.8	7.3	4.1	2.1	1.5	1.2
总体	377	80.0	7.5	5.4	2.8	1.8	1.3

当茂县受访居民外出时，认为本民族的人和同乡的人同等重要的占 52.2%，认为同乡的人更可以信任的占 28.9%。城乡居民外出信任对象的差别不大，说明茂县受访居民相互交往和相互信任度比较好，地域认同和民族认同都比较强。从民族维度看，羌族受访居民认为本民族的人和同乡同等交往、信任的比例最高，占 53.9%；外出时认可同乡的比例占 28.4%。

表 6-19　受访居民外出时信任的对象　单位：次、%

	频次	本民族的人（不管是否同乡）	同乡（不管是否本民族的人）	本民族的人和同乡同等交往、信任	不存在民族、地域差别
总体	322	6.8	28.9	52.2	12.1
农业	203	7.9	26.1	57.1	8.9
非农业	119	5.0	33.6	43.7	17.7
羌族	299	6.7	28.4	53.9	11.0

2. 宗教信仰

受访居民在宗教信仰内容的选择上，总体以没有宗教信仰为主的比例最大，占54.5%。受访居民信仰民间信仰的占35.7%，3.7%的受访居民信仰佛教，信仰伊斯兰教的受访居民占1.5%。不知道或者不想说宗教信仰的居民占4.6%。受访的城乡居民宗教信仰情况基本一致，分别占54.4%和54.6%。农业户籍受访者信仰伊斯兰教和佛教的比例都比非农业户籍受访者相关比例低，而在民间信仰方面却高于非农业户籍受访者。非农业户籍受访居民在不知道或不想说宗教信仰选择上，比例均高于农业户籍受访者。从民族维度看，羌族居民没有宗教信仰的为54.2%，信仰民间信仰的占35.8%，与其他民族受访居民宗教信仰情况差异不大。

表 6-20　受访居民宗教信仰情况　单位：次、%

	频次	伊斯兰教	佛教	民间信仰	其他	没有宗教信仰	不知道（不清楚）	不想说
总体	325	1.5	3.7	35.7	0.0	54.5	3.7	0.9
农业	206	1.0	2.9	38.8	0.0	54.4	2.9	0.0
非农业	119	2.5	5.0	30.3	0.0	54.6	5.0	2.4
羌族	349	0.0	4.6	35.8	0.6	54.2	4.3	0.5

总体而言，受访居民的宗教信仰支出在500元以内居多，比例为88.6%，500—2000元的占8.8%，2000元以上的占2.7%。从民族维度来看，羌族受访居民的宗教信仰支出88.2%集中在500元以下，其他的受访居民相关支出在5000元以下。说明宗教信仰支出是受访居民生活中的一部分，但是相关支出并不高。

表 6-21　　农村受访居民的宗教信仰支出　　单位：次、%

	频次	0—500 元	500—1000 元	1000—2000 元	2000—5000 元	5000—15000 元
总体	114	88.6	7.0	1.8	1.8	0.9
羌族	110	88.2	7.3	2.7	1.8	0.9

3. 民族关系的变化

从改革开放前至今，茂县认为全国的民族关系呈不断改善趋势。从改革开放前的好评比例 27.7%上升为当前的 58.2%；说不清的比例下降了 22.2 个百分点。从城乡维度看，非农业户口受访居民的好评比上升幅度略高于农业户口受访居民的好评比。城乡居民认为民族关系说不清的比例都持续下降，农村受访者下降比例更多，说明受访居民对于民族关系的认知逐渐清晰。从民族维度看，羌族受访居民的好评度持续上升，改革开放前比例为 28.4%，2000 年前比例为 34.7%，当前为 58.8%。说不清民族关系变化的比例下降了 21.3 个百分点，说明当地羌族居民与其他民族居民一样，对民族关系的认知逐渐清晰。

表 6-22　　受访者对民族关系变化情况的评价（全国）　　单位：次、%

	频次	改革开放前				改革开放到 2000 年				2001 年至今			
		好	一般	不好	说不清	好	一般	不好	说不清	好	一般	不好	说不清
总体	328	27.7	22.9	3.1	46.3	33.2	24.1	0.9	41.8	58.2	14.3	3.4	24.1
农业	206	27.7	20.4	2.4	49.5	28.2	24.8	0.5	46.5	56.8	14.1	4.4	24.7
非农业	122	27.9	27.1	4.0	41.0	41.8	23.0	1.6	33.6	60.7	14.8	1.5	23.0
羌族	352	28.4	23.0	4.6	44.0	34.7	24.4	0.9	40.0	58.8	14.8	3.7	22.7

从改革开放前至今，茂县受访居民认为本地的民族关系大幅度改善。改革开放前对民族关系好评占 37.5%，改革开放至 2000 年，好评度上升到 44.5%，如今的好评比例为 79.2%，由此可以看出改革开放后茂县居民对当地民族关系的好评度大幅提升。受访居民对民族关系的认知逐渐清晰化，改革开放前认为民族关系“说不清”的比例为 32.6%，下降到当前的 12.9%。从城乡维度看，改革开放前到 2000 年，农业户口受访居民认为民族关系好的比例度上升 4.8 个百分点，2001 年至今的好评大幅上升，为 79.5%。非农业户口受访居民对民族关系持好评的比例高于农业

户口受访者，从改革开放前到当前的比例一直上升，由41.8%到当前的78.7%。从民族维度看，羌族改革开放前到2000年，好评由36.9%上升到44.6%，2001年至今上升比例最大，当前占80.1%。总体看来，茂县本地民族关系好评比例呈不断上升趋势。

表6-23　受访者对民族关系变化情况的评价（本地）　单位：次、%

	频次	改革开放前				改革开放到2000年				2001年至今			
		好	一般	不好	说不清	好	一般	不好	说不清	好	一般	不好	说不清
总体	328	37.5	25.9	4.0	32.6	44.5	27.1	0.3	28.1	79.2	7.0	0.9	12.9
农业	206	35.0	24.3	5.3	35.4	39.8	28.2	0.5	31.5	79.5	6.3	1.5	12.7
非农业	122	41.8	28.7	1.6	27.9	52.5	25.4	0.0	22.1	78.7	8.2	0.0	13.1
羌族	352	36.9	27.3	4.0	31.8	44.6	27.3	0.6	27.5	80.1	7.41	0.9	11.9

4. 民族冲突

茂县受访居民民族冲突不算严重，但也要引起关注和重视。62.6%的受访居民认为当前民族冲突不算严重，23.3%的受访居民认为完全不严重，4.6%的受访居民认为有点严重或非常严重。从城乡维度看，大多数城乡受访居民认为民族冲突不算严重或不严重，城镇受访居民认为民族冲突有点严重或非常严重的比例高于农村受访居民；不清楚的比例也高于农村受访居民。所以，茂县的民族冲突是存在的，而且一定不能轻视。从民族维度看，羌族受访居民认为民族冲突非常严重或有点严重占5.7%，民族冲突不算严重或完全不严重的占86.3%，高于受访的其他民族居民。

在不同宗教信仰者之间冲突方面，茂县50.3%的受访居民认为不算严重，20.7%的受访居民认为完全不严重，23.2%的受访居民选择不清楚是否严重。整体而言，茂县受访居民认为宗教信仰冲突不算严重。从城乡维度看，城乡受访居民对不同宗教信仰者间冲突大都认为不算严重或完全不严重；农业户口受访者认为非常严重或有点严重的比例占5.3%，低于非农业户口受访者的比例6.6%；不清楚的比例差不多。所以，茂县不同宗教信仰者之间的冲突不算严重，有一部分居民对不同宗教信仰者间的冲突认识模糊。从民族维度看，羌族受访居民认为不同宗教信仰者间冲突非常严重或有点严重的比例占6.9%，不算严重或完全不严重的比例占71.8%，不清楚的比例占21.3%。

表 6-24 受访者对民族冲突与不同宗教信仰者之间冲突的评价

单位：次、%

	频次	民族间冲突					不同宗教信仰者间冲突				
		非常严重	有点严重	不算严重	完全不严重	不清楚	非常严重	有点严重	不算严重	完全不严重	不清楚
总体	326	1.8	2.8	62.6	23.3	9.5	2.4	3.4	50.3	20.7	23.2
农业	206	2.4	1.5	67.5	21.4	7.2	2.4	2.9	52.9	19.9	21.9
非农业	120	0.8	5.0	54.2	26.7	13.3	2.5	4.1	45.9	22.1	25.4
羌族	349	2.0	3.7	62.2	24.1	8.0	2.6	4.3	49.9	21.9	21.3

（二）民族认同和国家认同

茂县受访居民民族认同和国家认同处于不断协调发展的过程中。18.1%的受访者认为国家认同将增强，民族认同也会随之增强；45.2%的受访者倾向于民族认同增强，国家认同也随之增强；认为未来主要是民族自我认同增强的受访者占6.9%，认为未来主要是国家认同增强的受访者占4.7%。还有25.2 %的受访居民对于未来民族认同和国家认同变化情况不清楚自己的判断。从城乡维度看，城乡受访居民都偏重于未来民族认同增强，国家认同也随着逐步增强，城乡相关比例最高，分别为40.5 %和48.0%。对民族认同和国家认同未来变化不清楚的农村居民高于城镇居民。从整体来看，各民族关注未来民族认同和国家认同的发展趋势，整体倾向于民族认同增强，国家认同也随之逐步增强。同时，尽管不同民族间侧重和排序有所不同，但都显示出民族认同和国家认同的增强趋势。从民族维度看，羌族受访居民认为民族认同增强，国家认同也随之增强的比例最高，占45.6%；认为国家认同增强，民族认同也随之逐步增强的比例占17.0%。与其他民族评价基本一致。

表 6-25 受访者的民族认同与国家认同及未来变化趋势 单位：次、%

	频次	民族自我认同增强	国家认同增强	民族认同增强，国家认同也随之逐步增强	国家认同增强，民族认同也随之逐步增强	不清楚
合计	321	6.9	4.7	45.2	18.1	25.2
农业	200	6.0	3.5	48.0	10.5	32.0
非农业	121	8.3	6.6	40.5	30.6	14.0
羌族	342	7.3	5.6	45.6	17.0	24.5

茂县受访居民在对外的民族情况和国家情况方面，84.2%更倾向于中国人、本民族的排序，说明绝大部分茂县受访居民在对外交流时，国家认同最重要。其中，羌族受访人口中，选择中国人、本民族的比例最多，占83.3%；选择本民族、中国人介绍顺序的占6.0 %；认为中国人和本民族不分先后或者不好回答的羌族居民分别为8.3%和2.4%。受访的羌族居民和其他民族一样，在对外的介绍中，大多优先选择中国人、本民族的介绍顺序，表明国家认同先于民族认同。

表6-26　受访居民对外的民族认同和国家认同情况　单位：次、%

	频次	中国人、本民族	本民族、中国人	中国人和本民族不分先后	不好回答
总体	323	84.2	5.6	7.7	2.5
农业	204	80.9	6.9	9.3	2.9
非农业	119	89.9	3.4	5.0	1.7
羌族	300	83.3	6.0	8.3	2.4

关于民族身份和公民身份的态度问题，茂县居民认同公民身份更重要的占44.7%，一样重要的占37.9%，民族身份更重要的占17.4%。从城乡维度看，农村居民看重民族身份的比例比城镇居民高7.6个百分点，城镇居民看重公民身份的比例比农村居民高9个百分点，城乡居民对民族身份和公民身份一样重要的认可度差不多。从民族维度看，受访的羌族居民倾向于认同公民身份，占43.5%。认同民族身份和公民身份一样重要的占37.8%，倾向于认同民族身份的占18.7%。由此看出，羌族受访居民的公民身份和民族身份认同感都较强。

表6-27　受访居民对民族身份和公民身份的态度　单位：%

	民族身份	公民身份	民族身份和公民身份一样重要
总体	17.4	44.7	37.9
农业	20.2	41.4	38.4
非农业	12.6	50.4	37.0
羌族	18.7	43.5	37.8

受访的茂县居民有44.7%认为本地人身份重要，37.8%的认为民族身份和本地人身份一样重要，17.5%认为民族身份重要。城乡居民的身份态

度差异不大。从民族维度看，羌族受访居民认同本地人身份占 43.5%，认同民族身份和本地人身份一样重要的占 37.8%，认同民族身份的占 18.7%。说明羌族受访居民对民族身份和本地人身份都很看重，与当地其他民族交往和谐，对本地人身份的认同最高。

表 6-28　受访居民对民族身份与地域身份的态度　单位：次、%

	频次	民族身份	本地人身份	民族身份和本地人身份一样重要
总体	322	17.5	44.7	37.8
农业	203	20.2	41.4	38.4
非农业	119	12.6	50.4	37.0
羌族	299	18.7	43.5	37.8

（三）民族身份平等

茂县受访居民的民族身份在工作中存在障碍的比例不大。当问及“工作、学习和日常生活中，您的民族身份有无不便利的地方”时，90.1%的受访居民表示没有；经常有、偶尔有和很少的比例很低，分别为 0.6%、4.0%和 2.5%；不清楚的为 2.8%。说明在日常生活中，茂县受访居民的交往融洽度高，对民族身份的关系认识很清晰。从城乡维度看，农村受访居民认为工作中没有民族身份障碍的比例高于城镇居民该选项，占 96.1%。认为工作中存在不同程度障碍的城镇居民高于农村居民。从民族维度看，92.3%的羌族受访居民表示，日常生活中民族身份没有带来不便利，经常有的比例占 0.7%，偶尔或很少有的比例占 5.4%，不清楚的比例占 1.7%。与其他民族相比较，羌族受访居民的平等感更高。

表 6-29　受访居民对民族身份在工作中存在障碍的态度　单位：次、%

	频次	经常有	偶尔有	很少	没有	不清楚
总体	323	0.6	4.0	2.5	90.1	2.8
农业	204	0.5	2.0	0.5	96.1	1.0
非农业	119	0.8	7.6	5.9	79.8	5.9
羌族	300	0.7	3.7	1.7	92.3	1.7

茂县居民总体认为民族身份在外出旅行时没有造成不便利影响。

77.1%的受访居民认为没有影响，认为经常有影响的比例为1.2%，不清楚的比例占16.1%。从城乡维度看，农村居民认为外出时民族身份没有不便利影响的比例高于城镇居民，占85.8%；城镇居民认为不同程度存在不便影响的比例高于农村居民，不清楚影响的比例也高于农村居民。从民族维度看，羌族受访居民表示民族身份外出旅行时没有影响的比例为76.6%，不清楚的比例为16.3%。与其他民族相比，羌族受访居民认为民族身份的外出便利程度更高。总体来看，受访居民认为外出旅行时民族身份不便利的较少。

表6-30　　受访居民民族身份在外出旅行时有影响的态度　　单位：次、%

	频次	经常有	偶尔有	很少	没有	不清楚
总体	323	1.2	3.4	2.2	77.1	16.1
农业	204	0.5	1.0	1.0	85.8	11.7
非农业	119	2.5	7.6	4.2	62.2	23.5
羌族	351	1.7	3.1	2.3	76.6	16.3

（四）民族政策

1. 计划生育

茂县受访居民对计划生育政策的评价大体上比较高，认为政策好的比例为85.7%，一般的比例为9.2%，不清楚的比例为4.2%。从城乡维度看，农村居民的好评度高于城镇居民，占90.8%，城镇居民认为一般、不好、不清楚的比例均高于农村居民。从民族维度看，85.0%的羌族受访居民对计划生育政策评价为好，9.9%认为一般，不清楚的占4.0%，与其他民族相比，对计划生育政策的好评度更高。

表6-31　　受访居民对计划生育政策的评价　　单位：次、%

	频次	好	一般	不好	不清楚
总体	328	85.7	9.2	0.9	4.2
农业	206	90.8	6.8	0.0	2.4
非农业	122	77.1	13.1	2.5	7.3
羌族	352	85.0	9.9	1.1	4.0

2. 高考加分政策

茂县的受访居民对高考加分政策表示满意的比例为 92.4%，1.8%的人表示不满意。从城乡维度看，农村受访居民有 96.1%对少数民族高考加分政策持满意态度，城镇居民满意比例为 86.1%，说明农村受访居民更受惠于少数民族高考加分政策。从民族维度看，羌族受访居民的好评最高，93.7%的受访居民对高考加分政策持满意态度，可以看出受访民族对民族政策总体满意，汉族居民因为不涉及民族加分政策，所以不清楚的比例最大。

表 6-32　受访居民对少数民族的高考加分政策的态度　单位：%

	频次	满意	不满意	不清楚
总体	328	92.4	1.8	5.8
农业	206	96.1	0.5	3.4
非农业	122	86.1	4.1	9.8
羌族	351	93.7	1.4	4.9

从整体来看，茂县受访居民对于长期居住在城市的少数民族高考加分政策持赞成态度的比例为 72.3%。从城乡维度看，农业户口受访居民认为应该加分的比例占 75.0%，高于城镇居民的 68.1%。城镇受访居民对加分政策不满意的比例低于农村受访居民。从民族维度看，羌族受访居民认为应该加分的最多，占 73.4%，高于其他受访民族居民；羌族受访居民不满意的比例为 21.1%，低于其他受访民族居民。原因可能是因为长期居住在城市的少数民族汉语水平相对较高，如果加分会增加与汉族受访居民的考试竞争。

表 6-33　受访居民对长期居住在城市的少数民族高考加分政策的态度

单位：次、%

	频次	满意	不满意	不清楚
总体	300	72.3	21.0	6.7
农业	184	75.0	21.2	3.8
非农业	116	68.1	20.7	11.2
羌族	323	73.4	21.1	5.5

3. 民族地区优惠政策

84.0%的茂县受访居民对国家民族地区优惠政策表示满意，6.5%的表示不满意，9.5%的表示不清楚。可以看出茂县受访居民大体对民族地区优惠政策表示满意，有一部分居民对政策认识模糊。从城乡维度看，城乡居民对民族地区优惠政策总体表示满意，农村受访居民的满意程度高出城镇受访居民4.7个百分点，城镇居民的不清楚比例大于农村居民。从民族维度看，羌族受访居民满意程度为85.1%，不满意比例为5.5%，不清楚比例为9.4%，满意度高于其他受访民族居民。

表6-34　受访居民对国家民族地区优惠政策的态度　单位：次、%

	频次	满意	不满意	不清楚
总体	324	84.0	6.5	9.5
农业	203	85.7	6.4	7.9
非农业	121	81.0	6.6	12.4
羌族	348	85.1	5.5	9.4

五　公共服务

（一）公共基础设施

受访居民住宅到公共基础设施的距离可以反映出居民有效享用公共设施的便利程度。从表6-35数据来看，在小于1公里的公共设施中，教育设施（幼儿园）便捷比例最高，占30.4%，其次是运动场所及器材、教育设施（小学）和活动中心（老年）。3公里以内的社区、乡卫生院或最近的医院便捷度最高，占36.7%。5公里以内的农贸市场便捷度最高，占27.5%。10公里以内的社区、乡卫生院或最近的医院比例最大，占14.7%。10公里以上的公共设施中车站（码头）距离最远的比例最大，占25.5%；其次是农贸市场，占20.8%；再次是银行（信用社），占18.2%。不清楚这些公共设施的比例很低。由此可以看出，茂县公共设施的配套建设比较完备，满足居民的基本生活需求，教育场所、运动场所和老年活动场所最为便捷，医疗服务、市场服务等公共设施距离在3—10公里距离居多，交通服务、金融服务距离较为不便。

从城乡维度看，城镇居民教育设施的距离便捷度均较大程度高于农村居民。距离在5公里以内的公共设施，城镇居民的距离普遍更近。距离在5公里以上的公共设施基本都处在农村居民住宅区间。城乡居民对公共设施的了解普遍较高，但是城镇居民对活动中心（老年）的认知最模糊，占13.4%。茂县公共设施的半径距离普遍超出国家相关标准，存在服务半径过大的问题。

表6-35　受访居民住宅到公共基础设施的距离　单位：%

		小于1公里	1—3公里	3—5公里	5—10公里	10公里以上	不知道
教育设施（幼儿园）	农业	19.5	21.5	25.9	13.2	19.5	0.4
	非农业	48.8	37.2	9.1	2.5	1.7	0.7
	合计	30.4	27.3	19.6	9.2	12.9	0.6
教育设施（小学）	农业	19.9	26.2	28.2	20.4	5.3	0.0
	非农业	44.6	38.0	11.6	4.1	0.8	0.9
	合计	29.1	30.6	22.0	14.4	3.7	0.2
教育设施（中学）	农业	11.2	24.9	25.9	14.2	22.8	1.0
	非农业	26.5	46.3	18.2	6.6	1.7	0.7
	合计	16.9	32.8	23.0	11.4	15.0	0.9
社区或乡卫生院或最近的医院	农业	14.6	31.1	28.2	20.9	5.2	0.0
	非农业	37.2	46.3	9.1	4.1	2.5	0.8
	合计	22.9	36.7	21.1	14.7	4.3	0.3
治安设施（派出所、警卫室等）	农业	17.0	31.1	30.6	16.5	4.8	0.0
	非农业	40.5	37.2	17.4	3.3	0.8	0.8
	合计	25.7	33.3	25.7	11.6	3.4	0.3
活动中心（老年）	农业	19.9	34.0	25.7	10.2	4.4	5.8
	非农业	45.0	28.3	5.0	5.8	2.5	13.4
	合计	29.1	31.9	18.1	8.6	3.7	8.6
运动场所及器材	农业	20.0	33.2	24.9	8.3	5.9	7.7
	非农业	45.8	30.5	6.8	5.9	1.7	9.3
	合计	29.4	32.2	18.3	7.4	4.3	8.4
农贸市场	农业	11.2	18.9	33.0	3.4	30.6	2.9
	非农业	34.7	38.0	18.2	4.1	4.2	0.8
	合计	19.9	26.0	27.5	3.7	20.8	2.0

续表

		小于 1 公里	1—3 公里	3—5 公里	5—10 公里	10 公里以上	不知道
车站（码头）	农业	16.8	18.8	21.8	4.0	34.6	4.0
	非农业	31.7	30.8	16.7	7.5	10.0	3.3
	合计	22.4	23.3	19.9	5.3	25.5	3.6
邮政局	农业	13.2	25.4	27.8	3.4	26.3	3.9
	非农业	35.5	43.8	13.2	4.1	2.5	0.9
	合计	21.5	32.2	22.4	3.7	17.5	2.7
银行（信用社）	农业	15.1	23.4	27.3	4.9	26.8	2.5
	非农业	40.0	42.5	10.0	3.3	3.3	0.8
	合计	24.3	30.5	20.9	4.3	18.2	1.8

数据显示，受访居民对公共设施的总体满意度不高。公共设施中满意度最高的是教育设施（小学），比例为 35.5%；满意度最低的是农贸市场，比例为 25.6%。对公共设施评价一般的受访居民较多，比例均在 40%以上。不满意度最高的是社区或乡医院或最近的医院，占 18.3%；表示“没有该设施”比例最高的是车站（码头），比例为 10.8%。可以看出，受访居民对交通、农贸、医疗等设施的完善需求迫切。从城乡角度看，非农业户口受访居民对教育设施的满意度均高于农业户口受访居民，可能与交通便捷度、居民人口密集度有关。城乡居民在治安建设、老年活动和运动设施方面评价差异不大，可以看出当地政府对这几方面的设施投入和建设比较均衡。城乡居民满意度差别最大的为银行（信用社）和车站（码头），农业户口受访居民选择没有公共设施（除治安设施和活动中心）都明显高于非农业户口居民，表明农业户口受访者所在地区的这些公共设施建设的缺失，需要加强对农村地区的教育、交通、金融设施等方面的投入。

表 6-36　　受访居民对公共基础设施的看法　　单位：%

		满意	一般	不满意	不好说	没有该设施
教育设施（幼儿园）	农村	31.7	47.6	6.0	6.7	7.9
	城镇	38.5	51.4	8.1	1.4	0.7
	总体	34.3	49.0	6.8	4.8	5.3

续表

		满意	一般	不满意	不好说	没有该设施
教育设施（小学）	农村	33.7	52.4	4.8	8.7	0.4
	城镇	38.5	53.4	6.1	2.0	0.0
	总体	35.5	52.8	5.3	6.3	0.1
教育设施（中学）	农村	32.7	45.0	7.2	7.6	7.5
	城镇	36.5	50.7	10.1	2.0	0.7
	总体	34.1	47.1	8.3	5.5	5.0
社区或乡卫生院或最近的医院	农村	27.4	46.4	19.4	6.8	
	城镇	27.9	50.3	16.3	5.5	
	总体	27.6	47.9	18.3	6.3	
治安设施（派出所、警卫室等）	农村	30.7	56.2	6.4	6.4	0.4
	城镇	28.4	57.4	7.4	6.1	0.7
	总体	29.8	56.6	6.8	6.3	0.5
活动中心（老年）	农村	29.4	54.4	7.1	4.8	4.3
	城镇	24.3	54.1	10.8	4.7	6.1
	总体	27.5	54.3	8.5	4.7	5.0
运动场所及器材	农村	29.5	53.0	6.8	5.1	5.6
	城镇	25.2	51.0	13.6	6.1	4.1
	总体	27.9	52.3	9.3	5.5	5.0
农贸市场	农村	25.5	48.6	6.4	4.4	15.1
	城镇	25.7	55.4	13.5	4.0	1.4
	总体	25.6	51.1	9.0	4.3	10.0
车站（码头）	农村	26.8	46.0	6.0	6.4	14.8
	城镇	32.4	52.0	7.4	4.1	4.1
	总体	28.9	48.2	6.5	5.6	10.8
邮政局	农村	28.9	48.2	6.5	5.6	10.8
	城镇	30.6	56.5	5.4	6.1	1.4
	总体	29.0	50.4	5.0	5.5	10.1
银行（信用社）	农村	24.7	50.2	6.4	4.4	14.3
	城镇	34.0	51.7	8.8	4.1	1.4
	总体	28.1	50.8	7.3	4.3	

（二）社会保障

茂县受访居民参与社会保险以不同户籍身份参与。在农业户口受访居民中，有94.4%参与新型农村合作医疗，参与率最高；其次为新型农村养老保险，有57.4%的居民参与。但是其他的相关社会保险参与度不高。在非农业户口受访居民中，参加城镇职工基本医疗保险的比例最高，占95.6%；其次为工伤保险和城镇居民基本医疗保险制度，比例分别为77.2%和60.8%。从数据中可以看出，茂县城乡居民对于医疗保障非常看重，参与度都很高。其他相关社会保险中，城镇居民参保率都大大超过农村居民的参保率，表明城镇居民保险意识更强。

表6-37　　茂县受访居民参加社会保险的情况　　单位：%

	新型农村合作医疗	新型农村养老保险	农村五保	农村低保	高龄补贴	城镇职工基本医疗保险	城镇居民基本医疗保险	城镇养老保险	城镇低保	工伤保险	生育保险
农业	94.4	57.4	4	9.4	2.1						
非农业						95.6	60.8	59.3	34.9	77.2	56.2

茂县受访居民对社会保障的满意度差异较大。农业户口受访居民中，满意度最高的是新型农村合作医疗制度，比例为41.6%，满意度最低的是农村低保制度，满意比例仅为6.2%；新型农村养老保险制度的满意比例为36.3%。在非农业户口的受访居民中，满意度最高的是城镇职工基本医疗保险，满意比例为42.0%，最低的满意度为城镇居民基本医疗保险制度，满意度为27.9%。从数据分析可以看出，受访居民对社会保险的效果不太满意。

表6-38　　受访居民对社会保障的满意度　　单位：%

	城镇职工基本医疗保险	城镇居民基本医疗保险制度	城镇居民养老保险制度	城镇低保制度	新型农村合作医疗制度	新型农村养老保险制度	农村低保制度
农业					41.6	36.3	6.2
非农业	42.0	27.9	29.0	35.8			

茂县受访居民中，44.8%的居民认为最低生活保障不能够满足自己的

最低需求，34.4%的居民认为能够满足最低生活需求，17.2%的居民表示能够帮助解决家庭特殊困难。从城乡维度看，农村居民比城镇居民更认可低保的作用，但是城乡居民都认为低保“能够帮助提高生活水平”的作用很小。从民族维度看，羌族受访居民认为低保能够满足最低需求的比例占34.7%，高于其他民族受访居民；能够帮助解决家庭特殊国难的比例占17.5%，高于其他民族受访居民；认为不能够满足最低需求的比例低于其他民族受访居民。总体而言，受访居民认为低保的作用还不强，说明受访居民认为低保的实际效能有待提高。

表 6-39　受访居民对低保作用的看法　单位：次、%

	频次	能够满足最低需求	能够帮助提高生活水平	能够帮助解决家庭特殊困难	不能够满足最低需求
总体	326	34.4	3.7	17.2	44.8
农业	204	35.8	3.9	19.1	41.2
非农业	122	32.0	3.3	13.9	50.8
羌族	349	34.7	4.3	17.5	43.6

（三）扶贫项目

1. 扶贫项目开展情况

茂县的发展得到多项扶贫项目的支持。调查显示，受访居民在当地扶贫项目中知晓度最高的是道路修建和改扩工程，占71.6%；其次是“两免一补”政策，占65.3%；人畜饮水工程知晓度为53.6%。受访居民知晓度最低的是扶贫培训工程，占7.6%；扶贫工程生产项目、“教育扶贫”工程的知晓度也不高，不足一成。从民族维度看，羌族受访居民知晓度最高的项目是道路修建和改扩工程，知晓比例为73.0%；其次是“两免一补”政策和“村村通”工程。与其他民族受访居民相比差别不大。羌族的城乡居民在道路修建和扩张、基本农田建设、电力设施建设、“村村通”等工程知晓比例差不多。城镇羌族居民对“两免一补”政策、扶贫工程生产项目等其他扶贫项目的了解程度均高于农村羌族居民，说明该地农村地区的扶贫项目的支持力度和推广程度有待加强。

表 6-40 当地实施扶贫项目情况 单位：次、%

	频次	“两免一补”政策	扶贫工程生产项目	道路修建和改扩工程	基本农田建设工程	电力设施建设工程	人畜饮水工程	技术推广及培训工程	资助儿童入学和扫盲教育项目	卫生设施建设项目	种植业/林业/养殖业扶贫资金	“村村通”工程	“教育扶贫”工程	扶贫培训工程
羌族	292	64.4	7.19	73.0	24.7	51.0	52.7	8.6	11.0	31.9	10.6	51.4	7.2	5.8
农业	202	57.9	1.98	74.3	24.3	50.0	49.0	4.5	6.9	28.7	7.4	51.5	2.5	3.5
非农业	115	78.3	20.0	67.0	31.3	49.6	61.7	20.9	22.6	38.3	19.1	49.6	19.1	14.8
总体	317	65.3	8.5	71.6	26.8	49.8	53.6	10.4	12.6	32.2	11.7	50.8	8.5	7.6

2. 受访居民对扶贫项目的整体评价较高

茂县受访居民对扶贫项目的评价整体较高，满意度最高的是牧区扶贫工程和扶贫培训工程，非常满意和满意的好评度之和为100%；其次是资助儿童入学和扫盲教育项目，非常满意和满意的好评度之和达到98.1%。半数以上的扶贫项目的评价满意度都在90%以上。满意度最低的是卫生设施建设项目，不满意或很不满意的比例为20%；其次满意度较低的评价项目为种植业/林业/养殖业扶贫资金、道路修建和改扩工程、技术推广及培训工程，不满意的比例都在10%左右。从城乡维度看，农村受访居民对扶贫项目的整体满意度与城镇受访居民比较一致。

表 6-41 受访居民对扶贫项目的评价 单位：%

		移民搬迁工程	“两免一补”政策	电力设施建设工程	资助儿童入学和扫盲教育项目	种植业/林业/养殖业扶贫资金	“教育扶贫”工程	牧区扶贫工程	扶贫培训工程
非常满意	农业	5.9	20.6	13.7	23.1	17.9	11.8	20.0	17.6
	非农业	29.2	16.8	15.2	23.1	20.7	29.2	23.1	38.9
	合计	19.5	19.0	14.2	23.1	19.3	22.0	21.7	28.6
满意	农业	82.4	78.7	81.5	76.9	64.3	88.2	80.0	82.4
	非农业	70.9	83.2	78.8	73.1	75.9	66.7	76.9	61.1
	合计	75.6	80.6	80.5	75.0	70.2	75.6	78.3	71.4
不满意	农业	11.8	7.0	4.8	0.0	17.9	0.0	0.0	0.0
	非农业	0.0	0.0	6.1	3.8	3.4	4.2	0.0	0.0
	合计	4.9	4.0	5.3	1.9	10.5	2.4	0.0	0.0

续表

		扶贫工程生产项目	退耕还林还草补助工程	道路修建和改扩工程	基本农田建设工程	“村村通”工程	技术推广及培训工程	卫生设施建设项目	人畜饮水工程
非常满意	农业	14.3	16.7	14.8	12.7	23.6	29.2	16.2	16.1
	非农业	38.5	11.8	18.6	16.7	20.9	12.9	21.6	21.8
	合计	27.7	15.0	16.0	14.1	22.6	20.0	18.4	18.3
满意	农业	81.0	78.6	73.9	79.4	73.2	62.5	62.2	74.2
	非农业	57.7	84.3	74.4	75.0	76.1	77.4	60.8	70.5
	合计	68.1	80.6	74.0	77.8	74.2	70.9	61.6	72.8
不满意	农业	4.8	3.1	8.5	6.3	3.3	8.3	17.6	7.3
	非农业	0	2.9	4.7	5.6	1.5	6.5	9.8	7.7
	合计	2.1	3.1	7.3	6.1	2.6	7.3	14.4	7.4
很不满意	农业	0	1.6	2.8	1.6	0.0	0.0	4.1	2.4
	非农业	3.8	1.0	2.3	2.8	1.5	3.2	7.8	0
	合计	2.1	1.4	2.7	2.0	5.0	1.8	5.6	1.5

六　社会和谐发展

（一）社会压力

茂县受访居民的最大压力来源是经济压力，受访者有66.0%表示压力很大；其次认为压力很大的比例分别是医疗、健康压力和孩子教育压力；压力很小或没有这方面压力第一位的为婚姻生活，比例为79.8%。总体而言，过半的受访居民认为有社会压力，占56.2%，24.7%的受访者感受压力很大，主要集中在经济压力方面。

表6-42　茂县受访居民的社会压力状况　单位：次、%

	频次	压力很大	有压力	压力很小	没有这方面压力
经济压力	400	66.0	26.5	5.3	2.2
个人发展	395	30.4	30.6	23.3	15.7
社交压力	395	38.5	45.1	9.9	6.5
孩子教育压力	394	33.8	28.9	7.4	29.9
医疗/健康压力	393	42.5	36.6	13.0	7.9

续表

	频次	压力很大	有压力	压力很小	没有这方面压力
赡养父母压力	397	23.7	22.2	11.8	42.3
住房压力	400	33.3	21.0	28.5	17.2
婚姻生活压力	392	8.2	12.0	16.6	63.2
总体社会生活压力	388	24.7	56.2	15.7	3.4

（二）社会安全

在社会安全感方面，茂县受访居民认为比较安全的比例最高，占67.0%。认为不太安全的比例为24.4%。安全感最强的是个人和家庭财产安全，认为比较安全和很安全的比例为81.5%和6.8%。其次是人身安全，相关评价比例是78.0%和10.0%。受访居民安全感最弱的是食品安全，认为很不安全和不太安全的比例为9.0%和31.8%；其次是生态环境安全，相关评价比例是11.8%和22.3%。

表6-43　　茂县受访居民的社会安全感评价　　单位：次、%

	频次	很不安全	不太安全	比较安全	很安全	不确定
个人和家庭财产安全	400	3.3	6.5	81.5	6.8	1.9
人身安全	400	3.0	7.5	78.0	10.0	1.5
交通安全	400	4.5	26.3	60.8	5.8	2.6
医疗安全	400	5.8	29.3	56.5	5.3	3.1
食品安全	399	9.0	31.8	52.6	3.8	2.8
劳动安全	397	2.0	25.7	65.7	5.3	1.3
个人信息、隐私安全	399	5.8	22.8	63.9	5.5	2.0
生态环境安全	400	11.8	22.3	58.5	5.5	1.9
人身自由	399	1.8	14.3	73.2	9.0	1.7
总体社会安全状况	397	2.5	24.4	67.0	5.0	1.1

（三）社会公平

茂县受访居民的总体社会公平感较强，认为比较公平和很公平的比例为68.6%。受访居民对语言文字的公平感最强，认为比较公平和很公平的比例分别为84.1%和7.5%。其次公平感较强的为司法公正和信息公正。受访居民公平感相对最弱的是政府办事，认为比较公平和很公平的比例分别为 41.6%和 2.7%。不公平感相对较强的还表现在干部选拔任用、投资经营方面。其他方面的评价大多介于不太公平和比较公平之间。

表 6-44　社会公平状况　单位：次、%

	频次	很不公平	不太公平	比较公平	很公平
教育	389	11.3	16.2	69.2	3.3
语言文字	370	3.8	4.6	84.1	7.5
医疗卫生	385	7.0	24.2	65.5	3.3
住房	386	12.7	26.4	57.8	3.1
社会保障	382	11.3	28.8	57.6	2.3
司法	356	5.3	16.6	73.6	4.5
干部选拔任用	362	9.7	39.0	48.6	2.7
就业	367	8.7	23.2	65.9	2.2
信息	358	5.9	18.4	72.1	3.6
政府办事	377	14.1	41.6	41.6	2.7
投资经营	344	6.7	27.6	63.1	2.6
总体社会公平状况	367	4.4	27.0	66.5	2.1

（四）社会冲突

茂县的受访居民在社会冲突方面的看法，整体倾向于不算严重。认为有点严重或者非常严重的比例最高的是干群冲突，比例分别为 29.2%和 14.7%；其次是医患冲突和贫富冲突，认为有点严重以上的比例均在 20%以上。认为不算严重或者完全不严重比例最高的是民族冲突（民族关系的局部不和谐），相关比例分别是 67.0%和 26.0%。其他社会冲突也存在，但是冲突情况不严重，社会和谐度较高。

表 6-45　社会冲突情况　单位：%

	干群冲突	民族冲突	城乡冲突	医患冲突	贫富冲突	宗教冲突
非常严重	14.7	2.2	3.1	7.4	9.4	4.2
有点严重	29.2	4.7	13.2	19.6	15.8	5.8
不算严重	50.3	67.0	71.1	65.0	60.8	63.5
完全不严重	5.8	26.0	12.6	8.0	14.0	26.5

（五）社会预期

从整体来看，茂县受访居民认为当地未来5年生活水平将会持上升态势，有一部分对未来生活持不确定态度。认为上升很多或略有上升的为67.1%，认为略有下降或下降很多的为3.6%，不好说的占24.1%。从民族维度看，羌族受访居民对未来生活预期值最高，68.5%的居民认为未来生活会上升，高于其他民族居民的该项比例；持保留态度、认为不好说的比例低于其他民族，占23.5%。从城乡维度看，农业户口受访居民比非农业户口受访居民的未来生活乐观程度高，认为未来5年生活有上升的比例占77.4%；非农业户口居民认为未来生活不好说的比例明显高于农业户口受访居民，占31.1%。由此可以看出，农业户口受访者比非农业户口受访者对未来生活更乐观，非农业户口受访居民对未来生活的期许持不确定态度更多。

表6-46　受访居民对未来5年的生活预期　单位：次、%

	频次	上升很多	略有上升	没有变化	略有下降	下降很多	不好说
羌族	349	22.1	46.4	4.8	2.6	0.6	23.5
总体	385	21.8	45.3	5.2	3.1	0.5	24.1
农业	203	22.7	54.7	4.9	0.0	0.0	17.7
非农业	122	19.7	39.3	3.3	6.6	0.0	31.1
总体	325	21.5	48.9	4.3	2.5	0.0	22.8

总体而言，羌族受访居民对当地2020年全面建成小康社会有信心的居多，表示有信心和很有信心的比例占64.9%和10.5%。从民族维度看，羌族受访居民对所在地区2020年全面建成小康社会的信心最强，认为很有信心或有信心的比例占11.2%和65.9%，高于其他受访居民的相关比例。认为2020年全面建成小康社会的目标不可能或没有听过的比例2.3%和4.9%，低于其他受访民族。从城乡维度看，农业户口受访居民对当地2020年全面建成小康社会很有信心或有信心的比例高于非农业户口受访居民。

表6-47　受访居民对所在地区2020年全面建成小康社会的态度

单位：次、%

	频次	很有信心	有信心	没什么信心	不可能	没听说过
羌族	349	11.2	65.9	15.8	2.3	4.9

续表

	频次	很有信心	有信心	没什么信心	不可能	没听说过
农业	203	6.9	72.9	12.8	1.0	6.4
非农业	122	16.4	51.6	22.1	4.1	5.8
总体	325	10.5	64.9	16.3	2.2	6.2

（六）政府管理

在问及政府应对突发事件的评价时，受访居民整体满意度比较高。突发事件应对满意度最高的是自然灾害事件，占 59.5%；其次为一般社会治安事件，满意度为 46.7%。对政府应对暴力恐怖事件的评价最低，满意度为 27.3 %。从城乡维度看，城镇居民对政府应对突发事件的好评均高于农村居民。其中，对群体性事件、暴力恐怖事件、自然事件的政府处理满意度差异较大。从民族维度看，羌族受访居民对政府处理自然灾害事件的满意度高于其他民族，比例为 60.2%。羌族受访居民认为政府应对暴力恐怖事件的满意评价明显低于其他民族，占 27.2%。其他政府应对突发事件的评价差异不大。

表 6-48　　受访居民关于政府应对突发事件的评价　　单位：次、%

	频次	自然灾害事件		生产安全事件		传染病及公共卫生事故		一般社会治安事件		群体性事件		暴力恐怖事件	
		满意	不清楚	满意	不清楚	满意	不清楚	满意	不清楚	满意	不清楚	满意	不清楚
羌族	352	60.2	9.9	43.8	32.1	44.6	32.1	45.7	29.6	29.6	50.3	27.2	55.6
农业	206	53.4	10.7	39.8	35.0	41.8	34.5	43.7	32.5	19.9	59.7	19.9	61.2
非农业	122	69.7	9.0	49.2	30.3	50.0	30.3	51.6	27.1	43.4	41.8	40.0	49.2
总体	328	59.5	10.1	43.3	33.2	44.8	32.9	46.7	30.5	28.7	53.1	27.3	56.8

茂县受访居民中，79.1%认为当地干部有必要学习少数民族语言，认为没必要的占 7.1%，不清楚的占 5.2%。也就是受访居民整体上倾向于民族语言的学习有助于当地干部的工作开展。从民族维度看，羌族认为有必要学习的比例显著高于其他民族受访居民，为 81.1%；认为没有必要学习的比例为 6.6%，明显低于其他民族受访居民。从城乡维度看，农业户口受访居民有 81.5%的比例认为当地干部有必要学习少数民族语言，高于非农业户口受访居民的比例 75.2%。因此，受访居民对当地干部学

习或使用民族语言开展工作的期望很高。

表 6-49 受访居民对当地干部学习少数民族语言的看法 单位：次、%

	频次	有必要	一般	没必要	不清楚
羌族	350	81.1	8.6	6.6	3.7
农业	205	81.5	8.3	6.8	3.4
非农业	121	75.2	9.1	7.4	8.3
总体	326	79.1	8.6	7.1	5.2

七 结论和建议

（一）简要结论

1. 茂县经济发展水平较低，产业结构多元但发展不均衡。茂县的产业结构比较多元，其中从事不便分类灵活就业人员占32.0%，可见受访居民从事工作比较分散。劳动力在当地就业意愿很强，人口迁移率和外出就业率很低，愿意到东部一线大城市工作的人员仅占农业人口的4.8%。受访居民生活水平处于中低等，经济压力较大。受访居民评价生活水平为中的占38.0%，评价为中下的占33.4%。64.0%的受访居民拥有1套自有产权房，30.3%的受访居民没有自有产权房。80.6%的受访居民承认近5年生活水平有所提高，对小康社会的实现有较强信心。

2. 茂县居民重视民族文化的保护和传承，民族教育逐步推进。茂县受访居民中包括88.0%的羌族和汉、藏、回等12.0%的其他民族，城乡居民中有69.8%认为应该保护本民族传统文化为主，不赞同过度商业化。作为中国羌文化生态保护实验核心区，日常生活互动成为羌族居民了解和学习本民族文化的首要渠道，认为传统民居、传统服饰、传统节日为当地最有特色的民族文化。各族居民普通话的使用情况日趋普遍，受教育程度逐步提升。受访居民中有98.9%使用汉语方言，27.7%使用本民族语言，能熟练使用普通话的受访居民占48.4%。受访居民倾向于愿意送孩子去双语学校学习的占72.0%，认为双语交流便利生活各方面的比例占91.2%。

3. 茂县民族关系融洽，社会冲突较少。茂县居民之间的族际交往频率高，交往效果好。茂县受访的各族居民交往意愿很强，90.0%的受访者表示愿意在一起工作。从改革开放前到当前，认为全国民族关系不断改善的上升了20.5个百分点，认为当地民族关系不断改善的上升了41.7个百分点。茂县受访居民的民族认同和国家认同处于不断协调发展的过程中，45.2%受访者倾向于民族认同增强，国家认同也随之增强，公民身份认同度和民族身份认同都很高。族际通婚率不高，八成左右的受访居民没有与异民族通婚的亲属，可能是因为宗教信仰和生活习俗的差异。受访居民整体满意当前的民族政策。对计划生育政策表示满意的占85.7%，对高考加分政策表示满意的为92.4%，对国家民族地区优惠政策表示满意的占84.0%。其中，汉族受访居民比例较少，因其不是民族地区优惠政策的主要受益者，对相关政策的满意度相对略低。茂县当地各族居民交往融洽，62.6%受访居民认为当前茂县整体社会冲突不算严重。

4. 茂县的公共设施投入仍显不足，社会保障力度有待提高，扶贫项目开展仍需加强。茂县公共设施能满足居民的基本生活需求，城乡差距明显，普遍存在服务半径过大的问题，受访居民总体满意度不高。教育场所、运动场所和老年活动场所最为便捷，农村社区的交通服务、金融服务距离较为不便。茂县受访居民参与社会保险类型较为单一，满意度不高。94.4%的农村居民参与了新型农村合作医疗制度，对该制度表示满意的人数比例为41.6%。95.6%的城镇职工参加了基本医疗保险，对该制度表示满意的人数比例为42.0%，城镇居民的参保意识强于农村居民。茂县受访居民中，44.8%的居民认为最低生活保障不能满足自己的最低需求。当前开展的茂县扶贫项目中，知晓率最高的是道路修建和改扩工程，占71.6%。部分项目的知晓率不足一成，说明扶贫项目的支持和推广力度有待加强。

5. 茂县的社会和谐程度较高，居民对社会发展有较强信心。茂县受访居民中普遍认为有社会压力，其中66.0%表示最大压力来源是经济压力。在社会安全感方面，67.0%的受访居民认为社会比较安全。对语言文字的安全感最强，对食品安全的安全感最弱。68.7%的茂县受访居民认为社会比较公平和很公平。对语言文字的公平感最强，对政府办事的公平感最弱。对政府应对突发事件的满意度普遍较高，其中应对自然灾害事件的满意度最高，占59.5%。茂县受访的居民中，79.1%的人认为当地干部有必要学习少数民族语言。67.1%的人认为当地未来5年生活水平将会持上升态势。羌族受访居民对未来生活预期较高，对当地2020年全面建成小康社会表示有信心和很有信心的比例占64.9%和10.5%。

（二）建议

1. 依据当地经济现状实情加大经济扶持力度，强化扶贫工程效果，推动经济多样性的协调发展。依据国家发展的方针政策制定符合当地实情的发展策略，注重结合地方资源特色进行招商引资，针对性地培养居民的职业技能，促进劳动力市场的有效流动；重视经济发展中惠民政策的落实，进一步改善居民住房、大力推广社会保险、严查食品安全等重大民生问题，在各方协作努力下切实提高居民生活水平。

2. 进一步推动民族教育，有效促进不同民族文化的和谐共生。虽然当地的各族居民交往关系比较协调，但是仍存在一定的民族冲突或社会矛盾。要关切不同群体的利益需求，进一步推动国家有关民族政策的落实，加强对民族教育的投入和改善。形成政府、居民、社会的和谐联动，才能有效地保护和传承民族文化。在尊重各民族的前提下，进一步推动各族居民之间的交往交流和交融。

3. 确实落实民族政策的实施，严格监管制度，提升政府公共管理和公共服务水平，增强当地干部的综合素质。稳定和发展是民族工作的重大主题。建议政府职能部门应通力合作，确实落实民族政策的实施，严格监管制度，及时排查民族工作中的失误、失效环节；加强干部的综合素质建设，重视干部的廉政建设、作风建设，引导干部参加少数民族文化及语言学习；根据标准配置规定配置基础公共设施，依据当地条件改进公共设施的便利问题；改进和落实各项社会保险项目，增强居民的社会保障满意度。以多项举措全面提升政府职能部门的工作效率，更密切地联系群众、服务群众，保证居民生活水平的稳步提升。

第七章

四川甘洛县经济社会发展综合调查

甘洛县位于四川省西南部，隶属于四川省凉山彝族自治州。截至2014年，全县人口总计227699人，其中彝族170524人，约占人口的74.89%。全县经济总产值为249870万元，较上年同期增长7.3%。[①] 在宏观经济调整的背景下，甘洛县人民在政府的领导下，迎难而上，保持了良好的发展态势。

2014年8月上旬，我们对甘洛县展开了入户问卷调查。调查问卷共计503个家庭样本，剔除重复或缺失值较多的家庭样本，还有有效家庭样本472个。问卷包括受访者基本情况，就业、收入、消费情况，资源环境与生态保护，公共服务与政府管理，民族交往与民族文化多个方面，以求增进对甘洛县生存环境和生活状态的理解。下面，我们对问卷进行简单分析，旨在分析甘洛县经济社会发展总体状况。

一　年龄、性别与家庭结构[②]

（一）受访者的家庭结构

由调查问卷来看，甘洛县受访者家庭规模及结构呈现如下特征：受访者家庭常住人口平均为4.98人，高于全国平均水平，其中，受访者家庭中16岁至60岁劳动年龄人口平均为3.38人。农村家庭平均常住人口为5.07人，城镇家庭平均常住人口为4.15人。受访者家庭中，4—6人组成的家庭为常态，占据了家庭总数的71.05%，同时不乏6人以上乃至10人以上的大家庭，可见其家庭结构仍旧保留了部分多代同居的传统。

---

① 数据来源于《甘洛县2014年国民经济和社会发展统计公报》。

② 从此部分开始，分析家庭问卷中的调查数据。

(二) 性别比例及趋势

在受访者中，男性占比61.75%，女性占比38.25%，性别比例呈现出较大差异（见图7-1）。但是，从年龄分层角度上看，甘洛县的性别比例正出现转好趋势。

表7-1是甘洛县受访者分年龄段的性别分布情况。从表7-1可以看出，随着年龄的降低，甘洛县受访者性别比例趋向均衡，特别是25岁以下人群，性别比例情况明显好转。受访者性别比例总体上差异性较大，是由36—45岁间的人口分布较多造成的。鉴于调查问卷的受访者年龄均为16岁及以上年龄人口，甘洛县受访者全年龄的性别比例情况可能会更好一些。

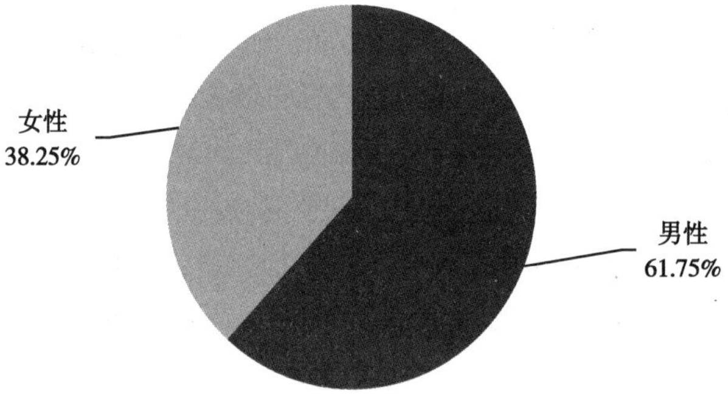

图7-1　受访者性别比分布

表7-1　受访者年龄分段的性别分布　单位：%

年龄	16—25岁	26—35岁	36—45岁	46—55岁	56—65岁	65岁以上
男性	56	64	65	67	65	55
女性	44	36	35	33	35	45

二　经济生活

甘洛县的经济生活情况是本次调查的研究重点之一。本次调查，分别对农村及城镇受访者的家庭收入、支出情况，以及城镇受访者的个人收入情况进行了调研。在经济生活部分中，本章以家庭为单位，分析受访者的家庭收入、支出、居住条件及居住环境等情况，同时对城镇受访者本人的收入情况做出分析。

（一）家庭收入及差异

图 7-2 报告的是 2013 年甘洛县受访者的家庭年平均总收入的情况。其中，农村与城镇家庭的家庭总收入之间、不同民族的家庭总收入之间，存在比较显著的差异。

1. 收入的农村与城镇差异

本次调查中，由于收入方式存在较大差异，我们对农村家庭与城镇家庭分别进行了分析。农村家庭收入调查的内容包括 2013 年总收入、农牧业经营收入、非农收入及政府转移性收入。城镇家庭收入调查内容包括 2013 年总收入、工资性收入或经营性收入、房租收入、政府转移性收入。

由调查数据统计得出，甘洛县受访农村家庭的平均家庭总收入为 27201.65 元（见表 7-2），其中，农牧业经营收入为 4429.19 元，非农业收入（包括工资性收入、经营性收入等）18849.59 元，政府转移性收入 3166.51 元。农牧业经营收入占总收入比例较小，仅为 16%，非农业收入是农村家庭的最重要收入来源。

表 7-2　　2013 年城乡受访者家庭收入及家庭人均收入　　单位：元

	平均家庭总收入	家庭人均收入
农村家庭	27201.65	5365.21
城镇家庭	49403.68	11904.5

城镇家庭的平均家庭总收入为 49403.68 元，其中，工资性收入或经营性收入 31364.02 元，房租收入 9410.71 元，政府转移性收入 3503.95 元。工资性收入或经营性收入为城镇家庭收入的主要来源，占家庭收入的 63.49%，房租类财产性收入占家庭收入的 19%。

农村家庭与城镇家庭收入差距显著。农村家庭平均总收入只达到城镇家庭平均总收入的 55%，城镇家庭平均总收入近乎农村家庭平均总收入的 2 倍。考虑到农村家庭平均人口数多于城镇家庭平均人口数，农村与城镇居民的平均个人收入差距更为显著。

2. 收入的民族差异

家庭收入存在民族差异。无论是农村家庭还是城镇家庭，汉族家庭平均收入均显著高于彝族家庭的平均收入（见图 7-2）。在 82 个有效汉族家庭样本中，家庭平均人口数为 4.5 人，而在 358 个有效彝族家庭样本中，家庭平均人口数为5.1人，这意味着从家庭人均收入上看，人均收入的民族差异性更大。

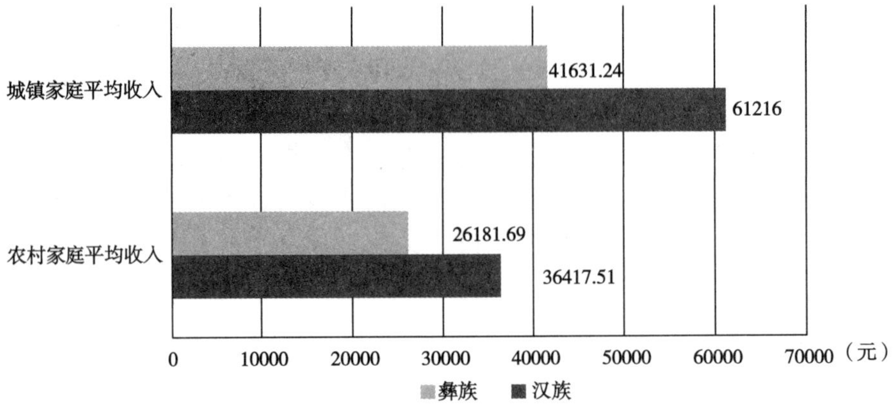

图7-2　2013年城乡家庭平均总收入分布

（二）个人收入及差异

在受访者中，不同群体的平均收入水平存在差距。下面分类具体分析。

1. 收入的农村与城镇差异

由于农村生产模式大多以家庭为单位，农村收入大多以家庭收入进行调查，所以我们在比较农村及城镇受访者个人收入时，采用的是家庭人均收入的方式进行分析。农村与城镇的家庭人均收入水平，存在较大差异。由表7-2可见，农村居民家庭人均收入为5365.21元，只是城镇居民家庭人均收入11904.5元的45%，也就是说，城镇家庭人均收入超过了农村家庭人均收入的2倍。农村家庭与城镇家庭人均收入的差异，是各种收入差异中最为显著的部分。

2. 收入的性别、年龄差异

由于农村收入以家庭为调查单位，因此该部分仅以城镇受访者为分析对象。通过对问卷的统计分析，我们发现，城镇受访者收入的性别差异较小，2013年女性受访者平均收入为28932.6元，略高于男性受访者26366.36元的平均收入。

表7-3是2013年城镇受访者分年龄段的收入分布情况。从表7-3可以看出，不同年龄段受访者收入水平有着不同的特征。从总体上来看，随着年龄的增长，城镇受访者总收入水平呈现大略的倒U型变化。即随着

年龄的增长，受访者总收入随之缓慢上涨，在 36—45 岁时达到峰值（29465.79 元），然后再下降，但在 56—65 岁时总收入又上升，并达到顶峰（36480 元）。

值得注意的是，各年龄段城镇受访者的工资性收入或经营性收入随年龄的变化呈现倒 U 型变化。即随着年龄的增长，受访者工资性收入或经营性收入随之上涨，在 36—45 周岁时达到顶峰（25835.71 元），然后下降，65 岁以上年龄的城镇受访者就退出了劳动力市场，没有工资性收入或经营性收入了。

另一方面，城镇受访者政府转移性收入随着年龄的增长逐步攀升（65 岁以上的除外），与工资性收入或经营性收入相对应，政府转移性收入在工资性收入或经营性收入显著下降期间大幅上涨，有力弥补了工资性收入或经营性收入随年龄增长的下降。从表 7-3 还可以看出，城镇受访者是否有可以出租的房产等财产，对其收入的影响巨大，房租收入可以强力提升其收入水平。

表 7-3　2013 年城镇受访者分年龄段的收入分布情况　单位：元

年龄	16—25 岁	26—35 岁	36—45 岁	46—55 岁	56—65 岁	65 岁以上
总收入	2333.33	24129.43	29465.79	26500	36480	6720
工资性收入或经营性收入	2333.33	24129.43	25835.71	21000	15600	0
房租收入	0	0	0	0	9600	0
政府转移性收入	0	0	187.21	5500	10480	6720

（三）家庭支出

表 7-4 是 2013 年受访者家庭生活支出情况。从支出总额上看，农村家庭和城镇家庭存在较大的差异。城镇受访家庭平均总支出为 28756.86 元，是农村受访家庭平均总支出（24074.63 元）的 1.19 倍。如果把城镇家庭与农村家庭规模差异考虑进去的话，人均总支出的城乡差异更大，城镇受访家庭人均总支出为 6929.40 元，是农村受访家庭人均总支出（4748.44 元）的 1.46 倍。

家庭总支出在家庭总收入中所占的比重，是分析家庭生活质量的一项重要指标。从表 7-4 可以看出，农村受访家庭总支出占家庭总收入的比重为 89%，远远高于城镇受访家庭总支出占家庭总收入的比重（58%）。

加之农村受访家庭总收入与总支出的平均数额均低于城镇家庭，可以推断，相比城镇受访家庭，农村受访家庭经济状况较拮据，生活质量较低。

从家庭支出的结构上看，农村受访家庭与城镇受访家庭的支出结构存在一定差异。农村受访家庭在医疗费用、人情往来的支出份额分别为22.71%与19.38%，高于城镇受访家庭在医疗费用、人情往来的支出份额（分别为16.93%与11.91%）。而城镇受访家庭在社会活动中的支出份额为6.74%，略高于农村受访家庭在社会活动中的支出份额（6.20%），在教育费用上，城镇家庭的支出份额为21.21%，远高于农村家庭（为12.09%）。此外，农村家庭中存在少量的信仰或宗教活动支出，而城镇家庭中，未发现含有这一项支出的样本。这一定程度说明，甘洛县农村受访家庭的医疗费用、人情往来的负担比较重，而城镇受访家庭更重视教育的投入，教育费用的负担相对较重。

表 7-4　　2013 年受访家庭生活支出情况　　单位：元

	总支出	生产经营支出	生活消费支出					
			小计	医疗费用	教育费用	人情往来	社会活动	
							小计	信仰或宗教
农村家庭	24074.63	4996.53	17875.07	5466.25	2909.59	4665	1491.64	119.79
城镇家庭	28756.86	5375	20495.25	4867.88	6100	3426.13	1938.04	0

（四）工作情况

工作情况是反映甘洛县受访者经济生活状况的重要方面。而就业类型、失业情况及获得工作的途径是分析甘洛县受访者工作情况的三个重要方面。基于问卷情况，下面的分析中，就业类型及获得工作的途径的调查对象为受访者，而失业状况的调查对象为受访者及其家庭成员。

1. 就业类型

从总体上看，务农是甘洛县受访者的主要就业方式，非农就业方式兼之。

在调查目前的工作状况时，51.4%的受访者表示只是务农（见图 7-3）；以农业为主，同时也从事非农就业的兼业受访者占 15.65%；以非农就业为主，同时也务农的兼业受访者占 10.75%；只从事非农就业的受访者占 14.72%。

在甘洛县非农户口且有工作的受访者中，固定职工（包括国家干部、公务员）占27.66%，长期合同工占14.89%，短期合同工占34.4%，没有合同的员工占10.64%，从事私营或个体经营人员为8.51%。显然，甘洛县非农户口受访者以国家干部、公务员等固定职工与合同工为主要职业类型。

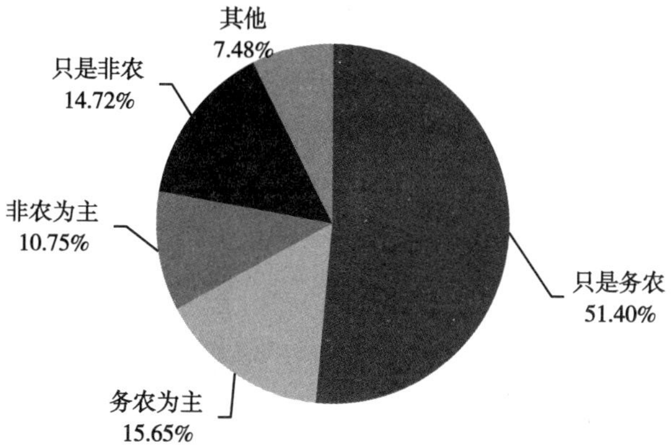

图7-3 甘洛县受访者就业类型分布情况

2. 失业状况

在失业状况调查中，有失业人口的家庭样本为102个，包括16—60岁劳动年龄家庭成员1525人。其中，“16岁至60岁成员中没有工作的（非在校学生）”人数总计279人。进一步，在统计没有工作的原因时，料理家务和正在上学的选择率较高，但由于读书（15人）及农闲时间料理家务（38人）并不能算失业，因此重新调整数据，16—60岁没有工作的家庭成员人数为226人，失业率为14.82%，处于较高水平。

在排除在读学生及务农或以务农为主的受访者后，导致失业的主要原因，按照所占比重排序为：辞职后未就业（16人），丧失劳动能力（15人），毕业后未就业（11人），以及下岗、被辞退（4人）。[①]

3. 获得工作的途径

获得工作的途径具有多样性，政府/社区安排、考试申请、亲友介绍等都是受访者常用的获得工作的途径。我们将政府/社区安排、商业职介、招聘广告、考试申请几种方式视为通过公共平台途径获得工作的途径，而

① 在统计失业家庭人员数时，一个家庭可能有多人失业。但是在统计失业原因时，只统计受访者及其他两位家庭成员的失业原因，因此人数较少。

将亲友介绍、同乡同族介绍的方式视为通过个人关系获得工作的途径。在通过公共平台还是个人关系寻找工作的问题上，农业户口与非农户口之间存在较大差异。

拥有甘洛县农业户口，且在2013年从事过非农工作的受访者中，通过个人关系获得第一份工作的受访者比例为66.18%（见图7-4），经政府/社区安排、商业职介、招聘广告及考试申请等公共平台获得工作的受访者占24.26%，自己寻找、自主创业的占9.56%。

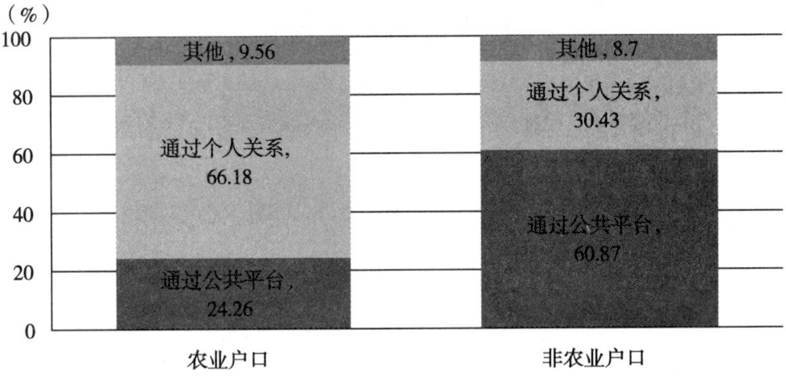

图7-4　不同户籍受访者的就业途径分布

拥有甘洛县非农业户口，且有工作的受访者中，得到第一份工作的最主要途径是通过公共平台获得工作的受访者占比为60.87%，而通过个人关系获得工作者，占到总数的30.43%，毕业分配、自主创业等其他途径占8.7%。

经过对比可以了解，通过个人关系网络提供的就业资源得到工作，是农业户口受访者的主要就业途径，依靠“老带新”的模式获得工作，是一种较为普遍的模式。与农业户口受访者不同，非农业户口受访者能够利用更多的社会公共资源，通过社会公开途径获取工作机会，而较少依赖个人关系网络。从数据来看，农业户口和非农业户口差异明显。从主观上看，不论农业还是非农业户口，在失业及待业期间，大部分人会首先选择委托亲友找工作（21人），远远超过利用网络、媒体和社会招聘获得求职信息（共14人），而职业介绍机构求职被排在最后（仅3人），对个人关系的倾向性比较明显。而从客观结果上看，政府/社区安排，商业职介最终均发挥了良好的作用，有接近1/4的农业户口受访者，最终通过公共平台获得了工作，而在非农业户口的受访者中，公共平台途径更是成效显著，特别是政府/社区安排，在就业过程中起到了重要作用。

（五）住房条件及公共设施

住房条件及居住环境不仅能够反映受访者的经济条件，还是影响其生活质量的重要因素。

1. 住房条件

在调查住房条件时，我们将住房性质分为自有住房、廉租房、租/住亲友房、租/住私人房、集体宿舍五类。通过问卷分析，可以得出，在受访家庭中，87.55%的受访家庭拥有自有住房，依靠租房居住的家庭占比8.18%，其中5.68%为租/住政府廉租房，2.5%租/住私人出租房。

在拥有自有住房的家庭中，绝大部分家庭仅有1套房，占比为91.11%；少部分家庭拥有超过1套的房产，占8.89%。售房家庭正在居住中的本户住房平均面积为114.34平方米。

在改善住房条件的意愿上，迫切或比较希望改善住房条件的受访者占48.55%（见图7-5），并无迫切改善住房条件意愿的受访者占49.54%。与改善住房的迫切程度相违背的是，受访家庭大多对当前自身的住房持满意态度，对当前住房感到满意或一般的受访家庭占比为88.44%，而不满意的受访家庭仅为8.54%。

究其原因，在改造住房的意向调查中，希望对住房面积进行拓展的需求并不强烈，而52.05%的受访家庭希望搬迁至县核心地区或中心地区，由此可见，地理位置或者说住房附近的基础建设和配套设施是改善居住条件的主要动力，而受访者对住房本身倾向满意。

此外，在改善住房条件的途径方面，57.31%的受访家庭选择通过自建新房改善居住条件，希望通过购买商品房改善住房条件的人数占26.15%，而希望通过居住政府保障性住房改善居住条件的受访家庭占10.38%。

2. 公共设施

表7-5、表7-6分别为受访者住房与公共基础设施的距离，以及受访者对公共基础设施的满意程度。

由表7-5可见，在各项基础设施建设中，社区或乡卫生院或医院的分布情况较好，49.57%的受访家庭能够在1公里内得到医疗服务。与之对应的是，运动场所及器材，农贸市场，车站、码头，邮电所，银行等服务设施的覆盖尚不全面，大量受访者住房10公里内并无这些设施。由于

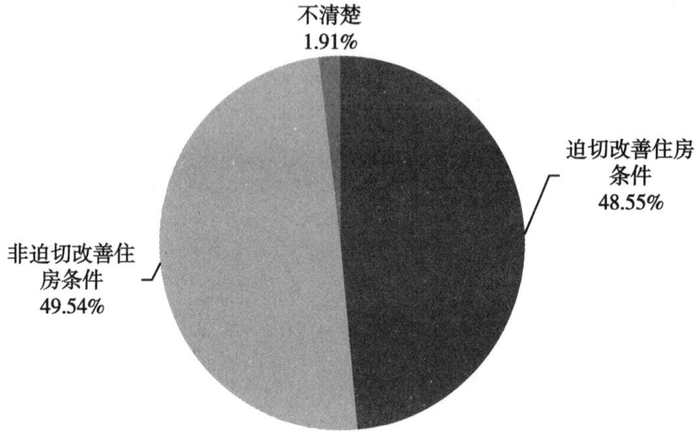

图 7-5　受访者改善住房条件的意愿分布

回答“不知道”的受访者中包含大量由于距离遥远而没有接触过这些公共设施的情况，缺乏活动中心、运动场所等公共设施的受访者比例应该大于表 7-5 中列出的比例。在教育设施调查中，教育设施的分布呈现两极化趋势，这在幼儿园的分布中表现得尤为明显，而小学和中学的普及程度比较接近。这种趋势主要取决于乡村与城镇基础设施的配备差别，以及受访者所在村基础教育设施的完备程度。

表 7-5　公共基础设施覆盖情况　单位：%

公共基础设施	距离远近					
	小于 1 公里	1—3 公里	3—5 公里	5—10 公里	10 公里以上	不知道
幼儿园	27.88	7.24	7.24	1.61	31.64	24.39
小学	28.61	22.49	22.49	5.13	17.85	3.43
中学	28.61	22.49	22.49	5.13	17.85	3.43
社区或乡卫生院或医院	49.57	26.61	10.3	1.07	9.44	3.01
治安设施	38.31	24.68	20.78	2.38	9.96	3.89
活动中心	28.83	13.06	7.88	1.13	21.62	27.48
运动场所	17.51	11.42	7.61	1.52	25.38	36.56
农贸市场	15.56	11.36	12.59	4.69	29.63	26.17
车站码头	11.79	15.57	15.8	5.42	36.32	15.10
邮电所	13.33	14.76	13.57	3.57	33.57	21.20
银行	17.83	16.39	13.49	3.86	28.67	19.76

从对基础设施的满意程度来看，满意程度与基础设施距离相互印证，两者存在一定的联系。

受访者对基础设施的满意程度与距基础设施的远近存在一定的联系。由基础设施的普及程度来看，义务教育、医疗、治安设施的普及程度最高，满意率也排在前列。义务教育、基础医疗、安全保障是我国长期以来大力建设的基本项目，相关公共设施落实较好。作为基础设施建设，车站码头（公共交通）、邮电所及银行（金融服务）的建设水平并不乐观，仍有1/3左右的受访者无法享受到相应设施。虽然甘洛县各社区人口数存在差异，经济状况也不尽相同，但公共交通、邮电服务和基础金融服务理应做到覆盖。

表7-6　对公共基础设施的满意度　单位：%

公共基础设施	满意程度				
	满意	一般	不满意	不好说	没有该设施
幼儿园	18.89	17.63	13.85	7.3	42.33
小学	38.05	32.95	17.17	8.82	3.01
中学	34.73	30.54	12.59	11.66	10.48
社区或乡卫生院或最近的医院	42.95	24.08	25.6	4.77	2.60
治安设施	41.63	24.25	22.53	8.37	3.22
活动中心	23.23	20.13	13.94	6.64	36.06
运动场所	16.02	14.19	13.96	4.58	51.25
农贸市场	16.89	18.92	16.44	3.38	44.37
车站码头	20.97	21.41	17.66	7.51	32.45
邮电所	19.42	22.1	13.62	7.81	37.05
银行	22.1	24.11	12.5	6.47	34.82

幼儿园、活动中心、运动场所和农贸市场是相对高层次的基础设施，覆盖程度也相对较差，近半数的受访者无法使用这些类别的基础设施，仍需加强建设。这一类别的基础建设在农业和非农人口之间的差距尤为明显。从表7-7可以看出，在农业户口的受访者中，缺乏幼儿园的人数达到51.28%，而非农业户口的受访者中，这一比例仅为6.80%。与此同理，缺乏活动中心、农贸市场的农业户口受访者分别达到了42.58%和

53.37%，但是在非农业户口中，无法使用这些设施的受访者分别仅占8.51%和6.38%。运动场所在农业户口和非农业户口的受访者中的使用率都不高，但非农业户口受访者的使用率和满意程度仍旧高于农业户口受访者，可见两者在基础设施建设方面的差距。

表7-7　公共基础设施城乡差异　　单位：%

		幼儿园	活动中心	运动场所	农贸市场
满意	农业	16.67	22.8	15.14	15.73
	非农业	29.55	27.66	17.39	25.53
一般	农业	14.1	17.31	11.14	14.33
	非农业	29.55	34.04	28.26	36.17
不满意	农业	9.62	10.44	10.86	12.92
	非农业	29.55	25.53	21.74	29.79
不好说	农业	8.33	6.87	5.43	3.65
	非农业	4.55	4.26	2.17	2.13
没有该设施	农业	51.28	42.58	57.43	53.37
	非农业	6.80	8.51	30.44	6.38

总的看来，甘洛县的基础设施建设水平还有较大发展空间，受访者满意程度也普遍偏低。这也与上一部分住房状况中受访者的搬迁意愿相吻合。

三　社会保障与公共政策

社会保障体系和公共政策，两者相辅相成，是保障人民生活水平，促进生活水平进步的有力手段。其中，社会保障包括基础医疗保障、最低生活保障、工伤及失业保险等方面。而公共政策，包括住房政策、教育医疗、民族政策、移民搬迁、扶贫政策等方面。

（一）社会保障体系建设

良好的社会保障制度能够提高公共福利水平，提高公民的生活质量。根据户籍的不同，农村居民与城镇居民采用两套不同的保障体系。

表7-8、表7-9分别是受访者对城镇和乡村社会保障体系建设的参与情况和满意程度。从受访者回馈的数据来看，在各项保险制度中，医疗保险覆盖性相对较好，无论是在职员工还是非职工居民，都能够享受到基本

医疗保险服务。城镇受访者对基本医疗保险的满意程度很高，超过 2/3 的城镇受访者对基本医疗保险表示满意，不满意率不足 2%。与城镇基本医疗表现情况相似，新型农村合作医疗在覆盖程度上也表现良好，参加新型农村合作医疗的受访者高达 93. 11%。结合基础设施分析中，覆盖性较好的卫生院和医院设施，甘洛县的医疗保障覆盖水平相对较高。

与医疗保险相比较，城镇养老保险覆盖率偏低，只有 27. 97%的城镇居民参加了养老保险，与城镇职工基本医疗保险相差甚远。而农村居民则相反，72. 41%的农村居民加入了新型农村养老保险，将近受访者总数的 3/4。

表 7-8　城镇保障体系建设　单位:%

	是否参加		满意度		
	参加	未参加	满意	一般	不满意
城镇职工基本医疗	45. 8	54. 2	65. 08	33. 33	1. 59
城镇居民基本医疗保险	56. 92	43. 08	72. 97	25. 68	1. 35
城镇居民养老保险	27. 97	72. 03	43. 59	51. 28	5. 13
城镇低保	18. 35	81. 65	37. 04	48. 15	14. 81
失业保险	12. 39	87. 61	35. 71	50	14. 29
工伤保险	8. 18	91. 82	36	52	12
生育保险	7. 27	92. 73	32	52	16

表 7-9　农村保障体系建设　单位:%

	是否参加		满意度		
	参加	未参加	满意	一般	不满意
新型农村合作医疗	93. 11	6. 89	89	9. 06	1. 94
新型农村养老保险	72. 41	27. 59	72. 32	24. 11	3. 57
农村五保	4. 55	95. 45	55. 56	38. 89	5. 55
农村低保	30. 03	69. 97	82	17	1
高龄津贴	6. 34	93. 66	52. 63	39. 48	7. 89

城镇低保旨在保障城镇低收入居民的基本生活水平。甘洛县享受低保

待遇的城镇受访者为18.35%，远超全国平均水平。而在农村受访者中，这一比例更是高达30.03%，将近每三个农村受访者中就有一人需要农村低保服务。与此同时，在低保制度是否已经把理应享受低保的人群纳入的问题上，仍有41.41%的受访者表示尚有需要低保支持的人没能得到低保待遇。

在已经享受低保待遇的受访者中，有46.13%的人认为低保不能满足最低需求（见图7-6），20.17%的受访者认为低保可以满足最低需求，20.4%的受访者认为低保可以解决特殊困难，而13.30%的受访者认为低保可以提高生活水平。

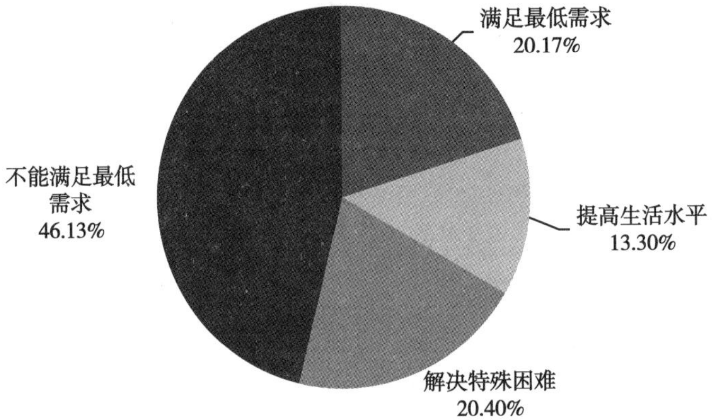

图7-6　对低保水平和作用的看法

在受访者认为低保覆盖不全面，金额不足以支持最低生活需求的情况下，有48.69%的受访者认为，享受低保待遇的低保户并不是身边生活最困难的人，低保制度可能存在一定的问题。

除了医疗保险、养老保险和低保之外，城镇居民还享受失业保险、工商保险和生育保险服务，在甘洛县城镇受访者中的覆盖率分别为12.39%、8.18%和7.72%。而在农村受访者中，有4.55%的受访者享受农村五保，并有6.34%的受访者享受高龄津贴。

（二）住房政策

总体而言，甘洛县受访者对当前的住房表示满意，满意率为77.3%（见表7-10）。

关于几类住房政策的满意程度，农业户口和非农业户口的差异并不大，主要问题是受访者对各类住房政策不了解，每一项住房政策回答不清楚的受访者都很高。

表 7-10　住房状况满意度　单位:%

	满意	一般	不满意	不清楚
当前的住房	77.3	12.13	8.54	2.03
商品房政策	21.3	12.65	7.41	58.64
政府保障性住房政策	22.77	12.31	7.69	57.23
小产权房政策	21.65	11.59	6.71	60.05
城镇棚户区改造政策	19.12	10.97	4.39	65.52
农村住房改造政策	26.02	11.7	7.31	54.97

各项住房政策中，商品房政策的数据最具有可分析性。在农业户口受访者中，23.48%对当前商品房政策表示满意（见表 7-11），不满意率为4.05%，11.74%表示一般，而回答“不清楚”的比例为60.73%。在非农业户口的受访者中，对商品房政策的满意率为 15.91%，不满意率为25%，15.91%表示一般，而回答“不清楚”的占比为 43.18%。由此可见，非农业户口的受访者对商品房政策的了解程度要高于农业户口受访者，这可能是由于住房为自建房的家庭在农业户口受访者中占比较高造成的。与此同时，非农业户口受访者对商品房政策的不满意比例也相对较高，不仅远高于农业户口受访者的不满率，也高于自身的满意率近 10 个百分点。

表 7-11　商品房政策满意度　单位:%

	满意	一般	不满意	不清楚
农业户口	23.48	11.74	4.05	60.73
非农业户口	15.91	15.91	25	43.18

我们对受访者对政府保障性住房政策、小产权房政策、城镇棚户区改造政策、农村住房改造政策的满意度也进行了统计分析，结果是，政府保障性住房政策中，农业户口受访者对该类住房政策的了解程度同样低于非农业户口受访者，前者为 40%，而后者为 61.4%。但两者对该项政策的满意程度比较趋向一致，满意率均在 20%以上。

在小产权房政策中，农业户口的受访者倾向于比较满意，满意率为23.41%，不满率为 5.16%；而非农业户口的受访者意见比较分散，

16.28%的受访者对小产权房政策表示满意，11.63%的受访者对该项政策表示不满。

城镇棚户区改造政策是一项针对城镇棚户区居民的住房政策，因此受访者对该项政策的了解程度比较低，回答“不清楚”的受访者比例偏高，回答态度也趋向于“一般”这类中性评价。

农村住房改造政策是一项针对农村居民的住房保障政策。29.74%的农业户口受访者对该项政策表示满意，在各项住房政策中满意率最高。

（三）扶贫政策

表7-12是受访者对各项扶贫工程的参与情况及满意度。在政府扶贫工作中，参与过扶贫活动的受访者中有70.93%的人表示满意。

表7-12　扶贫工程满意度　单位：人、%

	各项扶贫工程的参与人数	满意度				
		非常满意	满意	不满意	很不满意	不好说
移民搬迁工程	131	18.25	36.51	25.40	3.17	16.67
“两免一补”政策	307	28.38	50.17	14.19	0.33	6.93
扶贫工程项目	213	15.71	46.67	27.14	1.43	9.05
退耕还林还草补助工程	352	23.28	43.39	23.56	0.57	9.20
道路修建和改扩工程	359	26.27	44.07	20.06	1.41	8.19
基本农田建设工程	266	21.29	38.78	26.62	0.38	12.93
电力设施建设工程	303	31.67	40.67	19.67	1.33	6.66
人畜饮水工程	305	32.56	40.20	21.59	3.99	1.66
技术推广及培训工程	115	27.93	53.15	10.81	0.90	7.21
资助儿童入学和扫盲教育项目	84	29.63	50.62	8.64	1.23	9.88
卫生设施建设项目	142	42.75	42.75	5.80	1.45	7.25
种植业/林业/养殖业扶贫金	85	17.07	58.54	8.54	2.44	13.41
“村村通”工程	269	40.68	49.81	5.32	0.76	3.43
“教育扶贫”工程	162	33.12	54.78	5.10	0.64	6.36
牧区扶贫工程	47	15.91	63.64	6.82	0	13.63
扶贫培训工程	53	22.00	58.00	4.00	2.00	14.00

从满意程度上看，与教育、医疗相关的扶贫政策满意度相对最高，如“教育扶贫”工程、资助儿童入学项目、扫盲教育项目、卫生设施建设项目，其满意率均在80%以上。其中“两免一补”是指针对农村义务教育阶段的学生免杂费和书本费，补贴生活费的政策。

与基础设施建设相关的扶贫项目，如道路修建和改扩工程，电力设施建设工程、人畜饮水工程、“村村通”工程，其参与人数众多，受惠面广，满意率也相对较高，几项与基础社设施建设相关的扶贫项目满意率均超过七成，而“村村通”工程的满意或非常满意的比率更是达到了90.49%。

移民搬迁项目、技术推广及培训工程、牧区扶贫工程、扶贫培训工程，其服务对象比较有针对性，参与人数比较少，满意率也不尽相同，但是同样倾向于满意。

总的来说，扶贫政策的满意率较高，但其中以选择“满意”的受访者为主，而“非常满意”所占的比例略低，扶贫政策及其落实仍有发展空间。

（四）教育水平

1. 受教育程度

甘洛县受访者整体受教育水平偏低，其中未上学人口占24.19%；小学学历人口占33.48%；初中学历人口占27.65%；高中、中专或职高学历人口占6.69%；大学专科学历人口占4.32%；大学本科学历人口占3.67%。按拥有初中学历为完成义务教育的标准，甘洛县受访者中，完成义务教育者占受访者总人数的42.34%，远低于我国平均水平。

甘洛县受访者不同群体的受教育程度存在明显差异。

受访者性别和学历存在相关性（见图7-8）。在未上过学的受访者中，女性比例为男性比例的247%；男性未完成义务教育的比例为54.42%；而女性未完成义务教育的比例达到62.71%。此外，在初中、高中、大学专科的教育中，男性所占比例皆高于女性，而在大学本科的教育中，女性的受教育比例有所反超，达到5.08%。

除了性别之外，民族也是教育程度的重要影响因素（见图7-9）。汉族的受教育程度好于彝族，在高等教育中差别更加明显。汉族受访者未上学的比例是6.1%，而彝族为28.49%；汉族未完成义务教育的比例是34.15%，而彝族的比例是62.39%，将近汉族的2倍。在高等教育阶段，

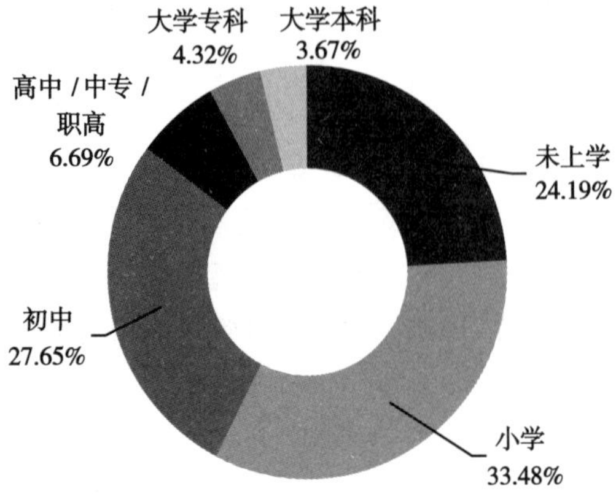

图 7-7 总体教育水平

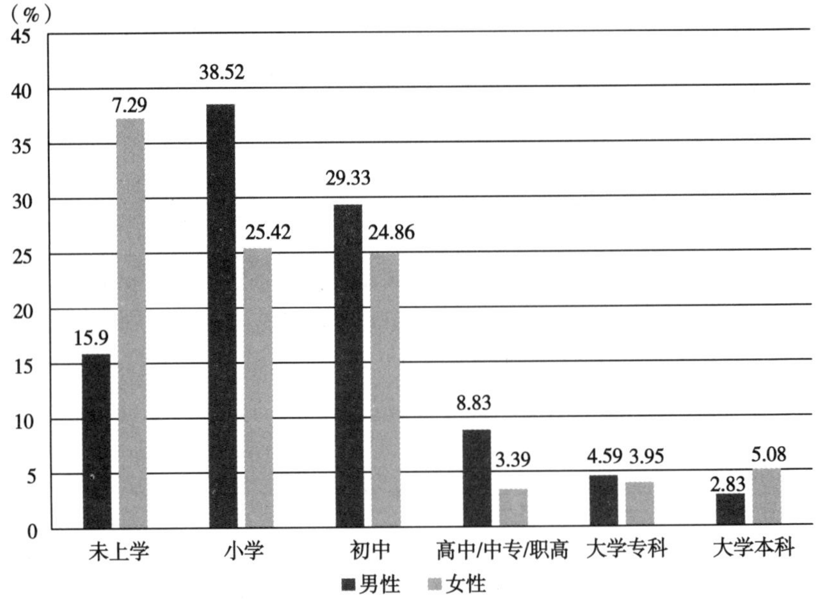

图 7-8 受访者性别分层下的教育水平

汉族受访者的受教育比例也高于彝族受访者。

年龄也是影响教育水平的一项重要因素。由图 7-10 可以看出，甘洛县的入学率在近几十年来显著提高，55 周岁以上受访者的未入学率为 46.15%；而 16—25 周岁受访者的未入学率已经降到了 7.69%。义务教育的普及率也持续升高，55 周岁以上完成义务教育的受访者比例只有

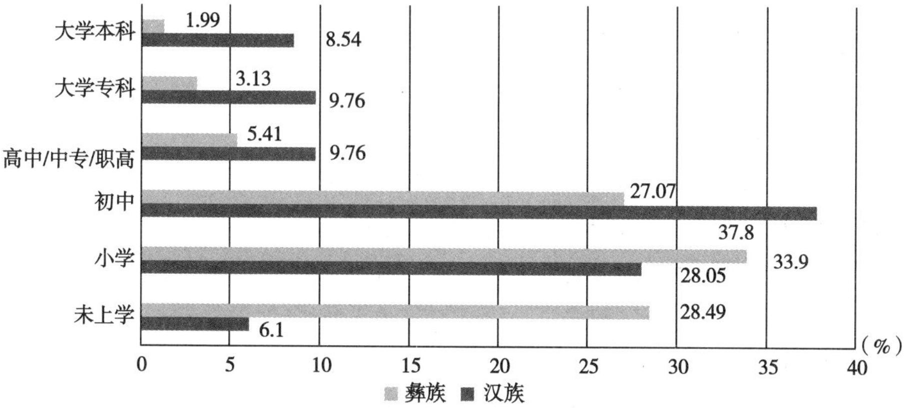

图 7-9　受访者民族分层下的教育水平

21.8%；而 16—25 周岁的受访者中，义务教育完成比例为 79.49%。高等教育进步最为明显，而同大学专科学历相比，大学本科学历获得者的比例上升尤为突出。

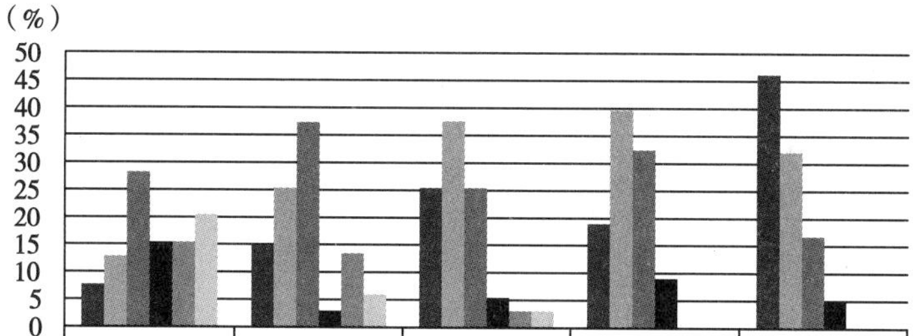

	16—25周岁	26—35周岁	36—45周岁	46—55周岁	55 周岁以上
■未上学	7.69	14.93	25.45	18.92	46.15
■小学	12.82	25.37	37.58	39.64	32.05
■初中	28.21	37.31	25.45	32.43	16.67
■高中 / 中专 / 职高	15.38	2.99	5.45	9.01	5.13
■大学专科	15.38	13.43	3.03	0	0
■大学本科	20.51	5.97	3.03	0	0

图 7-10　受访者年龄分层下的教育水平

2. 普通话推广水平

少数民族语言与汉语方言的使用情况是普通话教育的基础，受访者第一语言的使用情况决定着普通话推广的难度。

甘洛县隶属于凉山彝族自治州，彝语历史悠久、发展成熟、使用广泛。同时，有接近总受访者人数 1/5 的汉族受访者，主要使用四川本地汉语方言。甘洛县受访者中，3. 48%的受访者的第一语言是普通话，28. 7%的受访者的第一语言是汉语方言，其中 94. 7%为四川方言，67. 83% 的受访者以彝语为第一语言。

由第一语言的使用可以看出，甘洛县以普通话或与普通话发音相近的方言为第一语言的人口较少，普通话推广难度较大。

虽然难度较大，但普通话推广还是取得了较好的成果。由表 7-13 可以反映不同民族使用民族语言、汉语方言和普通话的大体情况。如果我们将“能够基本交谈但不太熟练”及以上水平看作可以交流，则能够使用普通话进行基本交流的汉族人口约占 78. 79%。其中，能够流利准确地使用普通话的受访者达到 51. 52%。能够使用普通话进行基本交谈的彝族受访者占比 72. 8%，其中，能够流利准确地使用普通话的彝族受访者占比 48. 8%。除了普通话外，四川方言在生活中也被广泛使用。在彝族受访者中，有 90. 5%的人能够使用四川方言进行基本交流，而能够使用四川方言交流的汉族受访者达到 100%。

表 7-13　　**受访者语言使用情况**　　单位:%

	普通话		汉语方言		本民族语言	
	汉族	彝族	汉族	彝族	汉族	彝族
能够流利准确地使用	51. 52	48. 8	91. 38	52	95	81. 49
熟练使用但有些音不准	9. 09	10. 4	3. 45	18. 5	0	5. 56
熟练使用但口音较重	15. 15	6. 4	5. 17	10. 5	0	3. 7
能基本交谈但不太熟练	3. 03	7. 2	0	9. 5	5	3. 7
能听懂但不太熟练	0	2. 4	0	5. 5	0	1. 48
能听懂一些但不会说	18. 18	5. 6	0	2	0	1. 85
听不懂也不会说	3. 03	19. 2	0	2	0	2. 22

在普通话教育的接受程度方面，有 95. 26%的受访者认为学习普通话对日常生活、经济交流和民族交流有好处。在问及是否支持双语教育的时，有 74. 93%的受访者表示支持，在反对的受访者中，无论彝族还是汉族，主要是认为彝语使用范围小，没有必要进入课堂，或认为双语教学的学校教育质量差，不愿送子女前往。

3. 汉字书写水平

汉字书写水平也是教育水平的一个重要指标。

汉字书写教育在不同民族间的难度也不尽相同，由图 7-11 可以看出，24.36%的汉族受访者无法使用汉字书写，而在彝族受访者中，这一比例为 40.42%。

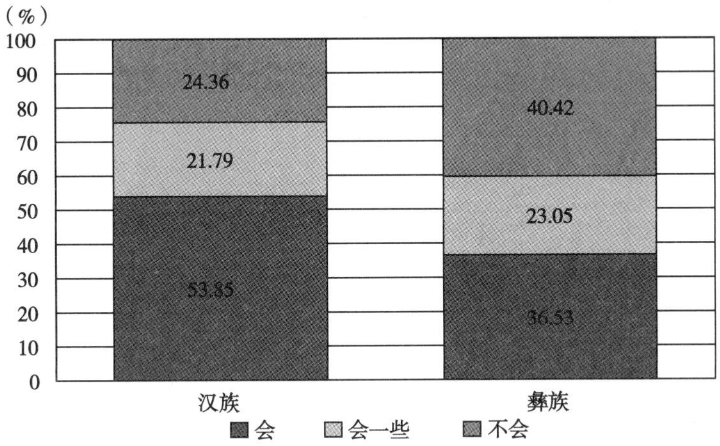

图 7-11　受访者民族分层下的汉字书写水平

年龄也是汉字书写水平的一种有效划分方式，这和受教育程度在不同年龄阶段中的表现具有相关性。图 7-12 可以比较直观地看出汉字书写水平在年龄划分下的变化趋势。由图 7-12 可见，55 周岁以上无法使用汉字书写的受访者比例为 54.05%，随着年龄的降低不断减少；16—25 周岁分组，无法使用汉字书写的受访者占比下降到 10.81%。

（五）搬迁移民政策

搬迁移民政策是对甘洛县影响较大的一项公共政策。在受访者中，有 131 人参与了移民搬迁工程，有 44 人离开原户籍所在地，搬迁到甘洛县。甘洛县接受调查的从外县迁入的移民中，因为个人原因自愿迁入该地的移民居于多数，并且没有大型工程项目移民。在小部分由政府主导迁移至甘洛县的移民中，在搬迁当时表示愿意或不愿意的比例各占一半左右，67.65%的受访者在搬迁时对政府的搬迁移民政策并不了解。

从移民安置情况上来看，72.73%的移民没有迁回原住地的想法。在希望迁回原住地的受访者中，生活不适应、生活条件艰苦是移民不愿留在

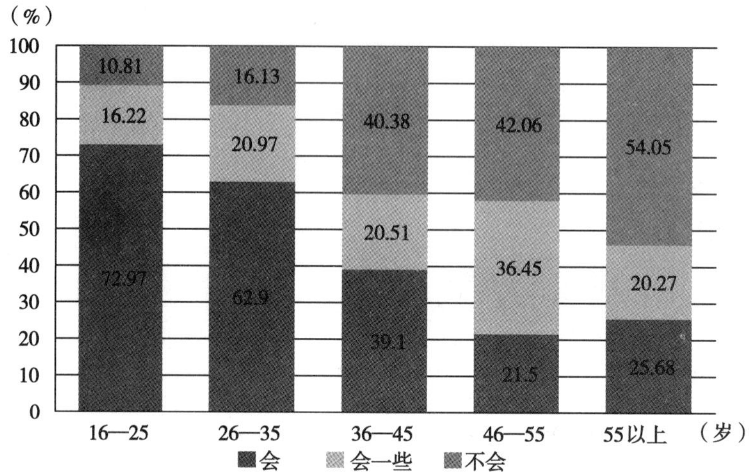

图 7-12　受访者年龄分层下的汉字书写水平

本地的主要原因，此外，就业困难、与本地居民关系不融洽，也有人提及。

在迁居甘洛县之前，移民在生活中遭遇各种困难时，基本依靠亲友等个人关系网络解决，而迁移至甘洛县后，依靠政府部门、邻里帮助渡过难关的受访者比例大幅增加。

在原户籍的生态环境方面，46.15%的受访者表示原居住地生态环境趋于好转，10.26%的受访者表示没有变化，12.28%的受访者表示生态环境趋于恶化，30.77%的受访者对原居住地的生态环境状况表示不清楚或不关心。回答原居住地生态环境没有好转或在恶化的受访者认为，开发资源时不注意保护环境，以及自然气候的变化是导致原居住地环境没有好转或趋于恶化的主要原因，并认为当地政府及生态破坏的责任主体应该为环境和生态的恶化负责。

表 7-14 可以反映受访者对移民搬迁政策的了解程度和对搬迁效果的整体满意程度。从政府对移民搬迁政策的宣传和实施效果上来看，近半数的受访者对各级政府的移民搬迁政策并不清楚，这可能与甘洛县的外来移民主要是由个人原因自行迁入该地有关。在了解甘洛县移民搬迁政策的受访者中，对搬迁政策的评价比较分散，态度主要集中在对各级政府的措施和成果表示满意和一般之中，也有少部分受访者表示并不满意。

表 7-14　搬迁移民政策满意程度　单位：%

	满意	一般	不满意	不清楚
对上级政府的移民搬迁政策	22.22	22.22	5.56	50
对上级政府的移民搬迁政策事实效果	22.22	19.44	11.11	47.23
对当地县/市政府的移民搬迁政策措施	25	16.67	11.11	47.22
对当地县/市政府的移民搬迁政策实施效果	22.22	19.44	11.11	47.23
对接受移民搬迁的地方县/市政府的相关政策措施	16.67	25	8.33	50
对接受移民搬迁的地方县/市政府的相关实施效果	19.44	19.44	11.11	50.01

（六）少数民族政策

甘洛县属于少数民族聚居区，受访者中彝族人口占到 80.18%，汉族人口占比 18.51%，零星其他民族受访者，由于样本数过少，不具有代表性，因此不作分析。

国家对少数民族实施部分特殊优惠政策，比如计划生育政策中的少数民族政策部分，针对少数民族的高考加分政策，少数民族文化的保护与支持政策等。总的来说，64.47%的甘洛县受访者对国家实施的民族优惠政策表示满意，其中汉族受访者的满意率为 50%，而彝族受访者的满意率为 68.63%。

1. 计划生育政策

计划生育政策是一项对甘洛县各民族生活影响较大的政策。根据《凉山彝族自治州计划生育办法》，甘洛县彝族居民可以生育两个孩子；生活在边远、高寒地带的彝族农村居民可以生育三个孩子；非农户口的汉族居民可以生育一个孩子；汉族村民提倡生育一个孩子，经批准可以生育第二个。

对于甘洛县有关少数民族计划生育政策的评价，有 68.71%的彝族受访者和 42.68%的汉族受访者表示支持。在认为少数民族计划生育政策存在缺陷的受访者中，认为存在缺陷的理由也不尽相同。图 7-13 反映了受访者不满计划生育政策的主要理由，总的来说，认为计划生育制度不应该因民族不同而区别对待的受访者比例最高，为 58.41%，提倡生育自由的受访者其次，占比为 28.50%。其中，59.87%的彝族受访者认为，全国各地区各民族应该使用统一的生育政策，而不应区别处理，而 32.23%的彝族受访者认为应该废除计划生育子女数量限制政策，由家庭自主决定。而在认为少数民族计划生育政策不好的汉族受访者中，51.11%的受访者认为全国各地区各民族应该使用相同的计划生育政策。26.67%的受访者认为计划生育政策可以在城市和农村中存在差异，但不应该以民族身份划分，17.78%的受访者认为，政府应该废除计划生育子女数量限制政策，由家庭自主决定。

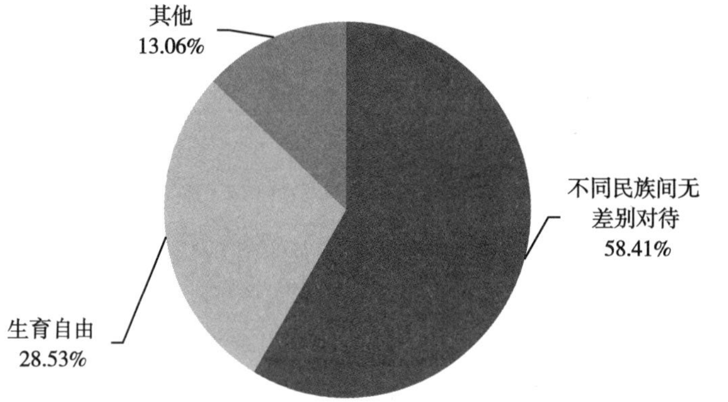

图7-13 受访者不满计划生育政策的理由

2. 高考加分政策

在对少数民族高考加分的问题上，超过六成的受访者对少数民族或少数民族地区的高考加分政策表示满意。其中，彝族受访者中表示满意的比例为66.76%，汉族受访者中表示满意的比例为55%，彝族受访者的满意率略高于汉族受访者。同时，两个民族均有超过30%的受访者不清楚少数民族或少数民族地区的高考加分政策，这可能与甘洛县的高等教育比例较低有关。

关于长期居住在城市的少数民族居民，其子女高考是否应该加分的问题，51.27%的彝族受访者表示支持，12.68%的彝族受访者表示反对。而在汉族受访者中，支持者的比例为34.15%，反对者的比例为20.73%。虽然两者的支持率均高于反对率，但是彝族受访者的意见相对统一，即大部分支持给予长期居住在城市的少数民族居民高考加分。而汉族受访者的意见比较分散，支持者和反对者的比例相对接近。

3. 文化保护政策

甘洛县政府为当地少数民族提供文化保护与文化支持。60%的彝族受访者对甘洛县政府保护当地文化和少数民族文化的成果表示满意，

20.88%的彝族受访者表示不满。

在当地各类传统文化中，传统服饰、传统节日和传统民居是彝族受访者认为最具特色的文化类型，与此相对应的是，在哪些类型的传统文化最需要政府保护的问题中，选择民族服饰、传统节日和传统民居的受访者比例也位居前三，远超人生礼仪、饮食、宗教活动等其他文化类型。

（七）环境保护政策

1. 退耕还林政策

在甘洛县调研中，有60.81%的受访者家庭所在地区实施过退耕还林政策。其中，48.34%的受访者认为自家退耕还林的土地面积高于本县其他耕户，35.06%的受访者认为自家退耕还林面积相对中等。

从退耕还林政策的实施效果来看，32.62%的受访者认为退耕还林后自身家庭收入没有明显变化，34.04%的受访者认为退耕还林后自身家庭收入有所提高，25.78%的受访者认为有所下降。三种情况的比例相当，不具有明显的趋向性。

在政府对退耕户的职业培训上看，40.6%的退耕户表示没有受到过培训。在受到培训的退耕户中，造林种草技术、种植业技术及畜牧业、养殖业技术是培训中占比较高的三种技术，分别占比24.97%、18.8%和13.25%。

从受访者对退耕还林政策的认识上看，52.31%的受访者认为退耕还林政策已经达到了遏制土地草场退化的效果，34.88%的受访者表示时间太短还没有明显改善，但长期坚持后应该会产生效果，12.81%的受访者认为退耕还林政策并不能起到改变环境的效果（见图7-14）。在谈及政策走向时，68.23%的受访者认为应该对政策进行巩固和加强，扩大面积，提高标准。18.41%的受访者认为应该维持现状，2.53%的受访者认为应该停止执行。

2. 环境保护意识

由表7-15可见，甘洛县受访者的环境保护意识比较强烈。

在调研中，受访者对经济发展中是否应该尊重自然，重视环境，是否应该坚持可持续发展战略等问题态度高度一致，每项观点的同意率都超过90%。但在两个反向问题中，在问及为了加快致富和增加就业，是否可以不考虑环境因素，大规模开发自然时，又有部分受访者表示认同。特别是问及为了当地经济发展和解决就业，当地政府是否应该大规模开发自然资

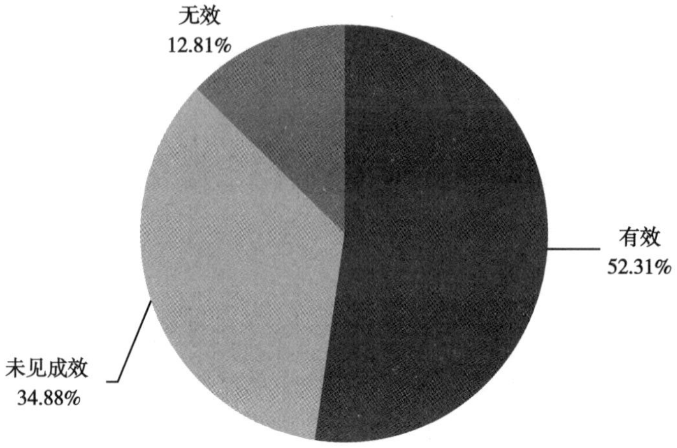

图 7-14 受访者对退耕还林效果的认识

源时，37.39%的受访者表示同意，这也说明受访者对经济水平提升和完善就业有着较为强烈的需求。

表 7-15 环境保护意识 单位：%

	同意	反对	不清楚
大自然很容易被破坏，需要人类在开发使用中加强保护	94	0.21	5.79
万物与人类一样都有生命	95.23	0.43	4.34
为了子孙后代的生存和发展必须大力保护环境	95.89	0.65	3.46
为了继承先人和本民族传统，必须平衡好开发利用与保护资源环境的关系	91.97	1.95	6.08
为了加快致富发展，人类没必要考虑环境约束问题	23.21	67.68	9.11
为了当地经济发展和解决就业，需要大规模开发自然资源	37.39	52.83	9.78
国家和发达地区需要加强生态补偿机制建设	86.24	3.06	10.7

（八）环境保护政策及成果评价

在对环境保护政策的的评价中，受访者对各项政策总体上倾向于满意。其中，对生态保护措施和法规的评价最高，认为好的受访者占比48.16%。而对违法违规环境事件的处罚，以及公众参与环境保护宣传动员的评价略低，认为不好的受访者分别为18.79%和17.1%（见表7-16）。但总体看来，各项差别并不大。

表 7-16　　环保工作满意度　　单位:%

	好	一般	不好	说不清
生态保护措施和法规	48.16	24.19	13.39	14.26
环境保护投入力度	43.87	28.82	15.05	12.26
违法违规环境事件的处罚	42.76	24.41	18.79	14.04
公众参与环境保护的宣传动员	41.56	25.97	17.1	15.37
对公众自发制止影响环境的资源开发项目的态度	42.42	26.41	15.37	15.8

从政策成果上看，甘洛县环境保护工作取得了明显成就。37.8%的受访者认为20年前当地的生态环境并不好，而认为自己所处地区生态环境并不好的受访者下降到了13.55%。与此相对，65.58%的受访者相信20年后该地区的生态环境会发展得更好，认为20年后当地生态环境会恶化的受访者仅占9.53%。

表 7-17　　生活环境满意度　　单位:%

	好	一般	不好
您对目前自己所处地区的生态环境评价	55.27	31.18	13.55
您所了解的20年前当地的生态环境状况	37.36	24.84	37.8
您认为20年后当地的生态环境状况	65.58	24.89	9.53
您对居住地周边环境状况的评价	58.8	33.48	7.72

四　社会凝聚与社会包容

社会凝聚与社会包容是促进社会和谐的稳定剂。本地与外地、不同民族与宗教之间、城乡之间，都可能产生摩擦。不同群体之间既有凝聚力又相互包容，是我们最希望达成的状态，从总体上看，甘洛县的社会凝聚与社会包容都处于一种较为良好的状态之中。

（一）本土意识

对人员流动的态度能够反映出受访者的本土意识，体现出该区域的包容程度。本土居民对待流动者的态度，流动者对当地的感受，以及本土居民对向外流动的态度，都能反映该地居民对人员流动的态度。

1. 本地受访者对流动者的态度

从本地居民对待外来流动人员的态度上看，本地居民对待外来流动人员的态度是十分欢迎的。表7-18可以反映本地居民对各级外来人口的欢迎程度。由表7-18可见，本地人对待省内外来流动人员和省外国内外来流动人员的态度并无明显差异，选择欢迎的受访者均接近89%左右。而对外国流动人员的态度略有差异，持欢迎态度的受访者为80.97%，但总体上来说，态度仍旧很具开放性。

表7-18　对外来流动人员的欢迎程度　单位：%

	欢迎	不欢迎	视情况而定	不清楚
县外省内的外来流动人员	88.97	2.20	7.03	1.80
省外国内的外来流动人员	88.94	1.99	7.08	1.99
外国人	80.97	2.65	7.96	8.42

从流动人员对当地的影响上看，甘洛县受访者的态度也很积极。认为流动人员提高了当地的经济水平，促进了当地生活环境的改善，并且增强了地区和民族间的交流，有利于弘扬本地本民族文化的发展（见表7-19）。

表7-19　对外来流动人员的认识　单位：%

	同意	不同意	视情况而定	不清楚
增加了当地的投资	85.43	1.10	6.84	6.63
扩大了当地的就业机会	83.89	1.10	7.51	7.50
开阔了当地人的眼界	82.08	1.55	9.73	6.64
提高了当地的社会服务水平	80.04	2.44	9.09	8.43
带来了先进技术和管理方式	79.65	1.55	10.4	8.40
有利于缩小区域间的差距	78.44	2.00	9.56	10.00
增强了民族间的交往	81.19	0.88	9.51	8.42
增加了当地劳动力市场中的劳动力	78.00	2.22	9.78	10.00
有利于弘扬本地的民族文化	79.78	1.33	8.89	10.00

在对外来流动人员持反对态度的受访者中，前三位反对理由为“看

不惯他们的行为举止”“破坏了当地的生活环境”以及“价值观冲突”。而如“赚走当地人的钱”“减少就业机会”“抢夺资源”等与经济生活相联系的选项，被提及的次数要相对少得多。由此可见，当地人反对外来流动人员的理由主要是文化价值方面的，而非经济因素。

2. 流动者对本地的态度

外来流动人员对本地生活的体验，能够从一个侧面体现出该地区的发展程度及包容性。

从表 7-20 中可以看出，外来受访者对当地的自然环境评价最高，有 86.67%的受访者表示当地自然环境良好。排在其后的是有关文化的选项，如社会包容性、宗教文化等方面。从经济条件上看，当地基础设施尚可，比起就职环境来说，外来流动人员的投资环境更好一些。对于外来流动人员来说，甘洛县的自然人文环境较好，投资环境适中，但不适合外来者就职，且社会治安环境有待改善。

表 7-20　外来流动人员对本地的评价　单位：%

	好	不好	视情况而定	不清楚
当地的就业机会	20	46.67	20	13.33
当地的工资水平（与东中部比）	20	53.33	20	6.67
当地日常生活的便利性	46.67	33.33	13.33	6.67
当地社会的包容性	57.14	21.43	21.43	0
当地的自然环境	86.67	13.33	0	0
当地的投资环境	33.33	26.67	26.67	13.33
投资当地的盈利情况	33.33	26.67	33.33	6.67
当地的宗教文化	35.71	21.43	0	42.86
当地的社会安全	26.67	46.67	20	6.66

3. 本地受访者对向外流动的态度

在本地人向外流动就职的调查中，44.45%的受访者只接受在县城之内寻找就业机会，29.41%的受访者接受县外省内工作，但必须是家附近的市、县。愿意离开本省就业的受访者约占 11%，主要表现为希望到东部一线大城市就业。由此可见，当地受访者的乡土观念比较强，并没有强烈的外出发展需求。

在有过外出工作经历的受访者中，提及外出工作的障碍有哪些，“工作辛苦收入低”是最重要的理由，远超其他选项。“当地人看不起”排在第二位，而“得不到相关就业信息”“家里需要照顾必须返乡”等理由，都在调查中有所提及。

（二）民族意识与民族关系

作为少数民族聚居区，民族意识和民族关系是一项重要的调查内容。根据甘洛县少数民族的分布情况，彝族的民族意识以及彝族和汉族之间的关系，是本部分的主要分析内容。

1. 民族意识

认为民族身份在本地日常生后中经常或偶尔带来不便的彝族受访者为21.15%，认为在外地由民族身份带来不便的彝族受访者占比7.87%。关于民族身份带来不便的理由，主要集中为三点，分别是：找工作过程中存在民族歧视，由于语言不通带来的不便，以及生活方式不同带来的不适应感。

关于各种不同身份的排序问题，受访者也作出了相应回答。在国籍与民族身份的排序中，66.07%的受访者认为国籍身份优先于民族身份，17.60%的受访者认为民族身份优先于国籍身份，而9.18%的受访者认为两者不分先后。在公民身份与民族身份的排序中，24.49%的受访者认为民族身份优先于公民身份，47.45%的受访者认为公民身份优先于民族身份，而28.06%的受访者认为两种身份同样重要。在本地人身份和民族身份的排序中，37.79%的受访者表示民族身份更重要，32.39%的受访者认为公民身份更重要，而29.82%的受访者认为两种身份同样重要。由此可以看出，受访者在身份认同的排序上，国籍身份排在最优，公民身份其次，而民族身份和本地人身份排在之后。在外地遇到困难，需要求助时，20.41%的受访者选择更信任本民族的人，34.37%的受访者更信任同乡，19.38%的受访者选择两者同等信任，而25.84%的受访者认为不存在民族、地域差别。

在民族身份的代际传承上，受访者展现出较好的民族文化传承态势（见表7-21）。在语言文字和风俗习惯上，其子女愿意接受本民族语言文字和风俗习惯的受访者，均超过了82%。特色手工艺在其次，68.82%的受访者表示其子女愿意继承。宗教信仰的继承意愿相对较弱，占比49.39%。

表 7-21　民族意识　单位:%

	愿意	不愿意	无所谓
语言文字	82. 99	8. 5	8. 51
风俗习惯	82. 11	11. 44	6. 45
宗教信仰	49. 39	22. 42	28. 19
特色手工艺	68. 82	9. 41	21. 77

2. 民族关系

从调研中可以发现，甘洛县民族关系比较和谐。无论是交流、共同工作生活，还是联姻，民族身份都没有成为障碍。表 7-22 可以反映出彝族和汉族之间，对于不同交流方式的接受程度。

值得注意的是，两个民族交流意愿的强烈程度有所不同，彝族相比汉族显现出了更强的交流意愿。两个民族倾向于愿意交流的受访者比例有一定差距，强度差别更加明显。比如，倾向于愿意聊天的汉族受访者比例为 75. 35%，而倾向于愿意聊天的彝族受访者比例为 92. 46%。在此之中，表示很愿意的汉族受访者比例为 41. 1%，表示比较愿意的比例为 34. 25%。而彝族受访者中，回答很愿意的比例为 72. 75%，而比较愿意的比例为 19. 71%。总量有一定差异，但是强度差异更大。在通婚问题上，汉族和彝族的差别最为巨大。彝族受访者中倾向于愿意与汉族成为亲家的受访者比例为 83. 97%，而汉族受访者中，这一比例只有 44. 44%。

但从总体上讲，两个民族都倾向于相互交流，民族关系和谐。

表 7-22　民族关系　单位:%

		很愿意	比较愿意	不太愿意	不愿意	不好说
聊天	汉族	41. 1	34. 25	12. 33	8. 22	4. 10
	彝族	72. 75	19. 71	4. 06	1. 74	1. 74
成为邻居	汉族	36. 99	31. 51	17. 81	9. 59	4. 10
	彝族	73. 33	18. 55	4. 93	1. 45	1. 74
一起工作	汉族	34. 72	30. 56	16. 67	12. 5	5. 55
	彝族	72. 75	15. 07	8. 41	1. 16	2. 61
成为亲密朋友	汉族	34. 25	24. 66	15. 07	17. 81	8. 21
	彝族	71. 88	15. 36	8. 99	1. 45	2. 32

续表

		很愿意	比较愿意	不太愿意	不愿意	不好说
结为亲家	汉族	33. 33	11. 11	20. 83	29. 17	5. 56
	彝族	71. 15	12. 82	9. 29	4. 17	2. 57

从历史角度上看，无论是全国范围还是本地范围，民主关系都在向着好的方向发展（见图7-15、图7-16）。在改革开放以前，民族关系是否和谐存在分歧，认为“好”与“不好”的比例比较接近，认为“不好”的受访者所占比例略高。改革开放以来至2000年前后，民族关系有一定程度的好转，回答“一般”的受访者比例开始上升，“不好”的比例下降。2001年后，民族关系有了显著的好转，超过70%的受访者认为民族关系和谐，认为民族关系不好的受访者下降到3.7%左右。

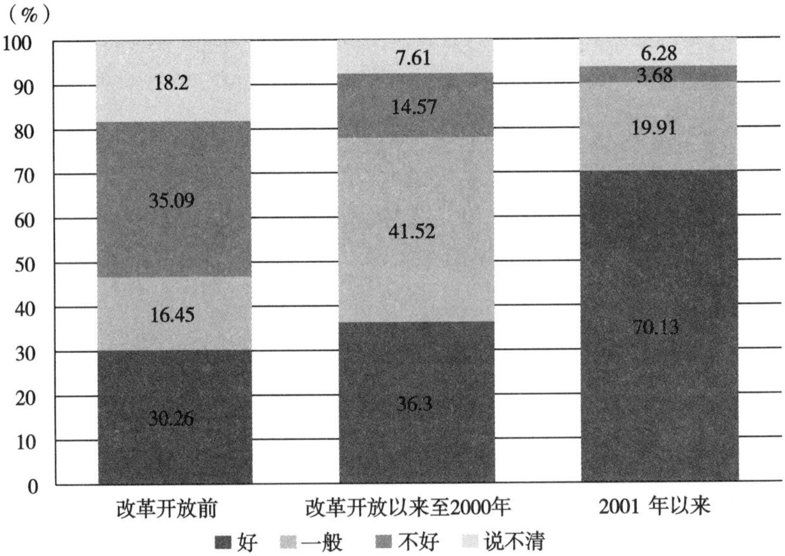

图7-15　受访者对全国民族关系趋势的认识

（三）城乡意识

根据调查问卷，在甘洛县的受访者中，有63.16%的人愿意在城镇或城市中生活，另外36.84%的受访者并无此意愿。

在愿意在城镇生活的受访者中，最重要的几条理由包括：生活便利，工作机遇多、收入高，医疗、教育设施完备等。其中生活便利被视为最重

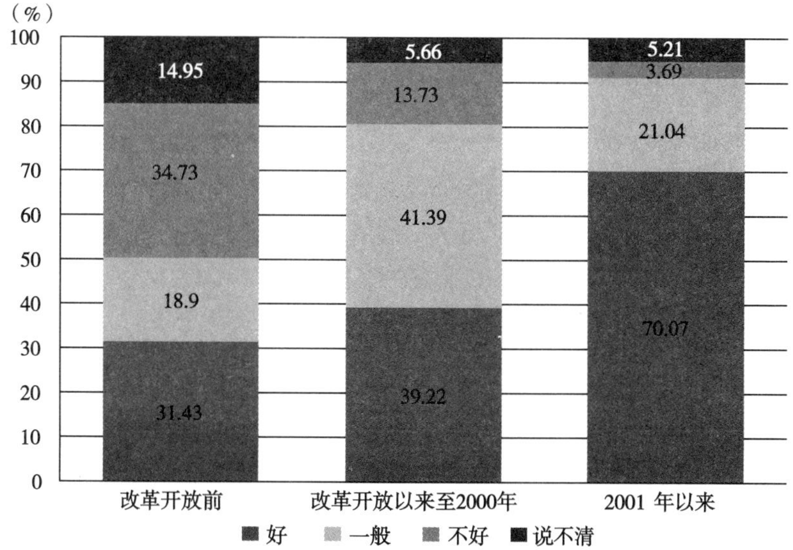

图 7-16　受访者对本地民族关系趋势的认识

要的理由。

而对于有过城市工作生活经验的受访者来说，城市中最无法习惯的方面是开销多经济压力大，此外城市大导致的生活不便、住房拥挤、人际关系淡漠、社会地位低等都有被提及。

（四）宗教意识

甘洛县受访者的宗教氛围较淡，本民族的传统信仰仍发挥着一定影响。在受访者中，83.7%的受访者没有宗教信仰，9.91%的受访者信仰以毕摩为主的民间信仰，其余佛教、基督教、天主教均有不足1%的信众，所占比例不大。

毕摩是彝族的传统民间信仰，影响到彝族人生活的多个方面，是彝族民族文化的一种表现形式。毕摩信仰相较于其他民族文化传承形式，在受访者中的接受继承水平表现一般，但仍旧保有一定的生存空间。44.9%的彝族受访者认为毕摩的影响力正在不断缩小，认为没有变化的受访者为9.86%，认为不断壮大的受访者仅有1.36%。

总体上看，甘洛县的宗教气氛并不浓厚，并且呈现收缩趋势。

（五）社会冲突

社会冲突可以由许多原因造成，贫富差距、城乡冲突、宗教认识不同等，都可能产生社会冲突。从表7-23可见，总体上讲，甘洛县的社会冲突并不严重。

民族关系和宗教关系尤为和谐，倾向于认为冲突严重的受访者仅占8.04%和5%。城乡居民间冲突、医患矛盾和社会贫富差距是相对严重的社会冲突，倾向于认为冲突严重的的受访者分别占到了27.43%、35.63%和33.33%。

由冲突类型上看，甘洛县的社会冲突主要表现为经济利益上的冲突，文化、政治方面较为和谐。

表7-23　　对主要社会冲突的认识　　单位:%

	非常严重	有点严重	不算严重	完全不严重	不清楚
干群矛盾	3.68	18.61	36.8	22.73	18.18
民族关系的局部不和谐	1.3	6.74	36.09	40.43	15.44
城乡居民间冲突	14.69	12.74	25.05	30.67	16.85
医患矛盾	14.9	20.73	19.44	29.37	15.56
社会贫富差距	16.45	16.88	17.1	33.12	16.45
宗教的局部矛盾	0.43	4.57	26.52	41.3	27.18

五　社会信任

社会信任是社会发展的稳定剂，安全感、公平感、压力和信心都是社会信任的表现方式。社会信任不良会引起社会性的焦虑感，从而降低公民的幸福指数。

（一）安全感

由表7-14可以看出，受访者整体上安全感较高。在生活与劳动的各个领域中，倾向于认为安全的受访者比重大多能超过80%以上。其中，医疗安全和食品安全成为安全感较低的两个领域，特别是食品安全方面，有27.06%的受访者倾向于不安全，且有11.04%的受访者对食品安全极不信任。

表7-24　　居民安全感　　单位:%

	很不安全	不太安全	比较安全	很安全	不确定
个人和家庭财产安全	5.23	10.46	51.42	30.94	1.95
人身安全	6.11	6.11	52.84	31.88	3.06
交通安全	5.68	11.14	49.13	29.69	4.36

续表

	很不安全	不太安全	比较安全	很安全	不确定
医疗安全	8.82	12.26	44.52	29.68	4.72
食品安全	11.04	16.02	43.07	25.97	3.9
劳动安全	5.08	9.93	47.02	32.45	5.52
个人信息、隐私安全	7.42	7.42	45.85	32.75	6.56
生态环境安全	5.91	8.53	49.23	30.63	5.70
人身自由	5.04	5.04	48.25	38.6	3.07
总体上的社会安全状况	5.27	8.79	53.85	28.79	3.30

在面对突发事件时，甘洛县受访者倾向于信任政府的应对处理能力，能够保障自身的安全。而在各类突发事件中，对政府处理自然灾害事件的满意度最高，占比73.39%，而对群体性突发事件、暴力恐怖事件的政府应对能力存在一定忧虑（见表7-25）。

表7-25　对政府应对突发事件能力的评价　单位：%

	满意	不满意	不清楚
自然灾害事件	73.39	15.88	10.73
生产安全事故	66.59	17.35	16.06
传染病及公共卫生事故	64.92	19.17	15.91
一般社会治安事件	62.83	21.96	15.21
群体性突发事件	58.28	20.31	21.41
暴力恐怖事件	57.14	17.23	25.63

（二）公平感

表7-26表现了受访者在各项活动中的公平感。甘洛县受访者的公平感普遍较好。在各项社会生活中，认为“比较公平”的受访者所占比例最高。

在受到不公平待遇的情况下，44.96%的受访者会首先选择忍受，而36.64%的受访者会首先选择找政府相关部门或干部反映问题，除此之外，诉讼等司法途径及寻求媒体帮助也是较多被考虑的途径。虽然受访者的公平感较好，但维权途径的建设尚需加强。

表 7-26 居民公平感 单位:%

	很不公平	不太公平	比较公平	很公平	不确定
教育	15.27	15.7	41.72	21.51	5.80
语言文字	9.94	8.86	41.25	22.46	17.49
医疗卫生	14.01	11.85	42.24	22.84	9.06
住房	13.36	12.93	43.97	22.41	7.33
社会保障	13.42	13.64	43.07	21.43	8.44
司法	14.32	12.33	36.12	20.48	16.75
干部选拔任用	17.47	17.9	28.6	15.28	20.75
就业	13.04	13.48	34.78	17.39	21.31
信息	12.45	7.86	36.46	19.87	23.36
政府办事	15.65	16.09	34.57	14.35	19.34
投资经营	14.32	7.27	33.7	18.72	25.99
总体上的社会公平状况	12.47	10.24	42.54	18.04	16.71

（三）压力

从表7-27可以看出，甘洛县受访者的压力较大，主要压力来源为经济上的压力。除了婚姻生活项目之外，一切与经济水平联系紧密的领域，受访者的压力程度都比较大。

表 7-27 居民压力 单位:%

	压力很大	有压力	压力很小	没有这方面压力
经济压力	61.59	27.9	5.15	5.36
个人发展	33.84	32.97	6.55	26.64
人情往来压力	31	32.31	11.79	24.90
孩子教育压力	35.73	31.59	9.37	23.31
医疗/健康压力	35.08	32.9	12.85	19.17
赡养父母的压力	27.53	19.82	14.32	38.33
住房压力	29.57	21.3	10.87	38.26
婚姻生活压力	18.86	15.13	11.18	54.83
总体的社会生活压力	27.27	38.58	17.07	17.08

（四）信心

当问卷问及5年内生活水平提高的程度时，32.7%的受访者表示自身生活水平上升很多，48.2%的受访者表示略有上升。与此吻合的是，在预测未来5年的生活水平时，有30.06%的受访者认为自己的生活水平会上升很多，而45.42%的受访者认为自己的生活水平会略有提升。

在对2020年甘洛县是否能够全面建成小康社会的看法上，65.52%的受访者倾向于有信心，而20.26%的受访者倾向于没有信心。最为影响受访者信心的因素是经济收入提高慢，此外，住房条件差、基础设施条件差、自然条件恶劣均在不同程度上影响了受访者的信心。受访者表示，加快发展当地经济，加快基础设施建设，贯彻落实中央政策，才能够提升信心，促进小康社会目标的快速达成。

六　初步结论

根据甘洛县调研统计结果，得到以下初步结论：

第一，受访者的基本情况统计表明，甘洛县为彝族聚居区，彝族构成了甘洛县的主体民族，汉族为甘洛县第二大民族。

甘洛县性别比例失衡，但随着新一代的成长，性别比例问题正在逐步好转。甘洛县家庭结构呈现多样性，两口、三口之家和多代同堂、家族聚居的传统家庭模式同时存在。

第二，甘洛县以农业户口为主体，农业户口受访者超过总受访人数的4/5。受访者的生产方式以务农为主，但受访家庭中存在多种生产方式并存的现象，并且比较普遍。甘洛县家庭收入水平整体偏低，且农业户口和非农业户口在家庭收入上存在较大差异。农业户口家庭支出占家庭总收入比重过大，收入水平有待提升。甘洛县住房自有率高，且多为自建房，同时兼以商品房、廉租房及私人房屋租赁多种方式。基础设施建设仍需完善，其中，基础医疗、义务教育、治安机构的普及率相对较好，公共交通等多项基础设施尚不完备。城镇与乡村在部分基础设施覆盖程度上差异巨大，幼儿园、运动场所等设施的差距尤为明显。

第三，甘洛县受访者的教育水平整体偏低，入学率和义务教育完成率都不容乐观。但教育普及程度和教育质量在稳步攀升，入学率和高等教育升学率都随着时间的推移有所提高。作为少数民族聚居县，彝族拥有成熟的语言和文字体系，这为普通话的推广和汉字书写教育造成一定的难度。

但经过努力，普通话的推广和汉字教育成果显著。在甘洛县，普通话、四川本地方言和彝语同时被广泛地使用，汉字书写的总体能力不高，但是高龄人群是无法进行汉字书写的主要组成部分。随着教育的普及，汉字书写能力在青年人中得到了快速的提高。

第四，彝族同汉族间存在经济与教育水平上的差距，但民族关系相对融洽。彝族同汉族在收入水平上存在较大差距，无论是农村家庭还是城镇家庭，汉族家庭的收入水平均显著高于彝族。在文化教育上，汉族的入学率、义务教育普及率及高等教育升学率均高于彝族，这主要与经济基础有关系，同时也与语言等文化差异相关。彝汉两族虽然存在经济和教育水平上的差距，但民族关系比较和谐。民族间的交流频繁，民族间交流意愿强烈，与汉族相比，彝族对民族间的相互交流持更加积极的态度。从民族关系的演变上看，彝汉两族间的关系持续好转，在2000年之后有了飞跃式的发展。在对民族政策的评价上，甘洛县受访者整体上对该地区的各项少数民族政策表示满意。在关于少数民族计划生育政策的问题上，超过半数的受访者支持全国范围内采用同样的计划生育政策；在高考优惠政策上，彝族和汉族的观点存在一定程度的分歧，但总体上对现有政策持支持态度。

第五，甘洛县在环境保护方面取得了良好的成绩。退耕还林政策得到了有力的执行，生态环境逐年好转，甘洛县居民理解环境保护的意义，支持环境保护政策的实施，并对甘洛县未来环境发展的前景持乐观态度。

第六，在社会凝聚与社会包容上，甘洛县受访者乡土意识浓重，但对外来人员持积极开放的态度。甘洛县居民在居住和求职中更倾向于在本地发展，乡族观念重，给予同族和同乡广泛的信任。在对待外来流动人员的态度上，甘洛县本土居民态度积极，包容性强，对外来人员带来的影响给予十分正面的评价。在自身身份的认识上，甘洛县受访者对本地及本民族的认同感都很强，但同时对自身的国民身份持有高度的认同感。

第七，甘洛县的宗教氛围单薄，超过4/5的人不信仰任何宗教。世界五大宗教在甘洛县均没有土壤，毕摩是唯一尚有生命力的传统民间信仰。作为彝族的传统信仰和生活方式，毕摩在甘洛县还有部分生存空间，但影响程度呈逐年收缩趋势，对青年一代缺乏吸引力。

第八，从社会信任角度上看，甘洛县对社会和政府的信任程度较高。甘洛县仍旧存在一定程度的腐败现象，但受访者对廉政建设的成果还是比较认可的，对廉政建设的未来发展前景也持乐观态度。甘洛县受访者的安全感较强，对食品安全存在一些顾虑，但并不严重。受访者对政府的安全保障能力和应对突发事件的能力都很认可，甘洛县受访者对社会公平现状持比较满意的态度，但是在面临不公平的待遇时，缺乏有效的处理途径。经济压力是甘洛县居民的主要压力来源，但是受访者对未来的经济发展前景充满信心，对建成全面小康社会充满希望。

经过调研、统计及分析，甘洛县的以下几点问题需要得到改进：

第一，经济发展水平不高，经济发展速度不及期望。部分受访者仍旧需要依靠扶贫政策等特殊政策维持生活。虽然绝大部分受访者表示生活水平在上升，但是仍有接近 1/5 的受访者认为 5 年内自身生活没有得到改善或有所下降。经济压力是甘洛县受访者最大的压力来源，当地人对提高收入水平的要求强烈。

第二，城乡间基础设施建设水平差距大。公共交通、邮电、基础金融服务覆盖程度严重不足，幼儿园、农贸市场等类型的基础设施在城乡间的普及程度差距巨大。

第三，各项政策宣传力度不足，大量政策不被当地居民所了解。

第四，群众解决问题的各种渠道并不畅通，应提高政府沟通效率。

总之，努力发展当地经济，提高居民收入，缩小城乡间基础设施建设水平的差距，大力宣传并贯彻落实政府的各项政策规定，畅通政府与公民的沟通机制，才能解决甘洛县的问题，促进甘洛县更好地发展。

第八章

云南澜沧拉祜族自治县经济社会发展综合调查报告

澜沧拉祜族自治县是全国唯一的一个拉祜族自治县，该县地处云南省西南部、普洱市的西部，位于普洱、临沧、西双版纳三州（市）交汇处，地处东经99°29′—100°35′、北纬22°01′—23°16′，素有“拉祜山乡，边陲宝地”之美誉。澜沧拉祜族自治县与思茅区、景谷、孟连、勐海、沧源、双江、西盟等6个县区相邻，山区、半山区面积占98.8%。县域面积达8807平方公里，为云南面积第二大县和全国最大的少数民族自治县。[①] 全县辖20个乡（镇）、161个村委会（社区）、1913个自然村、2595个村民小组。2015年，全县常住人口达49.82万人，城镇人口达13.11万人，城镇化率达26.32%，比上年提升1.31个百分点。据公安部门统计，年末户籍人口为484027人，其中男性和女性人口分别占总人口的52.08%和47.92%。人口出生率为12.53‰，死亡率为6.13‰，人口自然增长率为6.41‰。[②]

澜沧县境内居住着拉祜、佤、哈尼、彝、傣、布朗、回、景颇八个世居少数民族，少数民族人口39.3万人，占总人口的79%，其中拉祜族21.5万人，占总人口的43%。有5个少数民族跨境而居，有2个边境乡、8个边境村、82个边境村民小组，3条边境通道。澜沧是国家和省扶贫工作重点扶持县，但该县境内土地、森林、矿产、水电等资源丰富，有博大精深的普洱茶文化和独具特色的少数民族文化。全县耕地保有量313万亩、人均

---

① 澜沧拉祜族自治县地方志编纂委员会：《澜沧拉祜族自治县志（1978—2005）》，云南人民出版社2013年版，第29页。

② 澜沧县统计局：《澜沧拉祜族自治县2015年国民经济和社会发展统计公报》，知县网，http：//www.ahmhxc.com/tongjigongbao/4538.html。

6.3 亩，其中基本农田 269 万亩、人均 5.4 亩。林业用地面积 806 万亩，森林覆盖率 60%，有 17 片万亩以上集中连片的原始森林，总面积 104.4 万亩。有铁、铅、锌、褐煤等 30 多种金属、非金属矿种，其中铁矿储量 22 亿吨，占云南省探明储量的一半以上。有大小河流 153 条，澜沧江过境流程 142 公里。作为茶树原产地中心地带和普洱茶的故乡，澜沧县有野生茶树 11.8 万亩，有全世界迄今发现最古老的过渡型大茶树——富东邦崴千年古茶树，有全世界迄今发现种植年代最久远、连片面积最大、保存最完好的人工栽培型古茶园——惠民景迈芒景千年万亩古茶园。①

2015 年，全县实现生产总值 564783 万元，三次产业结构为 28.94∶37.31∶33.75，人均地区生产总值按常住人口计算为 11346 元。全县全年实现财政总收入 95421 万元，其中：公共财政预算收入 48666 万元，增长 5.2%；完成各项税收 28376 万元，比上年增加 3131 万元，增长 12.4 %。全县一般预算支出 339876 万元，其中教育、社会保障和就业、医疗卫生及计生等三大民生支出分别为 52732 万元、54276 万元和 38977 万元，分别增长 12.3%、12.7% 和 25.0%。年末全县金融机构人民币存款余额 910677 万元，其中居民储蓄存款余额达 384862 万元。②

一　城乡受访者基本情况

本报告的分析数据来源于中国社会科学院民族学与人类学研究所主持开展的国家社科基金重大委托项目暨中国社会科学院创新工程重大专项“21 世纪初中国少数民族地区经济社会发展综合调查”，在 2015 年澜沧拉祜族自治县进行的家庭问卷调查。当年回收有效问卷 449 份，受访者涵盖汉族、拉祜族、哈尼族、傣族、彝族等 13 个民族。受访者的基本情况如表 8-1 所示。

从表 8-1 来看，受访者性别比例均衡，各占 50%，男性占比略高。各年龄层次受访者分布也较为均衡，但年轻受访者占比总体上较高。从各民族受访者的比例来看，拉祜族受访者占比 37%，依次高于汉族和哈尼族受访者，这一比例总体上与澜沧县的实际人口结构趋于一致。农业户籍受访者占到 2/3。受访者中属于中共党员的占比为 9.7%，即每 10 个人中就有一

① 中共澜沧县委、澜沧县人民政府：《澜沧县经济社会发展情况》2013 年 12 月 10 日。

② 澜沧县统计局：《澜沧拉祜族自治县 2015 年国民经济和社会发展统计公报》，知县网，http：//www.ahmhxc.com/tongjigongbao/4538.html。

名中共党员。在此次调查中，有宗教信仰的受访者占比仅为4.1%。从家庭规模来看，家庭常住人口在3人和4人的占比最高，分别为23.9%和24.4%，1人户仅占3.8%；而家庭常住人口在5人及以上的占比，累计达33.4%，占到1/3。从受教育程度来看，受访者接受了大学及以上教育的人数比例仅为5.7%，而未上学以及只接受了小学教育的受访者比例则分别占29.2%和29%。在就业类型方面，除了41.1%的受访者就业不便分类外，从事农林牧渔水利生产的人员比例最高，占24.4%；从事商业、服务业的受访者占比也相对较高，为20.7%。但是，从事专业技术、操作生产、运输设备、企事业单位工作人员的比例均不高。这与民族地区受教育程度总体偏低、人力资本积累不足以及产业结构密切相关。总体而言，受访者的分布与澜沧县实际人口情况基本一致，具有较强的代表性。结合澜沧县的经济社会特点及问卷结构，本研究报告就从经济生活、生态保护、扶贫开发、民族政策、民族关系与认同、城镇化建设、社会稳定七个方面对澜沧县的经济社会发展状况进行定量描述。

表8-1　受访者基本情况　单位：%

	项目	有效百分比		项目	有效百分比		项目	有效百分比
性别	男性	50.2	健康状况	健康	67.0	受教育程度	未上学	29.2
	女性	49.8		一般	17.5		小学	29.0
年龄	29岁及以下	18.6		不健康	15.5		初中	23.4
	30—39岁	19.5	政治面貌	非中共党员	90.3		高中	12.7
	40—49岁	27.7		中共党员	9.7		大学及以上	5.7
	50—59岁	16.8	宗教信仰	无宗教信仰	95.9	职业类型	国家机关党群组织、事业单位工作人员	7.1
	60岁及以上	17.4		有宗教信仰	4.1		专业技术人员	2.5
民族类别	汉族	29.0	家庭常住人口	1人	3.8		各类企业办事人员	2.1
	哈尼族	18.9		2人	14.5		商业、服务业人员	20.7
	拉祜族	37.0		3人	23.9		农林牧渔水利生产人员	24.4
	其他民族	15.1		4人	24.4		生产、运输设备操作人员及有关人员	2.1
户籍	农业	67.0		5人	17.9		不便分类的其他从业人员	41.1
	非农业	33.0		6人及以上	15.5			

说明：（1）被访者的民族类别具体包括汉、回、苗、彝、白、哈尼、傣、佤、拉祜、纳西、仫佬、布朗、塔塔尔族等，其他民族是由受访者个案量低于30的民族所构成。（2）有宗教信仰的受访者中，信仰的宗教包括伊斯兰教、佛教、民间信仰等。

二　经济生活

本报告从就业和生活水平评价两个方面描述了澜沧县各民族受访者的经济生活状况。

（一）总体就业状况

从澜沧县被访者的职业类型来看，除不便分类的其他从业人员之外，从事第一产业和第三产业的受访者比例相对较高。这在一定程度上与澜沧的生态茶产业链发展相关。总体而言，从事农林牧渔水利生产的人员占24.4%，从事商业、服务业的人员占20.7%。从城乡居民的差异来看，城镇居民受访者中，从事商业、服务业的人员和企业办事人员的人数占比要高于农村居民，而农村居民则在从事农业生产和专业技术方面的人员占比要高于城镇受访者。农民因参与茶产品的加工环节的人数较多，因此澜沧出现了农业户籍居民专业技术人员的比重略高于城镇。但总体而言，城乡居民从事专业技术的人数占比仍然过低。

表 8-2　　分户籍、分民族受访者职业类型　　单位:%、次

	国家机关党群组织、事业单位工作人员	专业技术人员	各类企业办事人员	商业、服务业人员	农林牧渔水利生产人员	生产、运输设备操作人员及有关人员	不便分类的其他从业人员	合计	频次
农业	4.5	2.7	0.7	17.1	35.6	2.4	37.0	100	292
非农业	12.6	2.1	4.9	28.0	1.4	1.4	49.6	100	143
汉族	4.0	4.0	3.2	29.6	9.6	3.2	46.4	100	125
哈尼族	4.8	4.8	2.4	7.1	40.5	1.2	39.2	100	84
拉祜族	8.1	1.3	1.3	13.1	34.4	2.5	39.3	100	160
其他民族	13.6	0.0	1.5	39.4	7.6	0.0	37.9	100	66
合计	7.1	2.5	2.1	20.7	24.4	2.1	41.1	100	435

不同民族受访者的从业差异则表明，在少数民族自治县中，汉族在国家机关事业单位中从业的人数比例低于少数民族。但是，汉族受访者专业技术人员、企业从业人员、商业、服务业人员以及专业设备操作人员等的人数占比均高于少数民族受访者。

1. 农业户籍居民就业状况

在农业户籍被访者中，不同民族受访者的工作模式也存在明显差异。汉族农业户籍受访者中，有46.5%的人只从事非农就业，只是务农的人数比例则为14.1%。而且就以农为主和以非农工作为主的工作状态来看，汉族农业户籍受访者总体表现出了更倾向于以非农工作为主的特点。而拉祜族、哈尼族农业户籍受访者的就业状态则刚好相反，更多的是以侧重于务农为主。拉祜族和哈尼族农业户籍受访者中只是务农的人数占比高达59.2%和67.9%，而以务农为主，同时也从事非农工作的人数占比也均高于汉族农业户籍受访者。

表8-3　　不同民族农业户籍受访者的就业状态　　单位：%、次

	只是务农	以务农为主，同时也从事非农工作	以非农工作为主，同时也务农	只从事非农工作	农村非就业或城镇失业或待业人员	家务劳动者	退休人员	全日制学生	非全日制学生	其他不工作也不上学的人员	合计	频次
汉族	14.1	4.0	6.1	46.5	3.0	4.0	8.1	0.0	1.0	13.2	100	99
哈尼族	67.9	11.5	6.4	11.5	0.0	0.0	1.3	1.3	0.0	0.1	100	78
拉祜族	59.2	5.4	3.4	21.1	1.4	0.7	2.0	0.7	0.0	6.1	100	147
其他民族	18.8	0.0	8.3	50.0	2.1	2.1	4.2	0.0	0.0	14.5	100	48
合计	43.8	5.6	5.4	29.6	1.6	1.6	3.8	0.5	0.3	7.8	100	372

在2014年有过非农工作经历的农业户籍被访者中，43.6%的被访者是依靠朋友/熟人介绍找到工作的。家人或亲戚介绍、本乡人介绍则是另外两个获得非农工作的主要途径，受访者通过上述两个方式获得工作的人数占比分别为12.8%和9.8%。但是，不同民族受访者获取非农工作的方式存在一定的差异。10.3%的拉祜族受访者是通过政府/社区安排介绍找到工作的，远高于汉族和哈尼族受访者。拉祜族受访者通过招聘广告、本乡人介绍、同民族人介绍的人数占比也均高于汉族和哈尼族受访者。

表 8-4　不同民族和不同年龄农业户籍受访者找到非农工作的途径

单位：%、次

	政府/社区安排介绍	商业职介（包括人才交流会）	招聘广告	直接申请（含考试）	家人/亲戚介绍	朋友/熟人介绍	通过本乡人介绍	通过同民族介绍	其他	合计	频次
汉族	2.6	7.9	2.6	0.0	5.3	50.0	7.9	0.0	23.7	100	38
哈尼族	0.0	2.6	0.0	7.9	21.1	55.3	5.3	0.0	7.8	100	38
拉祜族	10.3	5.1	7.7	5.1	12.8	25.6	15.4	5.1	12.9	100	39
其他民族	0.0	0.0	5.3	0.0	15.8	42.1	10.5	0.0	26.3	100	19
29 岁及以下	7.0	9.3	2.3	7.0	11.6	41.9	9.3	0.0	11.6	100	43
30—39 岁	0.0	3.1	9.4	6.3	6.3	53.1	6.3	3.1	12.4	100	32
40—49 岁	3.6	3.6	3.6	0.0	17.9	39.3	3.6	0.0	28.4	100	28
50—59 岁	4.3	0.0	0.0	0.0	8.7	39.1	21.7	4.3	21.9	100	23
60 岁及以上	0.0	0.0	0.0	0.0	42.9	42.9	14.2	0.0	0.0	100	7
合计	3.8	4.5	3.8	3.8	12.8	43.6	9.8	1.5	16.4	100	133

而从不同年龄层的农业户籍被访者选择来看，除了在朋友/熟人介绍方面的人数比例与其他年龄层的受访者差异不大之外，年轻人受访者通过市场化招聘、参加考试、政府安排介绍等途径找到非农工作的人数占比均高于其他年龄层的受访者。随着受教育水平的提升以及当地市场化水平的提升，通过市场招聘和公开招考的方式找寻工作将越来越成为民族地区年轻人主要的工作搜索途径。

2. 农业户籍居民就业障碍因素

从阻碍受访者未外出就业的因素来看，找不到工作（或担心找不到工作）、收入没有在家稳定、不适应外地生活环境、家中农业缺乏劳动力、疾病或伤残是主要的障碍因素，占比分别为 17.4%、14.3%、13.7% 11.8%和 11.8%，同时选择语言能力不强的人数占比也为 9.3%。阻碍城乡居民外出就业的因素存在明显差异。农业居民受访者中，更多的人是因为找不到工作（或担心找不到工作）（21%）、不适应外地生活环境（15.1%）、家中农业缺乏劳动力（15.1%）、语言能力不强（11.8%）而未能外出就业。同时，农村居民表示回家结婚（或生育）（4.2%）、受歧视（0.8%）是阻碍外出就业因素的人数占比也要高于城镇居民受访者。从不同民族受访者的评价来看，拉祜族和哈尼族分别有 15.3%和 20.6%的受访者表示家中农业缺乏劳动力是导致未外出就业的主要原因。同时，各民族受访者均有不同比例的人表示语言能力不强是阻碍原因，其中哈尼族和拉祜族的受访者比例明显高于汉族和其他民族受访者，分别为11.8%和11.9%。

3. 非农户籍居民就业状况

从非农户籍受访者的劳动合同性质来看，灵活就业性质占比较高。总体而言，以短期或临时合同工方式就业的占比为36.2%，其次是从事私营或个体经营人员占24.8%。也有近1/5的受访者与用工单位签订了长期合同，没有签订合同的受访者占比最少，仅为3.5%。相比而言，非农户籍的汉族受访者签订了长期劳动合同的人数占比要明显高于拉祜族和哈尼族，而以短期或临时工的方式就业的汉族被访者占比则要低于拉祜族和哈尼族。不同非农户籍受访者的劳动合同性质表明，在少数民族自治地区中，自治民族的就业状态要总体上好于其他少数民族，而汉族得益于参与市场化程度相对较高，在签订长期劳动合同以及个体工商户等就业方式方面占比较高。

表8-5　　不同民族受访者的劳动合同性质　　单位:%、次

	固定职工（包括国家干部、公务员）	长期合同工	短期或临时合同工	没有合同的员工	从事私营或个体经营人员	其他	合计	频次
汉族	5.8	26.9	32.7	3.8	26.9	3.9	100	52
哈尼族	7.1	0.0	64.3	7.1	14.3	7.2	100	14
拉祜族	17.1	19.5	36.6	0.0	19.5	7.3	100	41
其他民族	17.6	14.7	29.4	5.9	32.4	0.0	100	34
合计	12.1	19.1	36.2	3.5	24.8	4.3	100	141

4. 取得非农户籍的途径

从有过农转非经历的受访者来看，上学、土地被征用、户籍制度改革、购房是最主要的四种途径，而目前城镇化、参军等则并非主要途径。总体而言，通过上学实现农转非的受访者比例最高，为18.7%，其次分别为土地被征用和本地建立居民户籍制度，均为13.3%。通过购房获得非农户籍的人数占比为10.7%。从不同民族受访者来看，拉祜族和哈尼族受访者通过上学实现农转非的人数占比要明显高于汉族。这与少数民族受教育机会进一步增多存在一定关系。但是，汉族受访者通过购房实现户

籍农转非的人数比例明显要高于拉祜族。这一方面可能与受访者家庭经济水平以及不同民族对于房屋变动的态度不同相关。

表 8-6　不同民族受访者户籍农转非的途径　单位:%、次

	上学	参军	土地被征用（土地换户籍）	城镇化（如县改市等）	购房	本地取消了农业户口和城镇户口的区别	其他	合计	频次
汉族	18.5	0.0	11.1	0.0	18.5	14.8	37.1	100	27
哈尼族	40.0	0.0	0.0	0.0	20.0	20.0	20.0	100	5
拉祜族	25.9	3.7	14.8	0.0	3.7	7.4	44.5	100	27
其他民族	0.0	6.3	18.8	6.3	6.3	18.8	43.5	100	16
合计	18.7	2.7	13.3	1.3	10.7	13.3	40.0	100	75

5. 居民就业范围意向

澜沧县受访者希望跨省就业的意愿并不强，大多数人希望留在县城内就业，这一比例达到了 78.5%，超过了 3/4。受访者比例第二高的就业选择区域是“县外省内，但必须是家附近的市/县”，比例为 10%。而希望到东部一线城市就业的受访者比例为 5.2%。澜沧县受访者的就业范围意愿之所以主要集中在省内，一方面与澜沧的农业尤其是生态普洱茶产业发展能解决就业相关；另一方面也在一定程度上受交通不畅的制约。但是，不同年龄受访者的就业范围意向还是存在一些差异。一是年轻人希望到县外就业的意愿更高，29 岁及以下的受访者希望到县外省内就业的人数占比累计为 25%；并且如果要去省外就业，这一年龄层的受访者都希望到东部一线大城市去就业。二是年龄越大，受访者希望留在县内就业的人数占比越高。

表 8-7　分年龄、民族受访者的就业范围意向　单位:%、次

	县城之内	县外省区内，但必须是家附近的市/县	县外省内无所谓远近	本省区相邻的外省区	本省区外非相邻省区	东部一线大城市	其他	合计	频次
29 岁及以下	66.7	18.3	6.7	0.0	0.0	6.7	1.6	100	60

续表

	县城之内	县外省区内，但必须是家附近的市/县	县外省内无所谓远近	本省区相邻的外省区	本省区外非相邻省区	东部一线大城市	其他	合计	频次
30—39岁	77.6	10.5	2.6	0.0	1.3	5.3	2.7	100	76
40—49岁	80.2	7.5	0.0	0.0	0.9	8.5	2.9	100	106
50—59岁	84.9	7.5	1.9	0.0	0.0	1.9	3.8	100	53
60岁及以上	83.3	7.4	1.9	1.9	0.0	0.0	5.5	100	54
汉族	76.3	10.8	4.3	0.0	0.0	5.4	3.2	100	93
哈尼族	80.6	5.6	2.8	0.0	1.4	4.2	5.4	100	72
拉祜族	77.9	12.5	0.7	0.0	0.7	5.9	2.3	100	136
其他民族	81.3	8.3	2.1	2.1	0.0	4.2	2.0	100	48
合计	78.5	10.0	2.3	0.3	0.6	5.2	3.1	100	349

各民族受访者在外出就业范围意向方面差异并不十分明显，相对汉族而言，拉祜族受访者希望在省内就业的意向要更强一些。

6. 外出找工作面临的障碍

总体而言，澜沧县受访者外出找工作面临的最主要的三大障碍依次是工作辛苦收入低、得不到相关就业信息、家里需要照顾必须返乡，受访者占比分别为27.3%、22.1%和10.4%。但是，城乡之间、不同年龄层之间以及不同民族的受访者，在外出找工作中认为存在的阻碍存在差异。非农户籍居民受访者面临的三大障碍分别是得不到相关就业信息、工作辛苦收入低、气候自然环境不能适应和家庭需要照顾必须返乡，农业户籍受访者认为的三项最大障碍则依次是工作辛苦收入低、得不到相关的就业信息、家里需要照顾必须返乡。城乡居民受访者在评价外出找工面临的障碍存在的差异则表现在：一是城镇居民更加担心社会保险费高且社保关系转移难度大，而农村居民则无人对此担心。二是8.3%的农村居民认为语言障碍也是制约因素之一，但是城镇居民却没有人担心语言上的障碍。三是农村居民担心生活习俗不能适应的人数比例要比城镇居民高，而城镇居民担心气候自然环境不能适应的人数比例远比农村居民高。四是农村居民受访者在外出找工作中担心被当地人看不起的人数比例要高于城镇居民。

表 8-8　分城乡、年龄、民族受访者外出找工作面临的障碍　单位:%、次

	得不到相关就业信息	被当地人看不起	工作辛苦收入低	想留在就业地但生活成本太高	生活习俗不能适应	气候自然环境不能适应	孩子就学困难	家里需要照顾必须返乡	当地政府的政策限制	社保缴费高关系难转移	语言障碍	其他	合计	频次
农业	19.0	9.1	30.6	9.1	9.1	2.5	1.7	9.9	0.0	0.0	8.3	0.7	100	121
非农业	33.3	3.0	15.2	9.1	3.0	12.1	0.0	12.1	3.0	6.1	0.0	3.1	100	33
29 岁及以下	33.3	6.7	28.9	11.1	6.7	4.4	0.0	4.4	0.0	2.2	2.2	0.1	100	45
30—39 岁	15.6	12.5	18.8	6.3	3.1	6.3	0.0	15.6	3.1	0.0	15.6	3.1	100	32
40—49 岁	25.0	3.1	28.1	6.3	9.4	0.0	3.1	15.6	0.0	0.0	9.4	0.0	100	32
50—59 岁	13.8	10.3	27.6	13.8	17.2	6.9	3.4	0.0	0.0	0.0	3.4	3.6	100	29
60 岁及以上	12.5	6.3	37.5	6.3	0.0	6.3	0.0	25.0	0.0	6.1	0.0	0.0	100	16
汉族	30.8	0.0	41.0	7.7	7.7	0.0	2.6	2.6	2.6	0.0	2.6	2.4	100	39
哈尼族	18.2	15.2	15.2	9.1	12.1	3.0	0.0	6.1	0.0	3.0	15.1	3.0	100	33
拉祜族	20.0	10.0	20.0	8.0	6.0	4.0	2.0	22.0	0.0	0.0	8.0	0.0	100	50
其他民族	18.8	6.3	34.4	12.5	6.3	12.5	0.0	6.3	0.0	2.9	0.0	0.0	100	32
合计	22.1	7.8	27.3	9.1	7.8	4.5	1.3	10.4	0.6	1.3	6.5	1.3	100	154

从不同年龄受访者的评价来看，29 岁及以下受访者外出找工作的三大障碍依次是得不到相关就业信息（33.3%）、工作辛苦收入低（28.9%）、想留在就业地但生活成本太高（11.1%）。年轻受访者认为无法适应生活习俗或气候自然环境的人数比例偏低，而且认为存在语言障碍的人数比例也最低（2.2%）。其他年龄层受访者外出找工作面临的最主要障碍基本相似，只是排序存在差异而已。各年龄层受访者的评价表明，年龄越大的受访者外出找工作时对当地生活习俗适应的难度更大，而且 60 岁及以上的受访者担心外出找工作社保缴费高和社保关系转移接续难的人数占比也最高，30—49 岁的受访者表示语言障碍是外出找工作的制约因素的人数占比也要明显高于年轻受访者。

从各民族受访者的评价来看，汉族受访者认为最大的三个障碍依次是工作辛苦收入低（41%）、得不到相关就业信息（30.8%）、想留在就业地但生活成本太高（7.7%）。拉祜族受访者认为的三大障碍依次是家里需要照顾必须返乡（22%）、得不到相关就业信息（20%）和工作辛苦收入低（20%）。哈尼族受访者认为的三大障碍则分别是得不到相关就业信息（18.2%）、语言障碍（15.1%）、被当地人看不起（15.2%）、工作辛苦收入低（15.2%）。总体而言，少数民族认为外出找工作会面临被当地人看不起、气候自然环境不能适应、家里需要照顾必须返乡、语言障碍等

制约因素的人数比例均远高于汉族。这表明，少数民族外出就业的自信心仍然相对不足，对外部环境的适应能力相对不足，而普通话的熟练程度也依然是一个不可忽视的制约因素。这些制约因素也与澜沧县受访者外出就业范围的意向更偏向于县内的观点具有内在的一致性。因此，解决民族地区的就业问题，一方面要加强对就业机会的宣传，另一方面还要结合精准扶贫行动对外出就业的能力，主要包括沟通能力和劳动技能有针对性地进行培训，增强少数民族跨区域就业的自信心和适应能力。

（二）生活水平评价

随着民族地区经济社会发展水平的不断提升，城乡居民对当前的生活水平也给予了好评。与5年前相比，80.1%的受访者认为当前生活水平有上升。其中，认为上升很多的受访者占26.4%，认为略有上升的占53.7%。仅有5.4%的人认为有所下降。相比汉族，拉祜族和哈尼族受访者认为当前生活水平相比5年前有提升的人数占比更高。而且农村居民受访者表示有所上升的占比也要高于城镇居民受访者。

表8-9　　受访者对于当前生活水平与5年前相比较的评价　单位：%、次

	上升很多	略有上升	没有变化	略有下降	下降很多	合计	频次
汉族	23.8	50.0	14.6	7.7	3.9	100	130
哈尼族	29.8	57.1	8.3	4.8	0.0	100	84
拉祜族	23.6	60.0	12.7	2.4	1.3	100	165
其他民族	33.8	41.2	13.2	8.8	3.0	100	68
农业	27.4	54.5	12.4	4.7	1.0	100	299
非农业	24.3	52.0	12.8	6.8	4.1	100	148
合计	26.4	53.7	12.5	5.4	2.0	100	447

三　生态保护

澜沧拉祜族自治县拥有丰富的森林资源，该县于2016年成功申报为国家级森林公园。[①] 2015年，澜沧县紧紧围绕“生态建设产业化，产业发

① 据悉，澜沧国家级森林公园总面积为7869.22公顷，森林覆盖率为91.92%，由景迈山片区、大岔河片区和佛房山片区组成，三个片区各具特色、遥相呼应，集合了澜沧范围内最为精华的森林风景资源，具有山—水—云—林—茶—村独特的人与自然复合景观。森林公园植被类型丰富，共有5个植被型、6个植被亚型、16个群系、19个群落。参见《澜沧成功申报国家级森林公园》，普洱新闻网，http://www.puernews.com/pexw/1327171728668400656。

展生态化”的可持续发展思路，全年完成营林造林 93874.7 亩，义务植树 474.49 万株。其中：巩固退耕还林成果项目 22380 亩、荒山造林项目 5000 亩、新一轮退耕还林项目 5000 亩。年末，全县有林业用地面积 55.91 万公顷，其中生态公益林总面积为 15.412 万公顷，森林覆盖率达到 63.72%。[①]

（一）退耕还林

1. 退耕还林实施状况

澜沧县是国家实施退耕还林的重点区域，17.4%的受访者表示所在地区在 2014 年实施过退耕还林。在实施过退耕还林的受访者中，23%的人是自 2001 年开始实施的，最近实施退耕还林的年份是 2012 年，有 1.4%的受访者家庭是从 2012 年开始实施退耕还林。2000 年之前实施过退耕还林的受访者占 8.1%，2001—2012 年实施过退耕还林的受访者占 77%。而已经停止参与退耕还林项目的受访者则占 8.9%。

从退耕还林的面积情况来看，拉祜族受访者参与过退耕还林项目的人数占比最高，其次是哈尼族。总体而言，接近一半的受访者（45.7%）表示其所在家庭累计退耕还林面积与全县其他家庭的情况差不多，认为比其他家庭退耕还林面积更多的受访者仅占 11.4%，27.1%的受访者则表示累计退耕还林面积要比本县其他家庭更少。

表 8-10　从起始年份至今，受访者家庭累计退耕还林面积与本县其他退耕户面积比较　单位：%、次

	退耕面积较多的	退耕面积中等	退耕面积较少的	没比过不清楚	合计	频次
汉族	0.0	25.0	0.0	75.0	100	4
哈尼族	15.4	46.2	30.8	7.6	100	13
拉祜族	8.5	51.1	29.8	10.6	100	47
其他民族	33.3	16.7	16.7	33.3	100	6
合计	11.4	45.7	27.1	15.8	100	70

2. 退耕还林效果评价

从退耕还林的环境修复效果来看，70.1%的受访者认为当前的退耕还林政策“时间太短没有明显改观，但时间长了肯定有好的效果”，而 27.3%的

① 澜沧县统计局：《澜沧拉祜族自治县 2015 年国民经济和社会发展统计公报》，知县网，http：//www.ahmhxc.com/tongjigongbao/4538.html。

受访者则表示实施的退耕还林政策已经遏制了土地或草场退化。总体而言，绝大多数受访者对退耕还林政策效果的评价充满信心。但是从不同年龄受访者的评价来看，年轻受访者对退耕还林政策效果的评价相对较低；39岁及以下的受访者中，累计有13.3%的人认为退耕还林政策无论时间长短，环境都不会改变。年轻受访者表达了对生态环境修复效果的担忧。

表8-11　　受访者对退耕还林的环境保护作用评价　　单位:%、次

	已经遏制了土地或草场退化	时间太短没有明显改观，但时间长了肯定有好的效果	无论时间长短，环境都不会有改变	合计	频次
29岁及以下	28.6	64.3	7.1	100	14
30—39岁	18.8	75.0	6.2	100	16
40—49岁	26.1	73.9	0.0	100	23
50—59岁	17.6	82.4	0.0	100	17
60岁及以上	66.7	33.3	0.0	100	6
汉族	0.0	100.0	0.0	100	5
哈尼族	33.3	66.7	0.0	100	15
拉祜族	27.5	68.6	3.9	100	51
其他民族	33.3	66.7	0.0	100	6
合计	27.3	70.1	2.6	100	77

由于退耕还林政策直接改变了民族地区城乡居民的生产结构和收入结构，因此家庭收入水平也会受到退耕还林的影响。总体而言，31.2%的受访者认为退耕还林后自家的收入有所提高，而认为退耕还林后家庭收入反而下降的受访者也占29.9%，表示退耕还林后家庭收入没有变化的受访者占27.3%。结合受访者对退耕还林修复环境的效果评价表明，退耕还林政策的环境修复效果要大于其增收效果。如何做好退耕还林和实现可持续增加退耕还林户的家庭收入的平衡，是政策完善的重要突破口。

尽管受访者对退耕还林政策的增收效果评价不高，但仍有44.7%的受访者希望退耕还林政策保持现状，39.5%的受访者则建议扩大面积和提高补助标准，建议停止执行的受访者仅占3.9%。年纪越轻的受访者建议扩大面积和提高补充标准的人数占比越高。过半的（52.9%）拉祜族受访者希望退耕还林政策保持现状，31.4%的拉祜族受访者则希望退耕还林政策继续扩大面积和提高补助标准；汉族和哈尼族也有超过一半的受访者建议扩大面积和提高补助标准。

表 8-12　　受访者对退耕还林政策未来走向的期望　　单位：%、次

	扩大面积和提高补助标准	保持现状	停止执行	不清楚	合计	频次
29 岁及以下	57.1	21.4	0.0	21.5	100	14
30—39 岁	43.8	56.2	0.0	0.0	100	16
40—49 岁	31.8	40.9	9.1	18.2	100	22
50—59 岁	29.4	58.8	5.9	5.9	100	17
60 岁及以上	50.0	33.3	0.0	16.7	100	6
汉族	75.0	0.0	0.0	25.0	100	4
哈尼族	60.0	26.7	0.0	13.3	100	15
拉祜族	31.4	52.9	5.9	9.8	100	51
其他民族	33.3	50.0	0.0	16.7	100	6
合计	39.5	44.7	3.9	11.9	100	76

（二）生态观念

问卷也对受访者的生态观念进行了调查。问卷设计了七项观点来测量受访者同意与否的人数比例，调查显示，澜沧县受访者保护生态的观念意识很强，在对待大自然、实现资源开发与生态保护的平衡等方面都具有很强的可持续发展意识。所有受访者都同意“大自然很容易被破坏，需要人类开发使用中加强保护”“为了子孙后代的生存和发展必须大力保护环境”的观点。也有接近 100%的受访者赞同“万物与人类一样都有生命”“国家和发达地区需要加强生态补偿机制建设”“为了继承先人和本民族传统，必须平衡好开发利用与保护资源环境的关系”等说法。但是，在看待资源开发与环境保护的关系方面，不同民族和年龄层次受访者的看法存在差异。在问及是否同意“为了加快致富发展，人类没必要考虑环境约束问题”的说法中，年纪越大的受访者表示赞同的人数比例相对越高，但差异不大，赞同该种说法的人数占比均低于 20%。在各民族受访者中，仅有汉族受访者有 23.5%的人赞同该观点，而拉祜族、哈尼族等族受访者中赞同该观点的人数比例均低于 15%。而在问及对“为了当地经济发展和解决就业，需要大规模开发自然资源”的看法时，总体上有近四分之一（24.3%）的受访者表示赞同。这意味着，为了保障就业或经济收入，受访者接受自然资源开发的程度相对更高。而分不同年龄层次和民族受访者的评价来看，年纪最大和年纪最小年龄层的受访者接受该观点的人数比例最低，汉族受访者赞同该观点的人数比例最高，但均存在人数占比差异不明显的特点。

表 8-13　受访者对有关资源环境与生态保护方面的观点表示同意的人数占比

单位：%、次

	大自然很容易被破坏，需要人类开发使用中加强保护	万物与人类一样都有生命	为了子孙后代的生存和发展必须大力保护环境	为了继承先人和本民族传统，必须平衡好开发利用与保护资源环境的关系	为了加快致富发展，人类没必要考虑环境约束问题	为了当地经济发展和解决就业，需要大规模开发自然资源	国家和发达地区需要加强生态补偿机制建设
29岁及以下	100（80）	98.7（75）	100（80）	98.7（78）	14.1（11）	20.3（15）	100（68）
30—39岁	100（86）	100（84）	100（85）	96.5（82）	12.0（10）	25.0（20）	100（75）
40—49岁	100（122）	100（117）	100（121）	93.3（111）	14.7（17）	25.6（30）	100（102）
50—59岁	100（72）	100（72）	100（72）	100（71）	16.7（12）	26.5（18）	100（64）
60岁及以上	100（77）	98.7（75）	100（76）	100（76）	18.7（14）	21.1（15）	98.4（60）
汉族	100（125）	100（124）	100（124）	96.7（119）	23.5（28）	27.2（31）	99.0（101）
哈尼族	100（84）	100（83）	100（84）	98.8（81）	12.2（10）	25.3（20）	100（76）
拉祜族	100（165）	100（157）	100（163）	96.9（157）	13.7（22）	25.5（40）	100（136）
其他民族	100（65）	96.8（61）	100（65）	96.9（63）	9.4（6）	14.5（9）	100（58）
合计	100（439）	99.5（425）	100（436）	97.2（420）	15.5（66）	24.3（100）	99.7（371）

说明：括号内为频次。

（三）对当地环境评价的横向与纵向比较

总体而言，受访者对居住地的生态环境状况评价更高，要好于对居住地周边环境状况的评价。受访者认为居住地生态环境很好的人数占比为58.8%，仅有4.4%的被访者表示居住地的生态环境不好。而在对居住地周边环境的评价中，表示环境很好的人数比例为56.7%。不同年龄层次受访者对居住地生态环境的评价并没有表现出一致性特点。但拉祜族、哈尼族的受访者对居住地生态环境的评价总体上要好于汉族受访者，表示环境状况好的人数占比均要高于汉族。

表 8-14　受访者对所处地区的生态环境及周边环境状况评价比较　单位:%

	居住地生态环境状况				居住地周边环境状况			
	好	一般	不好	合计	好	一般	不好	合计
29 岁及以下	52.5	43.7	3.8	80	50.6	41.8	7.6	79
30—39 岁	60.7	34.5	4.8	84	54.8	41.7	3.6	84
40—49 岁	52.9	42.1	5.0	119	52.9	41.2	5.9	119
50—59 岁	71.2	24.7	4.1	73	67.1	27.4	5.5	73
60 岁及以上	60.5	35.6	3.9	76	61.3	36.0	2.7	75
汉族	53.2	42.0	4.8	126	52.0	42.4	5.6	125
哈尼族	62.7	32.5	4.8	83	62.7	32.5	4.8	83
拉祜族	61.5	34.2	4.3	161	58.1	36.9	5.0	160
其他民族	57.8	39.1	3.1	64	54.7	40.6	4.7	64
合计	58.8	36.8	4.4	434	56.7	38.2	5.1	432

在对当地生态环境状况的纵向比较中，受访者都对20年后当地的生态环境状况表示了担忧。在问及对20年前和20年后当地生态环境状况的评价时，总体而言，认为20年前当地生态环境状况好的受访者人数占比为65.9%，而表示20年后当地生态环境状况也很好的人数比例则仅为57.4%。在评价纵向比较中，表示当地生态环境状况不好的人数比例差异不大。但是，更多的人认为20年后当地的生态环境状况一般，这一比例为34%。从各民族受访者的评价来看，拉祜族受访者对20年前当地的生态环境状况评价最高，认为环境好的人数比例为71.7%，远高于汉族和哈尼族等，汉族受访者对20年前当地生态环境的评价最低。而在对20年后生态环境的评价中，汉族受访者仅有50.4%的人认为当地生态环境仍

然很好，拉祜族受访者认为好的人数占比也有所下降，但仍然高于汉族和哈尼族。

表 8-15　受访者对当地 20 年前和 20 年后生态环境状况的评价及预期

单位：%

	20年前当地的生态环境状况				20年后当地的生态环境状况			
	好	一般	不好	合计	好	一般	不好	合计
29岁及以下	64.1	23.1	12.8	78	59.5	27.8	12.7	79
30—39岁	63.1	28.6	8.3	84	57.1	34.6	8.3	84
40—49岁	65.5	26.1	8.4	119	53.8	36.1	10.1	119
50—59岁	69.9	23.3	6.8	73	57.5	35.7	6.8	73
60岁及以上	68.0	24.0	8.0	75	61.3	34.7	4.0	75
汉族	56.3	35.0	8.7	126	50.4	40.8	8.8	125
哈尼族	68.7	20.5	10.8	83	51.8	39.8	8.4	83
拉祜族	71.7	18.9	9.4	159	66.3	26.8	6.9	160
其他民族	66.7	28.5	4.8	63	56.3	31.2	12.5	64
合计	65.9	25.3	8.8	431	57.4	34.0	8.6	432

四　扶贫开发

扶贫开发作为我国消除贫困的重要措施之一，重点在提升贫困人员的发展能力和改善发展环境，以增强贫困人员的内生发展驱动力。在民族地区，扶贫开发政策体系往往与社会保障、民族政策等构成了“大扶贫”的反贫困政策体系。

受访者的评价表明，62.1%的人表示近年来，其所在村有上级的派遣驻村（社区）工作组或帮扶干部帮助地区发展。农村地区获得驻村工作组或干部的支持更多。表示其所在村有驻村工作组或干部的受访者占69.6%，城镇居民受访者的这一比例为45.3%。少数民族聚居的村也得到了更多的驻村工作组或干部的扶持，拉祜族和哈尼族受访者表示其所在村有上述情况的比例分别为67.5%和76.5%。总体上，受访者对驻村工作组和干部的工作基本表示满意。城乡居民受访者分别有62.2%和65.2%的人表示满意，而分别有17.6%和24%的人表示工作效果一般。城乡居民受访者表示不满意的人数占比分别有 20.3%和 10.9%。由此看出，当前驻村帮扶工作有待完善。

相比对驻村工作效果的评价，受访者对参与过的扶贫政策或活动的整体满意度相对较高。81.8%的人表示满意，18.2%的人表示不满意。各民族受访者对扶贫政策或活动的满意度评价差异不大。但是农村居民受访者的满意度总体要高于城镇居民受访者。

表 8-16　受访者对当前参与过的扶贫政策或扶贫活动的整体效果满意度

单位:%、次

	满意	不满意	合计	频次
汉族	81.4	18.6	100	97
哈尼族	83.8	16.3	100	80
拉祜族	81.7	18.3	100	131
其他民族	80.0	20.0	100	55
农业	83.3	16.7	100	252
非农业	78.4	21.6	100	111
合计	81.8	18.2	100	363

从受访者对具体扶贫项目的满意度评价得分来看，大家对扶贫开发项目的满意度总体上介于“比较满意”和“不太满意”之间。满意度得分相对较高的有“两免一补”政策、种植业/林业/养殖业扶贫资金、退耕还林还草补助工程、道路修建和改扩工程等，得分均在 2.1 分以上。只有“技术推广及培训工程”的满意度得分为 1.71 分，明显低于“不太满意”的标准。从不同民族受访者的评价来看，汉族受访者对移民搬迁工程的满意度得分偏低，仅为 1.81 分。拉祜族受访者则对扶贫工程生产项目、基本农田建设工程、技术推广及培训工程、资助儿童入学和扫盲教育项目、“教育扶贫”工程等的满意度评价较低，得分均在 1.8 分左右。总体而言，城乡居民受访者和各民族受访者对所列的具体扶贫项目满意度相对偏低，如何提高扶贫开发政策的效果及精准度，仍然值得在“十三五”期间的扶贫攻坚中高度关注。

表 8-17　受访者对具体扶贫开发项目满意度的评价

单位：分

	移民搬迁工程	“两免一补”政策	扶贫工程生产项目	退耕还林还草补助工程	道路修建和改扩工程	基本农田建设工程	电力设施建设工程	人畜饮水工程	技术推广及培训工程	资助儿童入学和扫盲教育项目	卫生设施建设项目	种植业/林业/养殖业扶贫资金	“村村通”工程（广播电视\道路\通信网络）	“教育扶贫”工程	牧区扶贫工程	扶贫培训工程
农业	1.90	2.27	2.00	2.09	2.11	1.98	2.06	2.04	1.66	1.98	2.07	2.15	2.07	1.97	2.04	1.97
非农业	2.00	2.17	2.00	2.25	2.10	2.20	2.03	2.27	2.00	2.16	2.13	2.00	2.00	1.97	2.00	2.00
汉族	1.81	2.12	2.10	2.20	2.14	2.50	2.00	2.15	1.69	2.26	2.09	1.80	2.26	2.02	2.50	1.75
哈尼族	2.30	2.41	2.21	2.28	2.25	2.02	2.23	2.19	2.00	2.14	2.26	2.47	2.17	2.14	1.00	2.08
拉祜族	1.90	2.22	1.81	1.89	1.99	1.88	1.96	1.96	1.48	1.83	2.00	1.98	1.95	1.81	2.13	1.91
其他民族	2.00	2.22	2.08	2.50	2.11	2.17	2.07	2.13	1.91	1.96	2.00	2.00	2.00	1.90	2.00	1.89
合计	1.93	2.24	2.00	2.12	2.11	2.02	2.05	2.06	1.71	2.03	2.09	2.13	2.06	1.97	2.04	1.97

说明：本表数据为各题的选项平均得分，选项赋分处理办法如下，“很满意”得4分、“比较满意”得3分、“不太满意”得2分、“很不满意”得1分。

五　民族政策

民族政策是以民族区域自治为核心的，包括其他涉及民族地区和少数民族政治、经济、社会、文化、生态等各个领域的扶持政策。民族政策的核心目标在于缩小各民族间发展水平方面事实上的不平等，推动各民族的共同发展和团结，从而促进民族关系的和谐发展。问卷主要调查了受访者对计划生育政策、高考加分政策、双语教育政策等的评价。

（一）计划生育政策

针对少数民族地区及少数民族实行计划生育政策是民族政策的重要组成部分，有近3/4的受访者（74.2%）对该项政策给予了好评，认为政策效果一般的人数占比为20.8%，仅有5%的人认为效果不好。总体而言，拉祜族、哈尼族以及其他民族对该政策的评价略低于汉族，但差异不大。城镇居民受访者的评价略好于农村居民受访者，表示政策效果好的人数占比分别为76.9%和73%。除了60岁及以上的受访者认为针对民族地区和少数民族实行的计划生育政策效果好的人数占比最高外（80.3%），29岁及以下受访者对该政策的评价相对较高，而40—49岁和50—59岁两个年龄段的受访者认为该政策不好的人数占比最高，均为7.2%。不同受教育水平受访者的评价差异不大，大学及以上受访者的评价则总体上好于其他受教育水平的受访者。

表8-18　受访者对目前针对少数民族地区及少数民族实行计划生育政策的评价

单位：%、次

	好	一般	不好	合计	频次
汉族	77.9	17.3	4.8	100	104
哈尼族	72.8	24.7	2.5	100	81
拉祜族	74.7	18.8	6.5	100	154
其他民族	68.9	26.2	4.9	100	61
农业	73.0	22.2	4.8	100	270
非农业	76.9	17.7	5.4	100	130
29岁及以下	78.3	17.4	4.3	100	69
30—39岁	70.9	26.6	2.5	100	79
40—49岁	70.3	22.5	7.2	100	111
50—59岁	73.9	18.9	7.2	100	69

续表

	好	一般	不好	合计	频次
60岁及以上	80.3	16.9	2.8	100	71
未上学	71.9	24.0	4.1	100	121
小学	74.6	21.3	4.1	100	122
初中	76.9	16.5	6.6	100	91
高中	72.1	20.9	7.0	100	43
大学及以上	77.3	18.2	4.5	100	22
合计	74.2	20.8	5.0	100	399

在讨论针对少数民族地区及少数民族实行计划生育政策的调整方法中，总体上有62.4%的人建议全国各地区各民族一样，24.9%的人建议"废除计划生育子女数量限制政策，由家庭自主决定"，还有10.4%的受访者则建议"全国城市地区生育子女数量统一"。由此来看，受访者对针对民族地区和少数民族的计划生育政策的公平性有着更多的期待。从具体民族受访者的意见来看，汉族受访者同意"全国各地区各民族一样"的人数占比最高，为72.3%；拉祜族和哈尼族同意该建议的人数占比则为54.7%、57.6%。而拉祜族、哈尼族受访者赞同"废除计划生育子女数量限制政策，由家庭自主决定"的人数比例则要高于汉族，分别为31.7%、27.3%。由此可见，少数民族更希望放宽生育子女数量的限制，而汉族也希望增强计划生育政策的公平性。随着我国"二孩"政策全面放开，在一定程度上能够回应汉族和少数民族对计划生育政策公平性的期待。具体而言，城镇居民受访者建议全国各地区各民族一样的人数比例高于农村居民受访者，分别为71.7%和59.1%。农村居民受访者希望生育子女数量由家庭自主决定的人数比例则要高于城镇居民受访者，分别为28.3%和17.2%。

（二）高考加分政策

受访者对针对民族地区的高考加分政策和针对少数民族的高考加分政策的评价满意度很高，受访者表示满意的人数比例分别为94.9%和95.8%。但是，汉族受访者对针对民族地区和少数民族的高考加分政策满意度相对较低，表示不满意的人数占比分别为11%和9.7%。城乡居民受访者对高考加分政策的满意度评价没有显著差异。但是在对待"少数民族长期居住在城市，其子女高考是否应该加分”这一问题上，受访者的评价差异较大。总体而言，84.1%的受访者认为长期居住在城市的少数民族的子女应该继续享受高考加分政策，15.9%的受访者则认为不应该继续加分。汉族受访者不同意继续加分的人数占比最高，为30.4%；而拉祜族、哈尼族受访者认为不应该继续加分的人数占比则仅为11.4%和6.8%。少数民族仍然希望维持高考加分方面的倾斜性支持。但是，汉族受访者表达出了对高考加分政策公平性的较强期待。由此看出，针对民族地区和少数民族的高考加分政策应当充分公平地考虑不同民族学生接受教育的实际情况，在民族政策中充分考虑民族因素和地区因素，而非简单地仅仅依据民族身份进行倾斜性支持。

（三）双语教育评价

双语教育一直是民族政策中的重要组成部分，对促进各民族间交往、提升各民族成为在各项公共事务以及就业等经济活动中的参与程度都具有十分重要的基础性作用。澜沧县被访者有82.2%的人表示愿意送子女到双语学校接受双语教育，表示不愿意的人数占比仅为5.4%。也有12.4%的人认为无所谓。拉祜族和哈尼族受访者愿意送子女接受双语教育的意愿要强于汉族。城镇受访者希望子女接受双语教育的人数占比明显高于农村居民受访者，分别为86.2%和80.2%。年轻受访者也更加愿意送子女接受双语教育，29岁及以下受访者表示愿意的人数占比为89%。

而从受访者对会说普通话的好处评价来看，总体上有56.9%的人认为学会普通话对工作生活各方面都有好处；认为“有好处，方便与其他民族交往”的人数占比为31.9%，认为“有好处，方便做买卖”的人数占比仅为5.8%。拉祜族（34.7%）和哈尼族（30.8%）以及其他少数民族（39.1%）受访者认为学会普通话方便与其他民族交往的人数占要明显高于汉族（25.2%）受访者，少数民族相对更认同普通话在促进族际交往方面的作用。但是，汉族认为学会普通话对工作生活各方面都有好处的人数占比要明显高于少数民族，汉族、哈尼族、拉祜族和其他民族选择该项的人数占比依次为66.4%、56.4%、52.6%和50%。城镇居民受访者认可普通话会给工作生活各方面带来好处的人数占比更高。29岁及以下和50—59岁两个年龄段的受访者认为会普通话方便与其他民族交往的人数占比高达43.8%和44.1%，远超过其他年龄段受访者和总体水平。受教育程度越高的受访者越能认同学会普通话将对工作生活各方面都有好处的观点。

表8-19　　受访者对会说普通话有何种好处的评价　　单位:%、次

	有好处，方便与其他民族交往	有好处，方便做买卖	对工作生活各方面都有好处	没太大好处	合计	频次
汉族	25.2	6.7	66.4	1.7	100	119
哈尼族	30.8	6.4	56.4	6.4	100	78
拉祜族	34.7	2.7	52.6	10.0	100	150
其他民族	39.1	10.9	50.0	0.0	100	64
农业	33.8	5.9	53.7	6.6	100	272
非农业	28.1	5.8	63.2	2.9	100	139
29岁及以下	43.8	7.5	47.5	1.2	100	80
30—39岁	28.6	9.1	54.5	7.8	100	77
40—49岁	23.9	3.5	68.2	4.4	100	113
50—59岁	44.1	2.9	47.1	5.9	100	68
60岁及以上	23.9	7.0	62.0	7.1	100	71
未上学	34.5	4.5	49.1	11.9	100	110
小学	31.7	5.0	57.5	5.8	100	120
初中	31.7	8.9	58.4	1.0	100	101
高中	33.3	3.7	63.0	0.0	100	54
大学及以上	16.0	8.0	72.0	4.0	100	25
合计	31.9	5.8	56.9	5.4	100	411

从各民族对双语教育效果的评价来看，有近3/4（73.9%）的受访者对双语教育效果给予了好评，24.7%的人表示效果一般，1.4%的人认为效果不好。少数民族受访者对双语教育效果的评价要低于汉族，其中哈尼族受访者给予好评的人数占比为67.9%，远低于汉族（81.1%）和拉祜族（71.4%）。城乡受访者评价差异不大，但总体上城镇受访者给予好评的人数占比略高，分别为76.8%和72.1%。除此之外，90%以上的受访者普遍认为在少数民族地区工作的干部有必要学习和掌握当地的民族语言，以方便各民族居民办理各种事务，提升各族社会成员的政治活动及政策参与程度。

（四）民族特殊优惠政策总体评价

问卷还问及了受访者对当前我国实施的民族特殊优惠政策满意度评价，总体而言，87.4%的受访者表示满意，12.6%的人则认为不满意。城镇居民受访者的满意度相对农村受访者较高，分别为89.1%和86.6%，差异不大。汉族受访者表示满意的人数占比为84.9%，略低于拉祜族和

哈尼族受访者的评价，这两个民族受访者表示满意的人数占比分别为86.2%和92.5%。

六　民族关系与认同

本报告从各民族间的交往意愿、民族关系评价、国家认同与民族意识等方面描述了澜沧县民族关系的总体情况。

（一）交往意愿

交往意愿是测量民族关系的重要指标，问卷选取聊天、成为邻居、一起工作、成为亲密朋友、结为亲家五个交往意愿依次渐强的指标来衡量当前汉族和少数民族、少数民族和汉族、少数民族与少数民族之间的民族关系状况。总体而言，汉族被访者主动和少数民族亲密交往的意愿强度逐步降低，但总体上在上述五项交往活动中，表示愿意的比例均很高。具体而言，从一起聊天到结为亲家五项交往行为的意愿得分来看，汉族被访者愿意和少数民族进行交往的平均得分依次为2.88分、2.84分、2.83分、2.78分、2.60分。五项交往行为中，汉族受访者表示“很愿意”和“比较愿意”累计的百分比，则分别为98.4%、97.5%、97.6%、95.8%和88.3%。分类别来看，城镇汉族被访者愿意和少数民族主动交往的意愿要略强于农村汉族被访者。29岁及以下的汉族受访者主动与少数民族交往的意愿相对其他年龄层次汉族受访者而言较弱。受教育水平为“大学及以上”的汉族受访者表现出了很强的交往意愿，尤其是在与少数民族“结为亲家”的意愿方面，得分为2.86分。

从少数民族主动与汉族交往的意愿来看，少数民族受访者愿意和汉族进行聊天等五项交往的意愿明显低于汉族受访者。五项交往行为意愿强度得分均低于汉族主动和少数民族交往意愿强度，得分分别为2.61分、2.55分、2.53分、2.51分、2.28分。从比例来看，少数民族被访者选择“不太愿意”和“不愿意”的比例累计为19.4%。表示“不愿意”和“不太愿意”和汉族成为亲密朋友的占比为9.2%。相比而言，城镇少数民族受访者主动与汉族交往的意愿更强。29岁及以下、60岁及以上两个年龄层次受访者主动和汉族进行各类交往的意愿更强，年轻的少数民族受访者表现出了更强的与汉族交往的意愿。从不同受教育水平受访者的交往意愿强度得分来看，受教育水平越高的少数民族受访者，越倾向于主动和汉族进行交往。

表 8-20　受访者愿意和其他民族进行交往的意愿强度

单位：分

	汉族和少数民族					少数民族和汉族					少数民族和少数民族				
	聊天	成为邻居	一起工作	成为亲密朋友	结为亲家	聊天	成为邻居	一起工作	成为亲密朋友	结为亲家	聊天	成为邻居	一起工作	成为亲密朋友	结为亲家
农业	2.82	2.80	2.79	2.75	2.52	2.54	2.49	2.46	2.44	2.19	2.51	2.48	2.46	2.42	2.10
非农业	2.93	2.89	2.87	2.80	2.68	2.81	2.71	2.71	2.71	2.51	2.73	2.65	2.71	2.67	2.36
29岁及以下	2.78	2.76	2.71	2.69	2.50	2.68	2.64	2.60	2.61	2.44	2.70	2.60	2.63	2.63	2.25
30—39岁	2.86	2.86	2.82	2.77	2.59	2.57	2.51	2.48	2.42	2.19	2.56	2.51	2.53	2.48	2.12
40—49岁	2.88	2.83	2.79	2.75	2.65	2.51	2.43	2.40	2.41	2.13	2.49	2.51	2.50	2.39	2.07
50—59岁	2.89	2.85	2.89	2.81	2.67	2.60	2.55	2.53	2.51	2.25	2.44	2.39	2.37	2.37	2.13
60岁及以上	2.94	2.88	2.88	2.81	2.56	2.80	2.77	2.77	2.72	2.51	2.72	2.67	2.67	2.67	2.45
未上学	3.00	2.95	2.95	2.95	2.60	2.53	2.49	2.43	2.39	2.18	2.47	2.48	2.43	2.34	2.05
小学	2.79	2.76	2.74	2.78	2.62	2.59	2.55	2.56	2.54	2.27	2.54	2.45	2.49	2.46	2.18
初中	2.84	2.81	2.81	2.68	2.57	2.64	2.51	2.50	2.55	2.32	2.60	2.52	2.53	2.54	2.28
高中	2.96	2.88	2.85	2.73	2.54	2.70	2.67	2.59	2.58	2.32	2.77	2.73	2.77	2.73	2.19
大学及以上	2.88	3.00	3.00	2.86	2.86	2.94	2.94	2.94	2.82	2.63	3.00	3.00	3.00	3.00	2.60
合计	2.88	2.84	2.83	2.78	2.60	2.61	2.55	2.53	2.51	2.28	2.57	2.53	2.53	2.48	2.17

说明：本表数据为各题的选项平均得分，选项赋分处理办法如下："很愿意"得4分、"比较愿意"得3分、"不太愿意"得2分、"很不愿意"得1分。

再从少数民族主动与少数民族的交往意愿来看，也呈现出了主动和少数民族聊天到结为亲家的交往意愿依次降低的特点，得分依次为 2.57 分、2.53 分、2.53 分、2.48 分、2.17 分。城镇少数民族受访者也表现出了比农村少数民族受访者与其他少数民族交往更强的意愿。29 岁及以下、60 岁及以上两个年龄段受访者主动和少数民族交往的意愿更强。

总体而言，澜沧县受访者的交往意愿特点是：汉族主动和少数民族交往的意愿更强，总体上要强于少数民族主动与汉族、少数民族主动与少数民族交往意愿的强度；少数民族主动与汉族交往的意愿则要强于少数民族主动与其他少数民族交往意愿的强度。具体交往行为的强度则表明，各族在关系越亲密的交往方面，主动交往的意愿越低。尤其是在成为亲密朋友、结为亲家两种交往行为中，少数民族表现出了更强的保守性。但各民族的年轻受访者和受教育水平高的受访者主动和其他民族成为亲密朋友或结为亲家的意愿要更强。

（二）民族关系评价

从受访者对三个时期的全国范围内民族关系的评价来看，从改革开放前到 2001 年以来的三个阶段，受访者认为民族关系为好的人数占比依次增高，分别为 45.2%、50.9%、73.1%。而从三个时期本地的民族关系评价来看，也表现出了同样的特征，本地民族关系越来越好；认为本地民族关系好的受访者占比依次为 37.3%、52.1%和 77.5%。除了改革开放前这一阶段，受访者认为本民族关系要差于全国范围民族关系状况；改革开放至 2000 年、2001 年以来两个阶段，受访者对本地民族关系的评价均好于对全国范围民族关系的评价。从受访者对本地民族关系的评价来看，城镇被访者认为本地民族关系好的人数占比为 82.28%，明显高于农村受访者。各民族受访者对本地民族关系的评价差异不大。但值得注意的是，29 岁及以下受访者对 2001 年以来本地民族关系评价相对要低，这一年龄层的受访者对同时期全国范围民族关系受访者占比也较低。

表 8-21　受访者认为全国范围及本地民族关系状况为好的人数占比　单位：%

	全国范围内民族关系			本地民族关系		
	改革开放前	改革开放至2000年	2001年以来	改革开放前	改革开放至2000年	2001年以来
汉族	42.2	46.8	73.2	35.6	50.0	78.0
哈尼族	42.0	43.8	67.1	34.2	50.6	79.5

续表

	全国范围内民族关系			本地民族关系		
	改革开放前	改革开放至2000年	2001年以来	改革开放前	改革开放至2000年	2001年以来
拉祜族	49.6	56.6	74.2	35.6	54.0	75.8
其他民族	45.5	54.2	78.1	47.7	52.9	77.9
农业	49.8	53.0	72.1	39.0	54.3	74.8
非农业	36.2	46.6	75.2	33.8	47.6	82.8
29岁及以下	43.9	47.9	65.8	38.2	50.6	69.6
30—39岁	40.3	42.9	71.1	30.3	47.6	76.2
40—49岁	41.5	46.8	73.7	35.7	48.0	77.0
50—59岁	54.1	56.3	71.4	43.7	56.3	77.5
60岁及以上	47.8	64.3	84.2	39.5	61.0	88.3
未上学	43.6	52.6	66.4	32.3	53.5	75.0
小学	51.0	56.0	79.7	42.7	61.6	83.9
初中	43.8	47.8	73.0	38.7	45.1	74.8
高中	47.6	48.1	72.7	42.9	48.2	71.4
大学及以上	26.3	36.4	75.0	19.0	34.8	82.6
合计	45.2	50.9	73.1	37.3	52.1	77.5

（三）国家认同与民族意识

受访者对民族意识的发展趋势判断表明，民族意识伴随着国家意识增强而逐步增强是主要的趋势。受访者表示“国家意识增强，民族意识也随之逐步增强”的人数占比为53.8%，而单独认为“国家意识增强”的人数占近9.6%。其中表示“民族自我意识增强”的受访者占比为8.1%，表示“民族意识增强，国家意识也随之逐步增强”的占比则为12.9%。城乡居民受访者的评价差异不大，而从各年龄层的受访者评价来看，年轻受访者认为国家意识伴随本民族意识增强而逐步增强的人数占比较高。从各民族受访者的评价来看，拉祜族受访者认为“国家意识增强，民族意识也随之逐步增强”比例最低，而认为“国家意识增强”的人数占比则最高。哈尼族受访者认为“国家意识增强”的人数占比最低，而认为“民族意识增强，国家意识也随之逐步增强”的人数占比最高。不同受教育水平的受访者对于民族意识的判断差异较大。其中，大学及以上的受访者无人表示“国家意识增强”，而更多的是认为国家意识和民族意识同时增强。受教育水平越高的受访者越倾向于认同“民族意识增强，国家意识也随之逐步增强”的说法。但总体而言，澜沧县受访者的评价表明，我国民族意识的发展趋势主要表现为：以国家认同增强带动本民族认同增强的双重认同共同发展。

表 8-22　受访者对当前我国民族意识发展趋势的判断　单位：%、次

	国家意识增强	国家意识增强，民族意识也随之逐步增强	民族自我意识增强	民族意识增强，国家意识也随之逐步增强	不清楚	合计	频次
农业	10.5	51.9	7.5	13.5	16.6	100	266
非农业	7.7	57.7	9.2	11.5	13.9	100	130
29 岁及以下	8.3	61.1	6.9	15.3	8.4	100	72
30—39 岁	9.0	55.1	6.4	17.9	11.6	100	78
40—49 岁	8.9	50.0	9.8	15.2	16.1	100	112
50—59 岁	7.2	53.6	10.1	8.7	20.4	100	69
60 岁及以上	15.6	50.0	6.3	4.7	23.4	100	64
汉族	10.5	53.3	10.5	9.5	16.2	100	105
哈尼族	5.1	60.3	3.8	16.7	14.1	100	78
拉祜族	11.2	48.0	8.6	15.1	17.1	100	152
其他民族	9.8	60.7	8.2	8.2	13.1	100	61
未上学	11.2	41.4	6.0	11.2	30.2	100	116
小学	7.2	59.5	9.0	12.6	11.7	100	111
初中	9.5	60.0	9.5	10.5	10.5	100	95
高中	16.0	54.0	8.0	16.0	6.0	100	50
大学及以上	0.0	60.9	8.7	26.1	4.3	100	23
合计	9.6	53.8	8.1	12.9	15.6	100	396

在假定外国人问及民族身份问题时，60.7%的受访者的回答是“中国人、本民族”，26.6%的受访者则选择了“中国人和本民族不分先后”，9.7%的人则选择了“本民族、中国人”。总体而言，受访者的国家认同感很强。作为边境民族自治县，澜沧县受访者很强的国家认同意识对当地社会稳定和谐发展具有重大推动作用。而不同民族受访者的回答则表明，

实行区域自治的自治民族的本民族意识相对更强，拉祜族受访者选择“本民族、中国人”的人数占比为15.1%，远高于汉族和哈尼族。汉族受访者选择“中国人民和本民族不分先后”的人数占比要高于少数民族。农村居民受访者相对城镇居民受访者而言，更倾向于对“中国人”和“本民族”两个身份进行排序。各年龄层次受访者的回答结果差异不大，但年轻受访者相对具有更强的“中国人”身份认同，选择“本民族、中国人”的人数占比为各年龄层受访者中最低。

表8-23　　受访者应对外国人问及其民族身份的回答　　单位：%、次

	中国人、本民族	本民族、中国人	中国人和本民族不分先后	不好回答	合计	频次
汉族	48.4	9.7	38.7	3.2	100	31
哈尼族	63.1	2.4	29.8	4.7	100	84
拉祜族	59.0	15.1	24.1	1.8	100	166
其他民族	67.6	5.9	23.5	3.0	100	68
农业	62.4	11.2	24.0	2.4	100	250
非农业	56.6	6.1	33.3	4.0	100	99
29岁及以下	60.9	5.8	30.4	2.9	100	69
30—39岁	61.4	11.4	27.1	0.1	100	70
40—49岁	56.6	7.5	30.2	5.7	100	106
50—59岁	69.8	9.4	20.8	0.0	100	53
60岁及以上	57.1	18.4	20.4	4.1	100	49
合计	60.7	9.7	26.6	3.0	100	349

问卷也问及了受访者对民族身份、公民身份和本地人身份的重要性排序。受访者在民族身份和公民身份排序中，认为“民族身份和公民身份一样重要”的人数占比为59.6%，认为公民身份更重要的占20.3%，认为“民族身份”更重要的则占20.1%。在民族身份和本地人身份的排序中，64.7%的受访者认为民族身份和本地人身份一样重要，认为本地人身份更重要的占18.1%，认为民族身份更重要的则为17.2%。总体而言，受访者认为公民身份、本地人身份和民族身份三者都同样重要；受访者对不同身份的排序也表明，澜沧县各民族的国家与民族双认同的意识很强。而且随着各民族在居住区位、工作与教育、公共服务等方面交融的增强，

群体的多认同将成为发展趋势，单一认同在当前民族团结进步和交往交流的过程中就逐步式微。从具体各民族受访者的排序来看，各民族除了均有大多数人认为民族身份和公民身份一样重要外，在民族身份更重要或公民身份更重要的选择中还是存在差异。汉族受访者40%的人认为公民身份更重要，为最高。而拉祜族则有25.9%的人认为民族身份更重要，为各民族中最高，且认为公民身份更重要的人数占比为12%，为各民族中最低。而在民族身份和本地人身份的排序中，汉族有22.6%的人认为本地人身份更重要，而认为民族身份更重要的比重为6.5%，显著低于拉祜族和哈尼族。拉祜族和哈尼族受访者认为民族身份比本地人身份更重要的占比分别为18.3%和17.6%。在澜沧县，相比少数民族而言，汉族受访者的本民族身份意识不强，更多地表现出了国家认同和地区认同。

从受访者外出生活、工作或交往过程中优先信任的对象中，也能看出澜沧县受访者多重认同的特点。总体而言，36.1%的人的优先信任对象是同乡（不管是否本民族的人），27.2%的人则认为信任对象不存在民族、地域差别，20.9%的人选择了本民族的人和同乡同等交往、信任，仅有15.8%的人优先信任本民族的人（不管是否同乡）。

表8-24　受访者到外地生活、工作或旅游时，心目中或实际上优先交往、信任的对象　单位：%、次

	本民族的人（不管是否同乡）	同乡（不管是否本民族的人）	本民族的人和同乡同等交往、信任	不存在民族、地域差别	合计	频次
汉族	0.0	51.6	12.9	35.5	100	31
哈尼族	16.5	32.9	30.6	20.0	100	85
拉祜族	20.6	33.9	20.0	25.5	100	165
其他民族	10.3	38.2	14.7	36.8	100	68
合计	15.8	36.1	20.9	27.2	100	349

七　城镇化建设

新型城镇化是我国“十三五”期间缩小城乡发展差距、改善偏远地区和农村生活质量的重要举措，而新型城镇化的推进，必然会对当地居民的观念、生活环境及条件、就业方式等带来新的变化，存在一个“破”与“立”的矛盾二元体。在新型城镇化过程中，不同民族的城乡居民对待新型

城镇化的态度及建议对于实施科学有效的城镇化建设具有重要的指导意义。

（一）在城镇或城市生活的意愿

总体而言，47.7%的受访者表示愿意生活在城镇或城市，52.3%的人则表示不愿意。具体而言，农村居民更不愿意居住在城镇，农村和城镇居民受访者表示不愿意的人数比例分别为59.4%和34.3%。少数民族受访者也更不愿意居住在城镇或城市，汉族、拉祜族、哈尼族受访者表示愿意的人数比例分别为71.9%、43.6%、36.5%。年纪越大的受访者愿意居住在城镇或城市的比例则越低。在表示愿意居住城镇或城市的受访者给出的理由中，排在第一位的是生活便利，第二位是医疗卫生条件好，第三位是孩子能受到更好的教育。由此可以看出，新型城镇化的进行中必须在公共服务方面对各民族居民的诉求予以回应。

（二）对城镇化建设拆迁的看法

城镇化建设过程中，必然存在一些新建建筑和旧建筑拆除的问题，而民族地区的很多建筑物都是民族文化传承的载体，除了满足居住的需要外，这些建筑物还凝聚着少数民族对民族文化的认同和情感。受访者的评价表明，57.6%的人希望城市建设中能够将传统民居或祖居等在保留外形的前提下对内部进行改造即可。而希望保留原貌不动的受访者也达到近30%。希望直接拆迁或异地重建的受访者人数占比很低。值得注意的是，汉族受访者也表现出了很强的保留传统民居风格的意愿。在汉族受访者中，希望直接拆迁或异地重建的人数占比均只有2.6%。

表8-25　受访者对本地城市建设中旧的传统民居和祖屋等改造拆迁问题的看法

单位：次、%

	保持原貌不动	保留外形但内部可改造	直接拆迁	异地重建	合计	频次
汉族	28.2	66.7	2.6	2.5	100	39
哈尼族	29.9	58.4	6.5	5.2	100	77
拉祜族	28.3	55.2	7.5	9.0	100	145
其他民族	35.0	56.7	3.3	5.0	100	60
合计	29.9	57.6	5.9	6.6	100	321

（三）对民族文化开发与保护的态度

总体而言，66.3%的受访者认为当开发旅游资源和保护本民族文化遗产发生冲突时，应当坚持保护本民族传统文化为主，不赞同过度商业化。33.7%的人则赞同以发展经济、提高现代生活水平为主。哈尼族受访者坚持要以保护本民族传统文化为主的人数占比最高，为72.2%，拉祜族则相对较低，持该观点的人占60.1%。

八　社会稳定

社会稳定能够促进民族地区社会成员共同团结进步，实现和谐发展。而民族团结进步共同发展又能够促进社会和谐稳定。当前，民族地区社会治理备受关注，旨在促进民族地区社会稳定。本报告从社会公平感评价、社会冲突状况评价等方面对澜沧县的社会稳定状况进行描述分析。

（一）社会公平感评价

总体而言，受访者对社会的总体公平感评价较高，公平感平均得分为2.87分，接近“比较公平”。在具体的领域中，只有医疗卫生领域的公平感评价得分为2.73分，为诸项中最低。在对社会总体公平感的评价中，各民族受访者之间、城乡居民受访者之间差异较小。而从具体领域的公平感评价来看，拉祜族受访者对医疗卫生的公平感评价最低，仅为2.63分。农村居民受访者对教育公平性的评价也要低于城镇。少数民族对语言文字的公平感评价差异较小，且均在2.8分以上，意味着我国民族语言文字政策保障了各民族平等使用各自语言文字的权利。

表8-26　　受访者对社会各领域的公平感评价　　单位：分

	教育	语言文字	医疗卫生	社会保障	司法	干部选拔任用	就业	政府办事	投资经营	总体上的社会公平感
汉族	2.90	3.06	2.82	2.80	2.90	2.88	2.90	2.88	2.94	2.88
哈尼族	2.85	2.82	2.68	2.85	2.86	2.81	2.73	2.75	2.84	2.83
拉祜族	2.67	2.80	2.63	2.78	2.86	2.80	2.75	2.75	2.78	2.82
其他民族	2.95	3.05	2.85	2.94	2.97	2.93	2.98	2.90	3.04	3.00
农业	2.78	2.86	2.74	2.89	2.92	2.85	2.81	2.82	2.85	2.86
非农业	2.89	3.04	2.69	2.68	2.83	2.82	2.85	2.79	2.93	2.88
总体	2.81	2.92	2.73	2.82	2.89	2.84	2.82	2.81	2.88	2.87

说明：本表数据为各题的选项平均得分，选项赋分处理办法如下，“很公平”得4分、“比较公平”得3分、“不太公平”得2分、“很不公平”得1分。

在对医疗卫生公平感的评价中，汉族受访者的评价相对较高，为2.82分。而拉祜族、哈尼族的评价得分则明显偏低，分别为2.63分和2.68分。在社会保障公平感方面，农村居民受访者的公平感得分为2.89分，明显高于城镇居民公平感得分2.68分。这与我国“十二五”以来，农村社会保障制度建设步伐加速密切相关。农村居民经历了社会保障从无到有的转变过程，纵向公平感较强。在司法活动和干部选拔任用的公平感方面，各民族和城乡受访者评价差异不大。在推进依法治国以及落实民族政策，尤其要注重保障每一位公民平等享有寻求司法的机会，以及科学合理的民族干部选拔机制。在就业、政府办事、投资经营的公平感方面，少数民族受访者的评价得分要明显低于汉族。因此，在推进民族团结进步示范区的建设过程中，要充分结合依法治国的要求，提升民族政策的公平性，增进各民族社会成员之间和城乡居民之间的公平感、获得感。

（二）社会冲突状况评价

受访者认为不同收入水平者之间的冲突、医患矛盾、城乡发展不平衡状况为严重的人数占比相对较高，依次为54.3%、35.8%和39.3%。而干群矛盾、民族关系的局部不和谐、不同宗教信仰者之间的冲突并不严重。由于是民族自治地方，澜沧县的汉族受访者认为干群矛盾严重的人数占比相对较高，但差异不大。城镇居民认为干群矛盾严重的人数占比也要高于农村居民受访者。相对而言，城镇居民对所列各项冲突的严重程度评价都要低于农村，认为冲突严重的人数占比均高于农村居民。这在一定程度上与城镇流动人口较多，存在的社会问题或纠纷相对更多相关。

表8-27　受访者认为所列各类冲突为严重的人数占比　单位：%

	干群矛盾	民族关系的局部不和谐	城乡发展不平衡	医患矛盾	不同收入水平者间冲突	不同宗教信仰者间冲突
汉族	16.4	14.6	33.0	41.2	50.5	20.7
哈尼族	6.4	8.3	36.8	29.7	64.6	15.1
拉祜族	12.2	16.4	47.3	36.2	56.0	18.7
其他民族	14.3	12.9	32.1	30.5	43.9	12.5
农业	10.1	12.1	38.7	30.4	53.4	14.4
非农业	17.2	17.4	40.0	45.3	55.5	23.9
合计	12.6	14.0	39.3	35.8	54.3	17.7

说明：表中数据是指受访者认为“严重”的人数占比。

（三）小康社会信心度

总体而言，受访者对当地全面建成小康社会的信心度较高。表示很有信心和有信心的受访者占比分别为 13.6%和 66.2%。有信心的受访者累计占 79.8%。也有 6.6%的受访者表示没有听说过该目标。认为没有信心的受访者则占 13.4%。从各民族受访者信心度来看，少数民族受访者要比汉族受访者更有信心。城镇居民受访者有信心的人数占比则要略高于农村居民受访者。相比而言，年轻受访者对当地 2020 年全面建成小康社会的信心度更高，29 岁及以下年龄层的受访者表示很有信心的人数占比为 23.5%，远高于其他年龄层的受访者。

表 8-28　受访者对 2020 年所在县市全面建成小康社会的信心度

单位：%、次

	很有信心	有信心	没有信心	不可能	没听说过	合计	频次
汉族	12.6	63.0	16.5	0.8	7.1	100	127
哈尼族	15.3	78.8	4.7	0.0	1.2	100	85
拉祜族	10.8	65.7	13.9	0.0	9.6	100	166
其他民族	20.0	58.5	16.9	0.0	4.6	100	65
农业	13.6	65.4	12.9	0.3	7.8	100	295
非农业	13.5	68.2	14.2	0.0	4.1	100	148
29 岁及以下	23.5	64.2	9.9	0.0	2.5	100	81
30—39 岁	9.3	68.6	17.4	0.0	4.7	100	86
40—49 岁	10.6	63.4	16.3	0.0	9.8	100	123
50—59 岁	11.0	72.6	9.6	1.4	5.5	100	73
60 岁及以上	15.4	64.1	11.5	0.0	9.0	100	78
合计	13.6	66.2	13.4	0.2	6.6	100	441

在对当地 2020 年全面建成小康社会没有信心的受访者看来，排在第一位的理由是经济收入提高慢，第二位理由是居住条件差，第三位理由是文化、教育跟不上，第四位理由是社会保障不完善。同时，受访者也对加快当地建成小康社会提出了建议。排在第一位的建议是加快发展当地经济，第二位的建议是加快当地的基础设施建设，第三位建议是应提高就业工资。

九 简要结论与对策建议

通过定量描述发现，澜沧拉祜族自治县的经济社会发展状况总体情况较好，受访者对经济生活、生态保护、扶贫开发、民族政策、民族关系与认同、城镇化建设、社会稳定等方面的评价总体上都较为积极。

（一）简要结论

澜沧县受访者的就业状况表明，得益于澜沧茶产业的发展，城乡居民从事第一产业和第三产业的受访者比例相对较高。同时，茶产业的发展也使澜沧县农村居民中专业技术人员的比重反而略高于城镇。但是，各民族之间的就业领域仍然存在一定的差别。少数民族在专业技术、企业、商业、服务业等领域就业的人数比例相对要低于汉族。随着受教育水平以及当地市场化水平的提升，通过市场招聘和公开招考的方式找寻工作将越来越成为民族地区年轻人主要的工作搜索途径。澜沧县受访者外出就业的意愿总体不强，大多数人希望在县内就业。对于农村居民而言，担心找不到工作、外面收入不稳定、不适应外地生活环境等是阻碍他们外出务工的主要原因。而在有过外出务工经历的受访者看来，他们仍然面临着工作辛苦收入低、家里需要照顾、语言沟通障碍、不适应外地气候自然环境等方面的问题与障碍。

而受访者对其生活水平的评价则表明，21世纪以来当地的经济社会发展，让大多数人感受到了生活水平的上升；并且大家对未来5年的生活水平继续上升充满信心。

生态保护一直是澜沧县经济社会发展的亮点。一方面，万亩茶园形成的茶产业本身就是得益于完整生态链的良性发展。另一方面，茶产业的发展也使老百姓就业与生态环境保护形成了可持续的绿色循环经济体。调查也显示，澜沧县受访者保护生态的观念意识很强，在对待大自然、实现资源开发与生态保护的平衡等方面都具有很强的可持续发展意识。

澜沧受访者对扶贫开发政策的评价并不高，尤其是对驻村工作组和干部的工作效果、技术推广及培训等方面等的扶贫效果评价偏低。

对民族政策的评价是问卷调查的重点之一，调查表明，各民族受访者对民族政策总体上评价较高，但也反映出了受访者对一些民族政策具体内容完善的期待。在计划生育政策的评价方面，汉族受访者希望提升计划生育政策的公平性，而少数民族则希望进一步提升家庭在生育子女数量上的自主性。在高考加分政策方面，不仅仅要考虑民族因素，也需要考虑地区因素以促进高考加分政策的公平性已经成为各民族受访者的共识。但相比而言，少数民族受访者还是希望继续维持加分倾斜优惠。双语教育政策效果获得了各民族受访者的普遍好评。

在民族关系的描述分析中发现，汉族主动与少数民族交往的意愿更强。同时，各民族主动与其他民族交往的意愿随着交往行为的亲密程度提升而逐步减弱，尽管如此，澜沧各民族受访者愿意主动和其他民族结为亲家的意愿得分依然较高。在对民族关系的纵向和横向比较中，澜沧受访者普遍认为本地的民族关系要好于全国范围内的民族关系，而且民族关系自改革开放以来得到了逐步改善。澜沧拉祜族自治县作为边境县，但受访者在国家认同和民族意识的评价中，表现出了很强的国家认同、国家意识和公民意识，国家意识增强过程中也伴随着本民族意识的增强成为主要趋势。澜沧受访者的评价表明，多重认同将是民族认同中的一大重要趋势。

在城镇化建设方面，不愿意住在城镇或城市的受访者超过 50%；而愿意居住在城镇或城市的受访者则主要看重城镇的生活便利度、医疗卫生条件和教育资源。在城镇化建设中，受访者并不希望对承载着民族文化和民族情感的建筑物推倒重建，而是希望保留原貌或者保留外形的基础上进行内部改造。

得益于良好的民族关系，澜沧县受访者认为当地社会的公平感总体较高。而对各领域公平感的评价也表明，在推进民族团结进步示范区的建设过程中，要充分结合依法治国的要求，提升民族政策的公平性，增进各民族社会成员之间和城乡居民之间的公平感、获得感。总体而言，受访者对澜沧 2020 年全面建成小康社会充满信心。

（二）对策建议

基于澜沧拉祜族自治县的经济社会发展现状，本报告认为促进该县五大文明协调推进，实现民族团结进步、共同繁荣稳定的目标，可以从以下几个方面采取完善措施。

第一，以有机茶产业为发展契机，走出一条有特色的生态有机循环经济模式。澜沧拥有得天独厚的自然资源，有机普洱茶更是闻名于世。当前，完善澜沧县有机茶产业的产业链并升级产业结构，一方面可以提升城乡居民的经济收入和专业技术，另一方面则可以实现城乡居民在本地就业和就地城镇化，最关键的则是可以实现经济发展与生态保护良性循环发展。具体而言，要充分发展农村新型经营主体在带动农民参与茶产业方面的带动能力。同时，将普洱茶的种植、加工与澜沧民族文化、国家森林建设、非物质文化遗产等优势整合在一起，形成保护、开发与传承协调发展的方式。

第二，加强人力资源开发与人力资本积累，加速民族地区内生发展驱动力的形成。无论是产业发展，还是扶贫开发等各项政策的参与，参与能力不足是一个重要的制约因素。具体而言，要充分加强基础教育资源的配置，提升各民族的受教育水平。同时，在扶贫开发中以及政府人力资源工作部署方面重点加强劳动技能的培训。重点培养茶产品销售经营、茶叶精加工等方面的专业技术人才，适应澜沧茶产品全产业链的发展需要。

第三，重点加强农村地区基本公共服务供给，改善各民族社会成员的发展条件。澜沧县山区面积居多，在基础道路建设、农田水利建设、医疗卫生服务等方面的供给依然存在不足，农村地区各民族社会成员的发展条件还有待改善。

第四，结合依法治国和综合考虑地区因素，提升民族政策的公平性。从受访者的诉求来看，提升民族政策的公平性是民族政策完善的最迫切要求，而最现实的一个改革路径就是综合考虑民族因素和地区因素，实现同一地区内各民族间实际平等的实现。具体而言，一方面是对高考加分政策的倾斜办法等进行完善；另一方面要严格按照依法治国的要求，如实落实民族政策，使民族政策效果不被扭曲也不打折扣。同时，也建议进一步加强民族地区干部素质的提升与培训。在回应各民族对公共服务的诉求以及新型城镇化的建设中，民族干部扮演着重要的角色，民族干部的国家干部意识以及实际服务能力，都直接关系着各民族社会成员具体利益的实现以及当地和谐民族关系的维系。

第九章

云南香格里拉县经济社会发展综合调查报告

香格里拉是云南省迪庆藏族自治州州府所在地，原名中甸县，2001 年 12 月 17 日经国务院批准更名为香格里拉县，并于 2014 年 12 月 16 日经国务院同意、国家民政部批准香格里拉设立县级市。① 香格里拉位于云南省西北部，是滇、川、藏三省区交界地，地处青藏高原横断山区腹地，是世界自然遗产“三江并流”的核心地带，整个辖区总面积 11613 平方公里。香格里拉地处高海拔低纬度地带，在地理环境方面，县境地形西北高、东南低，地貌形态包括山地、高原、盆地和河谷，最高海拔在 5500 米以上，最低海拔在 1500 米左右，高低海拔之间差 4000 多米。地形的海拔差距造成了县境典型的垂直气候，气候随海拔升高依次出现六个气候带，表现出季风气候、高原气候、立体气候和地形小气候的特点。与当地丰富的气候相对应，县境蕴含丰富植物、动物、微生物等生物资源，截至 2010 年，境内已知食用、药用真菌 24 科 92 种，维管束植物 234 科 3582 种，种子植物 173 科 877 属 3278 种，还有杓兰、中甸角蕨、中甸刺玫、廷菊等濒危植物，以及滇金丝猴、普达措半鱼人、黑颈鹤、裂腹鱼等濒危动物。② 而且香格里拉居于“三江成矿带”的腹地区域，是全国十大矿产资源富集区之一，已经探明的矿产资源有金、银、铜、铁、钨、铍、钼、锰、铅、锌、滑石、小晶、石棉、白云石、大理石、褐煤、泥炭等 25 种。③

香格里拉辖区内有建塘镇、小中甸镇、虎跳峡镇、金江镇 4 个镇，以

---

① 《“香格里拉”更名 10 年旅游产值增长逾 30 倍》，中国新闻网（http：//news. 163. com），2016 年 10 月 2 日。

② 倪荣华：《香格里拉县交通运输志》，云南民族出版社 2010 年版。

③ 迪庆人民政府网站（http：//www. diqing. gov. cn），2016 年 10 月 2 日。

及上江乡、三坝纳西族乡、洛吉乡、尼西乡、格咱乡、东旺乡、五境乡7个乡。2015年，香格里拉全年累计完成地区生产总值992758万元，三次产业的增加值分别为40475万元、342836万元、609447万元，在GDP中的比重为4.1∶34.5∶61.4。[①] 而且香格里拉是少数民族聚居区，截至2015年，香格里拉常住人口17.66万人，其中户籍人口147327人；县境内少数民族人口127078人，占户籍人口的86.3%，其中藏族68076人、纳西族26546人、傈僳族12106人、彝族12517人，分别占户籍人口的46.2%、18%、8.2%、8.5%，千人以上的少数民族还有白族和苗族，人口分别为4829人和1388人。[②]

一　调查对象基本情况

本报告对云南省迪庆藏族自治州香格里拉县的社会经济发展进行实证分析，所用数据来自中国社会科学院民族学与人类学研究所主持的中国社会科学院创新工程重大专项“21世纪初中国少数民族地区经济社会发展综合调查”于2013年在香格里拉完成的家庭问卷。香格里拉的样本回收数据为566份，问卷回收录入整理后，主要使用SPSS软件进行统计分析，回收样本数据的基本情况见表9-1。

受访者基本情况如下。在性别方面，男性占比63.9%，女性占36.1%；在民族方面，藏族受访者人口数量最多，占72.6%，其次是汉族，占10.2%，纳西族占7.3%，其他占比数量较小的受访民族还有白族、傈僳族、彝族、土家族等；在宗教信仰方面，多数受访者信仰佛教，数量占比为68.2%，没有宗教信仰的受访者占22.6%，2.9%的受访者有民间信仰；在受教育程度方面，未上学的受访者数量占7.9%，小学学历的占21.1%，初中学历的占18%，高中及同等学力的占12.7%，大学专科学历的占13.9%，大学本科学历的占25.2%，研究生学历的占1.2%；在户口方面，农业户口的受访者占59.3%，非农业户口的占24.6%，之前是农业户口现在为居民户口的占9.2%，之前是非农业户口现在为居民户口的占6.7%；在职业类型方面，职业为国家机关党群、事业单位负责人的受访者数量占4.3%，国家机关党群组织、事业单位工作人员占

① 《（云南省）香格里拉市2015年国民经济和社会发展统计公报》，知县网：http://www.ahmhxc.com/tongjigongbao/3902.html，2016年10月2日。

② 同上。

23%，专业技术人员占6.8%，各类企业办事人员占7.5%，商业、服务业人员占16.8%，农林牧渔水利生产人员占10.3%，生产、运输设备操作人员及有关人员占2.3%，军人占2.8%，还有26.2%的受访者为不便分类的其他从业人员；在年龄分层方面，18岁及以下的受访者占2.2%，19—30岁的受访者占47.7%，31—45岁的受访者占29.1%，46—60岁的受访者占15.7%，61岁及以上的受访者占5.3%。

表9-1　　香格里拉问卷调查数据统计的基本情况　　单位：%

性别	男性	63.9	户口	农业	59.3
	女性	36.1		非农业	24.6
民族	汉族	10.2		居民户口（之前是农业户口）	9.2
	藏族	72.6		居民户口（之前是非农业户口）	6.7
	彝族	1.5		其他	0.2
	白族	3.1	职业类型	国家机关党群组织、事业单位负责人	4.3
	土家族	1.2		国家机关党群组织、事业单位工作人员	23.0
	傈僳族	1.9		专业技术人员	6.8
	纳西族	7.3		各类企业办事人员	7.5
	其他民族	2.2		商业、服务业人员	16.8
宗教信仰	佛教	68.2		农林牧渔水利生产人员	10.3
	民间信仰	2.9		生产、运输设备操作人员及有关人员	2.3
	没有宗教信仰	22.6		军人	2.8
	其他宗教信仰	3.3		不便分类的其他从业人员	26.2
受教育程度	未上学	7.9	年龄	18岁及以下	2.2
	小学	21.1		19—30岁	47.7
	初中	18.0		31—45岁	29.1
	高中、中专或职高技校	12.7		46—60岁	15.7
	大学专科	13.9		61岁及以上	5.3
	大学本科	25.2			
	研究生	1.2			

说明：职业类型是按照人力资源和社会保障部职业能力建设司公布的国家职业分类目录编制而成，详情可参见网站：http：//ms.nvq.net.cn/nvqdbApp/htm/fenlei/index.html。

二　经济社会发展

在新时期，香格里拉经济获得了新的发展契机，经济总量稳步增长，虽然经济增速放缓，但地区经济的发展状态仍好于全国平均水平。在经济发展的同时，城乡居民的收入水平提升，生活质量得到改善，而且受访者对未来生活质量的持续改善以及全面建成小康社会表现出了充分的信心。

（一）香格里拉经济概况

作为典型的西部地区，相较于东部沿海已经完成的发展起步、正在经历的繁荣发展和深度转型问题，香格里拉的经济社会发展刚刚起步。再加上受经济危机的影响，中国整体经济面临危机后恢复、转变发展方式、调整产业结构等多重机遇与挑战，其县域经济在寻找自身发展道路的同时，也充分利用了国家经济高质量发展的机遇，体现在数据指标上，就是在蓬勃发展后进入稳定增长期。根据 2011—2015 年香格里拉地区生产总值和增长率的数据，可以看出地区生产总值持续增长，已经从 2011 年的 59.76 亿元增加到 2015 年的 100.9 亿元，同期的增长率却从 18.6%降低到 9%，减少了 9.6 个百分点，虽然增长速度放缓，但仍明显好于全国平均水平。

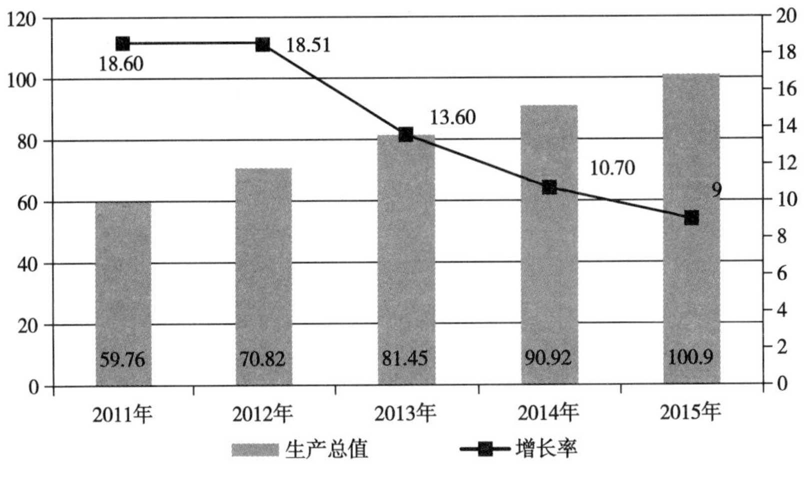

图 9-1　2011—2015 年香格里拉区域生产总值及增长率（单位：亿元、%）

资料来源：根据相关网络资料整理。

在总体经济发展良好的同时，居民也从这种发展中得到了实惠。根据 2011—2015 年香格里拉居民收入的数据，城镇居民人均可支配收入从 2011 年的 19556 元增加到 2015 年的 28200 元，增长了 44.2%；同期农民人均纯收入从 4078 元增加到 6811 元，增长了 67%。由此可以看出城镇和农村居民的收入都得到了提升，但是城乡间的差距却又进一步拉大。

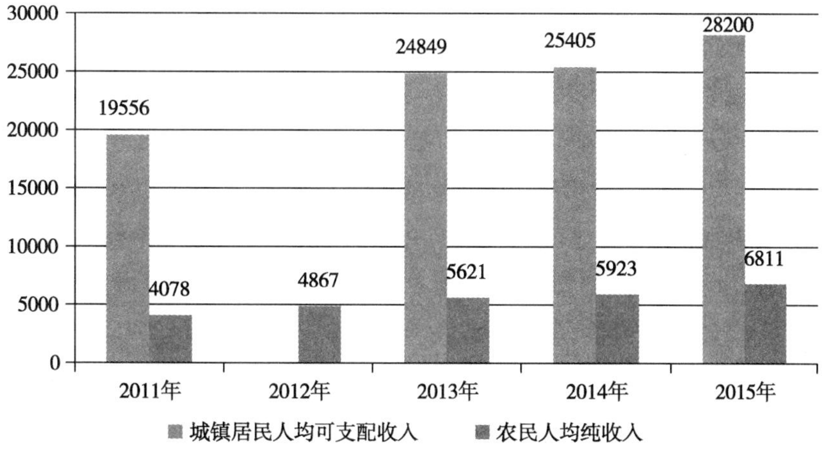

图 9-2　2011—2015 年香格里拉区域居民收入（单位：元）

资料来源：同图 9-1。由于从网上查找数据，2012 年城镇居民人均可支配收入缺失。

（二）居民住房情况

九成以上的香格里拉受访者都拥有自己的住房，而且一般是为自己居住的 1 套住房。在农业户口受访者中，11 人没有住房，占 4.89%，171 人有 1 套住房，占 76%，37 人有 2 套住房，占 16.44%，而拥有 2 套以上住房的居民很少，仅为 6 人；非农户口受访者没有住房和有 1 套住房的人数占比高于农业户口居民，分别为 5.68%、81.82%，拥有 2 套以上住房的人数很少，仅为 4 人。重点分析藏族受访者发现，8 名农业户口受访者没有住房，占 4.4%，140 人有 1 套住房，占 76.92%，29 人有 2 套住房，占 15.93%，有 2 套以上住房的只有 5 人；而在非农户口受访者中，4 人没有住房，占 7.41%，45 人有 1 套住房，占 83.33%，有 2 套及以上住房的人数很少，只有 5 人。总体上看，城镇受访者没有住房的情况比农村相对严重，拥有自有住房的受访者中，城镇农村受访者中大多数有 1 套住房，而且不管是在城镇还是在农村，藏族受访者拥有自有住房的比例高于平均水平。

表 9-2　　拥有自有住房的数量　　单位：次、%

	农业户口				非农户口			
	总体		藏族		总体		藏族	
	频次	百分比	频次	百分比	频次	百分比	频次	百分比
0 套	11	4.89	8	4.40	5	5.68	4	7.41

续表

	农业户口				非农户口			
	总体		藏族		总体		藏族	
	频次	百分比	频次	百分比	频次	百分比	频次	百分比
1套	171	76.00	140	76.92	72	81.82	45	83.33
2套	37	16.44	29	15.93	7	7.95	3	5.56
3套	5	2.22	4	2.20	3	3.41	1	1.85
4套及以上	1	0.45	1	0.55	1	1.14	1	1.85
合计	225	100.00	182	100.00	88	100.00	54	100.00

在香格里拉，绝大多数受访者居住在自有住房里，租住和集体宿舍的情况极为少见。在农业户口受访者中，202人居住在自有住房里，占89.78%，租住房屋的有16人，占7%以上；藏族农业受访者中，166人居住在自有住房里，占92.74%，租住房屋的有9人，占5%以上。在非农户口受访者中，80人居住在自有住房里，占85.11%，租住房屋和集体寝室的有9人；藏族非农受访者中，50人居住在自有住房里，占87.72%，租住房屋和集体寝室的有5人。

表9-3　　所拥有住房的性质　　单位：次、%

	农业户口				非农户口			
	总体		藏族		总体		藏族	
	频次	百分比	频次	百分比	频次	百分比	频次	百分比
自有住房	202	89.78	166	92.74	80	85.11	50	87.72
租/住廉租房	7	3.11	4	2.23	4	4.26	2	3.51
租/住亲友房	3	1.33	3	1.68	1	1.06	0	0.00
租/住私人房	6	2.67	2	1.12	3	3.19	2	3.51
集体宿舍					1	1.06	1	1.75
其他（请注明）	1	0.44	1	0.56	3	3.19	1	1.75
不清楚	6	2.67	3	1.67	2	2.13	1	1.76
合计	225	100.00	179	100.00	94	100.00	57	100.00

对于现有住房，有半数以上的受访者有改善的意愿，藏族受访者中打算改善住房的人数也超过一半。在农业户口受访者中，迫切意愿和一般意

愿改善住房的受访者人数分别为 70 人和 51 人，占比分别为 29.29%、21.34%；改善意愿不迫切和不想改善的人数分别为 26 人和 61 人，占比分别为 10.88%、25.52%。在非农受访者中，有迫切意愿和一般意愿改善现有住房的人数都为 32 人，占比均为 32.65%，改善意愿不迫切和不想改善的人数分别为 13 人、15 人，占比分别为 13.27%、15.31%。藏族受访者改善住房意愿的情况与总体受访者的一般情况基本类似，但人数占比略有差异，但差距不大。

表 9-4　　打算改善现有住房的意愿　　单位：次、%

	农业户口				非农户口			
	总体		藏族		总体		藏族	
	频率	百分比	频率	百分比	频率	百分比	频率	百分比
迫切	70	29.29	51	26.70	32	32.65	21	35.59
一般	51	21.34	44	23.04	32	32.65	18	30.51
不迫切	26	10.88	19	9.95	13	13.27	8	13.56
不想改善	61	25.52	51	26.70	15	15.31	8	13.56
不清楚	31	12.97	26	13.61	6	6.12	4	6.78
合计	239	100.00	191	100.00	98	100.00	59	100.00

（三）居民对未来生活的预期与信心

对于香格里拉当前生活水平，八成以上的受访者都给出了积极评价，而且非农户口受访者的评价好于农业户口受访者。在农业户口受访者中，对比当前与 5 年前的生活水平，有 80 人认为上升了很多，占 33.06%，126 人认为略有上升，占 52.07%，20 人认为没有变化，占 8.26%，而仅有 5 人认为生活水平出现了下降；在非农户口受访者中，39 人认为生活水平上升很多，占 40.21%，40 人认为略有上升，占 41.24%，9 人认为没有变化，占 9.28%，还有 5 人认为生活水平出现了下降。细化到藏族居民，在农业户口受访者中，分别有 59 人、109 人认为生活水平上升很多、略有上升，占比分别为 30.41%、56.19%；18 人认为没有变化，占 9.28%；还有 2 人认为下降很多，占 1.03%。在非农户口受访者中，分别有 22 人、28 人认为生活水平上升很多、略有上升，占比分别为 37.29%、47.46%；4 人认为没有变化，占 6.78%；还有 3 人认为生活水平出现了下降。

表 9-5　　与5年前相比，受访者对当前生活水平的评价　　单位：次、%

	农业户口				非农户口			
	总体		藏族		总体		藏族	
	频率	百分比	频率	百分比	频率	百分比	频率	百分比
上升很多	80	33.06	59	30.41	39	40.21	22	37.29
略有上升	126	52.07	109	56.19	40	41.24	28	47.46
没有变化	20	8.26	18	9.28	9	9.28	4	6.78
略有下降	2	0.83	0	0.00	4	4.12	2	3.39
下降很多	3	1.24	2	1.03	1	1.03	1	1.69
不好说	11	4.55	6	3.09	4	4.12	2	3.39
合计	242	100.00	194	100.00	97	100.00	59	100.00

对于未来生活，香格里拉受访者表现出了更为积极的预期，对未来生活充满希望。在农业户口受访者中，分别有77人、121人认为未来5年的生活水平会上升很多、略有上升，占比分别为31.95%、50.21%，还有7人和4人认为没有变化、生活水平下降；在非农户口受访者中，分别有32人、49人认为未来5年生活水平上升很多、略有上升，占比分别为31.68%、48.51%；另有3人认为没有变化、1人认为会下降。藏族农业户口受访者对未来5年生活水平的预期基本类似，认为生活水平会上升很多和略有上升的农业户口受访者分别为58人、104人，这一数字在非农户口受访者中分别为18人、34人，而认为生活水平会下降的受访者人数很少。

表 9-6　　对未来5年生活水平变化的预期　　单位：次、%

	农业户口				非农户口			
	总体		藏族		总体		藏族	
	频次	百分比	频次	百分比	频次	百分比	频次	百分比
上升很多	77	31.95	58	30.05	32	31.68	18	29.03
略有上升	121	50.21	104	53.89	49	48.51	34	54.84
没有变化	7	2.90	7	3.63	3	2.97	3	4.84

续表

	农业户口				非农户口			
	总体		藏族		总体		藏族	
	频次	百分比	频次	百分比	频次	百分比	频次	百分比
略有下降	1	0.41	1	0.52	1	0.99	0	0.00
下降很多	3	1.24	2	1.04		0.00		0.00
不好说	32	13.29	21	10.89	16	15.85	7	11.29
合计	241	100.00	193	100.00	101	100.00	62	100.00

除了生活水平的评价，香格里拉受访者对 2020 年全面建成小康社会建设目标的完成也表达出了充分的信心。在农业户口受访者中，对香格里拉 2020 年全面建成小康社会很有信心和有信心的受访者分别占 26.34%、50.21%；没有信心的受访者占 10.29%，还有 18 人认为不可能，占比为 7.41%；在非农户口受访者中，表达出很有信心和有信心的受访者分别是 24.75%、52.48%，没有信心的占 10.89%；还有 9 人认为不可能，占 8.91%。细化到藏族受访者，对 2020 年全面建成小康社会表现出很有信心和有信心的农业户口受访者分别占 26.67%、48.72%，没有信心的占 9.74%，认为不可能的占 8.72%；而表现出很有信心和有信心的非农户口受访者分别占 25.81%、53.23%，没有信心的占 6.45%，认为不可能的占 12.9%。

表 9-7　　对香格里拉 2020 年全面建成小康社会的信心　　单位：次、%

	农业户口				非农户口			
	总体		藏族		总体		藏族	
	频次	百分比	频次	百分比	频次	百分比	频次	百分比
很有信心	64	26.34	52	26.67	25	24.75	16	25.81
有信心	122	50.21	95	48.72	53	52.48	33	53.23
没有信心	25	10.29	19	9.74	11	10.89	4	6.45
不可能	18	7.41	17	8.72	9	8.91	8	12.90
没听说过	14	5.74	12	6.15	3	2.97	1	1.61
合计	243	100.00	195	100.00	101	100.00	62	100.00

三　就业情况

就业问题是“民生之本”，关系到经济发展、居民生活质量改善和社会稳定。中国城乡二元结构长期存在，因户籍制度导致的劳动力市场分割的状况也由来已久，[①] 反映在城镇居民和农村居民的就业内容上，就是在职业类型、职业选择、考虑因素等方面存在较大差异。由此，本报告在分别对城乡受访者的就业情况进行基本统计描述后，进一步分析城乡就业选择的因素和城乡失业原因。

（一）农业户口居民的就业

拥有农业户口（包括居民户口）的受访者，其就业情况基本如下：在314份有效问卷中，只从事非农工作的受访者数量最多，占32.8%；其次是只务农的受访者，占22.6%；以非农工作为主，同时也务农的受访者占15.3%；以务农为主，同时也从事非农工作的受访者占15%；其他受访者没有正式的工作，且人数统计未超过30，故此处不赘述，详细情况见表9-8。

表9-8　农业户口（包括居民户口）居民的工作状态　单位：%

	只是务农	以务农为主，同时也从事非农工作	以非农工作为主，同时也务农	只从事非农工作	农村非就业或城镇失业或待业人员	家务劳动者	退休人员	全日制学生	非全日制学生	其他不工作也不上学的人员	合计
频次	71	47	48	103	10	4	11	3	3	14	314
有效百分比	22.6	15.0	15.3	32.8	3.2	1.3	3.5	1.0	1.0	4.3	100.2

对于有正式工作的农业户口受访者，其分配在工作中的时间，具体情况如下：对于非农务工时间，呈现出两极分化的规律，即工作时间为12个月的受访者占26.7%，不从事非农务工即工作时间为0个月的受访者占18.93%，其他工作时间的受访者数量均不足20个；对于在本县市从事农业生产的时间，完全不进行农业生产的受访者占42.31%，接近半数，而剩余从事农业生产的受访者，工作时间并不集中，相对来说农业生产工作

① 乔明睿、钱雪亚、姚先国：《劳动力市场分割、户口与城乡就业差异》，《中国人口科学》2009年第1期。

时间在半年内的人数较多；而在本县市外的农业生产时间，有 84.66%的受访者并不离开居住地从事农业生产活动，可见居住地是农业生产活动的核心区域。

表 9-9　　农业户口居民的工作时间　　单位：次、%

时间·月	0	1	2	3	4	5	6	7	8	9	10	11	12	合计
非农务工时间频次	39	4	10	15	5	13	16	4	10	12	19	4	55	206
百分比	18.93	1.94	4.85	7.28	2.43	6.31	7.77	1.94	4.85	5.83	9.22	1.94	26.70	100
本县市农业生产时间频次	88	6	20	16	12	7	11	6	6	4	6	3	23	208
百分比	42.31	2.88	9.62	7.69	5.77	3.37	5.29	2.88	2.88	1.92	2.88	1.44	11.06	100
本县市外农业生产时间频次	160	2	8	6	2	1	3	2	1		1	2	1	189
百分比	84.66	1.06	4.23	3.17	1.06	0.53	1.59	1.06	0.53	0.00	0.53	1.06	0.53	100

说明：工作时间统计的是 2013 年情况，故剔除工作时间大于 12 个月的数据。

香格里拉的农业生产活动所需时间有限，多数受访者都在农业生产外从事非农工作或者全职从事非农工作，除此之外还有一些受访者选择外出就业，就问卷调查的数据来看，在 250 名农业户口受访者中仅有 53 名受访者选择继续外出就业，占 21.2%，剩余 197 名受访者未外出就业，占 78.8%。可见，外出就业并不是香格里拉受访者的首要选择，对于未外出就业的原因，下面进行具体分析。面对在 2013 年是否外出就业的选择时，未外出就业的前四位原因依次为：认为对找不到工作的担心是最重要原因，人数占 25.3%；第二原因是难以适应外地生活环境，人数占 28%；第三原因是在当地就能找到满意工作，人数占 26.8%；第四原因是语言能力不强，人数占 21.4%。

表 9-10　　农业户口居民不选择外出就业的原因　　单位：次、%

		找不到工作（或担心找不到工作）	不适应外地生活环境	收入没有在家稳定	受歧视	疾病或伤残	家中农业缺乏劳动力	回家结婚、生育	当地能找到满意的工作	语言能力不强	缺乏同乡或熟人带领	不适应工作纪律、管理约束等	其他（请注明）	合计
第一原因	频次	42	32	14	2	1	16	4	16	2	1	1	35	166
	百分比	25.3	19.3	8.4	1.2	0.6	9.6	2.4	9.6	1.2	0.6	0.6	21.1	100

续表

		找不到工作（或担心找不到工作）	不适应外地生活环境	收入没有在家稳定	受歧视	疾病或伤残	家中农业缺乏劳动力	回家结婚、生育	当地能找到满意的工作	语言能力不强	缺乏同乡或熟人带领	不适应工作纪律、管理约束等	其他（请注明）	合计
第二原因	频次	5	21	12	1		13	1	10	3	4	1	4	75
	百分比	6.7	28.0	16.0	1.3		17.3	1.3	13.3	4.0	5.3	1.3	5.3	100
第三原因	频次	3	7	11	1	2	5	1	15	5	2	2	2	56
	百分比	5.4	12.5	19.6	1.8	3.6	8.9	1.8	26.8	8.9	3.6	3.6	3.6	100
第四原因	频次	1	2	3	1		4	2	9	9	4	4	3	42
	百分比	2.4	4.8	7.1	2.4		9.5	4.8	21.4	21.4	9.5	9.5	7.1	100

（二）非农户口居民的就业

对于非农户口的居民，其就业选择与农业户口居民存在较大差距，其中其他民族非农居民问卷回收数量不足30份，故只再单独分析藏族非农居民的就业情况。

在就业区域的选择方面，乡外县内是非农受访者的首要选择，人数占42.1%；乡镇内是就业的次要选择，人数占39.8%；县外省内是随后的选择，人数占15.8%；而选择在省外国内和国外、港澳台就业的人数极少。藏族是非农受访者中人数最多的民族，其中有51人选择在乡镇内就业，占44.7%，其次有44人选择乡外县内就业，占38.6%，还有18人选择县外省内就业，占15.8%。可见，香格里拉受访者更喜欢在靠近居住地的区域进行就业，而这种就近就业的倾向在少数民族受访者中表现得尤为突出。

表9-11　　非农居民工作区域的选择　　单位：次、%

		乡镇内	乡外县内	县外省内	省外国内	国外和港澳台	合计
非农居民	频次	68	72	27	3	1	171
	百分比	39.8	42.1	15.8	1.8	0.5	100.0
藏族非农居民	频次	51	44	18	0	1	114
	百分比	44.7	38.6	15.8	0.0	0.9	100.0

劳动合同性质关系到非农居民工作的稳定和薪酬的持续，在从事就业的非农受访者中，有76人为固定职工，占44.2%；34人为长期合同工，占19.8%；26人为短期或临时合同工，占15.1%；12人的工作没有合同，占7%；还有17人从事私营或个体经营，占9.9%。藏族非农受访者的情况基本类似，但在人数和占比上略有差别，固定职工、长期合同工、短期或临时合同工是最主要的合同性质，人数占比分别为40.2%、22.3%、17%。总体上看，香格里拉非农受访者，包括当地的少数居民，工作相对稳定，多数都签订了受国家法律保护的劳动合同。

表 9-12　　非农居民工作的劳动合同性质　　单位：次、%

		固定职工（包括国家干部、公务员）	长期合同工	短期或临时合同工	没有合同的员工	从事私营或个体经营人员	其他（请注明）	合计
非农居民	频次	76	34	26	12	17	7	172
	百分比	44.2	19.8	15.1	7.0	9.9	4.0	100
藏族非农居民	频次	45	25	19	10	9	4	112
	百分比	40.2	22.3	17.0	8.9	8.0	3.6	100

对于获得第一份工作的渠道，香格里拉非农居民受访者给出了选择：直接申请（含考试）和政府/社区安排介绍是非农受访者获得第一份工作最主要的两种渠道，人数分别占44%、21.7%，朋友、熟人、同乡和族人等私人关系并不是获得工作的最重要渠道。藏族非农受访者与总体非农受访者的情况基本类似，直接申请（考试）是最主要的途径，其次是政府/社区安排介绍，人数占比分别为45.9%、17.1%，与总体情况差别不大。

表 9-13　　非农就业居民获得第一份工作的渠道　　单位：次、%

		政府/社区安排介绍	商业职介（包括人才交流会）	招聘广告	直接申请（含考试）	家人/亲戚介绍	朋友/熟人介绍	通过本乡人介绍	通过本民族介绍	其他（请注明）	合计
非农居民	频次	36	3	15	73	11	10	1	2	15	166
	百分比	21.7	1.8	9.0	44.0	6.6	6.0	0.6	1.2	9.0	100.0
藏族非农居民	频次	19	3	10	51	9	6	1	2	10	111
	百分比	17.1	2.7	9.0	45.9	8.1	5.4	0.9	1.8	9.0	100.0

（三）失业情况及原因

仅就受访者的问卷调查情况，可以看出农业户口居民的失业情况略严重于非农户口居民。具有农业户口的受访者中，每个家庭都有 16—60 岁没有工作的成员，222 个受访者家庭中只有 1 户没有未就业人员，在非农业户口受访者中，4 户家庭中没有未就业人员，藏族受访家庭中 2 户藏族家庭中没有未就业人口。

表 9-14　　受访者家中 16—60 岁成员是否有工作　　单位：次、%

	农业户口				非农户口			
	总体		藏族		总体		藏族	
	频次	百分比	频次	百分比	频次	百分比	频次	百分比
无	0	0.00	1	0.45	4	5.48	2	4.44
有	177	100.00	221	99.55	69	94.52	43	95.56
合计	177	100	222	100	73	100	45	100

造成城乡受访者家庭成员不就业的原因主要归纳为七个。对于农业户口受访者来说，料理家务是最主要原因，人数占 28%；毕业后未及时就业也是造成不就业的另一原因，该类人群实际是失业人群人数占 14%；正在上学也是造成适龄人口未就业的原因，占 11%。藏族农业户口受访者也存在类似的情况，只是人数占比略有差别。对于不同少数民族的非农业户口受访者来说，料理家务、毕业后未就业、离退休和正在上学是造成未就业情况存在的主要原因，但是由于问卷回收数量不足 30 份，代表性并不突出。

表 9-15　　失业者当前没有工作的原因　　单位：次、%

			正在上学	丧失劳动能力	已离/退休	毕业后未工作	料理家务	因本人原因（如家务、健康、辞职等）离开原工作	承包土地被征用	其他（请注明）	合计
农业户口	总体	频次	11	7	4	14	28	3	4	29	100
		百分比	11.0	7.0	4.0	14.0	28.0	3.0	4.0	29.0	100.0
	藏族	频次	8	5	2	9	24	2	4	22	76
		百分比	10.5	6.6	2.6	11.8	31.6	2.6	5.3	29.0	100.0

续表

			正在上学	丧失劳动能力	已离/退休	毕业后未工作	料理家务	因本人原因（如家务、健康、辞职等）离开原工作	承包土地被征用	其他（请注明）	合计
非农户口	总体	频次	3		4	7	6	1	1	4	26
		百分比	11.5		15.4	26.9	23.1	3.8	3.8	15.5	100.0
	藏族	频次	2		3	4	3	1	1	2	16
		百分比	12.5		18.8	25.0	18.8	6.3	6.3	12.3	100.0

四　民族政策

国家针对少数民族居民以及少数民族地区推出了一系列政策，在尊重少数民族的民族文化、宗教信仰的同时，用以帮助、扶持少数民族及地区的发展，使全社会居民共享改革开放的成果。在对香格里拉进行社会调查时，就当地的基本情况，对计划生育政策、高考加分政策、民族特殊优惠政策进行了问卷调查，既了解了民族政策在实践中的意义，又为未来的民族政策发展提供了重要的意见参考。

（一）计划生育政策

我国对少数民族居民和汉族居民实行了有区别的计划生育政策，并没有对少数民族实行严格的计划生育，既是对少数民族文化、习俗及宗教等的尊重，也是对少数民族发展和传承的扶持。根据问卷调查，农业户口受访者中，119人认为少数民族地区及少数民族的计划生育政策好，占到农业受访者的一半，23.11%的受访者认为一般，6.3%的人认为不好；非农户口受访者中，46.94%的人认为该政策好，25.51%的人认为一般，还有12.24%的人认为不好。总体上看，受访者对计划生育政策评价相对中性，藏族受访者的评价略好于平均水平。

表9-16　　对少数民族地区及少数民族计划生育政策的评价　单位：次、%

	农业户口				非农户口			
	总体		藏族		总体		藏族	
	频次	百分比	频次	百分比	频次	百分比	频次	百分比
好	119	50.00	100	51.55	46	46.94	28	47.46

续表

	农业户口				非农户口			
	总体		藏族		总体		藏族	
	频次	百分比	频次	百分比	频次	百分比	频次	百分比
一般	55	23.11	43	22.16	25	25.51	15	25.42
不好	15	6.30	14	7.22	12	12.24	9	15.25
不清楚	49	20.59	37	19.07	15	15.31	7	11.87
合计	238	100.00	194	100.00	98	100.00	59	100.00

而就未来计划生育政策的调整，受访者也提出了自己的建议。在农业户口受访者中，52.29%的人认为子女生育政策应全国各地区、各民族一致，12.84%的人认为城市生育子女数量应一致，26.61%的人认为应废除计划生育政策，由家庭自主决定子女数量；而在非农受访者中，主张全国各地区、各民族生育子女数量一致的人数占比为43.1%，低于农业户口受访者，而赞成城市生育子女数量一致以及由家庭自主决定生育子女数量这两个调整的人数占比增加，分别为15.52%、32.76%。藏族受访者对计划生育政策的调整意见与所有受访者的判断相一致，只是赞同全国统一生育政策的人数占比低于平均水平。

表9-17 少数民族地区及少数民族计划生育政策的调整方向 单位：次、%

	农业户口				非农户口			
	总体		藏族		总体		藏族	
	频次	百分比	频次	百分比	频次	百分比	频次	百分比
全国各地区各民族一样	57	52.29	42	50.00	25	43.10	13	39.39
全国城市地区生育子女数量统一	14	12.84	12	14.29	9	15.52	3	9.09
废除计划生育子女数量限制政策，由家庭自主决定	29	26.61	23	27.38	19	32.76	13	39.39
其他	9	8.26	7	8.33	5	8.62	4	12.12
合计	109	100.00	84	100.00	58	100.00	33	100.00

（二）高考加分政策

高考加分政策是对少数民族居民的教育扶持政策，也是提高少数民族素质、改善生活质量的一项重要政策。不管是农业户口受访者还是非农户口受访者，多数藏族受访者对民族地区的高考加分政策作出了满意的评价，满意率在农业户口居民和非农户口居民中分别为68.05%和69.7%，这两个指标在藏族受访者中分别为70.26%和71.67%。

表9-18　对民族地区高考加分政策的评价　单位：%、次

	农业户口				非农户口			
	总体		藏族		总体		藏族	
	频次	百分比	频次	百分比	频次	百分比	频次	百分比
满意	164	68.05	137	70.26	69	69.70	43	71.67
不满意	12	4.98	5	2.56	8	8.08	4	6.67
不清楚	65	26.97	53	27.18	22	22.22	13	21.66
合计	241	100.00	195	100.00	99	100.00	60	100.00

相较于民族地区的高考加分政策，受访者对少数民族的高考加分政策评价略好。对少数民族高考加分政策的满意率在农业户口受访者和非农户口受访者中分别为72.08%和71.13%，而藏族农业户口受访者和非农户口受访者中的满意率分别为75.26%和74.14%。相较于平均水平，藏族受访者对少数民族高考加分政策的支持度略高，但表现并不突出。

表9-19　对少数民族高考加分政策的评价　单位：次、%

	农业户口				非农户口			
	总体		藏族		总体		藏族	
	频次	百分比	频次	百分比	频次	百分比	频次	百分比
满意	173	72.08	146	75.26	69	71.13	43	74.14
不满意	9	3.75	2	1.03	10	10.31	5	8.62
不清楚	58	24.17	46	23.71	18	18.56	10	17.24
合计	240	100.00	194	100.00	97	100.00	58	100.00

针对长期居住在城市的少数民族子女，受访者对其高考加分政策的支持率低于对少数民族高考加分政策的支持率。在农业户口受访者中，56.07%的人赞成城市少数民族子女的高考加分政策，不赞成的占16.32%；在非农户口受访者中，赞成的人占比为64.58%，不赞成的人占18.75%。藏族农业户口受访者和非农户口受访者对该政策的赞成率分别

为59.59%和74.14%，高于农业户口受访者和非农户口受访者的赞成率。

表9-20　对于长期在城市居住的少数民族子女，高考是否应该加分

单位：次、%

	农业户口				非农户口			
	总体		藏族		总体		藏族	
	频次	百分比	频次	百分比	频次	百分比	频次	百分比
应该	134	56.07	115	59.59	62	64.58	43	74.14
不应该	39	16.32	24	12.44	18	18.75	9	15.52
不清楚	66	27.61	54	27.97	16	16.67	6	10.34
合计	239	100.00	193	100.00	96	100.00	58	100.00

（三）民族地区特殊优惠政策

除了计划生育政策和高考加分政策，问卷还对民族特殊优惠政策进行了调查，农村和城镇受访者对该政策的满意率在七成左右，但具有不同户籍的藏族受访者的满意率略有差异。农业户口受访者对民族特殊优惠政策的满意率为69.58%，而其中藏族受访者的满意率为71.13%，高于平均水平；非农户口受访者的满意率为74%，其中藏族受访者的满意率为70.49%，低于平均水平。

表9-21　对国家实施的民族特殊优惠政策的评价　单位：次、%

	农业户口				非农户口			
	总体		藏族		总体		藏族	
	频次	百分比	频次	百分比	频次	百分比	频次	百分比
满意	167	69.58	138	71.13	74	74.00	43	70.49
不满意	17	7.08	11	5.67	5	5.00	4	6.56
不清楚	56	23.34	45	23.20	21	21.00	14	22.95
合计	240	100.00	194	100.00	100	100.00	61	100.00

五　民族文化

民族文化既是少数民族的民族特征，也是民族传承的重要方式。民族文化内容丰富，包括传统民居、传统服饰、传统节日、人生礼仪、传统文娱活动、传统饮食、道德规范、人际交往习俗、传统生产方式、宗教活动习俗等内容，这关系到少数民族居民社会生活的方方面面，本部分从民族文化现状、保护和传承等方面出发分析香格里拉少数民族文化的现状，以及保护的重点和未来的发展。由于民族文化的研究对象是少数民族居民，故少数民族受访者是本部分研究的重点，其中的藏族受访者是研究的代表。

（一）特色民族文化

对于最具代表性的前三种文化类型，少数民族受访者的选择分别是传统民居、传统服饰、宗教活动习俗，人数占比分别为 35.4%、34.4%、25.7%，这与藏族受访者的选择是一致的，藏族受访者人数占比分别为 34.9%、33.7%、26.6%。对比城乡受访者发现，农业户口的少数民族受访者认为传统民居、传统服饰、宗教活动习俗是代表民族文化的前三种文化类型，其人数占比分别为 35.6%、37.9%和 27.1%，其中的藏族受访者选择上述三类的人数占比分别为 35.6%、37.7%和 28.4%；而非农户口受访者则认为传统民居、传统服饰和传统节日，是能够代表民族文化的前三种文化类型，人数占比分别为 34.9%、25.6%和 23.3%；其中的藏族受访者作出了不一致的选择，认为传统民居、传统节日和宗教活动习俗最能代表民族文化，人数占比分别为 32.8%、27.9%和 21.3%。可见，不管是城镇还是农村，传统民居即民族特色建筑是最能代表和展现民族文化的文化类型。

（二）民族文化保护

民族文化的保护已经成为各民族的共识，地方政府是民族文化保护的主力，对于最需保护的文化类型，少数民族受访者作出了贴合本地区和本民族的选择。总体来看，少数民族受访者认为传统民居、传统服饰和宗教活动习俗是最需要保护的文化类型，占比分别为 35.4%、28.9%、28.1%，这与香格里拉最具代表性的文化类型是一致的；藏族受访者也作出了一样的选择，人数占比分别为 35.7%、27.9%和 30.3%。从城乡差异来看：农业户口的少数民族受访者认为传统民居、传统服饰和宗教活动习俗是最应保护的前三种文化类型，人数占比依次为 36%、30%、31.4%，藏族农业户口受访者也作出了一样的判断，选择三种类型的人数占比分别为 35.6%、29.6%和 32.6%；而非农户口的少数民族受访者认为传统民

表 9-22　　最具特色的少数民族文化类型

单位：次、%

		农业户口				非农户口				少数民族		藏族	
		少数民族		藏族		少数民族		藏族					
		频次	百分比	频次	百分比	频次	百分比	频次	百分比	频次	百分比	频次	百分比
第一位	传统民居	79	35.6	69	35.6	30	34.9	20	32.8	109	35.4	89	34.9
	传统服饰	39	17.6	33	17.0	21	24.4	17	27.9	60	19.5	50	19.6
	传统节日	47	21.2	39	20.1	5	5.8	3	4.9	52	16.9	42	16.5
	人生礼仪	4	1.8	3	1.5	6	7.0	2	3.3	10	3.2	5	2.0
	传统文娱活动	6	2.7	5	2.6	2	2.3	2	3.3	8	2.6	7	2.7
	传统饮食	2	0.9	2	1.0					2	0.6	2	0.8
	道德规范	17	7.7	16	8.2	14	16.3	11	18.0	31	10.1	27	10.6
	人际交往习俗	2	0.9	2	1.0	2	2.3	1	1.6	4	1.3	3	1.2
	传统生产方式	5	2.3	5	2.6					5	1.6	5	2.0
	宗教活动习俗	18	8.1	17	8.8	6	7.0	5	8.2	24	7.8	22	8.6
	其他	3	1.2	3	1.6					3	1.0	3	1.1
	合计	222	100.0	194	100.0	86	100.0	61	100.0	308	100.0	255	100.0

续表

		农业户口				非农户口				少数民族		藏族	
		少数民族		藏族		少数民族		藏族					
		频次	百分比	频次	百分比	频次	百分比	频次	百分比	频次	百分比	频次	百分比
第二位	传统民居	14	6.4	12	6.3	8	9.3	7	11.5	22	7.2	19	7.5
	传统服饰	83	37.9	72	37.7	22	25.6	13	21.3	105	34.4	85	33.7
	传统节日	41	18.7	36	18.8	20	23.3	17	27.9	61	20.0	53	21.0
	人生礼仪	15	6.8	11	5.8	3	3.5	1	1.6	18	5.9	12	4.8
	传统文娱活动	14	6.4	13	6.8	8	9.3	7	11.5	22	7.2	20	7.9
	传统饮食	8	3.7	7	3.7	4	4.7	2	3.3	12	3.9	9	3.6
	道德规范	17	7.8	16	8.4	6	7.0	3	4.9	23	7.5	19	7.5
	人际交往习俗	8	3.7	7	3.7	5	5.8	4	6.6	13	4.3	11	4.4
	传统生产方式	2	0.9	2	1.0	4	4.7	2	3.3	6	2.0	4	1.6
	宗教活动习俗	16	7.3	14	7.3	6	7.8	5	8.1	22	7.2	19	7.5
	其他	1	0.4	1	0.5					1	0.4	1	0.5
	合计	219	100.0	191	100.0	86	100.0	61	100.0	305	100.0	252	100.0

续表

		农业户口				非农户口				少数民族		藏族	
		少数民族		藏族		少数民族		藏族					
		频次	百分比	频次	百分比	频次	百分比	频次	百分比	频次	百分比	频次	百分比
第三位	传统民居	13	6.2	9	4.9	6	7.0	3	4.9	19	6.4	12	4.9
	传统服饰	19	9.0	17	9.3	6	7.0	6	9.8	25	8.4	23	9.4
	传统节日	48	22.9	43	23.5	20	23.3	13	21.3	68	23.0	56	23.0
	人生礼仪	17	8.1	16	8.7	6	7.0	6	9.8	23	7.8	22	9.0
	传统文娱活动	19	9.0	16	8.7	6	7.3	4	6.6	25	8.4	20	8.2
	传统饮食	15	7.1	12	6.6	4	4.7	2	3.3	19	6.4	14	5.7
	道德规范	9	4.3	8	4.4	5	5.8	4	6.6	14	4.7	12	4.9
	人际交往习俗	6	2.9	6	3.3	9	10.5	6	9.8	15	5.1	12	4.9
	传统生产方式	6	2.9	3	1.6	5	5.8	4	6.6	11	3.7	7	2.9
	宗教活动习俗	57	27.1	52	28.4	19	22.6	13	21.3	76	25.7	65	26.6
	其他	1	0.5	1	0.6					1	0.4	1	0.5
	合计	210	100.0	183	100.0	86	100.0	61	100.0	296	100.0	244	100.0

表 9-23　　**最需政府保护的民族传统文化**　　单位：次、%

		农业户口				非农户口				少数民族		藏族	
		少数民族		藏族		少数民族		藏族					
		频次	百分比	频次	百分比	频次	百分比	频次	百分比	频次	百分比	频次	百分比
第一位	传统民居	80	36.0	69	35.6	29	33.7	22	36.1	109	35.4	91	35.7
	传统服饰	41	18.5	33	17.0	10	11.6	7	11.5	51	16.6	40	15.7
	传统节日	36	16.2	31	16.0	13	15.1	9	14.8	49	15.9	40	15.7
	人生礼仪	8	3.6	7	3.6	6	7.0	3	4.9	14	4.5	10	3.9
	传统文娱活动	13	5.9	12	6.2	4	4.7	3	4.9	17	5.5	15	5.9
	传统饮食	2	0.9	2	1.0	1	1.2	1	1.6	3	1.0	3	1.2
	道德规范	9	4.1	9	4.6	14	16.3	11	18.0	23	7.5	20	7.8
	人际交往习俗	4	1.8	4	2.1					4	1.3	4	1.6
	传统生产方式	1	0.5	1	0.5	1	1.2	0	0.0	2	0.6	1	0.4
	宗教活动习俗	22	9.9	20	10.3	7	8.1	5	8.2	29	9.4	25	9.8
	其他	6	2.6	6	3.1	1	1.1	0	0.0	7	2.3	6	2.3
	合计	222	100.0	194	100.0	86	100.0	61	100.0	308	100.0	255	100.0

续表

		农业户口				非农户口				少数民族		藏族	
		少数民族		藏族		少数民族		藏族					
		频次	百分比	频次	百分比	频次	百分比	频次	百分比	频次	百分比	频次	百分比
第二位	传统民居	13	6.1	13	7.0	9	10.6	5	8.2	22	7.4	18	7.3
	传统服饰	64	30.0	55	29.6	22	25.9	14	23.0	86	28.9	69	27.9
	传统节日	41	19.2	36	19.4	23	27.1	20	32.8	64	21.5	56	22.7
	人生礼仪	14	6.6	9	4.8	2	2.4	2	3.3	16	5.4	11	4.5
	传统文娱活动	21	9.9	18	9.7	7	8.2	5	8.2	28	9.4	23	9.3
	传统饮食	4	1.9	4	2.2	3	3.5	3	4.9	7	2.3	7	2.8
	道德规范	17	8.0	16	8.6	4	4.7	3	4.9	21	7.0	19	7.7
	人际交往习俗	7	3.3	6	3.2	4	4.7	2	3.3	11	3.7	8	3.2
	传统生产方式	12	5.6	12	6.5	1	1.2	1	1.6	13	4.4	13	5.3
	宗教活动习俗	19	8.9	17	9.0	10	11.7	6	9.8	29	9.7	23	9.3
	其他	1	0.5	0	0.0					1	0.3	0	0.0
	合计	213	100.0	186	100.0	85	100.0	61	100.0	298	100.0	247	100.0

续表

		农业户口				非农户口				少数民族		藏族	
		少数民族		藏族		少数民族		藏族					
		频次	百分比	频次	百分比	频次	百分比	频次	百分比	频次	百分比	频次	百分比
第三位	传统民居	15	7.4	13	7.3	6	7.1	4	6.7	21	7.3	17	7.1
	传统服饰	15	7.4	14	7.9	8	9.5	5	8.3	23	8.0	19	8.0
	传统节日	41	20.1	36	20.2	17	20.2	13	21.7	58	20.1	49	20.6
	人生礼仪	14	6.9	11	6.2	5	6.0	3	5.0	19	6.6	14	5.9
	传统文娱活动	16	7.8	13	7.3	12	14.3	9	15.0	28	9.7	22	9.2
	传统饮食	10	4.9	9	5.1	2	2.4	1	1.7	12	4.2	10	4.2
	道德规范	16	7.8	15	8.4	8	9.5	3	5.0	24	8.3	18	7.6
	人际交往习俗	8	3.9	6	3.4	3	3.6	2	3.3	11	3.8	8	3.4
	传统生产方式	4	2.0	2	1.1	5	6.0	5	8.3	9	3.1	7	2.9
	宗教活动习俗	64	31.4	58	32.6	17	20.2	14	23.3	81	28.1	72	30.3
	其他	1	0.4	1	0.5	1	1.2	1	1.7	2	0.8	2	0.8
	合计	204	100.0	178	100.0	84	100.0	60	100.0	288	100.0	238	100.0

居、传统节日和宗教活动习俗是最需保护的前三种文化类型，人数占比分别为33.7%、27.1%和20.2%，这与其中藏族受访者的选择是一致的，藏族受访者的人数占比则分别为36.1%、32.8%和23.3%。在香格里拉的受访者看来，最能代表民族文化的文化类型，也正是最需要政府保护的文化类型。

作为少数民族长期聚居的地区，香格里拉对本地文化和少数民族文化的保护工作早已开始，并取得了不错的成绩，得到当地少数民族受访者的肯定。总体上看，相较于少数民族受访者56%的满意率，藏族受访者给出了57.1%的满意率，高于平均水平。进行城乡对比分析发现：农业户口的少数民族受访者对当地政府的文化保护工作的满意率为52.8%，低于非农户口少数民族受访者65%的满意率；这种满意率的差距也存在于藏族受访者中，其中农业户口受访者的满意率为53.7%，同样低于非农户口受访者68.4%的满意率。

表9-24　对政府保护本地文化和少数民族文化的评价　单位：次、%

	农业户口				非农户口				少数民族		藏族	
	少数民族		藏族		少数民族		藏族					
	频次	百分比	频次	百分比	频次	百分比	频次	百分比	频次	百分比	频次	百分比
满意	115	52.8	102	53.7	52	65.0	39	68.4	167	56.0	141	57.1
不满意	15	6.9	12	6.3	12	15.0	8	14.0	27	9.1	20	8.1
不好说	88	40.4	76	40.0	16	20.0	10	17.5	104	34.9	86	34.8
合计	218	100.0	190	100.0	80	100.0	57	100.0	298	100.0	247	100.0

（三）民族文化传承

除了当地政府，当地的少数民族居民也是在日常生活和实际生产中传承文化的重要力量，受访者的子女对民族文化的传承意愿，是民族文化传承和繁荣的希望。针对语言文字，少数民族受访者子女的接受意愿率为83.8%，其中农业户口受访者子女的接受意愿率为87.2%，而非农户口受访者的接受意愿率略低，为75%；藏族受访者子女的接受意愿率为86%，高于少数民族受访者的平均水平，其中的农业户口受访者子女接受意愿率为89.5%，非农户口受访者接受意愿率为74.6%。针对风俗，少数民族受访者子女的接受意愿率为84.1%，其中的农业户口受访者子女的接受意愿率为87.2%，而非农户口受访者的接受意愿率略低，为75.9%；藏族受访者子女的接受意愿率为85.5%，高于少数民族受访者的平均水平，

表 9-25　受访者子女接受本民族语言、文化和风俗习惯的意愿

单位：次、%

		农业户口				非农户口				少数民族		藏族	
		少数民族		藏族		少数民族		藏族					
		频次	百分比	频次	百分比	频次	百分比	频次	百分比	频次	百分比	频次	百分比
语言文字	愿意	191	87.2	171	89.5	63	75.0	44	74.6	254	83.8	215	86.0
	不愿意	10	4.6	7	3.7	8	9.5	7	11.9	18	5.9	14	5.6
	无所谓	18	8.2	13	6.8	13	15.5	8	13.5	31	10.3	21	8.4
	合计	219	100.0	191	100.0	84	100.0	59	100.0	303	100.0	250	100.0
风俗	愿意	191	87.2	170	89.0	63	75.9	43	74.1	254	84.1	213	85.5
	不愿意	12	5.5	9	4.7	7	8.4	7	12.1	19	6.3	16	6.4
	无所谓	16	7.3	12	6.3	13	15.7	8	13.8	29	9.6	20	8.1
	合计	219	100.0	191	100.0	83	100.0	58	100.0	302	100.0	249	100.0
宗教	愿意	186	85.3	167	87.4	61	72.6	42	71.2	247	81.8	209	83.6
	不愿意	11	5.0	9	4.7	8	9.5	6	10.2	19	6.3	15	6.0
	无所谓	21	9.7	15	7.9	15	17.9	11	18.6	36	11.9	26	10.4
	合计	218	100.0	191	100.0	84	100.0	59	100.0	302	100.0	250	100.0
特色手艺	愿意	164	75.2	147	77.0	58	69.9	38	65.5	222	73.8	185	74.3
	不愿意	16	7.3	13	6.8	13	15.7	11	19.0	29	9.6	24	9.6
	无所谓	38	17.5	31	16.2	12	14.4	9	15.5	50	16.6	40	16.1
	合计	218	100.0	191	100.0	83	100.0	58	100.0	301	100.0	249	100.0

表 9-26　　了解本民族/其他民族民俗文化的主要渠道

单位：次、%

		农业户口				非农户口				少数民族		藏族	
		少数民族		藏族		少数民族		藏族					
		频次	百分比	频次	百分比	频次	百分比	频次	百分比	频次	百分比	频次	百分比
第一渠道	家庭、邻里、亲朋耳濡目染	148	68.8	126	66.7	50	57.5	31	50.0	198	65.6	157	62.5
	学校教育	26	12.1	25	13.2	12	13.8	11	17.7	38	12.6	36	14.3
	村庄或社区的公共文化等活动	7	3.3	6	3.2	4	4.6	3	4.8	11	3.6	9	3.6
	旅游展示	7	3.3	7	3.7	1	1.1	0	0.0	8	2.6	7	2.8
	广播、电视、互联网等	23	10.7	21	11.1	20	23.0	17	27.4	43	14.2	38	15.1
	图书报刊	2	0.9	2	1.1					2	0.7	2	0.8
	其他（请注明）	2	0.9	2	1.1					2	0.7	2	0.8
	合计	215	100.0	189	100.0	87	100.0	62	100.0	302	100.0	251	100.0
第二渠道	家庭、邻里、亲朋耳濡目染	11	5.8	10	6.0	8	10.1	6	10.9	19	7.1	16	7.2
	学校教育	41	21.7	31	18.6	28	35.4	21	38.2	69	25.7	52	23.4
	村庄或社区的公共文化等活动	64	33.9	62	37.1	19	24.1	11	20.0	83	31.0	73	32.9
	旅游展示	15	7.9	11	6.6	5	6.3	3	5.5	20	7.5	14	6.3
	广播、电视、互联网等	45	23.8	40	24.0	12	15.2	10	18.2	57	21.3	50	22.5
	图书报刊	10	5.3	10	6.0	7	8.9	4	7.3	17	6.3	14	6.3
	其他（请注明）	3	1.6	3	1.6	0	0.0	0	0.0	3	1.1	3	1.5
	合计	189	100.0	167	100.0	79	100.0	55	100.0	268	100.0	222	100.0

续表

		农业户口				非农户口				少数民族		藏族	
		少数民族		藏族		少数民族		藏族					
		频次	百分比	频次	百分比	频次	百分比	频次	百分比	频次	百分比	频次	百分比
第三渠道	家庭、邻里、亲朋耳濡目染	8	5.9	7	6.1	4	5.6	4	7.5	12	5.8	11	6.6
	学校教育	17	12.6	15	13.2	10	13.9	8	15.1	27	13.0	23	13.8
	村庄或社区的公共文化等活动	25	18.5	18	15.8	20	27.8	17	32.1	45	21.7	35	21.0
	旅游展示	11	8.1	11	9.6	11	15.3	5	9.4	22	10.6	16	9.6
	广播、电视、互联网等	53	39.3	43	37.7	19	26.4	12	22.6	72	34.8	55	32.9
	图书报刊	18	13.3	17	14.9	8	11.0	7	13.3	26	12.6	24	14.4
	其他（请注明）	3	2.3	3	2.7					3	1.5	3	1.7
	合计	135	100.0	114	100.0	72	100.0	53	100.0	207	100.0	167	100.0

其中农业户口受访者子女的接受意愿率为89%，非农户口的接受意愿率为74.1%。针对宗教，少数民族受访者子女的接受意愿率为81.8%，其中农业户口受访者子女的接受意愿率为85.3%，而非农户口受访者的接受意愿率略低，为72.6%；藏族受访者子女的接受意愿率为83.6%，略高于少数民族受访者的平均水平，其中农业户口受访者子女的接受意愿率为87.4%，非农户口的接受意愿率为71.2%。针对特色手艺，少数民族受访者子女的接受意愿率为73.8%，其中农业户口受访者子女的接受意愿率为75.2%，而非农户口受访者的接受意愿率略低，为69.9%；藏族受访者子女的接受意愿率为74.3%，高于少数民族受访者的平均水平，其中农业户口受访者子女的接受意愿率为77%，非农户口的接受意愿率为65.5%。可以发现，相较于特色手艺，受访者子女更愿意接受本民族的语言文字、风俗和宗教；而且相较于少数民族受访者子女，藏族受访者子女表现出了略高于平均水平的接受意愿。

民族民俗文化的了解途径，主要包括亲朋好友渗透、社区活动、旅游展示、传媒和图书报刊等，通过分析发现对于了解民族民俗文化的渠道，少数民族受访者认为前三种渠道为家庭、邻里、亲朋的耳濡目染，村庄或社区的公共文化等活动，广播、电视、互联网等，选择的人数占比分别为65.6%、31%、34.8%；藏族受访者选择的三种渠道与少数民族受访者的选择一致，人数占比分别为62.5%、32.9%、32.9%；农业户口少数民族受访者的选择也与少数民族受访者的选择一致，人数占比分别为68.8%、33.9%、39.3%；而非农户口少数民族受访者的选择依次为家庭、邻里、亲朋的耳濡目染，学校教育，村庄或社区的公共文化等活动，人数占比分别为57.5%、35.4%、27.8%。可见，家庭、邻里、亲朋的耳濡目染是受访者了解民族民俗文化的最主要渠道，次要渠道的选择就相对分散，多样化特点突出；在城镇，学校教育在传播民俗文化过程中发挥了不容忽视的作用。

六　民族关系与族际交往

根据问卷调查的基本统计情况推测，少数民族居民是香格里拉居民的重要组成部分，人数比例较大，因此民族之间的关系状况，关系到香格里拉居民的日常交往生活、地区的社会稳定和经济的持续发展等社会生活的诸多方面。本报告立足不同历史时期民族关系状况评价、民族间交往现状和民族冲突情况等内容，通过受访者的评价和判断来代表性分析香格里拉的民族关系。

（一）民族关系情况

针对改革开放前、改革开放以来至2000年、2001年以来三个历史时期的全国民族关系，香格里拉受访者对民族关系的改善给出了肯定性评价，而且随着时间的推移，好评率越高。具体来看，香格里拉受访者对三个历史时期民族间关系的好评率分别为36.2%、54%、61.9%，其中藏族受访者基本上给出了类似的评价，好评率分别为35.7%、54.3%、60.2%；对比城乡受访者发现，农业户口受访者对三个时期民族关系的好评率分别为33.9%、53.7%、60.3%，非农户口受访者的好评率分别为41.8%、54.6%、66%，可以看出对所列的三个时期的民族关系，非农户口受访者的评价都好于农业户口受访者。

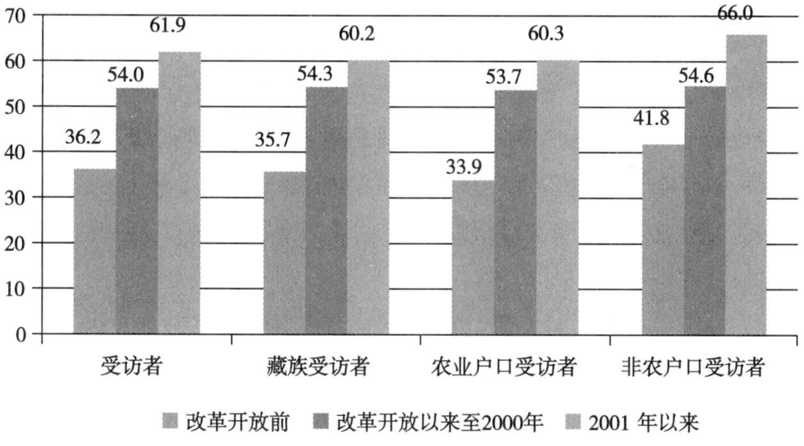

图9-3　香格里拉受访者对全国不同历史时期民族间关系的好评率（单位：%）

就改革开放前、改革开放以来至2000年、2001年以来三个历史时期的当地民族关系评价而言，香格里拉受访者对当地民族关系的评价普遍好于全国民族关系，而且对本地民族关系的改善给出了肯定性评价。即随着时间推移，当地民族关系好评率不断提高。具体来看，香格里拉受访者对三个时期民族间关系的好评率分别为42.8%、56.7%、65.5%，其中藏族受访者基本上给出了类似的评价，好评率分别为42%、57.5%、62.3%；对比城乡受访者发现，农业户口受访者的好评率分别为42.3%、56.8%、63.6%，非农户口受访者的好评率分别为43.9%、56.3%、70.1%，可以看出非农户口受访者对不同时期民族关系的评价都好于农业户口受访者。

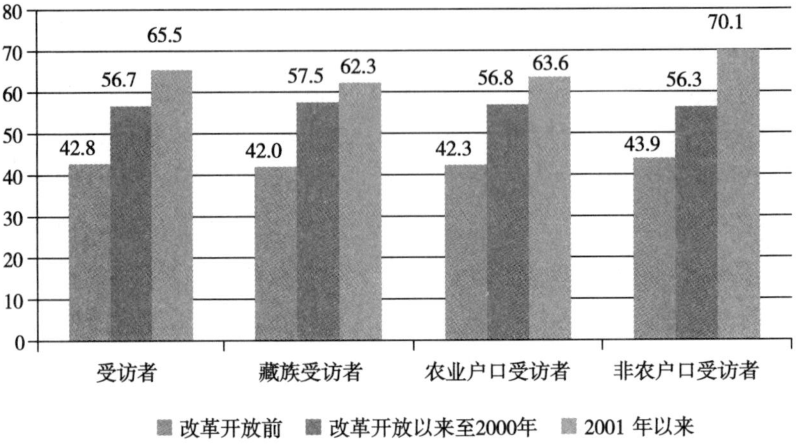

图 9-4　香格里拉受访者对本地不同历史时期民族间关系的评价（单位:%）

（二）民族间交往

香格里拉汉族受访者对与少数民族的交往，表现出了积极的态度，但是随着交往亲密程度的加深，这种主动交往的意愿逐步下降；而且农业户口受访者和非农户口受访者的交往态度存在差异。总体来看，对于聊天、成为邻居、一起工作、成为亲密朋友、结为亲家五种交往类型，汉族受访者的意愿率分别为92.4%、90.8%、87.7%、86.2%和68.8%，即汉族受访者愿意与少数民族交往，但是随着交往亲密程度的加深，交往的意愿率逐步下降；对比不同户籍的受访者，农业户口受访者对五种交往类型的意愿率分别为94.1%、94.1%、82.4%、79.4%、61.8%，非农户口受访者的意愿率则分别为90.6%、87.1%、93.5%、93.5%、76.7%，可以看出农业户口受访者对与少数民族建立更为亲密关系的态度比非农户口受访者更为谨慎（见图9-5）。

相较而言，少数民族受访者在主动与汉族居民的交往中表现出了更为积极的态度，但同样地，对于更为亲密关系的建立则更为谨慎。总体来看，对于聊天、成为邻居、一起工作、成为亲密朋友、结为亲家五种交往类型，少数民族受访者的意愿率分别为95.1%、92.5%、94.1%、89.8%和74.8%，即对于结为亲家的意愿最低、态度最为谨慎；对比不同户籍受访者的意愿，农业户口受访者对五种交往类型的意愿率分别为95%、91.9%、93.3%、89.7%、71.9%，非农户口受访者的意愿率则分别为

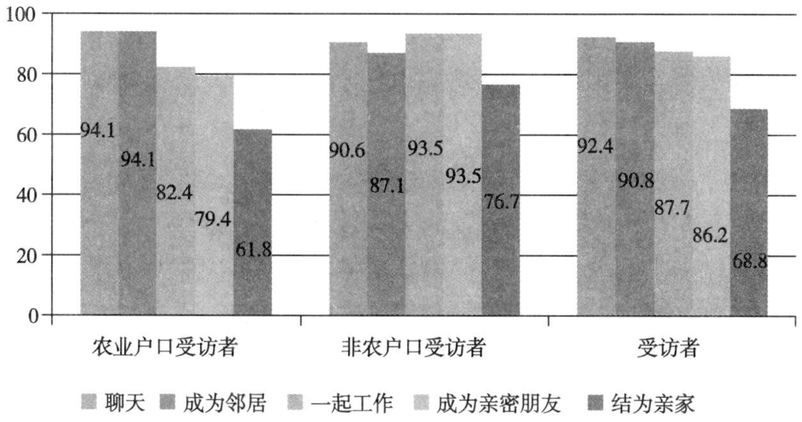

图 9-5　汉族受访者与少数民族居民不同交往类型的意愿率（单位：%）

95.1%、93.9%、96.3%、90.2%、82.5%，可以看出对于结为亲家，农业户口受访者比非农户口受访者的态度更为谨慎，其他交往类型的差异不大。

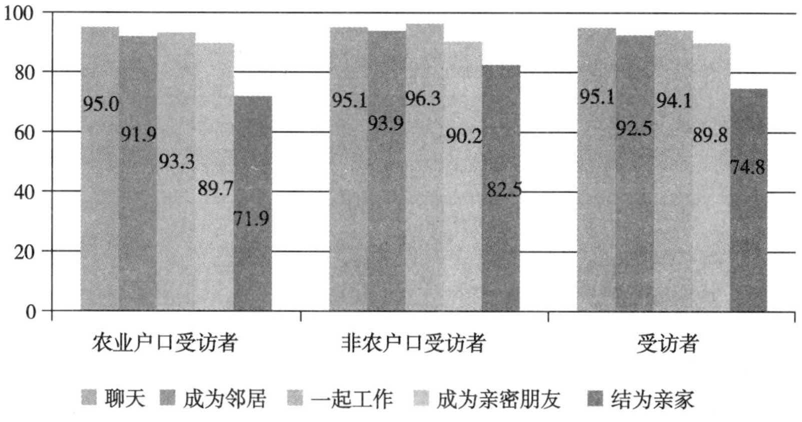

图 9-6　少数民族受访者与汉族居民不同交往类型的意愿率（单位：%）

（三）民族间冲突

多数受访者认为当地民族间冲突并不严重。总体上看，少数民族受访者认为民族间冲突不算严重、完全不严重的人数占比分别为 41.2%、23.7%，认为有点严重和非常严重的人数占比分别为 11.6%、1.5%；其中的藏族受访者给出了类似的评价，人数占比分别为 41.3%、24.4%、11%、1.6%；而在农业户口的少数民族受访者中，有 38.8%

的受访者认为民族间冲突不算严重，23.2%的受访者认为完全不严重，13.1%的受访者认为有点严重，仅有0.4%的受访者认为非常严重；其中的藏族受访者的评价好于平均水平，认为民族间冲突不算严重、完全不严重的人数占比分别为39.6%、23.4%；非农户口的少数民族受访者中，认为民族间冲突不算严重、完全不严重的人数占比分别为47%、25%，认为有点严重和非常严重的人数占比分别为8%、4%，其中的藏族受访者认为民族间冲突不算严重和完全不严重的人数占比分别为46.8%、27.4%。

表9-27　对民族间冲突严重程度的评价　单位：次、%

	农业户口				非农户口				少数民族		藏族	
	少数民族		藏族		少数民族		藏族					
	频次	百分比	频次	百分比	频次	百分比	频次	百分比	频次	百分比	频次	百分比
非常严重	1	0.4	1	0.5	4	4.0	3	4.8	5	1.5	4	1.6
有点严重	31	13.1	24	12.5	8	8.0	4	6.5	39	11.6	28	11.0
不算严重	92	38.8	76	39.6	47	47.0	29	46.8	139	41.2	105	41.3
完全不严重	55	23.2	45	23.4	25	25.0	17	27.4	80	23.7	62	24.4
不清楚	58	24.5	46	24.0	16	16.0	9	14.5	74	22.0	55	21.7
合计	237	100.0	192	100.0	100	100.0	62	100.0	337	100.0	254	100.0

七　宗教信仰

香格里拉受访者中信教群众多，从信仰的宗教类型上看，藏传佛教是最主要的类型；从信教群众上看，少数民族受访者是最主要的信众来源；从户籍区别上看，农业户口受访者中的信众占比明显高于非农户口受访者。而对于未来藏传佛教信众的发展，受访者表现出了积极的态度。

（一）宗教信仰现状

香格里拉受访者中多数为信教群众，佛教是其主要的宗教信仰，而且非农户口受访者中的信教群众占比显著低于农业户口受访者，同时藏族受访者中的信教群众占比高于总体水平。就问卷调查的数据来看，75.5%的农业户口受访者信仰佛教，16.6%的受访者没有宗教信仰；其中藏族受访者中信仰佛教的人数比例高于总体水平，人数占比为 88.1%，没有宗教信仰的受访者比例为 7.2%；同时，52%的非农户口受访者信仰佛教，34.7%的受访者没有宗教信仰，而且同样地，其中藏族受访者信仰佛教的人数比例高于总体水平，占比为 70.5%，没有宗教信仰的人数比例为 21.3%。

表 9-28　　香格里拉宗教信仰现状　　单位：次、%

		藏族		总体	
		频率	百分比	频率	百分比
农业户口受访者	佛教	171	88.1	182	75.5
	民间信仰	5	2.6	9	3.7
	其他（请注明）	2	1.0	4	1.7
	没有宗教信仰	14	7.2	40	16.6
	不知道（不清楚）	1	0.5	5	2.1
	不想说	1	0.5	1	0.4
	合计	194	100.0	241	100.0
非农业户口受访者	佛教	43	70.5	51	52.0
	基督教	1	1.6	3	3.1
	民间信仰	1	1.6	2	2.0
	其他（请注明）	2	3.3	4	4.1
	没有宗教信仰	13	21.3	34	34.7
	不知道（不清楚）	0	0.0	1	1.0
	不想说	1	1.6	3	3.1
	合计	61	100.0	98	100.0

（二）宗教信众发展趋势

在香格里拉，受访者对佛教的发展持积极的态度，而对于其他宗教信仰，受访者并不清楚。香格里拉受访者中多数为藏族居民，藏传佛教是当地受访者的主要宗教信仰类型，对于藏传佛教的发展，多数受访者都认为信众规模在稳定中略有扩大，且农业户口受访者的预期好于非农户口受访者，55%的农业户口受访者认为藏传佛教信众规模会扩大，认为会扩大的非农户口受访者占 34.5%；同时 55.9%的藏族农业户口受访者认为会扩大，36.2%的藏族非农户口受访者同样认为会扩大。

表 9-29　　本地不同宗教信众规模的发展趋势　　单位：次、%

		受访者				藏族受访者			
		农业户口		非农户口		农业户口		非农户口	
		频率	百分比	频率	百分比	频率	百分比	频率	百分比
伊斯兰教	不断扩大	2	0.9	7	8.4	2	1.1	4	7.1
	逐渐缩小	5	2.3	5	6.0	4	2.2	5	8.9
	没有变化	19	8.8	9	10.8	16	8.7	7	12.5
	不知道	190	88.0	62	74.8	161	88.0	40	71.5
	合计	216	100.0	83	100.0	183	100.0	56	100.0
道教	不断扩大	1	0.5	1	1.2	1	0.5	1	1.8
	逐渐缩小	6	2.8	9	11.0	3	1.6	6	10.9
	没有变化	15	7.0	8	9.8	13	7.1	6	10.9
	不知道	193	89.7	64	78.0	166	90.7	42	76.4
	合计	215	100.0	82	100.0	183	100.0	55	100.0
天主教	不断扩大	1	0.5	4	4.8	0	0.0	3	5.4
	逐渐缩小	6	2.8	5	6.0	3	1.7	3	5.4
	没有变化	17	8.0	11	13.3	14	7.7	7	12.5
	不知道	188	88.7	63	75.9	164	90.6	43	76.7
	合计	212	100.0	83	100.0	181	100.0	56	100.0
佛教	不断扩大	20	9.3	12	14.5	15	8.2	8	14.3
	逐渐缩小	4	1.9	2	2.4	3	1.6	2	3.6
	没有变化	22	10.3	15	18.1	18	9.9	12	21.4
	不知道	168	78.5	54	65.0	146	80.2	34	60.7
	合计	214	100.0	83	100.0	182	100.0	56	100.0
藏传佛教	不断扩大	121	55.0	30	34.5	104	55.9	21	36.2
	逐渐缩小	12	5.5	9	10.3	8	4.3	6	10.3
	没有变化	47	21.4	26	29.9	43	23.1	21	36.2
	不知道	40	18.1	22	25.3	31	16.7	10	17.3
	合计	220	100.0	87	100.0	186	100.0	58	100.0

续表

		受访者				藏族受访者			
		农业户口		非农户口		农业户口		非农户口	
		频率	百分比	频率	百分比	频率	百分比	频率	百分比
基督教	不断扩大	5	2.3	6	7.3	3	1.6	3	5.5
	逐渐缩小	3	1.4	2	2.4	2	1.1	2	3.6
	没有变化	19	8.8	14	17.1	17	9.3	10	18.2
	不知道	188	87.5	60	73.2	160	88.0	40	72.7
	合计	215	100.0	82	100.0	182	100.0	55	100.0
民间宗教	不断扩大	9	4.2	4	4.8	5	2.7	2	3.6
	逐渐缩小	4	1.9	5	6.0	3	1.6	3	5.4
	没有变化	23	10.7	9	10.8	18	9.8	6	10.7
	不知道	179	83.2	65	78.4	157	85.9	45	80.3
	合计	215	100.0	83	100.0	183	100.0	56	100.0

八　身份认同

香格里拉受访者一般都具有许多个身份，多重身份的存在会产生不同身份的认同关系问题，基于问卷数据本报告分析受访者中的国家认同、民族认同和地域认同现状，并以此作为代表来窥视香格里拉地区的身份认同情况。

（一）国家身份认同现状

在被问及“面对外国人询问时，受访者对所回答身份的排序”问题时，61.9%的农业户口受访者将中国人的身份排在民族身份之前，即更倾向于认同国家身份。非农户口受访者中有68.5%的受访者也更倾向于认同国家身份，可以看出非农户口受访者对国家身份的认同感比农业户口受访者更强烈；再细化分析藏族受访者，62.9%的藏族受访者对国家身份的认同感强于对民族身份的认同感，其中61.4%的藏族农业户口受访者倾向于首先认同国家身份，而这一比例在藏族非农户口受访者中为67.8%，同样地，藏族非农户口受访者对国家身份的认同感强烈于农业户口受访者。

表 9-30　　面对外国人询问时，受访者对所回答身份的排序　单位：次、%

	受访者				藏族受访者					
	农业户口受访者		非农户口受访者		农业户口受访者		非农户口受访者		合计	
	频次	百分比	频次	百分比	频次	百分比	频次	百分比	频次	百分比
中国人、本民族	140	61.9	61	68.5	116	61.4	40	67.8	156	62.9
本民族、中国人	39	17.3	7	7.9	36	19.0	6	10.2	42	16.9
两种身份不分前后	32	14.2	19	21.3	25	13.2	11	18.6	36	14.5
不好回答	15	6.6	2	2.2	12	6.3	2	3.4	14	5.6
合计	226	100.0	89	100.0	189	100.0	59	100.0	248	100.0

（二）民族身份认同现状

对于民族身份的认同现状，笔者用调查问卷中“日常生活中，对民族身份和国家身份的重视度”的问题进行代表性分析，香格里拉受访者认为民族身份和国家身份同样重要，如果必须将两种身份进行比较的话，则认为国家身份更为重要。对比分析城乡受访者发现，在农业户口受访者中，44.5%的受访者认为民族身份和国家身份一样重要，39.7%的受访者认为国家身份更为重要，还有15.7%的受访者认为民族身份更为重要；在非农户口受访者中，52.8%的受访者认为两种身份一样重要，37.1%的受访者认为国家身份更加重要，10.1%的受访者认为民族身份更为重要。再细化分析藏族受访者的情况，总体上看，44.2%的藏族受访者认为民族身份和国家身份同样重要，39.8%的受访者认为国家身份更加重要，15.9%的受访者认为民族身份更加重要；其中农业户口受访者中，42.7%的受访者认为两种身份同样重要，40.1%的受访者认为国家身份更加重要，17.2%的受访者认为民族身份更加重要；其中非农户口受访者中，49.2%的受访者认为两种身份一样重要，39%的受访者认为国家身份更加重要，11.9%的受访者认为民族身份更加重要。

表 9-31　　日常生活中，对民族身份和国家身份的重视度　单位：次、%

	受访者				藏族受访者					
	农业户口受访者		非农户口受访者		农业户口受访者		非农户口受访者		合计	
	频次	百分比	频次	百分比	频次	百分比	频次	百分比	频次	百分比
民族身份	36	15.7	9	10.1	33	17.2	7	11.9	40	15.9

续表

	受访者				藏族受访者					
	农业户口受访者		非农户口受访者		农业户口受访者		非农户口受访者		合计	
	频次	百分比	频次	百分比	频次	百分比	频次	百分比	频次	百分比
国家身份	91	39.7	33	37.1	77	40.1	23	39.0	100	39.8
一样重要	102	44.5	47	52.8	82	42.7	29	49.2	111	44.2
合计	229	100.0	89	100.0	192	100.0	59	100.0	251	100.0

（三）地域身份认同现状

除了国家身份和民族身份外，笔者还对香格里拉受访者地域身份的认同进行分析，并将“日常生活中，对民族身份和本地人身份的重视度”问题的问卷结果作为观察的代表性数据。香格里拉的多数受访者认为民族身份和本地人身份同等重要；必须在两种身份之间作出选择时，更加看重本地人身份，但与民族身份的重视度差距不大。具体到数据，在农业户口受访者和非农户口受访者中，分别有49.3%和51.1%的人认为民族身份和本地人身份一样重要；分别有26.2%和27.3%的人认为本地人身份更加重要，还分别有24.5%和21.6%的人认为民族身份更加重要；在藏族受访者中，认为两种身份同样重要的人数占比为48.2%，更加重视本地人身份的人数占比为27.9%，还有23.9%的人更加重视民族身份；在藏族农业户口受访者和非农户口受访者中，分别有47.4%和50.9%的受访者认为两种身份同样重要，28.6%和25.4%的受访者认为本地人身份更加重要，还分别有24%和23.7%的受访者认为民族身份更加重要。

表9-32　日常生活中，对民族身份和本地人身份的重视度　单位：次、%

	受访者				藏族受访者					
	农业户口受访者		非农户口受访者		农业户口受访者		非农户口受访者		合计	
	频次	百分比	频次	百分比	频次	百分比	频次	百分比	频次	百分比
民族身份	56	24.5	19	21.6	46	24.0	14	23.7	60	23.9
本地人身份	60	26.2	24	27.3	55	28.6	15	25.4	70	27.9
一样重要	113	49.3	45	51.1	91	47.4	30	50.9	121	48.2
合计	229	100.0	88	100.0	192	100.0	59	100.0	251	100.0

九　基础设施与公共服务

本报告从公共基础设施、城镇社会保障、农村社会保障、扶贫政策以及当地政府对突发事件的处理这五个方面，分析香格里拉受访者在社会基础设施和公共服务中的参与度以及在使用过程中的评价，考察香格里拉当地居民基本生活的保障和生活质量的提高。

（一）公共基础设施

香格里拉问卷关于公共基础设施的调查包括幼儿园、小学、中学、医院、治安设施、活动中心、运动场所及器材、农贸市场、车站（码头）、邮政局、银行等内容，这些设施距离受访者的距离以及设施使用的满意度，关系到受访者的生活质量和生活便利。对于受访者到公共基础设施的距离，问卷调查中用 1 代表“小于 1 公里”，2 代表“1—3 公里”，3 代表“3—5 公里”，4 代表“5—10 公里”，5 代表“10 公里以上”，6 代表“不知道”，并计算所有基础设施与受访者之间的平均距离。在所有基础设施中，车站（码头）与受访者之间的平均距离最远，为 3.39 公里，即在 3—5 公里；其次是中学，平均距离为 3.37 公里；再次是农贸市场和邮政局，平均距离均为 3.25 公里；对应地，与受访者距离最近的基础设施是医院（包括社区医院），平均距离为 2.87 公里，即在 1—3 公里；其次是小学，平均距离为 2.97 公里；再次是活动中心，平均距离为 3.06 公里。

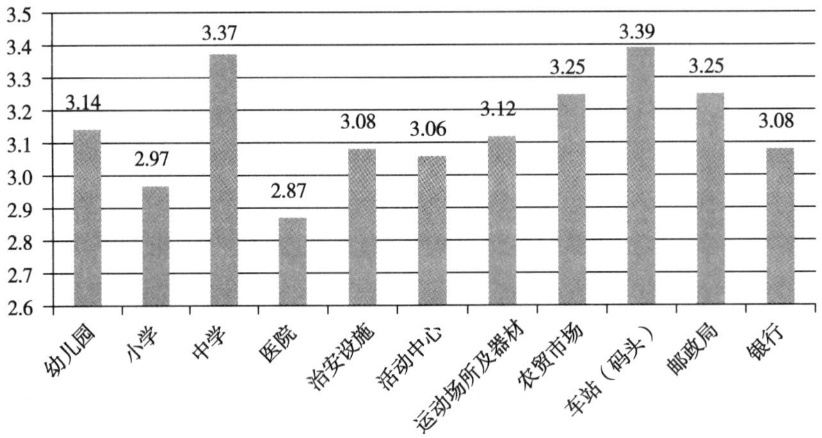

图 9-7　受访者到公共基础设施的平均距离（单位：公里）

在使用过程中，受访者对基础设施作出了满意率评价，该满意率评价只统计“满意”选项，“一般”评价不算作满意率。对于幼儿园，受访者的满意率为40.4%，其中非农户口受访者41.4%的满意率略高于农业户口受访者39.8%的满意率，但是藏族受访者中的农业户口受访者38.1%的满意率高于非农户口受访者33.3%的满意率；对于小学，受访者的满意率为49%，其中农业户口受访者49.8%的满意率高于非农户口受访者45.9%的满意率，而且藏族农业户口受访者49.5%的满意率高于非农户口受访者40.7%的满意率；对于中学，受访者的满意率为47.1%，其中农业户口受访者47.3%的满意率高于非农户口受访者46.9%的满意率，而且藏族农业户口受访者46.8%的满意率高于非农户口受访者42.4%的满意率；对于医院，受访者的满意率为33.4%，其中农业户口受访者35.8%的满意率高于非农户口受访者31.3%的满意率，而且藏族农业户口受访者34.2%的满意率高于非农户口受访者28.3%的满意率；对于治安设施，受访者的满意率为39.1%，其中非农业户口受访者40.4%的满意率高于农业户口受访者39.2%的满意率，但藏族农业户口受访者37.8%的满意率高于非农户口受访者36.7%的满意率；对于活动中心，受访者的满意率为35.5%，其中非农业户口受访者38.5%的满意率高于农业户口受访者35.9%的满意率，但藏族农业户口受访者34%的满意率高于非农户口受访者32.2%的满意率；对于运动场所及器材，受访者的满意率为31.1%，其中非农业户口受访者35.1%的满意率高于农业户口受访者32.2%的满意率，但藏族农业户口受访者32.1%的满意率高于非农户口受访者28.8%的满意率；对于农贸市场，受访者的满意率为37.1%，其中农业户口受访者和非农户口受访者的满意率分别为38.7%、38.8%，相差不大，而藏族农业户口受访者的满意率为38.1%，高于非农户口受访者35%的满意率；对于车站（码头），受访者的满意率为34.8%，其中非农户口受访者37.1%的满意率高于农业户口受访者36.4%的满意率，但藏族农业户口受访者34.7%的满意率高于非农户口受访者30.5%的满意率；对于邮政局，受访者的满意率为38.4%，其中非农户口受访者44.9%的满意率高于农业户口受访者38.8%的满意率，而且藏族非农户口受访者40.7%的满意率高于农业户口受访者36.3%的满意率；对于银行，受访者的满意率为48.1%，其中非农户口受访者55.7%的满意率高于农业户口受访者46%的满意率，而且藏族非农户口受访者56.9%的满意率高于农业户口受访者43.7%的满意率。总体上看，小学、银行、中学和幼儿园的使用，最为受访者所接受，且最为满意。

表 9-33　　受访者对公共基础设施的满意率评价　　单位：%

	受访者	农业户口受访者	非农户口受访者	藏族受访者		
				总体	农业户口受访者	非农户口受访者
幼儿园	40.4	39.8	41.4	37.6	38.1	33.3
小学	49.0	49.8	45.9	47.6	49.5	40.7
中学	47.1	47.3	46.9	45.8	46.8	42.4
医院	33.4	35.8	31.3	31.8	34.2	28.3
治安设施	39.1	39.2	40.4	37.0	37.8	36.7
活动中心	35.5	35.9	38.5	32.6	34.0	32.2
运动场所及器材	31.1	32.2	35.1	29.4	32.1	28.8
农贸市场	37.1	38.7	38.8	34.9	38.1	35.0
车站（码头）	34.8	36.4	37.1	32.9	34.7	30.5
邮政局	38.4	38.8	44.9	36.0	36.3	40.7
银行	48.1	46.0	55.7	45.6	43.7	56.9

（二）城镇社会保障

城镇社会保障项目包括城镇职工基本医疗保险、城镇居民基本医疗保险、城镇居民养老保险、城镇低保、失业保险、工伤保险和生育保险等。为了解香格里拉城镇社会保障的现状，集中分析受访者在城镇社会保障不同项目的参保率，以及受访者对所参与项目的满意率。总体上看，城镇职工基本医疗保险、城镇居民基本医疗保险、城镇居民养老保险是参保率相对较高的三种项目，在受访者中的参保率分别为 80.4%、74.1%、74.4%，其中的非农户口受访者的参保率分别为 85.7%、80.8%、75.9%，明显高于农业户口受访者的参保率，同样地，藏族非农户口受访者的参保率分别为 89.1%、81.3%、78%，也高于藏族农业户口受访者的参保率。

表 9-34　　城镇社会保障项目的参与率　　单位：%

	受访者	农业户口受访者	非农户口受访者	藏族受访者		
				总体	农业户口受访者	非农户口受访者
城镇职工基本医疗保险	80.4	72.7	85.7	81.7	76.2	89.1
城镇居民基本医疗保险	74.1	68.2	80.8	78.1	72.7	81.3

续表

	受访者	农业户口受访者	非农户口受访者	藏族受访者		
				总体	农业户口受访者	非农户口受访者
城镇居民养老保险	74.4	66.7	75.9	76.5	65.7	78.0
城镇低保	43.5	48.6	43.7	51.0	51.9	52.4
失业保险	51.0	40.0	56.3	51.5	38.1	60.4
工伤保险	52.9	41.4	55.8	52.0	38.1	58.7
生育保险	48.7	41.4	51.3	49.0	38.1	55.6

总体上看，藏族受访者对城镇职工基本医疗保险、城镇居民基本医疗保险、城镇居民养老保险、城镇低保、失业保险、工伤保险和生育保险的满意率分别为49.1%、39.8%、44.8%、29.6%、42.4%、42%、40.6%。对比不同户籍的受访者，在城镇职工基本医疗保险、城镇居民基本医疗保险、城镇居民养老保险、城镇低保、失业保险、工伤保险、生育保险项目上，非农户口受访者的满意率高于农业户口受访者，满意率分别为58.8%、50.7%、51.4%、34%、44.4%、38.9%、40.4%；藏族受访者中，在城镇职工基本医疗保险、城镇居民基本医疗保险、城镇居民养老保险、城镇低保、失业保险项目上，非农户口受访者的满意率高于农业户口受访者，满意率分别为59.6%、42.9%、48.9%、31.3%、42.4%。

表 9-35　　城镇社会保障项目的满意率评价　　单位:%

	受访者	农业户口受访者	非农户口受访者	藏族受访者		
				总体	农业户口受访者	非农户口受访者
城镇职工基本医疗保险	53.4	33.3	58.8	49.1	32.4	59.6
城镇居民基本医疗保险	47.6	25.7	50.7	39.8	25.0	42.9
城镇居民养老保险	50.0	30.8	51.4	44.8	26.7	48.9
城镇低保	32.7	25.9	34.0	29.6	25.0	31.3
失业保险	47.1	38.1	44.4	42.4	40.0	42.4
工伤保险	45.4	40.0	38.9	42.0	42.9	38.2
生育保险	45.5	40.0	40.4	40.6	42.9	37.5

（三）农村社会保障

农村社会保障项目包括新型农村合作医疗、新型农村养老保险、农村五保、农村低保、高龄津贴。为了了解农村社会保障内容，分析香格里拉受访者农村社会保障项目中的参保率，以及对保障项目的评价。受访者在不同农村社会保障项目中的参保率差距较大，受访者在新型农村合作医疗、新型农村养老保险、农村低保中的参保率较高，分别为 85.1%、71.1%、55.9%，而农村五保、高龄津贴中的参与比例不高，分别为 18%、14.8%。藏族受访者在新型农村合作医疗、新型农村养老保险、农村五保、农村低保、高龄津贴中的参与率分别为 85.8%、71%、17.3%、58.8%、12.5%。

表 9-36　农村社会保障项目的参与率　单位：%

	受访者	农业户口受访者	非农户口受访者	藏族受访者		
				总体	农业户口受访者	非农户口受访者
新型农村合作医疗	85.1	90.3	53.8	85.8	90.7	47.4
新型农村养老保险	71.1	74.5	50.0	71.0	74.2	44.4
农村五保	18.0	15.4	29.2	17.3	14.0	27.8
农村低保	55.9	60.9	29.2	58.8	62.3	27.8
高龄津贴	14.8	13.5	21.7	12.5	10.6	17.6

基本上，农村社会保障中参保率高的项目，受访者对其满意率也相对较高。受访者对新型农村合作医疗、新型农村养老保险、农村五保、农村低保、高龄津贴的满意率分别为 67.3%、62.6%、23.5%、53%、33.3%，而其中藏族受访者的满意率分别为 68%、64.9%、23.1%、54.8%、35%；农业户口受访者对五个社会保障项目的满意率分别为 72.4%、70%、25.7%、59.3%、36.8%；而在藏族受访者中，除农村五保之外，农业户口受访者在其余四个社会保障项目中的满意率分别为 72.2%、71.7%、59.5%、35.7%。

表 9-37　农村社会保障项目的满意率评价　单位：%

	受访者	农业户口受访者	非农户口受访者	藏族受访者		
				总体	农业户口受访者	非农户口受访者
新型农村合作医疗	67.3	72.4	55.6	68.0	72.2	53.8
新型农村养老保险	62.6	70.0	47.4	64.9	71.7	46.2

续表

	受访者	农业户口受访者	非农户口受访者	藏族受访者		
				总体	农业户口受访者	非农户口受访者
农村五保	23.5	25.7	23.5	23.1	23.6	25.0
农村低保	53.0	59.3	29.4	54.8	59.5	33.3
高龄津贴	33.3	36.8	26.7	35.0	35.7	30.0

（四）扶贫政策

扶贫政策关系到居民基本生活需求的保障和生活质量的提高，36.7%的受访者对扶贫政策表示满意，而且这种满意度在藏族受访者和不同户籍受访者中差别不大。对不同的扶贫政策进行分析发现，受访者满意率较高的三项扶贫政策依次为“村村通”工程、退耕还林还草补助工程、“两免一补”政策，满意率分别为79.2%、77.6%、76.9%；农业户口受访者最为满意的扶贫政策依次为道路修建和改扩工程、电力设施建设工程、退耕还林还草补助工程，满意率分别为76.6%、75.2%、74.8%；非农户口受访者评价最高的三项扶贫政策依次为“村村通”工程、退耕还林还草补助工程、“两免一补”政策，满意率分别为86.5%、80.3%、78.7%；藏族受访者评价最高的三项扶贫政策依次为“两免一补”政策、“村村通”工程、退耕还林还草补助工程，满意率分别为76.5%、75.8%、75.7%；在藏族受访者中区分农业户口受访者和非农户口受访者，农业户口受访者对道路修建和改扩工程、“两免一补”政策、退耕还林还草补助工程的满意度最高，满意率分别为78.6%、75.8%、75.4%，而非农户口受访者则选择对“村村通”工程、退耕还林还草补助工程、“两免一补”政策满意度最高，满意率分别为83.7%、74.4%、72.7%。

表9-38　　受访者对扶贫政策的满意率评价　　单位：%

	受访者	农业户口受访者	非农户口受访者	藏族受访者		
				总体	农业户口受访者	非农户口受访者
扶贫总体评价	36.7	36.0	38.8	34.5	35.8	32.7
移民搬迁工程	61.3	54.4	70.7	59.7	54.8	70.3
“两免一补”政策	76.9	72.9	78.7	76.5	75.8	72.7

续表

	受访者	农业户口受访者	非农户口受访者	藏族受访者		
				总体	农业户口受访者	非农户口受访者
扶贫工程生产项目	64.6	60.7	66.7	62.4	62.0	61.3
退耕还林还草补助工程	77.6	74.8	80.3	75.7	75.4	74.4
道路修建和改扩工程	74.9	76.6	71.2	73.8	78.6	66.7
基本农田建设工程	64.2	63.5	64.8	61.2	63.6	56.3
电力设施建设工程	73.3	75.2	70.0	72.8	76.4	64.3
人畜饮水工程	69.4	69.7	68.6	67.2	68.9	61.9
技术推广及培训工程	59.7	55.4	64.2	55.7	55.6	56.3
资助儿童入学和扫盲教育项目	70.1	66.7	75.0	67.7	70.5	69.4
卫生设施建设项目	67.5	65.5	70.1	66.9	68.8	65.9
种植业/林业/养殖业扶贫资金	68.4	61.4	71.4	65.8	62.7	64.7
“村村通”工程	79.2	73.3	86.5	75.8	73.4	83.7
“教育扶贫”工程	73.1	69.4	75.4	70.5	70.8	71.4
牧区扶贫工程	64.7	56.9	72.2	60.4	56.1	67.6
扶贫培训工程	59.3	48.1	66.7	54.3	47.4	59.4

说明：满意率为非常满意和满意占比之和。

（五）当地政府对突发事件的处理

总体上看，半数以上的受访者对香格里拉政府对自然灾害事件、生产安全事故、传染病及公共卫生事故、一般性社会治安事件的处理表示满意，满意率分别为57.1%、53.7%、55.8%、60.2%，而对群体性突发事件、暴力恐怖事件的满意率不足一半，分别为48.6%、43.4%。对比不同户籍的受访者，非农户口受访者的评价高于农业户口受访者，非农户口受访者的满意率均在50%以上，而农业户口受访者在群体性突发事件和暴力恐怖事件中的满意率分别为42.8%、39.7%。藏族受访者对当地政府处理突发事件的评价与总体情况一致，对六种突发事件处理的满意率分别为57%、53.8%、55%、59.8%、46%、42%，而且同样地，藏族非农户口受访者的评价普遍高于农业户口受访者。

表 9-39　对当地政府处理突发事件的满意率评价　单位：%

	受访者	农业户口受访者	非农户口受访者	藏族受访者		
				总体	农业户口受访者	非农户口受访者
自然灾害事件	57.1	55.9	61.9	57.0	58.0	59.3
生产安全事故	53.7	52.3	59.4	53.8	53.6	58.6
传染病及公共卫生事故	55.8	53.4	63.5	55.0	53.6	60.3
一般性社会治安事件	60.2	59.1	64.9	59.8	59.9	69.5
群体性突发事件	48.6	42.8	59.2	46.0	43.5	56.7
暴力恐怖事件	43.4	39.7	51.0	42.0	40.7	49.2

十　简要结论

第一，根据受访者基本情况的统计，可以看出香格里拉是重要的少数民族聚居地区，在近九成的少数民族受访者中，藏族是最主要的少数民族，而且绝大多数受访者具有宗教信仰，其中以藏传佛教的信众规模最大。因此，香格里拉在寻求经济发展和居民生活水平改善的目标外，还要注重少数民族的发展，以及对宗教事务的管理。

第二，在新时期，香格里拉找到了经济发展的契机，整个地区的经济进入稳定发展阶段。虽然自 2013 年地区 GDP 的增速放缓，但经济发展情况仍好于全国平均水平。地区经济的发展，带动了香格里拉居民人均收入水平的提高，受访者对居住环境、生活质量的评价，印证了生活质量的改善，受访者还对未来生活水平的进一步提升及全面建成小康社会具有充足信心。可见民族地区要充分利用“西部大开发”“一带一路”倡议、全面小康社会的建设、脱贫攻坚等机遇，寻求符合地区现实的发展道路，同时要警惕城乡差距的进一步拉大。

第三，香格里拉受访者以农业户口受访者为主，因此总体工作状态以从事农业工作、兼职非农务工和务农这两种为主；而且在非农工作区域的选择中，乡镇内和乡外县内是最主要的选择区域，受访者不将外出就业作为优先选择的原因在于，担心找不到工作、难以适应外地生活环境、在当地能找到合适工作、语言能力不强。而且香格里拉就业环境良好，当地受访者就业时签订的多为受法律保护的正式合同。直接申请（考试）以及政府、社区的介绍是就业主要的渠道，而受访者的亲缘关系和人际关系在就业中发挥的作用有限。

第四，我国针对少数民族和民族地区制定了倾斜政策，包括计划生育政策、高考加分政策和民族地区特殊优惠政策等。香格里拉受访者肯定了这些政策对少数民族和民族地区的扶持效果，并对政策在本地的实施和取得的成绩表示满意。对于其中的计划生育政策，香格里拉受访者还提出了完善建议，倾向于有限制地放开或全部放开对汉族居民生育人口的数量限制，这与随后的全面放开“二胎”政策是吻合的。

第五，香格里拉受访者倾向于认为，依托实物展示民族特征的文化类型最能代表民族特色，而且也是当地政府最应投入精力进行保护的文化类型。香格里拉民族文化的保护包括两种主要力量，一是当地政府，超过半数的受访者对当地政府已经采取的民族保护工作表示满意；二是进行文化传承的当地居民，这种人与人之间的文化传承表现良好，有七成以上的受访者子女愿意传承本民族的语言文字、风俗、宗教和特色手工艺，传统的亲朋好友、邻里的耳濡目染是传承民族民俗文化的主要渠道；社区活动、现代文化传播方式和学校教育也是同样重要的渠道。特别是在城市中，学校教育发挥的作用更为重要。

第六，香格里拉当地的民族问题、宗教问题等潜在问题缓和，对当地经济发展和社会稳定的威胁减小。从改革开放前到2001年以来，受访者普遍认为全国的民族关系和当地的民族关系得到了显著改善，不存在突出的民族冲突，大多数少数民族与汉族受访者愿意主动与其他民族社会成员建立正常交往。但是，在不同民族正常交往中，对最亲密关系的建立如结为亲家，受访者的态度相对更为谨慎，意愿率较低。当地不同宗教信仰的信众规模，在稳定中略有增加，不存在快速增加和快速减少的趋势。

第七，香格里拉的社会保障为城镇社会保障项目和农村社会保障项目。城镇社保项目中，受访者倾向于参加医疗保险和养老保险，非农户口受访者的参保率高于农业户口参与者，而且藏族受访者的参保率高于平均水平，但是社保项目的满意率普遍低于参保率，可见城镇社会保障更需要提高社保内容质量。而在农村社会保障项目中，受访者也倾向于参与医疗保险。在农村社会保障中，也应重视发挥农村社会保障项目提高人们生活质量的作用。

第十章

云南省贡山独龙族怒族自治县经济社会发展综合调查报告

贡山独龙族怒族自治县（以下简称贡山县）位于云南省西北部，怒江傈僳族自治州北部，北面与西藏自治区察隅县接壤，西部与缅甸毗邻，东边与迪庆藏族自治州维西、德钦县相连，南面与福贡县相接，总面积4506平方公里。贡山县因高黎贡山而得名，资源富集，其县域面积70%属于“三江并流”世界自然遗产核心区、55.6%属于高黎贡山国家级自然保护区，这里动植物、水力、矿产、旅游、民族文化等资源极为丰富。但因基础设施落后、劳动力综合素质低下等因素制约，开发相对滞后，贫困人口占比较大，经济社会发展受限。贡山是少数民族人口占多数的地方，这里独龙族、怒族、傈僳族、藏族、白族、汉族等多民族杂居，截至2014年年底，全县人口为3.6万余人，其中少数民族人口3.46万人，占全县总人口的96.1%。贡山又是全国唯一的独龙族怒族自治县以及云南省唯一的独龙族聚集区，全国90%以上的独龙族人口聚居于此。贡山位于中缅、滇藏接合部，是云南省唯一的既涉边，又涉藏的地区，国境线172公里，涉藏线135公里，守边疆、稳藏区责任重大。贡山是一个社会发展形态跨越的直接过渡地区，独龙族、怒族、傈僳族等世居人口较少民族，都是随着新中国成立由原始社会末期跨越几个社会历史发展阶段直接进入社会主义社会的民族。贡山多宗教交汇共存，近代以来传入此地的天主教、基督教和当地原始宗教及藏传佛教相互交融，呈现出一种民族文化多元和东西宗教交汇之势。总之，贡山县是一个地处偏远、人口稀少、资源丰富、生态脆弱、开发滞后、涉边涉藏、社会形态跨越过渡的多民族、多文化、多宗教交汇的集边疆、少数民族、山区、贫困为一体的特殊而典型的地区，这些因素构成了我们分析贡山县经济社会发展成就与问题的现实基础。

为全方位了解 21 世纪以来民族地区政治经济文化社会生态等方面发展的现状和问题，中国社会科学院民族学与人类学研究所实施国家社会科学基金特别委托课题、中国社会科学院创新工程重大专项课题“21 世纪初中国少数民族地区经济社会发展综合调查”，其中“21 世纪初贡山独龙族怒族自治县经济社会发展综合调查”作为子课题之一于 2015 年 4—5 月赴贡山县进行为期 20 余天的实地调查，同时专业的社会调查团队对贡山县城乡家庭和社区分别进行了大样本抽样调查。本报告基于贡山县城乡居民的主观反映，针对县域经济生活、民族文化、民族关系、民族政策、公共服务与政府管理等方面进行定量分析，以量化方法呈现贡山县经济社会发展方面基本数据，为有关部门评估和改进国家政策尤其是民族政策提供必要参考依据。

一　调查对象基本情况

本报告数据来源于“21 世纪初贡山独龙族怒族自治县经济社会发展综合调查”在贡山县的家庭问卷抽样调查数据。贡山县共回收有效样本 421 份，经整理录入后，主要使用社会统计软件 SPSS 加以统计分析。调查对象的基本情况详见下表。

表 10-1　贡山县调查对象基本情况　单位：次、%

	类别	频次	百分比
性别			
	男	239	56.9
	女	181	43.1
年龄			
	30 岁以下	128	30.6
	31—45 岁	182	43.5
	46—60 岁	79	18.9
	61 岁及以上	29	6.9
民族			
	傈僳族	147	35.0
	怒族	94	22.4
	独龙族	82	19.5

续表

	类别	频次	百分比
	白族	37	8.8
	汉族	27	6.4
	藏族	16	3.8
	其他民族	17	4.0
受教育程度			
	未上学	48	11.4
	小学至初中	216	51.3
	高中	44	10.5
	大学及以上	113	26.9
户口			
	农业户口	234	55.6
	非农业户口	187	44.4
宗教信仰			
	基督教	55	13.1
	天主教	52	12.4
	佛教	46	11.0
	没有宗教信仰	256	61.1
	其他宗教信仰	10	2.4

注：(1) 民族维度中“其他民族”一般由频次低于30的民族共同构成，但是藏族是贡山县的世居民族，汉族是在全国范围内人口占绝对多数的民族，这两个民族的频次虽然小于30，但对于全文的分析具有典型性，因此保留。贡山县的抽样数据中“其他民族”包含纳西族、彝族、普米族、达斡尔族、回族、侗族、土家族、塔吉克族。

(2) 宗教信仰包括基督教、天主教、佛教、道教、民间信仰和其他类型。

(3) 因存在缺失值，所以各个分项指标总计并不都等于总频次，表格中所列比例均为有效百分比。

由表10-1可见，受访者在性别分布上，男性和女性占比分别为56.9%和43.1%；在年龄分布上，31—45岁的占比最高，为43.5%，30岁以下的年轻人占比为30.6%，46—60岁的占18.9%，61岁以上的老人占总人口的比例为6.9%。在民族成分上，贡山县是独龙族和怒族自治县，同时隶属于怒江傈僳族自治州，与西藏接壤，独龙族、怒族、傈僳族、藏族是贡山县的四个世居民族，这四个民族的频次比例分别为19.5%、22.4%、35.0%、3.8%，白族和汉族受访者占总频次的8.8%和6.4%，其他民族包括纳西族、彝族、普米族等，总占比为4.0%。由于其他民族所占比重较小，不具有数据代表性，因此在后续的数据分析中对这几个民族不做具体分析。① 在受教育程度上，初中及以下的占62.7%，高中（含中专或职高技校）文化程度的占10.5%，接受过大学及以上教育的占26.9%，受访者人均受教育年限低，高等教育覆盖率更低。在户籍类型上，农业户口和非农人口占比分别为55.6%和44.4%，农村人口比例高于城镇人口。在宗教信仰方面，61.1%的受访者表示无宗教信仰，在承认有宗教信仰的受访者中，基督教、天主教和佛教的比例相当，分别为13.1%、12.4%和11.0%，此外，有2.4%的受访者表示信仰其他宗教，包括伊斯兰教和原始宗教等。这些数据充分印证了贡山县的多民族、多宗教的特征，一个家庭的成员信仰多种宗教的现象在贡山并不罕见，但各种信仰之间彼此互不干涉，呈现出宗教和顺的态势，这构成了贡山县文化特征的重要组成部分。

二　经济生活

（一）就业状况

本报告关于就业状况的分析主要通过县域劳动力职业素质状况、职业分工合理程度和劳动力市场完善程度等指标来体现，而这些指标主要通过贡山县劳动力就业状况、职业类型、就业渠道和就业主观感受等主客观因素来综合反映。

表10-2　家庭16—60岁成员中没有工作的占常住人口比重分层

单位:%、次

		无失业人口	1%—30%	31%—60%	61%—90%	91%—99%	零就业家庭	合计	频次
总计		20.8	14.9	32.1	1.1	13.5	17.5	100	355
民族	傈僳族	22.2	15.9	27	1.6	14.3	19	100	126
	怒族	23.1	15.4	29.5	1.3	12.8	17.9	100	78
	独龙族	5.5	20.5	41.1	1.4	11	20.5	100	73
	白族	31	6.9	31	0	20.7	10.3	100	29
	藏族	14.3	7.1	42.9	0	21.4	14.3	100	14
	汉族	40.9	13.6	31.8	0	4.5	9.1	100	22
	其他民族	30.8	0	38.5	0	15.4	15.4	100	13

① 如无特别说明，本文对频次少于30的数据不做具体分析，下文不一一注出。

续表

		无失业人口	1%—30%	31%—60%	61%—90%	91%—99%	零就业家庭	合计	频次
总计		20.8	14.9	32	1.1	13.8	17.4	100	356
户口	农业	12.4	15.9	32.3	1	13.4	24.9	100	201
	非农业	31.6	13.5	31.6	1.3	14.2	7.7	100	155

表 10-3　目前没有工作原因　单位:%、次

		正在上学	丧失劳动能力	已离/退休	毕业后未工作	料理家务	因单位原因(如破产、改制、下岗/内退/买断工龄、辞退等)失去原工作	因本人原因(如家务、健康、辞职等)离开原工作	承包土地被征用	其他	合计	频次
总计		5.4	13.4	2.2	5.9	36.6	0.5	3.8	1.1	31.2	100	186
民族	傈僳族	4.3	11.4	1.4	2.9	41.4	0	5.7	2.9	30	100	70
	怒族	11.8	11.8	0	11.8	29.4	0	2.9	0	32.4	100	34
	独龙族	4	22	0	4	46	0	0	0	24	100	50
	白族	9.1	0	9.1	18.2	9.1	0	9.1	0	45.5	100	11
	藏族	0	12.5	0	12.5	37.5	0	12.5	0	25	100	8
	汉族	0	16.7	33.3	0	0	0	0	0	50	100	6
	其他民族	0	0	0	0	28.6	14.3	0	0	57.1	100	7
总计		5.3	13.4	2.1	6.4	36.4	0.5	3.7	1.1	31	100	187
户口	农业	4.5	14.3	0.8	5.3	35.3	0	3	0.8	36.1	100	133
	非农业	7.4	11.1	5.6	9.3	38.9	1.9	5.6	1.9	18.5	100	54

从贡山县的就业情况抽样数据来看，在355个受访者中，家庭人口全部就业的74人，占比为20.8%，家庭人口全部失业的62人，占17.5%。从族际差别来看，家庭人口全部就业的比例最高的是汉族，为40.9%，其次为白族，占31%，最低的为独龙族，仅为5.5%。家庭人口全部失业的比例从高到低依次为独龙族、傈僳族、怒族、藏族、白族和汉族。由此可见，受访者的就业状况呈现出明显的族际分化，其中，汉族和白族就业状况较好，而四个世居民族的就业状况一般。与此同时，受访者的就业情况也呈

现出明显的城乡差别，城镇户口受访者中家庭人口无失业人口的比例为31.6%，比农村户口（12.4%）高19.2个百分点，与之相对应，城镇户口受访者中零就业家庭的比例也低于农村受访者17.2个百分点。在未就业人员中，家务劳动者比例最高，为36.6%，31.2%的受访者认为是其他原因导致其无法就业却未注明具体事由，13.4%的受访者因为丧失劳动能力而无法就业。除此之外，毕业后未工作、正在上学和离退休的比例分别为5.9%、5.4%和2.2%。由此，受访者就业状况呈现出明显的族际分化和城乡分化，地方政府应当因势利导，分析具体的原因，帮助各民族城乡居民实现充分就业，加强对世居民族和农村居民的就业指导或生活救助。

表10-4　　在职者的职业类型　　单位:%、次

		国家机关党群组织、事业单位工作人员	专业技术人员	农林牧渔水利生产人员	不便分类的其他从业人员	缺失	合计	频次
总计		23.5	8.2	31.4	27	9.9	100	404
民族	傈僳族	20.3	7.7	30.1	34.3	7.7	100	143
	怒族	18.7	4.4	36.3	29.7	11	100	91
	独龙族	11.8	6.6	55.3	23.7	2.6	100	76
	白族	59.5	18.9	2.7	5.4	13.5	100	37
	藏族	18.8	6.3	31.3	37.5	6.3	100	16
	汉族	38.5	15.4	3.8	11.5	30.8	100	26
	其他民族	33.3	6.7	13.3	26.7	20	100	15
总计		23.5	8.1	31.4	27.2	9.9	100	405
户口	农业	4.9	2.7	52.5	30	9.9	100	223
	非农业	46.2	14.8	5.5	23.6	9.9	100	182

从贡山县受访者的劳动力结构来看，由表10-4可见，贡山县劳动者就业以农业为主，第二产业和第三产业就业人数较少。农林牧渔水利生产人员占比最高，为31.4%，其余依次为不便分类的其他人员，占比为27%，国家机关、党群组织和事业单位工作人员，占比为23.5%，专业技术人员和其他人员比例偏低。其中，从事商业服务业、各类企业从业人员、生产、运输设备操作人员及有关人员等的频次不超过30人，不具有数据代表性，对其不做专门分析，这一现象一方面可能由于抽样原因导

致，另一方面也说明贡山县一定程度上存在就业结构不合理现象。从族际对比来看，受传统产业结构和当地资源禀赋的影响，贡山县世居民族较多集中在农林牧渔水利生产行业就业，在从事农林牧渔水利生产的人员中，独龙族占比最高，为 55.3%，怒族、傈僳族和藏族分别分布在平均线（31.4%）上下，汉族（3.8%）、白族（2.7%）与其他民族（13.3%）占比远低于平均值。受访者中有 27%属于不便分类的其他从业人员，其中，傈僳族、怒族、藏族高于平均值，独龙族、其他民族接近平均值，白族、汉族远低于平均值。在国家机关党群组织、事业单位工作人员中，白族占比为 59.5%，远高于平均值 23.5%，其余高于平均值的有汉族和其他民族，这些民族可能由于工作调动进入贡山县。而世居民族独龙族、怒族、傈僳族、藏族受访者中担任国家机关党群组织、事业单位工作人员的比例均低于平均值，分别为 11.8%、18.7%、20.3%和 18.8%，前三者低于其频次占总频次的比例（19.5%、22.4%、35.0%）。国家机关党群组织、事业单位负责人中，超过平均值（3.7%）的有汉族（3.8%）和其他民族（6.7%），这也验证了汉族和其他民族由于工作需要进入贡山县任职，并担任一定的领导职务。专业技术人员中，白族和汉族占比高于平均值。这一数据说明，与后迁入民族相比，世居民族主要分布在第一产业，从事自由职业的人员比重较高，而白族和汉族则更多地分布在国家机关、党群组织和事业单位，在专业技术人员中的占比也高于世居民族。

表 10-5　　农村劳动力寻找本地非农务工工作的主要渠道　　单位：%、次

		政府/社区安排介绍	商业职介(包括人才交流会)	招聘广告	直接申请(含考试)	家人/亲戚介绍	朋友/熟人介绍	通过本乡人介绍	通过同民族介绍	其他(请注明)	合计	频次
总计		17.3	4.1	12.2	16.3	3.1	18.4	2	3.1	23.5	100	98
民族	傈僳族	22.6	0	16.1	6.5	3.2	22.6	3.2	0	25.8	100	31
	怒族	20.8	0	12.5	16.7	8.3	16.7	4.2	0	20.8	100	24
	独龙族	19	9.5	14.3	4.8	0	14.3	0	9.5	28.6	100	21
	白族	0	12.5	12.5	62.5	0	0	0	12.5	0	100	8
	藏族	12.5	12.5	0	37.5	0	12.5	0	0	25	100	8
	汉族	0	0	0	0	0	100	0	0	0	100	3
	其他民族	0	0	0	33.3	0	0	0	0	66.7	100	3
总计		17.2	4.0	12.1	16.2	3.0	18.2	3.0	3.0	23.2	100	99

表 10-6　　城镇劳动力找工作的主要渠道　　单位:%、次

		政府/社区安排介绍	招聘广告	直接申请（含考试）	家人/亲戚介绍	朋友/熟人介绍	通过本乡人介绍	其他（请注明）	合计	频次
总计		18.9	11.5	44.3	5.7	7.4	2.5	9.8	100	122
民族	傈僳族	16.2	10.8	43.2	2.7	13.5	2.7	10.8	100	37
	怒族	29.0	12.9	38.7	9.7	6.5	0	3.2	100	31
	独龙族	23.5	11.8	29.4	5.9	11.8	11.8	5.9	100	17
	白族	6.3	12.5	62.5	0	0	0	18.8	100	16
	藏族	0	25.0	75.0	0	0	0	0	100	4
	汉族	25.0	8.3	41.7	16.7	0	0	8.3	100	12
	其他民族	0	0	60	0	0	0	40	100	5
总计		18.9	11.5	44.3	5.7	7.4	2.5	9.8	100	122

在劳动力市场和就业渠道方面，农村劳动力寻找本地非农务工工作渠道较为多元，其中，通过熟人（家人、朋友、亲戚等）介绍的比例占26.6%，通过其他原因（大多未注明具体原因）获得工作的占23.5%，通过政府/社区安排介绍的占17.3%，直接申请或参加考试获得工作的占16.3%，通过招聘广告获得工作的占12.2%，通过商业职介或人才交流会得到工作机会的比例较低，为4.1%。城镇劳动力主要通过直接申请或考试获得工作，占比为44.3%，通过政府/社区安排介绍的占18.9%，通过熟人介绍的占15.6%，通过招聘广告获得工作的占11.5%，其他原因的占9.8%。从城乡对比来看，城镇劳动力主要通过直接招考获得工作，而农村劳动力主要通过熟人介绍或不方便透露原因的“其他原因”获得工作机会，这说明贡山县的劳动力市场初见成效，不仅有负责劳动就业工作的劳动服务公司，而且政府/社区通过多种渠道为县域劳动力提供就业机会。此外，贡山县积极对接发达地区对口劳务帮扶工作，取得了初步成效。2016年，贡山县与珠海市金湾区建立长期劳动力培训转移对接机制，联合开展劳务招聘和技能、创业等培训，并达成“六个100”工程协议，就6个工种各培训100名人员，并实施“双百工程”，从初中高中毕业后没有再入学的青年中争取100%入读技工学校，同时争取100%在技术岗

位工作。[1] 这些工作均通过在贡山各乡镇公开招聘和宣讲来完成，并于2017年首批安置1632个工作岗位[2]，取得了良好的效果。即便如此，从问卷结果来看，劳动力市场完善程度仍存在城乡差别，当地政府需要在农村劳动力转移方面下功夫，与珠海市金湾区的劳动力培训转移工作可视为这一工作的初步尝试（见表10-5、表10-6）。

表10-7　劳动力就业区域意向　单位：%、次

		县城之内	县外省区内，但必须是家附近的市/县	县外省内无所谓远近	本省区相邻的外省区	本省区外非相邻省区	东部一线大城市	其他（请注明地区名称）	合计	频次
总计		78.6	12.8	2.0	0.7	0.3	3.3	2.3	100	304
民族	傈僳族	77.3	11.8	1.8	0.9	0	4.5	3.6	100	110
	怒族	74.3	14.3	2.9	1.4	1.4	2.9	2.9	100	70
	独龙族	96.3	1.9	1.9	0	0	0	0	100	54
	白族	70.4	25.9	0	0	0	3.7	0	100	27
	藏族	71.4	21.4	0	0	0	7.1	0	100	14
	汉族	61.1	22.2	5.6	0	0	5.6	5.6	100	18
	其他民族	90.9	9.1	0	0	0	0	0	100	11
总计		78.4	12.8	2.0	1	0.3	3.3	2.3	100	305
户口	农业	80.0	11.1	2.2	1.7	0	2.8	2.2	100	180
	非农业	76.0	15.2	1.6	0	0.8	4.0	2.4	100	125

表10-8　城乡居民外出就业的主要障碍　单位：%、次

		得不到相关就业信息	被当地人看不起	工作辛苦收入低	想留在就业地但生活成本太高	生活习俗不能适应	气候自然环境不能适应	孩子就学困难	家里需要照顾必须返乡	当地政府的政策限制	语言障碍	其他（请注明）	合计	频次
总计		31.3	2.8	14.2	7.4	2.3	2.8	9.1	17.6	1.7	1.7	9.1	100	176

① 数据来源于珠海电视台2017年4月3日题为《贡山县务工人员抵达金湾“6个100”工程持续帮扶》的报道，见珠海网，http：//www.zhtv.com/xw/zh/2017-4-3/content_144840.shtml，最后访问日期：2017年3月1日。

② 《12家企业1600多岗位安置云南贡山县劳动力　首批务工青年抵金湾》，《珠海特区报》2017年4月3日第2版。

续表

		得不到相关就业信息	被当地人看不起	工作辛苦收入低	想留在就业地但生活成本太高	生活习俗不能适应	气候自然环境不能适应	孩子就学困难	家里需要照顾必须返乡	当地政府的政策限制	语言障碍	其他（请注明）	合计	频次
民族	傈僳族	25.4	0	17.5	9.5	1.6	1.6	12.7	14.3	1.6	3.2	12.7	100	63
	怒族	24.3	8.1	13.5	2.7	5.4	5.4	10.8	24.3	0	0	5.4	100	37
	独龙族	72.0	0	4.0	4.0	0	0	4.0	12.0	0	0	4	100	25
	白族	21.7	0	8.7	17.4	0	8.7	0	26.1	4.3	4.3	8.7	100	23
	藏族	20.0	10.0	10.0	10.0	10.0	0	10.0	20.0	0	0	10	100	10
	汉族	23.1	0	38.5	0	0	0	15.4	7.7	7.7	0	7.7	100	13
	其他民族	40.0	20.0	0	0	0	0	0	20.0	0	0	20.0	100	5
总计		31.3	2.8	14.2	7.4	2.3	2.8	9.1	17.6	1.7	1.7	9.1	100	176
户口	农业	30.9	5.3	18.1	9.6	4.3	3.2	7.4	14.9	0	1.1	5.3	100	94
	非农业	31.7	0	9.8	4.9	0	2.4	11.0	20.7	3.7	2.4	13.4	100	82

从贡山县城乡劳动力的就业意愿来看，贡山县农业户口从事本地非农自营（如做生意、跑运输等）的比例较低，仅占22.4%；56.7%没有外出打工经验，在有外出从业经历的受访者中，从事最近工作5年以下的占29.8%，5年以上的仅为13.5%。当被问到今年是否外出时，88.3%的受访者的答案是否定的，并将原因归结为：家中农业缺乏劳动力（24.0%），找不到工作或担心找不到工作（21.5%）和当地能找到满意的工作（18.2%），此外，收入没有在家稳定，语言能力不强，缺乏同乡或熟人带领、不适应外地生活环境等问题也是构成少数民族农民工外出就业的重要阻力。从就业区域来看，在贡山县非农户口的受访者中，79.7%的受访者主要从业地区是在乡镇内部，乡外县内的占12.3%，县外省内的占7.2%，在省外的仅占0.7%。从就业区域选择来看，91.4%的受访者倾向于在省内工作，并且要求必须是家附近的市县，倾向于在县内工作的比例更是高达78.6%。关于城乡居民外出就业的障碍，受访者更多地认为获取就业信息渠道不畅是其就业的主要障碍（占31.3%），此外，家里需要照顾必须返乡（占17.6%）、工作辛苦收入低（占14.2%）和子女就学困难（9.1%）也是影响贡山县城乡居民外出就业的重要原因（见

表 10-7、表 10-8)。

表 10-9　　本市县户籍人口对外来流入人员的态度　　单位:%、次

本市县户籍住户对县外省内的外来流入人员的态度							
		欢迎	不欢迎	视情况而定	不清楚	合计	频次
总计		87.9	2.0	8.9	1.2	100	404
民族	傈僳族	92.3	2.1	4.9	0.7	100	142
	怒族	81.7	4.3	14.0	0	100	93
	独龙族	96.3	0	3.8	0	100	80
	白族	82.4	0	14.7	2.9	100	34
	藏族	68.8	6.3	18.8	6.3	100	16
	汉族	91.3	0	4.3	4.3	100	23
	其他民族	68.8	0	25.0	6.3	100	16
本市县户籍住户对省外国内的外来流入人员的态度							
		欢迎	不欢迎	视情况而定	不清楚	合计	频次
总计		86.0	1.5	10.2	2.2	100	401
民族	傈僳族	90.1	0.7	7.8	1.4	100	141
	怒族	78.0	4.4	16.5	1.1	100	91
	独龙族	96.3	0	2.5	1.3	100	80
	白族	82.4	0	14.7	2.9	100	34
	藏族	62.5	6.3	18.8	12.5	100	16
	汉族	91.3	0	4.3	4.3	100	23
	其他民族	68.8	0	25.0	6.3	100	16
本市县户籍住户对外国人的态度							
总计		欢迎	不欢迎	视情况而定	不清楚	合计	频次
		84.9	3.4	8.9	2.9	100	384
民族	傈僳族	87.9	2.1	8.6	1.4	100	140
	怒族	78.7	5.6	13.5	2.2	100	89
	独龙族	95.8	0	2.8	1.4	100	72
	白族	80.6	0	16.1	3.2	100	31
	藏族	62.5	18.8	6.3	12.5	100	16
	汉族	90.9	4.5	0	4.5	100	22
	其他民族	64.3	7.1	14.3	14.3	100	14

表 10-10 不欢迎外来人员的原因 单位:%、次

		看不惯他们的行为举止	他们到来后本地人的就业机会减少	他们赚走了当地人的钱，但对当地没有贡献	他们破坏了当地的生活环境（环境变得脏乱、治安不好等）	他们破坏了当地的资源等自然环境	不知道	价值观冲突	其他	合计	频次
总计		5.9	20.7	23.0	17.8	11.9	3.7	9.6	7.4	100	135
民族	傈僳族	6.0	26.0	26.0	22.0	14.0	0	2.0	4.0	100	50
	怒族	7.5	17.5	25	17.5	12.5	2.5	15	2.5	100	40
	独龙族	11.1	44.4	22.2	0	0	22.2	0	0	100	9
	白族	9.1	9.1	18.2	27.3	9.1	0	9.1	18.2	100	11
	藏族	0	14.3	14.3	28.6	0	0	14.3	28.6	100	7
	汉族	0	0	9.1	9.1	18.2	18.2	36.4	9.1	100	11
	其他民族	0	28.6	28.6	0	14.3	0	0	28.6	100	7
总计		6.5	20.3	23.9	18.8	12.3	2.2	10.1	5.8	100	138
户口	农业	8.2	23.0	26.2	26.2	6.6	0	8.2	1.6	100	61
	非农业	5.2	18.2	22.1	13	16.9	3.9	11.7	9.1	100	77

县域就业环境从客观上体现在工作渠道、机会与信息的通畅，另外，当地对流动人口的看法也是就业软环境的重要指针。当被问到对外来流入人员的态度时，本县市户籍住户中绝大多数表示欢迎，认为本市县以外人员到当地工作、生活增强了民族间交往，有利于弘扬本地的民族文化、增加了当地的投资、开阔了当地人的眼界、扩大了当地的就业机会、提高了当地的社会服务水平、带来了先进技术和管理方式等。本县市户籍住户对县外省内、省外国内以及外国人的欢迎程度分别为 87.9%、86.0% 和 84.9%，虽然有所差别，但差别并不显著。但具体到民族，则呈现出较为明显的差别，独龙族、傈僳族、汉族对外来人口的欢迎程度超过了 90%，怒族、白族受访者中约 80% 的人对外来人口持欢迎态度，藏族和其他民族持欢迎态度的不足 70%，远低于平均数。其中，藏族持不欢迎态度的比例最高。具体到不欢迎外来人员的原因，外来人口赚走了当地人的钱，但对当地没有贡献是被诟病的主要原因；同时，外来人口对本地人就业机会的挤压、对当地生活环境的破坏以及价值观的冲突也是本地人排斥外地

人的重要原因。至于藏族受访者不欢迎的比例较高的原因，笔者认为，藏族民族主体意识较强，自我发展需求强盛，在本地发展资源相对较少而又被外地人挤压的情况下，对外来人口持相对谨慎的态度（见表 10-9、表 10-10）。

与本县市人口对外来人口的态度相对应，本县市以外人员对当地的就业机会、工资水平、日常生活便利性、社会包容性和投资环境等的综合评价是一个地方就业环境的主观反映。受访者对上述问题的排序依次是：当地的社会安全性（75.0%）、宗教文化（71.7%）、社会包容性（68.9%）、自然环境（65.6%）、就业机会（50.8%）、工资水平（45.8%）、日常生活便利性（44.3%）、投资环境（42.4%）、投资当地的盈利情况（41.7%）。当被问到是否愿意在当地长期居住和继续打工或投资时，92.6%的受访者答复愿意长期居住，89.7%的受访者答复愿意继续打工或投资。这说明，外来人口对贡山县就业环境持总体满意态度。

（二）家庭财产情况

土地与房产是城乡居民家庭不动产的重要组成部分。农村土地制度关乎农村的根本稳定，其核心是要保障农民的财产权益。集体土地确权登记是农村土地产权制度改革的重要举措，可有效解决农村集体土地权属纠纷，在推进新型城镇化和实现农业现代化进程中切实维护农民利益。贡山县于 2012 年 9 月 26 日全面启动了全县农村集体土地“两权”调查、确权登记发证工作。在调查中，61.5%的人知晓自家的土地已经或准备确权，25.9%的受访者表示自己家的土地并未确权，12.6%的受访者对确权工作并不知情。对于土地确权工作的评价，59.1%的受访者认为确权工作很公平，30.3%的人不了解，认为不公平和无所谓的分别占 8.2%和 2.4%。

从居民拥有房产的情况来看，76.4%的受访者拥有 1 套房产，拥有 2 套以上的受访者占 15.3%，8.4%的受访者没有自己的房产。怒族、傈僳族、独龙族居民人均拥有自有产权住房 1 套以上，白族、藏族和汉族人均不足 1 套，农村居民人均拥有自有产权住房 1 套以上，城镇居民人均不足 1 套。各民族居民人均自有产权住房数差别不大。从人均住房面积呈现出一定的族际差异与城乡差异，汉族人均住房面积最高，达 143.4 平米，其次是白族和怒族，分别为 128.5 平米和 124.3 平米，傈僳族和藏族人均住房面积相当，分别为 113.4 平米和 111 平米，独龙族的人均住房面积最低，仅为 79 平米。从城乡差别来看，农村居民人均住房面积比城镇居民多72平米。从居民住房的产权情况来看，84.2%的受访者拥有自有产权住房，租房居住的比例偏低，租住的范围包括廉租房、亲友房和私人房，其中，10.6%的受访者租住廉租房，租住亲友房和私人房的比例较低且差别不大。从族际对比来看，世居民族拥有自有住房的比例明显高于汉族和白族，与此相对应，汉族和白族租住廉租房的比例明显高于世居民族。从城乡差别来看，农村居民拥有自有住房的比例明显高于城镇居民，而城镇居民租住廉租房的比例明显高于农村居民（见表10-11、表10-12）。

表10-11　　居民自有住房套数及住房面积　　单位：%、次

		自有产权住房数（套）		人均住房面积（平方米）	
		均值	频次	均值	频次
总计		1.2	395	112.4	351
民族	傈僳族	1.1	143	113.4	124
	怒族	1.6	85	124.3	80
	独龙族	1.0	80	79.0	74
	白族	0.8	31	128.5	24
	藏族	0.9	14	111.0	12
	汉族	0.9	26	143.4	23
	其他民族	1.2	14	134.4	14
总计		1.1	394	112.2	352
户口	农业	1.3	200	107.5	212
	非农业	0.9	241	119.4	140

表10-12　　居民目前住房产权归属情况　　单位：%、次

		自有住房	租/住廉租房	租/住亲友房	租/住私人房	集体宿舍	其他（请注明）	不清楚	合计	频次
总计		84.2	10.6	0.5	0.7	1.5	2.2	0.2	100	404
民族	傈僳族	90.1	7.1	0	0.7	1.4	0.7	0	100	141
	怒族	87.9	8.8	0	2.2	1.1	0	0	100	91
	独龙族	87.7	3.7	0	0	0	8.6	0	100	81
	白族	57.6	33.3	0	0	9.1	0	0	100	33
	藏族	81.3	12.5	6.3	0	0	0	0	100	16
	汉族	69.2	23.1	0	0	0	3.8	3.8	100	26
	其他民族	75.0	18.8	6.3	0	0	0	0	100	16
总计		84.2	10.6	0.5	0.7	1.5	2.2	0.2	100	405
户口	农业	95.2	1.3	0	0	0.4	3.1	0	100	228
	非农业	70.1	22.6	1.1	1.7	2.8	1.1	0.6	100	177

表 10-13　对现有住房和住房政策的满意度　单位：%、次

		对现有住房的满意度		对商品房政策的满意度		对政府保障性住房政策的满意度		对小产权房政策的满意度		对城镇棚户区改造政策的满意度		对农村住房改造政策的满意度	
		满意比例	频次	满意比例	频次	满意比例	频次	满意比例	频次	满意比例	频次	满意比例	频次
总计		54.8	394	21.7	364	36.3	366	18.6	360	24.5	359	47.5	364
民族	傈僳族	53.6	140	17.4	132	35.3	133	19.1	131	22.5	129	46.9	130
	怒族	61.2	85	31.2	77	40.3	77	23.7	76	36.4	77	51.3	78
	独龙族	62.8	78	66.7	71	40.8	71	17.1	70	21.4	70	57.1	70
	白族	50.0	34	24.2	33	36.4	33	18.8	32	24.2	33	38.2	34
	藏族	46.7	15	8.3	12	23.1	13	8.3	12	8.3	12	25.0	12
	汉族	34.6	26	20.8	24	20.8	24	12.5	24	13.0	23	33.3	24
	其他民族	46.7	15	20.0	15	40.0	15	13.3	15	26.7	15	46.7	15
户口	农业	60.9	220	20.6	204	38.5	205	19.3	202	25.6	203	55.6	205
	非农业	47.1	174	23.1	160	33.5	161	17.7	158	23.1	156	37.1	159

随着我国住房制度的改革，我国的住房政策已经形成了包括商品房政策、政策保障住房政策、小产权房政策、城镇棚户区改造政策和农村住房改造政策等在内的较为完备的体系。一般来讲，对住房的满意程度与对住房政策的满意程度成正比。由表 10-13 可见，贡山县城乡居民对现有住房和住房政策的满意度并不高。仅对现有住房的满意度一项超过了 50%，且呈现出明显的族际分化和城乡差别。总的来看，世居民族对住房和住房政策的满意程度要高于汉族和白族，但藏族的满意程度又低于其他三个世居民族。农村居民对住房和住房政策的满意度总体高于城镇居民。除了满意程度不高以外，问卷数据还表明，大量的受访者表示对住房政策不了解，不清楚，这说明贡山县在住房政策的宣传方面存在改善空间。正是因为对现有住房的不满意，45.9%的受访者表达了改善住房的迫切意愿，从改善途径来看，63.4%的受访者倾向于自建新房，20.9%的受访者寄希望于政府保障性住房，准备购买商品房和购买单位筹资共建房的比例分别为 7.4%和 6.5%，试图通过换租更大的房子和购买小产权房等途径改善的占 1.8%。

（三）生活质量

对生活质量的评估包括客观经济数据和主观生活感受两个方面的指标

体系，前者强调客观经济条件的改善与提高，后者侧重个体对生活质量的主观感受。本书主要考察在经济社会发展水平相当的县域环境下城乡居民和不同民族群众对生活质量的主观评价。被问及过去5年生活水平的变化，贡山县城乡居民整体持肯定态度，90.6%的受访者认为生活水平有所上升。各民族受访者和城乡居民对生活质量的评价差异不大。

人们往往会依据当前发展的客观形势和主观感受而对未来生活水平做出预判，在被问及未来5年生活水平的期待时，86.7%的受访者认为未来生活会有所上升，即便如此，仍有9%的受访者认为未来生活充满着不确定，认为未来5年生活水平能否上升这件事情“不好说”（见表10-14、表10-15）。

表10-14　　受访者对过去5年生活水平变化的评价　　单位：%、次

		上升很多	略有上升	没有变化	略有下降	下降很多	不好说	合计	频次
总计		42.8	47.8	7	0.7	0.2	1.4	100	414
民族	傈僳族	40.3	46.5	9.7	1.4	0.7	1.4	100	144
	怒族	35.1	55.3	7.4	1.1	0	1.1	100	94
	独龙族	47.5	50.0	1.3	0	0	1.3	100	80
	白族	51.4	37.8	8.1	0	0	2.7	100	37
	藏族	43.8	43.8	12.5	0	0	0	100	16
	汉族	51.9	44.4	0	0	0	3.7	100	27
	其他民族	50.0	37.5	12.5	0	0	0	100	16
总计		42.7	48.0	7.0	0.7	0.2	1.4	100	415
户口	农业	41.1	50.2	6.5	0.9	0	1.3	100	231
	非农业	44.6	45.1	7.6	0.5	0.5	1.6	100	184

表10-15　　受访者对未来5年生活水平变化的期待　　单位：%、次

		上升很多	略有上升	没有变化	略有下降	下降很多	不好说	合计	频次
总计		41.2	45.5	2.9	1.2	0.2	9.0	100	413
民族	傈僳族	40	44.1	5.5	1.4	0.7	8.3	100	145
	怒族	43	44.1	3.2	1.1	0	8.6	100	93
	独龙族	35.4	60.8	0	0	0	3.8	100	79
	白族	33.3	41.7	0	0	0	25.0	100	36
	藏族	43.8	31.3	6.3	6.3	0	12.5	100	16
	汉族	59.3	33.3	0	3.7	0	3.7	100	27
	其他民族	52.9	35.3	0	0	0	11.8	100	17

续表

		上升很多	略有上升	没有变化	略有下降	下降很多	不好说	合计	频次
总计		41.1	45.7	2.9	1.2	0.2	8.9	100	414
户口	农业	44.2	45.0	3.5	0.9	0	6.5	100	231
	非农业	37.2	46.4	2.2	1.6	0.5	12.0	100	183

三　民族文化

（一）民族语言文字的习得与使用

1. 民族语言文字与汉语言文字的使用情况

调查发现，贡山县居民最先习得的语言中本民族语言占78.5%，汉语方言占11%，普通话占6.1%，其他少数民族语言占4.4%；在日常交谈中使用的语言与最先习得的语言占比顺序一致，依次为：本民族语言84.7%，汉语方言65.9%，普通话53.7%，其他少数民族语言36.0%。从族际对比来看，独龙族最先习得本民族语言的占比最高，达92.5%，而白族最先习得本民族语言的比例最低，仅为65.7%。值得注意的是，汉族最先习得的语言中，本民族语言占比最低，仅为14.3%。这是因为，少数民族对自己民族的语言和文字有着明确的标识和认知，而汉族则无法分清普通话、汉语方言和本民族语言的界限，因此在习得和使用语言中选择本民族语言的比例较少。在日常交谈中使用的语言，藏族、汉族和白族使用普通话的比例高于其他民族，白族和汉族使用汉语方言的比例高于其他民族，独龙族、藏族、傈僳族、怒族使用本民族语言的比例高于其他民族，独龙族和藏族更是占到100%，白族和汉族使用本民族语言的比例较低，白族为63.6%，汉族由于对普通话、汉语方言和本民族语言的界线较为模糊，因此，认为自己日常交谈中使用本民族语言的仅占11.1%。从城乡对比来看，农村居民在最先习得和日常使用本民族语言和其他少数民族语言的比例高于城镇居民，城镇居民对普通话、汉语方言的习得和使用比例高于农村居民。贡山县各民族在相互交往在普通话、汉语方言和其他少数民族语言的熟练程度逐渐提高。在受访者中，能够流利准确地使用汉语方言、其他少数民族语言和普通话的比例分别为68.4%、57.7%和35.3%，但各民族最熟悉的还是本民族语言，能够熟练使用本民族语言的达88.9%（见表10-16、表10-17）。

表 10-16　受访者最先习得的语言　单位:%、次

		普通话	汉语方言	本民族语言	其他少数民族语言	合计	频次
总计		6.1	11.0	78.5	4.4	100	409
民族	傈僳族	5.6	5.6	87.5	1.4	100	144
	怒族	7.6	6.5	80.4	5.4	100	92
	独龙族	2.5	1.3	92.5	3.8	100	80
	白族	5.7	25.7	65.7	2.9	100	35
	藏族	0	0	93.8	6.3	100	16
	汉族	71.4	14.3	14.3	0	100	27
	其他民族	6.7	33.3	46.7	13.3	100	15
总计		6.1	11.0	78.5	4.4	100	410
户口	农业	3.9	4.3	88.7	3.0	100	231
	非农业	8.9	19.6	65.4	6.1	100	179

表 10-17　受访者日常交谈使用的语言　单位:%、次

		普通话	汉语方言	本民族语言	其他少数民族语言	频次
总计		53.7	65.9	84.7	36.0	405
民族	傈僳族	49.3	67.6	93.0	16.9	142
	怒族	59.8	65.2	88.0	55.4	92
	独龙族	42.5	56.3	100	50.0	80
	白族	63.6	81.8	63.6	15.2	33
	藏族	68.8	50.0	100	75.0	16
	汉族	66.7	77.8	11.1	25.9	27
	其他民族	53.3	66.7	66.7	46.7	15
总计		53.7	65.8	84.7	36.2	406
户口	农业	46.5	59.6	92.6	40.4	230
	非农业	63.1	73.9	74.4	30.7	176

随着九年制义务教育的逐渐普及，贡山县各民族群众普遍掌握了汉文字，受访者中懂汉字的有 64%，会一些的有 22.8%，不会的有 13.2%。白族、汉族、藏族使用汉文字的熟练程度高于怒族、傈僳族和独龙族，城镇居民使用汉文字的熟练程度高于农村居民，在不懂汉文字的受访者中，

独龙族和傈僳族比例较高，农村居民比例远高于城镇居民。关于本民族文字的使用情况，53.6%的受访者不会本民族文字，19.4%的受访者表示本民族没有文字，选择会和会一些的分别占17.7%和8.7%，有极少数受访者不清楚本民族到底有没有文字，占0.6%。从民族维度来看，在贡山县居住的少数民族中，傈僳族、藏族、白族有自己的民族文字，怒族和独龙族没有民族文字，除了汉文字外，傈僳族文字在贡山县内通用，但使用范围并不广泛。具体来讲，在拥有本民族文字的受访者中，除了汉族以外，藏族和傈僳族对本民族文字的掌握程度较高，分别占26.7%和20.1%。总计80%的白族受访者表示不会本民族文字和没有民族文字。这是因为，白族虽然有自己的语言文字，但由于历史的原因，白族文字一直未成为全民族通用的语言，无论是官方还是民间都大量使用或借用汉文字，因此民众对白族文字的认知程度和使用频率都不高。从城乡维度来看，农村居民对本民族文字的使用频率、熟练程度以及是否有本民族文字的认知程度均高于城镇居民。这些数据侧面反映了以民族语言文字为代表的民族文化传承和保护的重点领域是城镇而不是农村。

表10-18　受访者汉文字使用情况　单位:%、次

		会	会一些	不会	合计	频次
总计		64.0	22.8	13.2	100	394
民族	傈僳族	60.0	20.0	20.0	100	135
	怒族	68.5	22.8	8.7	100	92
	独龙族	39.7	39.7	20.5	100	78
	白族	90.6	9.4	0	100	32
	藏族	80.0	20.0	0	100	15
	汉族	88.9	11.1	0	100	27
	其他民族	80.0	13.3	6.7	100	15
总计		64.1	22.8	13.2	100	395
户口	农业	52.2	28.1	19.6	100	224
	非农业	79.5	15.8	4.7	100	171

表 10-19 本民族文字使用情况 单位：%、次

		会	会一些	不会	没有文字	不知道有没有文字	合计	频次
总计		17.7	8.7	53.6	19.4	0.6	100	345
民族	傈僳族	20.1	14.2	62.7	3.0	0	100	134
	怒族	15.2	5.1	26.6	51.9	1.3	100	79
	独龙族	13.3	4.0	68.0	14.7	0	100	75
	白族	12.0	4.0	44.0	36.0	4.0	100	25
	藏族	26.7	13.3	60.0	0	0	100	15
	汉族	66.7	0	16.7	16.7	0	100	6
	其他民族	9.1	9.1	72.7	9.1	0	100	11
户口	农业	20.6	8.1	47.8	23.0	0.5	100	209
	非农业	13.2	9.6	62.5	14.0	0.7	100	136

表 10-20 受访者的汉字水平 单位：%、次

		掌握足够文字，能流利书写	掌握较多文字，能书写书信	掌握文字数量不够，书写不流利	掌握文字数量太少，只能写点简单字句	完全不能用文字书写	合计	频次
总计		42.9	20.3	19.2	9.2	8.6	100	359
民族	傈僳族	38.8	18.1	22.4	10.3	10.3	100	116
	怒族	44.7	21.2	20.0	8.2	5.9	100	85
	独龙族	24.7	20.5	23.3	13.7	17.8	100	73
	白族	69.0	24.1	3.4	3.4	0	100	29
	藏族	78.6	0	14.3	7.1	0	100	14
	汉族	63.0	18.5	11.1	7.4	0	100	27
	其他民族	33.3	40.0	20.0	0	6.7	100	15
总计		42.8	20.3	19.2	9.2	8.6	100	360
户口	农业	25.9	22.3	25.4	13.2	13.2	100	197
	非农业	63.2	17.8	11.7	4.3	3.1	100	163

表 10-21 受访者的本民族文字水平 单位：%、次

		掌握足够文字，能流利书写	掌握较多文字，能书写书信	掌握文字数量不够，书写不流利	掌握文字数量太少，只能写点简单字句	完全不能用文字书写	合计	频次
总计		3.9	3.9	8.8	7.0	76.3	100	228

续表

		掌握足够文字，能流利书写	掌握较多文字，能书写书信	掌握文字数量不够，书写不流利	掌握文字数量太少，只能写点简单字句	完全不能用文字书写	合计	频次
民族	傈僳族	4	6.9	13.9	7.9	67.3	100	101
	怒族	0	2.6	7.9	5.3	84.2	100	38
	独龙族	0	2.2	0	6.7	91.1	100	45
	白族	0	0	0	6.3	93.8	100	16
	藏族	21.4	0	14.3	7.1	57.1	100	14
	汉族	40.0	0	20.0	0	40.0	100	5
	其他民族	0	0	0	11.1	88.9	100	9
户口	农业	5.6	4.2	9.9	6.3	73.9	100	142
	非农业	1.2	3.5	7	8.1	80.2	100	86

2. 双语教育

双语教育是党和国家在教育领域贯彻民族政策的重要举措，既有利于传承和保护少数民族传统文化，又有助于促进各民族交往交流与增进少数民族群众发展机会。当被问及对双语教育的意愿时，82.3%的受访者表示愿意送子女去双语学校学习，11.7%的人表示无所谓，6%的人明确表示不愿意。其中，怒族和藏族愿意的比例高于其他民族，傈僳族、独龙族、白族和汉族的意愿低于平均数，城镇居民的意愿高于农村居民。之所以愿意接受双语教育，是认为双语教育有助于传承和保护民族传统文化，孩子多一门语言技能就多一条出路。而不愿意接受双语教育的原因，有的是基于对当前双语教育现状的失望，比如认为双语教学时间不足，效果不好；有的认为双语教育会影响学生思维方式，增加学生负担；有的甚至认为当地只有信教群众才会学傈僳文字，出于不愿孩子信教的原因而不愿意接受双语教育。

云南省高度重视民族文化的传承与保护，早在1996年就提出了建设民族文化大省的目标，在2009年进一步提出建设云南民族文化强省的发展战略。在从民族文化大省到民族文化强省的转变过程中，云南省将双语教育作为实现民族文化强省战略的重要举措，已经编译审定少数民族教材300多种，开设双语教师培训基地，设立双语教师特岗，着手解决双语教师问题，取得了良好的效果。贡山县也在国家民委、云南省语委的指导下，拥有了自己的双语教材，但是由于历史和现实的原因，双语教材并没有得到很好地推行。[①] 与此相对应，在被问及当地双语教育的效果时，仅有39.4%的受访者认为效果好，认为一般的占18.1%，认为不好的占2.4%，更多的人（40.1%）不清楚双语教育的效果到底如何。

绝大多数受访者认可掌握普通话的好处，既方便与其他民族交往，方便做买卖，也会给工作和生活带来很大便利，认为不好说和没什么好处的合计仅占1.4%。但与民众日常生活中的双语交流相比，受访者普遍认为在少数民族地区工作的干部有必要学习和掌握当地的民族语言。

表10-22　　送子女到双语学校学习的意愿　　单位：%、次

		愿意	不愿意	无所谓	合计	频次
总计		82.3	6.0	11.7	100	402
民族	傈僳族	79.6	7.7	12.7	100	142
	怒族	92.3	3.3	4.4	100	91
	独龙族	78.7	0	21.3	100	75
	白族	77.1	14.3	8.6	100	35
	藏族	87.5	0	12.5	100	16
	汉族	70.4	14.8	14.8	100	27
	其他民族	93.8	6.3	0	100	16
总计		82.4	6.0	11.7	100	403
户口	农业	80.6	5.7	13.7	100	227
	非农业	84.7	6.3	9.1	100	176

表10-23　　受访者对双语教育效果的评价　　单位：%、次

		好	一般	不好	不清楚	合计	频次
总计		39.4	18.1	2.4	40.1	100	287
民族	傈僳族	37.4	14.3	2.2	46.2	100	91
	怒族	52.4	12.7	3.2	31.7	100	63
	独龙族	36.8	19.3	0	43.9	100	57
	白族	25.8	38.7	3.2	32.3	100	31
	藏族	53.8	0	0	46.2	100	13
	汉族	26.3	21.1	10.5	42.1	100	19
	其他民族	38.5	30.8	0	30.8	100	13

① 李来兴等：《普拉底乡双语教育现状问题与对策思考》，《华章》2013年第35期。

续表

		好	一般	不好	不清楚	合计	频次
总计		39.6	18.1	2.4	39.9	100	288
户口	农业	39.4	15.5	1.9	43.2	100	155
	非农业	18.6	21.2	0	21.7	19.9	133

表 10-24　居民对于少数民族地区干部学习和掌握当地民族语言的态度

单位:%、次

		有必要	一般	没必要	不清楚	合计	频次
总计		91.2	5.6	1.7	1.5	100	411
民族	傈僳族	95.1	4.2	0.7	0	100	144
	怒族	89.2	7.5	2.2	1.1	100	93
	独龙族	91.1	3.8	2.5	2.5	100	79
	白族	88.9	11.1	0	0	100	36
	藏族	87.5	0	6.3	6.3	100	16
	汉族	85.2	7.4	3.7	3.7	100	27
	其他民族	87.5	6.3	0	6.3	100	16
总计		91.3	5.6	1.7	1.5	100	412
户口	农业	90.9	6.1	0.9	2.2	100	231
	非农业	91.7	5.0	2.8	0.6	100	181

（二）民族文化的传承与保护

民族文化是经过历史沉淀的民族记忆，应当唤起各民族群众对自身民族文化的珍重和保护意识，并选择有代表性和有价值的方面加以传承与保护。在被问及本民族最具特色的文化类型时，排在第一位的主要有传统服饰（38.2%）、传统节日（24.9%）、传统民居（23.8%），排在第二位的主要有传统节日（36.6%）、传统服饰（27%），排在第三位的主要有传统文娱活动（23.9%）、宗教活动习俗（18.4%）、传统节日（16%）。综合来看，各少数民族最珍视的文化类型主要有传统服饰、传统节日、传统民居、传统文娱活动和宗教活动习俗等方面。贡山县各族群众对本县市政府保护本地文化和少数民族文化的工作高度认可，满意率达 80.2%，这说明贡山县作为全国唯一的独龙族怒族自治县，无论自身还是上级国家机关都高度重视民族文化和本地文化的传承与保护。从民族和城乡来比较的话，主体民族和世居民族对本县/市政府保护本地文化和少数民族文化的满意度较高，而白族和其他民族评价较低，农村居民的满意度要高于城镇居民。这说明，民族文化的传承和保护不仅要顾及主体民族和世居民族的感受，也要适当照顾外来民族的文化保护；同时，对于城镇居民民族文化的保护也需要当地政府进行更加细致的工作。

表 10-25　　最具特色的少数民族文化类型　　单位:%、次

			传统民居	传统服饰	传统节日	人生礼仪	传统文娱活动	传统饮食	道德规范	人际交往习俗	传统生产方式	宗教活动习俗	其他	合计	频次
第一位	总计		23.8	38.2	24.9	2.1	2.1	0.8	1.0	1.3	0.8	2.6	2.4	100	382
	民族	傈僳族	21.7	39.9	27.3	2.1	0.7	1.4	0.7	2.1	0	2.8	1.4	100	143
		怒族	30.1	36.6	19.4	1.1	4.3	1.1	1.1	0	1.1	4.3	1.1	100	93
		独龙族	12.7	48.1	24.1	3.8	1.3	0	0	2.5	2.5	0	5.1	100	79
		白族	33.3	27.8	27.8	0	0	0	5.6	0	0	2.8	2.8	100	36
		藏族	43.8	18.8	18.8	0	6.3	0	0	0	0	6.3	6.3	100	16
		其他民族	20.0	26.7	40.0	6.7	6.7	0	0	0	0	0	0	100	15
	户口	农业	24.4	41.6	21.7	2.7	1.8	0	0.5	0.5	0.9	2.7	3.2	100	221
		非农业	23.0	33.5	29.2	1.2	2.5	1.9	1.9	2.5	0.6	2.5	1.2	100	161
第二位	总计		7.9	27.0	36.6	4.4	8.7	3.3	1.4	4.1	1.6	4.4	0.5	100	366
	民族	傈僳族	5.8	27.7	40.1	4.4	8.0	2.2	2.2	5.1	2.2	2.2	0	100	137
		怒族	11.0	33.0	31.9	2.2	7.7	5.5	1.1	4.4	0	3.3	0	100	91
		独龙族	8.2	19.2	41.1	9.6	6.8	4.1	0	1.4	4.1	2.7	2.7	100	73
		白族	5.7	20.0	37.1	2.9	14.3	2.9	0	2.9	0	14.3	0	100	35
		藏族	13.3	33.3	20.0	0	13.3	0	0	13.3	0	6.7	0	100	15
		其他民族	6.7	33.3	26.7	0	13.3	0	6.7	0	0	13.3	0	100	15
	户口	农业	9.6	28.4	35.1	4.8	7.2	3.8	0.5	4.3	1.4	4.3	0.5	100	208
		非农业	5.7	25.3	38.6	3.8	10.8	2.5	2.5	3.8	1.9	4.4	0.6	100	158
第三位	总计		7.3	6.9	16.0	4.5	23.9	7.3	3.3	5.7	6.3	18.4	0.3	100	331
	民族	傈僳族	5.8	6.6	14.0	5.8	25.6	10.7	2.5	5.0	9.1	14.9	0	100	121
		怒族	8.2	7.1	23.5	2.4	20	7.1	3.5	8.2	3.5	16.5	0	100	85
		独龙族	7.7	24.0	13.0	25	26.8	8.0	18.2	9.5	19.0	21.0	100	18.9	65
		白族	18.8	6.3	12.5	6.3	15.6	9.4	6.3	3.1	3.1	18.8	0	100	32
		藏族	0	7.1	28.6	0	7.1	0	0	14.3	7.1	35.7	0	100	14
		其他民族	14.3	0	7.1	0	21.4	0	7.1	7.1	7.1	35.7	0	100	14
	户口	农业	7.1	4.3	17.4	6.0	22.8	6.5	3.3	5.4	9.2	17.4	0.5	100	184
		非农业	7.5	10.2	14.3	2.7	25.2	8.2	3.4	6.1	2.7	19.7	0	100	147

表 10-26　对本县/市政府保护本地文化和少数民族文化的评价

单位:%、次

		满意	不满意	不好说	合计	频次
总计		80.2	7.8	12.0	100	374
民族	傈僳族	79.9	7.2	12.9	100	139
	怒族	83.7	9.8	6.5	100	92
	独龙族	85.9	2.6	11.5	100	78
	白族	64.7	14.7	20.6	100	34
	藏族	81.3	6.3	12.5	100	16
	汉族	72.7	18.2	9.1	100	11
	其他民族	66.7	13.3	20	100	15
户口	农业	86.6	5.5	7.8	100	217
	非农业	71.3	10.8	17.8	100	157

民族文化的传承保护一方面由政府主导，另一方面也与民族群体对自身文化的认知程度直接相关。一般来讲，民族群体的文化自觉与经济社会发展程度正相关。与上辈相比，贡山县各少数民族的后代接受民族文化的意愿强烈，愿意接受本民族语言文字、风俗习惯和特色手工艺的均超过90%，愿意传承宗教信仰的为78.2%，农村居民的传承和保护意愿普遍高于城镇。可见，少数民族对本民族文化有强烈的文化自信，愿意将民族文化传承下去，但在传承过程中也有所扬弃，突出地体现在传承宗教信仰的意愿明显低于传承其他民族文化的意愿。

传承意愿是民族文化得以传承的内因，而外因则是文化传播的载体和渠道，两者同等重要。调查显示，受访者了解本民族或其他民族民俗文化的主要渠道依次为家庭、邻里、亲朋耳濡目染，村庄或社区的公共文化活动，广播、电视、互联网等主流媒体，以及学校教育等，得益于旅游展示和图书报刊的比例还很低，这说明当地的文化旅游产业和民族文化传媒还不够发达，未能成为民族文化传承的主要阵地。

表 10-27　子女接受本民族文化和风俗习惯的意愿　单位:%、次

		语言文字		风俗习惯		宗教信仰		特色手工艺	
		愿意	频次	愿意	频次	愿意	频次	愿意	频次
总计		92.8	375	92.3	375	78.2	367	90.9	372

续表

		语言文字		风俗习惯		宗教信仰		特色手工艺	
		愿意	频次	愿意	频次	愿意	频次	愿意	频次
民族	傈僳族	91.5	141	92.2	141	79.7	138	90.1	141
	怒族	92.4	92	95.7	92	86.7	90	92.2	90
	独龙族	100	77	94.8	77	72.4	76	98.7	76
	白族	85.7	35	80.0	35	66.7	33	82.9	35
	藏族	93.3	15	100	15	93.3	15	93.3	15
	其他民族	86.7	15	80.0	15	53.3	15	66.7	15
户口	农业	94.5	217	93.5	217	85.2	216	95.8	216
	非农业	90.5	158	90.5	158	68.2	151	84.0	156

表10-28　受访者了解本民族或其他民族民俗文化的主要渠道 单位:%、次

			家庭、邻里、亲朋耳濡目染	学校教育	村庄或社区的公共文化等活动	旅游展示	广播、电视、互联网等	图书报刊	其他	合计	频次
第一位	总计		75.7	9.5	6.1	0	8.7	0	0	100	378
	民族	傈僳族	78.2	9.9	5.6	0	6.3	0	0	100	142
		怒族	75.0	10.9	3.3	0	10.9	0	0	100	92
		独龙族	83.1	2.6	6.5	0	7.8	0	0	100	77
		白族	63.9	19.4	5.6	0	11.1	0	0	100	36
		藏族	68.8	6.3	25.0	0	0	0	0	100	16
		其他民族	53.3	13.3	6.7	0	26.7	0	0	100	15
	户口	农业	81.2	7.8	6.4	0	4.6	0	0	100	218
		非农业	68.1	11.9	5.6	0	14.4	0	0	100	160
第二位	总计		8.1	23.9	45.8	3.2	15.9	2	1.2	100	347
	民族	傈僳族	9.4	19.7	48.0	3.9	15.7	2.4	0.8	100	127
		怒族	5.7	32.2	44.8	3.4	11.5	2.3	0	100	87
		独龙族	7.4	13.2	54.4	0	19.1	1.5	4.4	100	68
		白族	8.6	25.7	34.3	5.7	22.9	2.9	0	100	35
		藏族	6.7	40.0	40.0	6.7	6.7	0	0	100	15
		其他民族	13.3	40.0	26.7	0	20.0	0	0	100	15
	户口	农业	5.6	23.7	52.5	1.5	14.6	0.5	1.5	100	198
		非农业	11.4	24.2	36.9	5.4	17.4	4	0.7	100	149

续表

			家庭、邻里、亲朋耳濡目染	学校教育	村庄或社区的公共文化等活动	旅游展示	广播、电视、互联网等	图书报刊	其他	合计	频次
第三位	总计		5.5	5.9	22.8	12.1	46.7	5.9	1.0	100	289
	民族	傈僳族	1.9	9.3	21.3	11.1	49.1	6.5	0.9	100	108
		怒族	8.3	1.4	23.6	15.3	41.7	8.3	1.4	100	72
		独龙族	3.8	5.8	26.9	13.5	50	0	0	100	52
		白族	13.3	6.7	20.0	13.3	43.3	3.3	0	100	30
		藏族	7.1	7.1	14.3	0	64.3	7.1	0	100	14
		其他民族	7.7	0	30.8	7.7	30.8	15.4	7.7	100	13
	户口	农业	5.1	3.2	22.8	8.9	55.7	3.8	0.6	100	158
		非农业	6.1	9.2	22.9	16.0	35.9	8.4	1.5	100	131

四　民族关系与民族政策

民族关系是在各民族交往过程中发生的兼具社会性和民族性的社会关系，不仅与民族身份的地位与权益密切相关，而且涉及民族意识和国家认同，是一种关涉政治、经济、文化、生态的综合性社会关系。① 本书对民族关系的考量，主要通过受访者族际交往的意愿和行为、民族身份和权益保护、各民族对全国和当地民族关系的评价等方面来呈现，以期综合反映当地民族关系现状。

（一）族际交往与民族关系

1. 族际交往现状

贡山县是少数民族人口占多数的地方，这里独龙族、怒族、傈僳族、藏族、白族、汉族等多民族杂居，截至 2014 年年底，全县总人口 3.6 万余人，其中，少数民族人口 3.46 万人，占全县总人口的 96.1%。因为汉族仅占总人口的 4%，问卷频次仅为 26 人，因此，考察族际交往的情况主要是看各民族交往情况。调查显示，少数民族群众均表现出了与汉族交往

① 参见金炳镐《正确认识民族关系及其表现形式》，《中央民族学院学报》1990 年第 3 期。

的强烈意愿，愿意与汉族聊天、成为邻居、一起工作和成为亲密朋友的比例均超过了 95%，虽然相应的比例与少数民族与其他少数民族的交往意愿相比略低，但差距很小。而被问到与汉族或其他少数民族结为亲家的意愿时，愿意的比例低于前四种社会交往行为近 10 个百分点。结为亲家是各民族深层次社会交往的表现，调查表明，少数民族更倾向于选择语言文字、风俗习惯和宗教信仰较为接近的民族进行深层次社会交往。从城乡对比来看，城镇居民与汉族交往的意愿普遍高于农村居民，而农村居民与其他少数民族交往的意愿普遍高于城镇居民。究其原因，贡山县各乡镇基本上沿袭了聚族而居的传统，其下辖的 3 乡 2 镇都以世居民族文化为地域文化的基石。各少数民族长期的交往过程中，语言相通、习俗相近，深层次的社会交往传统自然形成。而汉族主要居住在贡山县城茨开镇，在长期的交往中，城镇居民更能接纳汉族民众。

表 10-29　少数民族居民愿意与汉族和其他少数民族居民交往的比例

单位:%、次

			聊天		成为邻居		一起工作		成为亲密朋友		结为亲家	
			比例	频次	比例	频次	比例	频次	比例	频次	比例	频次
少数民族和汉族	总计		96.5	371	95.4	371	95.7	371	96.5	369	85.8	378
	民族	傈僳族	97.1	139	97.2	139	97.1	139	97.8	139	89.5	143
		怒族	85.5	89	93.3	89	92.1	89	94.2	87	84.4	90
		独龙族	94.8	77	96.1	77	94.8	77	96.1	77	79.5	78
		白族	100	34	100	34	100	34	100	34	85.7	35
		藏族	93.8	16	87.5	16	93.8	16	87.5	16	81.3	16
		其他民族	100	16	87.5	16	100	16	100	16	93.8	16
	户口	农业	95.4	217	95.0	217	95.0	217	96.4	217	84.0	219
		非农业	98.1	154	96.1	154	96.8	154	96.7	152	88.1	159
少数民族和其他少数民族	总计		97.9	322	97.2	322	97.2	322	98.2	323	88.2	332
	民族	傈僳族	99.2	123	99.2	123	97.6	123	98.4	123	90.5	127
		怒族	100	73	98.7	73	98.7	73	100	74	93.5	77
		独龙族	97.3	74	98.6	74	97.3	74	98.7	74	84.0	74
		白族	92.3	26	92.3	26	96.1	26	96.2	26	74.1	26
		藏族	92.9	14	92.9	14	92.9	14	92.9	14	92.9	14
		其他民族	91.7	12	75.0	12	91.7	12	91.7	12	83.4	12
	户口	农业	98.5	200	98.0	200	97.5	200	99.0	200	89.6	202
		非农业	96.7	122	95.9	122	96.7	122	96.8	123	86.2	130

交往意愿显示了民族关系的主观层面，交往行为则是民族关系的真实存在。调查表明，各民族交往意愿并非总是与交往行为正相关。如表 10-30所示，贡山县城乡居民拥有 1 个以上亲密往来的少数民族朋友的占 84. 3%。在拥有 3 个以上其他民族朋友的受访者中，藏族的比例最高，达 93. 8%，其次为汉族，92%，怒族和白族高于平均数，分别为 88. 6%和 87. 5%，傈僳族和独龙族低于平均数，分别为 76. 5%和 64. 1%。城镇居民拥有 3 个以上其他民族朋友的比例高于农村居民。

表 10-30　受访者拥有亲密往来的其他民族朋友的数量　单位:%、次

		3 个以上	2 个	1 个	1 个都没有	合计	频次
总计		79. 6	2. 6	2. 1	15. 8	100	387
民族	傈僳族	76. 5	2. 2	2. 9	18. 4	100	136
	怒族	88. 6	0	2. 3	9. 1	100	88
	独龙族	64. 1	1. 3	1. 3	33. 3	100	78
	白族	87. 5	9. 4	3. 1	0	100	32
	藏族	93. 8	0	0	6. 3	100	16
	汉族	92. 0	4. 0	0	4. 0	100	25
	其他民族	83. 3	16. 7	0	0	100	12
总计						100	388
户口	农业	74. 7	2. 6	3. 1	19. 7	100	229
	非农业	86. 8	2. 5	0. 6	10. 1	100	159

2. 民族关系评价

受访者对不同历史时期的民族关系的评价是对民族交往过程的客观际遇和主观感受的综合反映。通过调查，贡山县居民对全国和当地民族关系的好评持续上升，并且认为当地民族关系要好于同一历史时期全国的民族关系。对于不同历史时期全国民族关系的判断，受访者的好评率从改革开放前的 48. 9%上升到 2001 年以来的 81. 3%，独龙族、傈僳族和怒族的好评率高于汉族、藏族和白族。其中，白族的好评率最低，上升缓慢，且与平均线保持较大距离，其低于平均线的比例从改革开放前的 20. 3 百分点，降到 2000 年前的 30 个百分点，2001 年以来有所上升，但仍差距 27 个百分点。藏族和汉族的好评率也较低，但上升较快，藏族从改革开放前的 31. 3%上升到了 2001 年以来的 87. 5%，汉族从 40. 7%上升到 81. 5%。从

城乡对比来看，农村居民对各阶段全国民族关系的好评率高于城镇居民，但差距在持续缩小。受访者对本地民族关系发展趋势的判断基本与各时期全国民族关系一致，其族际差异和城乡差异的发展也呈现相同趋势。各民族对民族关系的正面评价和乐观估计奠定了当地民族关系和谐发展的思想基础。

表 10-31　　受访者给予不同时期全国民族关系好评的比例　　单位:%、次

		改革开放前		改革开放以来至 2000 年		2001 年以来	
		比例	频次	比例	频次	比例	频次
总计		48.9	401	67.1	401	81.3	403
民族	傈僳族	52.5	141	64.5	141	79.6	142
	怒族	50.0	88	65.9	88	85.4	89
	独龙族	54.4	79	85.9	78	93.6	78
	白族	28.6	35	37.1	35	54.3	35
	藏族	31.3	16	68.8	16	87.5	16
	汉族	40.7	27	70.4	27	81.5	27
	其他民族	60.0	15	62.5	16	81.3	16
总计		49.0	402	66.9	402	81.9	404
户口	农业	53.3	229	70.3	229	84.7	229
	非农业	43.4	173	62.4	173	78.3	175

表 10-32　　受访者给予不同时期本地民族关系好评的比例　　单位:%、次

		改革开放前		改革开放以来至 2000 年		2001 年以来	
		比例	频次	比例	频次	比例	频次
总计		55.0	398	72.5	400	83.8	402
民族	傈僳族	58.9	141	70.9	141	82.4	142
	怒族	50.6	87	70.1	87	87.5	88
	独龙族	66.2	77	89.7	78	96.2	78
	白族	28.6	35	45.7	35	57.1	35
	藏族	37.5	16	75.0	16	81.3	16
	汉族	59.3	27	74.1	27	77.8	27
	其他民族	60.0	15	68.8	16	87.5	16

续表

		改革开放前		改革开放以来至2000年		2001年以来	
		比例	频次	比例	频次	比例	频次
总计		55.1	399	72.6	401	83.9	403
户口	农业	60.8	227	78.2	229	86.9	229
	非农业	47.7	172	65.1	172	79.9	174

（二）民族认同与国家认同

民族认同是“社会成员对自己民族归属的认知和感情依附”[①]，国家认同是“对统一领土之上最高政治法律共同体的效忠，对国家统一法律规范的遵守及积极践行公共生活的准则”和“对国家统一政治文化的认可和分享”，民族认同和国家认同的关系可以转化为“民族异质性要素和差异性要素与国家统一性之间的关系”[②]。民族认同与民族身份紧密结合，而且作为民族意识的重要组成部分影响着多民族国家的政治整合过程。贡山县位于中缅、滇藏接合部，是云南省唯一的既涉边，又涉藏的地区，国境线172公里，涉藏线135公里，因此，民族认同与国家认同交织、高频凸显在各民族日常生活中。调查发现，随着我国的综合国力显著提高，中国在世界范围发挥着越来越大的影响力，中华民族的凝聚力和民族自豪感空前增强，而随着民众的国家意识普遍增强，民族意识也随之增强。同时，随着党和国家民族政策的贯彻实施，各民族平等、团结、互助、和谐的新型民族关系的建立，以及民族地区经济社会的持续发展，各民族在频繁互动过程中民族自我意识增强也是自然而然的事情。这既在实践层面也在民族心理层面反映了民族认同与国家认同的不同层次，以及民族认同与国家认同的联动性。民族现象有其自身的发展规律，民族意识的增强与中华民族凝聚力和祖国认同并不冲突，反而会随着中华民族凝聚力的增强而逐渐增强中华民族共同体意识。从调查来看，白族和怒族的民族自我意识增强比例明显高于其他民族；独龙族的国家意识增强比例明显高于其他民族，其认为国家意识增强，民族意识也随之增强的比例明显高于其他民

① 王希恩：《民族认同与民族意识》，《民族研究》1995年第6期。

② 高永久、朱军：《论多民族国家中的民族认同与国家认同》，《民族研究》2010年第2期。

族；藏族的民族意识强烈，并且认为民族意识的增强会增进国家意识。城乡受访者关于民族意识与国家意识发展趋势的判断差距不大。

表 10-33　　受访者对当前我国民族发展意识发展趋势的判断　单位:%、次

		民族自我意识增强	国家意识增强	民族意识增强，国家意识也随之逐步增强	国家意识增强，民族意识也随之逐步增强	不清楚	合计	频次
总计		8. 3	14. 2	19. 1	48. 1	10. 3	100	387
民族	傈僳族	3. 7	13. 3	16. 3	56. 3	10. 4	100	135
	怒族	12. 5	11. 4	26. 1	37. 5	12. 5	100	88
	独龙族	2. 7	20. 5	6. 8	60. 3	9. 6	100	73
	白族	14. 7	14. 7	20. 6	29. 4	20. 6	100	34
	藏族	6. 7	13. 3	66. 7	13. 3	0	100	15
	汉族	11. 1	3. 7	11. 1	70. 4	3. 7	100	27
	其他民族	33. 3	26. 7	26. 7	13. 3	0	100	15
总计		8. 2	14. 2	19. 3	47. 9	10. 3	100	388
户口	农业	7. 3	15. 5	19. 5	46. 8	10. 9	100	220
	非农业	9. 5	12. 5	19. 0	49. 4	9. 5	100	168

国际交往场合是国家认同与民族认同同时存在的场域，当被外国人问及民族身份时的第一反应是民族认同与国家认同在心理层面比较的结果。调查表明，70. 8%的人将中国人身份置于首位、本民族次之，16. 4%的人认为中国人和本民族不分先后，将本民族置于首位、中国人次之的占 9. 7%。从民族和城乡维度，认为国家认同高于民族认同的汉族、独龙族、白族高于平均线，怒族、傈僳族和藏族低于平均线，城镇高于农村。在被问及民族身份和公民身份的重要性时，认为民族身份与公民身份一样重要和认为公民身份更重要的均为 46. 3%，7. 4%的受访者认为民族身份更重要。其中，藏族、白族、怒族认为民族身份和公民身份一样重要的比例高于其他民族，汉族、独龙族认为公民身份更重要的比例高于其他民族，这说明，作为跨境民族，独龙族、怒族、傈僳族和藏族既对民族身份存在高度认同，也有着较高的国家意识，民族认同与国家认同高度重合。

表 10-34　受访者身份认同情况　单位：%、次

		中国人、本民族	本民族、中国人	中国人和本民族不分先后	不好回答	合计	频次
总计		70.8	9.7	16.4	3.1	100	391
民族	傈僳族	68.5	8.4	19.6	3.5	100	143
	怒族	69.9	11.8	15.1	3.2	100	93
	独龙族	73.7	13.2	11.8	1.3	100	76
	白族	71.4	2.9	22.9	2.9	100	35
	藏族	62.5	12.5	12.5	12.5	100	16
	汉族	83.3	0	16.7	0	100	12
	其他民族	81.3	12.5	6.3	0	100	16
总计		70.7	9.7	16.6	3.1	100	392
户口	农业	66.2	12.6	18.5	2.7	100	222
	非农业	76.5	5.9	14.1	3.5	100	170

表 10-35　民族认同与国家认同的关系　单位：%、次

		民族身份	公民身份	民族身份和公民身份一样重要	合计	频次
总计		7.4	46.3	46.3	100	391
民族	傈僳族	7.7	46.9	45.5	100	143
	怒族	6.5	41.3	52.2	100	92
	独龙族	9.0	57.7	33.3	100	78
	白族	5.9	35.3	58.8	100	34
	藏族	6.3	31.3	62.5	100	16
	汉族	0	58.3	41.7	100	12
	其他民族	12.5	43.8	43.8	100	16
总计		7.4	46.2	46.4	100	392
户口	农业	8.6	48.0	43.4	100	221
	非农业	5.8	43.9	50.3	100	171

（三）民族政策评价

民族政策是党和国家为调节民族关系，处理民族问题而采取的相关措施和规定的总和。当前，我国民族政策已经形成了由核心政策、基本政策

和具体政策构成的完整的框架体系。其中，核心政策和基本政策是需要长期坚持的，具体政策因具有时效性和限定性，需要随着民族地区经济社会发展而不断调整和完善。当前，社会各界对于民族政策争议较大的有少数民族计划生育政策和高考加分政策，本课题针对这两个具体政策听取了贡山县城乡居民的意见。

1. 生育政策

贡山县受访者对少数民族地区及少数民族生育政策的满意度达到73.7%，认为一般的有17.3%，5.8%的受访者不清楚其政策效果，认为不好的有3.2%。从族际差别来看，独龙族、怒族、傈僳族、藏族、汉族等对生育政策的满意度较高，白族和其他民族满意度偏低（比平均线低40余个百分点）。从城乡差别来看，农村居民对生育政策的满意度远高于城镇居民，差距为27.1个百分点。当被问及关于少数民族地区及少数民族生育政策的调整建议，70.6%的受访者认为全国各地区各民族的生育政策应当统一，14.1%的人认为应当废除计划生育子女数量限制政策，由家庭自主决定，11.8%的人认为全国城市地区生育子女数量应统一。从近年计划生育政策的调整来看，一些政策建议已经成为现实，这说明随着经济社会的发展，生育问题会得到自然的控制和解决，通过计划生育控制人口数量的政策已经在某种程度上失去了应有的现实意义，政策调整应当因地制宜，给予民族地区和少数民族更多的自主选择权。

表10-36　　对少数民族地区及少数民族生育政策的评价　　单位：%、次

		好	一般	不好	不清楚	合计	频次
总计		73.7	17.3	3.2	5.8	100	411
民族	傈僳族	76.6	12.8	1.4	9.2	100	141
	怒族	78.7	16.0	2.1	3.2	100	94
	独龙族	90.0	7.5	2.5	0	100	80
	白族	29.7	45.9	8.1	16.2	100	37
	藏族	75.0	18.8	6.3	0	100	16
	汉族	74.1	22.2	3.7	0	100	27
	其他民族	37.5	37.5	12.5	12.5	100	16
总计		73.8	17.2	3.2	5.8	100	412
户口	农业	85.7	9.1	1.7	3.5	100	231
	非农业	58.6	27.6	5.0	8.8	100	181

表 10-37　　少数民族地区及少数民族生育政策调整建议　　单位:%、次

		全国各地区各民族一样	全国城市地区生育子女数量统一	废除计划生育子女数量限制政策，由家庭自主决定	其他	合计	频次
总计		70.6	11.8	14.1	3.5	100	170
民族	傈僳族	74.1	11.1	13.0	1.9	100	54
	怒族	58.6	20.7	13.8	6.9	100	29
	独龙族	85.3	8.8	5.9	0	100	34
	白族	59.3	18.5	22.2	0	100	27
	藏族	57.1	0	42.9	0	100	7
	汉族	81.8	0	18.2	0	100	11
	其他民族	62.5	0	0	37.5	100	8
户口	农业	73.0	10.8	14.9	1.4	100	74
	非农业	68.8	12.5	13.5	5.2	100	96

2. 高考加分政策

与生育政策的全国调整不同，少数民族高考加分政策仍属于省内自行调整的领域，县域城乡居民对这一政策的态度和看法可以为政策的调整提供一些参考。当前针对少数民族的高考加分分为针对民族地区的考生普遍加分和针对少数民族考生加分两种类型，各省的实施情况不一。在调查中，贡山县城乡居民对高考加分政策满意度很高，无论是对民族地区高考加分政策还是对少数民族高考加分政策的满意度均超过 80%，农村居民对高考加分政策的满意度高于城镇居民，贡山县主体民族独龙族、怒族对这一政策的满意度高于平均线，怒江州主体民族傈僳族的满意度高于其他民族，藏族、白族的满意度远低于平均线。当被问及长期在城市居住的少数民族子女高考是否应该加分时，认为应该的比例仅为 65.8%，明显低于前两项满意度比例，其中，白族和藏族的赞同度低于傈僳族、怒族和独龙族，农村居民的赞同度低于城镇居民。这说明，在民族自治地方，非自治主体民族在教育政策方面有不公平感，而农村居民更期待教育资源的均衡化配置。

表 10-38　　对民族地区及少数民族高考加分政策的态度　　单位:%、次

		对民族地区高考加分政策的看法		对少数民族高考加分政策的看法		如果是少数民族且长期在城市居住，子女高考是否应该加分	
		满意比例	频次	满意比例	频次	应该比例	频次
总计		83.1	409	84.1	409	65.8	395
民族	傈僳族	81.6	141	84.5	142	68.8	138
	怒族	89.4	94	88.3	94	68.5	92
	独龙族	96.3	80	96.3	80	65.8	76
	白族	58.3	36	58.3	36	56.3	32
	藏族	68.8	16	68.8	16	56.3	16
	汉族	81.5	27	84.6	26	61.5	26
	其他民族	66.7	15	66.7	15	60.0	15
总计		83.2	410	84.1	410	65.7	396
户口	农业	87.0	231	87.4	231	62.8	226
	非农业	78.2	179	79.9	179	69.4	170

五　公共服务和政府管理

(一) 公共基础设施配备和公共服务提供

进入 21 世纪以来，党和国家、云南省委、省政府大力扶持边疆民族地区经济社会发展，加大了对贡山县的交通、能源、水利、通信等公共基础设施投入力度，贡山县紧紧抓住国家西部大开发、“兴边富民”工程等重大历史机遇，加快城乡基础设施建设，取得了阶段性成效。贡山县城不大，公共基础设施较为齐全，调查显示，超过 38%的受访者居住在幼儿园、小学、医疗机构、治安设施、活动中心、运动场所及器材、农贸市场、车站、邮电所、银行等公共基础设施的 1 公里以内，距离公共基础设施 3 公里以内的居民占多数，基本形成了便利的生活圈。从贡山县公共基础设施配置的具体情况来看，教育设施（包括幼儿园、小学、中学等)、医疗机构（包括社区或乡卫生院或最近的医院)、治安设施（包括派出所、警卫室等)、邮电所、银行、农贸市场的配备率均达到 90%以上，车站、活动中心（包括活动室、广场等）的配备率分别为 89.8%和 83.5%，运动场所及器材的配备略低，为 77.6%。公共基础设施配备的族际差别并不明显，但呈现出明显的城乡差异，城镇居民各项基础设施配备程度都比农村居民要高，其中，幼儿园、农贸市场和银行的配备率城镇居民比农村居民高出 10 个以上百分点。

表 10-39　公共基础设施配置情况

单位：%、次

		教育设施（幼儿园）		教育设施（小学）		教育设施（中学）		医疗机构		治安设施（派出所、警卫室等）		活动中心（活动室、广场等）		运动场所及器材		农贸市场		车站		邮电所		银行	
		配置比例	频次	配置比例	频次	配置比例	频次	配置比例	频次	配置比例	频次	配置比例	频次	配置比例	频次	配置比例	频次	配置比例	频次	配置比例	频次	配置比例	频次
总计		92.3	402	95.8	405	95.3	403	99.0	404	97.0	404	83.5	399	77.6	392	90.8	403	89.8	401	91.6	404	93.3	402
民族	傈僳族	87.9	140	95.7	141	94.3	141	99.3	140	96.5	141	82.5	137	71.1	135	90.0	140	89.1	137	91.5	141	92.1	139
	怒族	92.3	91	94.6	92	94.4	90	97.8	92	96.7	91	86.5	89	83.0	88	87.1	93	85.9	92	90.3	93	91.2	92
	独龙族	85.7	79	97.4	78	97.4	78	100	78	98.7	78	80.8	78	84.6	77	97.4	78	96.2	78	90.9	77	97.5	79
	白族	96.2	37	97.3	37	97.3	37	97.3	37	97.3	37	86.5	37	70.3	37	97.3	37	91.9	37	97.3	37	97.3	37
	藏族	93.3	15	93.3	15	93.3	15	100	15	100	15	87.5	16	73.3	15	85.7	14	86.7	15	93.3	15	93.3	15
	汉族	96.0	25	96.2	26	100	26	100	26	92.6	27	81.5	27	76.9	26	88.5	26	92.3	26	96.0	25	92.3	26
	其他民族	93.3	15	93.7	16	87.5	16	100	16	100	15	80.0	15	92.9	14	80.0	15	81.2	16	81.2	16	85.7	14
总计		92.3	403	95.8	406	95.3	404	99.0	405	97.0	405	83.5	400	77.6	393	90.8	404	89.2	402	91.6	405	93.3	403
户口	农业	87.1	225	92.5	227	91.6	226	98.2	226	94.7	227	79.6	226	71.6	222	85.4	226	84.6	227	84.9	225	88.1	227
	非农业	98.9	178	100	179	100	178	100	179	100	178	88.5	174	75.4	171	97.8	178	96.6	175	100	180	100	176

表 10-40　受访者对公共基础设施使用效果的满意度

单位：%、次

		教育设施（幼儿园）		教育设施（小学）		教育设施（中学）		医疗机构		治安设施（派出所、警卫室等）		活动中心（活动室、广场等）		运动场所及器材		农贸市场		车站		邮电所		银行	
		满意比例	频次	满意比例	频次	满意比例	频次	满意比例	频次	满意比例	频次	满意比例	频次	满意比例	频次	满意比例	频次	满意比例	频次	满意比例	频次	满意比例	频次
总计		60.2	402	69.1	405	66.7	403	59.9	404	66.3	404	51.9	399	46.7	392	48.1	403	51.4	401	65.3	404	70.9	402
民族	傈僳族	58.6	140	70.9	141	68.1	141	65.0	140	71.6	141	59.9	137	46.7	135	48.6	140	55.5	137	71.6	141	74.1	139
	怒族	64.8	91	68.5	92	68.9	90	60.9	92	64.8	91	50.6	89	48.9	88	50.5	93	50.0	92	63.4	93	71.7	92
	独龙族	75.9	79	80.8	78	78.2	78	67.9	78	79.5	78	57.7	78	59.7	77	67.9	78	67.9	78	72.7	77	81.0	79
	白族	43.2	37	56.8	37	45.9	37	40.5	37	37.8	37	29.7	37	24.3	37	16.2	37	18.9	37	45.9	37	54.1	37
	藏族	46.7	15	60.0	15	60.0	15	46.7	15	40.0	15	43.8	16	40.0	15	21.4	14	33.3	15	53.3	15	46.7	15
	汉族	44.0	25	57.7	26	61.5	26	53.8	26	66.7	27	44.4	27	38.5	26	38.5	26	46.2	26	64.0	25	73.1	26
	其他民族	46.7	15	56.3	16	50.0	16	37.5	16	53.3	15	33.3	15	42.9	14	46.7	15	43.8	16	43.8	16	42.9	14
总计		60.3	403	69.2	406	66.8	404	59.8	405	66.2	405	51.8	400	46.6	393	48.0	404	51.2	402	65.2	405	70.7	403
户口	农业	60.0	225	70.0	227	69.5	226	65.9	226	70.5	227	56.6	226	49.1	222	49.6	226	52.4	227	64.4	225	70.5	227
	非农业	60.7	178	68.2	179	63.5	178	52.0	179	60.7	178	45.4	174	43.3	171	46.1	178	49.7	175	66.1	180	71.0	176

（二）城乡居民社会保障情况

社会保障制度是以解除国民生存危机和保障国民基本生活为基本职责的制度安排。当前，我国已初步建成了以政府主导的社会保险、社会救助、社会福利为基础，以基本养老、基本医疗、最低生活保障制度为重点的多层次的社会保障体系，实现了“由单位和家庭保障向社会保障、由覆盖城镇职工向覆盖城乡居民、由单一保障向多层次保障的根本性转变”①。随着社会最低保障制度、新型城乡医疗合作制度、新型社会养老保险制度及社会失业保险制度等在贡山县的持续实施，减少了当地群众的后顾之忧和生活压力，进一步提升了群众的生活幸福指数。贡山县重视社会保障工作的同时，加强社会福利事业，在农村五保户供养、城乡医疗救助、临时救助及养老等方面取得了显著成效。

表 10-41　　城镇居民参加城镇社会保障情况　　单位：%、次

	城镇职工基本医疗保险		城镇居民基本医疗保险		城镇居民养老保险		城镇低保		失业保险		工伤保险		生育保险	
	参加比例	频次	参加比例	频次	参加比例	频次	参加比例	频次	参加比例	频次	参加比例	频次	参加比例	频次
总计	78.2	147	85.4	158	85.3	156	43.4	137	65.0	137	62.0	129	57.6	125

表 10-42　　城镇居民社会保障满意度　　单位：%、次

	城镇职工基本医疗保险		城镇居民基本医疗保险		城镇居民养老保险		城镇低保		失业保险		工伤保险		生育保险	
	满意比例	频次	满意比例	频次	满意比例	频次	满意比例	频次	满意比例	频次	满意比例	频次	满意比例	频次
总计	75.2	121	73.2	138	72.3	137	56.4	78	63.8	94	65.2	89	56.3	80

从贡山县城乡居民的社会保障情况来看，城镇居民社会保障主要包括城镇职工基本医疗保险、城镇居民基本医疗保险、城镇居民养老保险、城镇低保、失业保险、工伤保险、生育保险等内容，其中，城镇居民基本医

① 《我国社保体系初步覆盖城乡》，《人民日报》2012 年 5 月 7 日第 1 版。

疗保险和城镇居民养老保险参保率处于较高水平，分别为85.4%和85.3%，其次为城镇职工基本医疗保险，参保率为78.2%，位于第三层级的为失业保险、工伤保险和生育保险，参保率分别为65%、62%和57.6%，城镇低保的覆盖面最低，为43.4%。问卷显示，城镇居民对各项社会保障制度整体呈满意态度，但其满意度与参与程度成正比，其中，城镇居民对城镇职工基本医疗保险、城镇居民基本医疗保险、城镇居民养老保险的满意度较高，分别为75.2%、73.2%和72.3%，其次为工伤保险和失业保险，满意率为65.2%和63.8%，第三为城镇低保和生育保险，分别为56.4%和56.3%。城镇居民社会保障覆盖面和满意度并未呈现明显的族际差异。

表10-43　　农村居民参加社会保障情况　　单位：%、次

	新型农村合作医疗		新型农村养老保险		农村五保		农村低保		高龄津贴	
	参加比例	频次	参加比例	频次	参加比例	频次	参加比例	频次	参加比例	频次
总计	96.1	230	82.4	222	64.0	171	94.0	219	72.7	162

表10-44　　农村居民社会保障满意度　　单位：%、次

	新型农村合作医疗		新型农村养老保险		农村五保		农村低保		高龄津贴	
	满意比例	频次	满意比例	频次	满意比例	频次	满意比例	频次	满意比例	频次
总计	92.8	222	91.4	187	31.7	41	83.8	191	52.0	50

从农村居民参加社会保障的情况来看，主要有新型农村合作医疗（以下简称“新农合”）、新型农村养老保险（以下简称“新农保”）、农村五保、农村低保和高龄津贴等不同的类型。从参与程度来看，新农合的参保率最高，达96.1%，其次为农村低保，比例为94%，新农保为82.4%，高龄津贴为72.7%，农村五保比例最低，仅为64%。与城镇居民类似，农村居民对社会保障制度的满意程度基本与其参与程度成正比，唯一的例外是，新农保，参与率为82.4%，满意率却高达91.4%。农村居

民社会保障覆盖面和满意度也未呈现明显的族际差异。这些数据表明，随着我国经济社会发展，人民群众的社会保障需求日益增长，诉求也呈现出多元化。当前，群众对社会保障最直接与急迫的企盼便是覆盖率和公平性，贡山县在这方面已经取得了不错的成绩，但在群众满意度较低的领域，仍有提升的空间。

表 10-45　低保制度的覆盖面（是否将该享受低保的人群纳入其中）

单位:%、次

		是	否	合计	频次
总计		81.8	18.2	100	391
民族	傈僳族	78.7	21.3	100	141
	怒族	88.8	11.2	100	89
	独龙族	93.4	6.6	100	76
	白族	73.3	26.7	100	30
	藏族	68.8	31.3	100	16
	汉族	73.1	26.9	100	26
	其他民族	53.8	46.2	100	13
总计		81.9	18.1	100	392
户口	农业	85.9	14.1	100	227
	非农业	76.4	23.6	100	165

表 10-46　受访者对低保制度公平性的看法（低保户是否为周围生活最困难的人）

单位:%、次

		是	不是	不太清楚	合计	频次
总计		63.5	16.2	20.3	100	408
民族	傈僳族	68.1	14.6	17.4	100	144
	怒族	63.0	17.4	19.6	100	92
	独龙族	78.2	9.0	12.8	100	78
	白族	28.6	22.9	48.6	100	35
	藏族	56.3	25.0	18.8	100	16
	汉族	59.3	18.5	22.2	100	27
	其他民族	43.8	31.3	25.0	100	16
总计		63.6	16.1	20.3	100	409
户口	农业	69.6	16.5	13.9	100	230
	非农业	55.9	15.6	28.5	100	179

表 10-47 对目前最低生活保障水平和作用的看法 单位：%、次

		能够满足最低需求	能够帮助提高生活水平	能够帮助解决家庭特殊困难	不能够满足最低需求	合计	频次
总计		19.6	10.1	56.2	14.1	100	404
民族	傈僳族	23.9	9.9	50.0	16.2	100	142
	怒族	12.1	6.6	72.5	8.8	100	91
	独龙族	12.8	14.1	53.8	19.2	100	78
	白族	25.7	11.4	51.4	11.4	100	35
	藏族	18.8	6.3	68.8	6.3	100	16
	汉族	37.0	14.8	37.0	11.1	100	27
	其他民族	13.3	6.7	60.0	20.0	100	15
总计		19.5	10.1	56.3	14.1	100	405
户口	农业	17.5	10.5	60.7	11.4	100	229
	非农业	22.2	9.7	50.6	17.6	100	176

城乡最低生活保障制度是实现人权的基本需要，也是社会公平的基本内容，其保障对象是家庭人均（纯）收入低于当地最低生活保障标准的城市或农村居民。当被问到对低保制度覆盖面的评价时，81.8%的受访者认为低保制度已将该享受低保的人群纳入其中。从族际对比来看，独龙族评价最高，怒族次之，其余为傈僳族、白族、汉族、藏族，具体数据详见表10-45。从城乡差别来看，农村居民对低保制度覆盖面的评价要高于城镇居民。当被问及对低保制度公平性的认知时，63.5%的受访者认为低保户为周围或身边生活最困难的人，16.2%的受访者认为不是，20.3%的受访者对此表示不确定。谈到对目前最低生活保障水平和作用的看法，认为能够帮助解决家庭特殊困难的人占56.2%，认为能够满足最低需求的为19.6%，认为不能够满足最低需求和能够帮助提高生活水平的分别占14.1%和10.1%。

从城乡对比来看，城乡居民对低保制度覆盖面、公平性的认知评价呈现出相同的趋势，即农村居民总体评价高于城镇居民。从族际维度来看，各民族对低保制度覆盖面、公平性的认知呈现出相同的趋势，评价由高到低依次为独龙族、怒族、傈僳族、白族、汉族和藏族。但对低保水平和作用的看法却与前两者不同，对低保覆盖面和公平性的评价较低的藏族对于这一制度给予了最高的评价，68.8%的藏族受访者认为低保能够解决家庭特殊困难，高于平均水平（56.2%）12.6个百分点，而对覆盖面和公平性评价较高的独龙族和怒族的评价却低于平均线，说明他们对低保制度有

着更高的期待。

（三）地方政府扶贫攻坚实施情况及效果

由于自然环境、基础设施、人口素质、产业结构不合理等方面因素的制约，贡山县贫困覆盖面较广、贫困程度较深，贫困发生率高，扶贫工作难度较大。2013 年，贡山县农业人口 28729 人，依据国家贫困标准，全县贫困人口 17942 人，贫困人口占农业人口的 62. 5%，贫困人口数量庞大。进入 21 世纪以来，贡山县政府先后实施的扶贫措施主要有整村推进工程、易地开发项目、安居工程、雨露计划、产业扶贫项目、农村劳动力转移培训项目、社会帮扶、小额信贷扶贫、贫困村互助、整乡推进、建档立卡工作等。调研中，受访者对参加过的扶贫政策或扶贫活动满意度较高，达 70. 4%，16. 1% 的受访者不清楚扶贫政策或扶贫活动的效果，13. 4%的人明确表示不满意。谈到对当地扶贫政策的认知，除了牧区移民工程认知程度较低以外，受访者对于所有的扶贫政策的认知度均超过50%，但民众对各项扶贫措施的知晓程度存在较大差别。其中，知晓率为90%以上的为道路修建和改扩工程和（广播电视 \ 道路 \ 通信网络）“村村通”工程（以下简称“村村通”工程），分别为 93% 和 91. 5%，知晓率为 80%以上的有 4 项，分别为人畜饮水工程（87. 2%）、“两免一补”政策（86. 2%）、电力设施建设工程（84. 0%）、卫生设施建设项目（80. 2%）；知晓率为 70% 以上有 5 项，分别为退耕还林还草补助工程（74. 4%）、资助儿童入学和扫盲教育项目（73. 9%）、基本农田建设工程（72. 4%）、“教育扶贫”工程（72. 4%）、技术推广及培训工程（71. 4%）；知晓率为 60% 以上的有两项，分别为扶贫工程生产项目（67. 4%）和种植业/林业/养殖业扶贫资金（66. 4%）；知晓率为 50% 以上的有两项，即移民搬迁工程（56. 9%）和扶贫培训（51. 1%）。从族际差别来看，由于不同扶贫政策的投向地域会有所侧重，导致不同类型的扶贫政策在不同民族中知晓率的差别，如独龙族对扶贫搬迁的知晓率高于其他民族，汉族和白族对“两免一补”政策、退耕还林还草补助工程、技术推广及培训工程的知晓率高于其他民族，藏族对扶贫工程生产项目、基本农田建设工程和人畜饮水工程的知晓率高于其他民族，汉族对电力设施建设、卫生设施项目、种植业/林业/养殖业扶贫资金和教育扶贫工程的知晓率高于其他民族，其余项目的族际差别不明显。值得注意的是，虽然“其他民族”的频次很低，仅有 15 人，但其对各项扶贫政策的知晓率大部分居于首位，有的项目知晓率甚至高于平均数近20个百分点。城乡居民在大多数扶贫政策上的认知程度相当，仅在技术推广及培训工程中，城镇居民的认知程度高于农村居民12.5个百分点，这说明，贡山县各项扶贫政策投向得当，获得了群众的较高认同，但个别项目的宣传、推广和投向方面应当更加注重公平与公开，争取最大的政策效果。

表10-48　受访者对参加过的扶贫政策或扶贫活动整体效果的评价

单位：%、次

		满意	不满意	不清楚	合计	频次
总计		70.4	13.4	16.1	100	372
民族	傈僳族	70.3	14.8	14.8	100	128
	怒族	80.7	11.4	8.0	100	88
	独龙族	81.7	5.6	12.7	100	71
	白族	31.0	10.3	58.6	100	29
	藏族	60.0	33.3	6.7	100	15
	汉族	61.5	19.2	19.2	100	26
	其他民族	60.0	26.7	13.3	100	15
总计		70.5	13.4	16.1	100	373
户口	农业	78.3	10.1	11.5	100	217

从受访者对扶贫政策的满意度来看，如表10-50、表10-51所示，受访者对扶贫政策的满意度超过90%的有4项，分别为“两免一补”政策（95.6%）、“村村通”工程（93%）、扶贫工程生产项目（92.1%）和电力设施建设工程（91.5%）。满意度超过80%的有10项，分别为基本农田建设工程（89.7%）、“教育扶贫”工程（89.1%）、资助儿童入学和扫盲教育项目（89.1%）、道路修建和改扩工程（87.9%）、退耕还林还草补助工程（86.3%）、人畜饮水工程（86.3%）、种植业/林业/养殖业扶贫资金（86.2%）、技术推广及培训工程（86%）、扶贫培训（85.4%）、卫生设施建设项目（85.1%）；满意度超过70%的有1项，即移民搬迁工程（77.6%）。一般认为，对扶贫政策的知晓程度、参与程度与满意度成正比，但在贡山县的调查中，通过对扶贫政策的知晓程度与满意度的对比，我们发现，这一结论并不总是成立。比如，知晓程度最高的道路修建和改扩工程（93%）的满意度为87.9%，满意度最高的“两免一补”政策（95.6%）的知晓率为（86.2%），低近10个百分点；知晓率仅为67.4%的扶贫工程生产项目满意度却高达92.1%，

表 10-49　城乡居民对当地政府实施的扶贫政策的知晓比例　单位:%、次

		移民搬迁工程	“两免一补”政策	扶贫工程生产项目	退耕还林还草补助工程	道路修建和改扩工程	基本农田建设工程	电力设施建设工程	人畜饮水工程	技术推广及培训工程	资助儿童入学和扫盲教育项目	卫生设施建设项目	种植业/林业/养殖业扶贫资金	“村村通”工程（广播电视\道路\通信网络）	“教育扶贫”工程	扶贫培训	频次
总计		56.9	86.2	67.4	74.4	93.0	72.4	84.0	87.2	71.4	73.9	80.2	66.4	91.5	72.4	51.1	399
民族	傈僳族	57.0	83.1	64.8	70.4	90.8	67.6	81.7	85.2	66.9	71.1	76.8	64.8	87.3	70.4	50.7	142
	怒族	50.0	86.0	69.8	74.4	94.2	74.4	84.9	87.2	73.3	73.3	82.6	59.3	95.3	66.3	53.5	86
	独龙族	65.8	86.1	70.9	70.9	94.9	67.1	79.7	82.3	69.6	72.2	77.2	65.8	91.1	78.5	46.8	79
	白族	58.8	91.2	55.9	85.3	91.2	76.5	82.4	88.2	73.5	73.5	76.5	73.5	94.1	67.6	50.0	34
	藏族	40.0	86.7	73.3	73.3	93.3	80.0	86.7	93.3	60.0	80.0	80.0	73.3	93.3	80.0	53.3	15
	汉族	51.9	96.3	66.7	85.2	92.6	81.5	96.3	100	88.9	81.5	96.3	77.8	96.3	81.5	55.6	27
	其他民族	66.7	86.7	80.0	86.7	100	100	100	100	86.7	93.3	93.3	80.0	93.3	80.0	53.3	15
户口	农业	57.8	86.5	68.6	72.6	92.8	70.0	82.5	84.3	65.9	72.6	80.3	63.7	88.8	70.4	49.8	223
	非农业	55.7	85.8	65.9	76.7	93.2	75.6	85.8	90.9	78.4	75.6	80.1	69.9	94.9	75.0	52.8	176

表 10-50　　城乡居民对扶贫政策的满意度（1）　　单位：%、次

		移民搬迁工程		“两免一补”政策		扶贫工程生产项目		退耕还林还草补助工程		道路修建和改扩工程		基本农田建设工程		电力设施建设工程	
		满意比例	频次	满意比例	频次	满意比例	频次	满意比例	频次	满意比例	频次	满意比例	频次	满意比例	频次
总计		77.6	223	95.6	339	92.1	265	86.3	293	87.9	365	89.7	281	91.5	330
民族	傈僳族	79.8	74	94.8	116	90.1	91	86.8	98	90.4	125	88.5	96	93.7	111
	怒族	58.9	39	96.9	65	96.6	58	94.6	56	89.5	76	94.4	54	95.4	65
	独龙族	88.1	42	100	74	96.2	53	88.7	71	93.5	77	97.0	67	95.9	74
	白族	80.0	30	93.5	31	89.3	28	63.3	30	78.8	33	71.4	28	75.0	32
	藏族	70.0	10	86.6	15	90.0	10	100	11	80.0	15	81.8	11	92.3	13
	汉族	82.4	17	96.2	26	80.0	15	92.8	14	79.1	24	93.3	15	85.0	20
	其他民族	81.8	11	83.4	12	90.0	10	75.0	12	71.4	14	77.8	9	78.5	14
户口	农业	78.1	105	97.8	183	98.0	153	94.3	158	93.0	216	95.2	167	94.9	194
	非农业	77.1	118	93.0	156	83.9	112	87.0	135	80.5	149	81.6	114	86.8	136

表 10-51　　城乡居民对扶贫政策的满意度（2）　　单位：%、次

		人畜饮水工程		技术推广及培训工程		资助儿童入学和扫盲教育项目		卫生设施建设项目		种植业/林业/养殖业扶贫资金		“村村通”工程（广播电视\道路\通信网络）		“教育扶贫”工程		扶贫培训	
		满意比例	频次	满意比例	频次	满意比例	频次	满意比例	频次	满意比例	频次	满意比例	频次	满意比例	频次	满意比例	频次
总计		86.3	342	86.0	280	89.1	291	85.1	314	86.2	261	93.0	359	89.1	284	85.4	199
民族	傈僳族	87.2	117	86.0	93	88.5	104	88.7	106	89.8	89	92.3	116	87.5	96	80.0	45
	怒族	88.0	75	91.1	56	96.6	58	91.8	61	86.5	59	97.4	77	96.3	54	95.4	22
	独龙族	95.9	73	91.0	67	87.1	62	88.7	71	94.7	56	98.7	78	91.8	61	90.9	22
	白族	64.6	31	70.4	27	80.7	26	67.7	31	66.6	24	74.2	31	74.2	31	60.8	23
	藏族	76.9	13	70.0	10	90.0	10	61.5	13	72.7	11	93.8	16	90.9	11	85.7	7
	汉族	94.1	17	86.7	15	94.8	19	77.8	18	76.9	13	92.0	25	94.5	18	90.0	10
	其他民族	66.7	15	81.8	11	75.0	12	76.9	13	75.0	8	86.7	15	83.3	12	75.0	4
户口	农业	91.0	200	91.3	161	92.7	165	90.6	181	91.9	160	96.7	211	92.6	163	87.4	111
	非农业	79.5	142	79.0	119	84.1	126	77.4	133	77.2	101	87.8	148	84.3	121	82.9	88

相差24.7个百分点。同时，受访者对扶贫政策的满意度呈现出了较为明显的族际差异，如对移民搬迁工程的满意度最低的为怒族（58.9%），低于平均数（77.6%）近20个百分点。白族对多项扶贫政策满意度较低，如对扶贫培训的满意度为60.8%，低于平均数（85.4%）24.6个百分点；退耕还林还草补助工程的满意度为63.3%，低于平均数（86.3%）23个百分点，对人畜饮水工程、卫生设施建设项目、种植业/林业/养殖业扶贫资金、“村村通”工程、道路修建和改扩工程、基本农田建设工程、电力设施建设工程、技术推广及培训工程和“教育扶贫”工程的满意度均远低于平均数。独龙族、汉族对各项扶贫政策的满意度较高，藏族受访者的满意度较低。同样值得注意的是，对扶贫政策知晓率普遍较高的“其他民族”，满意度却普遍偏低。这说明，在扶贫政策的具体实施过程中，需要考虑当地民族中的少数群体的利益与诉求。受访者对于扶贫政策的满意度的城乡差异也较为明显，城镇居民的满意度普遍低于农村居民。当地政府应当关注城镇中的困难群体的权益保护和扶危救困工作。

（四）生态保护与退耕还林

贡山县是“三江并流”世界自然遗产和国家级风景名胜区的核心地带，是环境极为敏感地区，国家级保护区范围的总面积为24.3万公顷，占贡山县国土总面积的55.6%，占整个高黎贡山国家级自然保护区面积的2/3。[①] 贡山县城乡居民对生态保护有着高度的认同，有着朴素的环境保护意识，对于万物都有生命，在人类开发使用中需要保护大自然，为了子孙后代，为了继承先人和本民族传统而保护生态环境等观点的认同度均高于96%。但当经济发展、促进就业与环境保护相冲突时，部分受访者倾向于牺牲环境，认为经济发展、促进就业与环境保护同等重要的比前面高度认同的生态保护意识低约20个百分点。另外，对于建设生态补偿机制的赞同度为90%。这说明，城乡居民的环境保护意识还处于朴素的自发阶段，缺乏体制机制建设意识，遇到经济发展、促进就业与环境保护的张力时会忽视环境的重要性。

当被问及对当地环境及其变化的看法，多数受访者对当地生态环境和周边居住环境持肯定态度，并对未来生态环境改善充满信心。69.6%的受访者认为目前所处地区的生态环境很好，62.7%的受访者认为20年前当地的生态环境比较好，57.7%的受访者对于20年后当地生态环境持乐观态度，认为居住地周边环境状况不错的受访者占60.9%。

① 2009年数据，具体数据为调研所得。

表 10-52 受访者生态保护评价

单位:%、次

		大自然容易破坏，需要人类保护		万物和人类一样都有生命		为了子孙后代必须大力保护环境		为了继承先人和本民族传统，必须平衡利用与保护环境的关系		为了加快致富发展，人类没必要考虑环境		为了当地经济和就业，需要大规模开发自然资源		国家和发达地区需要加强生态补偿机制建设	
		同意比例	频次	同意比例	频次	同意比例	频次	同意比例	频次	反对比例	频次	反对比例	频次	同意比例	频次
总计		99.0	404	98.8	404	99.3	403	96.8	404	80.0	404	75.1	403	90.0	402
民族	傈僳族	99.3	141	100	141	100	141	99.3	141	83.7	141	72.1	141	91.4	141
	怒族	98.9	90	98.9	90	98.9	89	91.1	90	83.3	90	76.7	90	88.9	90
	独龙族	100	79	98.7	79	100	79	97.5	79	79.7	79	83.5	79	91.1	79
	白族	100	34	97.1	34	100	34	100	34	73.5	34	73.5	34	91.2	34
	藏族	93.8	16	93.8	16	93.8	16	93.8	16	87.5	16	68.6	16	75.0	16
	汉族	100	27	100	27	100	27	100	27	63.0	27	74.1	27	92.6	27
	其他民族	93.8	16	93.8	16	93.8	16	93.8	16	62.5	16	62.5	16	86.7	16
户口	农业	97.1	206	98.5	206	98.1	206	97.6	205	79.1	206	69.3	205	82.0	206
	非农业	96.4	253	96.4	253	98.0	253	97.2	252	73.1	253	55.7	253	88.0	251

多数受访者认可当地政府生态环境保护工作，67.2%的受访者认为当地生态保护措施得当，法规严密，52.7%的受访者认为环境保护投入力度较高，55.4%的人认可当地政府对违法违规环境事件的处罚，61.6%的人认为当地政府对公众参与环境保护的宣传动员工作做得好，54.8%的受访者对公众自发制止影响环境的资源开发持肯定态度。

退耕还林是党中央国务院针对我国西部生态环境的现状，着眼于国家和民族的长远发展，立足于经济社会可持续发展的重大决策，是实施西部大开发的根本着力点。贡山县是山区县，现有耕地面积为37084.5亩，占全县总面积的0.56%，大部分耕地分布于15°—45°之间，其中25°以上山坡地占耕地面积的76%，地质差、产量低，不仅投入产出比极差，而且毁林开荒是破坏植被、导致水土流失严重的主要原因。因此，退耕还林是贡山县较为重视的一项工作。从20世纪70年代末80年代初，贡山县就开始逐步退耕还林还牧工作。进入21世纪以来，贡山县加大了对森林保护资金的投入力度和退耕还林的工作力度，仅“十五期间”就完成退耕还林37000亩，公益林建设183441亩，全县森林覆盖率达77.2%。贡山县在发展生态农业中，首先加强退耕还林工程，将大量的不适宜耕种的土地逐渐退耕还林造林，种植经济林木，促进农民增收。通过将部分不适宜种植粮食的山坡地“退耕还林还牧”，并将这些荒坡荒地划归农民直接经营，实行“谁管理，谁受益”的政策，一定程度上改变了一直以来的陡坡耕地、远山遥种的情况。

应当说，基于贡山县卓有成效的工作，贡山城乡居民对退耕还林的知晓度高于其他地区。问卷显示，52.7%的受访者知晓所在区域的退耕还林措施。但绝大多数受访者不清楚本县退耕还林的起止年限、运行状态和配套措施等。对于退耕还林（牧）的政策效果，绝大多数受访者持肯定态度，58.9%的受访者认为这项举措已经遏制了土地退化，35%的受访者认为时间态度没有明显改观，但假以时日，肯定会有好的效果，也有6.1%的受访者较为悲观，认为无论时间长短，环境都不会有所改变。从微观层面看，退耕还林的经济效果通过退耕后居民收入的变化可以得到一定的呈现，调查发现，认为退耕（牧）后自家收入没变化和收入提高的比例均为33.9%，认为收入下降的为12.4%，19.8%的受访者表示不清楚收入的变化情况。对于退耕还林户的生计保障是保证退耕还林顺利进行的必要途径，贡山县采取了种植业培训、造林种草、畜牧业、养殖业、劳务（外出务工）培训等举措。如表10-53所示，受访者对这些培训措施的知晓程度不一，对种植业培训的知晓程度最高，达53.8%，其余依次为造林种草、畜牧业和养殖业和其他培训，知晓率分别为 19.1%、12.1%和 10.4%，对劳务（外出务工）培训的知晓度最低，仅为 4.6%。此外，由于政策投放重点区域的不同，关于各种职业培训的知晓程度也出现了一定的族际差别，如独龙族对种植业培训的知晓率远高于其他民族，傈僳族对造林种草培训的知晓率高于其他民族（藏族、汉族和其他民族频次较低，不再进行专门分析）。贡山县应积极加大劳务培训尤其是外出务工培训的力度，使城乡居民不仅不会因为支持国家生态保护建设而导致生活水平下降，而是逐渐实现农民向工人的身份转变，增强争取更高生活水平的能力。

在被问到对退耕还林政策未来走向的态度时，50.5%的受访者认为应当扩大面积和提高补充标准，32.4%的人认为应当保持现状，13.3%的人未表态，仅有 3.7%的人认为应当停止执行。贡山县耕地少、坡地多，耕地开发不仅无利可图，而且不利于生态保护。因此，在调研中，城乡干部群众都表明了加快 25°以上山坡地的退耕还林进程，但因每年有指标限制，未能立即执行。笔者认为，这种人为限制应当立即停止，上级国家机关应当根据各地实际情况，因地制宜地推行退耕还林政策。就贡山县来讲，要加快退耕还林，发展林业及林下经济，方能缓解生态压力。

表 10-53　受访者对退耕还林职业培训的知晓情况　单位:%、次

		种植业	造林种草	畜牧业、养殖业	劳务（外出务工）培训	其他	合计	频次
总计		54.1	19.2	11.6	4.7	10.5	100	172
民族	傈僳族	44.1	25.4	13.6	6.8	10.2	100	59
	怒族	37.5	18.8	18.8	3.1	21.9	100	32
	独龙族	85.2	9.3	3.7	0	1.9	100	54
	白族	45.5	18.2	18.2	0	18.2	100	11
	藏族	25.0	37.5	12.5	12.5	12.5	100	8
	汉族	0	25.0	25.0	50.0	0	100	4
	其他民族	50.0	25.0	0	0	25.0	100	4
总计		53.8	19.1	12.1	4.6	10.4	100	173
户口	农业	59.3	20.3	6.8	4.2	9.3	100	118
	非农业	41.8	16.4	23.6	5.5	12.7	100	55

表 10-54　　受访者对退耕还林政策未来走向的态度　　单位:%、次

		扩大面积和提高补充标准	保持现状	停止执行	不清楚	合计	频次
总计		50.3	32.6	3.7	13.4	100	187
民族	傈僳族	49.3	32.8	4.5	13.4	100	67
	怒族	31.4	48.6	2.9	17.1	100	35
	独龙族	56.4	25.5	5.5	12.7	100	55
	白族	91.7	8.3	0	0	100	12
	藏族	31.4	48.6	2.9	17.1	100	9
	汉族	44.4	44.4	0	11.1	100	4
	其他民族	40.0	40.0	0	20.0	100	5
总计		50.5	32.4	3.7	13.3	100	188
户口	农业	48.0	33.1	3.9	15.0	100	127
	非农业	55.7	31.1	3.3	9.8	100	61

六　结论与建议

党和国家一贯重视边疆民族地区的发展问题，持续加大对少数民族特别是人口较少民族的扶持力度。贡山县是独龙族、怒族自治县，其世居民族独龙族、怒族和傈僳族是人口较少民族，“十一五”期间，贡山县被列入国家“兴边富民”项目重点县，又是云南省实施“兴边富民工程”行动计划的主战场之一，得到了更多的政策倾斜。“十二五”期间，国家继续实施滇西边境山区集中连片特殊困难地区开发攻坚工程，“怒江发展问题”在国家层面上进一步推进，并随着云南省委、省政府桥头堡战略和大通道建设的实施，位于“桥头堡”战略滇西北前沿的贡山县，其区位优势更加凸显。调查显示，进入21世纪以来，贡山县经济社会实现了跨越式发展，经济总量快速增长，城乡面貌持续改善，人民生活水平明显提高，呈现出经济发展、社会和谐、民族团结、百姓安康、边境稳定的良好局面。

具体来说，贡山县经济社会跨越式发展主要体现在：县域经济的迅速发展，促使经济结构和就业结构的初步转型，贡山县居民虽然仍以农业为主要生计方式，但也在一定程度上实现了灵活就业。随着住房政策的完善，贡山县城乡居民家庭自有住房率较高，居住条件得到较大改善。贡山县扎实推进民生工程，加强基础设施建设，教育设施、医疗机构、治安设施、活动中心、邮电所、银行等基础设施齐全，居民生活便利性明显增强。贡山重视医疗、卫生、教育和社会保障等各项社会事业的发展，保障各民族尤其是弱势群体抵御疾病、养老等社会风险的能力，提高他们的自我发展能力。各项涉及少数民族的生育、教育、扶贫和其他优惠政策的实施，使少数民族获得了更多的发展机会，提高了他们的社会参与能力。对于民族文化的保护，使少数民族文化得以传承和弘扬，促进了各民族之间的文化交流，使各民族在热爱祖国的同时对本民族文化具有较强的归属感和自豪感。总之，边境民族地区的快速发展，基础设施的不断改善，少数民族权益的有效保障，生态环境的持续优化，各项社会事业的不断发展，使得当地居民对贡山县的发展充满信心，生活满意度较高。和谐稳定的社会环境促进了各民族间的良性互动，推动民族关系和谐发展，使各民族对祖国形成高度认同，在此基础上，各民族形成和发展着本民族认同，进一步增强了民族自信与文化自信，促进边疆民族地区繁荣稳定发展。

在肯定成绩的同时，贡山县当前发展面临的特殊困难与问题也无法回避。第一，从经济发展角度，贡山县经济总量小，产业结构不合理，且缺乏主导产业，财政依附性强，每年需要上级财政的大量补贴，没有能力投入各项基础设施建设，而基础设施建设滞后又严重阻碍了经济社会领域的建设。第二，从就业角度，劳动者就业仍以传统农业和本地就业为主，就业结构不尽合理，就业市场有待完善；贡山县是少数民族“直过区”，社会发育程度低，劳动力综合素质不高；各类建设人才缺乏，人才难招、难留问题严重，企业招工难和劳动力就业难并存的结构性矛盾仍是就业的主要难题。第三，从社会发展角度，地方政府对民族文化的保护力度不够，双语教育效果不明显，当地文化旅游产业和民族文化传媒仍不发达，未能成为民族文化传承的主要阵地。第四，从政策落实方面，由于基层政府工作头绪繁多，而工作人员素质参差不齐、认识不足、人手不足等问题并存，导致一些群众期望值较高的优惠政策不能落地，群众对扶贫、生育、教育、社会保障等政策一知半解，影响着政策的实施效果。第五，从民生与生态发展角度，一方面，贡山县贫困面大、贫困程度深、扶贫任务艰巨；另一方面，贡山县境内资源富集，但其面积70%属于“三江并流”世界自然遗产核心区，55.6%属于高黎贡山国家级自然保护区，经济加速发展与资源开发受限的矛盾比较突出。

在党和国家的民族政策的指引下，贡山县经济社会得到快速发展，但由于自然环境和社会发育程度等多种因素的制约，经济社会发展总体水平仍处于较低阶段。为促进边疆民族地区经济社会发展，贡山县未来应重点关注以下几个方面。

1. 尊重地域特殊性，走有地方特色的民族经济发展道路

贡山是典型的边疆少数民族贫困山区、社会形态直过地区、跨境而居民族地区、多民族多宗教多元文化并存的特殊藏区，其经济社会发展具有很强的特殊性。这里既是地大物博、人口稀少、资源富集、生物多样性丰富、传统文化保存完整的少数民族地区，又是地处边疆、山高路远、地质灾害多发、生态环境脆弱、生存条件恶劣的贫困山区。针对当地高山峡谷、地质复杂、生态脆弱和人口承载力有限的特点，既要平衡资源开发与生态保护的关系，又要找准发展突破口，走有地方特色的民族经济发展之路。

一方面，大力发展特色产业和生态农业。近年来，贡山县依托优势动植物资源、气候条件，壮大中药材、特色畜禽养殖业、本木油料等优势产业，逐步形成了一批初具规模的产业基地，草果、漆树、重楼、山药、独龙牛、独龙鸡、黑山羊等农产品的品牌培育和市场竞争力大为提升。发展特色产业和生态农业是促进经济增长和地区发展、减少贫困的最有效方式之一。

另一方面，尽快实现退耕还林，发展林业及林下经济。贡山县实现农业产业化要考虑山多耕地少的特点，缩小种植业规模，大力发展经济林果和林下产品。同时，要力争扩大全县农业用地退耕还林还草补助范围，争取将基本农田以外的所有农业用地纳入政策补助范围。

2. 切实改善民生，将扶贫攻坚与促进就业作为社会事业的重中之重

贡山县人口为 3 万余人，2011 年其贫困人口竟达 27100 人，2/3以上人口仍处于贫困线上，贫困问题突出，扶贫脱贫难度大，与其他地区发展差距较大。贡山县属于典型农业县，第二、第三产业发展相对滞后，农民进城打工机会较少，县域内剩余劳动力务工活动只能局限在本区域内，打工机会有限。与之相对应，利用贡山县政策洼地获得正式编制的引进人才流失严重，[1] 大大影响了贡山县各项建设事业的发展。

---

① 2011—2013 年间，贡山县县直机关招录公务员 93 人，同期调出县外 72 人。乡镇招录公务员 35 人，同期调到县直机关 8 人，调出县外 27 人。事业单位招录 209 人，同期调出 98 人。数据来源：贡山县组织部。

一方面，重视民生改善，扩大扶贫攻坚覆盖面，争取将更多的贫困人口纳入最低生活保障范围。将保障性住房建设视为一项重要惠民工程，要加大力度，抓好宜居住宅小区建设和农村危房改造工作。深入落实国家低保政策，逐步扩大城镇低保和农村低保范围，保障城乡居民基本生存条件。继续加大整乡推进、整族帮扶的扶贫工作力度，促进民生改善、基础设施建设、产业开发、社会事业建设及生态建设等五大领域全面发展。

另一方面，针对县域人力资源匮乏，县外人才流失严重的结构性矛盾，贡山县应争取更多的经济社会管理权限，并将民族区域自治权落到实处，通过自主制定相应的人事政策，对有志建设家乡却囿于资格限制的本地人才因材施用。同时，大力加强扶贫培训和各项技术推广及培训项目的实施力度和覆盖范围，最大范围实现本地劳动力就近城镇化。

3. 建设文化生态旅游区，使文化旅游产业成为民族文化传承的主阵地

贡山县面积70%属于“三江并流”世界自然遗产核心区，55.6%属于高黎贡山国家级自然保护区，在我国所有县级行政单位中，贡山县拥有最为丰富的生物资源，是一个具有全球意义的生物多样性热点地区，其保护良好的生态系统为下游提供着重要的生态服务和影响功能。地处中缅、滇藏结合部，多民族杂居，天主教、基督教、藏传佛教、原始宗教四教并存，使贡山成为多民族文化与东、西方宗教文化交汇的地方。这里民族节日众多，民族文化异彩纷呈。独特的自然地理和民族文化特色，多民族和谐共处、多宗教和谐共存、多生态和谐共生等因素使得贡山县拥有得天独厚的旅游资源。

当前，贡山县应发挥民俗文化、地域文化和自然资源优势，加快推进重点旅游项目、线路和基础设施建设，努力形成生态旅游、探险旅游、科考旅游和文化旅游四大品牌，将旅游业培育成支撑贡山县域经济发展的战略性支柱产业之一，使“三江明珠·中国贡山”的文化生态旅游品牌更加深入人心，成为民族文化传承和保护的主阵地。

4. 改善政策投入方式，增强基层自治地方政府的治理能力

调查发现，贡山县城乡各族群众对以民族区域自治为基本政策的民族政策和其他各项社会政策的满意度和期待很高，也对政策的公平公正和覆盖范围有着较高的期待。政策本身的公正性和覆盖面是政策效果的前提，但广大群众对诸多关涉切身利益的扶贫政策和民族优惠政策知晓程度，也

成为影响民族区域自治制度实施效果的重要因素。因此，各级政府和有关部门要将政策措施和法律常识纳入宣传教育计划，充分利用多种新闻媒体广泛开展多层次的舆论宣传和科普教育，扩大公民对社会政策的知情权、参与权与监督权，促进决策的科学化与民主化。同时将社会治理与政府治理相结合，促进治理主体的多元化，发挥社会组织在各项建设事业中的作用，增强基层自治地方政府的执政能力与治理能力。

贡山县作为民族自治县、边境县和贫困县，要充分利用国家加大对民族地区、边疆地区、贫困地区倾斜支持的政策措施，积极争取特殊政策支持。边疆民族地区是政治、民族、宗教、生态、国际关系等方面最敏感的地区之一。关注边疆民族及其地区发展和长治久安，加大相关政策的扶持力度，促进边疆民族地区经济社会快速发展，不仅是经济问题，也是政治问题。现存的问题需要有关部门进一步重视，将其提上议事日程，加强边疆民族发展问题的调查研究，为边疆民族地区经济社会的又好又快发展提供助力。

第十一章

宁夏西吉县经济社会发展综合调查报告

西吉县地处宁夏回族自治区南部，六盘山西麓，位于北纬 35°35′—36°14′，东经 105°20′—106°04′，属固原市管辖。北同海原县相依，距离宁夏首府银川市 391 公里，南与宁夏隆德县、甘肃静宁县毗连，西与甘肃会宁为邻，东与固原市原州区接壤，距固原市区 63 公里。县境南北长 74 公里，东西长 67 公里，总面积 3143.85 平方公里，其中耕地面积 16.23 万公顷。境内群山连绵，峰峦叠嶂，沟壑纵横，山势错落，地势南低，北、东、西渐次增高，海拔 1688—2633 米。月亮山是境内最高山峰，主峰海拔 2633 米，呈西北往东南走向。葫芦河、清水河、祖厉河三条水系过境，其中葫芦河为境内最大河流。西吉县地处陇西黄土高原腹地，地貌主要分三种类型：黄土丘陵区分布最广、面积最大，占总土地面积的 83.5%；中部葫芦河川道区地势平坦，占总面积的 6.1%；东北部为月亮山和六盘山余脉的土石山区，占总面积的 10.4%。2014 年，全县辖 3 镇 16 乡，4 个居委会，296 个村民委员会，全县总人口为 50.9 万人，其中汉族 21.5 万人，回族 29.4 万人，农业人口 45.6 万人，非农业人口 5.3 万人，人口出生率 16.78‰，人口自然增长率 11.05‰[①]，是少数民族聚居县、宁夏人口第一大县，也是国家、自治区扶贫开发重点县。[②]

一　调查对象基本情况

中国社会科学院民族学与人类学研究所 2013 年开始主持国家社科基金重大委托项目、中国社会科学院创新工程重大专项“21 世纪初中国少

---

① 西吉县县志编纂委员会办公室：《西吉年鉴 2015》，内部资料，2015 年，第 1 页。

② 马强：《改革开放以来西吉县回族社会的发展变迁及其启示》，《宁夏社会科学》2016 年第 3 期。

数民族地区经济社会发展综合调查”，本报告的分析数据来源于该课题2015年在宁夏回族自治区西吉县所做的家庭问卷调查。调查采取随机抽样的方式，对象包括西吉县各民族成员，除了回族与汉族受访者，受访者的民族成分还包括白族（1位）、蒙古族（1位）、藏族（2位），但考虑到这些民族受访者样本量太低，其问卷内容未纳入此次数据分析之内。本报告以西吉县的回汉民族交往与回族文化现状为主要研究内容，经过录入与清理数据，最终采用的有效问卷为436份，主要使用社会统计软件SPSS对其进行统计分析，调查对象基本情况如表11-1所示。

表11-1　受访者的基本特征　单位：%

<table>
<tr><td rowspan="2">性别</td><td>男性</td><td>71.3</td><td rowspan="2">民族</td><td>汉族</td><td>18.8</td><td rowspan="2">区域</td><td>农村</td><td>81.4</td></tr>
<tr><td>女性</td><td>28.7</td><td>回族</td><td>81.2</td><td>城镇</td><td>18.6</td></tr>
<tr><td rowspan="4">年龄</td><td>30岁及以下</td><td>28.3</td><td rowspan="9">宗教信仰</td><td>伊斯兰教</td><td>83.3</td><td rowspan="9">职业</td><td rowspan="2">国家机关党群组织、事业单位负责人、工作人员</td><td rowspan="2">12.2</td></tr>
<tr><td>31—45岁</td><td>37.6</td><td>佛教</td><td>3.0</td></tr>
<tr><td>46—60岁</td><td>24.5</td><td>道教</td><td>1.2</td><td>专业技术人员</td><td>2.4</td></tr>
<tr><td>61岁及以上</td><td>9.6</td><td>民间信仰</td><td>2.3</td><td>各类企业办事人员</td><td>2.1</td></tr>
<tr><td rowspan="5">受教育程度</td><td>未上学</td><td>32.6</td><td rowspan="2">没有宗教信仰</td><td rowspan="2">8.6</td><td>商业、服务业人员</td><td>2.4</td></tr>
<tr><td>小学</td><td>25.0</td><td>农林牧渔水利生产人员</td><td>49.8</td></tr>
<tr><td>初中</td><td>19.0</td><td rowspan="2">不知道（不清楚）</td><td rowspan="2">0.9</td><td>军人</td><td>0.5</td></tr>
<tr><td>高中、中专或职高技校</td><td>11.0</td><td>生产、运输设备操作人员及有关人员</td><td>2.4</td></tr>
<tr><td>大学及以上</td><td>12.4</td><td>不想说</td><td>0.7</td><td>不便分类的其他从业人员</td><td>28.2</td></tr>
</table>

说明：职业类型是按照人力资源和社会保障部职业能力建设司公布的国家职业分类目录编制而成，详情可参见网站：http：//ms.nvq.net.cn/nvqdbApp/htm/fenlei/index.html。

性别方面，受访者中男性比例为71.3%，女性比例为28.7%。年龄方面，30岁及以下受访者占28.3%，31—45岁受访者占37.6%，46—60岁受访者占24.5%，61岁及以上受访者占9.6%。从民族成分来看，汉族受访者占18.8%，回族受访者占81.2%。生活所在地方面，农村受访者占81.4%，城镇受访者占18.6%。受教育程度方面，未上学的受访者占比最高，为32.6%，小学文化程度的受访者占25.0%，初中文化程度的受访者占19.0%，高中、中专或职高技校文化程度的受访者占11.0%，大学专科、本科及研究生文化程度的受访者占比12.4%。在宗教信仰方面，信奉伊斯兰教的受访者占比最高，为83.3%，没有宗教信仰的受访者占8.6%，信仰佛教的受访者占3.0%，拥有民间信仰的受访者占

2.3%，信仰道教的受访者占1.2%，选择“不知道（不清楚）”的受访者占0.9%，表示不想说的受访者占0.7%。职业类型分布方面，比例最高的为农林牧渔水利生产人员，占49.8%，其次是不便分类的其他从业人员，占28.2%，而后是国家机关党群组织、事业单位负责人、工作人员，占12.2%。

二　民族交往

（一）民族交往

交友是族际交往中的常见表现形式，关于受访者最好的5个朋友中，非本民族朋友的个数，57.3%表示没有，24.9%的受访者表示有1个，12.7%的受访者表示有2个。从民族维度来看，汉族与回族受访者的区别不明显。从城乡维度来看，城镇受访者中选择没有的比例为35.0%，远低于农村受访者的62.3%，而拥有1—5个其他民族好朋友的占比均高于农村受访者，特别是在1个、2个选项方面，表现明显。由此可见，交友这种族际交往形式，与民族因素相比，受城乡地域因素影响更大。

表11-2　最好的5个朋友中，非本民族朋友的个数　单位：%、次

	0个	1个	2个	3个	4个	5个	合计	频次
整体	57.3	24.9	12.7	3.2	1.2	0.7	100.0	433
汉族	57.5	22.5	13.8	5.0	0.0	1.2	100.0	80
回族	57.2	25.5	12.5	2.8	1.4	0.6	100.0	353
农村	62.3	22.9	11.0	3.2	0.3	0.3	100.0	353
城镇	35.0	33.8	20.0	3.7	5.0	2.5	100.0	80

关于西吉县汉族受访者与少数民族的交往意愿，在聊天方面表示很愿意与比较愿意的比例分别为56.2%、37.1%；在成为邻居方面，表示很愿意与比较愿意的比例分别为49.4%、30.3%；在一起工作方面，表示很愿意与比较愿意的比例分别为50.6%、38.2%；在成为亲密朋友方面，表示很愿意与比较愿意的比例分别为47.2%、37.1%；在结为亲家方面，表示很愿意与比较愿意的比例分别为23.6%、19.1%。因此，汉族受访者在工作、聊天方面与少数民族的交往意愿要高于成为亲密朋友、邻居、亲家，其中，结为亲家的意愿最低。

表 11-3　　汉族受访者与少数民族的交往意愿　　单位:%、次

	聊天	成为邻居	一起工作	成为亲密朋友	结为亲家
很愿意	56.2（50）	49.4（44）	50.6（45）	47.2（42）	23.6（21）
比较愿意	37.1（33）	30.3（27）	38.2（34）	37.1（33）	19.1（17）
不太愿意	2.2（2）	10.1（9）	5.6（5）	5.6（5）	16.9（15）
不愿意	0.0（0）	5.6（5）	1.1（1）	1.1（1）	31.5（28）
不好说	4.5（4）	4.5（4）	4.5（4）	9.0（8）	9.0（8）

关于西吉县回族受访者与汉族的交往意愿，在聊天方面表示很愿意与比较愿意的比例分别为56.8、37.7%；在成为邻居方面，表示很愿意与比较愿意的比例分别为50.4%、37.7%；在一起工作方面，表示很愿意与比较愿意的比例分别为55.8%、38.4%；在成为亲密朋友方面，表示很愿意与比较愿意的比例分别为52.9%、37.7%；在结为亲家方面，表示很愿意与比较愿意的比例分别为17.5%、24.1%。因此，同汉族受访者一样，回族受访者在工作、聊天方面与汉族的交往意愿要高于成为亲密朋友、邻居、亲家，在所有的族际交往形式中，结为亲家的意愿最低，且明确表示不愿意的人数占比高于汉族受访者。

表 11-4　　回族受访者与汉族的交往意愿　　单位:%、次

	聊天	成为邻居	一起工作	成为亲密朋友	结为亲家
很愿意	56.8（205）	50.4（182）	55.8（202）	52.9（191）	17.5（61）
比较愿意	37.7（136）	37.7（136）	38.4（139）	37.7（136）	24.1（84）
不太愿意	1.9（7）	5.0（18）	1.1（4）	3.3（12）	8.9（31）
不愿意	2.2（8）	3.9（14）	2.8（10）	3.3（12）	41.4（144）
不好说	1.4（5）	3.0（11）	1.9（7）	2.8（10）	8.0（28）

被问及在外地生活、工作、旅游，优先交往、信任的对象时，33.2%的受访者会优先考虑本民族的人（不管是否同乡），29.1%的受访者会优先交往、信任同乡（不管是否本民族的人），23.3%的受访者表示本民族的人和同乡同等交往、信任，14.4%的受访者表示不存在民族、地域的差别，由此可见，民族身份与地域在西吉县受访者的外地交往中还是起到了一定的作用。从民族维度来看，汉族受访者选择同乡（不管是否本民族的人）与不存在民族、地域差别的比例均高于回族受访者，而回族受访

者表示会优先选择本民族（不管是否是同乡）以及选择本民族的人和同乡同等交往信任的比例均高于汉族受访者。从城乡维度来看，农村受访者中选择本民族（不管是否同乡）、同乡（不管是否本民族的人）的比例均高于城镇受访者，而城镇受访者中表示本民族的人和同乡同等交往信任，不存在民族地域差别的比例均高于农村受访者。

表 11-5　受访者在外地生活、工作、旅游时，优先交往、信任的对象

单位：%、次

	本民族的人（不管是否同乡）	同乡（不管是否本民族的人）	本民族的人和同乡同等交往、信任	不存在民族、地域差别	合计	频次
整体	33.2	29.1	23.3	14.4	100.0	374
汉族	25.0	33.3	16.7	25.0	100.0	24
回族	33.7	28.9	23.7	13.7	100.0	350
农村	35.1	30.4	21.5	13.0	100.0	316
城镇	22.4	22.4	32.8	22.4	100.0	58

（二）民族意识与国家意识

“民族意识与国家意识的关系不是简单的负相关，或者说民族意识强必然导致国家意识弱。事实上，较强的民族意识与同样较强的国家意识并行不悖。”① 关于西吉县受访者的民族意识与国家意识，30.3%的人认为未来民族意识会增强，23.3%的人认为未来民族意识增强，国家意识也随之增强；18.7%的人认为未来国家意识增强，民族意识也会随之增强；另外有9.0%的人表示不清楚。从民族维度来看，无论汉族受访者还是回族受访者，认为未来民族意识增强的比例均排在首位，其中汉族受访者中占比31.9%，回族受访者中占比29.9%。同时，汉族受访者中认为未来国家意识增强与国家意识增强，民族意识也随之逐步增强以及表示不清楚的比例均高于回族受访者；而回族受访者中认为未来民族意识增强，国家意识也随之逐步增强的比例明显高于汉族受访者。从城乡维度来看，农村受访者中认为未来民族意识增强的占比最高，为31.3%；其次是认为未来民族意识增强，国家意识也随之逐步增强的占比为24.2%；而城镇受访

① 王强等：《民族意识与公民意识、民族认同与国家认同：相协调还是相对立？——民族理论前沿研究系列论文之六》，《黑龙江民族丛论》2012年第5期。

者中占比前两位的选项分别是未来民族意识增强与国家意识增强，两者均占26.3%。因此，城乡受访者对比而言，农村受访者中认为未来民族意识增强以及民族意识增强，国家意识也随之逐步增强的比例高于城镇受访者，而城镇受访者中认为国家意识增强以及国家意识增强，民族意识也随之增强的比例高于农村受访者。

表11-6　　受访者认为民族意识与国家意识未来的变化趋势　单位:%、次

	民族意识增强	国家意识增强	民族意识增强，国家意识也随之逐步增强	国家意识增强，民族意识也随之逐步增强	不清楚	合计	频次
整体	30.3	18.7	23.3	18.7	9.0	100.0	386
汉族	31.9	20.9	13.9	19.4	13.9	100.0	72
回族	29.9	18.1	25.5	18.5	8.0	100.0	314
农村	31.3	16.8	24.2	18.4	9.3	100.0	310
城镇	26.3	26.3	19.7	19.7	8.0	100.0	76

关于民族身份在本地社会交往、工作就业、日常生活中有无不便利，西吉县受访者中67.8%的人表示民族身份在工作中没有不便利的地方，12.2%的受访者表示偶尔有不便利，7.6%的受访者表示很少有不便利，6.5%的受访者表示不清楚，另外5.9%的受访者表示经常有。从民族维度来看，汉族受访者中表示没有不便利的比例为73.9%，高于回族受访者的67.4%，回族受访者中表示经常有与偶尔有的比例之和为18.5%，具体内容主要为饮食方面的不便。从城乡维度来看，农村受访者中表示没有不便利的比例为71.8%，远高于城镇受访者中46.6%的比例，而城镇受访者中表示偶尔有的比例为27.6%，高于农村受访者中9.3%的比例。这种情况大概与农村受访者的活动范围较小、交际对象较为单一且固定，而城镇受访者的活动范围要大于农村受访者且交际对象更为多元与相对随机有关。

表11-7　受访者的民族身份在本地社会交往、工作就业、日常生活中有无不便利

单位:%、次

	经常有	偶尔有	很少	没有	不清楚	合计	频次
整体	5.9	12.2	7.6	67.8	6.5	100.0	370

续表

	经常有	偶尔有	很少	没有	不清楚	合计	频次
汉族	8.7	4.4	13.0	73.9	0.0	100.0	23
回族	5.8	12.7	7.2	67.4	6.9	100.0	347
农村	6.4	9.3	7.1	71.8	5.4	100.0	312
城镇	3.4	27.6	10.3	46.6	12.1	100.0	58

当被外国人询问民族身份时，76.7%的受访者会按照“中国人、本民族”的顺序进行回答，17.1%的受访者表示“中国人和本民族不分先后”，3.2%的受访者认为不好回答，3.0%的人认为会按照“本民族、中国人”的顺序回答。从民族维度来看，回族受访者中选择回答“中国人、本民族”与“中国人和本民族不分先后”的比例都要高于汉族受访者，而汉族受访者选择“本民族、中国人”的比例高于回族受访者。从城乡维度来看，城乡受访者的选择差异性不明显。

表 11-8　　外国人询问民族身份时，受访者的回答排序　　单位：%、次

	中国人、本民族	本民族、中国人	中国人和本民族不分先后	不好回答	合计	频次
整体	76.7	3.0	17.1	3.2	100.0	369
汉族	73.9	17.5	4.3	4.3	100.0	23
回族	76.9	2.0	17.9	3.2	100.0	346
农村	76.3	3.2	17.6	2.9	100.0	312
城镇	78.9	1.8	14.0	5.3	100.0	57

当被问及在受访者的生活中，民族身份与公民身份哪个更重要时，59.6%的受访者表示民族身份和公民身份一样重要，21.7%的受访者表示公民身份更重要，18.7%的受访者表示民族身份更重要。从民族维度来看，回族受访者中选择民族身份更重要、民族身份和公民身份一样重要的比例均高于汉族受访者，而汉族受访者中认为公民身份更重要的比例要高于回族受访者。从城乡维度来看，农村受访者中认为民族身份和公民身份一样重要的比例明显高于城镇受访者，而城镇受访者中选择民族身份更重要与选择公民身份更重要的比例均高于农村受访者。

表 11-9 在受访者的生活中，民族身份与公民身份哪个更重要

单位:%、次

	民族身份	公民身份	民族身份和公民身份一样重要	合计	频次
整体	18.7	21.7	59.6	100.0	374
汉族	12.5	33.3	54.2	100.0	24
回族	19.1	20.9	60.0	100.0	350
农村	17.7	19.9	62.4	100.0	316
城镇	24.1	31.1	44.8	100.0	58

关于民族身份与本地人身份在受访者生活中哪个更重要，西吉县51.9%的受访者表示两者同样重要，40.3%的人表示民族身份更重要，只有7.8%的受访者表示本地人身份更重要。从民族维度来看，汉族受访者中选择本地人身份更重要的比例高于回族受访者，而回族受访者中选择民族身份和本地人身份一样重要的比例高于汉族受访者，两者选择民族身份重要的比例相差不大。从城乡维度来看，农村受访者中选择民族身份更重要的比例要高于城镇受访者，而城镇受访者中认为民族身份和本地人身份一样重要的比例高于农村受访者，两者选择本地人身份比例相差不大。

表 11-10 在受访者的生活中，民族身份与本地人身份哪个更重要

单位:%、次

	民族身份	本地人身份	民族身份和本地人身份一样重要	合计	频次
整体	40.3	7.8	51.9	100.0	372
汉族	41.7	12.5	45.8	100.0	24
回族	40.2	7.5	52.3	100.0	348
农村	41.7	7.6	50.7	100.0	314
城镇	32.8	8.6	58.6	100.0	58

（三）民族关系评价

通过受访者对不同时期当地民族关系的评价可以得知，西吉县的民族关系不断改善，和谐程度不断提升。首先，整体来看，受访者对于当地民族关系的好评比例由改革开放前的61.3%提升至改革开放至2000年的76.6%，再提升至2001年至今的85.8%，持续增长；与此同时，认为三个时期当地民族关系不好的比例分别为8.3%、2.1%、1.2%，持续下降。其次，从民族维度来看，无论是汉族受访者还是回族受访者，对于三个时期民族关系的好评率均处于上升状态；同时，每个时期回族受访者的好评率均高于汉族受访者。最后，从城乡维度来看，无论农村受访者还是城镇受访者，对于三个时期民族关系的好评率均处于上升状态；同时，每个时期农村受访者的好评率均高于城镇受访者。

表11-11　受访者对改革开放前本地民族关系的评价　单位：%、次

	好	一般	不好	说不清	合计	频次
整体	61.3	22.9	8.3	7.5	100.0	432
汉族	50.6	29.6	11.1	8.7	100.0	81
回族	63.8	21.4	7.7	7.1	100.0	351
农村	62.5	23.5	8.0	6.0	100.0	352
城镇	56.3	20.0	10.0	13.7	100.0	80

表11-12　受访者对改革开放至2000年本地民族关系的评价　单位：%、次

	好	一般	不好	说不清	合计	频次
整体	76.6	18.1	2.1	3.2	100.0	431
汉族	66.3	26.3	3.7	3.7	100.0	80
回族	78.9	16.2	1.7	3.2	100.0	351
农村	80.1	15.7	1.7	2.5	100.0	351
城镇	61.3	28.7	3.8	6.2	100.0	80

表11-13　受访者对2001年以来本地民族关系的评价　单位：%、次

	好	一般	不好	说不清	合计	频次
整体	85.8	10.0	1.2	3.0	100.0	431
汉族	79.0	13.6	2.5	4.9	100.0	81
回族	87.4	9.1	0.9	2.6	100.0	350
农村	87.7	8.8	0.9	2.6	100.0	351
城镇	77.5	15.0	2.5	5.0	100.0	80

（四）民族政策

1. 计划生育政策

关于针对少数民族地区及少数民族实行的计划生育政策，68.5%的受

访者认为好，19.1%的受访者认为一般，7.4%的受访者认为不好，5.0%的受访者表示不清楚。从民族维度来看，回族受访者的好评度为70.8%，明显高于汉族受访者的58.5%；而汉族受访者中认为不好的比例为12.2%，高于回族受访者的6.2%。从城乡维度来看，农村受访者对政策的好评度为72.6%，明显高于城镇受访者的50.6%，而城镇受访者中认为政策一般与政策不好的比例均高于农村受访者。

表11-14　受访者对少数民族地区及少数民族实行的计划生育政策的评价

单位:%、次

	好	一般	不好	不清楚	合计	频次
整体	68.5	19.1	7.4	5.0	100.0	435
汉族	58.5	19.5	12.2	9.8	100.0	82
回族	70.8	19.0	6.2	4.0	100.0	353
农村	72.6	16.9	5.7	4.8	100.0	354
城镇	50.6	28.4	14.8	6.2	100.0	81

2. 高考加分政策

针对少数民族高考加分政策，88.8%的受访者表示满意，7.1%的受访者表示不满意，4.1%的受访者表示不清楚。从民族维度来看，回族受访者的满意度为94.9%，远高于汉族受访者的62.2%；而汉族受访者的不满意度为30.5%，远高于回族受访者的1.7%。从城乡维度来看，农村受访者的满意度为91.3%，高于城镇受访者的77.8%；而城镇受访者的不满意度为16.0%，高于农村受访者的5.1%。

表11-15　受访者对少数民族高考加分政策的评价　单位:%、次

	满意	不满意	不清楚	合计	频次
整体	88.8	7.1	4.1	100.0	436
汉族	62.2	30.5	7.3	100.0	82
回族	94.9	1.7	3.4	100.0	354
农村	91.3	5.1	3.6	100.0	355
城镇	77.8	16.0	6.2	100.0	81

关于长期居住在城市的少数民族，其子女高考是否应该加分，76.1%的受访者表示支持加分，16.1%的受访者表示不支持加分，7.8%的受访者表示不清楚。从民族维度来看，回族受访者中支持加分的比例为

79.6%，高于汉族受访者的60.5%；而汉族受访者中认为不应该加分的比例为33.3%，高于回族受访者的12.2%。从城乡维度来看，农村受访者中认为应该加分的比例为77.9%，高于城镇受访者的67.9%；而城镇受访者中认为不应该的比例为22.2%，高于农村受访者的14.7%。

表 11-16　受访者对少数民族且长期在城市居住，其子女高考是否应该加分的态度　单位：%、次

	应该	不应该	不清楚	合计	频次
整体	76.1	16.1	7.8	100.0	434
汉族	60.5	33.3	6.2	100.0	81
回族	79.6	12.2	8.2	100.0	353
农村	77.9	14.7	7.4	100.0	353
城镇	67.9	22.2	9.9	100.0	81

3. 民族地区特殊优惠政策

对于民族地区的特殊优惠政策，85.0%的受访者表示满意，7.4%的受访者表示不满意，7.6%的受访者表示不清楚。从民族维度来看，回族受访者的满意度为88.6%，高于汉族受访者的69.1%；而汉族受访者的不满意度为18.5%，高于回族受访者的4.8%。从城乡维度来看，农村受访者的满意度为86.9%，高于城镇受访者的76.6%；而城镇受访者的不满意度为14.8%，高于农村受访者的5.7%。

表 11-17　受访者对民族地区特殊优惠政策的评价　单位：%、次

	满意	不满意	不清楚	合计	频次
整体	85.0	7.4	7.6	100.0	432
汉族	69.1	18.5	12.4	100.0	81
回族	88.6	4.8	6.6	100.0	351
农村	86.9	5.7	7.4	100.0	351
城镇	76.6	14.8	8.6	100.0	81

三　民族文化

（一）民族文化认知

通过对西吉县350名回族受访者的有效调查，在众多民族文化类型

中，传统节日被认为是本民族最具特色的文化类型，占比 22.6%；其次是传统民居，占比 22.0%；再次是宗教活动习俗，占比 21.1%。从城乡维度来看，农村户口受访者与城镇户口受访者对最具本民族特色文化类型的认知有所差异，不同于农村受访者把传统节日作为第一选择，城镇受访者把宗教活动习俗放在了首位；同时，在传统服饰选项方面，两者的差异也较为明显，农村户口受访者中选择传统服饰为最具特色的文化类型的人占比为 9.2%，而在城镇户口受访者中这一占比为 17.9%。

表 11-18　回族受访者认为本民族最具特色的文化类型　单位：%、次

	传统民居	传统服饰	传统节日	人生礼仪	传统文娱活动	传统饮食	道德规范	人际交往习俗	传统生产方式	宗教活动习俗	其他	合计	频次
整体	22.0	10.6	22.6	1.7	1.1	11.1	0.6	8.3	0.6	21.1	0.3	100.0	350
农村	22.4	9.2	22.8	1.7	1.4	11.9	0.7	8.8	0.7	20.1	0.3	100.0	294
城镇	19.6	17.9	21.4	1.8	0.0	7.1	0.0	5.4	0.0	26.8	0.0	100.0	56

关于最需要政府保护的民族文化类型，从整体来看，前三位的选项与最具特色的文化类型调查结果排序一致，26.3%的受访者认为是传统节日，18.9%的受访者认为是传统民居，18.3%的受访者认为是宗教活动习俗。从城乡维度来看，不同于农村受访者的传统节日、传统民居、宗教活动习俗的排列顺序，城镇受访者把宗教活动习俗列为第二项最需要政府保护的民族文化类型，其 21.1%的占比仅次于占比 22.8%的传统节日。同时，城镇受访者选择传统服饰的比例也远高于农村受访者，前者为 15.8%，后者为 9.2%。城乡受访者在最需要政府保护的民族文化类型方面的选择差异，与此前其对最具有民族特色的文化类型的认知差异相吻合，即受访者往往将自己认为最具有民族特色的文化类型作为最需要政府保护的民族文化类型。

表 11-19　受访者认为最需要保护的民族文化类型　单位：%、次

	传统民居	传统服饰	传统节日	人生礼仪	传统文娱活动	传统饮食	道德规范	人际交往习俗	传统生产方式	宗教活动习俗	其他	合计	频次
整体	18.9	10.3	26.3	3.1	1.4	12.3	1.1	7.4	0.6	18.3	0.3	100.0	350
农村	19.1	9.2	27.0	2.4	1.7	12.6	0.7	8.5	0.7	17.7	0.4	100.0	293
城镇	17.5	15.8	22.8	7.0	0.0	10.5	3.5	1.8	0.0	21.1	0.0	100.0	57

（二）民族文化传承

关于民族文化传承的途径，349 名回族受访者中，66.2%的受访者选择了家庭、邻里和亲朋的耳濡目染，22.9%的受访者选择了广播、电视、互联网等，6.0%的人选择了学校教育，3.7%的人选择了村庄或社区的公共文化等活动。从城乡维度来看，虽然城镇受访者也把家庭、邻里和亲朋的耳濡目染以及广播、电视、互联网列为前两项，但是两项所占比例分别为 57.9%、19.3%，均低于农村受访者的 67.8%、23.6%；同时，城镇受访者选择村庄或社区的公共文化等活动、学校教育的比例分别为 12.3%、10.5%，均高于农村受访者的 2.1%、5.1%，从而体现了城乡受访者在民族文化传承途径方面的差异与区别。

表 11-20　民族文化在回族受访者中的传承途径　单位:%、次

	家庭、邻里、亲朋耳濡目染	学校教育	村庄或社区的公共文化等活动	旅游展示	广播、电视、互联网等	图书报刊	合计	频次
整体	66.2	6.0	3.7	0.3	22.9	0.9	100.0	349
农村	67.8	5.1	2.1	0.4	23.6	1.0	100.0	292
城镇	57.9	10.5	12.3	0.0	19.3	0.0	100.0	57

关于少数民族子女传承本民族文化的意愿，在民族语言文字方面①，93.1%的受访者认为子女和上辈相比有更强烈的接受意愿；在风俗习惯方面，92.8%的受访者认为子女愿意接受传承；在宗教信仰方面，93.1%的受访者认为子女愿意接受与传承上辈人的宗教信仰；在本民族特色手工艺传承方面，88.4%的受访者表示子女愿意接受本民族的特色手工艺。由此可见：西吉县回族受访者对本民族文化表现出较强的传承信心，特别是在语言文字、风俗习惯、宗教信仰方面。从城乡维度来看，农村受访者对于子女接受本民族语言文字、风俗习惯、宗教信仰、特色手工艺方面的信心均高于城镇受访者，特别是在宗教信仰方面，农村受访者认为子女愿意接受本民族宗教信仰的比例为 94.5%，城镇受访者中这一比例为 85.7%。

---

① 实际生活中，西吉县回族受访者所使用的语言文字与当地汉族相同。

表 11-21 回族受访者认为子女和上辈相比接受本民族语言、文化和风俗习惯的意愿

单位：%

	语言文字			风俗习惯			宗教信仰			特色手工艺		
	愿意	不愿意	无所谓	愿意	不愿意	无所谓	愿意	不愿意	无所谓	愿意	不愿意	无所谓
整体	93.1	0.6	6.3	92.8	1.7	5.5	93.1	0.9	6.0	88.4	1.7	9.9
农村	93.5	0.7	5.8	93.5	2.0	4.5	94.5	1.0	4.5	89.3	1.7	9.0
城镇	91.1	0.0	8.9	89.3	0.0	10.7	85.7	0.0	14.3	83.9	1.8	14.3

本次接受调查的回族受访者中，99.1%的受访者信仰伊斯兰教。对于当地伊斯兰教信众规模的发展趋势，61.9%的受访者认为会不断扩大，23.2%的受访者认为没有变化，9.9%的受访者表示不知道，只有5.0%的受访者认为会逐渐缩小，城乡受访者对这一趋势的预估差异不明显。

表 11-22 回族受访者对当地伊斯兰教信众规模发展趋势的预估

单位：%、次

	不断扩大	逐渐缩小	没有变化	不知道	合计	频次
整体	61.9	5.0	23.2	9.9	100.0	354
农村	61.3	5.1	23.6	10.0	100.0	297
城镇	64.9	5.3	21.1	8.7	100.0	57

（三）民族文化保护

作为民族文化的重要载体，在历史建筑（以旧的传统民居和祖屋为主）改造拆迁问题上，351名回族受访者中44.7%的人主张保持原貌不动，19.4%的人认为保留外形但内部可以改造，16.0%的人主张直接拆迁，14.5%的人表示不清楚，5.4%的人认为应该异地重建。从城乡维度看，农村受访者中最为集中的意见是保持原貌不动，持这一意见的人占比45.9%，其他意见相对分散，主张保留外形但内部可改造、直接拆迁、不清楚的人分别占比14.6%、18.7%、15.3%。城镇受访者中，意见相对集中于保留外形但内部可改造、保持原貌不动两项，前者占比43.9%，后者占比38.6%，主张异地重建的比例与农村受访者几乎相当，但主张直接拆迁的比例仅为1.7%，远低于农村受访者中18.7%的占比。

表 11-23　回族受访者对历史建筑（以旧的传统民居和祖屋为主）改造拆迁的看法　单位:%、次

	保持原貌不动	保留外形但内部可改造	直接拆迁	异地重建	不清楚	合计	频次
整体	44.7	19.4	16.0	5.4	14.5	100.0	351
农村	45.9	14.6	18.7	5.5	15.3	100.0	294
城镇	38.6	43.9	1.7	5.3	10.5	100.0	57

关于城建过程中自家房屋被拆迁的态度，认为只要价钱合理就行的受访者占比最高，为 54.3%；其次为服从国家需要的受访者，占比 26.9%；有 10.0%的受访者表示价钱再高也不愿意拆迁；另外有 7.4%的人表示看拆迁工作的方式方法。从城乡维度来看，虽然在城乡受访者中，占比最高的两种态度均为只要价钱合理与服从国家需要，但是农村受访者中持“只要价钱合理就行”的比例高于城镇受访者 10.4 个百分点，而城镇受访者中持“服从国家需要”的比例高于农村受访者 7.7 个百分点。

表 11-24　回族受访者对城建过程中自家房屋被拆迁的态度　单位:%、次

	只要价钱合理就行	价钱再高也不愿意拆迁	服从国家需要	看周围邻居态度	看拆迁工作的方式方法	合计	频次
整体	54.3	10.0	26.9	1.4	7.4	100.0	350
农村	56.0	10.2	25.6	1.0	7.2	100.0	293
城镇	45.6	8.8	33.3	3.5	8.8	100.0	57

当开发旅游资源和保护本民族文化遗产发生冲突时，45.6%的受访者主张以发展经济、提高现代生活水平为主；36.1%的受访者主张以保护本民族传统文化为主，不赞同过度商业化；18.3%的受访者表示不好说。城乡受访者在面对开发旅游资源和保护本民族文化遗产发生冲突时的态度有较为明显的差异，47.2%的农村受访者主张以发展经济、提高现代生活水平为主，明显高于城镇受访者中 37.0%的比例，而 50.0%的城镇受访者主张以保护本民族传统文化为主，不赞同过度商业化，远高于农村受访者中 33.5%的比例，从而说明由于经济发展水平与文化教育水平等原因，城乡受访者对发展旅游与保护民族文化遗产的认知与期待有所差异。

表 11-25　当开发旅游资源和保护本民族文化遗产发生冲突时，回族受访者的态度　单位:%、次

	以发展经济、提高现代生活水平为主	保护本民族传统文化为主，不赞同过度商业化	不好说	合计	频次
整体	45.6	36.1	18.3	100.0	344
农村	47.2	33.5	19.3	100.0	290
城镇	37.0	50.0	13.0	100.0	54

对于当地县政府保护本地文化和少数民族文化的措施，西吉县回族受访者的满意度普遍较高，89.2%的人表示满意，7.4%的人表示不好说，3.4%的人表示不满意，城乡受访者的评价差异不明显。

表 11-26　回族受访者对本县政府保护本地文化和少数民族文化的评价

单位:%、次

	满意	不满意	不好说	合计	频次
整体	89.2	3.4	7.4	100.0	351
农村	89.1	3.4	7.5	100.0	294
城镇	89.5	3.5	7.0	100.0	57

四　简要总结

西吉县既是宁夏人口第一大县、农业大县，又是回族聚居区，还是国家、自治区扶贫开发重点县。虽然从人口总量来看，西吉县回族人口约占六成，其他少数民族人口非常少，人口分布以回汉两大民族为主体，呈现出回汉杂居的居住格局；但是具体到各个乡镇，回汉人口所占比例也不尽相同，某些乡镇的回族人口占到了当地人口的95%以上。从本报告随机抽样人群的特征可以看出，参与此次调查的受访者中回族受访者占比81.2%，属于西吉县中的回族相对高度聚居地区；农村受访者占比81.4%，体现出农业大县的县域特色。西吉县作为国家级贫困县，经济社会发展相对落后，因此受访者整体受教育程度较低，受访者中没有接受过教育的人就占比32.6%。由于回族受访者所占比例较高，受访者中伊斯兰教信徒比例为83.3%。另外，由于教育与宗教等因素的影响，参与此次调查的男性受访者占比高达71.3%。因此，本次调查的随机抽样人群

符合西吉县的诸多县域特征。

西吉县的民族交往呈现出良好状态，无论是汉族受访者还是回族受访者，在工作、聊天、成为亲密朋友、邻居方面的意愿均表现出较大的热情，但由于宗教信仰与生活习俗之间的差异性，两者结为亲家的意愿相对较低；同时，超过一半的回汉受访者均没有其他民族的好朋友，城镇受访者中有其他民族好朋友的比例明显高于农村受访者，因此，比起民族因素，相对封闭与狭小的活动范围成为阻碍民族交往的重要因素。在外地生活、工作、旅游时，民族因素与同乡地域因素成为西吉县受访者与人交往时的重要考虑因素，其中汉族受访者最看重同乡地域因素，回族受访者最看重民族因素。关于未来民族意识与国家意识的走向，超过1/3的西吉县受访者认为未来民族意识会增强，其中，回族受访者比汉族受访者更偏向民族意识增强，汉族受访者比回族受访者更偏向国家意识增强；农村受访者比城镇受访者更偏向民族意识增强，城镇受访者比农村受访者更偏向国家意识增强。关于民族身份在本地社会交往、工作就业、日常生活中有无不便利，大部分的受访者表示没有或者偶尔有；同时，由于活动范围的扩大，民族交往密度的增强，城镇受访者中表示有不便利的比例明显高于农村受访者，主要表现在饮食及生活习惯方面。被外国人询问民族身份时，近八成的西吉受访者会按照“中国人、本民族”的顺序进行回答；与此同时，超过一半的受访者认为民族身份与公民身份同等重要，民族身份与本地人身份同等重要。通过受访者对不同时期当地民族关系的评价可以得知，西吉县的民族关系不断改善，和谐程度不断提升，受访者对目前民族关系的好评度超过85%。关于针对少数民族地区及少数民族的计划生育政策，近七成的受访者认为好；关于针对少数民族的高考加分政策，近九成的受访者表示满意，但对于长期居住在城市的少数民族，支持其子女高考加分的比例有所下降；对于民族地区的特殊优惠政策，85%的受访者表示满意，因此整体而言，西吉县受访者对于当地的民族政策满意度较高，但从民族维度来看，汉族受访者对各项民族政策的满意度均低于回族受访者，值得关注。

西吉县作为回族聚居区，当地的回族文化氛围十分浓厚。在众多民族文化类型中，传统节日、传统民居、宗教活动习俗被认为是前三项最具民族特色与最需要保护的民族文化类型；同时，与农村受访者相比，城镇受访者更看重宗教活动习俗与传统服饰这两项民族文化类型。家庭、邻里和亲朋的耳濡目染仍是大部分回族受访者传承民族文化的主要途径，其次是广播、电视、互联网等现代传播媒介；同时，城镇受访者中通过社区公共文化活动与学校教育进行民族文化传承的比例明显高于农村受访者。西吉县回族受访者对于子女传承本民族文化具有很强的信心，特别是在语言文字、风俗习惯、宗教信仰方面，尽管也有近九成的受访者对于子女传承民族特色手工艺有信心，但信心指数稍低于前三项；同时在民族语言文字、风俗习惯、宗教信仰、特色手工艺方面，农村受访者的传承信心均强于城镇受访者，特别是在宗教信仰方面。对于当地伊斯兰教信众规模的发展趋势，超过六成的回族受访者认为在不断扩大，城乡受访者的预估差异不大。对于代表民族文化的历史建筑，西吉县回族受访者的改造拆迁意见呈现出多样化特点，其中农村受访者中最为集中的意见是保持原貌不动一项，持保留外形但内部可改造、直接拆迁、不清楚的人占比相对分散；城镇受访者意见相对集中于保留外形但内部可改造、保持原貌不动两项；同时，主张直接拆迁的比例远低于农村受访者。对于城建过程中自家房屋被拆迁的态度，超过一半的受访者认为只要价钱合理就行，其中，农村受访者中持这一观点的比例明显高于城镇受访者。当开发旅游资源和保护本民族文化遗产发生冲突时，城乡受访者的选择具有一定的差异性，农村受访者中主张发展经济提高现代生活水平的人最多，占比近五成，体现出发展经济提高生活水平的渴望性；而城镇受访者中主张保护本民族传统文化为主，不赞同过度商业化的人最多，占比五成。最后，西吉县回族受访者对于当地县政府保护民族文化工作的评价较高，近九成的人表示满意，城乡受访者评价差异不明显。

第十二章

西藏昌都县经济社会发展综合调查报告

昌都县是西藏自治区昌都市下辖的市辖区。昌都，藏语意为“水汇合处”。位于西藏东部，地处横断山脉和三江流域。辖区面积1.08万平方公里，下辖3镇12乡。2012年常住人口12.44万人。在党的领导和政府的号召下，昌都县全面落实民族政策，认真执行民族工作，经过全县不懈努力，经济飞速发展。2012年昌都县生产总值完成27.9亿元，同比2011年增长12.6%，产业结构由8：40：52调整为8.9：36.4：54.7。民族地区社会经济综合状况关系到国家的团结统一和社会的稳定繁荣，调查清楚民族地区的社会发展状况，对于制定有效的民族政策、解决民族发展困难具有先导性的作用。本报告基于昌都县居民的主观反映，针对昌都经济生活、社会事业、生态保护移民、民族关系、民族文化、民族政策、民族教育与语言、社会安全与和谐八个方面进行定量分析，为评估昌都县经济社会发展程度提供必要参考依据，希望以此对维护昌都县发展和稳定有所贡献。

一　调查对象基本情况

本报告的分析数据来源于中国社会科学院民族学与人类学研究所于2015年开展实施的中国社会科学院创新工程重大专项“21世纪初中国少数民族地区经济社会发展综合调查”在昌都的家庭问卷抽样调查数据。昌都的样本回收数为412份，调查对象包括昌都县各民族成员。问卷回收整理录入后，主要使用社会统计软件SPSS加以统计分析。调研对象的基本情况见表12-1。

表 12-1　　人口基本特征　　单位：%

户籍	农村	78.3	政治面貌	中共党员	32.3	民族	汉族	3.0
	城镇	21.7		团员	6.1		藏族	96.5
性别	男性	54.1		民主党派	0.5		仡佬族	0.3
	女性	45.9		无（群众）	61.1		乌孜别克族	0.3
职业	国家机关党群组织、事业单位负责人	5.2	年龄	30岁及以下	20.6	宗教信仰	伊斯兰教	0.7
	国家机关党群组织、事业单位工作人员	6.9		31—45岁	31.3		佛教	87.1
	专业技术人员	2.2		46—60岁	34.0		道教	0.5
	各类企业办事人员	1.0		61岁及以上	14.1		天主教	0.2
	商业、服务业人员	4.0	受教育程度	未上学	39.7		基督教	0.2
	农林牧渔水利生产人员	35.6		小学	35.0		民间信仰	0.2
	生产、运输设备操作人员及有关人员	1.2		初中	14.4		其他	1.7
	不便分类的其他从业人员	43.9		高中	4.6		没有宗教信仰	8.8
				大专及以上	6.3		不知道（不清楚）	0.5

说明：职业类型是按照人力资源和社会保障部职业能力建设司公布的国家职业分类目录编制而成，详情可参见网站：http：//ms. nvq. net. cn/nvqdbApp/htm/fenlei/index. html。

从昌都县被访群体的人类学特征来看，在性别方面，男性比例为54.1%，女性比例为45.9%，明显低于男性。在年龄分布方面，31—60岁占65.3%，30岁及以下的年轻人和达到退休年龄的人分别占20.6%、14.1%。在民族成分上，藏族最多，占96.5%，其次是汉族，占3%，仡佬族、乌孜别克族人口比例较小，均占0.3%。在户籍类型方面，农业户口占78.3%，非农业户口的占21.7%。在受教育程度上，接受了大专及以上教育的占6.3%。受教育程度在初中及以下的占89.1%。总体来看，受教育程度偏低。在职业类型分布方面，不方便分类的从业人员比例最大，占43.9%，其次是农林牧渔水利生产人员占35.6%，国家机关党群组织、事业单位负责人、工作人员分别占5.2%、6.9%。在宗教信仰方面，信仰佛教的占87.1%，无宗教信仰的占8.8%，信仰道教的占0.5%，0.5%不清楚自己的宗教信仰情况。

二　经济生活

“稳定”和“发展”是如今西藏工作的重点，昌都县亦莫能外。“发展”既包括经济发展和社会发展，经济发展是民族地区发展的起点，是民族平等、团结的物质基础，是民族共同繁荣的重要内容。地区经济发展包括宏观方面的经济增长、经济结构、经济关系、经济制度、经济协调和可持续发展等各方面，也包括微观方面的人均 GDP、居民收入水平和结构、居民生活质量等微观方面，民族地区经济发展归根到底是要落实到民族地区人民的物质生活需要的满足上，因此，本报告从居民就业、住房情况和生活质量三方面分析昌都县居民经济生活情况。

（一）就业情况

就业是国家宏观调控目标之一，是地区经济内生增长的核心动力，也是最大的民生。就业关系到地区经济社会全局，影响着居民生活质量。本报告从居民职业类型、就业性质、就业途径和影响劳动力流动的因素四个方面分析昌都县居民的就业状况。

1. 居民职业类型集中于“不便分类的行业”

昌都县居民的职业类型集中于主要的个别行业。从事不便分类行业的比例最高，占 44%，农林牧渔水利生产人员占 35. 7%，国家机关事业单位负责人和工作人员累计占 11. 9%，其他职业分布比例较少。从民族维度看，汉族居民主要从事商业和服务业，相关比例为 41. 7%，藏族居民以不便分类行业和农林牧渔水利生产业为主，比例分别为 44. 8%、35. 9%。说明少数民族参与市场和融入市场的能力相对较弱。从城乡维度看，农村居民中不便分类行业人员占 44. 6%，从事农林牧渔水利生产的仅占 44%。城镇居民也以不便分类行业为主，相关比例为 41. 4%，其次国家机关企事业单位负责人和工作人员累计占 39. 1%。城镇居民职业分布相对均匀，农村居民的职业分布较集中单一。因此，昌都县居民主要是不便分类行业人员，说明处于快速转型的昌都县经济活跃程度较高，但同时职业结构体系需要进一步调整完善。

表 12-2　城乡居民职业分布类型　单位：%、次

	国家机关党群组织、事业单位负责人	国家机关党群组织、事业单位工作人员	专业技术人员	各类企业办事人员	商业、服务业人员	农林牧渔水利生产人员	生产、运输设备操作人员及有关人员	不便分类的其他从业人员	合计	频次
汉族	0. 0	16. 7	0. 0	8. 3	41. 7	16. 7	0. 0	16. 6	100. 0	12
藏族	5. 1	6. 6	2. 4	0. 8	2. 9	35. 9	1. 3	44. 8	100. 0	376
仡佬族	100. 0	0. 0	0. 0	0. 0	0. 0	0. 0	0. 0	0. 0	100. 0	1

续表

	国家机关党群组织、事业单位负责人	国家机关党群组织、事业单位工作人员	专业技术人员	各类企业办事人员	商业、服务业人员	农林牧渔水利生产人员	生产、运输设备操作人员及有关人员	不便分类的其他从业人员	合计	频次
乌孜别克族	0.0	0.0	0.0	0.0	0.0	0.0	0.0	100.0	100.0	1
合计	5.1	6.9	2.3	1.0	4.1	35.1	1.3	44.2	100.0	390
农村	2.2	2.2	2.2	0.6	2.5	44.0	1.6	44.6	100.0	316
城镇	16.1	23.0	2.3	2.3	9.2	5.7	0.0	41.4	100.0	87
合计	5.2	6.7	2.2	1.0	4.0	35.7	1.2	44.0	100.0	403

2. 农村劳动力以务农为主，城镇市场对劳动力权益保障不足

在农村劳动力工作结构方面，2015年昌都县农村劳动力从事农业生产的比例为47.1%。2015年昌都县农村劳动力中28.6%以农务为主，同时也从事非农工作。从民族维度看，47.7%的农村藏族劳动力从事农业生产，28.7%以务农为主，同时也从事非农工作。农村的汉族劳动力中，50%只从事非农工作。仅从事务农工作的占25%。以非农务工作为主，同时也从事务农工作的占25%。总体来看，调查点的农村的劳动力仍然以务农为主。

表12-3　　农业户口劳动力工作性质　　单位:%、次

	只是务农	以务农为主，同时也从事非农工作	以非农工作为主，同时也务农	只从事非农工作	农村非就业或城镇失业或待业人员	家务劳动者	退休人员	全日制学生	非全日制学生	其他不工作也不上学的人员	合计	频次
汉族	25.0	25.0	0.0	50.0	0.0	0.0	0.0	0.0	0.0	0.0	100.0	8
藏族	47.7	28.7	5.7	9.7	2.3	3.7	0.3	1.0	0.3	0.6	100.0	300
合计	47.1	28.6	5.5	10.7	2.3	3.6	0.3	1.0	0.3	0.6	100.0	308

从城镇劳动力合同性质方面看，昌都县城镇劳动力合同以包括国家干部和公务员的固定职工为主，比例为39%，长期合同工占15.3%，短期合同和无合同的情况分别占11.9%、27.1%。从民族维度看，汉族固定职工的比例达100%，藏族为37.5%。此外，藏族劳动力中没有签合同的占26.8%，长期合同工占16.1%，短期或临时合同工占12.5%。说明昌都县

城镇劳动力以工作稳定为主要就业导向，劳动力市场化程度不高。劳动力市场还很不完善，短期、临时合同工仍占据一定比例，劳动力中没有劳动合同的超过 1/4，劳动者的合法权益保障工作需要进一步提升。

表 12-4　　非农业户口劳动力合同性质　　单位:%、次

	固定职工（包括国家干部、公务员）	长期合同工	短期或临时合同工	没有合同的员工	其他（请注明）	合计	频次
汉族	100.0	0.0	0.0	0.0	0.0	100.0	2
藏族	37.5	16.1	12.5	26.8	7.1	100.0	56
乌孜别克族	0.0	0.0	0.0	100.0	0.0	100.0	1
合计	39.0	15.3	11.9	27.1	6.7	100.0	59

3. 劳动力配置：农村以社会关系网络为主要资源，城镇以行政权力资源为主

根据农村劳动力寻找非农工作的途径看，通过朋友、熟人介绍的占 46.9%，通过家人亲戚介绍的占 14%，通过政府或社区安排介绍的占 8.4%，因此可以说政府保障农村劳动力从事非农工作的能力较弱。从民族维度看，46.1%农村藏族劳动力主要通过朋友或熟人介绍获得非农工作，其次是家人、亲戚占 14.2%，经政府或社区安排介绍的占 8.5%。农村汉族从事非农工作的劳动力中，100%是经过朋友、熟人介绍。说明农村主要通过传统社会关系网络实现非农就业。总体来看，农村劳动力直接获得市场就业信息的机会小，利用市场途径实现非农就业的能力较弱，侧面说明市场发育不健全，城镇市场对农村劳动力开放程度不足，劳动力未处于完全竞争状态。

表 12-5　　农村劳动力寻找非农工作的途径　　单位:%、次

	政府/社区安排介绍	商业职介（包括人才交流会）	直接申请（含考试）	家人/亲戚介绍	朋友/熟人介绍	通过本乡人介绍	通过同民族介绍	其他（请注明）	合计	频次
汉族	0.0	0.0	0.0	0.0	100.0	0.0	0.0	0.0	100.0	2
藏族	8.5	2.1	5.7	14.2	46.1	8.5	2.1	12.8	100.0	141
合计	8.4	2.1	5.6	14.0	46.9	8.4	2.1	12.6	100.0	143

从城镇劳动力就业途径来看，47.5%通过政府或社区安排介绍就业，23.7%通过直接申请实现就业，其他路径相对较窄。因此，政府仍然在保障昌都县城镇劳动力就业方面发挥着主导作用。从民族维度看，汉族受访者50%通过直接申请获得工作，50%通过政府社区安排介绍实现就业。藏族劳动力中23.2%通过直接申请就业，48.2%依靠政府或社区实现就业。藏族劳动力就业途径较为多元。

表12-6　　城镇劳动力寻找非农工作的途径　　单位：%、次

	政府/社区安排介绍	商业职介（包括人才交流会）	招聘广告	直接申请（含考试）	家人/亲戚介绍	朋友/熟人介绍	通过本民族介绍	其他（请注明）	合计	频次
汉族	50.0	0.0	0.0	50.0	0.0	0.0	0.0	0.0	100.0	2
藏族	48.2	3.6	3.6	23.2	3.6	3.6	1.8	12.4	100.0	56
乌孜别克族	0.0	0.0	0.0	0.0	0.0	100.0	0.0	0.0	100.0	1
合计	47.5	3.4	3.4	23.7	3.4	5.1	1.7	11.8	100.0	59

4. 劳动力流动区域和限制因素

根据表12-7可知，限制农村劳动力流动的主要原因是“找不到工作，或担心找不到工作”，相关比例为28.3%，其次因收入没有在家稳定而不愿外出工作的占25%。因不适应外地生活环境而不外出流动的人占10%。总体来看，昌都县农村劳动力外出就业意愿相对较高。从民族维度看，限制农村藏族劳动力外出最主要的原因是找不到工作，比例为28.8%，因收入没在家稳定不外出就业的比例为23.7%。因不适应外地生活环境或“其他”不愿外出就业的比例均为10.2%。汉族劳动力外出就业限制的主要障碍是收入没有在家稳定。

表12-7　　限制农村劳动力流动的因素　　单位：%、次

	找不到工作（或担心找不到工作）	不适应外地生活环境	收入没有在家稳定	疾病或伤残	家中农业缺乏劳动力	回家结婚、生育	当地能找到满意的工作	语言能力不强	其他（请注明）	合计	频次
汉族	0.0	0.0	100.0	0.0	0.0	0.0	0.0	0.0	0.0	100.0	1
藏族	28.8	10.2	23.7	8.5	6.8	1.7	3.4	6.8	10.2	100.0	59
合计	28.3	10.0	25.0	8.3	6.7	1.7	3.3	6.7	10.0	100.0	60

关于劳动力流动区域，城镇50.6%劳动力主要流动区域为乡镇内，在乡外县内流动的比例为34.2%，县外省内占15.2%。由此可知昌都县城镇劳动力流动范围相对较小，由于昌都县域在全自治区的就业空间较小，可以推知，昌都地区城镇劳动力流动以本县域内为主。从民族维度看，各民族劳动力均以乡镇内为主要流动范围，藏族和汉族相关比例分别为50.7%、66.7%。

表12-8　城镇劳动力流动区域　单位:%、次

	乡镇内	乡外县内	县外省内	合计	频次
汉族	66.7	33.3	0.0	100.0	3
藏族	50.7	34.7	14.7	100.0	75
乌孜别克族	0.0	0.0	100.0	100.0	1
合计	50.6	34.2	15.2	100.0	79

在城镇居民工作流动的主观愿望方面，84.6%的受访者希望在县城之内工作，12.8%的受访者希望在县外省内，但必须是离家近的县市工作，希望到本省区外非相邻省区工作的比例为1.3%。从民族维度看，藏族居民中希望到本省区外非相邻省区工作的比例为0，85.1%的藏族居民希望在本县城之内工作，说明藏族居民有浓厚的乡土观念。

表12-9　城镇居民劳动关于工作区域的主观愿望　单位:%、次

	县城之内	县外省区内，但必须是家附近的市/县	本省区外非相邻省区	其他（请注明地区名称）	合计	频次
汉族	50.0	0.0	50.0	0.0	100.0	2
藏族	85.1	13.5	0.0	1.4	100.0	74
仡佬族	100.0	0.0	0.0	0.0	100.0	1
乌孜别克族	100.0	0.0	0.0	0.0	100.0	1
合计	84.6	12.8	1.3	1.3	100.0	78

关于阻碍城乡劳动力流动的主观看法，32.4%的受访者认为工作辛苦收入低，23.4%的受访者认为是“得不到相关就业信息”，因被当地人看不起而阻碍流动的占18%。说明传统就业路径依赖和就业信息不通达是阻碍城乡劳动力流动的主要障碍。从民族维度看，汉族劳动力流动的主要

障碍是工作辛苦收入低和家里需要照顾必须返乡，相关比例均为25%。因得不到相关就业信息、被当地人看不起、生活习俗不能适应、气候自然环境不能适应而不愿流动的比例均为12.5%。藏族劳动力的主要障碍是工作辛苦收入低，相关比例为33%，得不到相关就业信息的占24.3%，因怕当地人看不起而不愿流动的比例为18.4%。

表12-10　　城乡居民关于阻碍劳动力流动的主观看法　　单位：%、次

	得不到相关就业信息	被当地人看不起	工作辛苦收入低	想留在就业地但生活成本太高	生活习俗不能适应	气候自然环境不能适应	孩子就学困难	家里需要照顾必须返乡	语言障碍	合计	频次
汉族	12.5	12.5	25.0	0.0	12.5	12.5	0.0	25.0	0.0	100.0	8
藏族	24.3	18.4	33.0	6.8	8.7	1.9	1.9	3.9	1.1	100.0	103
合计	23.4	18.0	32.4	6.3	9.0	2.7	1.8	5.4	1	100.0	111

（二）住房情况

住房需求属于人类基本需求之一，关系到人的安全感和社会稳定，在自古以来以“安居乐业”作为民生终极目标的中国，住房更是“家”的物化，因此住房是社会稳定发展的重要载体。本报告将从家庭自有住房拥有情况、居民对现有住房及住房政策的满意度两方面讨论昌都县居民住房情况。

1. 家庭自有住房率较高，整体住房条件较好

从家庭自有住房拥有情况看，昌都县家庭中86.3%拥有1套自有住房，6.6%没有自有住房，拥有2套及以上自有住房的比例较小。从民族维度看，汉族、藏族家庭1套自有住房拥有率分别为72.7%、86.1%，无自有住房的比例分别为27.3%、6%。因此，各民族之间自有住房拥有情况存在一定差异，可能因为藏族居民在昌都县世居的比例非常高，也可能因为民族政策对各民族倾斜力度有所差异。

表12-11　　家庭自有住房拥有情况　　单位：%、次

	0套	1套	2套	3套	4套	合计	频次
汉族	27.3	72.7	0.0	0.0	0.0	100.0	11
藏族	6.0	86.1	6.5	1.1	0.3	100.0	368
仡佬族	0.0	100.0	0.0	0.0	0.0	100.0	1

续表

	0套	1套	2套	3套	4套	合计	频次
乌孜别克族	100.0	0.0	0.0	0.0	0.0	100.0	1
合计	6.8	85.6	6.3	1.0	0.3	100.0	381
农村	5.1	88.6	5.4	0.6	0.3	100.0	315
城镇	12.7	77.2	7.6	2.5	0.0	100.0	79
合计	6.6	86.3	5.8	1.0	0.3	100.0	394

目前昌都县居民居住的房屋中，86.8%为自有住房，5.5%为租/住廉租房，2.2%为租/住私人住房，租/住亲友住房的为2.5%。从民族维度看，与自有住房拥有情况相符，藏族居民和汉族居民目前住房产权归属均以自有住房为主。藏族居民自有住房率较高，为87.7%；汉族居民自有住房率较低，为58.3%。汉族居民租/住廉租房的比例为33.3%。从城乡维度看，城镇居民自有住房率为71.6%，农村居民为91.1%，农村居民高于城镇居民。相反，农村居民租住私人住房的比例则低于城镇居民。

表12-12　　本户住房产权归属情况　　单位:%、次

	自有住房	租/住廉租房	租/住亲友房	租/住私人房	集体宿舍	其他（请注明）	不清楚	合计	频次
汉族	58.3	33.3	0.0	0.0	8.3	0.1	0.0	100.0	12
藏族	87.7	4.8	2.7	2.4	1.1	0.8	0.5	100.0	375
仡佬族	0.0	0.0	0.0	0.0	0.0	100.0	0.0	100.0	1
乌孜别克族	0.0	0.0	0.0	0.0	0.0	100.0	0.0	100.0	1
合计	86.4	5.7	2.6	2.3	1.3	1.3	0.4	100.0	389
农村	91.1	3.8	2.6	1.3	0.3	0.3	0.6	100.0	313
城镇	71.6	11.4	2.3	5.7	4.5	4.5	0.0	100.0	88
合计	86.8	5.5	2.5	2.2	1.2	1.2	0.6	100.0	401

2. 居民的住房满意度较高，对住房政策不了解者超三成

关于对当前住房的评价，84.7%的居民持满意态度，不满意的仅占3.7%，总体满意度较高。从民族维度看，藏族、汉族对当前住房持满意态度的比例分别为84.8%、72.7%。藏族满意度高于汉族。从城乡维度看，农村居民对当前住房持满意态度的比例为87.3%，城镇居民为

75.3%，城镇居民低于农村居民。整体看居民对住房的满意度与居民自有住房情况存在一定正相关性，但并非完全线性相关。

表12-13　　居民对当前住房的满意情况　　单位：%、次

	满意	一般	不满意	不清楚	合计	频次
汉族	72.7	18.2	9.1	0.0	100.0	11
藏族	84.8	11.0	3.7	0.6	100.0	355
仡佬族	100.0	0.0	0.0	0.0	100.0	1
乌孜别克族	0.0	100.0	0.0	0.0	100.0	1
合计	84.2	11.4	3.8	0.5	100.0	368
农村	87.3	8.4	3.7	0.7	100.0	299
城镇	75.3	21.0	3.7	0.0	100.0	81
合计	84.7	11.1	3.7	0.5	100.0	380

整体而言，昌都县有超三成的居民对各项住房政策不了解，不清楚商品房政策、政府保障住房政策、农村住房改造政策、城镇棚户区改造政策、城镇小产权房政策的比例分别为34.3%、31.5%、26%、27.9%、31.6%。居民对当前住房政策的评价主要为"满意"或"一般"。具体来看，居民对商品房和政府保障住房持满意态度的比例分别为34.6%、42.9%；对农村住房改造政策满意度较高，相关比例为56.1%，对城镇棚户区改造政策和小产权房政策满意比例相对较低，分别为32.9%、38%。居民对住房政策的知晓程度越高，对政策的满意度也相对较高。从民族维度看，藏族居民对各项住房政策的知晓度较高，满意度也相对较高；汉族居民对各项住房政策的知晓度相对较低，满意度也略低。

表12-14-1　居民对当前商品房和政府保障性住房政策的满意度　单位：%、次

	商品房政策				政府保障性住房政策				合计	频次
	满意	一般	不满意	不清楚	满意	一般	不满意	不清楚		
汉族	27.3	18.2	9.1	45.4	36.4	18.2	0.0	45.4	100.0	11
藏族	33.9	31.1	0.3	34.7	41.9	25.8	0.3	32.0	100.0	354
仡佬族	100.0	0.0	0.0	0.0	100.0	0.0	0.0	0.0	100.0	1
乌孜别克族	0.0	0.0	0.0	100.0	100.0	0.0	0.0	0.0	100.0	1
合计	33.8	30.5	0.5	35.1	42.1	25.4	0.3	32.2	100.0	367

续表

	商品房政策				政府保障性住房政策				合计	频次
	满意	一般	不满意	不清楚	满意	一般	不满意	不清楚		
农村	37.2	28.9	0.7	33.2	45.5	23.2	0.0	31.3	100.0	298
城镇	24.7	37.0	0.0	38.3	33.3	33.3	1.2	32.1	100.0	81
合计	34.6	30.6	0.5	34.3	42.9	25.4	0.3	31.5	100.0	379

表 12-14-2 居民对当前农村住房改造政策的满意度 单位:%、次

	满意	一般	不清楚	合计	频次
汉族	37.5	0.0	62.5	100.0	8
藏族	56.7	18.4	24.9	100.0	277
合计	56.1	17.9	26.0	100.0	285

表 12-14-3 居民对当前小产权房和棚户区改造政策的满意度 单位:%、次

	城镇小产权房				城镇棚户区改造政策			合计	频次
	满意	一般	不满意	不清楚	满意	一般	不清楚		
汉族	0.0	66.7	0.0	33.3	33.3	66.7	0.0	100.0	3
藏族	39.2	28.4	1.4	31.1	32.4	39.2	28.3	100.0	74
仡佬族	100.0	0.0	0.0	0.0	100.0	0.0	0.0	100.0	1
乌孜别克族	0.0	0.0	0.0	100.0	0.0	0.0	100.0	100.0	1
合计	38.0	29.1	1.3	31.6	32.9	39.2	27.9	100.0	79

（三）生活质量

整体看，昌都县居民对过去 5 年生活水平变化大都持肯定态度。94.6%的居民认为过去 5 年生活水平上升很多或略有上升，认为上升很多的占 33.6%。从民族维度看，汉族、藏族居民认为过去 5 年生活水平上升很多或略有上升的比例分别为 91.7%、94.5%。从城乡维度看，农村居民 95.3%认为过去 5 年生活水平上升很多或略有上升，城镇居民相关比例为 92.1%，低于农村，说明近年来昌都县居民对生活水平变化整体评价较高，农村居民对生活质量的评价更乐观。

表12-15　　居民对过去5年生活水平变化的评价　　单位:%、次

	上升很多	略有上升	没有变化	略有下降	合计	频次
汉族	16.7	75.0	8.3	0.0	100.0	12
藏族	34.4	60.1	4.5	1.0	100.0	381
仡佬族	0.0	100.0	0.0	0.0	100.0	1
乌孜别克族	100.0	0.0	0.0	0.0	100.0	1
合计	33.9	60.5	4.6	1.0	100.0	395
农村	33.5	61.8	3.8	0.9	100.0	319
城镇	33.7	58.4	6.7	1.1	100.0	89
合计	33.6	61.0	4.4	1.0	100.0	408

三　移民与生态环境保护

处于青藏高原的昌都环境承载力毕竟有限，移民不可避免地会产生一定环境污染和资源压力，因此关注昌都县环境变化具有重要意义。本报告从生态环境保护和移民情况两个方面分析昌都县生态环境现状。

（一）生态环境保护

居民对生态环境评价走低，环保意识较强，对政府保护环境的评价较高。

关于所在地生态环境的评价，居民对20年前当地生态环境评价较高，共65.3%的受访者认为当时生态环境较好。认为当前自己所处地区生态环境好的比例为49.4%，66.9%的受访者认为未来20年后当地生态环境较好。从历史维度看，居民对地区生态环境的评价逐渐降低，但对未来环境改善较为乐观。从民族维度看，汉族对近20年来当地生态环境的评价逐渐变好。此外，藏族居民对未来20年当地生态环境的评价也有一定程度提升。需要注意的是，藏族居民前后40年生态环境的评价有一些波动。

从城乡维度看，农村居民对20年前生态环境的评价高出21.7个百分点，但城镇居民对当前生态环境的评价略高于农村居民，而对未来20年生态环境的评价，农村居民又略高于城镇居民。

表 12-16-1　居民对地区生态环境的评价　单位：%、次

	对所处地区的生态环境评价			您所了解的20年前当地的生态环境状况			合计	频次
	好	一般	不好	好	一般	不好		
汉族	50.0	33.3	16.7	50.0	40.0	10.0	100.0	10
藏族	49.2	50.0	0.8	66.7	26.6	6.7	100.0	384
仡佬族	100.0	0.0	0.0	100.0	0.0	0.0	100.0	1
乌孜别克族	100.0	0.0	0.0	0.0	100.0	0.0	100.0	1
合计	49.5	49.2	1.3	66.2	27.0	6.8	100.0	396
农村	47.8	51.2	1.0	70.0	25.3	4.7	100.0	320
城镇	55.1	42.7	2.2	48.3	38.2	13.5	100.0	89
合计	49.4	49.4	1.2	65.3	28.1	6.6	100.0	409

表 12-16-2　居民对地区生态环境的评价　单位：%、次

	您认为20年后当地的生态环境状况			您对居住地周边环境状况的评价			合计	频次
	好	一般	不好	好	一般	不好		
汉族	58.3	41.7	0.0	41.7	50.0	8.3	100.0	12
藏族	67.7	31.5	0.8	57.3	39.6	3.1	100.0	384
仡佬族	100.0	0.0	0.0	100.0	0.0	0.0	100.0	1
乌孜别克族	0.0	100.0	0.0	0.0	100.0	0.0	100.0	1
合计	67.3	31.9	0.8	56.8	39.9	3.3	100.0	398
农村	68.0	31.7	0.3	55.6	41.0	3.4	100.0	322
城镇	62.9	34.8	2.3	55.1	42.7	2.2	100.0	89
合计	66.9	32.4	0.7	55.5	41.4	3.1	100.0	411

昌都县居民对地方政府保护生态环境效果的整体评价较高。具体来看，居民对生态保护措施和法规的评价为“好”的比例占60.2%；对公众参与环保的宣传动员工作评价“好”的比例为62.3%，对环保投入、处罚违法违规环境事件、公众自发制止影响环境的资源开发的态度的评价相关比例分别为64.1%、63.9%、63.3%。从民族维度看，藏族居民对地方政府保护环境的各项工作评价均高于汉族。从城乡维度看，农村居民对地方政府保护环境的各项工作评价均高于城镇居民10个百分点以上。

表 12-17-1　　居民对地方政府保护生态环境效果的评价　　单位:%、次

	生态保护措施和法规				环境保护投入力度				违法违规环境事件的处罚				合计	频次
	好	一般	不好	说不清	好	一般	不好	说不清	好	一般	不好	说不清		
汉族	50.0	16.7	0.0	33.3	58.3	33.3	0.0	8.3	41.7	33.3	16.7	8.4	100.0	12
藏族	61.1	37.3	0.3	1.3	65.5	32.4	0.5	1.6	65.3	30.3	2.1	2.3	100.0	383
仡佬族	100.0	0.0	0.0	0.0	100.0	0.0	0.0	0.0	100.0	0.0	0.0	0.0	100.0	1
乌孜别克族	100.0	0.0	0.0	0.0	0.0	100.0	0.0	0.0	100.0	0.0	0.0	0.0	100.0	1
合计	61.0	36.5	0.3	2.2	65.2	32.5	0.5	1.8	64.7	30.3	2.5	2.5	100.0	397
农村	62.6	35.2	0.3	1.9	67.9	30.5	0.3	1.3	67.6	28.3	1.9	2.2	100.0	321
城镇	51.7	44.9	0.0	3.4	50.6	44.9	1.1	3.4	50.6	41.6	4.5	3.3	100.0	89
合计	60.2	37.3	0.2	2.2	64.1	33.7	0.5	1.7	63.9	31.2	2.4	2.5	100.0	410

表 12-17-2　　居民对地方政府保护生态环境效果的评价　　单位:%、次

	公众参与环境保护的宣传动员				对公众自发制止影响环境的资源开发				合计	频次
	好	一般	不好	说不清	好	一般	不好	说不清		
汉族	41.7	41.7	0.0	16.6	50.0	16.7	0.0	33.3	100.0	12
藏族	63.5	31.2	1.0	4.3	64.1	25.9	2.9	7.1	100.0	383
仡佬族	100.0	0.0	0.0	0.0	100.0	0.0	0.0	0.0	100.0	1
乌孜别克族	100.0	0.0	0.0	0.0	100.0	0.0	0.0	0.0	100.0	1
合计	63.0	31.4	1.0	4.6	63.9	25.5	2.8	7.8	100.0	397
农村	67.1	27.9	1.3	3.7	68.4	22.8	2.8	6.0	100.0	321
城镇	44.9	48.3	0.0	6.8	44.9	39.3	2.2	13.6	100.0	89
合计	62.3	32.4	1.0	4.3	63.3	26.4	2.7	7.6	100.0	410

（二）生态移民

生态移民少，退耕还林还草工程未广泛开展。

昌都县移民现象较少，调查点中移民仅占 3.4%。移民类型以“其他”为主，这部分移民占移民总人数的 71.5%。外地迁入的占 21.4%，工程移民占 7.1%，这里的“其他”主要是指打工。从民族维度看，汉族移民中 75%为“其他”，25%为外地迁入；藏族移民中，外地迁入和工程移民各占 11.1%，以打工为主要内容的“其他”情况占 77.8%。农村移民类型以“其他”为主，城镇移民类型以外地迁入为主。整体而言，调查点生态移民情况非常少。

表 12-18　　居民生态移民类型　　单位：%、次

	工程移民	外地迁入	其他	合计	频次
汉族	0.0	25.0	75.0	100.0	4
藏族	11.1	11.1	77.8	100.0	9
仡佬族	0.0	100.0	0.0	100.0	1
合计	7.1	21.4	71.5	100.0	14
农村	9.1	9.1	81.8	100.0	11
城镇	0.0	66.7	33.3	100.0	3
合计	7.1	21.4	71.5	100.0	14

昌都县居民所在地区实施退耕还林还草项目的比例较低，仅为6.1%，93.9%的人未参与退耕还林还草项目。从民族维度看，汉族居民所在地区开展退耕还林还草项目的比例相对较高，比例为8.3%；藏族居民所在地区实施该项目的比例为6.3%。

表 12-19　　居民所在地区实施退耕还林还草项目情况　　单位：%、次

	是	否	合计	频次
汉族	8.3	91.7	100.0	12
藏族	6.3	93.7	100.0	384
仡佬族	0.0	100.0	100.0	1
乌孜别克族	0.0	100.0	100.0	1
合计	6.3	93.7	100.0	398
农村	6.8	93.2	100.0	322
城镇	3.4	96.6	100.0	89
合计	6.1	93.9	100.0	411

四　社会事业发展

本报告从公共基础设施建设、社会保障、扶贫项目和居民社会预期4个方面对当前昌都县社会事业发展状况加以讨论。

（一）公共基础设施

城乡公共基础设施建设趋于均等化。

根据问卷分析发现，城乡各项基础公共设施缺失情况均不足5.7%。总体来看，居民对各项公共基础设施持满意态度的比例均超过55%。具体来看，除银行、信用社外，农村居民对教育设施满意的比例均高出城镇2.1—31.9个百分点，持不满意态度的比例也基本低于城镇居民。一方面说明城乡居民对学前和小学阶段教育设施满意度差距小于对中学满意度的差距，初等教育公共基础设施均衡化程度高于中等教育阶段。另一方面说明农村居民对教育及教育重要性的认知还不够清晰。此外，农村居民对治安设施、活动中心、运动场所及器材、农贸市场、车站（码头）、邮政局等公共基础设施的满意度均高于城镇居民，说明农村公共基础设施建设逐渐完善。除治安设施外农村居民对各项公共基础设施持“不好说”态度的比例均明显低于城镇居民，说明农村居民对公共基础设施的熟悉程度和使用率也逐渐提高。表12-20中尽管农村居民对各项公共基础设施建设的满意度略高于城镇居民，说明昌都县城乡公共基础设施建设趋于均等化。

表12-20　城乡居民对公共基础设施的评价　单位：%、次

		满意	一般	不满意	不好说	没有该设施	合计	频次
教育设施（幼儿园）	农村	70.5	26.7	0	2.5	0.3	100.0	322
	城镇	60.7	34.8	0	4.5	0.0	100.0	89
	合计	68.4	28.5	0	2.9	0.2	100.0	411
教育设施（小学）	农村	64.8	30.5	0.3	3.2	1.2	100.0	321
	城镇	60.7	33.7	1.1	3.4	1.1	100.0	89
	合计	63.9	31.2	0.5	3.2	1.2	100.0	410
教育设施（中学）	农村	61.7	32.1	0	3.1	3.1	100.0	321
	城镇	59.6	33.7	0	5.6	1.1	100.0	89
	合计	61.2	32.4	0	3.7	2.7	100.0	410
社区或乡卫生院或最近的医院	农村	63.2	34.9	0.9	0.7	0.3	100.0	321
	城镇	43.8	39.3	11.2	4.6	1.1	100.0	89
	合计	59.0	35.9	3.2	1.4	0.4	100.0	410
治安设施（派出所、警卫室等）	农村	66.1	32.6	0.6	0.7	0	100.0	322
	城镇	61.8	38.2	0.0	0.0	0	100.0	89
	合计	65.2	33.8	0.5	0.5	0	100.0	411

续表

		满意	一般	不满意	不好说	没有该设施	合计	频次
活动中心（活动室、老年活动中心）	农村	70.5	28.9	0.0	0.6	0.0	100.0	322
	城镇	38.6	52.3	4.5	3.5	1.1	100.0	88
	合计	63.7	33.9	1.0	1.2	0.2	100.0	410
运动场所及器材	农村	64.0	35.1	0.3	0.3	0.3	100.0	322
	城镇	37.1	50.6	5.6	4.5	2.2	100.0	89
	合计	58.2	38.4	1.5	1.2	0.7	100.0	411
农贸市场	农村	60.9	34.5	0.0	2.1	2.5	100.0	322
	城镇	52.3	38.6	3.4	2.3	3.4	100.0	88
	合计	59.0	35.4	0.7	2.2	2.7	100.0	410
车站（码头）	农村	56.5	37.6	0.3	1.9	3.7	100.0	322
	城镇	49.4	40.4	2.2	3.5	4.5	100.0	89
	合计	55.0	38.2	0.7	2.2	3.9	100.0	411
邮政局	农村	58.1	35.7	0.0	2.2	4.0	100.0	322
	城镇	52.8	36.0	3.4	2.2	5.6	100.0	89
	合计	56.9	35.8	0.7	2.2	4.4	100.0	411
银行（信用社）	农村	59.4	35.0	0	1.8	3.8	100.0	320
	城镇	66.7	32.2	0	1.1	0.0	100.0	87
	合计	60.9	34.4	0	1.8	2.9	100.0	407

受访者对幼儿园基础设施的评价较高，持满意态度的占67.3%，表示“不好说”的占3%。从民族维度看，藏族、汉族受访者对幼儿园基础设施持满意态度的比例分别为68%、41.7%，藏族受访者对幼儿园基础设施的满意度高于汉族。

表 12-21-1　　各族居民对公共基础设施的评价——幼儿园　　单位:%、次

	满意	一般	不好说	没有该设施	合计	频次
汉族	41.7	41.7	16.6	0.0	100.0	12
藏族	68.0	29.2	2.5	0.3	100.0	384
仡佬族	100.0	0.0	0.0	0.0	100.0	1
乌孜别克族	100.0	0.0	0.0	0.0	100.0	1
合计	67.3	29.4	3.0	0.3	100.0	398

受访者对小学基础设施的评价也较高，持满意态度的占 63%，表示“一般”的占 32%。从民族维度看，藏族、汉族受访者对小学基础设施持满意态度的比例分别为 63.4%、50%，藏族受访者略高于全县受访者的平均水平。

表 12-21-2　　各族居民对公共基础设施的评价——小学　　单位:%、次

	满意	一般	不满意	不好说	没有该设施	合计	频次
汉族	50.0	25.0	0.0	16.7	8.3	100.0	12
藏族	63.4	32.1	0.5	2.9	1.0	100.0	383
仡佬族	100.0	0.0	0.0	0.0	0.0	100.0	1
乌孜别克族	0.0	100.0	0.0	0.0	0.0	100.0	1
合计	63.0	32.0	0.5	3.3	1.3	100.0	397

受访者对中学基础设施的评价也较高，持满意态度的占 61.1%，表示“一般”的占 32.3%。从民族维度看，藏族、汉族受访者对中学基础设施持满意态度的比例分别为 61%、58.3%，均略低于全县受访者的平均水平。由此可见，昌都县藏族居民对幼儿园、小学、中学三阶段基础设施的满意度依次降低，而汉族居民相关满意度则有所提高。

表 12-21-3　　各族居民对公共基础设施的评价——中学　　单位:%、次

	满意	一般	不好说	没有该设施	合计	频次
汉族	58.3	25.0	16.7	0.0	100.0	12
藏族	61.0	32.7	3.4	2.9	100.0	382
仡佬族	100.0	0.0	0.0	0.0	100.0	1
乌孜别克族	100.0	0.0	0.0	0.0	100.0	1
合计	61.1	32.3	3.8	2.8	100.0	396

居民对社区或乡卫生院基础设施的评价良好，持满意态度的比例占 58.1%，表示“一般”的占 36.6%。从民族维度看，藏族、汉族居民对社区或乡卫生院基础设施持满意态度的比例分别为 57.9%、58.3%，汉族居民相关满意度评价略高于藏族居民，藏族居民低于全县受访者的平均水平。

表 12-21-4　各族居民对公共基础设施的评价——社区或乡卫生院

单位:%、次

	满意	一般	不满意	不好说	没有该设施	合计	频次
汉族	58.3	16.7	8.3	16.7	0.0	100.0	12
藏族	57.9	37.4	3.1	1.0	0.5	100.0	382
仡佬族	100.0	0.0	0.0	0.0	0.0	100.0	1
乌孜别克族	100.0	0.0	0.0	0.0	0.0	100.0	1
合计	58.1	36.6	3.3	1.5	0.5	100.0	396

受访者对治安基础设施的评价较高，持满意态度的占 64%，表示“一般”的占 35%。从民族维度看，藏族、汉族受访者对治安基础设施持满意态度的比例分别为 64%、66.7%，汉族受访者相关满意度略高于藏族居民，后者略低于全县受访者的平均水平。

表 12-21-5　各族居民对公共基础设施的评价——治安设施

单位:%、次

	满意	一般	不满意	不好说	合计	频次
汉族	66.7	25.0	0.0	8.3	100.0	12
藏族	64.0	35.2	0.5	0.3	100.0	383
仡佬族	100.0	0.0	0.0	0.0	100.0	1
乌孜别克族	0.0	100.0	0.0	0.0	100.0	1
合计	64.0	35.0	0.5	0.5	100.0	397

受访者对当地活动中心的评价相对较好，持满意态度的占 62.5%，表示“一般”的占 35%。从民族维度看，汉族受访者对当地活动中心设施持满意态度的比例为 66.7%，高于全县受访者的平均水平；藏族受访者相应比例为 62.4%，略低于全县平均水平。

表 12-21-6　各族居民对公共基础设施的评价——活动中心　单位:%、次

	满意	一般	不满意	不好说	没有该设施	合计	频次
汉族	66.7	25.0	0.0	8.3	0.0	100.0	12
藏族	62.4	35.2	1.0	1.1	0.3	100.0	383

续表

	满意	一般	不满意	不好说	没有该设施	合计	频次
仡佬族	100.0	0.0	0.0	0.0	0.0	100.0	1
乌孜别克族	0.0	100.0	0.0	0.0	0.0	100.0	1
合计	62.5	35.0	1.0	1.2	0.3	100.0	397

受访者对当地运动场所及器材的评价也相对较低，持满意态度的比例占56.7%，表示“一般”的占39.8%。从民族维度看，汉族受访者对当地运动场所及器材持满意态度的比例为50%，低于全县受访者的平均水平；藏族受访者相关比例为56.9%，略高于全县平均水平。

表12-21-7　各族居民对公共基础设施的评价——运动场地及器材

单位：%、次

	满意	一般	不满意	不好说	没有该设施	合计	频次
汉族	50.0	41.7	0.0	8.3	0.0	100.0	12
藏族	56.9	39.7	1.6	1.0	0.8	100.0	383
仡佬族	100.0	0.0	0.0	0.0	0.0	100.0	1
乌孜别克族	0.0	100.0	0.0	0.0	0.0	100.0	1
合计	56.7	39.8	1.5	1.2	0.8	100.0	397

受访者对农贸市场基础设施的评价相对较低，持满意态度的比例占58.7%，表示“一般”的占35.5%。从民族维度看，藏族受访者对农贸市场基础设施持满意态度的比例为59%，略高于全县受访者的平均水平。汉族受访者相关比例为41.7%，远远低于全县平均水平。

表12-21-8　各族居民对公共基础设施的评价——农贸市场

单位：%、次

	满意	一般	不满意	不好说	没有该设施	合计	频次
汉族	41.7	41.7	0.0	16.7	0.0	100.0	12
藏族	59.0	35.5	0.8	1.8	2.9	100.0	383
仡佬族	100.0	0.0	0.0	0.0	0.0	100.0	1
乌孜别克族	100.0	0.0	0.0	0.0	0.0	100.0	1
合计	58.7	35.5	0.8	2.2	2.8	100.0	397

居民对车站基础设施持满意态度的比例占 53.9%，表示“一般”的占 39%。从民族维度看，汉族居民对车站基础设施持满意态度的比例为 50%，低于全县受访者的平均水平。藏族受访者相关比例为 53.8%，略低于全县平均水平。

表 12-21-9　各族居民对公共基础设施的评价——车站　单位：%、次

	满意	一般	不满意	不好说	没有该设施	合计	频次
汉族	50.0	33.3	0.0	8.4	8.3	100.0	12
藏族	53.8	39.4	0.8	2.1	3.9	100.0	383
仡佬族	100.0	0.0	0.0	0.0	0.0	100.0	1
乌孜别克族	100.0	0.0	0.0	0.0	0.0	100.0	1
合计	53.9	39.0	0.8	2.3	4.0	100.0	397

受访者对邮政局基础设施持满意态度的比例占 56%，表示“一般”的占 36.4%。从民族维度看，藏族受访者对邮政局基础设施持满意态度的比例为 55.7%，略低于全县受访者的平均水平；汉族受访者相应比例为 58.3%，略高于全县平均水平。

表 12-21-10　各族居民对公共基础设施的评价——邮政局　单位：%、次

	满意	一般	不满意	不好说	没有该设施	合计	频次
汉族	58.3	16.7	0.0	16.7	8.3	100.0	12
藏族	55.7	37.2	0.8	1.9	4.4	100.0	384
仡佬族	100.0	0.0	0.0	0.0	0.0	100.0	1
乌孜别克族	100.0	0.0	0.0	0.0	0.0	100.0	1
合计	56.0	36.4	0.8	2.3	4.5	100.0	398

受访者对银行基础设施持满意态度的比例占 60.2%，表示“一般”的占 35%。从民族维度看，汉族受访者对银行基础设施持满意态度的比例为 66.7%，高出全县受访者的平均水平 6.5 个百分点；藏族受访者相关比例为 59.7%，略于全县平均水平。

表 12-21-11　各族居民对公共基础设施的评价——银行　单位：%、次

	满意	一般	不好说	没有该设施	合计	频次
汉族	66.7	16.7	16.6	0.0	100.0	12

续表

	满意	一般	不好说	没有该设施	合计	频次
藏族	59.7	35.8	1.3	3.2	100.0	380
仡佬族	100.0	0.0	0.0	0.0	100.0	1
乌孜别克族	100.0	0.0	0.0	0.0	100.0	1
合计	60.2	35.0	1.8	3.0	100.0	394

（二）社会保障

1. 城乡社会保险参保率

在农村社会保险方面，昌都县农村居民受访者参加新农合的比例为69.4%，参加新农保的比例为65.4%，参加农村五保的比例为2.7%，享受农村低保的占25.8%，享受高龄津贴的占5.8%。从民族维度看，藏族农村居民受访者参与新农合和新农保的比例分别为70.1%、66.4%，较汉族农村居民受访者更高，汉族居民相关比例分别为33.3%、16.7%。本次数据调查仅针对居民主观感受，实际上由于昌都县部分地区的社会保险不符合责任分担原则，个人或家庭无能力参加社会保险的，存在一定集体代缴的事实，部分居民对自己是否参与社会保险情况并不清楚。同时受农村居民对社会保险认知和熟悉程度的限制，农村居民实际社会保险参保率高于目前的调查数据。

表12-22　农民参与社会保险情况　单位：%、次

	新型农村合作医疗		新型农村养老保险		农村五保		农村低保		高龄津贴	
汉族	33.3	6	16.7	6	16.7	6	0.0	6	16.7	6
藏族	70.1	291	66.4	292	2.4	288	26.3	293	5.6	268
合计	69.4	297	65.4	298	2.7	294	25.8	299	5.8	274

在城镇社会保险参保率方面，61.4%城镇居民参加了城镇职工基本医疗保险，参加城镇居民医疗保险的受访者占69.9%，参加城镇居民养老保险的比例为51.2%。从民族维度看，城镇职工基本医疗保险参与情况中，藏族受访者参保率最高，相关比例为61.5%；汉族受访者参保率为33.3%。而城镇居民基本医疗保险方面，藏族受访者参保率为69.2%，汉族受访者参保率为66.7%。在城镇居民养老保险方面，汉族受访者参保

率0，藏族受访者相关比例为51.9%。整体而言，城镇居民参加失业保险、工伤保险、生育保险的比例较低。

表12-23　城镇居民参加社会保险的情况　单位：%、次

	城镇职工基本医疗保险	城镇居民基本医疗保险	城镇居民养老保险	城镇低保	失业保险	工伤保险	生育保险	频次
汉族	33.3	66.7	0.0	0.0	33.3	0.0	0.0	3
藏族	61.5	69.2	51.9	46.1	6.5	6.4	1.3	78
仡佬族	100.0	100.0	100.0	0.0	0.0	0.0	0.0	1
乌孜别克族	100.0	100.0	100.0	100.0	0.0	0.0	0.0	1
合计	61.4	69.9	51.2	44.4	7.3	6.0	1.3	83

2. 居民对社会保障制度的评价

昌都县居民对当地社会保障整体评价很高，对各社会保障制度持满意态度的比例均在50%以上。具体来看，农村居民对新农村合作医疗制度、新型农村养老保险制度、农村低保制度的评价较高，相关满意比例分别为85.3%、84.4%、85.9%；对农村五保制度、高龄津贴制度的满意度相对较低，相关比例分别为54.2%、50%。从民族维度看，汉族居民对新农村合作医疗制度、农村五保制度、农村低保制度、高龄津贴制度的评价均低于藏族居民。由此可见，各民族对当地社会保障制度满意度评价存在较大差异。

表12-24-1　农村居民对社会保障制度持满意态度的比例　单位：%、次

	新型农村合作医疗	频次	新型农村养老保险	频次	农村五保	频次	农村低保	频次	高龄津贴	频次
汉族	66.7	3	100.0	1	50.0	2	0.0	1	0.0	1
藏族	85.6	208	84.3	198	54.5	22	86.9	84	52.4	21
合计	85.3	211	84.4	199	54.2	24	85.9	85	50.0	22

城镇居民对城镇低保制度的满意度最高，享受城镇低保制度的居民中持满意态度的比例为92.3%。除此之外，城镇居民对城镇居民养老保险制度、城镇职工基本医疗保险制度、城镇居民基本医疗保险制度持满意态度的比例分别为80%、70.2%、66.1%。在失业保险、工伤保险、生育保险等制度上持满意态度的比例分别为60%、50%、25%。整体来看，城乡

居民对社会保障制度的满意度相对较高。

表 12-24-2　　城镇居民对社会保障制度持满意态度的比例　　单位:%、次

	城镇职工基本医疗保险	频次	城镇居民基本医疗保险	频率	城镇居民养老保险	频次	城镇低保	频次	失业保险	频次	工伤保险	频次	生育保险	频次
汉族	100.0	1	100.0	2	—	—	—	—	100.0	1	—	—	—	—
藏族	68.5	54	65.5	58	79.1	43	92.1	38	57.1	14	50.0	12	25.0	8
仡佬族	100.0	1	100.0	1	100.0	1	—	—	—	—	—	—	—	—
乌孜别克族	100.0	1	0.0	1	100.0	1	100.0	1	—	—	—	—	—	—
合计	70.2	57	66.1	62	80.0	45	92.3	39	60.0	15	50.0	12	25.0	8

对于最低生活保障制度的看法，36.5%的受访者认为低保能帮助解决家庭特殊困难，认为能够满足困难群众最低生活需求的居民占36%，24.3%的受访者认为低保有助于提高生活水平。对低保作用持否定态度的受访者较少，仅占3.2%。从民族维度看，汉族受访者更看重低保制度对最低生活需求的满足，藏族受访者重视低保对家庭特殊困难的扶助作用。从城乡维度看，城镇受访者最注重低保对家庭特殊困难的扶助作用，农村受访者更重视低保制度对最低生活需求的满足。值得注意的是，6.7%城镇受访者认为低保不能够满足最低生活需要，说明小部分城镇受访者认为目前低保水平过低。

表 12-25　　居民对低保作用的看法　　单位:%、次

	能够满足最低需求	能够帮助提高生活水平	能够帮助解决家庭特殊困难	不能够满足最低需求	合计	频次
汉族	50.0	8.3	41.7	0.0	100.0	12
藏族	33.6	25.5	37.3	3.6	100.0	384
仡佬族	100.0	0.0	0.0	0.0	100.0	1
乌孜别克族	0.0	0.0	100.0	0.0	100.0	1
合计	34.2	24.9	37.4	3.5	100.0	398
农村	36.6	28.3	32.9	2.2	100.0	322
城镇	33.7	10.1	49.5	6.7	100.0	89
合计	36.0	24.3	36.5	3.2	100.0	411

（三）扶贫项目

1. 扶贫项目开展情况

根据调查数据，昌都县受访者所在地区主要扶贫项目有道路修建和改扩工程、电力设施建设工程、人畜饮水工程、卫生设施建设项目、“村村通”工程和“教育扶贫”工程，知晓以上扶贫项目的居民比例分别为84.2%、80.2%、67.8%、59%、65.8%、72.1%。此外，开展资助儿童入学和扫盲教育项目也占一定比例，居民知晓度分别为50%。居民对其余各项扶贫政策的知晓度不高。从民族维度看，汉族居民对移民工程、道路修建和改扩工程、电力设施建设工程、卫生设施建设项目知晓度较高，相关比例分别为50%、66.7%、66.7%、58.3%；藏族居民对道路修建和改扩工程、电力设施建设工程、人畜饮水工程、卫生设施建设项目、“村村通”工程、“教育扶贫”工程的知晓比例分别达到84.6%、80.5%、68.8%、58.9%、66.4%、73.2%。从城乡维度看，农村居民对除移民搬迁工程外的各扶贫项目的知晓度大都低于城镇，说明昌都县扶贫政策仍需重点向农村倾斜。

表12-26　　**当地扶贫项目实施情况**　　单位:%、次

	移民搬迁工程	“两免一补”政策	扶贫工程生产项目	退耕还林还草补助工程	道路修建和改扩工程	基本农田建设工程	电力设施建设工程	人畜饮水工程	技术推广及培训工程	资助儿童入学和扫盲教育项目	卫生设施建设项目	种植业/林业/养殖业扶贫资金	“村村通”工程（广播电视/道路/通信网络）	“教育扶贫”工程	牧区扶贫工程	扶贫培训工程	频次
汉族	50.0	8.3	25.0	16.7	66.7	25.0	66.7	33.3	33.3	41.7	58.3	33.3	41.7	33.3	8.3	33.3	12
藏族	32.3	38.5	34.9	29.2	84.6	34.9	80.5	68.8	28.4	50.0	58.9	37.5	66.4	73.2	17.4	17.2	384
仡佬族	100.0	0.0	0.0	100.0	100.0	0.0	100.0	100.0	0.0	100.0	100.0	0.0	100.0	100.0	100.0	0.0	1
乌孜别克族	100.0	0.0	100.0	0.0	100.0	0.0	100.0	100.0	0.0	100.0	100.0	100.0	100.0	100.	0.0	0.0	1
合计	33.2	37.4	34.7	28.9	84.2	34.4	80.2	67.8	28.4	50.0	59.0	37.4	65.8	72.1	17.3	17.6	398
农村	24.5	35.7	31.1	30.4	85.4	39.1	78.3	71.7	29.8	48.1	55.6	39.8	67.4	69.6	18.6	16.5	322
城镇	62.9	39.3	49.4	28.1	82.0	27.0	88.8	57.3	32.6	62.9	77.5	37.1	58.4	75.3	13.5	20.2	89
合计	32.8	36.5	35.0	29.9	84.7	36.5	80.5	68.6	30.4	51.3	60.3	39.2	65.5	70.8	17.5	17.3	411

2. 受访居民对扶贫项目的整体评价较高

除对移民搬迁工程、扶贫工程生产项目持满意态度的比例分别为88.1%、95.1%，受访者对其余各扶贫项目持满意态度的比例均在90%以上，即满意或非常满意。其中对电力设施建设工程的满意度最高，表示满意的比例达99.4%。从民族维度看，汉族受访者对“两免一补”政策、扶贫工程生产项目、退耕还林还草补助工程、道路修建和改扩工程、基本农田建设工程、人畜饮水工程、技术推广及培训工程、“教育扶贫”工程、牧区扶贫工程的满意度较高，持满意态度比例均达到100%，对资助儿童入学和扫盲教育工程、种植业/林业/养殖业扶贫资金、扶贫培训工程的满意度较低，相关比例分别为50%、33.3%、50%；藏族受访者对各项扶贫项目的评价差异不大，满意率均在88.6%—99.3%之间。从城乡维度看，农村受访者对扶贫项目的整体满意度与城镇居民差异不明显。

表12-27　居民当地扶贫项目的满意度　单位：%

	移民搬迁工程	“两免一补”政策	扶贫工程生产项目	退耕还林还草补助工程	道路修建和改扩工程	基本农田建设工程	电力设施建设工程	人畜饮水工程	技术推广及培训工程	资助儿童入学和扫盲教育项目	卫生设施建设项目	种植业/林业/养殖业扶贫资金	“村村通”工程（广播电视、道路、通信网络）	“教育扶贫”工程	牧区扶贫工程	扶贫培训工程
汉族	66.7	100.0	100.0	100.0	100.0	100.0	85.7	100.0	100.0	50.0	66.7	33.3	60.0	100.0	100.0	50.0
藏族	88.6	98.6	94.7	89.7	97.8	98.5	99.3	95.4	96.2	96.8	97.3	94.3	98.4	97.1	96.9	90.6
合计	87.8	98.8	94.9	89.9	97.9	98.5	99.0	95.5	96.3	95.4	96.1	93.1	97.7	97.2	97.0	88.2
农村	87.3	99.1	96.0	90.4	98.2	98.4	99.6	95.6	98.9	96.1	97.7	93.6	98.1	96.4	96.5	88.2
城镇	89.1	97.1	92.9	91.3	97.1	100.0	98.7	95.9	88.9	94.4	93.8	93.5	96.0	100.0	100.0	88.9
合计	88.1	98.7	95.1	90.6	97.9	98.6	99.4	95.7	96.7	95.7	96.7	93.6	97.7	97.2	97.1	88.4

（四）社会预期

昌都县受访者中，认为当地未来5年生活水平将会上升很多或略有上升的占95.1%，认为略有下降的仅占0.2%，不好说的占2%，总体看昌都居民对未来生活比较有信心。从民族维度看，藏族居民对生活改善更为乐观，95.1%认为未来5年生活水平上升很多或略有上升，汉族相关比例为91.6%。从城乡维度看，城乡居民认为未来5年生活水平会上升的比例分别为98.9%、94%，城镇居民对未来生活改善的信心强于农村居民。

表 12-28　　居民对未来 5 年生活水平的预期　　单位:%、次

	上升很多	略有上升	没有变化	略有下降	不好说	合计	频次
汉族	33.3	58.3	8.3	0.0	0.1	100.0	12
藏族	42.3	52.8	2.6	0.3	2.0	100.0	381
仡佬族	0.0	100.0	0.0	0.0	0.0	100.0	1
乌孜别克族	100.0	0.0	0.0	0.0	0.0	100.0	1
合计	42.0	52.9	2.8	0.3	2.0	100.0	395
农村	40.4	53.6	3.1	0.3	2.6	100.0	319
城镇	43.8	55.1	1.1	0.0	0.0	100.0	89
合计	41.2	53.9	2.7	0.2	2.0	100.0	408

99.5%的居民对当地 2020 年建成小康社会很有信心或有信心。从民族维度看，汉族受访者对所在地区 2020 年建成小康社会的信心最强，认为很有信心或有信心的比例为 100%，藏族受访者相关比例为 99.5%。从城乡维度看，农村受访者对当地 2020 年全面建成小康社会很有信心或有信心的比例占 99.7%，城镇受访者为 98.8%，城镇略低于农村。

表 12-29　　居民对所在地区 2020 年建成小康社会的态度　　单位:%、次

	很有信心	有信心	没什么信心	没听说过	合计	频次
汉族	25.0	75.0	0.0	0.0	100.0	12
藏族	65.6	33.9	0.3	0.3	100.0	381
仡佬族	100.0	0.0	0.0	0.0	100.0	1
乌孜别克族	100.0	0.0	0.0	0.0	100.0	1
合计	64.6	34.9	0.3	0.3	100.0	395
农村	64.1	35.6	0.0	0.3	100.0	320
城镇	69.3	29.5	1.1	0.0	100.0	88
合计	65.2	34.3	0.2	0.2	100.0	408

五　民族关系

本报告从语言使用、宗教差异、族际交往、族际通婚、族群意识、当地居民对外来人员的评价、民族身份平等、民族关系主观评价状况这八个方面，对昌都县民族关系现状加以论述。

（一）语言使用

国家通用语言文字在昌都县居民中普及率不高。日常生活交谈中，97.2%的昌都县居民使用本民族语言，使用普通话的居民占39.5%，使用汉语方言的居民占8.1%。从民族维度看，汉族和仡佬族受访者日常交谈中习惯使用普通话，相关比例分别为83.3%、100%；藏族受访者中99.7%日常交谈使用藏语。从城乡维度看，农村受访者使用普通话作为日常交谈媒介的比例低于城镇，使用本民族语言的比例高于城镇受访者，但无论城乡，受访者日常交谈都主要使用本民族语言。

表12-30　居民与人交谈时语言使用情况　单位：%、次

	普通话	汉语方言	本民族语言	其他少数民族语言	频次
汉族	83.3	75.0	25.0	8.3	12
藏族	38.1	5.5	99.7	0.0	383
仡佬族	100.0	100.0	0.0	0.0	1
乌孜别克族	0.0	100.0	100.0	0.0	1
合计	39.5	8.1	97.2	0.3	397
农村	38.0	5.3	97.8	0.3	321
城镇	48.3	18.0	95.5	0.0	89
合计	40.2	8.0	97.3	0.2	410

（二）宗教信仰

受访者中有较多人有宗教信仰，且以藏传佛教为主。87.3%的受访者都信仰佛教，没有宗教信仰的受访者占8.8%，信仰伊斯兰教的受访者占0.7%，有0.6%的受访者不清楚自己的宗教信仰情况。从民族维度看，50%的汉族受访者无宗教信仰。藏族受访者主要信仰佛教，比例为89%，仍有7.6%的藏族受访者无宗教信仰。从城乡维度看，城镇受访者不信教的比例为17%，农村受访者为6.5%，说明城镇信教受访者比例低于农村受访者。其中，城镇受访者中76.1%信仰佛教，农村受访者相关比例为90.4%。

表12-31　居民宗教信仰情况　单位：%、次

	伊斯兰教	佛教	道教	天主教	基督教	民间信仰	其他（请注明）	没有宗教信仰	不知道（不清楚）	合计	频次
汉族	0.0	25.0	8.3	0.0	8.3	0.0	0.0	50.0	8.4	100.0	12

续表

	伊斯兰教	佛教	道教	天主教	基督教	民间信仰	其他（请注明）	没有宗教信仰	不知道（不清楚）	合计	频次
藏族	0.8	89.0	0.0	0.3	0.0	0.3	1.8	7.6	0.2	100.0	383
仡佬族	0.0	0.0	0.0	0.0	0.0	0.0	0.0	100.0	0.0	100.0	1
乌孜别克族	0.0	100.0	0.0	0.0	0.0	0.0	0.0	0.0	0.0	100.0	1
合计	0.8	86.9	0.3	0.3	0.3	0.3	1.8	9.1	0.2	100.0	397
农村	0.6	90.4	0.6	0.0	0.3	-	1.2	6.5	0.4	100.0	322
城镇	1.1	76.1	0.0	1.1	0.0	-	3.4	17.0	1.3	100.0	88
合计	0.7	87.3	0.5	0.2	0.2	-	1.7	8.8	0.6	100.0	410

昌都县受访者宗教信仰程度不高。在休闲时间，17.3%的受访者经常参与宗教活动。但受访者主要的休闲活动是看电视或电影、参加朋友聚会，相关比例分为84.9%、61.5%，昌都县受访者的休闲活动内容较为丰富。从民族维度看，藏族受访者在休闲时间参与宗教活动的比例最高，为17.2%，汉族相关比例为0。从城乡维度看，城镇受访者休闲时间参与宗教活动的比例为13.8%，低于农村受访者（18.2%），这也与城乡受访居民信教率相对应。

表 12-32　　休闲时间参与活动情况　　单位:%、次

	看电视或电影	上网	参加朋友聚会	文体活动	读书学习	宗教活动	频次
汉族	100.0	42.9	57.1	42.9	14.3	0.0	7
藏族	85.6	8.9	62.1	28.7	5.5	17.2	383
仡佬族	100.0	100.0	100.0	100.0	100.0	0.0	1
乌孜别克族	100.0	0.0	100.0	0.0	0.0	0.0	1
合计	86.0	9.7	62.2	29.1	5.9	16.8	392
农村	86.8	6.9	60.7	30.5	4.7	18.2	318
城镇	78.2	17.2	64.4	21.8	8.0	13.8	87
合计	84.9	9.1	61.5	28.6	5.4	17.3	405

（三）族际交往

昌都县各族受访者的族际交往意愿相对较强。各民族与本民族之外的民族成员交往评分均在3分以上，即处于愿意到非常愿意阶段。具体来看，汉族受访者主动与少数民族交往的意愿相对最强，愿意与少数民族聊天、成为邻居、一起工作等方面的比例均在90%以上。藏族受访者主动与汉族交往的意愿也较强，有关比例也均在90%以上。藏族受访者主动与其他少数民族聊天、成为邻居、一起工作的意愿相对较弱。但总体来看，民族之间的交往情况较为乐观。

表12-33　　民族交往情况　　单位：%

	聊天	成为邻居	一起工作	成为亲密朋友	结为亲家
汉族与少数民族	90.0	100.0	100.0	100.0	50.0
藏族与汉族	97.9	92.7	91.8	75.4	27.2
藏族与少数民族	93.7	88.8	86.2	71.5	23.9

（四）族际交友与族际通婚

在成为亲密朋友方面，汉族的族际交往意愿强于藏族，有关比例达到100%。藏族居民愿意与汉族、其余少数民族成为亲密朋友的比例分别为75.4%、71.5%。在族际通婚方面，各民族的意愿都不高。汉族受访者和少数民族族际通婚的意愿相对较强，相关比例为50%；藏族受访者愿意与汉族通婚的比例为27.2%；藏族受访者愿意与其余少数民族通婚的比例为23.9%。

（五）民族意识与国家意识

昌都县受访者民族意识和国家意识处于协调发展过程中。25.9%的受访者认为未来国家意识将增强，民族意识也会随之增强；52.6%的受访者认为未来民族意识增强，国家意识也随之增强；5.0%的受访者认为未来主要是国家意识增强，认为未来主要是民族自我意识增强的受访者占12.4%。值得注意的是，4.1%的受访者不清楚未来民族意识和国家意识的变化情况。从民族维度看，藏族受访者认为国家意识增强，民族意识也随之增强的比例最高，为27.7%。汉族和藏族受访者认为民族意识会增强，国家意识随之逐步增强的比例分别为54.5%、53.1%。从城乡维度看，城乡受访者都认为未来先是民族意识增强，国家意识随之增强，比例分别为40.3%、55.9%。尽管各民族受访者对民族意识和国家意识的变化顺序和侧重有所不同，但民族意识和国家意识都处于增强趋势，且逐渐趋于平衡。

表 12-34　民族意识与国家意识未来变化趋势　单位:%、次

	民族自我意识增强	国家意识增强	民族意识增强，国家意识也随之逐步增强	国家意识增强，民族意识也随之逐步增强	不清楚	合计	频次
汉族	27.3	9.1	54.5	0.0	9.1	100.0	11
藏族	10.3	5.0	53.1	27.7	3.9	100.0	339
仡佬族	0.0	0.0	100.0	0.0	0.0	100.0	1
合计	10.8	5.1	53.3	26.8	4.0	100.0	351
农村	11.2	3.5	55.9	24.5	4.9	100.0	286
城镇	16.9	10.4	40.3	31.2	1.2	100.0	77
合计	12.4	5.0	52.6	25.9	4.1	100.0	363

（六）当地居民对外来人员的态度

昌都县对外来人员的开放程度较高。当地受访者对县外省内的外来流入人员持欢迎态度的比例为98%，对省外国内外来流入人员持欢迎态度的比例为96.7%，对外国人持欢迎态度的比例为87.4%。从民族维度看，汉族受访者对外来流入人员的欢迎程度最高，相关比例均为100%。藏族受访者对县外省内、省外国内和外国流入人员持欢迎态度的比例分别为97.9%、96.6%、86.9%，藏族受访者有关态度受亲疏关系基础上的心理距离影响较为明显。从城乡维度看，农村受访者对各类外来流入人员的欢迎程度均高于城镇受访者。

表 12-35　当地居民对外来人员的态度　单位:%、次

	县外省内的外来流入人员				省外国内的外来流入人员				外国人			合计	频次
	欢迎	不欢迎	视情况而定	不清楚	欢迎	不欢迎	视情况而定	不清楚	欢迎	视情况而定	不清楚		
汉族	100.0	0.0	0.0	0.0	100.0	0.0	0.0	0.0	100.0	0.0	0.0	100.0	11
藏族	97.9	0.3	1.3	0.5	96.6	0.3	2.3	0.8	86.9	7.3	5.8	100.0	383
仡佬族	100.0	0.0	0.0	0.0	100.0	0.0	0.0	0.0	100.0	0.0	0.0	100.0	1
乌孜别克族	100.0	0.0	0.0	0.0	100.0	0.0	0.0	0.0	100.0	0.0	0.0	100.0	1
合计	98.0	0.3	1.3	0.4	96.7	0.3	2.3	0.7	87.4	7.1	5.5	100.0	396
农村	99.1	0.3	0.3	0.3	97.8	0.3	0.9	1.0	89.4	5.3	5.3	100.0	320
城镇	94.4	0.0	4.5	1.1	93.3	0.0	6.7	0.0	82.0	12.4	5.6	100.0	89
合计	98.0	0.2	1.2	0.6	96.8	0.2	2.2	0.8	87.8	6.8	5.4	100.0	409

昌都县受访者对外来流动人员的欢迎源于多个原因。94.5%的受访者认为外来人员增加了当地投资，91.3%的受访者认为外来人员扩大了当地就业机会，认为外来人员开阔当地人眼界、提高了当地社会服务水平、带来先进技术和管理方式、有利于缩小区域间差距、增强民族交往、增加当地劳动力市场劳动力、有利于弘扬本地民族文化的比例分别为92%、76.1%、71%、63.4%、86.1%、73.6%、87.9%。从民族维度看，各民族对于大多数外来人员流入所产生的效果持肯定态度的比例均超过50%，但值得注意的是，汉族受访者认为外来人员能够“缩小区域间差异”的比例仅占50%，藏族受访者认为外来人员有助于“缩小区域间差异”的比例为63.1%，说明外来人员对汉藏两个民族形成了一定的竞争感和压迫感。从城乡维度看，相比于城镇受访者，农村受访者欢迎外来人员的原因更突出地体现在外来人员增加了当地投资、外来人员扩大了当地就业、外来人员开阔当地人眼界、提高了当地社会服务水平、带来先进技术和管理方式、有利于缩小区域间差距等6个方面。

表12-36　　欢迎外来人口的原因　　单位:%、次

	增加了当地的投资	扩大了当地的就业机会	开阔了当地人的眼界	提高了当地的社会服务水平	带来了先进技术和管理方式	有利于缩小区域间的差距	增强了民族间的交往	增加了当地劳动力市场中的劳动力	有利于弘扬本地的民族文化	频次
汉族	100.0	83.3	83.3	83.3	83.3	50.0	66.7	66.7	80.0	6
藏族	94.2	91.4	91.9	75.4	69.7	63.1	85.9	73.0	87.9	382
仡佬族	100.0	100.0	100.0	100.0	100.0	100.0	100.0	100.0	100.0	1
乌孜别克族	100.0	0.0	100.0	100.0	100.0	0.0	100.0	100.0	0.0	1
合计	94.4	91.0	91.8	75.6	70.1	62.8	85.6	73.1	87.6	390
农村	94.6	92.7	93.0	78.4	73.5	64.1	85.4	73.3	87.8	315
城镇	94.3	86.2	88.5	67.8	62.1	60.9	88.5	74.7	88.5	87
合计	94.5	91.3	92.0	76.1	71.0	63.4	86.1	73.6	87.9	402

（七）民族身份平等

当问及“在工作、学习和日常生活中，您的民族身份有无不便利的地方”时，72%的受访者回答是“没有”，经常有、偶尔有和很少有的比例非常低。另外有3.9%的受访者表示不清楚，说明在日常生活中，这部分受访者对于自己的民族身份并未形成有意识的关注，一方面可能与本民族外的成员接触较少，另一方面也可能是民族身份平等更高程度的重要体现。从民族维度看，汉族受访者85.7%表示在日常生活中，没有因民族身份出现不便利的地方；71.7%的藏族居民表示在日常生活中，没有因民族身份出现不便利的地方。

表12-37　　工作中民族身份有无不便利的地方　　单位：%、次

	偶尔有	很少	没有	不清楚	合计	频次
汉族	0.0	14.3	85.7	0.0	100.0	7
藏族	3.1	21.2	71.7	4.0	100.0	382
仡佬族	0.0	0.0	100.0	0.0	100.0	1
乌孜别克族	0.0	0.0	100.0	0.0	100.0	1
合计	3.1	21.0	72.1	3.8	100.0	391
农村	2.5	20.5	74.4	2.6	100.0	317
城镇	3.4	25.3	63.2	8.1	100.0	87
合计	2.7	21.5	72.0	3.9	100.0	404

外出旅行或出国过程中，55.7%的受访者认为没有因民族身份产生不便利。对于外出旅行或出国是否有身份不便利的地方表示不清楚的占24.8%。从民族维度看，汉族受访者和藏族受访者在外出旅行或出国时，经常或偶尔有身份不便利的比例为0、5.2%。总体来看，各民族接触外国人的频率不高，因此一部分人未对在与国外人接触中是否产生不便利未表达明确态度。

表12-38　　民族身份在外出旅行或出国时有无不便利的地方　单位：%、次

	经常有	偶尔有	很少	没有	不清楚	合计	频次
汉族	0.0	0.0	0.0	100.0	0.0	100.0	7
藏族	0.5	4.7	14.8	54.2	25.8	100.0	384
仡佬族	0.0	0.0	0.0	100.0	0.0	100.0	1
乌孜别克族	0.0	0.0	0.0	0.0	100.0	100.0	1
合计	0.5	4.6	14.5	55.0	25.4	100.0	393
农村	0.6	2.8	14.1	57.7	24.8	100.0	319
城镇	0.0	9.2	17.2	48.3	25.3	100.0	87
合计	0.5	4.2	14.8	55.7	24.8	100.0	406

（八）民族关系

从改革开放前至今，昌都县民族关系不断改善。居民对民族关系持好评的比例，由改革开放前的7.8%，上升到调查时的88.1%。改革开放至2000年期间，表示好评的比例提升近40个百分点，2000年至调查时提升近41个百分点。同时居民对民族关系的认知也逐渐清晰，对民族关系“说不清”的比例由改革开放前的10.2%下降到调查时的0.2%。从民族维度看，各民族受访者对于不同时期民族关系的好评均有较大幅度提升，其中藏族受访者提升幅度最大。从城乡维度看，2000年至调查时城镇的民族关系改善幅度较大，上升了70.8个百分点，农村上升了83个百分点。总体来看，昌都县民族关系良好，和谐程度不断提升。

表12-39　民族关系变化情况　单位：%、次

	改革开放前				改革开放至2000年				2001年以来			频次
	好	一般	不好	说不清	好	一般	不好	说不清	好	一般	说不清	
汉族	0.0	8.3	58.3	33.4	16.7	75.0	0.0	8.3	75.0	25.0	0.0	12
藏族	7.8	51.6	30.7	9.9	49.5	48.4	0.3	1.8	87.8	12.0	0.2	384
仡佬族	0.0	0.0	100.0	0.0	0.0	100.0	0.0	0.0	100.0	0.0	0.0	1
乌孜别克族	100.0	0.0	0.0	0.0	100.0	0.0	0.0	0.0	100.0	0.0	0.0	1
合计	7.8	50.0	31.7	10.5	48.5	49.2	0.3	2.0	87.4	12.3	0.3	398
农村	6.8	50.6	36.0	6.6	50.6	48.4	0.3	0.7	89.8	9.9	0.3	322
城镇	11.2	39.3	25.8	23.7	33.7	59.6	0.0	6.7	82.0	18.0	0.0	89
合计	7.8	48.2	33.8	10.2	47.0	50.9	0.2	1.9	88.1	11.7	0.2	411

六　民族政策

我国民族地区主要分布在中西部，资源环境、区位交通和历史发展条件等方面的差异，使民族地区经济社会发展程度参差不齐，且落后于内地。民族政策是处理民族问题、提升各民族发展能力、实现民族团结的重要方法。民族政策是指在一个由不同民族和族群构成的国家中，政府针对少数民族在政治、经济、文化、宗教、教育等方面所指定的制度性安排。[①] 由于针对昌都县特殊的住房保障、促进就业等具体政策已在上文有

① 关凯：《民族关系的社会整合与民族政策的类型》，《西北民族研究》2003年第2期。

所论述，这里仅从计划生育、高考加分、民族特殊优惠政策三个方面分析评估民族政策在昌都县的执行效果。

（一）计划生育政策

居民对计划生育政策的认可度较高。在对民族地区计划生育政策的评价方面，67.6%的受访者认为“好”，认为“不好”的占3.4%，认为不清楚的占10.2%。从民族维度看，藏族受访者对计划生育政策评价较高，66.8%的受访者评价为“好”。汉族受访者对计划生育政策的负面评价相对最高，认为计划生育政策不好的比例为8.3%，高于其余各民族。汉族和藏族受访者中有一部分对计划生育政策不清楚，可能是政策宣传不足造成的。从城乡维度看，城镇受访者对计划生育政策给予好评的比例为66.3%，农村相关比例为67.9%。城镇受访者对计划生育政策不清楚的占9%，农村受访者为10.6%。说明城镇受访者对计划生育政策的支持程度低于农村受访者。

表12-40　　居民对计划生育政策的评价　　单位:%、次

	好	一般	不好	不清楚	合计	频次
汉族	41.7	0.0	8.3	50.0	100.0	12
藏族	66.8	20.1	3.7	9.4	100.0	383
仡佬族	100.0	0.0	0.0	0.0	100.0	1
乌孜别克族	100.0	0.0	0.0	0.0	100.0	1
合计	66.2	19.4	3.8	10.6	100.0	397
农村	67.9	17.8	3.7	10.6	100.0	321
城镇	66.3	22.5	2.2	9.0	100.0	89
合计	67.6	18.8	3.4	10.2	100.0	410

（二）高考加分政策

居民对高考加分政策满意度较高。昌都县受访者有72.9%对少数民族高考加分政策持满意态度，不满意的占7.6%，不清楚的受访者占19.5%。说明知晓高考加分政策的受访者的政策满意度非常高，但也有一部分受访者没能直接或间接地享受或熟悉高考加分政策（中等教育需要进一步加强）。从民族维度看，藏族受访者对高考加分政策满意度较高，相关比例为

72.7%。汉族相关比例为50%，汉族受访者的满意度较低，且不满意的比例最高。可能是由于在少数民族地区，汉族居民没享受到高考加分政策，由此产生一定的被忽视感。从城乡维度看，城镇受访者对少数民族高考加分政策持满意态度的比例为73.9%，农村受访者为72.7%。城镇受访者对高考加分政策不清楚的比例占12.5%，农村受访者为21.4%。

当问及“长期居住在城市的少数民族，子女是否应该加分”时，73%的受访者认为应该，认为不应该的占5.9%，不清楚的占21.1%。从民族维度看，汉族受访者支持长期居住在城市的少数民族子女高考加分的占33.3%，而少数民族中，藏族受访者支持长期居住在城市的少数民族子女高考加分的比例为73.2%。城镇受访者中支持长期居住在城市的少数民族子女高考加分的比例高于农村受访者。

表12-41 居民对高考加分政策的态度 单位:%、次

	您如何评价针对民族地区的高考加分政策?			如果是少数民族且长期在城市居住，其子女高考是否应该加分?			频次
	满意	不满意	不清楚	应该	不应该	不清楚	
汉族	50.0	16.7	33.3	33.3	33.3	33.3	12
藏族	72.7	7.6	19.8	73.2	5.5	21.3	384
仡佬族	100.0	0.0	0.0	0.0	0.0	100.0	1
乌孜别克族	100.0	0.0	0.0	100.0	0.0	0.0	1
合计	72.1	7.8	20.1	71.8	6.4	21.8	398
农村	72.7	5.9	21.4	70.6	5.3	24.1	322
城镇	73.9	13.6	12.5	81.4	8.1	10.5	88
合计	72.9	7.6	19.5	73.0	5.9	21.1	410

（三）民族地区特殊优惠政策

关于对民族地区特殊优惠政策的评价，93.2%的受访者持满意态度，不满意的仅占0.3%，6.5%表示不清楚。从民族维度看，藏族受访者对特殊优惠政策满意度较高，相关比例为93.5%；汉族受访者对特殊优惠政策的满意度最低，相关比例为75%，不清楚的比例也最高，为25%。从城乡维度看，农村受访者对民族地区特殊优惠政策持满意态度的比例为93.6%，城镇受访者为91.6%，城镇居民略低于农村居民。

表 12-42　居民对民族地区特殊优惠政策的评价　单位：%、次

	满意	不满意	不清楚	合计	频次
汉族	75.0	0.0	25.0	100.0	12
藏族	93.5	0.3	6.2	100.0	370
仡佬族	100.0	0.0	0.0	100.0	1
乌孜别克族	100.0	0.0	0.0	100.0	1
合计	93.0	0.3	6.7	100.0	384
农村	93.6	0.3	6.1	100.0	314
城镇	91.6	0.0	8.4	100.0	83
合计	93.2	0.3	6.5	100.0	397

七　民族语言与教育

（一）普通话掌握情况

在普通话掌握能力方面，昌都县受访者中 15.7%能够流利准确地使用普通话，能熟练使用普通话但有些音不准的占 5.6%，能熟练使用但口音较重的比例占 3.2%，基本能用普通话交谈但不太熟练的占 13.9%。总体来看，昌都县受访者普通话掌握能力不强。从民族维度看，汉族受访者对普通话的掌握能力相对最强，藏族受访者掌握普通话能力最弱，一部分藏族受访者在使用普通话交谈中仍存在障碍。从城乡维度看，农村受访者掌握普通话的能力弱于城镇居民。

表 12-43　普通话掌握程度　单位：%、次

	能流利准确地使用	能熟练使用但有些音不准	能熟练使用但口音较重	基本能交谈但不太熟练	能听懂但不太熟练	能听懂一些但不会说	听不懂也不会说	合计	频次
汉族	81.8	0.0	0.0	9.1	0.0	0.0	9.1	100.0	11
藏族	12.9	6.2	3.6	14.9	15.5	16.0	30.9	100.0	194
仡佬族	100.0	0.0	0.0	0.0	0.0	0.0	0.0	100.0	1
合计	17.0	5.8	3.4	14.6	14.6	15.0	29.6	100.0	206
农村	8.7	4.7	3.5	14.5	14.5	16.3	37.8	100.0	172
城镇	43.2	9.1	2.3	11.4	15.9	9.1	9.0	100.0	44
合计	15.7	5.6	3.2	13.9	14.8	14.8	32.0	100.0	216

关于普通话的功能效用，昌都县49.4%的受访者更看重普通话对民族交往带来的便利，40.4%的受访者认为普通话对工作生活各方面都有好处，6.1%的受访者认为普通话主要功能是方便做买卖。从民族维度看，藏族受访者认为普通话能够给工作生活各方面带来综合效益的人数比例为40.4%。汉族相关比例较高，为58.3%。相比于其余民族，藏族受访者更重视普通话在做买卖中的作用，也更关注普通话对民族交往带来的便利。从城乡维度看，城镇受访者认为普通话对工作生活各方面都有好处的人数比例为46.1%，农村为38.8%，因此城镇受访者更能看到普通话的多功能效益，这可能是由于普通话在城镇的使用空间更大，用途更多样化。

表12-44　关于普通话的效用评价　单位：%、次

	有好处，方便与其他民族交往	有好处，方便做买卖	对工作生活各方面都有好处	不好说	没太大好处	合计	频次
汉族	41.7	0.0	58.3	0.0	0.0	100.0	12
藏族	49.0	6.5	40.4	3.3	0.8	100.0	384
仡佬族	0.0	0.0	100.0	0.0	0.0	100.0	1
乌孜别克族	100.0	0.0	0.0	0.0	0.0	100.0	1
合计	48.7	6.3	41.0	3.2	0.8	100.0	398
农村	49.1	7.5	38.8	4.0	0.6	100.0	322
城镇	50.6	1.1	46.1	1.1	1.1	100.0	89
合计	49.4	6.1	40.4	3.4	0.7	100.0	411

（二）双语教育情况

昌都县居民整体送子女到双语学校就学的意愿较强。69%的受访者愿意送子女到双语学校学习，表示无所谓的占29.5%，1.5%的受访者不愿意。从民族维度看，藏族受访者愿意送子女到双语学校学习的比例为67.9%，相关意愿最强，汉族受访者相关比例为66.7%，汉族和藏族受访者让子女到双语学校就学的意愿差异不明显。从城乡维度看，城镇受访者愿意送子女到双语学校学习的比例为83%，农村受访者为65.2%，农村受访者低于城镇受访者。在民族分布因素影响之外，可能是城镇居民对于双语教育的功能更加看重，认为学习双语所能发挥的作用更大。

表 12-45　　父母对子女就学于双语教育学校的意愿　　单位：%、次

	愿意	不愿意	无所谓	合计	频次
汉族	66.7	8.3	25.0	100.0	12
藏族	67.9	1.3	30.8	100.0	383
仡佬族	100.0	0.0	0.0	100.0	1
乌孜别克族	100.0	0.0	0.0	100.0	1
合计	68.0	1.5	30.5	100.0	397
农村	65.2	0.9	33.9	100.0	322
城镇	83.0	3.4	13.6	100.0	88
合计	69.0	1.5	29.5	100.0	410

在双语教育效果评价方面，59.9%的受访者给予正面评价，负面评价占0.2%，不清楚的占33.5%。从民族维度看，藏族受访者对双语教育效果的评价较高，正面评价占59.4%；汉族受访者对双语教育效果评价为不清楚的比例较高，为50%。从城乡维度看，城镇受访者对双语教育效果的评价高于农村受访者。

表 12-46　　双语教育效果评价　　单位：%、次

	好	一般	不好	不清楚	合计	频次
汉族	33.3	16.7	0.0	50.0	100.0	12
藏族	59.4	6.3	0.3	34.0	100.0	382
仡佬族	0.0	0.0	0.0	100.0	100.0	1
乌孜别克族	100.0	0.0	0.0	0.0	100.0	1
合计	58.6	6.6	0.3	34.5	100.0	396
农村	56.9	5.0	0.3	37.8	100.0	320
城镇	70.8	11.2	0.0	18.0	100.0	89
合计	59.9	6.4	0.2	33.5	100.0	409

关于少数民族地区干部学习当地民族语言的态度，昌都县受访者中96.2%认为很有必要，认为没有必要的仅占1%。从民族维度看，藏族受访者认为少数民族地区干部应当学习当地民族语言的为96.2%；汉族受访者持此观点的人数比例为91.7%。从城乡维度看，城镇受访者认为少数民族地区干部有必要学习当地民族语言的人数比例更高，人数比例为

98.8%，农村受访者为95.5%。

表12-47　居民对到少数民族地区工作的干部学习掌握当地民族语言的态度

单位：%、次

	有必要	一般	没必要	不清楚	合计	频次
汉族	91.7	8.3	0.0	0.0	100.0	12
藏族	96.2	1.6	1.1	1.1	100.0	368
仡佬族	100.0	0.0	0.0	0.0	100.0	1
乌孜别克族	100.0	0.0	0.0	0.0	100.0	1
合计	96.1	1.8	1.0	1.1	100.0	382
农村	95.5	1.9	1.3	1.3	100.0	312
城镇	98.8	1.2	0.0	0.0	100.0	83
合计	96.2	1.8	1.0	1.0	100.0	395

八　民族文化传承与保护

（一）民族文化认知

总体来看，昌都县受访者认为本民族最具特色的文化类型是传统服饰，相关比例为47.3%；其次是传统民居，比例为21.7%；再次是传统节日，比例为11.3%。从民族维度看，汉族受访者认为最具特色的民族文化是传统服饰，持这种看法的汉族受访者占71.4%；藏族受访者认为最具特色的民族文化类型也是传统服饰，相关比例为46.6%。此外，藏族受访者的民族文化特色最为多元。由此可见，各民族对于本民族最具特色的文化认知存在一定差异。城乡居民均认为最能代表本民族文化特色的文化类型是传统服饰。

表12-48　本民族最具特色的文化类型　单位：%、次

	传统民居	传统服饰	传统节日	人生礼仪	传统文娱活动	传统饮食	道德规范	人际交往习俗	传统生产方式	宗教活动习俗	其他（请注明）	合计	频次
汉族	28.6	71.4	0.0	0.0	0.0	0.0	0.0	0.0	0.0	0.0	0.0	100.0	7
藏族	21.6	46.6	11.7	0.5	1.8	3.9	0.3	3.1	0.5	9.1	0.9	100.0	384
仡佬族	0.0	100.0	0.0	0.0	0.0	0.0	0.0	0.0	0.0	0.0	0.0	100.0	1
乌孜别克族	0.0	0.0	0.0	0.0	0.0	100.0	0.0	0.0	0.0	0.0	0.0	100.0	1

续表

	传统民居	传统服饰	传统节日	人生礼仪	传统文娱活动	传统饮食	道德规范	人际交往习俗	传统生产方式	宗教活动习俗	其他（请注明）	合计	频次
合计	21.6	47.1	11.5	0.5	1.8	4.1	0.3	3.1	0.5	8.9	0.6	100.0	393
农村	25.7	46.1	11.6	0.0	1.9	2.2	0.0	3.1	0.6	8.8	0.0	100.0	319
城镇	6.9	51.7	10.3	2.3	1.1	10.3	1.1	3.4	0.0	9.2	3.7	100.0	87
合计	21.7	47.3	11.3	0.5	1.7	3.9	0.2	3.2	0.5	8.9	0.8	100.0	406

关于最需要保护的民族文化类型，40%的受访者认为是传统服饰，12.6%的受访者认为是传统节日，12.3%的受访者认为是传统民居。从民族维度看，汉族、藏族受访者认为最需保护的民族文化是传统服饰，比例分别为42.9%、39.7%。从城乡维度看，城镇受访者认为最需保护的民族文化是传统服饰，比例为36.8%；农村受访者也认为最需保护的民族文化是传统服饰，比例为40.9%。

表12-49　本民族最需要保护的文化类型　单位：%、次

	传统民居	传统服饰	传统节日	人生礼仪	传统文娱活动	传统饮食	道德规范	人际交往习俗	传统生产方式	宗教活动习俗	其他（请注明）	合计	频次
汉族	14.3	42.9	0.0	0.0	14.3	0.0	14.3	0.0	0.0	14.2	0.0	100.0	7
藏族	12.5	39.7	12.3	3.7	6.5	4.4	1.8	3.1	0.5	12.3	3.2	100.0	383
仡佬族	0.0	0.0	0.0	0.0	0.0	100.0	0.0	0.0	0.0	0.0	0.0	100.0	1
乌孜别克族	0.0	100.0	0.0	0.0	0.0	0.0	0.0	0.0	0.0	0.0	0.0	100.0	1
合计	12.5	39.8	12.0	3.6	6.6	4.6	2.0	3.1	0.5	12.2	3.1	100.0	392
农村	14.2	40.9	12.9	3.1	7.2	2.5	2.5	3.1	0.6	11.9	0.1	100.0	318
城镇	5.7	36.8	11.5	4.6	3.4	11.5	0.0	3.4	1.1	11.5	10.5	100.0	87
合计	12.3	40.0	12.6	3.5	6.4	4.4	2.0	3.2	0.7	11.9	3.0	100.0	405

（二）民族文化传承

昌都县受访者中67.6%认为本民族文化传承的主要途径是家庭、邻里和亲朋的耳濡目染，17.8%的受访者认为是广播、电视、互联网等。从民族维度看，均认为传承本民族文化的主要途径是家庭、邻里、亲朋耳濡目染，汉族、藏族受访者比例分别为85.7%、67.8%。汉族、藏族通过广播、电视、互联网等现代传播媒介传承文化的比例分别为14.3%、17%。

在传承民族文化上，学校教育、村社文化活动场所和图书报刊等传播媒介的使用率不高。由此可见，以家庭为主的社会网络依然是昌都县各民族传播本民族文化的主要途径，而现代化正规传播媒介未占主要地位。

表 12-50　民族文化传承途径

单位：%、次

	家庭、邻里、亲朋耳濡目染	学校教育	村庄或社区的公共文化等活动	旅游展示	广播、电视、互联网等	其他（请注明）	合计	频率
汉族	85.7	0.0	0.0	0.0	14.3	0.0	100.0	7
藏族	67.8	11.5	1.8	1.3	17.0	0.6	100.0	382
仡佬族	100.0	0.0	0.0	0.0	0.0	0.0	100.0	1
乌孜别克族	0.0	100.0	0.0	0.0	0.0	0.0	100.0	1
合计	68.0	11.5	1.8	1.3	16.9	0.5	100.0	391
农村	70.4	6.6	0.9	0.9	20.4	0.8	100.0	318
城镇	57.0	27.9	4.7	2.3	8.1	0.0	100.0	86
合计	67.6	11.1	1.7	1.2	17.8	0.6	100.0	404

昌都县受访者对本民族文化传承的信心较强。在民族语言文字方面，99.3%的受访者认为子女和长辈相比有更强烈的接受意愿。在民族风俗传承方面，90.6%的受访者对子女传承本民族风俗很有信心，其中藏族受访者对民族风俗传承信心相对较弱，相关比例为 90.1%。在宗教传承信心方面，83%的受访者很有信心，1.2%的受访者缺乏信心，15.8%的受访者表示无所谓。从民族维度看，藏族受访者对本民族的宗教信仰传承信心相对较弱。在本民族特色手工艺传承方面，86.9%的受访者很有信心，其中藏族受访者的信心相对较弱，比例为 86.2%，其余各民族受访者差异不明显。

表 12-51　子代和上辈相比接受本民族语言、文化和风俗习惯的意愿

单位：%、次

	语言文字			风俗			宗教			特色手工艺			合计	频次
	愿意	不愿意	无所谓	愿意	不愿意	无所谓	愿意	不愿意	无所谓	愿意	不愿意	无所谓		
汉族	100.0	0.0	0.0	100.0	0.0	0.0	100.0	0.0	0.0	100.0	0.0	0.0	100.0	7
藏族	99.2	0.5	0.3	90.1	0.5	9.4	82.2	1.3	16.5	86.2	0.5	13.3	100.0	384
仡佬族	100.0	0.0	0.0	100.0	0.0	0.0	100.0	0.0	0.0	100.0	0.0	0.0	100.0	1

续表

	语言文字			风俗			宗教			特色手工艺			合计	频次
	愿意	不愿意	无所谓	愿意	不愿意	无所谓	愿意	不愿意	无所谓	愿意	不愿意	无所谓		
乌孜别克族	100.0	0.0	0.0	100.0	0.0	0.0	0.0	0.0	100.0	0.0	0.0	100.0	100.0	1
合计	99.2	0.5	0.3	90.3	0.5	9.2	82.4	1.3	16.3	86.3	0.5	13.2	100.0	393
农村	99.1	0.6	0.3	89.3	0.6	10.1	85.9	0.6	13.5	88.4	0.3	11.3	100.0	319
城镇	100.0	0.0	0.0	95.4	0.0	4.6	72.1	3.5	24.4	81.6	0.0	18.4	100.0	87
合计	99.3	0.5	0.2	90.6	0.5	8.9	83.0	1.2	15.8	86.9	0.2	12.8	100.0	406

（三）民族文化保护

在对待历史建筑拆迁改造的看法上，60%的受访者主张保持原貌不动，26.9%的受访者主张保留外形但内部可以改造，主张异地重建和直接拆迁的比例较小，没有形成明确看法的受访者占4.6%。总体来看，受访者保护历史建筑的意识相对较强。从民族维度看，藏族受访者文化保护意识较汉族受访者更强，认为历史建筑应该保持原貌不动的占60.8%。汉族受访者文化保护意识相对较弱，认为应该保持历史建筑原貌不动的占57.1%。从城乡维度看，城镇受访者对历史建筑的保护意识强于农村受访者，城乡受访者中认为历史建筑应保持原貌不动的比例分别为79.1%、54.7%。

表12-52　　居民对历史建筑（以旧的传统民居和祖屋为主）改造拆迁的看法

单位：%、次

	保持原貌不动	保留外形但内部可改造	直接拆迁	异地重建	不清楚	合计	频次
汉族	57.1	28.6	14.3	0.0	0.0	100.0	7
藏族	60.8	27.6	3.2	3.4	5.0	100.0	380
仡佬族	100.0	0.0	0.0	0.0	0.0	100.0	1
乌孜别克族	100.0	0.0	0.0	0.0	0.0	100.0	1
合计	60.9	27.5	3.3	3.3	5.0	100.0	389
农村	54.7	32.3	5.1	3.5	4.4	100.0	316
城镇	79.1	7.0	2.3	5.8	5.8	100.0	86
合计	60.0	26.9	4.5	4.0	4.6	100.0	402

关于在城建过程中自家房屋被拆迁的看法，66.3%的受访者认为应该服

从国家需要，20.7%的受访者认为只要价钱合理就行，3.4%的受访者认为依拆迁方式而定，7.1%的受访者看周围邻居态度。从民族维度看，汉族受访者对自家房屋被拆迁的看法主要是服从国家需要，比例为100%。藏族受访者的主要看法是服从国家需要，比例为64.8%；其次是只要价钱合理就行，相关比例为21.9%。从城乡维度看，城乡受访者在城建过程中自家房屋被拆迁的态度上大都服从国家需要，但存在一定差异。相比于农村受访者，城镇受访者更注重房屋拆迁所能带来的经济价值。

表12-53　关于城建过程中自家房屋被拆迁的态度　单位：%、次

	只要价钱合理就行	价钱再高也不愿意拆迁	服从国家需要	看周围邻居态度	看拆迁工作的方式方法	合计	频次
汉族	0.0	0.0	100.0	0.0	0.0	100.0	7
藏族	21.9	2.3	64.8	7.3	3.4	100.0	384
仡佬族	0.0	0.0	100.0	0.0	0.0	100.0	1
乌孜别克族	0.0	0.0	100.0	0.0	0.0	100.0	1
合计	21.4	2.3	65.6	7.1	3.6	100.0	393
农村	18.2	2.8	69.0	7.2	2.8	100.0	319
城镇	29.9	1.1	56.3	6.9	5.8	100.0	87
合计	20.7	2.5	66.3	7.1	3.4	100.0	406

当开发旅游资源和保护本民族文化遗产发生冲突时，63.1%的受访者主张以保护本民族传统文化为主，不赞同过度商业化；主张以发展经济、提高现代生活水平为主的受访者占23.9%。从民族维度看，各民族受访者在经济发展和文化保护上，均倾向于文化保护一端，但各民族受访者存在一定差异。从城乡维度看，城镇受访者主张以保护本民族传统文化为主的占60.5%，农村受访者相关比例为63.8%，可以说城镇受访者的本民族文化保护意识弱于农村受访者。

表12-54　当开发旅游资源和保护本民族文化遗产发生冲突时的态度

单位：%、次

	以发展经济、提高现代生活水平为主	保护民族传统文化为主，不赞同过度商业化	不好说	合计	频次
汉族	0.0	71.4	28.6	100.0	7

续表

	以发展经济、提高现代生活水平为主	保护民族传统文化为主，不赞同过度商业化	不好说	合计	频次
藏族	23.3	63.9	12.8	100.0	377
仡佬族	0.0	0.0	100.0	100.0	1
乌孜别克族	0.0	100.0	0.0	100.0	1
合计	22.8	64.0	13.2	100.0	386
农村	23.1	63.8	13.1	100.0	312
城镇	26.7	60.5	12.8	100.0	86
合计	23.9	63.1	13.0	100.0	398

昌都县受访者对政府保护民族文化工作的评价较高，94.9%的受访者对政府的民族文化保护工作持满意态度。从民族维度看，汉族受访者的相关满意比例最高，为100%；藏族受访者持不满意态度的比例最高，为0.3%；藏族受访者中对政府保护民族文化工作表示不好说的比例为5.2%。从城乡维度看，城镇受访者对政府保护民族文化工作满意的比例为95%，农村受访者为94.8%。

表12-55　　对政府保护民族文化工作的评价　　单位：%、次

	满意	不满意	不好说	合计	频率
汉族	100.0	0.0	0.0	100.0	7
藏族	94.5	0.3	5.2	100.0	348
仡佬族	100.0	0.0	0.0	100.0	1
乌孜别克族	100.0	0.0	0.0	100.0	1
合计	94.7	0.3	5.0	100.0	357
农村	94.8	0.3	4.9	100.0	289
城镇	95.0	0.0	5.0	100.0	80
合计	94.9	0.3	4.8	100.0	369

九　社会和谐与安定

社会安定与和谐是民族地区经济社会发展的重要目标之一，本报告将从社会压力感、社会安全感、社会公平感、社会冲突感、政府处理突发事

件的能力五个方面对昌都县社会和谐与安定程度进行测量分析。

（一）社会压力

昌都县居民的整体压力感较大。具体来看，受访者最大的压力是经济压力，比例为69.3%；其次是孩子医疗/健康压力，比例为59.4%；再次是个人发展方面的压力，比例为49.9%。受访者婚姻生活压力最小，仅10.3%；社交压力也相对较小，有这方面压力的受访者仅占25.2%。从民族维度看，汉族受访者最主要的压力来源是经济压力，有关比例为66.7%，同时在个人发展、孩子教育、赡养父母等方面的压力也较大，相关比例均大于等于50%；藏族受访者的主要压力也是经济压力，除此之外，医疗健康压力也较大。从城乡维度看，城镇受访者在个人发展、孩子教育、医疗健康、赡养父母、住房等各方面的压力均较农村受访者更大。

表12-56　社会压力情况（压力很大或有压力）　单位：%、次

	经济压力	个人发展	社交压力	孩子教育压力	医疗/健康压力	赡养父母压力	住房压力	婚姻生活压力	总体社会生活压力	频次
汉族	66.7	58.3	25.0	50.0	41.7	50.0	50.0	25.0	45.5	12
藏族	70.5	50.8	25.4	54.9	60.5	30.2	39.8	9.7	57.2	382
仡佬族	0.0	0.0	0.0	0.0	0.0	0.0	0.0	0.0	0.0	1
乌孜别克族	100.0	100.0	0.0	100.0	100.0	0.0	100.0	0.0	100.0	1
合计	70.3	51.0	25.3	54.7	59.8	30.6	40.2	10.2	56.8	396
农村	69.5	47.2	25.0	52.0	56.3	28.8	36.9	10.1	52.9	320
城镇	68.5	59.6	25.8	66.3	70.8	35.2	47.2	11.2	67.0	89
合计	69.3	49.9	25.2	55.1	59.4	30.1	39.1	10.3	56.0	409

（二）社会安全感

在社会安全感方面，昌都县总体情况较好，不安全或很不安全的比例仅占1.5%。具体来看，昌都县受访者对食品的安全感最弱，认为不安全或很不安全的比例达14.1%；其次是交通安全，表示不安全或很不安全的比例为9%。安全感最强的是在个人和家庭财产安全方面，有关不安全的比例为0.5%。从民族维度看，汉族受访者安全感最弱项为医疗安全，相关不安全感比例为25%；藏族受访者在食品方面的安全感最弱，相关不安全感比例为15.1%。从城乡维度看，农村受访者各项的安全感均强

于城镇受访者。

表 12-57　社会安全感状况（不安全或很不安全的比例）　单位：%

	个人和家庭财产安全	人身安全	交通安全	医疗安全	食品安全	劳动安全	个人信息、隐私安全	生态环境安全	人身自由	总体情况
汉族	0.0	0.0	16.7	25.0	8.3	8.3	0.0	0.0	0.0	0.0
藏族	0.5	1.0	9.1	8.9	15.1	2.9	3.9	3.9	2.1	1.6
仡佬族	0.0	0.0	0.0	0.0	0.0	0.0	100.0	0.0	0.0	0.0
乌孜别克族	0.0	0.0	0.0	0.0	0.0	0.0	0.0	0.0	0.0	0.0
合计	0.5	1.0	9.3	9.3	14.8	3.0	4.0	3.8	2.0	1.5
农村	0.3	0.9	8.1	7.5	9.3	2.2	2.2	2.8	1.9	1.2
城镇	1.1	1.1	12.4	13.6	31.5	5.6	9.1	6.7	2.2	2.3
合计	0.5	1.0	9.0	8.8	14.1	2.9	3.7	3.6	1.9	1.5

（三）社会公平

昌都县受访者的总体社会公平感较强，认为比较公平或很公平的比例达 97.3%。具体来看，昌都县受访者在投资经营方面的公平感最弱，认为投资经营比较公平或很公平的比例为 79%；在语言文字方面的安全感最强，相关比例为 98.3%。受访者对教育、医疗、住房、社会保障、干部选拔任用、就业发展、信息、政府办事等方面的公平感均较强。从民族维度看，汉族受访者的住房公平感最强，相关比例为 100%；藏族受访者在投资经营方面的公平感最弱，相关比例为 78.5%，在语言文字方面的公平感最强，相关比例为 98.7%。从城乡维度看，除教育公平外，农村受访者的各项社会公平感均强于城镇受访者。

表 12-58　社会公平状况　单位：%

	教育公平	语言文字公平	医疗公平	住房公平	社会保障公平	法律公平	干部选拔任用	就业、发展公平	信息公平	政府办事公平	投资经营	总体社会公平状况
汉族	75.0	83.3	83.3	100.0	83.3	75.0	75.0	75.0	75.0	75.0	75.0	83.3
藏族	96.6	98.7	95.3	95.3	89.3	81.3	85.6	84.5	84.7	95.0	78.5	97.6
仡佬族	100.0	100.0	100.0	100.0	100.0	100.0	100.0	100.0	100.0	100.0	100.0	100.0
乌孜别克族	100.0	100.0	0.0	0.0	100.0	0.0	0.0	0.0	100.0	100.0	0.0	100.0
合计	96.0	98.2	94.7	95.2	89.2	80.9	85.1	84.0	84.4	94.4	78.2	97.2

续表

	教育公平	语言文字公平	医疗公平	住房公平	社会保障公平	法律公平	干部选拔任用	就业、发展公平	信息公平	政府办事公平	投资经营	总体社会公平状况
农村	96.0	98.4	95.0	96.6	90.7	87.0	89.8	87.5	88.4	96.9	83.4	97.5
城镇	96.6	97.7	94.3	90.9	85.2	61.8	70.8	73.9	72.7	86.2	62.8	96.6
合计	96.1	98.3	94.9	95.4	89.5	81.5	85.6	84.6	85.0	94.6	79.0	97.3

（四）社会冲突

在社会冲突方面，昌都县受访者总体评价良好。认为干群之间冲突不算严重或完全不严重的受访者占84.8%。认为民族关系之间不和谐不算严重或完全不严重的人数比例为85.2%。认为不同宗教信仰者之间冲突不算严重或完全不严重的人数比例为84.2%。医患、贫富之间相关比例分别为77.4%、77.1%。从城乡维度看，农村居民对各项冲突感均低于城镇居民，因此农村的整体和谐感强于城镇。

表12-59　社会冲突状况（不算严重或完全不严重）　单位：%

	干群	民族关系	医患	贫富	不同宗教信仰者之间
汉族	58.3	58.3	58.3	75.0	66.7
藏族	85.0	85.4	78.1	77.3	83.9
仡佬族	100.0	100.0	100.0	100.0	100.0
乌孜别克族	100.0	100.0	100.0	100.0	100.0
合计	84.3	84.7	77.6	77.4	83.4
农村	88.7	88.5	79.5	77.6	87.3
城镇	70.5	73.0	69.7	75.3	73.0
合计	84.8	85.2	77.4	77.1	84.2

（五）政府应对突发事件的能力

在对政府应对突发事件能力评价方面，昌都县受访者的整体满意度较高。受访者对政府应对自然灾害事件能力的评价最高，对此表示满意的人数比例达到96.8%。对政府应对暴力恐怖事件、群体性突发事件持满意态度的人数比例均为75.6%，对生产安全事故持满意态度的人数比例为89.3%，对政府应对传染病及公共卫生事故能力满意的人数比例为79%，对政府应对一般社会治安事件能力评价为满意的受访者占 88.8%。从民族维度看，汉族受访者对政府处理一般社会治安事件能力的认可度最高，比例为 75%；藏族受访者对政府处理自然灾害事件能力的认可度最高，比例为 97.7%。总体而言，汉族受访者对政府应对突发事件的评价不及藏族受访者。从城乡维度看，除自然灾害事件外，城镇受访者对政府应对各项突发事件能力的评价，均低于农村受访者。

表 12-60　　关于政府应对突发事件能力的评价　　单位:%、次

	自然灾害事件		生产安全事故		传染病及公共卫生事故		一般社会治安事件		群体性突发事件		暴力恐怖事件		频次
	满意	不清楚	满意	不清楚	满意	不清楚	满意	不清楚	满意	不清楚	满意	不清楚	
汉族	66.7	33.3	58.3	33.3	58.3	33.3	75.0	16.7	58.3	41.7	58.3	41.7	12
藏族	97.7	2.3	89.8	7.3	78.5	16.0	89.3	7.1	75.7	21.1	75.7	22.2	383
仡佬族	100.0	0.0	100.0	0.0	100.0	0.0	100.0	0.0	100.0	0.0	100.0	0.0	1
乌孜别克族	100.0	0.0	100.0	0.0	100.0	0.0	0.0	100.0	0.0	100.0	0.0	100.0	1
合计	96.7	3.3	88.9	8.1	78.0	16.4	88.6	7.6	75.1	21.9	75.1	22.9	397
农村	96.6	3.4	92.8	5.6	81.3	16.3	91.9	6.5	80.7	16.5	81.9	15.9	321
城镇	97.8	2.2	76.4	15.7	70.8	14.6	77.3	10.2	57.3	38.2	52.8	44.9	89
合计	96.8	3.2	89.3	7.8	79.0	15.9	88.8	7.3	75.6	21.2	75.6	22.2	410

十　总结与讨论

根据以上对昌都县社会经济综合发展状况的描述和分析，可以得出以下结论。

（一）取得的成就

1. 对民族政策的满意度较高

民族政策方面，在计划生育政策和少数民族高考加分政策上，少数民族受访者对民族地区的计划生育政策满意度很高，汉族受访者的满意度相对较低。整体而言，各民族受访者对于当地的双语教育接受意愿较强。对民族特殊优惠政策非常满意。对扶贫政策和扶贫活动的满意度也比较高。受访者对各项住房政策较为满意，生活用水、用电、卫生状况较便利。关于民族地区特殊优惠政策的评价也较高。

2. 对政府工作的满意度较高

近年来，昌都经济社会全面发展对政府工作提出了诸多挑战，但从总体来看，受访者对政府工作的满意度较高。一方面受访者环保意识不断增强，政府也相应开展了多项环境保护工作并取得了较好成效，受访者对政府保护环境各项工作的评价较高。另一方面整体经济发展的同时，受访者也有共享发展成果的诉求。目前，城乡公共基础设施建设趋于均等化，学校、医院、休闲场所、邮政局等基础设施的建设获得了城乡受访者的高度认可。与此同时，昌都县受访者的民族文化保护意识较强。在政府高度重视文化传承和广泛开展文化保护工作的背景下，受访者对政府保护民族文化有关工作的满意度较高。此外，受访者对政府应对群体性事件、一般社会治安事件、自然灾害等突发事件的能力评价较高。

3. 民族关系不断改善

在聊天、一起工作、成为邻居等日常普通交往上，各民族受访者的意愿都很高。在民族认同方面，各民族受访者基本都既认同本民族意识，也认同中华民族意识，并认为本民族意识不断增强的同时，中华民族意识也持续增强。因此，昌都县受访者的本民族认同和中华民族认同比较和谐。在民族关系方面，改革开放以来，各民族受访者对民族关系的正向评价快速提高。在与外来人员的互动交往中，本县受访者绝大部分都欢迎外来人员。各民族受访者的族际交往意愿较强。民族身份平等程度较高，无论是日常生活，还是外出、出国旅行，都极少因为本民族身份而受到歧视或带来不便。

4. 生活水平持续提高

一方面，昌都县受访者的家庭自有住房率较高，整体住房条件较好，受访者对现有住房的满意度较高。另一方面，昌都县受访者社会保险覆盖率不断提高，各项社会保障措施逐渐完善。因此居民对生活水平变化整体评价较高，对未来生活比较有信心，农村受访者对生活质量的评价更乐观。同时，基于快速发展的经济社会环境和逐渐完善的社会制度，受访者的社会安全感较高，社会公平感较强，社会冲突感不明显。

（二）存在的问题

1. 经济发展水平较低

产业结构不协调，职业结构不合理，受访者职业类型集中于“不便分类的行业”，也就是说打零工，一方面使部分劳动者频繁更换职业、岗位；另一方面造成用人单位流动率大。既不利于维护劳动者的合法权益，也不利于用人单位平稳有序发展。同时对社会治理也构成一定挑战。寻找工作的途径单一，农村受访者主要依赖传统社会关系，城镇受访者主要依靠政府的行政权力配置，商业职介所发挥的作用有限。经济发展的对外开放性不足。昌都地区城镇劳动力流动以本县域内为主，在外出工作的障碍方面，32.4%的受访者认为工作辛苦收入低，23.4%受访者认为是“得不到相关就业信息”，说明本地发展无论是经济往来还是信息交流都存在一定封闭性。

2. 生态环境遭受破坏

尽管受访者对政府保护生态环境的各项工作的满意度较高，且受访者对未来生态环境改善也持有较强的信心，但必须要注意的是，受访者对当前生态环境的评价远不及对 20 年前生态环境的评价，也就是说受访者近 20 年来对生态环境的评价是持续走低的。一方面，随着物质生活条件的改善，受访者从重视基本的温饱诉求，转移到关注包括生态环境在内的生活质量；另一方面，昌都县受访者自身环保意识就很强，受访者对于生态环境的变化更为敏感。因此，必须在兼顾经济社会发展的同时，高度重视生态环境的保护。

3. 双语教育质量不高

在当前西藏各级政府把教育作为第一民生的政策背景下，昌都县各级教育也快速发展。昌都县受访者整体送子女到双语学校就学的意愿较强。但同时，受访者对双语教育质量的评价相对较低。国家通用语言文字在昌都县居民中普及率不高，居民掌握普通话的程度较低，也说明了本县双语教育质量不高。究其原因，其一是昌都县居民务农的比例相对较高，在日常生活中对于现代教育的需求不足；其二是昌都县藏族居民人口比例大，除学校以外，国家通用语言文字缺少习得环境。

4. 民族关系仍需改善

当前受访者无论是在族际交往还是在对民族关系方面的评价，都保持积极的态度。但整体而言，各民族之间交往层次仍然偏日常生活。从数据分析不难看出，各民族受访者与其他民族一起聊天、工作、成为邻居的意愿相对较强，但在成为亲密朋友、族际通婚等方面的意愿则明显较弱。成为亲密朋友和有族际通婚的意愿，是衡量民族交往深度、民族关系韧性的重要指标。由此观之，当前民族关系的改善，仍需投入进一步的研究和工作。

（三）相关对策建议

1. 加快城镇化，调整产业结构

针对昌都县农村人口比例较大、劳动力务农比例大、城乡劳动力就业渠道单一、城乡经济发展开放性不足的事实，必须加快本县城镇化进程，调整产业结构。城镇化进程不仅能够提高现有农村的家庭收入，还能够缩小农村与城镇的收入差距。加快昌都县城镇化进程的着力点在于转变农村经济发展方式。根据调查分析可知，限制农村劳动力外出就业的主要障碍是工作辛苦收入低，得不到相关就业信息。因此必须通过政策、资金、人才、技术和设备的支持，促进农村生产方式由传统向现代转变，加速城镇化进程，打破城乡相对隔离的二元并行状态，从而减少农村劳动力外出流动的障碍，解放农村劳动力。推进城镇化的过程中，要注意保护现有农村的生态环境，实现经济与自然，发展与传承的和谐。

2. 提高双语教育质量

针对当前双语教育质量不高的问题，一方面需要提高经济社会的对外开放程度，增加昌都县深化改革开放的程度，从根本上为双语教育质量的提高提供客观的环境；另一方面需要注重建设巩固双语教师队伍，加大资金投入、加强双师培训，提高课堂教学的质量。

3. 增加各民族交往的机会和频率，完善社会保障体系

当前限制民族交往的症结在于各民族之间族群规模差异较大，藏族人口比例占据绝对优势，由此民族之间互动的机会和频率较小。对此，需要增加社会流动频率。除了要加快昌都县经济发展、调整产业结构、活跃昌都县经济以外，也需要完善社会保障体系，为各族居民的流动解除后顾之忧。首先要完善社会救助、社会保险、社会福利的各个子项目设置，提高各个社会保障子项目的覆盖率，将更多的居民纳入社会保障体系中。其次，适当提高财政转移支付水平，充实社会保障各项资金，提高居民社会保障受益水平。最后，要提高社会保障机制运行效率，加大社会保障工作的监管力度，注重社会保障公平性原则，切实满足居民的社会保障需求。

第十三章

西藏洛扎县经济社会发展综合调查报告

洛扎县隶属西藏自治区山南市，藏语意为“南方大悬崖”。该县是一个历史悠久、民族特色明显的藏族聚集区。地处西藏自治区南部、喜马拉雅山南麓，位于东经90°22′—91°36′、北纬27°43′—28°28′，是西藏自治区的边境县之一，南与不丹王国接壤，边防线长200公里。洛扎县东南与措美县和错那县为邻，西北与浪卡子县相连，距山南地区行署所在地泽当镇354公里。2014年，全县国土总面积5570.3平方公里，水域面积约400平方公里，拥有丰富的水力、风力和太阳能资源。洛扎县是农牧林相结合的县，2014年，洛扎县播种面积3.1万亩，粮食产量9700吨，油菜产量880吨，牲畜出栏约2.57万头，肉类产量1106.46吨，奶类产量2869.35吨。全县完成生产总值33297万元、社会固定资产投资69996万元、县级财政收入1795万元、税收收入1415万元、社会消费品零售总额6833万元、农牧民人均纯收入8440元。[①] 境内人文景观主要有色卡古托寺、拉龙寺、卡久寺、卓瓦龙寺、朗木朗拉康（洛扎库丁寺）、洛扎摩崖石刻、吐蕃时期古墓群等。根据第六次人口普查数据，洛扎县总人口18453人，其中汉族300人（1.6%），藏族18130人（98.2%），其他的少数民族人口占0.2%。

一　调查对象基本情况

本报告的分析数据来源于中国社会科学院民族学与人类学研究所主持的国家社科基金重大项目、中国社会科学院创新工程重大专项“21世纪初中国少数民族地区经济社会发展综合调查”于2014年在洛扎县收集的家庭问卷抽样调查数据，该调查回收有效问卷302份。结合问卷内容结

① 数据来源：依据《西藏年鉴2015》整理得到。

构，报告使用社会统计软件SPSS对洛扎县居民经济生活情况、民族文化、民族关系与民族政策、公共服务、社会管理和社会和谐程度等几个方面进行描述分析，为展现和评估洛扎县经济社会发展状况提供重要参考。

回收样本数据的基本情况详见表13-1。洛扎县受访者共计302人，其中男性占27.4%，女性占72.6%。受访者绝大部分为农业户口，占98.3%；城镇户口占1.7%。年龄结构方面，30岁以下的受访者占11.2%，31—45岁的占45.4%，46—60岁的受访者占32.1%，61岁及以上的占比为11.3%。洛扎县是以藏族为主的多民族聚居区，本次受访的藏族居民占到被调查对象的99.7%。在宗教信仰方面，96.8%的受访者信奉佛教，没有宗教信仰的受访者仅占2.1%，信奉伊斯兰教和道教的受访者均占0.4%。受访者受教育水平相对较低，其中没有接受过教育的受访者占55.2%，只上过小学的占30.1%，具有初中教育水平的占13.4%，仅有1%的受访者接受过高中以上教育，具有大学专科及以上学历的受访者仅占0.3%。所以在职业选择上，本次受访者主要从事农林牧渔水利生产，这部分受访者占比达54.2%，还有41.2%属于不便分类的其他从业人员，而从事商业、服务业人员与国家机关、事业单位负责人所占比例均为1.5%，仅有0.8%的受访者从事专业技术工作。

表13-1　洛扎县问卷调查对象基本情况统计　单位:%

性别	男	27.4	民族	汉族	0.3
	女	72.6		藏族	99.7
户口	农业户口	98.3	受教育程度	未上学	55.2
	非农户口	1.7		小学	30.1
年龄	30岁及以下	11.2		初中	13.4
	31—45岁	45.4		高中、中专或职高技校	1.0
	46—60岁	32.1		大学专科及以上	0.3
	61岁及以上	11.3	主要从事职业	国家机关党群组织、事业单位负责人	1.5
宗教信仰	伊斯兰教	0.4		国家机关党群组织、事业单位工作人员	0.8
	佛教	96.8		专业技术人员	0.8
	道教	0.4		商业、服务业人员	1.5
	没有宗教信仰	2.1		农林牧渔水利生产人员	54.2
	不想说	0.3		不便分类的其他从业人员	41.2

注：户口中的城镇户口中包括了由农业户口转为居民户口的人数。

二　经济生活

居民经济生活涉及多个方面，本章选取了受访者对就业、住房、生活水平等方面的评价来反映洛扎县居民的整体经济生活状况，以期从侧面反映洛扎县的经济社会发展水平。值得说明的是，因受访者中有 98%以上的人属于农业户籍藏族，且集中从事农林牧渔水利生产行业，所以本章调查数据主要反映洛扎县农村的基本情况。

（一）劳动力就业情况

洛扎县受访者中符合劳动年龄人口（男子 16—60 周岁，女子 16—55 周岁）的比例达到 88.7%，基本上覆盖到了农村有劳动能力和就业要求的劳动适龄群体。如表 13-2 所示，本次受访者中农村受访者主要从事农林牧渔水利生产；城镇受访者主要从事商业、服务业。总体来看，洛扎县受访者从事商业、服务业人员与国家机关负责人所占比例均为 1.5%，有 0.8%的受访者从事专业技术工作，国家机关党群组织、事业单位工作人员占比为 0.8%，还有 41.2%属于不便分类的其他从业人员。

表 13-2　洛扎县受访者职业分布类型统计　单位：次、%

	频次	国家机关党群组织、事业单位负责人	国家机关党群组织、事业单位工作人员	专业技术人员	商业、服务业人员	农林牧渔水利生产人员	不便分类的其他从业人员
农村	255	1.57	0.78	0.39	0.78	54.91	41.57
城镇	5	0	0	20	40	20	20
总体	260	1.5	0.8	0.8	1.5	54.2	41.2

受访者中大部分人以务农为主，其中“只是务农”的受访者占 83.2%，“以务农为主，同时也从事非农工作”的受访者占比为 15.4%。而“以非农工作为主，同时也务农”和“只从事非农工作”的非农工作者仅占比 0.8%。“全日制学生”和“其他不工作也不上学的人员”总和为 0.8%。在外出务工方面，农业户口受访者中有 77.9%的人从来没有外出从业经历。而有外出务工经历的受访者也多以短期务工为主，其中外出务工时间在 3 年以内的受访者占比 11.7%，外出务工时间在 3 年以上的受

访者仅占10.3%。

从连续外出务工状态来看，超过一半有务工经历的受访者在受访当年没有外出务工。分析原因发现，找不到工作或担心找不到工作、家中农业缺乏劳动力、语言能力不强是最主要的三项原因。

坚持在外务工的受访者外出就业半径较小。94.3%的受访外出务工者务工范围在乡镇内，仅有5.7%的受访外出务工者务工范围在县城，没有受访者到县以外区域务工。这一情况与务工意愿的调查结果基本吻合。在外出务工地域选择意愿方面，95.2%的受访者选择了乡镇内，2.2%的人选择了与本县相邻的县，0.7%的人无所谓距离远近，只有1.1%的人愿意到省区外非相邻省区工作。

受访者外出从业渠道狭窄。87.5%的外出务工受访者是通过朋友/熟人、家人/亲戚、本民族同胞介绍外出务工，5%的受访者是通过政府/社区介绍，直接申请或通过招聘广告外出务工人员只占到受访者的5%。

对有外出工作经历的受访者而言，外出工作的主要障碍依次为得不到相关就业信息（48.8%）、被当地人看不起（26.8%）、工作辛苦收入低（11.5%）。

（二）家庭住房情况

家庭自有住房状况对居民幸福感产生影响，特别是拥有大产权住房和更多的大产权住房能够显著提高居民幸福感①。截至2015年年底，洛扎县按照“一户一宅一证一档案”工作原则，已经全面完成农村宅基地和集体土地登记发证工作，所以洛扎县农村宅基地产权明晰，受访者的住房状况可以反映出洛扎县农村的基本情况。调查发现，洛扎县受访者全部都有自有住房，且对现有住房满意度较高。拥有1套住房的受访户占88.8%，拥有3套以上住房的受访户占7.5%。95.5%的受访者对现有住房表示满意；得益于新农村建设、扶贫开发中的危房改造项目，农村受访者对住房状况表示满意的人数比例更高，为97.3%。在住房政策满意度评价方面，78.8%的受访者对商品房政策满意，91.8%的受访者对政府保障性住房政策满意，80%的受访者对城镇小产权房政策满意，80.8%的受访者对城镇棚户区改造政策表示满意（见表13-3）。

① 李涛等：《住房与幸福：幸福经济学视角下的中国城镇居民住房问题》，《经济研究》2011年第9期。

表 13-3　　洛扎县受访者对住房的满意度统计　　单位:%

	满意	一般	不满意	不清楚
住房	95.5	4.2	0. 3	0
商品房政策	78.8	18.2	3	0
政府保障性住房政策	91.8	6.9	1. 3	0
城镇小产权政策房	80	12.7	7. 3	0
城镇棚户区改造政策	80.8	9.1	9. 0	0
农村住房改造政策	97.3	1.5	1. 2	0

（三）生活状况评价

无论是对与5年前相比现在生活的评价，还是对5年后生活的预期，洛扎县受访者大多有较积极的评价。如表13-4所示，与5年前相比，认为现在的生活水平上升很多的受访者占到79.3%；19.3%的受访者认为相比之下略有上升；仅有0.7%的受访者没有体会到变化。对未来5年的预期，有72.8%的受访者认为生活水平会上升很多，25.2%的受访者判断5年后的生活水平略有上升，仅有0.7%的受访者认为可能没有变化。

表 13-4　　洛扎县受访者生活水平评价统计　　单位：次、%

时间段	频次	上升很多	略有上升	没有变化	不好说
过去5年	300	79.3	19.3	0.7	0.7
未来5年	300	72.8	25.2	0.7	1.3

洛扎县受访者对2020年全面建成小康社会充满信心。有78.7%的受访者很有信心；20.3%的受访者表示“有信心”；仅有0.7%的受访者缺少信心（见表13-5）。调查发现，没有信心的受访者主要对现有的居住条件不满意，因经济收入提高慢和本地自然条件差对未来持悲观态度。

表 13-5　　洛扎县受访者对2020年建成小康社会评价统计　单位：次、%

	频次	很有信心	有信心	没什么信心	没听说过
占比	295	78.7	20.3	0.7	0.3

受访者对加快本地建设小康社会提出的建议中按人数占比，依次是：加快发展当地经济（45.2%）；加快当地基础设施建设（31.5%）；中央政策应落实到位（8.2%）；提高当地教育水平（5.8%）；提高当地医疗水平（4.5%）；应提高就业工资（2.7%）；政府应当更加廉洁（0.7%）与扩大当地就业和调控房价（0.7%）。

三　民族文化

洛扎县拥有独特的自然资源和人文资源，神秘古老的藏民族文化风情让洛扎县充满神秘色彩，因此洛扎县也被称为“藏南秘境”。本次调查主要针对农村藏族群体，从民族语言、民众对民族文化的主观认识和评价等方面予以切入，透过问卷了解洛扎县民族文化在碰撞、交融过程中的问题和困惑。

1. 民族文化现状

洛扎县的“鲁古拉姆”和“白林羌姆”都被列为西藏自治区非物质文化遗产保护名录，古碉楼群被列入《中国世界文化遗产预备名录》[①]。洛扎县少数民族文化类型多样，除非物质文化遗产外，受访者认为最具特色的少数民族文化类型排名前三位的分别是传统民居、传统服饰和传统节日（见表13-6）。

表13-6　　受访者认为最具特色的少数民族文化类型　　单位：次、%

	频次	传统民居	传统服饰	传统节日	人生礼仪	传统文娱活动	传统饮食	道德规范	人际交往习俗	传统生产方式	宗教活动习俗
第一位	299	78.8	11.3	4.0	3.3	1.0	0	0	0.7	0	0
第二位	299	1.7	49	27.2	13.2	3.0	0.7	1.7	2	0.7	0
第三位	299	4.7	1.0	47.5	16.4	5.4	7.7	7.7	2.7	1.3	5.7

洛扎县受访者对本县/市保护本地文化和少数民族文化持满意态度的占比达77.3%。洛扎县受访者认为最需要保护的传统文化，第一位排序依次是传统民居、传统服饰；第二位排名靠前的依次是传统服饰、传统节日和传统文娱活动；第三位需要保护的传统文化包括传统节日、传统饮食、传统文娱活动和宗教活动习俗（见表13-7）。

---

① 《洛扎古碉楼群将申报世界文化遗产》，山南网（http：//www.xzsnw.com/xqxw/luozha/49159.html）。

表 13-7　受访者认为政府最需要保护的传统文化排序　单位：次、%

	频次	传统民居	传统服饰	传统节日	人生礼仪	传统文娱活动	传统饮食	道德规范	人际交往习俗	传统生产方式	宗教活动习俗
第一位	289	64.4	22.1	5.2	1.0	2.4	4.5	0	0.3	0	0
第二位	289	0	41.2	17.3	10	17	8	3.5	2.1	1.0	0
第三位	289	0.3	4.2	35.6	3.5	13.8	15.2	8.3	3.1	2.4	13.5

洛扎县受访者了解和学习本民族文化的渠道第一种途径来自家庭、邻里、亲朋的耳濡目染和广播、电视及互联网媒体；第二种途径是村庄或社区举办的公共文化活动以及图书报刊、学校教育等；第三种途径中排名靠前的有广播、电视及互联网媒体和村庄或社区举办的公共文化活动（见表13-8）。总体来看，言传身教在文化传播中的作用最大，其次是电子媒体的传播，再次才是学校教育和公共文化活动。对于民族地区来说，加强学校中关于地方特色文化教育十分必要，同时也要重视电子媒体对于民族文化传播的影响力。

表 13-8　受访者了解本民族文化的主要渠道　单位：%

	家庭、邻里、亲朋的耳濡目染	学校教育	村庄或社区的公共文化活动	旅游展示	广播、电视、互联网等	图书报刊	其他
途径一	64.4	1.7	3.4	0.7	27.8	1.4	0.7
途径二	1	25.9	35	0.3	2.7	27.9	7.1
途径三	3.2	6.9	33.2	2.3	41.9	2.8	9.7

大部分洛扎县受访者说不出体现本地发展特色和精神特色的口号。受访者平时获取信息和文化知识的途径主要是通过广播、电视、手机、农家书屋等（见表 13-9）。

表 13-9　受访者平时获取信息和文化知识的途径统计　单位：%

	网络	广播	电视	手机	农家书屋	政府办的培训班	家庭、邻里、亲朋的耳濡目染	其他
途径一	1	35.2	62.1	1.7	0	0	0	0
途径二	0	33.5	43.1	20.6	2	0.8	0	0
途径三	1.4	10.7	1.9	34.6	44.4	5.6	0	1.4
途径四	0	0	0	3	11.4	12.9	6.8	0

受访者休闲时间参与活动比较单一，主要是看电视或电影和宗教活

动，相关比例分别为96.7%、58.5%（见表13-10）。

表13-10 受访者休闲时间参与活动情况 单位：次、%

	频次	看电视或电影	上网	朋友聚会	文体活动	读书学习	宗教活动
总体	299	96.7	0	18.4	11	3.3	58.5

2. 民族文化传承

民族语言是民族文化传承的一个重要特征。调查发现，洛扎县藏族居民本民族语言传承较好，在日常生活交流中基本使用本民族语言。有94%的受访者表示小时候最先会说的是本民族语言，只有不到6%的受访者小时候最先会说的是普通话。现在能够使用普通话交流的受访者仅占42.8%，大部分藏族受访者日常交流主要以本民族语言为主，有53.2%的受访者既听不懂也不会说普通话，有4%的受访者表示能听懂一些但不太会说（见表13-11）。但99%的受访者表示学习普通话是有好处的，可以方便与其他民族交往，可以方便做买卖，方便生活的方方面面。

表13-11 洛扎县受访者语言使用情况 单位：次、%

	频次	能流利准确地使用	能熟练使用，但有些音不准	能熟练使用但口音较重	基本能交谈但不太熟练	能懂一些但不太会说	听不懂也不会说
普通话	23	30.7	6.7	2.7	2.7	4	53.2
本民族语言	168	94.8	4.0	0.6	0.6	0	0

由于受教育水平因素影响，洛扎县受访者虽然使用本民族语言，但只有25.3%的使用者能够掌握足够多文字并流利书写，有19.3%的受访者完全不能用文字书写本民族语言。相比较而言，虽然使用汉字和普通话的人群较小，但有40.5%的受访者掌握足够多汉字并能够流利书写，有16.2%的受访者掌握汉字数量不够，书写并不流利（见表13-12）。

表13-12 洛扎县受访者文字掌握情况 单位：次、%

	频次	掌握足够多文字，能流利书写	掌握较多文字，能书写书信	掌握文字数量不够，书写不流利	掌握文字太少，只能写点简单的字句	完全不能用文字书写
汉字	37	40.5	5.5	16.2	2.7	35.1
本民族文字	150	25.3	4.8	45.3	5.3	19.3

受访者认为子女对传承本民族语言、文化和风俗习惯的意愿是较高的。如表 13-13 所示，有 98.6%的受访者认为子女愿意传承本民族语言文字；98.3%的受访者认为子女愿意接受本民族宗教信仰和特色手工艺；94%的受访者表示子女愿意按本民族风俗习惯生活；仅有 0.3%的受访者认为子女与长辈相比，不愿意再接受语言文字和本民族的生活方式。

表 13-13　受访者子女接受传统文化的意愿统计　单位：%

	语言文字	风俗习惯	宗教信仰	特色手工艺
愿意	98.6	94.0	98.3	98.3
不愿意	0.3	0.3	0	0
无所谓	1.1	5.7	1.7	1.7

对下一代未成年人接受双语教育，见表 13-14 所示，87.1%的洛扎县受访者愿意送孩子去双语学校学习；12.6%的受访者对是否选择双语教育态度不明确；只有 0.3%的受访者不愿意送孩子到双语学校学习，原因是受访者的孩子已经辍学。大部分受访者认为学习双语更易沟通、更容易找到工作且未来更有前途。

表 13-14　受访者送孩子去双语学校学习的意愿　单位：次、%

	频次	愿意	不愿意	无所谓
居民意愿	295	87.1	0.3	12.6

洛扎县受访者对双语教育的评价整体较高，如表 13-15 所示，90.3%的受访者认为双语教育好，2%的受访者认为现有的双语教育水平一般，有 6%的受访者不清楚双语教育，还有 1.7%的受访者对双语教育不满意。

表 13-15　受访者对双语教育的评价　单位：次、%

	频次	好	一般	不好	不清楚
满意度	299	90.3	2	1.7	6

3. 资源开发与文化保护

洛扎县藏族居民对文化交流意愿较高，有 97.4%的受访者对本市县以外的流入人员持欢迎态度，有 97%的受访者对省外国内的外来流入人员表示欢迎，98.8%的受访者表示欢迎外国人进入洛扎县。

在面对资源开发和保护传统文化发生冲突时，如表13－16所示，63.6%的受访者认为应该以保护本民族传统文化为主，不赞同过度商业化；31.3%的受访者持保留态度；仅有5.1%的受访者明确表示要以发展经济、提高现代生活水平为主。

表13－16　　受访者对资源开发和保护文化冲突时的态度　　单位：次、%

	频次	以发展经济、提高现代生活水平为主	以保护本民族传统文化为主，不赞同过度商业化	不好说
总体	297	5.1	63.6	31.3

对如何保护历史建筑（旧的传统民居），68.9%的受访者表示不清楚，有25.8%的受访者认为应该保持原貌不动，4.6%的受访者认为保留外形但内部可以改造。问及自己的房屋被计划拆迁时，有43.3%的受访者表示只要价钱合理就同意拆迁，25.7%的受访者表示即使价钱再高也不愿意拆迁，还有25.7%的受访者会服从国家需要，4.3%的受访者选择从众心理，要看周围邻居的态度。

四　民族关系与民族政策

洛扎县是藏族聚居区，当地受访者主观上对民族关系变化情况的认识和评价折射和反映出现实环境和社会问题。本部分从民族关系现状、民族意识和族际交往三个方面描述和分析藏族与汉族与其他少数民族之间的民族关系情况。

（一）民族关系

1. 民族关系现状

洛扎县受访者认为改革开放30年来，民族关系不断改善。如表13－17所示，受访者对民族关系持好评的比例，由改革开放前的89.3%，上升到如今的94%。改革开放至2000年期间，好评上升了3个百分点，2001年至今又上升了近2个百分点。受访者普遍认为民族关系良好，持不好评价的比例为零。

从本地民族关系来看，洛扎县受访者认为自改革开放前至今，本地民族关系略有波动。如表13－17所示，改革开放到2000年的评价最高，受访者对民族关系持好评的比例达到97.7%，比改革开放前上升了3.4个百分点；从2001年至今，受访者持好评的比率略有下降，为92.3%，低于改革开放前2个百分点，比2001年以前低近5个百分点。

表13-17　洛扎县受访者对民族关系变化情况的评价　单位：%

	改革开放前				改革开放到2000年				2001年至今			
	好	一般	不好	说不清	好	一般	不好	说不清	好	一般	不好	说不清
全国	89.3	1.3	0	9.3	92.3	1.3	0	6.3	94	0.3	0	5.7
本地	94.3	3.3	0	2.3	97.7	0.7	0	1.7	92.3	0.7	0	7

2. 民族意识

民族意识是民族特征之一，亦称“民族性格”。是各民族在形成和发展过程中凝结起来的表现在民族文化特点上的心理状态，是理解民族关系变化趋势的重要视角之一。本次调查表明，洛扎县受访者对民族意识和国家意识的概念比较模糊，有73%的受访者回答不清楚，有26%的受访者认为随着国家意识的增强，民族意识也会随之增强（见表13-18）。

表13-18　受访者的民族意识与国家意识及未来变化趋势　单位：次、%

	频次	民族自我意识增强	国家意识增强	民族意识增强，国家意识也随之逐步增强	国家意识增强，民族意识也随之逐步增强	不清楚
总体	281	0.7	0	0.3	26	73

洛扎县受访者在对外介绍自我身份的选择上更倾向于中国人、本民族顺序，比例为75.7%（见表13-19），说明大部分受访者在对外进行介绍时，首先表现出国家意识和大局意识。

表13-19　受访者对外的民族意识和国家意识情况　单位：次、%

	频次	中国人、本民族	本民族、中国人	中国人和本民族不分先后	不好回答
总体	300	75.7	0	0.3	24

大部分洛扎县受访者认为民族身份和本地人身份、公民身份一样重要。如表13-20所示，有21.1%的受访者认为与公民身份相比，民族身份更重要；有0.3%的受访者表示公民身份比民族身份重要。99.7%的洛扎县受访者认为民族身份和本地人身份一样重要，由此可见，洛扎县受访

者对民族认同几乎等同于地域认同。

表 13-20 受访者对民族身份和公民身份/本地人身份的态度 单位：次、%

频率	频次	民族身份	公民身份	民族身份和公民身份一样重要
	299	21.1	0.3	78.6
	频次	民族身份	本地人身份	民族身份和本地人身份一样重要
	300	0.3	0	99.7

如果到外地生活、工作或旅游，实际上优先交往、信任的对象中，如表 13-21 所示，洛扎县受访者优先选择本民族的人和同乡，选择本民族的人（不管是否同乡）的比例是 10.7%，有 39.3%的受访者认为自己在选择交往对象时不存在民族、地域差别。

表 13-21 受访者外出时信任的对象 单位：次、%

	频次	本民族的人（不管是否同乡）	同乡（不管是否本民族的人）	本民族的人和同乡同等交往、信任	不存在民族、地域差别
总体	298	10.7	1.0	49	39.3

3. 族际交往

洛扎县藏族受访者的族际交往意愿相对较强。与汉族和其他少数民族成员交往意愿的评分均在 2 分以上，即处于比较愿意的水平。其中，与汉族群众的交往意愿最强烈，在聊天、成为邻居、成为亲密朋友、一起工作等方面的评分分别是 2.6 分、2.5 分、2.5 分、2.5 分。藏族与其他少数民族的交往意愿相对较弱，在聊天、成为邻居、一起工作、成为亲密朋友方面的评分分别为 2.4 分、2.4 分、2.1 分和 2.1 分，相比之下，联姻的意愿相对较低，只有 1.8 分。但总体来看，民族之间的交往情况较为乐观，详情见表 13-22。

表 13-22 藏族受访者民族交往意愿统计 单位：%

	对汉族人					对其他少数民族				
	很愿意	比较愿意	不太愿意	不愿意	不好说	很愿意	比较愿意	不太愿意	不愿意	不好说
聊天	39.9	34.6	0	0	25.5	47.7	16.4	0	0	35.9
成为邻居	36.3	35.9	0.3	0	27.5	43.5	20.6	0	0	35.9

续表

	对汉族人					对其他少数民族				
	很愿意	比较愿意	不太愿意	不愿意	不好说	很愿意	比较愿意	不太愿意	不愿意	不好说
一起工作	33.2	38.9	0.7	0	27.2	21.1	42.1	0	0	36.8
成为亲密朋友	32.2	39.3	1	0	27.5	16.3	46.7	0	0	37
结为亲家	28.6	35.4	2	0	34	15.3	39.7	0	0	45

注：本报告对“民族交往意愿”的评价标准进行量化的方法是：“很愿意”得4分、“比较愿意”得3分、“不太愿意”得2分、“不愿意”得1分，分值越高，意愿越强。

（二）民族政策

洛扎县受访者主要对计划生育政策和以少数民族高考加分政策为主的针对民族地区的优惠政策进行了评价。

1. 计划生育政策

按照西藏自治区的规定，农牧区的少数民族农牧民只提倡优生优育、晚婚晚育，不限定生育胎数；如有自愿实行计划生育的，给予技术指导。所以本次调查中，洛扎县受访者整体上对计划生育政策的评价较高，认为计划生育政策好的占比为80.4%；有15.7%的受访者不太清楚计划生育政策（见表13-23）。

表13-23　　受访者对计划生育政策的评价　　单位：次、%

	频次	好	一般	不好	不清楚
总体	230	80.4	3.5	0.4	15.7

2. 民族地区优惠政策

洛扎县受访者99.7%为藏族居民，94.7%的受访者对高考加分政策持满意态度，无论是针对少数民族地区还是少数民族群体的高考加分政策都受到了较高的评价，不满意的仅有0.7%（见表13-24）。可见，大部分藏族群体都受惠于民族高考加分政策。

表13-24　　受访者对高考加分政策的态度　　单位：次、%

	频次	满意	不满意	不清楚
针对民族地区	300	94.7	0.7	4.6
针对少数民族	300	94.7	1	4.3

对于长期居住在城市的少数民族是否应该享受高考加分政策，如表13-25所示，有65.3%的受访者认为应该加分，也有28.8%的受访者表示不应该给予高考加分，还有5.9%的受访者表示不清楚。

表13-25　受访者对长期居住在城市的少数民族高考加分政策的态度

单位：次、%

	频次	应该	不应该	不清楚
合计	219	65.3	28.8	5.9

对于国家给予民族地区的优惠政策，如表13-26所示，97.6%的洛扎县受访者是满意的，只有0.3%的受访者有意见，还有2.1%的受访者对此持保留态度。

表13-26　受访者对国家民族地区优惠政策的态度　单位：次、%

	频次	满意	不满意	不清楚
总体	290	97.6	0.3	2.1

五　公共服务与社会治理

（一）公共服务

随着社会的转型和发展，政府通过各项制度或者公共政策更大程度地实现公共服务均等化，以回应多元利益主体日益增加的基本公共服务需求。本章通过对洛扎县基础公共设施建设情况、社会保障水平和扶贫政策评估等维度的调查，呈现农村居民在共建共享发展中的获得感和对基本公共服务的需求状况。

1. 基本公共服务设施

居民享受公共服务便利度是反映公共服务有效供给的重要维度。问卷以居民住宅为中心，将与学校、医院、银行、车站、派出所的距离作为居民便利度的重要指标，如表13-27和表13-28所示，扎洛县由于地广人稀，基本公共服务半径较大，但居民对基本公共服务设施的满意度较高。由于受访者居住分散，在幼儿园1公里范围内生活的居民只占受访群体的1.5%，生活在1—3公里范围内的居民占到受访者的15%，3—5公里范围内的居民占比最多，达到35.8%，超出10公里的居民占到10.8%。除运动器械场所外，其他基础公共服务设施都离受访者住宅较远，普遍超出国家相关标准，存在服务半径过大的问题。例如，受访者住宅与社区或乡卫生院或最近的医院的距离超过 10 公里的占到受访者的 30.1%；仅有 1%的受访者居住在社区或乡卫生院或最近的医院 1 公里的范围内；15.9%的受访者住宅与医院距离在 3—5 公里范围内；还有 27.2%的受访者距离医院 5—10 公里。

由于与医院的距离较远，仍然有 15.8%的受访者表示会在家接生新生儿，有 0.7%的受访者选择到村（社区）卫生室接生，18.5%受访者选择到乡镇医院接生，65.1%的受访者选择到县市医院接生。受访者居住 1 公里之内没有中学、农贸市场、车站、邮政局、银行（信用社），超过一半的受访者生活在距离这些服务设施 10 公里以外的区域，由于距离较远，有超过 1/3的受访者并不知晓这类服务设施的位置。

表 13-27　　受访者住宅到公共基础设施的距离　　单位:%

内容	小于 1 公里	1—3 公里	3—5 公里	5—10 公里	10 公里以上	不知道
教育设施（幼儿园）	1.5	15	35.8	0.8	10.8	36.1
教育设施（小学）	1.3	17.2	13.5	57.2	7.1	3.7
教育设施（中学）	0	0	3.4	3.7	78.8	14.1
社区或乡卫生院或最近的医院	1.0	10.5	15.9	27.2	30.1	15.3
治安设施（派出所、警卫室等）	0.3	2.4	7.8	34.5	31.1	23.9
活动中心（老年）	1.7	21.7	2.4	4.5	30.8	38.9
运动场所及器材	46.4	24.1	2.4	2.4	2.1	22.6
农贸市场	0	0.7	0.7	3.8	56.9	37.9
车站（码头）	0	0	0.3	3.8	57.6	38.3
邮政局	0	0.3	2.8	7.9	56.2	32.8
银行（信用社）	0	0.7	2.7	15.5	57.7	23.4

尽管受访者享受基础设施便利性不高，但居民对各项公共基础设施的评价相对较高。如表 13-28 所示，有八成以上的受访者对小学、中学、社区或乡卫生院或最近的医院、治安设施（派出所、警卫室等）持满意态度，有六成以上的受访者对银行（信用社）、幼儿园、运动场所及器材表示满意，有五成以上的受访者对老年活动中心、邮政局、农贸市场和车

站很满意。另外，由于部分基本公共服务设施存在缺失和利用率不高的问题，有些受访者认为“没有该设施”或持“不好说”的态度。如26%的受访者反映没有幼儿园，33.9%的受访者反映没有老年活动中心，23.6%的受访者反映没有运动场所及器材，24.7%的受访者反映没有农贸市场，23.9%的农村受访者反映没有车站，12%的农村受访者反映没有邮政局，6.7%的城镇受访者反映没有银行。可见，洛扎县的基本公共服务设施建设方面还存在一定的缺失，政府在公共服务基础设施方面仍需持续投入。

表13-28　　洛扎县受访者对公共基础设施满意度统计　　单位：%

内容	满意	一般	不满意	不好说	没有该设施
教育设施（幼儿园）	68.8	4.5	0	0.7	26
教育设施（小学）	83.1	16.3	0	0.3	0.3
教育设施（中学）	82.7	16.6	0	0.7	0
社区或乡卫生院或最近的医院	84.4	14	0.3	1.3	0
治安设施（派出所、警卫室等）	85.4	11.3	0	0.7	2.6
活动中心（老年）	56.1	8.7	0.3	1	33.9
运动场所及器材	62.7	14.7	0	2.3	23.6
农贸市场	51	64.7	0	10.7	24.7
车站（码头）	52.5	11.3	0.7	11.6	23.9
邮政局	57.5	16.8	1.3	12.4	12
银行（信用社）	64	15.7	0.3	13.3	6.7

2. 社会保障

社会保障是维护百姓切身利益的“托底机制”，是通过一定制度实现国民收入再分配。随着我国各项事业取得新进展，社会保障制度建设方面也迈出新步伐，现阶段已基本实现社会养老保险制度全覆盖，这在本次调研中也有所体现。洛扎县所有农村受访者全部参加了新型农村合作医疗，如表13-29所示，98.7%的受访者参保了新型农村养老保险；享受到农村五保的受访者达到61.6%；获得农村低保的占比达81.3%；享受高龄补贴的受访者占79.2%。由此可见，社会保障的这些制度让越来越多的农村居民享受到实惠，使洛扎县已基本实现人人享有基本社会保障的目标。

表 13-29　　洛扎县农村受访者参加社会保险的情况　　单位:%

	新型农村合作医疗	新型农村养老保险	农村五保	农村低保	高龄补贴
参保率	100	98.7	61.6	81.3	79.2

洛扎县受访者对当地社会保障整体评价很高，如表 13-30 所示，对新型农村合作医疗制度、新型农村养老保险制度、农村五保制度、农村低保制度的满意度均为 100%。满意高龄津贴制度的占比达 97.6%，仅有 0.4%的受访者对高龄津贴制度有意见。对社会保障项目超高的满意度一方面反映出洛扎县居民对政府提供福利的认可，另一方面也可以看出人口老龄化对社会保障体系提出新的要求，随着洛扎县老龄化程度升高，民众期待政府对高龄老人的扶弱救济方面有更多支持。

表 13-30　　洛扎县受访者对社会保障的满意度统计　　单位：分

	新型农村合作医疗制度	新型农村养老保险制度	农村五保制度	农村低保制度	高龄津贴制度
满意	100	100	100	100	97.6
一般	0	0	0	0	2.0
不满意	0	0	0	0	0.4

注：本报告对“社会保障满意度”的评价标准进行量化的方法是：“满意”得 3 分、“一般”得 0 分、“不满意”得-3 分，分值越高，满意度越高。

农村最低生活保障制度是针对农村生活困难群众建立的，是按照广覆盖、保基本的原则建立的，从调查结果来看，洛扎县的最低生活保障制度基本实现了对不能保障基本生活的农村居民的全覆盖，但距离能够得到维持基本生活所需费用的要求还有一定差距。99.3%的受访者认为低保制度的覆盖面较大，应该享受低保的人群都纳入进来了；有 96.6%的受访者认为周边或身边生活最困难的人都已享受低保。有一半以上的受访者认为低保能帮助提高生活水平，有 25.6%的受访者认为低保能够帮助解决家庭特殊困难，有 17.8%的受访者认为低保能够满足最低需求，还有 6.2%的受访者认为低保不能够满足最低需求（见表 13-31）。

表 13-31　　洛扎县受访者对低保作用的看法统计　　单位：次、%

	频次	能够满足最低需求	能够帮助提高生活水平	能够帮助解决家庭特殊困难	不能够满足最低需求
总体	258	17.8	50.4	25.6	6.2

3. 扶贫项目

要实现2020年全面建成小康社会的目标，就要打赢脱贫攻坚战，扶贫工作是各级政府现阶段的最大任务。根据调查数据，洛扎县受访者最熟悉的扶贫项目都是居民日常能接触到的项目，如表13-32所示，99.3%的受访者知道所在地区已开展“村村通”工程；有88.2%的受访者了解道路修建和改扩工程；有86.9%的受访者熟悉基本农田建设工程；85.5%的受访者知晓电力设施建设工程。其次是有选择性的扶贫项目，77.8%的受访者知晓卫生设施建设项目；78.5%的受访者熟悉扶贫培训工程；72.1%的受访者知晓资助儿童入学和扫盲教育项目。

表 13-32　　洛扎县受访者对所在地区实施扶贫项目的了解程度　　单位：%

	移民搬迁工程	“两免一补”政策	扶贫工程生产项目	退耕还林还草补助工程	道路修建和改扩工程	基本农田建设工程	电力设施建设工程	人畜饮水工程	技术推广及培训工程	资助儿童入学和扫盲教育	卫生设施建设项目	种植业/林业/养殖业扶贫资金	“村村通”工程	“教育扶贫”工程	扶贫培训工程
总体	10.1	53.9	79.1	26.9	88.2	86.9	85.5	45.5	69.7	72.1	77.8	43.1	99.3	59.9	78.5

本次受访者对扶贫项目的满意度很高。除电力设施建设工程外，受访者对所有扶贫项目的评分均在3—4分，即态度介于满意和非常满意之间。其中对“两免一补”政策、扶贫工程生产项目、道路修建和改扩工程、基本农田建设工程、种植业/林业/养殖业扶贫资金、“教育扶贫”工程和牧区扶贫工程的满意度都较高，选择很不满意的问卷数为0。但相比较而言，受访者对电力设施建设工程有较大意见，选择“不满意”的受访者占到受访总量的57.9%，评分也仅有2.2分（见表13-33）。电力是生产生活的重要保障，说明居民对电力设施建设充满期待。

表 13-33　　洛扎县受访者对扶贫项目的评价　　单位：次、分

	频次	非常满意	满意	不满意	很不满意
“两免一补”政策	159	36.5	62.2	1.3	0

续表

	频次	非常满意	满意	不满意	很不满意
扶贫工程生产项目	74	33.8	61.8	4.4	0
道路修建和改扩工程	225	10.4	87	2.6	0
基本农田建设工程	66	37.3	55.9	6.8	0
电力设施建设工程	50	5.6	23.4	57.9	13.1
人畜饮水工程	135	25.2	56.3	17	1.5
技术推广及培训工程	129	15	75.2	6.9	2.9
资助儿童入学和扫盲教育项目	124	20.8	74.2	3.9	1.1
卫生设施建设项目	88	29.9	63.1	6.1	0.9
种植业/林业/养殖业扶贫资金	178	27.4	71	1.6	0
“村村通”工程	11	66	33	0.7	0.3
“教育扶贫”工程	125	48	50.9	1.1	0
牧区扶贫工程	95	56	42.1	1.9	0
扶贫培训工程	84	35.8	54.5	9.2	0.5

注：本报告对“扶贫项目效果”的评价标准进行量化的方法是：“非常满意”得4分、“满意”得3分、“不满意”得2分、“很不满意”得1分，得分越高，相关满意度也越高。

（二）政府管理

地方政府管理就是地方政府部门运用政府权力，为解决地方政府面临的公共问题，从基础上维护与实现整个地方整体利益而对地方事务施加管理的政府行为模式。本节从对政府应对突发事件能力和社会公平评价方面予以分析。

1. 政府应急管理能力

在对政府应对突发事件能力评价方面，洛扎县受访者的整体满意度较高。如表13-34所示，受访者对政府应对自然灾害事件十分满意，支持度达100%，其次是安全生产事件，满意度为84.2%，有81.5%的受访者对传染病及公共卫生事故的应对能力表示满意；除此以外，对群体性事件、暴力恐怖事件、一般治安事件应对能力的满意度均在70%以上。但另外，也可以看出，民众对政府应对突发事件的能力并不了解，有20%以上的受访者对政府在群体性事件、暴力恐怖事件、一般治安事件方面应对能力并不了解。可见，政府的应急能力受到民众认可，但信息公开和宣传程度还有待进一步提高。

表13-34　受访者关于政府应对突发事件的评价　单位：%

	满意	不满意	不清楚
自然灾害事件	100	0	0
生产安全事件	84.2	2.4	13.4
传染病及公共卫生事故	81.5	1.4	17.1
一般社会治安事件	77.9	2	20.1
群体性突发事件	73	2.3	24.7
暴力恐怖事件	74.6	2	23.4
其他	71.4	2.9	25.7

注：每列中100减去满意与不清楚百分比之和便是不满意的比例。

调查发现，受访村都有上级派遣的驻村（社区）工作组或干部，受访群体对上级派遣的驻村（社区）工作组及干部的评价较高，有92%的受访者很满意，5.3%的受访者认为一般，0.7%的受访者表示不满意，还有2%的受访者对此不了解。而且99.7%的受访者都认为当地干部有必要学习或掌握少数民族语言。说明当地受访者对于干部学习或掌握少数民族语言的要求比较强烈。

2. 社会公平感

洛扎县受访者的总体社会公平感的评分跨度不大，在1.46—1.66分。受访者认为教育和信息方面最不公平，综合评分也最高，达1.65分和1.66分；其次是医疗卫生、语言文字、住房、司法、投资经营和社会总体公平状况方面，分值都在1.5分以上；社会保障、就业和政府办事方面比较公平，评分在1.4—1.5分。

表13-35　洛扎县受访者感受社会公平状况　单位：分、%

	频次	很不公平	不太公平	比较公平	很公平	综合得分
教育	296	4.4	0.3	51	44.3	1.65
语言文字	283	1.4	0	50.2	48.4	1.54
医疗卫生	299	3	0	45.5	51.5	1.55
住房	298	0	0	52.7	47.3	1.53
社会保障	296	0	0	46.3	53.7	1.46
司法	282	0	0	49.6	50.4	1.5

续表

	频次	很不公平	不太公平	比较公平	很公平	综合得分
干部选拔任用	282	0	0	47.2	52.8	1.47
就业	277	0	0.7	44.8	54.5	1.46
信息	279	0	5	56.3	38.7	1.66
政府办事	296	0	0	49	51.0	1.49
投资经营	280	0	0	49.6	50.4	1.5
总体社会公平状况	295	0.3	0	49.2	50.5	1.5

注：本报告对“社会公平感”的评价标准进行量化的方法是：“很不公平”得4分、“不太公平”得3分、“比较公平”得2分、“很公平”得1分，分值越高，不公平感越强。

处理生活中遇到的不公平待遇，如表13－36所示，受访者首先选择的途径一是持消极态度，认为无能为力而只能忍受，其次是选择找本县/市政府相关部门或干部来协调解决；途径二有58.4%的受访者找本县/市政府相关部门或干部来协调解决，17.7%的受访者选择通过社区组织解决问题；途径三排在前面的选项是通过社区组织解决问题，还有22.9%的受访者会选择上访或集体上访，有10.7%的受访者选择通过本县/市政府相关部门或干部来协调解决；途径四有84.2%的受访者选择通过法律诉讼渠道进行申诉。只有少量的受访者选择找相关报纸电视等媒体反映问题，会选择找通过非正式渠道（如托人、找关系）来解决，或者自己想办法在网络上发布信息。只有0.5%的受访者寻求宗教安慰。总体来看，洛扎县居民对政府处理问题的能力还是比较认可的，大部分的受访者会选择通过官方途径寻求解决办法。

表13-36　洛扎县受访者遭遇不公平时寻求解决途径统计　单位：%

	无能为力，只能忍受	找本县/市政府相关部门	不用自己关心，有别人会管	自己想办法在网上发信息	报纸电视等媒体反映问题	通过非正式的渠道	通过社区组织解决	上访或集体上访	通过法律诉讼渠道	宗教组织
途径一	41.9	17.2	9.3	0	0	0.4	3.9	0	0.7	0
途径二	0.5	58.4	6.7	1.4	6.7	6.2	17.7	0.5	1.9	0
途径三	0	10.7	4.9	0.5	1	0	53.2	22.9	6.8	0
途径四	0	4.4	2	0	1	0	3.4	4.4	84.2	0.5

六　社会和谐发展情况

1. 社会压力

洛扎县受访者的整体压力感较大，综合评分均在2.4—3.4分，即处于压力很大和有压力之间。其中，受访者感受最大的压力来自经济压力，相关评分达3.4分；其次是个人发展，评分达2.8分；赡养父母压力、住房压力、婚姻生活压力和总体社会生活压力位居第三位，评分均为2.5分；社交压力、孩子教育压力和医疗/健康压力的综合评分最低，也有2.4分（见表13-37）。

表13-37　　洛扎县受访者的社会压力状况　　单位：次、%、分

	频次	压力很大	有压力	压力很小	没有这方面压力	综合得分
经济压力	300	44.7	55	0.3	0	3.4
个人发展	299	6.4	67.2	26.4	0	2.8
社交压力	300	8.3	21.4	69	1.3	2.4
孩子教育压力	300	12.8	16.5	69.4	1.3	2.4
医疗/健康压力	300	10	17	71.7	1.3	2.4
赡养父母压力	300	7	39.3	52.4	1.3	2.5
住房压力	300	12	32.2	53.5	2.3	2.5
婚姻生活压力	301	11.3	26.9	59.8	2	2.5
总体社会生活压力	302	7	65.7	25.6	1.7	2.5

注：本报告对“社会压力感”的评价标准进行量化的方法是：“压力很大”得4分、“有压力”得3分、“压力很小”得2分、“几乎没有压力”得1分，分值越高，压力越大。

2. 社会安全感

在社会安全感方面，洛扎县受访者总体评分在1.4—1.6分，在很安全到比较安全范围内。其中，受访者对个人和家庭财产安全和人身安全感最弱，评分为1.6分。安全感最强的是个人信息和隐私安全方面，相关评分为1.4分。对交通安全、医疗安全和食品安全的综合评分相同，均是1.5分；劳动安全、生态环境安全、人身自由的安全感普遍比较强，综合评分达1.46分（见表13-38）。

表 13-38　洛扎县受访者的社会安全感评价　单位：次、%、分

	频次	很不安全	不太安全	比较安全	很安全	不确定	综合得分
个人和家庭财产安全	301	0	0	61.1	38.5	0.4	1.6
人身安全	301	0	0	59.1	40.2	0.7	1.6
交通安全	299	0	0.7	51.2	45.8	2.3	1.5
医疗安全	299	0	0.7	50.5	47.2	1.6	1.5
食品安全	299	0	0.7	49.8	47.8	1.7	1.5
劳动安全	299	0	0.7	46.2	51.5	1.6	1.46
个人信息、隐私安全	299	0	0.7	44.5	48.4	6.4	1.4
生态环境安全	299	0	0.7	45.2	53.2	0.9	1.46
人身自由	299	0	0.7	46.5	50.5	2.3	1.46
总体社会安全状况	299	0	0.7	47.2	51.2	0.9	1.48

注：本报告对“社会安全感”的评价标准进行量化的方法是：“很不安全”得 4 分、“不太安全”得 3 分、“比较安全”得 2 分、“很安全”得 1 分，分值越高，安全感越弱。

3. 社会冲突

本次调查将社会冲突分为干群冲突、民族冲突、城乡冲突、医患冲突、贫富冲突、宗教冲突，如表 13-39 所示，洛扎县受访者各类冲突综合评分仅为 1 分，即各类冲突完全不严重。城乡冲突略高于其他几类冲突，但整体状况较高，社会和谐程度较高。

表 13-39　洛扎县受访者对社会冲突的评价　单位：%、分

	干群冲突	民族冲突	城乡冲突	医患冲突	贫富冲突	宗教冲突
不算严重	1.4	1.4	2.7	1.4	1.4	1.4
完全不严重	98.6	98.6	97.3	98.6	98.6	98.6
综合得分	1.014	1.014	1.027	1.014	1.014	1.014

注：本报告对“社会冲突”的评价标准进行量化的方法是：“非常严重”得 4 分、“有点严重”得 3 分、“不算严重”得 2 分、“完全不严重”得 1 分，分值越高，冲突感越强。

城乡冲突主要表现在生活习惯上，大多数受访者表示愿意留在农村生活，有 94.6%的受访者表示不愿意到城镇生活。对这种“故土难离”的原因进行排序发现，第一位原因是来自生活习惯和经济问题，例如“住房拥挤”“各类开销多，经济压力大”“城市太大，生活不方便”；第二位原因主要是生活习惯和发展类的问题，如“住房拥挤”“老人养老和孩子教育问题难解决”“收入和社会地位低，被人看不起”；第三类原因主要是生计方面的问题，如“老人养老和孩子教育问题难解决”“住房拥挤”“文化水平

和技能低，难以找到满意工作”（见表13-40）。

表13-40　受访者对城市不习惯的主要原因统计　单位：%

	城市太大，生活不方便	各类开销多，经济压力大	人际关系淡漠难有真朋友	住房拥挤	收入和社会地位低，被人看不起	工作中的规矩、管制多，不自由	文化水平和技能低，难以找到满意工作	老人养老和孩子教育问题难解决
原因一	12.4	33.5	2.3	34.6	1.1	0.4	4.9	10.9
原因二	0	6.4	12.0	37.5	14.6	0.7	10.9	18
原因三	0.7	4.5	9	15.7	7.9	10.1	11.2	40.4

七　简要结论

1. 洛扎县经济以农牧业为主，本次调查中98.3%的受访者是农业户口，主要从事农业生产，由于受教育水平较低（没有接受过教育的受访者占55.2%）、外出从业渠道狭窄、不适应外地生活、家中务农缺少劳动力等因素的影响，洛扎县受访适龄劳动人口外出就业意愿不高，外出就业半径较小。有94.3%的受访者务工范围在乡镇内，仅有5.7%的受访者离开乡镇到县里务工，没有受访者到县以外区域务工。洛扎县居民外出务工遇到的主要障碍依次是缺少就业信息、被当地人看不起、工作辛苦收入低、想留在就业地但生活成本太高和孩子上学困难等问题。

2. 洛扎县受访者全部都有自有住房，对现有住房和国家住房政策满意度较高，但经济压力感依然较强。尽管无论是与5年前相比现在生活的评价，还是对5年后生活的预期，洛扎县受访者大多有较积极的评价，但大部分受访者还是认为自己的生活状态处于中下等水平。98.9%的受访者对2020年全面建成小康社会充满信心，但也有少部分群体因对现有的居住条件不满意、经济收入提高慢和本地自然条件差而对未来持悲观态度。受访者对加快发展当地经济和加快当地基础设施建设的呼声最高。

3. 洛扎县藏族居民本族文化传承较好。大部分藏族受访者日常交流主要以本民族语言为主，但受教育水平限制，本次受访者中只有25.3%的人藏文水平较高，还有19.3%的受访者不识字。受访者对传承子女本民族语言、宗教信仰、风俗习惯充满信心。87.1%的洛扎县受访者愿意让下一代未成年人接受双语教育，大部分受访者认为学习双语更易沟通、更容易找到工作且未来更有前途。调查发现，言传身教在文化传播中的作用最大，其次是电子媒体的传播，再次才是学校教育和公共文化活动。洛扎县藏族受访者对保护本民族文化的意识较强，在面对资源开发和保护传统文化发生冲突时，大多数受访者认为应该以保护本民族传统文化为主，不赞同过度商业化。但受访者并不排斥外来文化，有 98.8%的受访者表示欢迎外国人进入洛扎县。

4. 洛扎县受访者普遍认为民族关系现状良好，社会和谐程度较高。受访者对改革开放到2000 年期间的民族关系评价最高，从 2001 年至今，受访者持好评的比率低于改革开放前 1 个百分点，比 2000 年以前低近 5 个百分点。洛扎县受访者在对外进行介绍时，更倾向于中国人、本民族的顺序，首先表现出国家意识和大局意识。大部分受访者认为民族身份和本地人身份、公民身份一样重要，认为随着国家意识的增强，民族意识也会随之增强。洛扎县藏族受访者的族际交往意愿相对较强。如果到外地生活、工作或旅游，实际上优先交往、信任的对象中，洛扎县受访者优先选择同乡，其次是本民族的人（不管是否同乡），有 39.3%的受访者认为自己在选择交往对象时不存在民族、地域差别。

5. 扎洛县由于地广人稀，基础公共服务设施都离受访者住宅较远，多项指标未能达到国家基本公共服务配置要求，存在服务半径过大的问题。调查发现，仅有 1%的受访者居住在社区或乡卫生院或最近的医院 1 公里的范围内，30.1%的受访者住宅与社区或乡卫生院或最近的医院的距离超过 10 公里。居民享受基础设施便利性不高，但居民对基本公共服务的满意度很高，除电力设施建设工程外，受访者对所有项目的评分均在 3—4 分，即态度介于满意和非常满意之间。洛扎县的最低生活保障制度基本实现了对不能保障基本生活的农村居民的全覆盖，但受访者认为距离能够得到维持基本生活所需费用的要求还有一定差距。

6. 洛扎县居民对政府处理问题的能力比较认可，大部分的受访者会选择通过官方途径寻求解决办法。洛扎县受访者的安全感较强，对社会公平感的评分跨度较大，其中，对社会保障和就业最为认可，认为教育和信息方面最不公平。调查发现，受访村都有上级派遣的驻村（社区）工作组或干部，受访群体对上级派遣的驻村（社区）工作组及干部的评价较高，有 92%的受访者很满意，而且 99.7%的受访者都认为当地干部有必要学习或掌握少数民族语言。

第十四章

新疆裕民县经济社会发展综合调查报告

裕民县位于新疆维吾尔自治区西北部，塔城盆地西南部，准噶尔盆地西部。地处东经82°12′—83°30′，北纬45°24′—46°3′。在行政区域上属于新疆伊犁哈萨克自治州塔城地区，是我国的陆地边境县，与哈萨克斯坦接壤，有170公里的边疆线①。裕民县距离乌鲁木齐589公里，距塔城地区行署所在地73公里，距国家一级口岸巴图克90公里，距阿拉山山口口岸直线距离180公里，被誉为第二亚欧大陆桥的金三角地带。裕民县下辖四乡、一场、两镇，区域面积6220平方公里。

美丽的裕民县既是古丝绸之路的必经之地，同时又有着优越的自然条件：裕民县畜牧业发达，拥有天然大草原700多万亩，既有一马平川的库鲁斯台大草原，又有具有山地丘陵地貌的吐尔加辽大草原和阿克乔克草原等；裕民县有野生植物上千种，号称是“亚欧中心万花园”。其中野生山花更是独树一帜；同时还是巴杏之乡、无刺红花之乡、兰花贝母之乡、中国野生芍药之乡、中国锦鸡花之乡、中国野生郁金香之乡。雄浑的巴尔鲁克（哈萨克语：富饶、富足、无所不有之意）山横亘东西，哈拉布拉河、铁列克提河、察汗托海河、塔斯提等河流穿山而过。20世纪80年代建成了塔斯提水利发电站。

近年来，裕民县政府大力发展旅游业。裕民县自2012年开始，每年举办“新疆裕民山花节”，其影响力逐年扩大。裕民县政府还引资进一步开发了富饶神奇的位于巴尔鲁克山、距今4000年的巴尔达库岩画和群众家喻户晓的“小白杨哨所”，塔斯提旅游风景区。裕民县的均朱热克村盛产紫皮大蒜和红皮洋芋，每亩收入近万元。在自治区享有盛名的裕民县巴

① 参见赵丽萍《裕民环线游札记》，裕民县政府网文学天地 。

什拜羊，肉纤维细腻、多汁、肋腱少，其羔羊肉具有脂肪含量低、钙铁含量高等特点，著名作家金庸吃过巴什拜羊后写下“古以羊鱼为鲜，此间无鱼仍鲜”①。

裕民县2013年末总人口5.44万人，有汉族、哈萨克族、回族、蒙古族、俄罗斯族、锡伯族、维吾尔族等19个民族；根据2010年人口普查数据，裕民县汉族约占60%，哈萨克族约占30%，其他各少数民族约占10%。

裕民县2013年生产总值达到了12.57亿元，人均地区生产总值23178元，裕民县是典型的牧业县，农林牧渔业总产值占裕民县生产总值的74%；规模以上工业总产值占比2%。2013年裕民县农民人均纯收入10424元，高于当年新疆全区农民人均纯收入7296.5元，超过幅度达42.9%。地方财政收入在2013年是0.66亿元，财政支出是9.92亿元，前者是后者的6.65%，也就是说裕民县的财政支出中的93.35%是来自国家财政转移支付。2013年裕民县城镇居民最低生活保障人数是3047人，农村居民最低生活保障人数是3990人②。

中国社会科学院民族学与人类学研究所主持开展的国家社会科学基金特别委托项目、中国社会科学院创新工程重大专项“21世纪初中国少数民族地区经济社会发展综合调查”2015年在新疆裕民县进行了城乡家庭问卷调查。本报告将以获得的420份城乡调查数据为基础，对裕民县的经济社会发展概况进行统计描述和相关分析。

一　调查对象基本情况

（一）调查地点和样本分布

裕民县下辖四乡、一场、两镇。本次裕民县城乡问卷调查抽取了全部两个镇：哈拉布拉镇、吉也克镇；以及四个乡中的阿勒腾也木勒乡和新地乡。阿勒腾也木勒乡以农牧业为主，农牧结合，下辖5个行政村，哈萨克族人口占全乡总人口的74%，农业人口比例达到了82.8%。阿勒腾也木勒乡地处风口地带，四季多风，最大风速37米/秒，因此土壤风蚀严重，耕地贫瘠，土壤基质大都以沙砾为主，易耕图层只有25—

① 陈文：《舌尖上的羊肉》，《塔城日报》2013年6月4日。

② 国家民族事务委员会经济发展司、国家统计局国民经济综合统计司编：《中国民族统计年鉴2014》，中国统计出版社2015年版。

45厘米，是裕民县发展较为落后的乡，也是贫困较为集中的地区。新地乡南部的巴尔鲁克山区是主要的放牧场所，中部冲积扇区域和北部井灌区为粮食和农作物产量区，下辖11个行政村，汉族人口占据半数左右。吉也克镇在2012年完成了撤乡并镇，区域面积1021.7平方公里，下辖12个行政村，总人口达到10820人，农牧民人均收入和综合实力位居裕民县第一位。哈拉布拉镇是县政府所在地，也是裕民县政治、经济、文化中心，总面积7.28平方公里，下辖五个社区居委会。本次裕民县问卷调查，来自阿勒腾也木勒乡和新地乡的样本共238个，农村户口频次占比为56.9%；来自哈拉布拉镇、吉也克镇的样本共182个，城镇户口频次占比为43.1%（见表14-1）。

表14-1　调查样本的地点分布

乡或镇	村或社区	频次（个）	所占比例（%）
阿勒腾也木勒乡	阿克铁克切村	22	5.24
	也木勒村	55	13.10
	克孜布拉克村	32	7.62
	白布谢村	30	6.90
新地乡	前进村	38	9.05
	北村	58	14.05
	西村	3	0.71
小计（农村户口）		238	56.90
哈拉布拉镇	加依勒玛街社区	64	15.24
	喀拉乔克街社区	15	3.57
	团结街社区	67	15.95
吉也克镇	吉也克社区	36	8.57
小计（城镇户口）		182	43.10
合计		420	100

（二）调查样本的人口特征

本次裕民县的城乡调查样本中，汉族城乡频次是237，占比为56.70%；哈萨克族城乡频次是152，占比是36.36%。考虑到城乡和民族差异是本报告的重点关注内容，因此分城乡及汉族、哈萨克族进行调查样本的人口特征描述。

表 14-2　调查样本的人口特征

	农村			城镇			城乡总体
	全体	汉族	哈萨克族	全体	汉族	哈萨克族	
民族分布	100	60.76	31.22	100	51.38	43.09	
平均年龄（岁）	43.22	44.30	40.64	42.14	45.03	38.22	42.75
男性比例（%）	64.29	62.24	63.51	54.14	58.06	51.28	59.90
政治面貌							
党员或团员（%）	19.67	18.75	22.97	38.12	44.09	33.33	27.62
群众（%）	80.33	81.25	77.03	61.88	55.91	66.67	72.38
家庭户主或户主配偶（%）	83.97	83.80	82.43	87.29	86.02	88.46	85.41
受教育程度							
小学及以下（%）	27.20	28.47	16.22	11.60	12.90	7.69	20.48
初中（%）	44.77	44.44	48.65	20.99	19.35	23.08	34.52
高中或中专、职高（%）	15.90	15.97	17.57	28.18	24.73	32.05	21.19
大学专科及以上（%）	12.13	11.11	17.57	39.23	43.02	37.18	23.811
平均受教育年限	9	9	10	12	12	12	
家庭规模	3.74	3.46	4.28	3.51	3.10	4.10	3.64
受访者职业							
国家机关党群组织、事业单位工作人员和专业技术人员（%）	8.90	8.51	10.81	45.00	46.74	46.15	24.52
农林牧渔业从业人员（%）	63.14	58.16	78.38	13.33	4.35	24.36	41.59
第二产业从业人员（%）	0	0	0	1.11	1.09	0	0.48
第三产业从业人员（%）	6.78	9.93	0	11.67	14.13	8.97	8.89
兼业或不便分类的其他从业人员（%）	21.19	23.40	10.81	28.89	33.69	20.53	24.52
频次	239	144	74	181	93	78	420

表 14-2 中的数据显示，裕民县城乡内部的汉族与哈萨克族受访者在年龄、性别和受访者主要为家庭户主或户主配偶上的差异不明显。在政治面貌上，在农村哈萨克族受访者的党员和团员比例高于汉族受访者 4 个百分点；但城镇恰好相反，城镇汉族受访者的党员和团员比例高出哈萨克族

受访者11个百分点。

受教育程度、家庭规模和职业分布三个方面不仅表现出城乡差异，同时也存在民族间的不同。教育程度上的城乡差异显示，农村受访者中小学及以下文化程度的受访者比例为27.2%，小学文化和初中文化程度的受访者比例占农村受访者样本总量的71.97%；而城市大专及以上文化程度的受访者比例是39.23%，城镇受访者高中、中专或职高文化程度和大专及以上文化程度的受访者比例之和达到了67.41%。城乡内部汉族和哈萨克族相比，农村哈萨克族受访者的小学及以下低文化程度分布比例低，高中及以上高文化程度分布比例高，平均受教育程度高于汉族受访者；但城镇哈萨克族受访者中等教育比重大，在高文化程度的人群比例低于汉族。

在家庭规模上，农村受访家庭略大于城镇受访家庭，哈萨克族受访家庭无论城乡都略大于汉族受访家庭。在职业分布上，农村的哈萨克族受访者主要从事农牧业，比例达到了78.38%；农村汉族受访者在第三产业和兼业或不便分类的就业比例上明显高于哈萨克族受访者。城镇的汉族和哈萨克族受访者属于国家机关党群组织、事业单位工作人员和专业技术人员的比例几乎都在46%以上，说明裕民县城镇就业以国有单位为主。第二产业从业人员比例很低，第三产业从业人员汉族受访者比例是14.13%，哈萨克族受访者只有8.97%，从事农牧业的城镇哈萨克族受访者比例高达24.36%。这也说明裕民县市场经济发展程度不高，第二产业和第三产业发展相对落后。

二　农村就业与劳动力转移

裕民县城乡420个调查样本中年龄在16—60岁的劳动人口有368人，占总样本的比例为87.62%；在368个城乡劳动年龄受访对象中，城镇户口的受访者159位，比例是43.21%；农村户口的受访者209位，比例是56.79%。本部分将着重分析裕民县劳动年龄受访者的农村就业和农村劳动力转移状况。

（一）裕民县农村受访者的就业状况

表14-3　　农村劳动人口受访者就业状况　　单位：%、次

受访者性别	只务农比例	只非农就业比例	兼业比例	非就业人员比例	合计	频次
总样本						

续表

受访者性别	只务农比例	只非农就业比例	兼业比例	非就业人员比例	合计	频次
男性	40. 29	33. 01	18. 45	6. 8	100	133
女性	34. 97	44. 06	7. 7	13. 29	100	75
汉族						
男性	30. 97	34. 51	23. 89	10. 63	100	76
女性	30. 38	44. 3	11. 39	13. 93	100	48
哈萨克族						
男性	50. 65	32. 47	11. 69	5. 19	100	44
女性	39. 66	44. 83	3. 45	12. 06	100	24
受访者文化程度						
小学及以下	69. 77	11. 63	9. 3	9. 3	100	45
初中	58. 76	24. 75	13. 4	3. 09	100	99
高中及以上	43. 75	25	21. 88	9. 37	100	65
汉族						
小学及以下	65. 38	15. 38	7. 69	11. 55	100	26
初中	49. 12	29. 82	15. 79	5. 27	100	57
高中及以上	29. 73	27. 03	27. 03	16. 21	100	37
哈萨克族						
小学及以下	77. 78	0	11. 11	11. 11	100	9
初中	79. 41	14. 7	5. 89	0	100	34
高中及以上	60	24	16	0	100	25

表 14-3 从不同民族、性别和受教育程度三个方面分析了裕民县农村劳动人口的就业状况。性别差异上，农村女性受访者从事农业和兼业的比例多于男性受访者，农村女性受访者中仅从事非农就业的女性比例高出男性 11 个百分点；非就业人员的女性比例高出男性近 6 个百分点。哈萨克族农村受访者的性别差异与此一致，汉族农村受访者（见第 1、2 行，表 14-3）和哈萨克族农村受访者在性别差异上不同的是，汉族男女受访者仅从事农业生产的比例基本一致。农村女性中非就业人员比例为 13. 29%；而农村男性该比例仅为 6. 8%。汉族农村女性中该比例为 13. 93%，而汉族农村男性为 10. 63%；哈萨克族农村女性中该比例为 12. 06%，而哈萨克族农村男性该比例为 5. 19%。上述现象也反映出男主

外、女主内的家庭分工思想，在哈萨克族中更为明显。

从教育程度上看，受教育程度越高仅从事农业劳动的劳动人口比例越低，仅从事非农就业的比例和从事兼业的比例越高。但哈萨克族农村受访者无论哪个受教育程度人群仅从事农业劳动的劳动人口比例都大于汉族农村受访者，而从事兼业和非农就业的比例除小学及以下受教育程度外都低于汉族受访者。之所以出现这一现象有可能与哈萨克族主要从事农牧业生产有关。

（二）裕民县农村受访者的非农务工

自2013年，我国农村居民家庭人均纯收入中的工资性收入比例超过了家庭经营收入，成为农民收入中最重要的部分。也说明了农村劳动力非农就业规模的扩大。但在经济新常态的背景下，2016年开始农民工数量和工资水平的增速都在下降，制约了工资性收入的增速。预计这种情况还会持续一段时间①。

裕民县受访的外出务工的劳动人口中2014年平均从事非农务工的时间是7个月，其中半年及以上从事非农务工的受访者比例为56.79%。

表14-4　　裕民县农村受访者（16—60岁）的非农就业情况　　单位：%

	全体	汉族	哈萨克族
有外出从业经验	19.61	24.73	10.42
频次	153	93	48
其中从事非农就业时间为半年及以上的比例	56.79	60.38	39.13
频次	81	53	23
非农务工的渠道			
政府/社区安排介绍	13.43	9.52	15.79
商业职介或招聘广告或直接申请	17.92	19.04	21.05
家庭/亲戚/朋友/同乡介绍	55.23	52.37	57.9
其他	13.43	19.05	5.26
频次	67	42	19

表14-4是裕民县劳动年龄受访者分不同民族的非农就业情况。其

① 国家统计局：《2016年农民工监测调查报告》。

中，汉族受访者中有外出从业经历的比例是哈萨克族受访者的 2.4 倍；从事非农劳动时间为半年及以上的汉族受访者比例是哈萨克族受访者的 1.5 倍。这也再次证实裕民县的哈萨克族以农牧业为主，即使有非农劳动也大都以短期为主，同时也选择家乡附近的地域。从非农就业渠道上看，无论汉族还是哈萨克族家庭或亲戚或朋友或同乡介绍的比例均最高，超过了半数。和汉族相比，哈萨克族农村受访者政府或社区安排以及选择市场化渠道的比例都高于汉族农村受访者。

（三）裕民县农村受访者外出务工或从业的适应性

裕民县农村劳动年龄受访者有外出从业经历，但在调查当年（2015 年）没有外出的原因选择如图 14-1 所示：

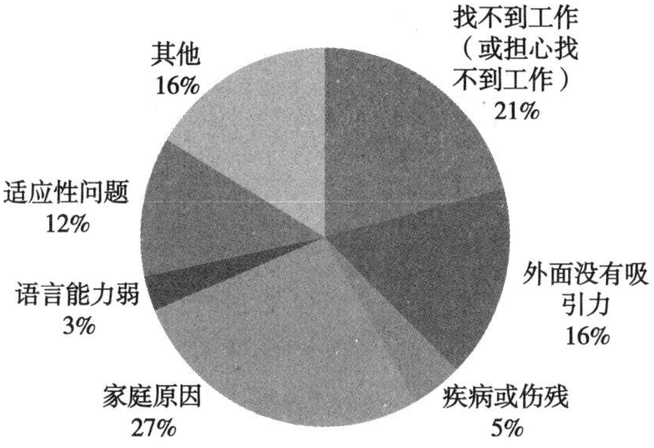

图 14-1　农村受访者有外出从业经历但现在不外出的原因选择

图 14-1 是裕民县农村劳动年龄受访者中有外出从业经历，但在 2015 年选择不外出的原因分布。在 67 位农村劳动年龄受访者回答的这些不外出原因中，家庭原因（家中农牧业缺乏劳动力、回家结婚或生育）的选择比例最高，达到了 27%；其次是找不到工作（或担心找不到工作）的选择比例有 21%；认为外面没有吸引力（收入没有在家稳定，当地能找到满意的工作）的选择比例位居第三，为 16%；存在适应性问题的选择比例有 12%；疾病或伤残等健康原因没有外出的选择比例为 5%；语言能力弱的选择比例是 3%。

进一步细分为汉族和哈萨克族后得到：汉族农村劳动年龄受访者（见图 14-2）家庭原因（家中农牧业缺乏劳动力、回家结婚或生育）的选择比例最高，因无法适应选择不外出的比例位居第二，外面没有吸引力（收入没有在家稳定，当地能找到满意的工作）的选择比例为 15%，找不到工作或担心找不到工作的选择比例仅为6%。

哈萨克族农村劳动年龄受访者（见图14－3）因找不到工作或担心找不到工作的选择比例最高，为35%，超过了1/3。家庭原因（家中农牧业缺乏劳动力、回家结婚或生育）的选择比例接近1/4，位居第二；外面没有吸引力（收入没有在家稳定，当地能找到满意的工作）的选择比例同汉族农村劳动年龄受访者的选择比例差异不大；而语言能力弱的选择比例为7%。

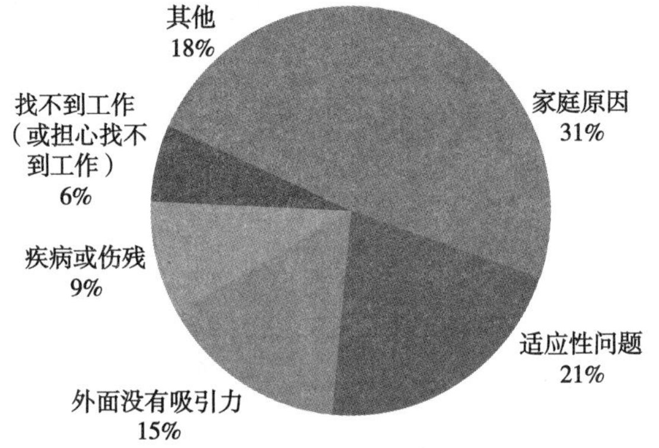

图14－2　农村汉族受访者有外出从业经历现在不外出的原因选择

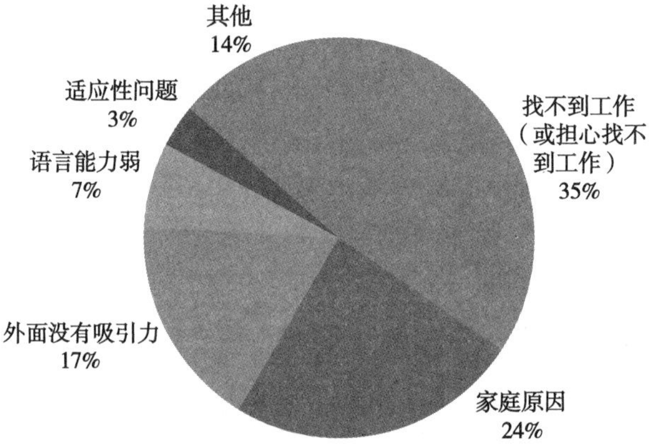

图14－3　农村哈萨克族受访者有外出从业经历但现在不外出的原因选择

由此可知，哈萨克族农村劳动年龄受访者之所以外出务工人员比例低，很重要的原因是外部环境的不确定性，同时还有语言能力也就是普通话水平有待提升。同汉族受访者相比，家庭原因对哈萨克族农村劳动力所起的作用没有想象的大。因外面没有吸引力（收入没有在家稳定，当地能找到满意的工作）所以不选择外出的比例汉族农村劳动年龄受访者是15%，哈萨克族农村劳动年龄受访者是17%。这同时也说明了地区的发展差距和收入差距在不断缩小。

（四）裕民县农村劳动年龄受访者的非农就业主观感受与评价

裕民县农村劳动年龄受访者外出从业或务工的比例不高，是否与其对非农就业的主观感受有直接关系，这一问题也是本次调查所关注的重要内容。劳动人口的流动性强，不仅有利于市场经济条件下的人力资源配置，同时对民族交往、交流也有很重要的现实意义。

表14-5　裕民县农村劳动年龄（16—60岁）受访者的就业主观感受和评价

	全体	汉族	哈萨克族
如能找到工作机会，最愿意去工作的地点			
县城之内（%）	72.48	65.91	86.00
县外省内（%）	18.12	21.59	8.00
省外（%）	2.01	2.27	2.00
东部一线大城市（%）	3.36	4.55	2.00
其他（%）	4.03	5.68	2.00
频次	149	88	50
愿意生活在城市或城镇（%）	65.43	—	63.08
频次	81	—	65
愿意生活在城市或城镇的主要原因			
挣钱机会多，收入高于农村（%）	37.25	—	35.90
医疗卫生条件好（%）	23.53	—	23.08
生活便利（%）	19.61	—	17.95
孩子能受到更好的教育（%）	13.73	—	15.38
社会地位高于农村（%）	3.92	—	5.13
文化生活丰富（%）	1.96	—	2.56
频次	51	—	39
不愿意生活在城市或城镇的主要原因			
各类开销多经济压力大（%）	36.36	—	35.29
城市太大生活不方便（%）	27.27	—	29.41
住房拥挤（%）	13.64	—	11.76
收入和社会地位低，被人看不起（%）	13.64	—	14.71
人际关系淡漠难有真朋友（%）	4.55	—	5.88

续表

	全体	汉族	哈萨克族
文化水平和技能低，难以找到满意的工作（%）	2.77	—	2.94
其他（%）	2.77	—	—
样本量	44	—	34

表 14-5 显示，无论裕民县农村劳动年龄的汉族受访者还是哈萨克族受访者都愿意选择在县城内从事非农劳动。因汉族受访者回答是否愿意居住在城市或城镇的频次太少因此只分析了哈萨克族受访者，有 63.08%的哈萨克族农村劳动年龄的受访者愿意选择居住在城市或城镇，他们选择的最主要的四个原因依次是经济收入高、医疗条件好、生活便利和孩子能受到更好的教育。而农村劳动年龄的哈萨克族受访者中不愿意选择居住在城市或城镇的主要原因是经济压力、生活不便利、收入和社会地位低被人看不起和住房拥挤。总体而言，经济因素是农村哈萨克族劳动年龄受访者有选择意愿居住或不居住在城市或城镇的最重要的因素；其次，城市或城镇的公共服务好也是选择居住在城市或城镇的第二位主要原因；选择不居住在城市或城镇的哈萨克族受访者有 14.71%担心受到经济和社会地位的歧视。

三　精准扶贫与小康社会建设

裕民县 2013 年农村家庭人均纯收入就达到了 10424 元，高于当年新疆全区农民人均纯收入 7296.5 元，超过幅度达 42.9[①]。与统计数据相比，2015 年裕民县农村调查对象的家庭人均收入是 2013 年的 1.65 倍。表 14-6 给出了裕民县城乡受访家庭的人均收入和人均支出，这是对相关收入数据进行截尾调整后得到的结果。

表 14-6　　　　裕民县城乡受访家庭人均收入情况　　　　单位：元

	全体	频次	汉族	频次	哈萨克族	频次
家庭人均收入						
农村	17204.11	214	20629.84	130	11250.77	66

① 国家民族事务委员会经济发展司、国家统计局国民经济综合统计司编：《中国民族统计年鉴 2014》，中国统计出版社 2015 年版。

续表

	全体	频次	汉族	频次	哈萨克族	频次
城镇	19591.18	139	21583.66	81	15658.61	54
城乡之比（农村为1）	1∶1.14		1∶1.05		1∶1.39	
农村家庭人均政府转移支付总额	2129.378	238	2942.42	143	795.17	74
家庭人均支出						
农村	10854.11	214	12332.27	125	8131.81	69
城镇	11238.75	131	12468.99	78	9584.44	49
城乡之比（农村为1）	1∶1.04		1∶1.01		1∶1.18	

表 14-6 数据显示，裕民县农村受访家庭的人均收入都大于人均支出，哈萨克族受访家庭的人均收入和人均支出都低于汉族家庭；哈萨克族受访家庭人均收入和人均支出的城乡差异大于汉族城乡家庭的差异。从农村家庭获得的人均政府转移支付总额看，汉族家庭远远高出哈萨克族家庭。究其原因，汉族农村家庭因购置和更新大型农机具补贴、购买生产资料综合补贴、粮食直补和良种补贴收入的数额远高于哈萨克族家庭。

（一）裕民县受访者对实施精准扶贫的主观评价

裕民县 2013 年年末总人口 5.44 万人，当年裕民县城镇居民最低生活保障人数是 3047 人，农村居民最低生活保障人数是 3990 人①。2013 年城乡合计的贫困发生率是 12.94%，同时考虑到裕民县 2013 年农村家庭人均纯收入就达到了 10424 元，由此可见裕民县的不同地域差距很大。从调查对象的家庭人均收入上看，根据国定贫困标准——农村家庭人均纯收入 2300 元（经消费价格指数调整后 2016 年为 2800 元左右），裕民县农村受访家庭中低于此标准的只有 11 户。因频次过少所以没有对贫困家庭进行更深入的分析。

调查问卷中询问了受访者对裕民县当前扶贫政策和参与扶贫活动的整体效果的主观评价，作答的城乡受访者共 385 位，其中表示不清楚的受访者有 134 位，占比为 34.81%。这很有可能是因为这些受访者不是贫困户，因此对相关扶贫政策和活动不很关心，不太清楚。

① 国家民族事务委员会经济发展司、国家统计局国民经济综合统计司编：《中国民族统计年鉴 2014》，中国统计出版社 2015 年版。

表 14-7　　裕民县农村受访者对各项扶贫工作的知晓度与满意度

	全体		汉族		哈萨克族	
	知晓比例（%）	满意比例（%）	知晓比例（%）	满意比例（%）	知晓比例（%）	满意比例（%）
总体评价		83.92		73.68		98.08
移民搬迁工程	76.72	55.63	75.00	56.00	83.33	53.85
“两免一补”政策	88.79	74.75	89.29	77.24	86.11	67.86
扶贫工程生产项目	75.00	60.96	71.43	56.38	87.50	71.43
退耕还林还草补助工程	88.79	54.49	87.14	52.59	94.44	57.45
道路修建和改扩工程	84.05	75.88	79.29	78.50	91.67	67.39
基本农田建设工程	80.60	67.72	73.57	64.95	93.06	71.11
电力设施建设工程	75.86	73.97	74.29	78.35	79.17	62.86
人畜饮水工程	79.31	49.02	71.43	44.21	91.67	54.76
技术推广及培训工程	64.66	57.50	65.00	60.92	65.28	40.91
资助儿童入学和扫盲教育项目	61.64	69.64	57.14	69.33	70.83	73.08
卫生设施建设项目	78.45	71.24	75.71	69.31	81.94	75.00
种植业/林业/养殖业扶贫资金	69.40	58.14	65.71	58.14	76.39	50.00
“村村通”工程（广播电视\道路\通信网络）	87.93	79.89	85.00	81.74	94.44	77.08
“教育扶贫”工程	65.52	64.46	62.86	65.85	73.61	62.07
牧区扶贫工程	65.52	53.78	60.00	57.69	79.17	51.61
扶贫培训工程	60.34	50.47	53.57	55.07	73.61	40.74

表14-7中显示，裕民县农村受访者对16个扶贫工程的知晓度和满意度都在60%以上，对扶贫工作的总体满意度达到了83.92%，哈萨克族受访者的满意度更是高达98.08%。这说明裕民县的各项扶贫工作比较到位，得到了受访者的充分肯定。

在询问受访者对16个扶贫工程的知晓及主观评价时，“两免一补”和退耕还林还草工程的知晓度最高，“村村通”工程、道路修建和改扩工程与基本农田建设工程的知晓度也都在80%以上，说明裕民县农村受访者对此较为熟悉和了解。相对而言，教育类的资助儿童入学和扫盲教育项目、“教育扶贫”工程、技术推广及培训工程、扶贫培训工程的知晓度较低。汉族受访者和哈萨克族受访者相比，哈萨克族受访者对16项扶贫工程的知晓度总体上高于汉族，但满意度各不相同。汉族受访者对“村村通”工程的满意度最高，道路修建和改扩工程、电力设施建设工程、“两免一补”政策的满意度都在70%以上，而扶贫工程生产项目、退耕还林还草补助工程、牧区扶贫工程、扶贫培训工程的满意度相对较低。哈萨克族受访者对扶贫培训工程和技术推广及培训工程的满意度比例不足41%。这也反映出培训类的脱贫项目可能存在培训内容较为泛泛，没有更多针对性的普遍问题。无论是汉族还是哈萨克族受访者对种植业/林业/养殖业扶贫资金使用的满意度都相对偏低，实地调查中也证实，裕民县对种植业和养殖业的扶贫项目基本上是撒胡椒面式的分配方式，从精准扶贫的角度看，如何平衡点和面，纵向公平与横向公平的确是实际工作中的难点。另外，哈萨克族受访者对牧区扶贫工程、人畜饮水工程和移民搬迁工程的满意度也相对偏低，说明在精准扶贫过程中还有需要不断完善的地方。

（二）公共服务状况

近年来，民族地区公共服务发展迅速，特别表现为教育条件明显改善，大病保险、基本医疗保险、城乡养老保险、最低生活保障等织就的“保障网”更牢固细密。虽然目前民族地区的公共服务依然存在缺口，但国家发展进程中多次强调要更多地推进有利于增强人民群众获得感的改革，相信在全面建成小康社会关键期，民族地区的公共服务还会再上新台阶。

表14-8　裕民县受访家庭与公共服务设施的距离及满意度评价

	农村受访家庭平均距离（公里）	满意比例（%）	城镇受访家庭平均距离（公里）	满意比例（%）
教育设施				
幼儿园	3—5	61.44	1—3	69.06
小学	3—5	61.02	1—3	72.78
中学	3—5	60.59	1—3	69.44
社区或乡卫生院或最近的医院	1—3	56.78	1—3	62.78
治安设施（派出所、警卫室等）	1—3	64.83	1—3	76.11
活动中心（活动室、老年活动中心、广场等）	1—3	53.62	1—3	65.19
运动场所及器材	1—3	45.99	1—3	62.22
农贸市场	3—5	44.92	1—3	65.00

续表

	农村受访家庭平均距离（公里）	满意比例（%）	城镇受访家庭平均距离（公里）	满意比例（%）
车站（码头）	3—5	50.00	3—5	67.22
邮政局	3—5	51.27	1—3	70.00
银行（信用社）	3—5	56.10	3—5	84.21

调查问卷中询问了从受访者家到11类公共基础设施的距离，给出的五个选项分别为“小于1公里、1—3公里、3—5公里、5—10公里和10公里以上”；同时也询问了受访者是否满意的主观评价。从表14-8看出裕民县公共设施的城乡差距存在，但并不显著。城镇在教育设施和邮政局以及农贸市场上的便利性大于农村，其余的8类公共基础设施的便利程度没有城乡差异。

表14-9　　城乡受访者社会保险的参与和主观评价　　单位:%

	参加比例	频次	满意比例	频次
城镇受访者				
城镇职工基本医疗保险或城镇居民基本医疗保险	93.08	159	79.92	131
城镇居民养老保险	49.34	152	67.57	111
农村受访者				
新型农村合作医疗保险	95.78	237	84.35	230
新型农村养老保险	62.77	231	70.90	189

表14-9数据显示，裕民县城镇受访者参与职工基本医疗保险或居民基本医疗保险的比例达到了93.08%；农村受访者参加新型农村合作医疗保险的比例为95.78%。城镇和农村受访者参加养老保险的比例都低于参加医疗保险的比例，因调查问卷中没有询问城镇职工参加养老保险的情况，因此符合城镇居民养老保险条件且参加的比例仅为49.34%。新型农村养老保险的受访者参加比例也是明显低于新农合的参保比例。满意度评价方面，城乡受访者的满意度评价都在67%以上，说明绝大多数的城乡受访者对当下实行的医疗保险和养老保险较为满意。两相比较，城乡医疗保险的满意比例都高于养老保险。

（三）全面建成小康社会的信心度

距离全面建成小康社会的夙愿，民族伟大复兴百年梦想如此接近的中国，正在经历着历史上最为广泛而深刻的社会变革，也正在进行着人类历史上最为宏大而独特的实践创新①。2015 年裕民县的城乡调查问卷中询问了小康社会建设的相关问题。表 14-10 的结果表明，裕民县城乡受访者对 2020 年全面建成小康社会很有信心或有信心的比例高达 80%以上，农村受访者对 2020 年建成小康社会的信心度高于城镇受访者。城乡受访者认为 2020 年和 2015 年相比，生活水平会上升的比例也达到了 70%以上，也同样是农村受访者的该比例高出城镇受访者。为了加快小康社会建设，应采取的措施选择中，城乡受访者的选择也较为集中，选择比例最高的是加快发展当地经济，其余的主要有加快当地的基础设施建设、政府应当更加廉洁、中央政策应落实到位。

表 14-10　　裕民县城乡受访者对全面建成小康社会的主观评价　　单位：%

	城镇受访者	农村受访者
和 2015 年相比，2020 年生活水平的变化预期		
上升很多	28.18	31.18
略有上升	47.51	49.79
没有变化	8.29	3.77
略有下降或下降很多	3.31	1.67
不好说	12.71	13.39
对 2020 年裕民县全面建设小康社会		
很有信心或有信心	80.00	85.23
没什么信心或不可能	10.56	8.43
没听说过	9.44	6.33
为加快本地建成小康社会，您认为最应该采取的措施		
加快发展当地经济	42.22	37.61
加快当地的基础设施建设	8.33	11.50
政府应当更加廉洁	10.56	11.50
中央政策应落实到位	11.11	10.62

注：为加快本地建成小康社会，您认为最应该采取的措施中只给出了 10%以上比例的选项。

① 参见黄小希《为决胜全面小康凝聚强大正能量——2016 年宣传思想文化工作综述》，《经济日报》2017 年 1 月 3 日第 1 版。

四　民族文化与民族交往

随着民族地区经济的快速发展，少数民族传统文化中的物质文化逐渐失去了原有的基本存在条件，精神文化受到了现行价值观的影响和挑战，传统文化已然成为碎片。各民族在当代寻找自我的过程中，也在进行一定程度的重构，“文化失真”的现象比比皆是。其次，文化产业化中“文化的符号化”倾向已见端倪，在餐饮业、旅游业、时装节、博物馆、舞台上、新农村建设等方面，民族文化闪亮登场①。

表 14-11　　哈萨克族受访者对本民族文化的看法　　单位：%、份

	城镇	农村
最具特色的民族文化类型		
传统节日	33.77	29.17
传统服饰	18.18	25.00
传统民居	11.69	22.22
传统文娱活动	11.69	4.17
宗教活动习俗	5.19	8.33
最需要政府保护的传统文化		
传统节日	26.32	33.33
传统服饰	17.11	25.00
传统民居	17.11	13.89
人生礼仪	13.16	2.78
传统文娱活动	10.53	9.72
对本县政府保护本地文化和少数民族文化满意的比例	64.00	70.15
本县城市建设中对待历史建筑的态度		
保持原貌不动	44.00	24.29
保留外形但内部可改造	30.67	41.43
直接拆迁	1.33	—
不清楚	24.00	34.29
当地开发旅游资源和保护本民族文化遗产发生冲突时的态度		

① 参见苏媛媛《民族学、人类学的当代意义》，《中国民族报》2016年12月30日第7版。

续表

	城镇	农村
以发展经济、提高现代生活水平为主	12.50	18.18
保护本民族传统文化为主，不赞同过度商业化	58.33	56.06
不好说	29.17	25.76
频次	77	72

注：最具特色的传统文化类型选择和最需要保护的传统文化类型选择都只保留了比例在 10%以上以及城乡差异明显的内容。

本次裕民县的调查数据显示（见表 14-11），哈萨克族城乡受访者认为最具特色的传统文化前三位的排序完全一致，分别是传统节日、传统服饰和传统民居。城乡受访者认为裕民县政府最需要保护的传统文化也是这三类。在对裕民县政府保护本地文化和少数民族文化的评价上，绝大部分城市受访者表示满意；农村哈萨克族受访者的好评比例高于城镇哈萨克族受访者。在对待城市建设中历史建筑的态度上城乡受访者存在差异，认为应保持原貌的城镇受访者比例远远高出农村受访者；保留外形但内部改造的农村受访者比例高于城镇受访者；哈萨克族城乡受访者中表示不清楚的比例也较高。有关发展态度上，认为以保护本民族传统文化为主，不赞同过度商业化的城乡哈萨克族受访者比例最高，均超过了半数；其次是选择不好说的人群；选择以发展经济、提高现代生活水平为主的城乡哈萨克族受访者比例也分别有 12.5%和 18.18%。这既表明裕民县哈萨克族受访者对民族文化传统的关注和热爱，也说明当下人们观念的多样化。

表 14-12　　哈萨克族城乡受访者的语言与文字使用情况　　单位：%、份

	城镇	农村
小时候最先会说的语言		
普通话或汉语方言	5.13	16.44
本民族语言	91.03	83.56
其他民族语言	3.85	—
现在能与人交谈的语言		
普通话或汉语方言	88.16	73.61
本民族语言	89.47	81.94
其他民族语言	11.84	—

续表

	城镇	农村
普通话程度		
熟练使用	68.25	
基本能交谈或能听懂但不太熟练	30.16	46.67
能听懂一些但不会说	1.59	48.89
听不懂也不会说	—	4.44
本民族语言		
熟练使用	100	100
是否会以下文字		
汉字	60.94	28.57
本民族文字	93.42	91.30
汉字掌握水平		
掌握足够文字能流利书写或掌握较多文字能书写书信	61.90	39.58
掌握文字数量不够，书写不流利	19.05	8.33
掌握文字数量太少，只能写点简单字句	11.11	20.83
完全不能用文字书写	7.94	31.25
本民族文字		
掌握足够文字能流利书写或掌握较多文字能书写书信	90.79	88.41
掌握文字数量不够，书写不流利	5.26	5.80
掌握文字数量太少，只能写点简单字句	3.95	4.35
完全不能用文字书写	—	1.45
频次	76	69

表14-12显示，哈萨克族受访者绝大多数小时候最先会说本民族语言。而现在既能使用普通话或汉语方言又能使用本民族语言与人交谈的比例也是绝大多数。哈萨克族受访者本民族语言的掌握程度都很好。哈萨克族城镇受访者汉字的掌握水平，明显高于农村受访者。这也表明裕民县双语教育效果显著，哈萨克族居民积极主动学习、掌握和使用普通话及汉字。

很多学者认为，社会在发展，需求在变化，文化自然也要随之而变，这样才能适应变化了的人群及其相应的社会关系，才能回归文化的本质属性。文化终究要得到人的认同，要变成人们的价值观和行为规范，要在各个方面体现文化的内涵。如此才能有生机，才可延续。

表 14-13　　哈萨克族城乡受访者及其家庭的文化传承　　单位:%、份

	城镇	农村
受访者认为子女接受本民族语言、文化和风俗习惯的意愿		
语言文字	89.61	85.92
风俗习惯	88.31	87.14
宗教信仰	83.12	85.71
特色手工艺	78.95	68.12
受访者了解本民族民俗文化的最主要渠道		
家庭、邻里、亲朋耳濡目染	74.03	74.65
广播、电视、互联网等	11.69	16.90
学校教育	7.79	7.04
频次	77	72

表 14-13 根据调查问卷中问及的受访者子女接受本民族语言、文化和风俗习惯的意愿和了解本民族民俗文化的最主要渠道的回答，得到城乡哈萨克族受访者以家庭为单位的民族传统文化传承情况。哈萨克族受访家庭子女对于本民族的语言文字、风俗习惯和宗教信仰的接受意愿都超过了 83%，在语言文字和风俗习惯的传承上，城镇受访家庭子女意愿略高于农村受访家庭，但在宗教信仰的接受意愿上农村受访家庭的子女意愿略高于城镇家庭。无论城乡，家庭、邻里和亲朋耳濡目染都是哈萨克族受访者了解本民族民俗文化的最主要渠道；其次是广播、电商、互联网等。

在国家大力推进工业化、城镇化、信息化、农业现代化的大背景下，各民族跨区域大流动的趋势日益显现，2015 年以来，我国少数民族流动人口超过 3000 万，占全国流动人口的 10%以上①。目前，很多民族地区

① 刘吉昌、金炳镐：《城市民族工作是当前民族工作的重点》，《中国民族报》2016 年 12 月 30 日第 5 版。

着力构建嵌入式社会结构和社区环境，大力推动各民族交往交流交融，以形成各民族“共居、共学、共事、共乐”的良好格局。

表 14-14　裕民县城乡受访者的民族交往　单位：%、份

	城镇		农村	
	汉族	哈萨克族	汉族	哈萨克族
没有亲密来往的其他民族的朋友	22.58	10.26	40.28	40.54
最好的三个朋友中没有其他民族的比例	39.78	24.36	63.19	63.51
愿意和其他民族的人进行以下交往（汉族和少数民族/哈萨克族和汉族）				
聊天	90.32	100	88.65	98.59
成为邻居	88.17	100	87.14	98.59
一起工作	86.02	100	85.71	100
成为亲密朋友	84.95	98.70	87.86	97.14
结为亲家	29.03	28.95	32.86	19.72
频次	93	78	144	74

表14-14是裕民县城乡受访者的民族交往情况，由于农村环境较为单一，因此农村汉族和哈萨克族受访者中没有亲密来往的其他民族朋友的比例为40%左右，远远高于城镇汉族和哈萨克族受访者。城镇哈萨克族受访者中没有亲密来往的其他民族朋友的比例仅为10.26%。最好的三个朋友中没有其他民族的受访者比例也是农村汉族和哈萨克族受访者高于城镇汉族和哈萨克族受访者；城镇哈萨克族受访者的比例低于城镇汉族受访者。这也表明哈萨克族受访者在民族交往上更加积极主动。当问及汉族受访者是否愿意和少数民族的人聊天、成为邻居、一起工作、成为亲密朋友和结为亲家，以及哈萨克族受访者是否愿意和汉族人聊天、成为邻居、一起工作、成为亲密朋友和结为亲家，两类城乡受访者的绝大部分都表示愿意聊天、成为邻居、一起工作、成为亲密朋友，但愿意的比例呈略微下降的趋势，出现明显差异的是无论城乡汉族还是城乡哈萨克族受访者对于结为亲家表示愿意的比例明显下降，低于1/3。和汉族相比，哈萨克族受访者该比例更低，尤其是农村哈萨克族受访者该比例仅为19.72%。之所以会出现这一现象，主要是源于哈萨克族的宗教信仰为伊斯兰教，其生活习

俗上同汉族完全不同。

表 14-15　　裕民县城乡受访者对不同时期民族关系的评价　单位：%、份

	城镇		农村	
全国民族关系好评比例	汉族	哈萨克族	汉族	哈萨克族
改革开放前	60.22	56.41	43.06	50.00
改革开放以来至 2000 年	63.44	66.67	50.69	52.70
2001 年以来	56.99	73.08	57.64	50.00
本县民族关系的好评比例				
改革开放前	67.74	65.38	56.94	54.05
改革开放以来至 2000 年	69.89	74.36	63.19	58.11
2001 年以来	73.12	78.21	65.97	59.46
频次	93	78	144	74

在对全国和裕民县不同时期民族关系的评价上，大部分城乡汉族和哈萨克族受访者都给予了好评。城镇哈萨克族受访者的好评比例除对 2001 年以来全国民族关系好评比例外都高于农村哈萨克族受访者，汉族受访者除对 2001 年以来全国民族关系好评比例外亦是如此。城乡受访者对裕民县的民族关系好评比例高于全国民族关系的好评比例，且对裕民县民族关系的好评比例随时间不断上升；而城镇汉族和农村哈萨克族受访者对全国关系的好评比例中，对改革开放以来至 2000 年这一阶段的好评比例高于改革开放前和 2001 年以来的两个时段。

五　简要结论

本章以“21 世纪初中国少数民族地区经济社会发展综合调查”2015 年在新疆裕民县进行的 420 份城乡家庭问卷调查为基础，从农村就业与劳动力转移、精准扶贫与小康社会建设、民族文化与民族交往三个方面进行了重点阐述。主要结论包括以下几点：

一、从不同民族、性别和受教育程度三个方面发现裕民县农村劳动人口的就业呈现出差异性。

农村女性非就业比例远高于男性，非就业的农村女性中以家务劳动为主的家务劳动者比例为 4.9%；而农村非就业男性该比例仅为 0.97%。汉族农村非就业女性中该比例为 3.80%，而汉族农村非就业男性为 1.77%；

哈萨克族农村非就业女性中该比例为5.17%，而哈萨克族农村非就业男性该比例为0。上述现象也反映出男主外、女主内的家庭分工思想，在哈萨克族中更为明显。

从受教育程度上看，受教育程度越高仅从事农业劳动的劳动人口比例越低，仅从事非农就业的比例和从事兼业的比例越高。但哈萨克族农村受访者无论哪个受教育程度人群仅从事农业劳动的劳动人口比例都大于汉族农村受访者，而从事兼业和非农就业的比例都低于汉族受访者。

汉族受访者中有外出从业经历的比例是哈萨克族受访者的2.4倍；从事非农劳动时间为半年及以上的汉族受访者比例是哈萨克族受访者的1.5倍。这也再次证实裕民县的哈萨克族以农牧业为主，即使有非农劳动也大都以短期为主，同时也选择家乡附近的地域。无论裕民县农村劳动年龄的汉族受访者还是哈萨克族受访者都愿意选择在县城内从事非农劳动。

从非农就业渠道上看，无论汉族还是哈萨克族家庭或亲戚或朋友或同乡介绍的比例均最高，超过了半数。和汉族相比，哈萨克族农村受访者政府或社区安排以及选择市场化渠道的比例都高于汉族农村受访者。

汉族农村劳动年龄受访者因家庭原因（家中农牧业缺乏劳动力、回家结婚或生育）选择不外出的比例最高，因无法适应选择不外出的比例位居第二，外面没有吸引力（收入没有在家稳定，当地能找到满意的工作）的选择比例为15%，找不到工作或担心找不到工作的选择比例仅为6%。

哈萨克族农村劳动年龄受访者因找不到工作或担心找不到工作的选择比例最高为35%，超过了1/3。家庭原因（家中农牧业缺乏劳动力、回家结婚或生育）选择不外出的比例接近1/4，位居第二；外面没有吸引力（收入没有在家稳定，当地能找到满意的工作）的选择比例同汉族农村劳动年龄受访者的选择比例差异不大；而语言能力弱的选择比例为7%。

二、裕民县受访者的绝大多数对精准扶贫和全面建成小康社会持积极肯定和满意态度。

裕民县农村受访者对16个扶贫工程的知晓度和满意度都在60%以上，对扶贫工作的总体满意度达到了84%，哈萨克族受访者的满意度更是高达98%。这说明裕民县的各项扶贫工作比较到位，得到了受访者的充分肯定。

裕民县城乡受访者对2020年全面建成小康社会很有信心或有信心的

比例高达80%以上，农村受访者对2020年建成小康社会的信心度高于城镇受访者。城乡受访者认为2020年和2015年相比，生活水平会上升的比例也达到了70%以上，也同样是农村受访者的该比例高出城镇受访者。为了加快小康社会建设，应采取的措施选择中，城乡受访者的选择也较为集中，选择比例最高的是加快发展当地经济，其余的主要有加快当地的基础设施建设、政府应当更加廉洁、中央政策应落实到位。

三、裕民县的民族文化保护和传承得到受访者认可，不同民族和谐交往交流。

哈萨克族城乡受访者认为最具特色的传统文化前三位的排序完全一致，分别是传统节日、传统服饰和传统民居。城乡受访者认为裕民县政府最需要保护的传统文化也是这三类。在对裕民县政府保护本地文化和少数民族文化的评价上，绝大部分城市受访者表示满意；农村哈萨克族受访者的好评比例高于城镇哈萨克族受访者。在对待城市建设中历史建筑的态度上城乡受访者的主观态度呈现出多样化。

哈萨克族受访家庭子女对于本民族的语言文字、风俗习惯和宗教信仰的接受意愿都超过了83%，在语言文字和风俗习惯的传承上，城镇受访家庭子女意愿略高于农村受访家庭，但宗教信仰的接受意愿上农村受访家庭的子女意愿略高于城镇家庭。无论城乡，家庭、邻里和亲朋耳濡目染都是哈萨克族受访者了解本民族民俗文化的最主要渠道；其次是广播、电商、互联网等。

由于农村环境较为单一，因此农村汉族和哈萨克族受访者中没有亲密来往的其他民族朋友的比例为40%左右，远远高于城镇汉族和哈萨克族受访者。城镇哈萨克族受访者中没有亲密来往的其他民族朋友的比例仅为10.26%。

绝大部分受访者表示愿意和其他民族的人聊天、成为邻居、一起工作、成为亲密朋友，但愿意的比例呈略微下降的趋势，出现明显差异的是无论城乡汉族还是城乡哈萨克族受访者对于结为亲家表示愿意的比例明显下降，低于三分之一。和汉族相比，哈萨克族受访者该比例更低，尤其是农村哈萨克族受访者该比例仅为19.72%。之所以会出现这一现象，主要是源于哈萨克族的宗教信仰为伊斯兰教，其生活习俗上同汉族不完全相同。

第十五章

新疆阿拉尔市经济社会发展综合调查报告

阿拉尔源于维吾尔语，意为“岛屿”。阿拉尔位于阿克苏河、和田河、叶尔羌河三河交汇的塔里木河源头和上游两岸冲积平原上。市区距乌鲁木齐市公路里程 1130 千米。[①] 阿拉尔是新疆维吾尔自治区和新疆生产建设兵团双重直辖的县级市，实行师市合一管理体制。北起天山南麓山地，南至塔克拉玛干沙漠边缘，东临沙雅县，西抵柯坪县，傍依阿克苏河、塔里木河、台兰河、多浪河水系，东北接新和县。东西相距 281 公里，南北相距 180 公里。与吉尔吉斯斯坦、塔吉克斯坦和哈萨克斯坦共和国接壤，与巴基斯坦和印度邻近，有着较丰富的边境口岸和边贸资源。[②] 2016 年 12 月，阿拉尔被列为第一批国家新型城镇化综合试点地区，要求 2016 年年底前启动试点，到 2018 年取得试点任务的阶段性成果，形成可复制可推广的经验，到 2020 年在全国范围内全面有序推广试点成功经验。[③]

阿拉尔市居民主要以传统农业生产为主，资源也比较丰富。近年来，在党和政府的高度重视及各民族的共同努力下，阿拉尔市农业、工业以及旅游业有了翻天覆地的变化。经兵团统计局评估审定，师市 2016 年实现地区生产总值 279.61 亿元，比上年增长 10.5%；三次产业结构之比为 40.5：39.7：19.8。无论地区生产总值增速还是人均生产总值数，都要高于新疆平均水平。师市 2016 年年末总人口 32.68 万人，男女性别比（以女性为 100，男性对女性的比例）为 105。全部人口中，汉族 28.99 万人；

① 数据来源：《新疆年鉴 2016》。

② 阿拉尔市人民政府网（http：//www.ale.gov.cn/structure/zjale/dlwz.html）。

③《一师、阿拉尔市成为国家首批新型城镇化综合试点》，人民网（http：//xj.people.com.cn/n/2015/0115/c188523-23566859.html）。

少数民族 3.69 万人。2016 年该市人口自然增长率 4.3‰，低于 2016 年全国人口自然增长率。①

本报告数据来源于中国社会科学院民族学与人类学研究所主持的国家社科基金重大项目、中国社会科学院创新工程重大专项“21 世纪初中国少数民族地区经济社会发展综合调查”2015 年在阿拉尔市的家庭问卷抽样调查数据。阿拉尔市的样本回收数为 383 份，调查对象包括阿拉尔市城乡各民族各职业人员。问卷回收整理录入后，主要使用统计软件 SPSS 加以统计分析。

本报告基于阿拉尔居民的主观反映，针对阿拉尔居民经济生活情况、民族文化与民族教育、民族关系与民族政策和公共服务等几个方面进行定量分析，为评估阿拉尔市的经济社会发展程度提供参考依据，希望对推进阿拉尔的发展和维护阿拉尔的稳定有所增益。

一　调查对象基本情况

此次调查选取的样本中，调查对象的基本情况如表 15-1 所示，在性别方面，男性占比 58.4%（下文中的数据均不包含相关变量的缺失值），女性占比 41.6%，男性所占比例略高于本市实际男女比例。在户籍类型方面，农业户口和之前为农业户口的居民户口（后文统称为农业户籍）的占比为 21.2%，非农业户口和之前为农业户口的居民户口（后文统称为非农业户籍）的占比为 78.5%。在年龄分布方面，30 岁以下的占比 38.2%，31—45 岁的占比 39.3%，46—60 岁的占比 21.2%，60 岁及以上的占比 1.3%。民族分布方面，汉族占比最大，达到了 79.4%；维吾尔族占比 9.7%，侗族占比 3.7%，回族占比 1.0%，其他各民族，包括苗族、满族、瑶族、白族、土家族、土族共占比 2.0%，样本民族比例与本地区实际民族比例比较接近。受教育程度方面，接受过高中以上教育的占大多数，其中未上过学的占比 2.1%，小学文化的占比 5.2%，初中文化占比 14.9%，高中文化（高中、中专或职高技校）占比 19.3%，上过大学专科的占比 34.2%，上过大学本科的占比 24.%，另有 0.3%的人上过研究生。宗教信仰方面，没有宗教信仰的人数占比为 83.8%，这与该地区的人口民族结构有关，信仰伊斯兰教的占比 9.1%，信仰佛教的占比 1.3%，信仰其他宗教的占比 1.4%，不知道、

① 《第一师阿拉尔市 2016 年国民经济和社会发展统计公报》，http：//www.ale.gov.cn/structure/xxgk/tjxxzw_ 169193_ 1.html。

不清楚、不想说自己宗教信仰的占比 1.5%。职业分布方面，国家机关党群组织、事业单位负责人占比 5.0%，国家机关党群组织、事业单位工作人员占比 25.8%，专业技术人员占比 8.9%，生产、运输等设备操作人员及有关人员占比 1.6%，商业、服务业人员占比 7.3%，农林牧渔水利生产人员占比 16.2%，各类企业办事人员占比 14.6%，军人占比 0.3%，不便分类的其他从业人员占比 18.8%。

表 15-1　　**调查对象基本情况**　　单位：%、次

性别	百分比	频次	户口	百分比	频次	职业	百分比	频次
男性	58.4	223	农业户口	21.2	81	国家机关党群组织、事业单位负责人	5.0	19
女性	41.6	159	非农户口	78.5	301			
年龄	百分比	频次	民族	百分比	频次	国家机关党群组织、事业单位工作人员	25.8	99
30 岁以下	38.2	146	汉族	79.4	304	专业技术人员	8.9	34
31—45 岁	39.3	150	回族	1.0	4	生产、运输等设备操作人员及有关人员	1.6	6
46—60 岁	21.2	81	维吾尔族	9.7	37	商业、服务业人员	7.3	28
61 岁及以上	1.3	5	其他民族	5.7	32			
受教育程度	百分比	频次	宗教信仰	百分比	频次	农林牧渔水利生产人员	16.2	62
未上学	2.1	8	伊斯兰教	9.1	35	各类企业办事人员	14.6	56
小学	5.2	20	佛教	1.3	5	军人	0.3	1
			道教	0.3	1			
			天主教	0.3	1			
初中	14.9	57	基督教	0.5	2			
			民间信仰	0.3	1			
高中、中专或职高技校	19.3	74	没有宗教信仰	83.8	321	不便分类的其他从业人员	18.8	72
						政治面貌	百分比	频次
大学专科	34.2	131	不知道	1.0	4	中共党员	37.9	145
						共青团员	21.7	83
大学本科	24.0	92	不想说	0.5	2	群众	39.9	153
研究生	0.3	1						

说明：本表中的部分数据加总不等 100%，是因为未将缺失值放入前三次计算。

二　经济生活

（一）受访者的就业情况

根据阿拉尔市统计局数据，阿拉尔三次产业结构之比为 40.5∶39.7∶19.8；从就业人数上来讲，第一产业 3.36 万人，第二产业 3.99 万人，第三产业 8.47 万人。

此次阿拉尔市受访居民中，以户籍分类，农业户籍中，国家机关党群组织、事业单位工作人员（15.6%），商业、服务业人员（14.3%），农林牧渔水利生产人员（13.0%）较多，但不便分类的其他从业人员人数最多（33.8%），根据调查者问询，此类人中，以从事不固定工作的人员占多数。非农业户籍中，以国家机关党群组织、事业单位工作人员（28.3%），农林牧渔水利生产人员（17.7%），各类企业办事人员（16.6%）人数最多，合计超过了总调查人数六成。从事非固定工作的人数也占到了 16.3%。

综合民族和户籍因素，农业户籍中，汉族最多的是国家机关党群组织、事业单位工作人员（17.7%）和商业、服务业人员（17.7%），少数民族最多的是不便分类的其他从业人员（60.0%）。非农业户籍中，汉族最多的仍然是国家机关党群组织、事业单位工作人员（28.9%），少数民族最多的是农林牧渔水利生产人员（39.6%）（见表 15-2）。

表 15-2　　城乡受访者就业类型分布　　单位：%、次

		国家机关党群组织、事业单位负责人	专业技术人员	各类企业办事人员和有关人员	商业服务业人员	农林牧渔水利生产人员	生产、运输设备操作人员及有关人员	军人	不便分类的其他从业人员	合计	频次
农业	汉族	21.0	11.3	8.1	17.7	11.3	3.2	0.0	27.4	100	62
	少数民族	6.7	6.7	6.6	0.0	20.0	0.0	0.0	60.0		15
非农业	汉族	34.9	8.1	19.1	6.4	13.2	0.9	0.4	17.0	100	235
	少数民族	29.2	8.3	4.2	2.1	39.6	4.2	0.0	12.4	100	48
总体	汉族	32.0	8.8	16.8	8.8	12.8	1.3	0.3	19.2	100	297
	少数民族	23.8	7.9	4.8	1.6	34.9	3.2	0.0	23.8	1000	63
	合计	30.6	8.6	14.7	7.5	16.7	1.6	0.3	20.0	100	360

（二）受访者外出就业意愿范围

此次阿拉尔市受访居民中，农业户籍愿意留在县城之内的人数最多（60.3%），非农业户籍情况类似，愿意留在县城内工作的人数占比也达到了63.3%。综合户籍和民族因素，非农业户籍中，汉族愿意留在县城之内的占比为55.9%，少数民族愿意留在县城之内的占比则达到了78.6%。不同民族间对于外出就业的态度较为一致。考虑到少数民族在阿拉尔市人口占比小，在受访者中的人数也较少，所以数据仅有参考意义。

综合所有数据，阿拉尔当地人愿意留在当地工作的人数占比达到了63.2%，愿意离开本县城就业的人数占比达到了36.8%，高于许多本次调查的其他地区。并且，有12.1%的人愿意到东部一线城市就业，说明阿拉尔市居民对于外出就业的态度还是比较开放的。

（三）受访者自有住房情况

受访者中，自有住房（拥有产权）的套数平均值为0.87。众数为1，75.6%的人有一套房，19.2%的人没有自有住房，有多套房的人占少数，其中最多的为4套。关于本户住房的建筑面积，平均值为79.74平方米。

（四）生活状况评价

在问及“与5年前相比，您的生活水平有什么变化?”时，如表15-3所示，受访者认为上升很多和略有上升的合并占比达到了79%，认为没有变化、略有下降、不好说甚至下降很多的合并占比达到了21%，可见在过去5年里，主观上认为生活水平上升的人还是占大多数。

表15-3　　2015年阿拉尔市受访者对5年前生活水平评价　　单位：次、%

	频次	有效百分比
上升很多	124	32.5
略有上升	177	46.5
没有变化	31	8.1
略有下降	21	5.5
下降很多	11	2.9
不好说	17	4.5
合计	381	100.0

区分民族和户籍差别进行分析发现，农业户籍中，汉族认为生活水平

上升很多和略有上升的合并占比达到了76.2%，而少数民族中，光是认为上升很多的受访者占比就达到了73.3%，比例远高于汉族。非农业户籍中，汉族认为生活水平上升很多或略有上升的合并占比达到了79.1%，少数民族光是认为生活水平上升的占比就达到了83%。少数民族普遍对于生活水平上升很多的主观感觉要强于汉族。农业户籍中，认为生活水平上升很多的占比44.9%，大于非农业户籍中认为生活水平上升很多的占比30.4%，主观上，农业户籍人口更认同生活水平大幅上升的情况。

受访者中，认为在未来的5年中，生活水平将会上升很多和略有上升的，共占比67.9%，认为没有变化、略有下降、不好说甚至下降很多的占比达到了32.1%。认为生活水平将上升的人与"与5年前相比，生活水平上升"的人有很大重叠，但相比上题有更多人对未来生活水平上升的信心不足，对未来经济发展能否惠及个人产生了很多疑问。具体而言，其中，农业户籍里的汉族认为生活水平将上升很多和略有上升的共占比66.6%，而少数民族中，光是认为将上升很多的占比就达到了66.7%，比例远高于汉族。非农业户籍中，汉族认为生活水平将上升很多和略有上升的共占比66.3%，少数民族里认为生活水平将上升很多和略有上升的共占比75%，并且同样的，少数民族普遍对于生活水平即将上升很多的主观信心要强于汉族。农业户籍中，认为生活水平上升很多的占比38.5%，大于非农业户籍中认为生活水平上升很多的人的占比26.7%，主观上，农业户籍人口对生活水平将大幅上升的信心更足。

总体来讲，阿拉尔市农业户籍、少数民族对于目前生活水平满意程度和对未来生活水平的信心，要比非农业户籍和汉族更为积极和正面。

（五）小康社会信心度

受访者中对2020年所在县市全面建成小康社会很有信心的占比达到了21.8%，认为有信心的达到了56.7%，总体持正面态度的人占比达到了78.5%，持负面态度的人占比为21.5%。持正面态度的人是绝大多数。

农业户籍中，汉族与少数民族对于2020年所在县市全面建成小康社会的态度较为一致，很有信心、有信心、没什么信心的比例都比较接近。非农业户籍中，汉族认为2020年所在县市全面建成小康社会很有信心的占比达到了21.3%，少数民族认为2020年所在县市全面建成小康社会很有信心的占比达到了39.6%，接近汉族的一倍。总体来讲，阿拉尔市少数民族对于2020年所在县市全面建成小康社会的信心，要强于汉族。

在没有信心的受访者看来，第一位的理由是经济收入提高慢。为加快本地建成小康社会，在受访者认为本地应采取的有效措施中，排名最高的两个依次是：加快发展当地经济占比 52.5%，中央政策应落实到位占比 18.0%。加快发展当地经济这一条，体现出受访者仍然希望经济发展可以普惠大众，受访者普遍认为过去几十年的经济发展是他们提高生活水平的根本原因，但根据第二条，说明除了在宏观上发展经济以外，还要在分配环节加强管理。居民对中央政府影响分配环节的期待可以理解，但是如何让居民改变“中央政策是好的，到了地方就变味”这种刻板印象，也是地方政府应该加以重视的。值得关注的是，加快当地基础设施建设（7.4%）、提高就业工资（5.3%）、政府应该更加廉洁（6.6%）、应调控房价（4.2%）的措施，占比也很可观，这也是对社会财富分配环节提出要求的表现。

三　资源环境与生态保护

（一）生态保护评价

受访者认为目前自己所处地区的生态环境好的，占 32.7%，认为一般的占 56.2%，认为不好的占 11.1%。少数人认为当前的生态环境较好，认为一般和不好的人占多数。对于 20 年前当地的生态环境状况，认为好、一般和不好的人数占比较为平均，这有可能是人们的记忆被时间抹平的后果。受访者认为 20 年后当地的生态环境将会变好的人占到了一半以上，达到了 50.1%，可见居民预期还是比较乐观（见表 15-4）。受访者对居住地周边环境状况的评价，与所在地区生态环境评价基本一致。总体上来说，受访者对目前当地的生态环境状态不太满意，对未来生态环境改善充满期待。

表 15-4　　受访者对所在地区生态环境状况的评价　　单位：%、次

	好	一般	不好	合计	频次
您对目前自己所处地区的生态环境评价	32.7	56.2	11.1	100	379
您所了解的 20 年前当地的生态环境状况	29.3	36.0	34.7	100	375
您认为 20 年后当地的生态环境状况	50.1	35.1	14.8	100	379
您对居住地周边环境状况的评价	37.0	54.0	9.0	100	378

（二）退耕还林（或退牧还草）情况

如表 15-5 所示，受访者普遍认为，退耕还林（退牧还草）目前实行

的时间太短，还没有明显改观，但时间长了肯定有好的效果，也有一些人对该政策的效果十分乐观，有32.9%的人认为退耕还林（退牧还草）已经遏制了土地或草场退化。居民对于该政策的态度较为正面。

表15-5　退耕还林（退牧还草）对环境保护的作用　单位：次、%

	频次	有效百分比
已经遏制了土地或草场退化	23	32.9
时间太短没有明显改观，但时间长了肯定有好的效果	43	61.4
无论时间长短，环境都不会有改变	4	5.7

对于退耕还林（退牧还草）的经济效果，认为退耕（牧）后自家收入提高或没变化的人，占比达到了43.5%的评价，如表15-6所示，认为下降的人占比达到了11.6%。应该建立退耕还林（退牧还草）的长期经济补偿政策，提高退耕退牧居民的经济获得感。

表15-6　受访者对退耕还林（退牧还草）的经济效果评价　单位：次、%

	频次	有效百分比
退耕（牧）后自家收入没变化	18	26.1
退耕（牧）后自家收入下降	8	11.6
退耕（牧）后自家收入提高	12	17.4
不清楚	31	44.9
合计	69	100.0

（三）对地方政府生态环境保护工作效果的评价

根据调查，如表15-7所示，受访者对于地方政府各项生态环境保护工作效果认为好的，占比最高的是生态保护措施和法规方面，占比最低的是违法违规环境事件的处罚方面。认为不好的，占比最高的是违法违规环境事件的处罚方面，占比最低的是生态保护措施和法规方面。这可能代表着当地群众对于地方政府在环保方面，有法不依的不满态度。

表15-7　对地方政府生态环境保护工作效果的评价　单位：%、次

	好	一般	不好	说不清	合计	频次
生态保护措施和法规	38.1	46.5	7.6	7.8	100	381

续表

	好	一般	不好	说不清	合计	频次
环境保护投入力度	33.3	46.2	11	9.5	100	381
违法违规环境事件的处罚	28.4	40	18.7	12.9	100	380
公众参与环境保护的宣传动员	32.6	47.1	13.4	6.9	100	380
对公众自发制止影响环境的资源开发项目的态度	31.3	43.4	12.1	13.2	100	380

四 公共服务与民族政策

（一）公共服务

2016年年末，阿拉尔民用汽车保有量9.36万辆。其中，载客汽车2.20万辆，增长34.1%；载货汽车0.44万辆，下降2.7%；其他汽车0.82万辆。载客汽车中，私人汽车2.0万辆，增长37.8%。其中，私人轿车1.55万辆，增长44.0%。其他汽车中，农用运输车0.55万辆。① 人均汽车保有量属全国前列。

阿拉尔市受访者最常用的三种出行方式分别是摩托车（45.3%）、小轿车（39.8%）、公交车（32.7%）。与东部大城市相比，新疆地区地广人稀，乘坐机动车出行是必然选择，随着人均收入的提高，小轿车也一跃成为本地人出行的主要方式之一。但考虑到本地区总体收入并不高，且城市面积不大，使用摩托车出行成为快捷、经济的最优选择，步行则起到了重要的替代作用。但城市、农村间距离较大，小轿车、公交车出行是必备的选择。

受访者对阿拉尔市各项公共服务的满意度如下：对于教育设施，从幼儿园到中学，态度为满意或一般的，分别为86.5%、84.8%、85.2%；对社区或乡卫生院或最近的医院态度满意和一般的占比共77.1%；对治安设施（派出所、警卫室等）态度为满意和一般的占比共81.4%；对活动中心（活动室、老年活动中心）态度为满意和一般的占比共86.7%；对运动场所及器材态度为满意和一般的占比共81.8%；对农贸市场态度为

① 《第一师阿拉尔市2016年国民经济和社会发展统计公报》，http：//www.ale.gov.cn/structure/xxgk/tjxxzw_ 169193_ 1.html。

满意和一般的占比共 84%；对车站（码头）态度为满意和一般的占比共 77.1%；对邮政局态度为满意和一般的占比共 88.1%；对银行（信用社）态度为满意和一般的占比共 88.5%。

满意率最高的公共基础设施是教育设施（中学），不满意程度最高的公共基础设施是社区或乡卫生院或最近的医院，考虑到阿拉尔市 2016 年年末师市有卫生机构（含营利性卫生机构）478 家，年末拥有各类卫生人员（含连队卫生人员及营利性机构人员）3304 人，执业和执业助理医师 940 人，注册护士 1249 人①，各类卫生人员占总人口的比例并不低，群众感受不好，可能与卫生人员素质、卫生机构医疗条件和行医水平不高有关系。

区分户籍因素，对教育设施（幼儿园、小学、中学）、活动中心（活动室、老年活动中心）、农贸市场、邮政局、银行（信用社）的感受，非农业户籍满意程度高于农业户籍；对社区或乡卫生院或最近的医院、治安设施（派出所、警卫室等）、运动场所及器材、车站（码头）的满意度，则城乡差距不大。总体来讲，城市户籍的人口对各类基础设施更满意，这也与城市基础设施建设更为完善、优质的客观事实相吻合。

受访者中，获得信息和文化知识的主要途径最重要的是网络，比例达到了 63.9%，其次是电视 14.5%，再次是广播 9.2%（见表 15-8）。可见阿拉尔市的网络基础设施建设成效显著，对经济社会发展的促进作用不可估量。

2014 年，阿拉尔市成功入选“宽带中国”示范城市（城市群），是少数几个西部城市之一。事实上，能成功入选，说明这 39 个城市（城市群）已经具备良好的宽带发展基础。因为申报的条件应至少满足下述指标中的四项要求：城市家庭 20Mbps 及以上宽带接入能力达到 85%；农村家庭 4Mbps 及以上宽带接入能力达到 90%；固定宽带家庭普及率达到 55%；3G/LTE 移动电话人口普及率达到 40%；4Mbps 及以上宽带用户渗透率达到 80%；8Mbps 及以上宽带用户渗透率达到 35%。②

可以从表 15-8 中看出，农家书屋、公共图书馆、政府办的培训班对居民获取信息和文化知识的增益较小，可以忽略不计。非农业户籍依靠网

---

① 《第一师阿拉尔市 2016 年国民经济和社会发展统计公报》，http：//www.ale.gov.cn/structure/xxgk/tjxxzw_ 169193_ 1.html。

② 工信部：《宽带示范城市名单出炉“宽带中国”向纵深推进》，http：//www.miit.gov.cn/n973401/n1234279/n1234617/c3851000/content.html。

络和手机获取知识的比例略高于农业户籍，农业户籍依靠电视获取文化知识的比例略高于非农业户籍。

表 15-8　　您平时获得信息和文化知识的主要途径　　单位：%、次

	网络	广播	电视	手机	农家书屋	公共图书馆	政府办的培训班	其他	合计	频次
农业	61.3	13.8	16.3	2.5	0.0	1.3	3.8	1.0	100	80
非农业	64.7	8.0	14.0	8.7	0.3	0.0	4.3	0.0	100	300
合计	63.9	9.2	14.5	7.4	0.3	0.3	4.2	0.2	100	380

在对参与过的扶贫活动的整体效果满意度评价中，汉族与少数民族受访者的评价差异不大。但总体上，少数民族受访者认为不满意的人数比例低于汉族。区分户籍来看，汉族中农业户籍不满意的比例小于非农业户籍，少数民族中农业户籍和非农业户籍不满意的比例接近，但非农业户籍满意的比例高于农业户籍（见表 15-9）。

表 15-9　　受访者对参与过的扶贫活动满意度评价　　单位：%、次

		满意	不满意	不清楚	合计	频次
汉族	农业户籍	46.7	8.3	45.0	100	60
	非农业户籍	49.2	14.3	36.5	100	238
少数民族	农业户籍	40.0	6.7	53.3	100	15
	非农业户籍	52.1	6.3	41.6	100	48

（二）民族政策

如表 15-10 所示，受访者中，汉族认为目前针对少数民族地区及少数民族实行的计划生育政策好的比例，大幅低于少数民族，认为一般和不好的比例却高于少数民族。汉族普遍不满意当前少数民族地区及少数民族实行的差别化的计划生育政策。

表 15-10　您对目前针对少数民族地区及少数民族实行的计划生育政策如何评价

单位：%、次

	好	一般	不好	不清楚	合计	频次
汉族	28.8	26.5	17.2	27.5	100	302

续表

	好	一般	不好	不清楚	合计	频次
少数民族	44.4	19.0	15.9	20.7	100	63
合计	31.5	25.2	17.0	26.3	100	365

从受访者的回答可知，汉族居民多数认为，应该全国各地区各民族一视同仁进行计划生育，也有 23.2%的汉族受访者认为，至少要实现全国城市地区生育子女数量的统一，8.5%的汉族受访者认为应该废除计划生育子女数量限制政策，由家庭自主决定。少数民族受访者认为应让全国各地区一视同仁的占比为 45.3%，认为城市地区应该统一标准的占 43.4%，认为应该废除该政策的则为 9.4%（见表 15-11）。回答应该采取其他措施的受访者多数认为，人口少的地区可以多生，或应依具体情况而制定计划生育政策。

表 15-11　受访者对调整计划生育政策的建议　单位:%、次

	全国各地区各民族一样	全国城市地区生育子女数量统一	废除计划生育子女数量限制政策，由家庭自主决定	其他	合计	频次
汉族	61.0	23.2	8.5	7.3	100	259
少数民族	45.3	43.4	9.4	1.9	100	53
合计	58.3	26.6	8.7	6.4	100	312

区分民族因素，对于“您觉得会说普通话对您有好处吗?”的问题，少数民族明显认为好的要更多，而无论汉族还是少数民族，都几乎没有人认为说普通话“没太大好处”。阿拉尔市居民对普通话的接受程度很高。

在对国家实施的民族特殊优惠政策满意度评价中，55%的受访者表示满意，认为不满意的受访者占 17%，还有 28%的人表示不清楚。少数民族受访者对民族特殊优惠政策表示满意的人数比例为 67.2%，比汉族受访者高 14.7 个百分点。汉族受访者表示不满意的人数占比为 18.5%，比少数民族受访者高 7.7 个百分点。

五　民族交往与民族文化

（一）对外来人员的态度

受访者对本市县以外流入本地并在当地工作的人员普遍持欢迎态度。具体来讲，对县外省内的外来流入人员、省外国内的外来流入人员和外国人持欢迎态度的占比分别达到了81.8%、80.6%和75.1%。可见随着外来人员地理距离的扩大，当地人对其信任感也随之降低。不欢迎的程度也随之提高。但即使对外国人不欢迎的比例达到了4.6%，也仍属于较低水平。

（二）民族交往

1. 其他民族好友数量

汉族受访者中，关于“最好的三个朋友中有几个是其他的民族”的问题，回答一个都没有的比例占到了77.1%，最好的朋友中有其他民族的比例为22.9%，而面对这一问题，少数民族的比例则更为乐观，少数民族中，认为自己最好的朋友中有其他民族的人的，占比为47.6%。细分少数民族中的样本，维吾尔族样本中有45.9%的人回答“最好的三个朋友中有人属于其他民族”（其他民族频次太小，不作讨论）。

2. 跨族通婚情况

民族间的融合对国家统一、团结和稳定有着十分重要的影响。民族间融合的重要途径就是通婚，通婚是民族融合最紧密、最深入的形式之一。考察民族间通婚情况，是了解一个地区族群间关系的重要因素。

受访者中，几乎所有汉族受访者的父系亲属（父亲和其父亲的兄弟姐妹及其配偶），都是本民族成员。而这一比例在少数民族中则略有下降，有接近18%的少数民族父系亲属中有非本民族成员。细分少数民族中的样本，有接近20%的维吾尔族受访者表示，父系亲属中有非本民族成员（其他民族频次太小，不作讨论）。

根据受访者的回答，汉族被访者很愿意和比较愿意和少数民族的人聊天的比例为86.3%，一起工作的比例为79.3%，成为邻居的比例为72.0%，成为亲密朋友的比例为66.8%，结为亲家的比例为35.3%。比例逐渐降低。值得注意的是，在回答“是否愿意与少数民族结为亲家”一题的人中，众数为“不太愿意”。可以理解的是，与他人聊天较为容易，成为亲家较难。总体上来说，多数人愿意和少数民族进行交往。

少数民族被访者回答是否很愿意和比较愿意和汉族聊天的比例为96.8%，一起工作的比例为95.2%，成为邻居的比例为95.2%，成为亲密朋友的比例为88.7%，结为亲家的比例为59.7%，比例也是逐渐降低，但出现了一个新的情况，少数民族对于和汉族交往的意愿，或者说是少数民族心目中对于汉族的友好程度，明显高于汉族，并且少数民族愿意与汉族通婚的比例接近汉族的一倍。细分少数民族样本，当地维吾尔族表示很愿意或比较愿意与汉族结亲家的人比例甚至达到了60.6%。民族团结不仅仅停留在纸上，阿拉尔市各民族正在以切身的行动实践和证明民族团结在新疆是主流的意识形态。

考察受访者“对于当前我国社会出现的一些群体间或地区间利益矛盾，就个人经验对其严重程度进行评价”的问题时，我们挑选其中的3项进行讨论。

首先，认为干群矛盾问题非常严重或有点严重的，农业户籍受访者比例高于非农业户籍受访者，汉族比例高于少数民族。认为不算严重或完全不严重的，非农业户籍高于农业户籍，少数民族高于汉族。农业户籍人口中，少数民族对于干群矛盾的判断相比汉族更为乐观。非农业户籍中，汉族的判断相比少数民族更为乐观，并且，少数民族回答“不清楚干群矛盾情况”的比例更高。

关于“民族间冲突情况”的判断，认为“非常严重和有点严重”的人中，农业户籍和非农业户籍比例基本一致，但在农业户籍人口中，认为“有点严重”的汉族比例高于少数民族，在非农业户籍人口中，认为“非常严重和有点严重”的少数民族比例高于汉族。同样的，回答“不清楚民族间冲突情况”的少数民族比例普遍高于汉族。少数民族受访者在回避回答关于民族、干群冲突的相关问题。这也许是民族间缺乏沟通，而矛盾实际存在的一种表现。

关于“不同宗教信仰者间冲突”的判断，认为“非常严重”和“有点严重”的人中，农业户籍比例高于非农业户籍。无论农业户籍还是非农业户籍，汉族认为该问题“非常严重”和“有点严重”的人比例都高于少数民族。

综合来讲，农村受访者认为上述所列3项冲突更严重，汉族受访者也认为上述所列3项冲突更严重。

关于“当前我国民族意识的发展趋势如何”的问题，农业户籍中，认为民族自我意识增强的占比27.5%；国家意识增强的占比14.5%；民族意识增强，国家意识也随之逐步增强的占比21.7%；国家意识增强，民族意识也随之逐步增强的占比18.8%；不清楚的占比17.4%。与非农业户籍受访者的回答基本一致，但该问题在区分民族因素时出现了差别。农业户籍中，汉族受访者认为民族自我意识增强的，占比为32.7%，高于少数民族的7.1%；认为国家意识增强的占比9.1%，低于少数民族的35.7%；在农村，汉族受访者更认可民族意识在增强这一观念。在非农业户籍中，汉族受访者认为民族自我意识增强的，占比为21.2%，低于少数民族的35.7%；认为民族意识增强，国家意识也随之逐步增强的占比20.7%，高于少数民族的17.9%。这可能是因为城市地区的汉族受访者认为，各民族虽然国家意识在增强，但民族意识也在明显增长。

关于“就本地（本县、县级市、区）来看，您对下列时期不同民族间相互关系的评价”的问题，受访者对各个时期本地民族关系的总体评价并未发生颠覆性认知，但从趋势上来看，汉族受访者认为，从改革开放前到改革开放至2000年，再到2001年以来，民族关系逐渐变差，回答民族关系较好的，占比略有下降，回答民族关系一般的人的比例略有上升，而回答差的比例，也出现了上升。从趋势上看，少数民族对各时期民族关系的判断与汉族有所区别，回答各个时期民族关系好的受访者比例，以2001年为节点发生了下降，回答一般的人数比例则在各个时期都出现了上升，虽然回答民族关系不好的人数比例，始终差不多。但同样的，回答不清楚这个问题的人数比例也始终不少。

（三）生活态度

在回答“您觉得您的民族身份在本地社会交往、工作就业、日常生活中有无不便利”时，受访者认为经常有和偶尔有的，占比20%；认为很少和没有的，占比67.5%。但不足七成的受访者认为民族身份很少或没有不便，这一问题值得重视。

在回答“您觉得您的民族身份在外出旅行、出国时有无不便利”问题时，认为经常有和偶尔有的，占比42.8%；认为很少和没有的，占比16.7%，不清楚（或没有过外出旅行、出国经验）的占比40.5%。很多人认为，民族身份对自己外出旅行较为不便。而进一步追问认为民族身份给自己造成不便的受访者时，他们表示在“机场安检、住房、乘车、办护照、去外地工作”时，都会造成不便。

在回答问题“如果外国人问您的民族身份，您回答的排序是什么”时，受访者选择“中国人、本民族人”的人数比例最高，有20.9%的人避而不答。

在回答问题“在生活中，认为民族身份和公民身份哪个对您更重要”时，81.4%的人认为公民身份更重要。仅有2.3%的人认为民族身份更重要。16.3%的人认为民族身份和公民身份一样重要。

而当问起“在生活中，您认为民族身份和本地人身份哪个对您更重要”的时候，多数人（74.4%）认为民族身份和本地人身份一样重要，20.9%的人认为本地人身份更重要，仅有4.7%的人认为民族身份更重要。

综合以上情况，阿拉尔市的少数民族认为，民族身份确实在日常生活、外出旅行时造成了困扰，而当外国人问起自己的身份时，还是觉得公民身份更重要，如果对比本地人身份和民族身份，还是本地人身份更重要。相比国家认同和本地认同，仅有极少数人民族认同更高。

六　结论和建议

（一）结论

近年来，阿拉尔市在党和政府的高度重视及各民族的共同努力下，经济、社会发展成效显著。综合公开资料和本次问卷调查的结果，得出以下结论。

1. 经济生活：产业结构单一，就业渠道狭窄，生活水平上升，多数人对全面建成小康社会很有信心。

阿拉尔市经济与新疆其他地区相比较为发达，但产业结构单一。阿拉尔市人均生产总值高于全疆平均水平，城镇居民、农村居民人均可支配收入高于全疆平均水平。阿拉尔市三次产业结构的比值与全疆的相比，第一产业比值较大，第三产业产值较小。

阿拉尔市就业渠道狭窄。阿拉尔市第一、第二产业容纳就业的能力较差，阿拉尔市居民主要以传统农业生产为主，围绕农业生产衍生出各类服务业的就业岗位。

本地居民外出就业意愿弱，愿意到外地就业的人员很少，但有许多人愿意到东部一线城市就业。居民对外地来本地务工人员的态度较为温和，普遍欢迎外地人来本地就业。

阿拉尔市居民自有住房率较高，人均住房面积高于全国平均水平。多数受访者认为与5年前相比自己的生活水平上升很多或略有上升，但也有很多人认为5年来自己的生活水平没有上升。总体来讲，阿拉尔市农业户籍、少数民族对于目前生活水平和未来生活水平的态度及信心，要比非农业户籍和汉族更为正面和积极。

受访者对2020年所在县市全面建成小康社会很有信心，持正面态度的人占绝大多数。少数民族对于2020年所在县市全面建成小康社会的信心，要强于汉族。为加快本地建成小康社会，受访者认为应加快发展当地经济，但也希望经济发展可以更好地普惠大众。

2. 资源环境与生态保护：对当前当地生态环境不满，对未来当地生态环境的预期比较乐观，认可地方政府的环保工作。

受访者中，多数人认为当前当地的生态环境一般或不好。受访者中，认为20年后当地的生态环境将会变好的人占到了一半以上，对未来当地生态环境的预期比较乐观。

受访者普遍认为，退耕还林（退牧还草）目前实行的时间太短，还没有明显改观，但时间长了肯定有好的效果，也有一些人认为退耕还林（退牧还草）已经遏制了土地或草场退化。居民对于该政策的态度较为正面。受访者中，对于退耕还林（退牧还草）的经济效果持正面态度的人是少数。

受访者对于地方政府各项生态环境保护工作的总体效果是认可的。

3. 公共服务与政府管理：对政府提供的各项公共服务满意度较高，对互联网的接受程度较高，汉族受访者对差别化的民族优惠政策满意度低。

阿拉尔市受访者最常用的三种出行方式是摩托车、小轿车和公交车。

受访者对阿拉尔市各项公共服务总体上是满意的，受访者对教育设施的满意度最高，对医院设施、车站（码头）的满意度最低。城市户籍的受访者对各类基础设施的满意度高于非农业户籍受访者，这也与城市基础设施建设更为完善、优质的客观事实相吻合。

受访者中，获得信息和文化知识的主要途径最重要的是网络，比例达到了63.9%，其次是电视，再次是广播。可见阿拉尔市的网络基础设施建设成效显著，对经济社会发展的促进作用较为明显。农家书屋、公共图书馆、政府办的培训班对居民获取信息和文化知识的作用较小。

对于政府的扶贫政策或扶贫活动，非农业户籍受访者满意的比例高于农业户籍受访者。

汉族受访者普遍对当前少数民族地区及少数民族实行的差别化的计划生育政策表示不满。认为针对少数民族地区及少数民族实行的计划生育政策不好的受访者，提出的调整对策多数是全国各地区各民族应该一视同仁进行计划生育，或至少要实现全国城市地区生育子女数量的统一。多数受访者认为会说普通话好处要更多。

4. 民族交往与民族文化：民族关系总体和谐。

阿拉尔市当地汉族与少数民族之间通婚较少，但少数民族与汉族相比，通婚意愿更强烈。认为干群矛盾问题非常严重或有点严重的，农业户籍受访者比例高于非农业户籍受访者，汉族比例高于少数民族。对于“民族间冲突情况”的判断，农村的汉族认为此问题更严重，城市里的少数民族认为此问题更严重。农业户籍受访者认为不同宗教信仰者间冲突更严重，汉族认为该问题更严重。受访者普遍认可当前我国各民族的国家意识增强，但民族意识也随之逐步增强。受访者对各个时期本地民族关系的总体评价并未发生颠覆性认知。当外国人问起自己的身份时，多数受访者还是觉得公民身份更重要，如果对比本地人身份和民族身份，多数受访者认为还是本地人身份更重要。相比国家认同和本地认同，仅有极少数受访者认为民族认同更强。

（二）对策建议

1. 加快供给侧结构性改革，以产业结构调整促进经济发展和就业改善。

当前，我国整体产业结构正在发生迅速、深刻的变化，国内产业机构调整任务艰巨。第二产业增速相比之前几年出现明显下降，去产能、调结构、稳增长成为当前经济工作的主要任务。

边疆少数民族地区的产业结构调整，应顺应全国乃至全世界的经济形势，以供给侧结构性改革为突破口，提高全要素生产率，重视互联网技术在促进经济发展中的重要作用，以信息化带动工业化，提高制造业的产品质量和品牌竞争力；制造业是服务业的根基，服务业可以促进制造业的可持续发展，阿拉尔市应重视第三产业对经济增长和就业增长的带动作用，促进制造业与服务业协同发展，继续打造拥有地方特色的高品质农产品品牌和拥有地方风情的旅游业品牌；着力构建有利于资源合理配置的市场机制，同时要加快政府职能转变，变政府管理为政府治理，尽量减少妨碍市场自身协调发展的政策及体制机制，顺应市场要求，减少政策壁垒，在维护社会稳定和促进经济发展之间寻找最优平衡点。

2. 提高生态环境保护意识，落实退耕政策，让群众得实惠。

建设生态文明是关系人民福祉、关乎民族未来的大计，是实现中华民族伟大复兴的中国梦的重要内容。习近平总书记指出："我们既要绿水青山，也要金山银山。宁要绿水青山，不要金山银山，而且绿水青山就是金山银山。"要按照绿色发展理念，树立大局观、长远观、整体观，坚持保护优先，坚持节约资源和保护环境的基本国策，把生态文明建设融入经济建设、政治建设、文化建设、社会建设各方面和全过程，建设美丽中国，努力开创社会主义生态文明新时代。①

阿拉尔市生态环境脆弱，破坏易，修复难。阿拉尔市应投入更多精力到生态环境保护工作中。但考虑到环保工作的现实性，地方政府环保政策的制定和实施也应适应地方特殊情况。以退耕还林政策实施为例，应与扶贫工作相结合，切实促进退耕还林、还草农户的生活改善和收入提高，一是实施稳定的补贴政策，拓展退耕退牧农户渠道，激励农户的参与感和保护习惯；二是结合生态移民搬迁工程，推进非农业户籍人口的城镇化，让生态移民搬得走，也要融入得进来，让城镇化变成人员、就业和文化的深度城镇化；三是落实义务教育，加强入村政策宣传，长远地提高农民群体的文化水平和政治素养，让退耕退牧群众真正了解、理解、支持政府生态环境保护政策。

3. 充分发挥网络基础设施建设优势，用"互联网+"为精准扶贫工作造血。

作为成功入选"宽带中国"示范城市（城市群）的少数几个西部城市之一，阿拉尔市的网络基础设施建设成效显著，居民对互联网的接受程度较高，这是阿拉尔市的优势，应加以充分利用。

一是做好"互联网+教育"的模式，即基于互联网的人才培养工作，通过加大对利用互联网资源进行教育的基础设施投入，便于当地居民充分利用无限的互联网信息，提升当地学校的教育水平，并为未受学校教育的普通居民提供再次接受教育的可能；二是做好"互联网+创业"的模式，鼓励居民利用互联网上的各类新兴业态，帮助当地贫困人口掌握互联网技

① 《绿水青山就是金山银山》，求是网（http：//www.qstheory.cn/books/2016－06/14/c_1119039823.html）。

术，协助他们有效开发当地农产品、工业产品资源，拓宽产品销售渠道，甚至创立各类互联网公司，降低实体公司产生的房租、人员等成本，以产业扶贫，确保扎实脱贫。

4. 客观看待当前民族关系趋势，加强普及民族团结的相关知识的工作力度。

阿拉尔市当前民族关系的总体情况是好的，但不排除局部地区民族间关系由于各种原因出现了一定的干扰因素。我们应该客观看待、正确对待民族关系中的问题。

仅以阿拉尔市此次问卷调查发现的问题为例，少数民族对民族间关系好坏的判断要好于汉族，少数民族对待民族间通婚的开明态度要好于汉族，这说明少数民族始终敞开民族间交流的通道。但历史和现实原因复杂，增进民族间的相互了解，首先要从重视对汉族群众进行民族团结教育和民族国情教育的重要性开始。笔者曾在新疆某地高中任教，教授民族团结课程。笔者在此过程中了解到，新疆许多地区的学校有双语教学课程，少数民族学生从小就学习普通话，了解汉族的相关历史和文化，对汉文化的接受程度较高。而内地甚至新疆本地的汉族学生却对少数民族的历史、文化、习俗、语言知之甚少，相比少数民族对汉族的了解，汉族学生对少数民族的了解还很少。因此，建议在全国各地积极开展民族团结教育和民族国情教育。

后　记

《中国民族地区经济社会调查报告·2015年问卷调查分析》汇集了国家社科基金特别委托项目和中国社会科学院创新工程重大专项“21世纪初中国少数民族地区经济社会发展综合调查”在2014—2015年完成的民族自治县/旗问卷调查的数据分析报告。本书共分十四章，各章撰写人如下：第一章为宁亚芳，第二章为蒋尉，第三章为杨璐，第四章为胡鸿雁，第五章为薛品，第六章为文婷婷，第七章为王双识、刘小珉，第八章为宁亚芳，第九章为刘芳，第十章为张珊，第十一章为黄万庭，第十二章为张敏，第十三章为丁赛、李辰飞，第十四章为殷丰收，第十五章为刘玲；王延中和丁赛对全书进行了统稿。

本次问卷调查委托中央民族大学经济学院张丽君院长、新疆师范大学民族学与社会学学院王平教授、西藏民族大学周玉华教授、云南民族大学王德强副校长、三亚学院社会发展学院孙爱珍院长共同完成了2015年的问卷调查。在此深表谢意！

本书得到了中国社会科学院创新工程出版资助，中国社会科学出版社一如既往给予了大力支持，责任编辑宫京蕾女士付出了艰苦劳动，也一并致谢！